国家出版基金项目
NATIONAL PUBLICATION FOUNDATION
"十三五"国家重点
图书出版规划项目

晚清思想史资料选编
1840—1911

第三卷

主编　郑大华　俞祖华

选编　刘　平　俞祖华　贾小叶

　　　任　青　刘　纯　周　游

　　　马守丽　朱映红　郑大华

岳麓书社·长沙

第三卷目录

·守旧派人士奏折

3. "先富而后能强"：洋务派的"求富"观

引　言

　　19 世纪 70 年代后，洋务派提出了求富的口号，开始创办民用企业。他们认为，求富是求强的基础，"先富而后能强"，而要富国富民，就要发展工商业。早在 1862 年，曾国藩在《复毛鸿宾》一信中就提出"商鞅以'耕战'二字为国……今之西洋，以'商战'二字为国"的观点。监察御史李璠对曾国藩提出的"商战"论评价甚高，他认为商务的盛衰关乎国运："故君民同心，利之所在，全力赴之；始而海滨，继而腹地，既蚀人之资财，并据人之形胜，盘踞已久，遂惟所欲为；古之侵人国也，必费财而后辟土；彼之侵人国也，既辟土而又生财。"论及求强与求富的关系，李鸿章指出："夫欲自强，必先裕饷，欲浚饷源，莫如振兴商务。"（《议复梅启照条陈折》）他也强调了矿产业的重要性，指出："泰西各国以矿学为本图，遂能争雄竞胜。英吉立国在海中三岛，物产非甚丰盈，而岁出煤铁甚旺，富强遂甲天下。中国金、银、煤、铁各矿胜于西洋诸国，只以风气未开，菁华闷而不发，利源之涸，日甚一日，复岁出巨款购用他国煤铁，实为漏卮之一大宗。"（《直境开办矿务折》）为了促进工商业、矿业的发展，需要大力发展铁路、电线电报等基础设施与金融服务业，同时也需要政府设立相应部门以护商保商。因此，洋务派围绕开通铁路、兴办航运、架设电线、发展金融、设立商部与招商局等进行了阐述、建言。关于创办铁路，奕𧫨表示，自己"亲见西洋各国，轮车铁路，于调兵运饷、利商便民诸大端，为益甚多；而于边疆之防务、小民之生计，实无危险窒碍之处"（《天津等处试办铁路以便调兵运械疏》）。李鸿章指出："四五十年间，各国所以日臻富强而莫与敌者，以其有轮船以通海道，复有铁路以便陆行也。即如日本，以区区小国在其境内营造铁路，自谓师西洋长技，辄有藐视中国之心。俄自欧洲起造铁路，渐近浩罕、恰克图等处，又欲由海参崴开路以达珲春。中国与俄接壤万数千里，向使早得铁路数条，则就现有兵力尽敷调遣；如无铁路，则虽增兵增饷，实属防不胜防。盖处今日各国皆有铁路之时，而中国独无，譬犹居中古以后而屏弃舟车，其动辄后于人也必矣。"（《妥议铁路事宜折》）关于航运业，李鸿章指出："伏查各国通商以来，火轮夹板日益增多，行驶又极迅速，中国内江外海之利，几被洋人占尽，且海防非有轮船不能逐渐布置，必须劝民自置，无事时可运官粮客货，有事时装载援兵军火，借纾商民之困而作自强之气。"（《轮船招商局请奖折》）关于电报电线，李鸿章指出："且沿海各省与京外筹商军国要事，调兵催饷，均得一气灵通，于洋务海防，实有裨助，而商民之转输贸易者，亦借电报速达，利益更广。"（《商局接办电线折》）左宗棠指出："窃维电线兴自泰西，无论水陆，程途千万里，音信瞬息可通，实于军情、商务大有裨益。"（《筹办沿江陆路电线片》）关于金融业，张之洞指出："臣等伏查银行之设，利国、利商、利民，中外臣工陈奏至详，而谕旨'富强要图，中国不自举办，一任外人攘我利权，亦非长策'之训，实已究极终始。"（《会同核议银行利弊拟请仍归商办折》）他们希望通过创造良好环境，促进工商业发展，以达到求富、求强的目标。

曾国藩

南洋通商大臣一缺仍请裁撤折（同治二年六月十二日）

奏为南洋通商大臣一缺，筹度现在情形，仍请无庸改设，恭折复陈，仰祈圣鉴事。

窃臣于上年六月初六日，奏改长江通商大臣一案，经总理衙门议将驻扎处所及廉俸各款请旨，仍饬臣会同薛焕酌定具奏。臣遵即与薛焕往返函商，悉心筹画。统计通商大臣廉俸一项，添设官属书役等项，每岁约需银四万余两。目前即无庸另建衙署，而于长江各口租备行馆，雇用轮船，所费亦属不赀。数年后渐推渐广，势必有增无减。滨江四省中外交涉事件，果能一一取决于专设之大臣，诚不敢为国家惜此帑项。惟事有粗论之而仅得其端倪，细审之而始尽其曲折者。薛焕奉到会议廉俸之旨，又经专函与臣缕商，具道长江通商使臣所以可裁之故，盖有数端。其大意以为自各国公使驻京，一切裁决于总理衙门。凡各口洋人偶违条约，有时可与力争，则可就关员结办，即临以督抚而有余，有时争之不服，则动向公使陈诉，虽临以大臣而无济。大臣巡历各口，督抚近驻本省，洋人性急，弗耐守候，不能不由本省就近办理。有时督抚奏咨未及到京，而公使早已周知，邮递之稽迟，尚不及轮船之迅速。况由大臣辗转复咨，更恐贻误事机。至华洋商民争斗构衅，关涉刑名案件，事隶地方有司，尤不能不资督抚之力，庶饬办易而呼应更灵。通商纵有专员，在内仍不能免总理衙门之烦渎，在外仍不能免减各省督抚之责任，虚系一官，有名无实各等语剀切见商。

臣比致复书，深服其言之精当。然犹以苏、皖群盗如毛，疆臣专谋军事，恐难兼顾洋务。厥后李鸿章奉命兼领通商大臣，数月以来，秩然就理，益信华洋交涉之事，均系疆吏必不可省之事。是五口大臣固属可裁，即长江大臣亦同虚设。相应请旨仍照薛焕原奏裁撤通商大臣一缺，归并本省督抚及将军经理，以节縻费。臣于中外抚驭机宜，向未谙悉，而因时权变，又何敢以奏设在先坚持成议，曲为回护。所有南洋通商大臣仍请裁决缘由，谨缮折由驿具奏，伏乞皇太后、皇上圣鉴训示。

再，此案前经臣咨请薛焕主稿会奏。逮薛焕定稿寄皖，即已束装北上，近始接其到京来函，是以复奏稍迟，亦不复会衔矣。合并声明。谨奏。（《曾文正公全集》奏稿卷十九）

轮船工竣并陈机器局情形疏（同治七年）

窃中国试造轮船之议，臣于咸丰十一年七月，覆奏购买船炮折内，即有此说。同治元、二年间，驻扎安庆，设局试造洋器。全用汉人，未雇洋匠。虽造成一小轮船，而行驶迟钝，不甚得法。二年冬间，派令候补同知容闳出洋购买机器，渐有扩充之意。湖广督臣李鸿章，自初任苏抚，即留心外洋军械。维时，丁日昌在上海道任内，彼此讲求御侮之策，制器之方。四年五月，在沪购买机器一座，派委知府冯焌光、沈保靖等，开设铁厂。适容闳所购之器亦于是时运到。归并一局。始以攻剿方殷，专造枪炮。亦因经费支绌，难兴船工。至六年四月，臣奏请拨留洋税二成，以一成为专造轮船之用。仰蒙圣慈允准。于是拨款渐裕，购料渐多。苏松太道应宝时及冯焌光、沈保靖等，朝夕讨论，期于必成。

　　查制造轮船，以汽炉、机器、船壳三项为大宗。从前上海洋厂，自制轮船，其汽炉、机器，均系购自外洋，带至内地装配船壳，从未有自构式样，造成重大机器、汽炉全具者。此次创办之始，考究图说，自出机杼。本年闰四月间，臣赴上海察看，已有端绪。七月初旬，第一号工竣。臣命名曰恬吉轮船，意取四海波恬，厂务安吉也。其汽炉、船壳两项，均系厂中自造。机器则购买旧者，修整参用。船身长十八丈五尺，阔二丈七尺二寸。先在吴淞口外试行。由铜沙直出大洋，至浙江舟山而旋。复于八月十三日，驶至金陵。臣亲自登舟试行，至采石矶。每一时上水行七十余里，下水行一百二十余里。尚属坚致灵便，可以涉历重洋。原议拟造四号。今第一号系属明轮。此后即续造暗轮。将来渐推渐精。即二十余丈之大舰，可伸可缩之烟筒，可高可低之轮轴，或亦可苦思而得之。上年试办以来，臣深恐日久无成，未敢率尔具奏。仰赖朝廷不惜巨款，不责速效，得以从容集事。中国自强之道，或基于此，各委员苦心经营，其劳勋亦不可没也。

　　溯自上海初立铁厂，迄今已逾三年。先后筹办情形，请为皇上粗陈其概。开局之初，军事孔亟，李鸿章饬令先造枪炮两项，以应急需。惟制造枪炮，必先有制枪制炮之器，乃能举办。查原购铁厂，修船之器居多，造炮之器甚少。各委员详考图说，以点、线、面、体之法，求方圆、平直之用。就厂中洋器，以母生子，触类旁通，造成大小机器三十余座。即用此器以铸炮、炉，高三丈，围逾一丈，以风轮煽炽火力，去渣存液，一气铸成。先铸实心，再用机器车刮旋挖，使炮之外光如镜，内滑如脂。制造开花、田鸡等炮，配备炮车、炸弹、药引、木心等物，皆与外洋所造者足相匹敌。至洋枪一项，需用机器尤多。如辗卷枪筒，车剖外光，钻挖内膛，旋造斜棱等事，各有精器，巧式百出。枪成之后，亦与购自外洋者无异。此四、五年间，先造枪炮，兼造制器之器之情形也。

　　该局向在上海虹口，暂租洋厂。中外错处，诸多不便。且机器日增，厂地狭窄，不能安置。六年夏间，乃于上海城南兴建新厂，购地七十余亩，修造公所。其已成者，曰汽炉厂，曰机器厂，曰熟铁厂，曰洋枪楼，曰木工厂，曰铸铜铁厂，曰火箭厂，曰库房、栈房、煤房、文案房、工务厅暨中外工匠住居之室。房屋颇多，规矩亦肃。其未成者，尚须速开船坞，以整破舟，酌建瓦棚，以储木料。另立学馆，以习翻译。盖翻译一事，系制造之根本。洋人制器，出于算学，其中奥妙，皆有图说可寻。特以彼此文义，扞格不通。故虽日习其器，究不明夫用器与制器之所以然。本年局中委员，于翻译甚为究心。先后订请英国伟烈亚力，美国傅兰雅、玛高温三名，专择有裨制造之书，详细翻出。现已译成《汽机发轫》《汽机问答》《运规约指》《泰西采煤图说》四种。拟俟学馆建成，即选聪颖子弟，随同学习，妥立课程，先从图说入手，切实研究。庶几以理融贯，不必假手洋人，亦可引伸，另勒成书。此又择地迁厂及添建翻译馆之情形也。兹因轮船初成之际，理合一并附奏。……（《曾文正公全集》奏稿卷二十七）

李鸿章

轮船招商请奖折（光绪元年二月二十七日）

奏为前保轮船招商出力员绅与津通验收转运漕粮人员无涉，谨详细声明，仍请照拟给奖，恭折仰祈圣鉴事。

窃臣前因创办轮船招商在事员绅历年苦心经营，有裨大局，于上年漕竣时择尤奏请奖叙，声明与津通验收转运漕粮人员无涉，应不并计等因，并以此事实关海防根本、洋务枢纽，钞奏咨请总理各国事务衙门查核各在案。兹吏部以未将缘何与津通验收转运人员无涉应不并计之处详细奏明，应令覆奏，再行核办等因，知照到臣。伏查各国通商以来，火轮夹板日益增多，行驶又极迅速，中国内江外海之利，几被洋人占尽，且海防非有轮船不能逐渐布置，必须劝民自置，无事时可运官粮客货，有事时装载援兵军火，借纾商民之困而作自强之气。且各口华商因无官办章程，多将资本附入洋商轮船股内，尤非国体所宜。臣于同治十一年五月间议覆制造轮船未可裁撤折内，曾筹及商船一节，经总理衙门奏覆：应由该督抚随时察看情形，妥筹办理。复函属遴谕有心时事之员，妥议章程等因。

臣即于是年夏间商令道员朱其昂等，酌拟轮船招商章程，设局招徕，俾华商原附洋商股本归并官局，购造轮船，运粮揽货，以济公家之用，略分洋商之利。缘此事本系创始，凡联络官商，招集股本，选买船只，雇用管驾，并于各口建立栈房、码头，事体极为繁重，筹办极为艰难。华商初犹观望，洋人又复嫉忌，往往跌价相争，非开诚布公，坚持定见，不足以服众而自立。该员绅等苦心经营，力任艰巨，竟底于成，频年叠加开拓，渐收利权。计有自置轮船并承领闽厂轮船八号，现又添招股分，向英国续购两号，分往南北洋各海口及外洋日本、吕宋、新嘉坡等处贸易，叠次装运江浙漕粮，上年秋间承载铭军赴台湾，转运粮饷源源接济，均能妥速无误，从此中国轮船可期畅行，实为海防、洋务一大关键，所裨于国计民生殊非浅鲜。该员绅等不无微劳足录，自应及时鼓励。臣前奏运漕出力，不过略举一端。要之，创办轮船招商，劳绩非寻常局务等项可比，更与津通验收转运人员绝无干涉，应不并计，相应详细声明。仰恳天恩，准将原保道员朱其昂等照拟给奖，以资观感。理合恭折覆陈，伏乞皇太后、皇上圣鉴训示。谨奏。（《李文忠公全书》奏稿卷二十五）

整顿招商局事宜折（光绪三年十一月二十五日）

奏为遵旨筹画整顿轮船招商局事宜，并酌议变通办法，恭折覆陈，仰祈圣鉴事。

窃臣等承准机军大臣字寄，九月十八日奉上谕：御史董儁翰奏轮船招商局关系紧要急须整顿一折，据称，该局每月亏银五六万两，因置船过多，载货之资不敷经费，用人太滥，耗费日增等语。轮船招商原以收中国之利权，必须有利无弊，方可以期久远。着李鸿章、沈葆桢通盘筹画，于该局经费权衡出入，认真整顿，毋得稍有虚靡。严谕该局，不得以办公为名，位置私人，滥行收录，并饬令该局商总和衷办事，勿骛虚名而鲜实济等因。钦此。并将董儁翰原折钞给臣等阅看。适该局商总道员朱其昂、唐廷枢等在津筹办直晋赈粜粮石，臣鸿章面加考究，仍分饬津海关道黎兆棠、署江海关道刘瑞芬密为查访，妥筹整顿之策。兹据该道等分晰查明，拟议章程前来。臣等覆加察核，如原奏置船过多一节，查招商局开办五年，已自置轮船十二号，迨收买旗昌洋行，又添大小轮船十八号，旗昌船向走长江为多，若无外人倾挤，江面生意尚旺，船只不至闲搁。乃英商太古将装货吨银大减，一意倾跌，局船揽载价亦随减，不敷船用，以致间有停搁，实迫于事势之无如何。拟令该局逐加挑剔，将旗昌轮船年久朽敝者，或拆料存储以备配修他船，或量为变价归还局本，借省停船看守之费，惟勿任中外流氓售去，减价相挤。其现行各船，内有附局带管者，岁收马头费无几，徒分局船揽载之货，除永宁、洞庭二船，已据报由局收买归入商股外，其余三船应全行辞去，无庸带管。又，原奏用人太滥一节，查该局专讲贸易，所用必其所习，与官场情形隔绝，应由该商总等自行选派，以一事权。臣等及各关道向无荐人之事，每遇载运漕粮时，各省容有转荐员绅，臣屡饬朱其昂等不可碍于情面，滥行收录。现在各口岸总分各局共二十七处，需人必多，在事皆各有职守，并无隔省官员挂名应差、支领薪水之事。又，原奏该局每月须赔银五六万两等语，查该局先后置买船栈等项，计价银四百二十余万两，其中实本仅分领各省官帑一百九十万有奇，商股七十三万零，共银二百六十余万两，尚短一百六十万两，系以浮存挪借抵用，计息不赀，遂至左支右绌。此由局本不足之故。加以太古洋行跌价倾轧，入不敷出。然每年结算官利，尚敷衍匀结，其暗中亏耗者只有轮船置价一项，未曾按年折除，并不得谓每月亏赔也。又，原奏各项费用严禁滥支，随时驳饬等语。查该局进项以揽载水脚为大宗，另有运漕耗米及带货二成免税、办米盈余，应令此后如能将耗米照章收足，带货免税按照税则核计，除贴还货主外，尚余几成，均归入局中专款列收，不得并入水脚开销。其采办漕米，无论盈亏，悉归公局，一切巨细进款，全登公帐，记载分明，不准遗漏含混。至出款约有三端，一为船用，凡在船人役辛工等项，每船月定额数，修理工料行船用物须有限制，均在所收水脚内开支；一为局用，总分各局司事人等辛资杂费，须分别定额，均在所提每两五分公费内开支，傥有不敷，不准于公帐拨补，仍将收支各数按年详细开报；一为栈房船厂之用，应在栈租内开支，不敷再由局费提补。外如购买船煤、置备物业，皆应撙节，揽载客货水脚，向章每百两给回用银五两，不准滥加，务归一律，即借用钱庄银，亦不可多糜重息。以上出入各款，均责成局员权衡缓急，督同司事悉心经理，勿任用人稍有浪费。其帐目除局员商总随时互相查核外，并饬江海、津海两关道于每年结帐时就近分赴沪津各局认真清查，如有隐冒，据实禀请参赔，以昭核实而免浮议。凡此整顿之法，已备极周详。惟念招商局之设，原以分洋商利权，于国家元气、中外大局实相维系，赖商为承办，尤赖官为维持。英商力与倾挤，商股遂多观望，诚恐亏耗既巨，难以久支，贻笑外人，且堕其把持专利之计，臣等再四筹维，只得就现有之款为变通之策。前经各省借拨官帑，倡率济急，取息仅七八厘，较商股一分利息尚少。原议俟商股充盈，即行归款，现在商本未充，生意淡薄，官帑又未便久稽，该关道等与局员筹议，拟请自光绪三年起，将直隶、江苏、浙江、江西、湖北、东海关等历年拨存该局官帑银一百九十万八千两，均予缓息三年。俟光绪六年起缓利拔本，匀分五期，每年缴还一期，以纾商力。每期计应缴官本银三十八万一千六百两，由商局豫为筹定，按原拨平色银数先分赴各省关局具结存案，届时照缴，无论如何为难，不得再求展缓，统计八年，官本全清。其缓收息款，以后或作官股，或陆续带缴，届期察看情形再议。至官商应甘苦与共，前虽议定商股按年给息一分，今官利既缓，嗣后拟将每年应付一分息银，以一半给各商收领，一半存局作为续招股本，亦按年计息，以五厘给商，五厘存局，弥补缺本，俟八年后局本补足，息即全给，众商当尚乐从。随时招添新股，一律办理。惟现计局本短至一百六十万之多，船旧并未折算，仅将官帑缓息八年，商息留半抵本，恐尚不敷补缺。拟自光绪三年七月起按年截数，其有盈余银两，暂缓派分，全数留局作为公股，照章一分起息，其息全留作本，俟八年期满，统计此项股本积息若干，除酌提换购新船外，再分派众商均沾，庶子母相权，生生不已，局务亦维持于不敝。所有保险局存本及新收局船保险银两，应并归招商局统算，无须作为浮存照市付息，亦无庸另提九五局用，别立一局，以免盈绌悬殊。如此分别秉公调剂，冀得上不亏国，下不病商，根基既固，久远可期，华商应闻风而踊跃，洋商或输诚以议和。臣等仍随时严饬该局员商总等恪遵圣训，和衷办事，勿骛虚名而鲜实济，勿图小利而误大局，勿畏人言而思缩手，勿执己见而昧机宜，惟以救济时艰毋负委任为念，自当日有起色矣。臣等往返函商，意见相同，除咨总理各国事务衙门外，谨合词缮折由驿四百里覆陈，伏乞皇太后、皇上圣鉴训示。再，此折系臣鸿章主稿，合并声明，谨奏。（《李文忠公全书》奏稿卷三十）

请设南北洋电报片（光绪六年八月十二日）

再，用兵之道必以神速为贵，是以泰西各国于讲求枪炮之外，水路则有快轮船，陆路则有火轮车，以此用兵飞行绝迹，而数万里海洋欲通军信，则又有电报之法。于是和则以玉帛相亲，战则以兵戎相见，海国如户庭焉。

近来俄罗斯、日本国均效而行之，故由各国以至上海莫不设立电报，瞬息之间可以互相问答。独中国文书尚恃驿递，虽日行六百里加紧，亦已迟速悬殊。查俄国海线可达上海，旱线可达恰克图，其消息灵捷极矣。即如曾纪泽由俄国电报到上海只须一日，而由上海至京城，现系轮船附寄，尚须六七日到京，如遇海道不通，由驿必以十日为期。是上海至京仅二千数百里，较之俄国至上海数万里，消息反迟十倍。倘遇用兵之际，彼等外国军信速于中国，利害已判若径庭。且其铁甲等项兵船在海洋日行千余里，势必声东击西，莫可测度，全赖军报神速，相机调援，是电报实为防务必需之物。

同治十三年日本窥犯台湾，沈葆桢等屡言其利，奉旨饬办，而因循迄无成就。臣上年曾于大沽北塘海口炮台试设电报以达天津，号令各营顷刻响应。从前传递电信犹用洋字，必待翻译而知，今已改用华文，较前更便。如传秘密要事，另立暗号，即经理电线者亦不能知，断无漏泄之虑。

现自北洋以至南洋调兵馈饷，在在俱关紧要，亟宜设立电报以通气脉。如安置海线，经费过多，且易蚀坏。如由天津陆路循运河以至江北，越长江由镇江达上海安置旱线，即与外国通中国之电线相接，需费不过十数万两，一半年可以告成。

约计正线、支线横亘须有三千余里，沿路分设局栈，常年用费颇繁。拟由臣先于军饷内酌筹垫办，俟办成后仿照轮船招商章程，择公正商董招股集资，俾令分年缴还本银。嗣后即由官督商办，听其自取信资，以充经费；并由臣设立电报学堂，雇用洋人教习中国学生，自行经理，庶几权自我操，持久不敝。如蒙俞允，应请饬下两江总督、江苏巡抚、山东巡抚、漕河总督转行经过地方官，一体照料保护，勿使损坏。臣为防务紧要，反覆筹思，所请南北洋设立电报，实属有利无弊，用敢附片缕陈，伏乞皇太后、皇上圣鉴训示。谨奏。（《李文忠公全书》奏稿卷三十八）

妥议铁路事宜折（光绪六年十二月初一日）

奏为铁路为富强要图，亟宜试办，筹款立法，尤宜得人，豫为考究，遵旨妥议，恭折仰祈圣鉴事。

窃臣承准军机大臣密寄，十一月初二日奉上谕：刘铭传奏筹造铁路一折，所请筹款试办铁路，先由清江至京一带兴办，与本年李鸿章请设之电线相为表里等语。所奏系为自强起见，着李鸿章、刘坤一按照折内所陈，悉心筹商，妥议具奏。原折着钞给阅看等因，钦此。仰见圣主廑念时艰，力图振作，周咨博访，不厌精详，曷胜钦服。伏思中国生民之初，九州万国，自为风气，虽数百里之内，有隔阂不相通者。圣人既作，刳木为舟，剡木为楫，舟楫之利，以济不通；服牛乘马，引重致远，以利天下。自是四千余年以来，东西南朔同轨同文，可谓盛事。迄于今日，泰西诸国研精器数，创造火轮舟车，环地球九万里无阻不通。又于古圣所制舟车外别出新意，以夺造化之工，而便民用。迩者中国仿造轮船，亦颇渐收其益。盖人心由拙而巧，器用由朴而精，风尚由分而合，此天地自然之大势，非智力所能强遏也。查火轮车之制，权舆于英之煤矿。道光初年始作铁轨，以约车轮。其法渐推渐精，用以运销煤铁，获利甚多，遂得扩充工商诸务，雄长欧洲。既而法、美、俄、德诸大国相继经营，凡占夺邻疆，垦辟荒地，无不有铁路以导其先。迨户口多而贸易盛，又必增铁路以善其后。由是欧美两洲六通四达，为路至数十万里。征调则旦夕可达，消息则呼吸相通。四五十年间，各国所以日臻富强而莫与敌者，以其有轮船以通海道，复有铁路以便陆行也。即如日本，以区区小国在其境内营造铁路，自谓师西洋长技，辄有觊觎中国之心。俄自欧洲起造铁路，渐近浩罕、恰克图等处，又欲由海参崴开路以达珲春。中国与俄接壤万数千里，向使早得铁路数条，则就现有兵力尽敷调遣；如无铁路，则虽增兵增饷，实属防不胜防。盖处今日各国皆有铁路之时，而中国独无，譬犹居中古以后而屏弃舟车，其动辄后于人也必矣。窃尝考铁路之兴，大利约有九端。江淮以北陆路为多，非若南方诸省河渠贯注而百货流通，故每岁所征洋税厘金二三千万两，在南省约十之九，在北方仅十之一。傥铁路渐兴，使之经纬相错，有无得以懋迁，则北民必化惰为勤，可致地无遗利，人无遗力，渐臻殷阜之象。其铁路扼要之处征收厘税，必渐与南方相埒，此便于国计者利一也。从来兵合则强，兵分则弱。中国边防、海防各万余里，若处处设备，非特无此饷力，亦且无此办法。苟有铁路以利师行，则虽滇、黔、甘、陇之远，不过十日可达。十八省防守之旅，皆可为游击之师。将来裁兵节饷，并成劲旅，一呼可集，声势联络，一兵能抵十兵之用，此便于军政者利二也。京师为天下根本，独居中国之北，与腹地相隔辽远，控制綦难，缓急莫助。咸丰庚申之变，议者多请迁都。卒以事体重大，未便遽行，而外人一有要挟，即欲撼我都城。若铁路既开，万里之遥，如在户庭；百万之众，克期征调，四方得拱卫之势，国家有磐石之安，则有警时易于救援矣。各省仕商络绎奔赴远方，粮货转输迅速，皆愿出于其途，藏于其市，则无事时易于富庶矣。不必再议迁都，而外人之觊觎永绝，自有万年不拔之基，此便于京师者利三也。曩岁晋、豫荐饥，山西米价腾踊，每石需银至四十余两。设有铁路可运，核以天津米价与火车运价，每石不过七两左右。以此例之，各省遇有水旱偏灾，移粟辇金，捷于影响，可以多保民命。且货物流转，自免居奇之弊。此便于民生者利四也。自江浙漕粮改行海运，议者常欲规复河运，以防海运之不测。铁路若成，譬如人之一身血脉贯通，即一旦海疆有事，百万漕粮无虞梗阻。其余如军米、军火、京饷、协饷莫不应手立至，此便于转运者利五也。轮车之行，较驿马十倍之速，从此文书加捷，而颁发条教，查察事件疾于置邮。他如侦敌信、捕盗贼，皆朝发夕至，并可稍裁正路驿站，以其费扩充铁路，此便于邮政者利六也。煤铁诸矿去水远者以火车运送，斯成本轻而销路畅，销路畅而矿务益兴。从此煤铁大开，修造铁路之费可省，而军需利源更取不尽而用不竭，此便于矿务者利七也。凡远水之区，洋货不易入而土货不易出。今轮船所不达之处可以火车达之，出入之货愈多，则轮船运货亦与火车相为表里，此便于招商轮船者利八也。无论官民兵商往来，行役千里而瞬息可到，兼程而涂费转轻，无寇盗之虞，无风波之险，此便于行旅者利九也。以上各端，西洋诸国所以勃焉兴起者，罔不慎操此术，而国计、军谋两事，尤属富强切要之图。刘铭传见外患日迫，兼愤彼族欺陵，亟思振兴全局，先播风声，俾俄、日两国潜消窥伺之心，诚如圣谕，系为自强起见。查中国要道，南路宜修二条，一由清江经山东，一由汉口经河南，俱达京师；北路二条，宜由京师东通奉天，西通甘肃。诚得此四路以为根本，则傍路繁要之区虽相去或数百里，而地段较短，需费较省，即招商集股，亦與情所乐就。从此由干达枝，纵横交错，不患铁路之不振兴。惟统计四路，工费浩繁，断难并举。刘铭传拟先造清江至京一路，与臣本年拟设之电线相辅并行，庶看守易而递信弥捷，洵两得之道。盖先办一路，虽于中国形势尚偏而不举，然西洋诸国五十年前亦与中国情形相等。惟其刻意营缮，争先恐后，故有今日之气象。刘铭传之意，盖欲先创规模以为发轫之端，庶将来逐渐推广，不患无奋兴之日也。顾或谓铁路若开，恐转便敌人来犯之途，且洋人久思在中国兴造铁路，此端一起，或致彼愈滋烦渎。不知各国之有铁路，皆所以征兵御敌，而未闻为敌用，何也？铁路在我内地，其临边处皆有兵扼守，彼岂能凭空而至？万一有非常之警，则坏其一段，扣留火车，而路亦无用，而全路皆废。数十年来，各国无以此为虞者，客主顺逆之势然也。至洋人擅在他国造路，本为公法条约所不准，若虑其逞强爽约，则我即不自造铁路，彼独不能逞强乎？况洋人常以代中国兴利为词，今我先自兴其利，且将要路占造，庶足关其口而夺之气，使之废然而返矣。或又谓铁路一开，则中国之车夫贩竖将无以谋衣食，恐小民失其生计必滋事端。不知英国初造铁路时，亦有虑夺民生计者，未几而傍路之要镇以马车营生者且倍于曩日。盖铁路只临大道，而州县乡镇之稍僻者，其送客运货仍赖马车民夫。铁路之市易既繁，夫车亦因之增众。至若火车盛行，则有驾驶之人，有修路之工，有巡瞭之丁，有上下货物、伺候旅客之杂役，月赋工糈皆足以仰事俯畜；其稍饶于财者，则可以增设旅店，广买股分，坐权子母。故有铁路一二千里，而民之依以谋生者当不下数十万人。况煤铁等矿由此大开，贫民之自食其力者更不可数计，此皆扩民生计之明证也。或又谓于民间田庐坟墓有碍，必多阻挠。不知官道宽广，铁路所经不过丈余之地，于田庐坟墓尚不相妨；即遇官道稍窄之处，亦必买地，优给价值，其坟墓当道者，不难稍纡折以避之。刘铭传剿捻数年，于中原地势民情固亲历稔知者也。惟是事端宏大，经始之初宜审之又审，俾日后勿滋流弊，始足资程式而行久远，臣当博采众议。外洋造路有坚窳久暂之不同，其价亦相去悬殊，每里需银自数千两至数万两不等，清江浦至京最为冲要之衢，造路须坚实耐久，所需经费虽未能豫定，为数自必不赀。现值帑项支绌之时，此宗巨费欲筹之官则挪凑无从，欲筹之商则散涣难集。刘铭传所拟暂借洋债，亦系不得已之办法。从前中国曾借洋债数次，议者恐各省纷纷援例，致受洋人盘剥之累，经户部奏明停止。顾借债以兴大利与借债以济军饷不同，盖铁路既开，则本息有所取偿，而国家所获之利又在久远也。惟是借债之法有不可不慎者三端。恐洋人之把持而铁路不能自主也。宜与明立禁约，不得干预吾事，但使息银有着，期限无误，一切招工购料与经理铁路事宜，由我自主，借债之人毋得过问，不如是，则勿借也。又恐洋人之诡谋而铁路为所占据也。宜仿招商局之例，不准洋人附股，设立铁路公司以后，可由华商承办，而其政令须官为督理，所借之债议定章程，由该公司分年抽缴，期于本利不至亏短；万一偶有亏短，由官着追，只准以铁路为质信，不得将铁路抵交洋人。界限既明，弊端自绝，不如是，则勿借也。又恐因铁路之债或妨中国财用也。往时所借洋款皆指定关税归偿，近则各关拨款愈繁，需用方急，宜议明借款与各海关无涉，但由国家指定，日后所收铁路之利陆续分还，可迟至一二十年缴清，庶于各项财用无所牵掣，不如是，则勿借也。凡此数端，关系较巨，闻洋人于债项出纳之间，向最慎重，若尽照所拟办法，或恐未必肯借；彼若肯借，方可兴办。与其速办而滋弊端，不如徐议而免后悔。又闻各国铁路无一非借债以成，但恃素有名望之监工，踏勘估工之清单，与日后运载之利益，足以取信于人。中国南北铁路行之日久，必可多获盈余，诚设立公司名目，延一精练监工细为勘估，由总理衙门暨臣等核明，妥立凭单，西洋富商或有愿为称贷者。至铁路应试造若干里，如何选料募匠，如何费省工坚，非悉心考究，无由握其要领。一切度地、用人、招商、借债，事务繁赜，非有特派督办之大员，呼应断不能灵。查刘铭传年力尚强，英气迈往，曾膺艰巨，近见各国环侮，亟思转弱为强，颇以此事自任。惟造端不易，收效较迟，傥值外患方殷，朝廷或畀以军旅之寄，自应稍从缓议。现既乞假养疴，别无所事，若蒙圣主授以督办铁路公司之任，先令将此中窾要专精考校，从容商榷，即俄、日各国骤闻中国于多事之秋尚有余力及此，所以示之不测，未始非先声后实之妙用。且以其暇招设公司，商借洋债，虽能否借到巨款尚无把握，然以刘铭传之勋望，中外合力维持，措注较易于他人。其旧部驻防直、苏两省不下万余人，将来讲求愈精，或另得造路省便之法，或以勇丁帮同修筑，或招华商巨股，可以设法腾挪，当与随时酌度妥办。盖刘铭传以原议之人始终经理，即待其效于十年以后，尤属责无旁贷；傥更有要任相需，仍可闻命即行，独当一面也。再，中国既造铁路，必须自开煤铁，庶免厚费漏于外洋。山西泽潞一带煤铁矿产甚富，苦无殷商以巨本经理，若铁路既有开办之资，可于此中腾出十分之一，仿用机器洋法开采煤铁，即以所得专供铁路之用。是矿务因铁路而益旺，铁路因矿务而益修，二者又相济为功矣。所有筹办铁路，力图自强，宜豫为考究，设法试行，各缘由恭折由驿覆陈，是否有当，伏乞皇太后、皇上圣鉴训示。谨奏。（《李文忠公全书》奏稿卷三十九）

直境开办矿务折（光绪七年四月二十三日）

奏为直境招商购器，仿用洋法开办矿务、疏通运道，渐有成效，恭折仰祈圣鉴事。

窃惟天地自然之利，乃民生日用之资。泰西各国以矿学为本图，遂能争雄竞胜。英吉立国在海中三岛，物产非甚丰盈，而岁出煤铁甚旺，富强遂甲天下。中国金、银、煤、铁各矿胜于西洋诸国，只以风气未开，菁华闷而不发，利源之涸，日甚一日，复岁出巨款购用他国煤铁，实为漏卮之一大宗。

从前江西之乐平及山西、湖南等省，皆以土法开采煤铁等矿，工力较繁而所得较微，无裨大局。近来如台湾之基隆、湖北之荆门、安徽之池州，经营煤矿渐用洋法，然或因创办伊始，或因经费未敷，尚难骤得大效。

臣于光绪元年四月间钦奉寄谕：着照所请，先在磁州试办，派员妥为经理等因。钦此。仰见朝廷恢拓远图至意。旋经屡次委员往查，磁州煤铁运道艰远，又订购英商熔铁机器不全，未能成交，因而中止。旋闻滦州所属之开平镇煤铁矿产颇旺，臣饬招商局候选道唐廷枢驰往察勘，携回煤块铁石，分寄英国化学师熔化试验，成色虽高低不齐，可与该国上中等矿产相仿，采办稍有把握。三年八月，臣檄派前任天津道丁寿昌、津海关道黎兆棠会同唐廷枢熟筹妥办。旋据酌拟设局招商章程十二条，批令刊刻施行。迨丁寿昌、黎兆棠先后离津，现任津海关道郑藻如复会办局务。查初定章程，拟招商股银八十万两，开采煤铁并建生熟铁炉机厂，就近熔化。继因招股骤难足额，熔铁炉厂成本过巨，非精于铁工者，不能位置合宜。遂先专力煤矿采煤，既有成效，则炼铁必可续筹也。

　　唐廷枢奉檄设局后，勘得滦州所属距开平西南十八里之唐山山南，旧煤穴甚多，土人开井百余口，只取浮面之煤，因无法取水而止。光绪四年钻地探试，深六十丈，得有高烟煤六层：第一层厚十八寸，第二层二尺，第三层七尺，第四层三尺，第五层六尺，第六层八尺，其第六层之下尚有一二层，但计所得之煤已足供六十年之用，因是不复深探。旋于五年购办机器，按西法开二井，一提煤，一贯风抽水。其提煤井开深六十丈，贯风抽水井开深三十丈。地下开横径三道，一在提煤井二十丈开洞门，作旋风之用；一在三十丈，一在五十六丈，两道系取煤之用。所有地下横径直道均与两井相通，其第一条横径南开四丈，得见第一层煤质略松，煤层过薄，豫备不用。北开八丈，得见第二、第三层煤，两层相隔只有一尺，其质坚色亮，燃烧耐久，性烈而蒸气易腾，烧烬之灰亦少。就目下二十丈深之煤论之，可与东洋头号烟煤相较，将来愈深愈美，尤胜东洋。惟煤产出海，销路较广，由唐山至天津必经芦台，陆路转运维艰，若夏秋山水涨发，节节阻滞，车马亦不能用。因于六年九月议定兴修水利，由芦台镇东起至胥各庄止，挑河一道，约计七十里，为运煤之路。又由河头接筑马路十五里，直抵矿所，共需银十数万两，统归矿局筹捐。非但他日运送煤铁诸臻便利，抑且洼地水有所归，无虞积涝；而木地所出盐货可以畅销，是一举而商旅农民皆受其益。所占地亩，均照民价购买。本年二月兴工挑挖，五六月可一律告藏。从此中国兵商轮船及机器制造各局用煤，不致远购于外洋，一旦有事，庶不为敌人所把持，亦可免利源之外泄。富强之基，此为嚆矢。据总办开平矿务局员唐廷枢将大略情形具禀前来。

　　臣查唐廷枢熟精洋学，于开采机宜、商情市价详稽博考，胸有成竹，经理数年，规模粗备。当夫筹办之始，臣因事端宏大，难遽就绪，未经具奏。今则成效确有可观，转瞬运煤销售，实足与轮船招商、机器织造各局相为表里。开煤既旺，则炼铁可以渐图。开平局务振兴，则他省人才亦必闻风兴起，似于大局关系非浅。所有直境招商购器开办矿务、疏通运道缘由，理合恭折具陈，伏乞皇太后、皇上圣鉴。谨奏。（《李文忠公全书》奏稿卷四十）

试办织布局折（光绪八年三月初六日）

奏为招商在上海试办机器织布局，以扩利源而敌洋产，恭折仰祈圣鉴事。

窃查光绪四年十月二十四日奉上谕：御史曹秉哲奏请仿用西法开采，以利器用一折。据称近来各省开设机器等局，需用煤铁甚多，请由内地仿照西法，用机器开采、转运、鼓铸、制造，既省买价，并浚财源等语。所称招徕殷商，听其开办，酌量征收厘税，是否可行，着李鸿章体察情形，斟酌妥善，奏明办理。原折着钞给阅看等因。钦此。

臣查该御史原奏内称，方今之务，以海防为最要。泰西各国，凡织布匹、制军械、造战舰皆用机器，故日臻富强。又谓中国若用机器开采、转运、鼓铸、制造，其价比来自外洋为贱，更可宏拓远谟等语。所论均属切要。

臣维古今国势，必先富而后能强，尤必富在民生，而国本乃可益固。溯自各国通商以来，进口洋货日增月盛，核计近年销数价值，已至七千九百余万两之多。出口土货年减一年，往往不能相敌。推原其故，由于各国制造均用机器，较中国土货成于人工者，省费倍蓰。售价既廉，行销愈广，自非逐渐设法仿造，自为运销，不足以分其利权。盖土货多销一分，即洋货少销一分，庶漏卮可期渐塞。查进口洋货，以洋布为大宗，近年各口销数至二千二三百万余两。洋布为日用所必需，其价又较土布为廉，民间争相购用，而中国银钱耗入外洋者实已不少。臣拟遴派绅商，在上海购买机器，设局仿造布匹，冀稍分洋商之利。叠经饬办，均以经费不充，税厘太重，相率观望，久无成议。复饬据三品衔候选道郑官应、三品衔江苏补用道龚寿图，会同编修戴恒，妥细筹拟。据禀估需放本银四十万两，分招商股足数，议有合同条规，尚属周妥。当经批准，先在上海设局试办，派龚寿图专办官务，郑官应专办商务，又添派郎中蔡鸿仪、主事经元善、道员李培松会同筹办。该道等延聘美国织布工师丹科到沪，据称中国棉花抽丝不长，恐织不如式，必须就花性改制织机。已与订立合同，令其携带华花，赴英美各厂试织，酌购机器。本年夏秋之交，即可回华开办。

查泰西通例，凡新创一业，为本国未有者，例得界以若干年限。该局用机器织布，事属创举，自应酌定十年以内，只准华商附股搭办，不准另行设局。其应完税厘一节，该局甫经倡办，销路能否畅旺，尚难预计，自应酌轻成本，俾得踊跃试行，免被洋商排挤。拟俟布匹织成后，如在上海本地零星销售，应照中西通例，免完税厘。如由上海径运内地，及分运通商他口，转入内地，应照洋布花色，均在上海新关完一正税，概免内地沿途税厘，以示体恤。如日后运出外洋行销，应令在新关完一出口正税。若十年后销路果能渐畅，洋布果可少来，再行察酌另议。此系中国自主之事，自可特定专章，无虞洋商借口。

除未尽事宜，再由南北洋大臣随时督饬办理外，所有上海招商试办机器织布以敌洋产缘由，理合恭折具陈，伏乞皇太后、皇上圣鉴。谨奏。（《李文忠公全书》奏稿卷四十三）

遵议维持商局折（光绪十二年正月二十一日）

奏为遵议维持招商局事宜，以保中国权利，恭折仰祈圣鉴事。

窃臣等钦奉光绪十一年九月十二日寄谕：顺天府代递道员叶廷眷条陈内扶持商局一条，据称请准招商局轮船装运鄂盐。该局承运漕粮，请照沙船回空免税章程办理，并展缓运漕限期，借客货水脚补其不足。湖北帽合茶酌减税课，归局装运等语。所陈各节系专为维持商务起见，惟于各该省盐政、税厘有无关碍，着李鸿章、曾国荃体察情形，筹商奏明办理。至该局事务，应否令苏松粮道及江海关道，就近会商，并着酌议具奏等因。钦此。遵即分行各该司道等体察筹商去后，旋据议覆前来，窃维轮船招商局之设，原因各口通商以来，中国沿江沿海之利尽为外国商轮侵占，故设法招集华股特创此局，以与洋商争衡，庶逐渐收回权利。所关于国家体制、华民生计极巨，亦实为中外交涉之大端。惟船栈、码头各项成本甚重。与洋商分揽客货，常年所得水脚无多，且洋商心怀嫉忌，屡次跌价倾挤。上年又遭法兵之扰，海舶难行，遂致局本层递亏折，该员等无法支拄，不得不暂借洋债以济急需。当此局势岌岌之际，必须官为维持乃可日就起色。叶廷眷所陈各节颇有见地，但局船装运鄂盐及展缓运漕限期两条不无窒碍，应无庸议。其运漕局船回空照沙船免税一条，查运漕沙宁船回空，凡在北洋三口装载豆货、杂粮等项，向准全免出口税在案。局船本可照办，惟恐免税较多，于税饷有碍。饬据津海、山海、东海、江海关道议覆，嗣后商局轮船运漕回空，请免北洋三口出口税二成。如原来装米一千石，回空时免收出口货税二百石。查照派运米数通扯免足二成，仍较沙宁船少，免八成以示区别。又湖北帽合茶一条，饬据津海、江海、江汉关道复称，帽合茶向由鄂、豫内地运赴张家口、蒙古地方，粗枝大叶，价值最轻。嗣后如华商由鄂附搭商局轮船出口，请照砖茶之例，每百斤减为出口正税银六钱，并免复进口半税。庶局船借得水脚，他船不得揽载。其由津北运张家口外，仍照完沿途内地税厘。以上两条，应请均自本年开办起，另将执照、保单及稽核章程核定，分饬遵照。惟叶廷眷原请各条，以运盐为大宗，今运盐既有窒碍，仅运漕回空免税二成及装运帽合茶两项尚可酌准。综计所沾利益，每年不过合银二万两左右，局累既深，实不足以资补救。查该局奏定章程，原拟借运漕水脚以补揽载客货之不足，局中有此津贴，方可与洋商争衡而不为倾挤。前曾议明局船应得水脚，悉照沙宁船定章，每石实银五钱六分零，未几又有扣减。上年，美商旗昌与英商"怡和""太古"轮船承运漕粮减为三钱五分，实则支用不敷，皆各亏本。夫彼族之甘认此亏而争运者，盖明知洋轮运漕可暂而不可久，华商力量微薄，借以去其运漕津贴，将立见倾覆，而江海轮船之利，仍可专归于洋商耳，其心计极为狡很。若不杜其觊觎，则华商之气益馁，洋商之焰益张，恐中国商务一蹶不可复振。朝廷视华商之轮船与沙宁船原无轩轾，现在沙宁船运漕每石应支银四钱三分一厘零，所有本届商局轮船运漕应请仍照沙宁船现领之数支给，以后一体照办，不再区分扣减，亦不扣海运局公费以免亏赔。而资津贴。轮船运漕较沙宁船多一保险及麻袋之费，其修费亦大，今支款照沙宁船一律庶昭平允，且转运迅速，不致久存。船内即有蒸变，遇险又可取偿，是于公家亦殊有益也。湖北、湖南、江西采办漕米，饬由该局代购运交，其运费亦应照四钱三分一厘零核给，俾无歧异。又该局原存各省官本及光绪二年买并旗昌船栈案内，前南洋大臣沈葆桢奏拨官本未还银一百七十八万余两，于光绪六年奏明由运漕水脚项下分年扣还。其时局中借欠商款有限，遂议先还官本尚属急公。今计历年扣还并湖北军需扣款业已过半外，尚应还银七十七万余两。而该局现欠洋债计有一百余万两，若令官本、洋债一并拔还，商力万不能逮。查所剩各省官本七十余万内本有闲款，亦非急不可待，应请暂缓拨还，免扣水脚各项，以示体恤。俟洋债归结后，即责令分年筹缴官本，不准短少，庶免失信外人，亦不致同时催逼，掣动全局。查泰西各国商务，多由国家出费帮贴，即日本新定轮船公司章程，议明十五年间由政府保认商民股本，按年八厘利息。该公司向来所负之债，并归政府股分内所得子金偿还。诚以商务兴废关系国计强弱，必相与维持于不敝。中国帑藏非裕，趋尚不同，若保认商民官利代还债负，势有不能，自应妥筹可行之策。今所拟运漕水脚仍照沙宁船之数并无增益，其回空免税则较沙宁船核减，帮合茶减税甚微，官本仅止缓缴，实于公家并无甚损。而该局商困，借可少舒，事关中国商务要端，非此断不足以敌洋商而保我权利。相应仰恳特恩俯准照办，以作商民之气，大局幸甚。至该局自去秋向旗昌收回后，已遴派道员盛宣怀认真整顿经理，严定章程，力除弊窦，务使商民信从，可资经久。江海、津海关道，本饬随时会筹局务，应并令江苏粮道与江海关道遇有要件随时会同局员筹商协助，俾资利便。所有遵议缘由，臣等往返商榷意见相同。谨合词陈请，伏乞皇太后、皇上圣鉴，训示遵行。谨奏。（《李文忠公全书》奏稿卷五十六）

复醇邸详陈创修铁路本末（光绪十五年四月二十日）

小儿经方回津，传奉钧谕，复迭奉连日电示，仰蒙维持恩挚，规画周详，曷胜钦佩。张督、刘抚、黄护抚三疏并交，而懿旨令就张疏详细复陈，似黄疏之先办边防、漕路，及刘疏之整顿商务，均当俟铁路大兴之后再议。此事但以能办者为主，无取铺张。已遵照电示。及鸿章所陈，与殿下意合者汇入议复底稿，另录呈教，以备详商采择。此路由汉口起手，轮帆如织，商贾如林，正与先从津通起手同一作用。且通州、卢沟同一近畿，未必通州则谣诼纷来，卢沟则浮言不起，如此由远而近，妙于推移，当亦殿下所首肯者。惟鄂中大吏均不以此为然，若往汉口一带勘路，民情稍有阻挠，势必张皇耸听，总须责成裕督、奎抚遵旨办理，免致再有波折。其铁路章程但就津沽推广，而海署相距稍远，开办之初必得有大员才长心细者，前往与督抚会筹，始能集事。目今解事人少，办事人尤少，鸿章实有才难之叹。此当于事前审慎。外间每疑鸿章用人似滥，不知节取器使，稍窥古人略短录长之义。津沽耳目切近，尚能随时督查训励，若鞭长莫及之地，自非有独当一面之才，不敢轻于付托，区区微忱，愿资刍献。至津通既从缓议，北洋办理此事始末，仍不得不为殿下详言之。光绪五、六年间，俄约事起，即有议建铁路者。鸿章盱衡北洋形势，以大沽为京师外户，其北塘至山海关各处口岸皆为大沽旁门，一处有警，全局震动。设防患其难遍，征调患其不灵，非铁路不能收使臂使指之效，只因时论不韪，筹款维艰，未敢轻率请办。幸得殿下亲历北洋，决疑定计，奏准兴修津沽铁路，鸿章额手称庆。以为铁路乃举世所疑，而殿下雄心毅力，一闻鄙言，如石投水，诚千载一时，为中国自强之基。窃以津沽铁路既成，上至通州，下至山海关，皆可次第观成。经费虽巨，而以通州客货之水脚及节省运漕之浮费分年筹抵，定可不请部帑，即为北洋创一经久之宏谟。时不可失，急起直追，是以于奏准后即意图招股，克期办成。乃舌敝唇焦，仅招得商股银十万八千五百两，不得已于天津海防支应等局借拨银十六万两，又以周年五厘轻息，向英商怡和洋行借用银六十三万七千余两，德商华泰银行借用银四十三万九千余两，然后津沽至阎庄一百八十余里之铁路始得告成。鸿章详核出入帐目，并无丝毫糜费，旋即奏请接修津通铁路。奉准后一面招股，一面按五厘轻息向英商汇丰银行订借银二百万两，议俟商股集到，陆续划还。内先付银十三万四千五百余两为勘路订料等用。迨停工候议，即将汇丰未付银一百八十六万余两停止不借。此数年以来，鸿章筹办铁路之详细缘由也。现奉懿旨，令就粤督所陈详议，鸿章断不敢稍执成见。惟是津通未办之路既拟停缓，津沽已成之路必须保全。现查唐山至天津铁路，每月所收搭客运货脚价银两总在一万上下，每年至多收银十二万两，每月行车养路经费必须用银九千两，每年至省须用银十万八千两。以入抵出，每年仅余银一万余两，以之抵付洋息，尚不敷银四万余两。其商股息银及大修经费且无着落，洋债索还更无着落。若不迅筹补救，已成之津沽铁路必不能保，未成之山海关铁路必不能兴，转瞬洋债到期，必不能缓。有初鲜终，贻笑中外，此鸿章所以日夜焦思而不能释也。此事全为办理畿辅海防起见，其中甘苦惟殿下及鸿章深喻之，公司且不深喻，更何能令议补救之策耶？电示欲由津达保定，意在迎汉口以救津沽，非与鸿章息息相关，岂能委曲筹维及此？顾铁路之妙用在调兵运饷，铁路之命脉在商贾贸迁。

商贾辐辏之地，多一里得一里之益；商贾稀少之地，多一里受一里之累。德州、保定商货皆稀，若修铁路，造路之本既无所出，养路之费亦必不敷。惟将来张议如果兴办，必须有由津达保之路运铁炉机器始捷，此虽不必遽造，亦当在应办枝路之列。惟津沽一路关系海岸运兵要务，既经殿下奏造告成，必须设法保全，免致前功尽弃。似须仍照光绪十三年海署原奏，由唐山接至山海关，局势方密，首尾方灵。津通铁路之议原为养赡天津至山海关铁路而起，如不动公帑，自非通路不可，如能拨公帑，请将铁路接至山海关，而北洋声势始壮，防局粗完。查唐山至山海关计程三百一十里，接造铁路地势较高，铁桥较少，撙节估计约需银二百万两，合之津沽铁路无着洋债一百二十万两，共银三百二十万两。诚恐一时无此帑力，应请先由部筹拨银一百二十万两，清还津沽造路洋债，于年内解交海署，俟明春洋债到期，由鸿章请领归款。其由唐山至山海关接造铁路银二百万两，商股断难招集，嗣后如能由部筹拨，再行遵办。如蒙殿下奏准，当妥议详细章程，呈请钧核。至粤督所奏津通宜审五端，本拟逐条驳斥，继思芗涛之意不过调停言路，不值与之辨难。然津通之议若非确有利益，鸿章断不能上欺殿下；殿下非见其确有利益，亦不能轻信鄙言而以之上误圣听。一片苦衷，似宜揭示。倘竟置之不论不议，知者以为优容，不知者且以为认错，从此海署所奏之件竟不足为轻重矣。故折底于其紧要处仍略为声明，俾与前两次原奏吻合，初非好骋词锋也。鸿章生平不解空言高论，只知以实心办实事。三十年来，日在谣诼之中，而祸福得失久置度外。惟以身受两朝知遇，皇上亲裁大政，时局艰难，顾念圣母深恩，贤王挚爱，每欲为国家建万年不拔之基，近于烈士暮年壮心不已者，自非殿下，谁喻鄙诚！临书驰仰，诸惟垂鉴。（《李文忠公全书》海军函稿卷三）

左宗棠

开采徐州铜山县境煤铁援案请减税银折

奏为开采徐州铜山县境煤铁，援案请减税银，以期畅销，恭折仰祈圣鉴事。

　　窃照南、北洋筹办防务，以制造船炮为第一要义。而各省所设机器、轮船等局，制造一切，又以煤铁为大宗。近来湖北、安徽等处矿山，均经仿照西法设厂开挖。本年夏间，据徐州道程国熙禀称，铜山县属利国驿等处多产煤铁，若以机器开采，足供轮船等局之用。饬令候选知府胡恩燮延聘洋矿司入山探验，煤铁均堪开采。酌拟招商集资章程，由道禀请试办。当将章程逐条批示，并准委胡恩燮承办。续据该道呈报，已于八月二十四日设局开采。并称创办之始，购办机器有费，聘请矿司有费，以及起造厂屋、厂炉一切无不有费，所需成本为数甚巨，若不酌减税银，非但成本更重，而洋产亦难敌矣。拟照湖北等处土煤出口每吨完税银一钱之案，一律请减。等情前来。

　　臣查该局用西法开采，出煤必多，核与安徽、湖北诸厂情事相同。且该局矿山深处江境极边，运道绵长，又多浅濑悬流，每一阻险，动须盘拨，较之贵池等处运路近江尤觉为难。所挖土煤应准一律减税。合无吁恳天恩，俯准援照湖北、安徽成案办理，以维商本而塞漏卮。谨会同漕运总督臣庆裕、江苏巡抚臣卫荣光，恭折具陈，伏乞皇太后、皇上圣鉴训示。谨奏。（《左文襄公全集》奏稿卷五十九）

筹办沿江陆路电线片

　　再，查由天津至上海，苏州、镇江、江宁、清江，以及江、浙、闽、粤各省，现皆次第举办陆路电线，均经奏奉谕旨允准在案。

　　窃维电线兴自泰西，无论水陆，程途千万里，音信瞬息可通，实于军情、商务大有裨益。即如法国之于越南，俄国之于珲春，日本之于朝鲜，皆设电线，盖有事呼应灵捷，无事可便商贾。故凡用兵要地、通商码头，彼族无不谋占设电线。同治十二年，丹国商人在沪设立电线，以达外洋。本年英商即以此借口，来沪争设。幸总理衙门坚持同治九年原议，饬拆丹国所设上海旱线，咨行到臣。当经札饬江海关道邵友濂、电报局道员盛宣怀、洋务局道员王之春，一面向丹商辨论，一面阻止英商勿遽添设。往返争论，几致颖秃唇焦，始援中英约章，将丹国已设吴淞至上海旱线一道买回，以保中国自主之权，而英商遂无异议。虽经臣严饬该道等坚持定论，然非天威震慑，何能遽就范围？已将所立合同章程咨报总理衙门在案。

昨又有洋商议添设水线，由长江以达汉口。虽经盛宣怀、王之春竭力阻挡，幸即暂止，然洋人狡诈嗜利，未必遽作罢论。

臣维汉口居长江上游，又为各国通商口岸。洋商既有添设长江水线之议，应由中国先行设立陆线，杜其狡谋。所有一切经费，仍由华商自筹，并不动支正款。

除咨明安徽、江西、湖北各督抚转饬所属地方官查照，并饬总办电报局道员盛宣怀督同委员、工匠人等克日赶紧兴办外，应否敕下总理衙门速咨江西、湖北、安徽各省一律举行之处，谨附片陈明，伏乞圣鉴训示。谨奏。（《左文襄公全集》奏稿卷六十一）

张之洞

筹设炼铁厂折

窃以今日自强之端，首在开辟利源，杜绝外耗。举凡武备所资枪炮、军械、轮船、炮台、火车、电线等项，以及民间日用、农家工作之所需，无一不取资于铁。两广地方产铁素多，而广东铁质尤良。前因洋铁充斥，有碍土铁，经臣叠次奏请开除铁禁，暂免税厘。复奏免炉饷，请准任便煽铸，以轻成本而敌侵销，多方以图，无非欲收已失之利还之于民。

查洋铁畅销之故，因其向用机器，煅炼精良，工省价廉；察华民习用之物，按其长短大小厚薄，预制各种料件，如铁板、铁条、铁片、铁针等类，凡有所需，各适其用。若土铁则工本既重，熔铸欠精。生铁价值虽轻，一经炼为熟铁，反形昂贵。是以民间竞用洋铁，而土铁遂至滞销。以本省铁货出入计之，每年洋铁入廉州者约四五十万斤，入琼州者百万斤有奇，入省城、佛山者约一千余万斤，入汕头者约二百余万斤。内地铁货出洋以锅为大宗，其往新嘉坡、新旧金山等处，由佛山贩去者约五十余万口，由汕头贩去者约三十余万口，由廉州运往越南者约四万余口。此外铁锤运往澳门等处者每年约五六万斤。铁线运往越南者先年约十余万斤，近因越税太苛，业经停贩。然此皆粗贱之物，凡稍精稍贵之铁板、钢条，则不惟不能外行，且皆取资洋产。以各省各口铁货出入计之，查光绪十二年贸易总册所载，各省进口铁条、铁板、铁片、铁丝、生铁、熟铁、钢料等类共一百一十余万担，铁针一百八十余万密力，每一密力为一千针，合共铁价针价约值银二百四十余万两；而中国各省之出口者，铜、铁、锡并计，只一万四千六百数十担，约值银一十一万八千余两，不及进口二十分之一。至十三年贸易总册，洋铁、洋针进口值银二百一十三万余两。十四年贸易总册，洋铁、洋针进口值银至二百八十余万两。而此两年内竟无出口之铁，则是土铁之行销日少，再过数年，其情形岂可复问！

臣督同海防善后局司道局员暨熟识洋务之员，详加筹度，必须自行设厂，购置机器，用洋法精炼，始足杜外铁之来。惟是广东近年饷繁费绌，安有余力更为斯举？然失此不图，惟事以银易铁，日引月长，其弊何所底止！计惟有先筹官款垫支开办，俟其效成利见，商民必然歆羡，然后招集商股，归还官本，付之商人经理，则事可速举：资必易集。

大率中国创办大事，必须官倡民办，始克有成。经臣于本年三月间，电致出使英国大臣刘瑞芬，往返筹商数月之久。兹准刘瑞芬电复："现与英国谐塞德公司铁厂订定熔铁大炉二座，日出生铁一百顿〔吨〕，并炼熟铁、炼钢各炉，压板、抽条兼制铁路各机器，共价英金八万三千五百镑，先汇定银二万七千八百三十三镑，运保费在外，机器分五次运粤，十四个月交清。"等语。当经饬局将定银镑价折合银十三万一千六百七十两零，如数先行筹汇，订立合同。至于建厂地方，择定于省城外珠江南岸之凤凰冈地方，水运便利，地势平广，甚为相宜。俟绘就厂图寄粤，即当赶紧建造。此购办机器自设铁厂之拟办情形也。

窃惟通商以来，凡华民需用之物，外洋莫不仿造，穷极精巧，充塞土货。彼所需于中国者，向只丝、茶两种，近年外洋皆讲求种茶、养蚕之法，出洋丝茶渐减，愈不足以相敌。土货日少，漏溢日多，贫弱之患，何所底止！近来各省虽间有制造等局，然所造皆系军火，于民间日用之物，尚属阙如。臣愚以为华民所需外洋之物，必应悉行仿造，虽不尽断来源，亦可渐开风气。洋布、洋米而外，洋铁最为大宗。在我多出一分之货，即少漏一分之财，积之日久，强弱之势必有转移于无形者。是以虽当竭蹶之时，亦不得不勉力筹办。

至于开采铁矿，尤须机器、西法，始能钩深致远，取精出旺。臣现已分向英德两国聘募矿师来粤勘验，以便购机精采。傥物力稍纾，尚拟将民间需用各铁器，及煤油、火柴等物，悉行自造。将来铸造渐多，岂惟粤民是赖，尚可分销各省。一俟机器运到开炼，以后办理情形，再当随时详晰具奏。（《张文襄公全集》奏议卷二十七）

勘定炼铁厂基筹办厂工暨开采煤铁事宜折

光绪十六年闰二月十八日，承准总理海军事务衙门咨，光绪十六年二月二十九日会同户部具奏，遵议粤督李瀚章奏《请将广东炼铁厂量为移置》一折，黏抄原奏，内称："查湘、鄂煤铁，既经张之洞访知可恃，自应准其将此项机器改运鄂省，择地安设，较为直截简便。"第炼铁为造轨之基，其后半价值及营建厂屋之需，自当由部拨每年二百万两内划拨。究用若干，应令先行估定，报明立案。等因。本日奉旨："依议。钦此。"咨行到鄂，钦遵办理。当即于湖北省城设立铁政局，遴派奏调差委指分湖北补用道蔡锡勇，会同在省司道总办局务，陆续访求外省通晓矿学之委员、学生咨调应用。自臣到鄂后，随时将筹办煤铁情形电请海军衙门核示，遵照叠次覆电办理。嗣于七月内，承准海署七月二十八日电开：厂地既经勘定，令即举行，由臣自行奏明等因。

伏查设厂炼铁，浚利源而杜外耗，为中国创办之举。工程浩大，端绪纷繁，约以开铁、采煤、造厂为三大端。自上年冬间，叠次承准海军衙门咨电后，即将臣前在粤省访募英、德各国矿师、洋匠、化学教习人等，咨调来鄂，于上年冬腊间陆续到鄂。即经臣派员带同外洋工师赴大冶、兴国等州县及沿江上下游一带查勘煤铁。并委员分赴湖南及四川边界查访煤窿，于本年春间先后查勘回省。查明大冶县铁山实系产旺、质良，取用不竭，距江边黄石港仅五十余里。兴国州产有锰铁，尤为炼钢所必需，适与大冶接界。至炼钢、炼铁以白煤、石煤为最善，或用油煤炼成焦炭亦可。湖北之荆门、当阳产有白煤，兴山、归州、巴东亦产白煤，为数较少。湖南之宝庆、衡州、永州三府所属各县地方及接界之四川奉节、巫山，江西萍乡所产白煤、石煤、油煤、焦炭尤为旺盛，均属一水可通。带回煤、铁质样，当发交洋匠用化学药料详细化炼，分别等差。大率铁矿，每百分以铁质多至五六十分，内含硫质在二厘以内，磷质在一厘以内者为合用。煤以灰在十分以内，炭质在八十五分及九十分以外者为合用。大冶之铁矿，铁质六十分有奇。湘、鄂各煤，合式可用者共有二十余处。

至建厂一节，查大冶开采铁矿，炼铁厂自以附近产铁地方为最善。惟该厂基及储厂屯煤处所，长三百余丈，宽六七十丈，地宜平原高阜，兼通水运。大冶通江之黄石港地方，现任山东登莱青道盛宣怀，曾于光绪三年带同洋矿师郭师敦查勘煤、铁。据禀：周历大冶县属上自黄石港，下至石灰窑，寻觅安炉基地，或狭小，或卑湿，再三相度，仅有黄石港东吴王庙旁尚敷安置，惟地势不高，难免水患，旁有高地一区，又形狭隘，道光二十九年曾被水淹。复赴樊口，履勘武昌、黄冈县属南北两岸上下百余里。据矿师云，南岸多山陇，少平原，北岸多沙洲，少坚土。合观大概，即求如前勘黄石港东基地亦不可得等语。禀鄂有案。查该道所称安炉基地，系拟设出铁四十吨之机炉已难得地。今所购机炉，每日出铁一百吨，兼有炼钢、造轨及炼熟铁、铸铁货机器，厂地宽广宜加数倍。臣叠派矿师、洋匠暨道员徐建寅，督率测绘员生，前往查勘。该港沿岸平处皆属被水之区，其高阜仅宽数十丈，断不能设此大厂。据徐建寅禀称，须将山头开低数丈，仍留山根高于平地三丈，再将平地填高，始可适用，劳费无等。山麓兼有坟数十冢，碍难施工。复饬于省城各门外及沿江沌口、金口、青山、金沙洲、沙口一带，上下数百里，寻觅测量，非属低洼，即多坟墓，否则距水较远，滨江无一广平高燥之处。

兹勘得汉阳县大别山下有地一区，原系民田，略有民房，长六百丈、广百余丈，宽绰有余。南枕大别山，东临大江，北滨汉水，东与省城相对，北与汉口相对，气局宏阔，运载合宜。当经督饬局员及学生、洋匠，详加考核，金以为此地恰宜建厂。大率其利便共有数端。荆、湘等煤皆在上游，若下运大冶，虽止多三百余里，上水回船既无生意，运脚必贵。今设汉阳，懋迁繁盛，商贩争趋，货多价贱，其便一也。钢铁炼成，亦须上运汉口销售，并须运至枪炮厂制造。今炼成发售，如取如携，省重运之费，其便二也。人才难得，通达洋务、谙习机器者尤不易觏。鄂省铁、布、枪炮三厂并开，断无如许之多精通得力委员，分投经理。至西洋工师、绘算各生，尤不敷用。今铁厂、枪炮厂并设一处，矿学、化学各学堂俱附其中，布厂亦在对江，皆可通融任使，其便三也。员司虚浮，匠役懒惰，为中国向有之积习，不可不防。厂距省远，料物短数，煤斤搀杂，百人仅得八十人之用，一日仅作半日之工，出铁不多不精，成本即赔。今设在对江，督察甚易，其便四也。……（《张文襄公全集》奏议卷二十九）

会同核议银行利弊拟请仍归商办折

窃臣等钦奉光绪二十三年三月二十八日上谕：前据盛宣怀条陈自强大计，请开设银行，业经谕令招商集股，合力兴办。兹据御史管廷献奏《银行官设流弊宜防》一折，缕陈原定章程窒碍多端，有不可解者六条。大致设银行不必冠以"中国"字样，官款拨存直须指定抵还的保及殷商担保，汇兑官款须交实银，设立商会公所止议商务不得干预金矿等务，银行设有拖欠与国家无涉。自系为慎始图终，预防流弊起见。平心而论，银行之设固属富强要图，然兹事体大，中国情形与泰西各国亦有不同，现当创办伊始，自应通盘筹画，计出万全。该御史所指官设银行各流弊，固宜防范，然中国不自行举办，一任外人在内地开设，攘我利权，亦非长策。着王文韶、张之洞、盛宣怀悉心核议，究竟官设银行利弊若何，彻始彻终，详细议奏。并将该御史所奏，逐条声覆，以凭核办。另片奏卢汉铁路息借洋款，国家不宜代商作保等语。昨据王文韶等会奏筹办干路，请饬发准借官款，现尚未据户部议覆。该御史所奏息借洋款不宜国家担保，并铁路万不可作为抵押之处，并着王文韶等就现在筹办情形，权衡轻重，酌量缓急，悉心妥议具奏。原折、片均着抄给阅看。将此谕令知之。钦此。

臣等伏查银行之设，利国、利商、利民，中外臣工陈奏至详，而谕旨"富强要图，中国不自举办，一任外人攘我利权，亦非长策"之训，实已究极终始。西人理财之法，上自国家下至商民，其财皆可由散而聚，由私而公。故一国之中有无相通，缓急相济，子母相权，实以银行为商务枢纽。而银行又有国办、商办之别。国家银行，即户部之府库也，通国财赋转输于阛阓之中。官款盈，则输于商。官款绌，则贷于商。其利与害皆官任之也。商家银行即众商之公司也，所集商本皆用股票，所举商董皆出巨资。遵本国之商律，订本行之专章。与官府通往来，而盈余折蚀，皆按商股均派，官不过问。其利与害，皆商任之也。光绪二十二年十月初八日钦奉谕旨：银行一事，前交部议尚未定局。昨盛宣怀有请归商办之议，如果办理合宜，洵于商务有益，着即责成盛宣怀选择殷商，设立总董，招集股本，合力兴办，以收利权。钦此。臣盛宣怀到沪遵照选择商董会议，大概章程二十二条，并公拟牌名，电呈总理衙门王大臣核定，旋奉驳诘数条，复饬各商董逐条考订，遵照登覆，已准总理衙门咨会，及早开办，庶要举勿堕半涂。即据商董呈报，上海总行于四月二十六日开办。除由臣宣怀将总、分各行章程改定妥帖，再行专案奏咨外，御史管廷献所奏各条，计虑良周，自应彻始彻终，详细声覆。

银行不必冠以"中国"字样一节。查俄行名为中俄银行，德行名为德华银行，英行家数较多，汇丰、有利、麦加利，均仍冠以"大英"字样。现设华行须与各国通往来，冠以"中国"，示无外之规，庶与他银行有别。

再，官款拨存亦须指定抵还的款及殷商担保一节。查华商本不愿存官款，只因中俄银行发有官本五百万，若华行而反不稍存官款，未免贻讥中外。各总董皆海内殷商，且以数百万之商本，止领百万，似应仿照外国银行，勿庸另觅殷商担保，致碍体面。原定章程内开生息年限，俟咨商户部再由总董议请奏咨，正指还款的实办法。现据总董议拟，一俟分行开齐，续收二批商股，即行缴还，毋庸久存。至章程所议公司借贷银两应照西例有抵还的款等语。此非商行不信官府，因商本只有此数，官借动需巨款，如国家所借汇丰等款，自数百万以至数千万，皆系该银行出售股票向众人代借，将来华行亦非代借无此大力也。

汇兑官款须交实银一节。查章程仅言拨借之款可以汇兑，若不交实银，部库何肯兑收。

设立商会公所止议商务，不可干预金矿一节。查章程载明铁路、轮船、电报、金矿各处款项，凡与本银行往来者，一切悉照章程，毫无偏倚等语。因总董内有兼管各公司之人，恐股商疑其或有偏倚，故列专条以声明之。至金矿系指漠河、三姓寄金到沪向归他行兑换者，亦可归华行兑换，并非干预金矿。至商会公所，本不过筹议公司之事，西商在沪无多，尚有商会，而华商涣散，处处吃亏。故银行各商董请设公所，以联商情，别无他意。

银行设有拖欠与国家无涉一节。查银行放款，层层钤束，本无拖欠。况中西律例，皆无商人欠款而致国家归还之理。英之丽如银行、美之旗昌洋行，曾经停闭，并不涉及国家。且洋人畛域之见甚深，中国自设银行，方倾轧之不暇，断不肯以巨款存于华行，非比华人甘心附和洋行也。尤幸银行半年一结，如有一亏折，即可随时议停，尽其股分偿还，自与国家无涉。

以上各节，臣宣怀自遵旨选商集股以来，皆与商董坚明约束，不容丝毫假借者也。

臣文韶、臣之洞，会同臣宣怀，悉心覆议。中国风气初开，士夫不谙商学，骤语以银行，鲜不谓利无把握，弊难穷究。创始之初，忌者、疑者不一而足，故臣文韶、臣之洞深知银行可保中国之利权，现在各国银行接踵而来，俄行则更阻与华合办，心颇难测。若竟使华行摇惑中止，此后华官、华商、华民之利，必为彼族一网打尽，而人且莫知其穷困之所由致。臣等往复电商，盱衡大局，既无中止之理，即宜力筹护持之方。该行本属奉旨商办，自与国家银行不同。应令仍照轮船招商局章程，俱归商办，而官为扶持保护。至其公司之盈亏利钝，皆归商股承认，自与国家无涉。

抑臣等更有请者。银行仿照西例之法，至为慎密，且属商本商办，数千百股商人身家所关系，凡有防弊之法，宜无不竭力为之。惟有出票一层，尤宜慎益加慎。前经总理衙门诘问，即查明汇丰于西历一千八百六十七年英国国家批准初定章程第十三条"出票之数不得逾实在资本之数"。至香港总公司常年存款，亦须照所出票数存储现银三分之一，以备兑付。其余三分之二，亦必有存放实在银款抵付。当饬各商董，悉照汇丰章程办理，防微虑患本已周详。但查外国商开银行章程，亦有"实本一千万，出票不得过九百万"之例。比较汇丰出票与实本相等办法，尤为谨严。今以中国创举，自宜格外谨慎。拟即饬令该商董照此办理，并请着为定章，由南北洋通商大臣于每年六个月结账时，派员赴该行查验出票、储银数目，务期事事核实，以仰副朝廷慎重商务之至意。此臣等会同酌议力图万全之办法也。臣文韶、臣之洞覆查，银行之利，前已缕陈。银行之害，惟在亏累一端。所以致亏累之由，惟在兼作他商及多出银票两端。今查前次咨呈总署文内，已将不作他项之业一切买卖一节声明，列入详细章程在案。至出票一节，若虚票多而实本少，方有亏累之事。今既仿照西例，格外谨慎，明定章程，出票之数不得逾实本九成之数，必须存现银三分之一可备持票兑取。每半年报由南北洋大臣稽查一次，似已周密稳妥，银行自不致有亏累之虞。银行既稳，自无从累及商民，更无从累及国家。且章程内声明盈亏皆系商本，而商本又有定数．亦不致掣动大局。所谓利弊始终之大要，已具于此。所有遵饬会议银行利弊缘由，谨合词恭折密陈，伏乞圣鉴训示。（《张文襄公全集》奏议卷二十九）

致电盛宣怀等谓练兵修路为救亡急著

看此时势，中国危矣。各国急欲吞裂分噬，不我待矣。要政甚多，俱恐赶办不及，惟有练兵、修铁路两事，是救死急著。须刻定程限，必以四年内办成，或可稍支危局，可以作到"弱而不亡"四字。而练兵尤以铁路为要，无铁路则二十万兵亦不敷用。据神尾云："俄路必须五年始抵海参崴，中国诸要事若于五年之内办成，尚有支持之计。若俄路已成，再谋抵御，亦无及矣。"阁下此时在沪，正好将湘粤、宁沪两路借款议定，似乎六十年本利兼还之法尚妥，并将由宁至鄂一路趁此一气呵成。盖沪路接通，鄂路则气势全活，利源尤旺，洋商借款必更乐从。总之，芦汉一路，粤汉一路，宁沪一路，宁汉一路，此四路分头兴修，而每一路又分段赶造，期以四年必成，而尤以多添炉、赶造轨，先用外洋焦炭为第一义，赴东洋自炼焦炭为第二义。华轨不敷，暂且搭用洋轨。虽洋焦炭每墩多费七八金，轨多销畅，路广利早，实为胜算，较之一炉撑持，坐待不可知之煤矿，缓造有大利之路者，损益利害，相去悬绝。当此危急存亡之秋，惟有放胆大举，拼命相争，或可于死中求生、亡中求存。若再安步徐行，虑周藻密，恐一路未成，而土地已非我有矣。焦愤万分。请速裁酌示复，并呈夔帅鉴裁以为何如。效。（《张文襄公全集》电牍卷五十三）

刘坤一

整顿船政铁政片

再，查中国办事，往往有始无终，务虚名不求实济，以致一事无成，为外洋人所笑。即如前大学士左宗棠创设船政局，并设立各项学堂，规模何等阔大，乃后来者，不知随时考究，明知外洋轮船日新月异，而我拘守故常，以致所造轮船均不合用。并以干修多，经费少，所造之船，工料不免偷减，由是各省需用轮船，多向外洋订购，中国船政局每欲承揽一二只而不可得。以中国特设之船政局，不能造中国之船，中国各省需用之船，不由中国船政局制造，实属不成事体。今船政局竟同虚设，势将成废，而常年经费仍不可无。其实前在外洋定购之南琛、南瑞等船，均不如福建船政局所造之开济、寰泰、镜清及上海制造局所造之保民等船，此臣在南洋所目击者，则亦何必舍己求人，舍近图远？应请旨敕下船政大臣，加意考求，认真振顿。现在该船政局尚有得力工匠若干，得力机器苦干，能造何项轮船，应否添拨款项，逐渐扩充，既有成规可循，较之新创当易就绪。并请敕令沿海、沿江各省，以后需用木壳兵轮及商轮、差轮，概归福建船政局承办，倘不合法，即责成该船政局赔修。

又两湖总督张之洞，于湖北创设铁政局，实为中国开源节流之大宗。现在出铁甚旺，莫不乐其有成，冀收厚利。惟闻出铁矿之大冶与汉阳之铁政局，相距甚远，运脚太费，以致铁值大昂，兼以近处并无佳煤，炼铁未能应手。夫湖南、北商民以铁厂为生业者，所在皆是，不患铁之阙乏，而患铁质之不良，铁价之较贵。若铁政局犯此二弊，不能广为行销，则有铁与无铁同。此臣仅据耳闻，豫防流弊起见，并请饬该铁政局设法变通，及时补救，勿蹈福建船政局覆辙。

谨附片具陈，伏乞圣鉴。谨奏。（《刘忠诚公遗集》奏疏卷二十四）

刘铭传

购办水陆电线折（光绪十二年八月二十八日）

　　窃台湾一岛，孤悬海外，往来文报，屡阻风涛，每至匝月兼旬，不通音信。水陆电线，实为目前万不可缓之急图。查同治十年，船政大臣沈葆桢奏设立台地水陆电报，曾同上海大东北公司议明价值，已定合同，葆桢调任两江，议遂中止。臣于上年法兵解严之后，即思竭力经营，固虑经费难筹，亦因水线价昂，非考实精微，不敢孟浪从事。今自春至秋，洋商多来台承办。臣因旱线损坏易修，水线损伤无船不能修理，中国只大东北公司修理电线轮船一只，若照葆桢议归彼修理，较易为谋，特派知府李彤恩驰赴上海，与该公司面议。据开由厦门至澎湖，以达安平，水程约五百里，索价银十五万五千两；包修三年，需费银三万两；以后遇有损断，彼轮修理，日需银五百两。与葆桢原定略同，须交现银为据。彤恩因价巨置之。会同试用道张鸿禄咨访各洋行，令其各开价值，约同各洋商一并来台面臣。然修理无船，水线万不能办。

　　据瑞生洋行条陈，自造钢壳四铁叶轮船一只，由外洋装线运至中国，并自购修理机器一副，船身长三百二十英尺，阔三十二英尺，可以安炮六尊。俟电线安妥后，平时可以载货装兵、巡缉洋面，电线损断，即可自修，一举而数善备，以免大东北公司居奇。臣私筹熟商，台湾四面皆海，举动需船，多一船即得一船之用。当令洋商各开实价，择廉成交。怡和、泰来、瑞生三行开价较廉。电线价银十万两，轮船价银九万两，修理电线机器价银一万两，测量机器一副、三局电报机器、并包运、包放、工价、包险等费共银二万两，总共价银二十二万两。台费奇绌，巨款难筹，当议三年归还，即可成议。他两行皆不肯承，惟怡和可办。当饬张鸿禄、李彤恩与其详议条款，先给定银四万两，余分三年归清，不给利息。现据李彤恩等详送条款合同并船图电式前来。臣查沈葆桢前立合同，由安平至澎湖，再由澎湖至厦门，议价洋二十一万二千九百余元，合银数计之，须十五万三千二百余两，道里相同；惟所议头等电线，近岸重八吨者八十五里，余皆重一吨三分，此次所订电线，议定头等近岸重十吨者一百里，余皆重至二吨，不独价值便宜，线料亦大相径庭。且查琼州水程不足六十里，据大东北公司开送从前包办海线价银二万余两。若以台湾线价比较，更属廉平。至添购修理电线轮船一项，按照合同所开机器马力，价亦不昂。臣于经费万分支绌之中，勉办急需之具，若不切实筹算，给价或多，微特不能节省，且将见笑洋人。旱线由基隆、沪尾合至淡水，由淡水至台湾府城，往来两道，议定八百里。除木料之外，余皆由泰来承办，共价三万两。订于明年正月安设。水线定于明年六月安设。臣尤虑者，安设水线费款至十万金，一旦有事，或被敌人割断，不独无裨缓急，且将虚掷巨金，殊为可惜。今自造一船，可以自行取捞，便益甚大。惟此项经费无着。臣同沈应奎反复筹议，只有百货厘金项下可以拨支。但本年六月，甫经开办，每月收数银不足四千两，三年之内，能否相偿，尚无把握。台地安设电报，于茶商最为得益。彤恩现与商人议定，如三年内厘金收数不敷，电价由商捐助。除将合同、船图咨送海军并总理各国事务衙门外，谨具折以陈。

军机大臣奉旨：该衙门知道。钦此。(《刘壮肃公奏议》卷五《设防略》)

拟修铁路创办商务折（光绪十三年三月二十日）

窃据商务委员已革道员张鸿禄、候补知府李彤恩等禀称："奉委招致南洋各岛贸易闽人来台合办商务，以兴地方，当即专函往招。现有南洋新嘉坡、西贡等岛闽商陈新泰、王广余等复信，佥称俱愿回籍合办台湾商务。革道等现已集股，订购轮船二只，先行开办。惟台湾一岛，孤悬海外，当此分省伊始，极宜讲求生聚，以广招徕。现在贸易未开，内山货物难以出运，非造铁路，不足以繁兴商务，鼓舞新机。查安平、旗后两口，海涌沙飞，自春徂秋，船难近泊；沪尾一口，日形淤浅，轮船候潮出入，耽误时机；只基隆一口，无须候潮，泊船较便，因距淡水旱道六十里，运货殊难，中外各商不得已往来沪尾，若能就基隆开修车路，以达台南，不独全台商务繁兴，且于海防所裨甚大。现在公款支绌，革道等议集商股承修，约需工银百万两；将来即于铁路取偿，不动公款。拟具章程数条，陈请核办。"等因。臣查台湾一岛，孤立海中，现在建省设防，截然为南洋屏蔽，必须开浚利源，使经费不难自给，南北防勇，征调可以灵通，方能永保岩疆，自成一省。现在清赋、造台、安置水陆电报，本年内外均可次第告竣，惟铁路一事，臣深知其利赖无疆，徒以经费踌躇，未敢猝图举办。现据委员等禀请，由商人承修，于公款无关出入，将来坐收厚利，实于台湾大局裨助匪浅。考铁路之利，便于驿递垦商不计外，目前大利有三，请为我皇太后、皇上陈之。

台湾四面皆海，除后山无须办防外，其余防不胜防。基、沪、安、旗四口，现已购炮筑台，可资守御，其余新竹、彰化一带，海口分歧，万难遍布军队，概行设守，臣已于奏办台湾善后折内陈明。如遇海疆有事，敌船以旱队猝登，隔绝南北声气，内外夹击，危迫将不忍言。若修铁路既成，调兵极便，何处有警，瞬息长驱，不虑敌兵断我中路。此有裨于海防者一。

台湾既经分省，须由中路建设省城，方可控制南北。查彰化桥孜图地方，曾经前抚臣岑毓英察看地形，议筹建省，臣上年秋，复亲察勘，地势宽平，气局开展，襟山带海，控制全台，实堪建立省会。惟地近内山，不通水道，不独建筑衙署、庙宇，运料艰难，且恐建城之后，商贾寂廖，虽有省垣，民居稀落。若修车路，货物立见殷繁，建造各工，更多节省。此有裨于建立省城者二。

台北至台南六百里，中隔大溪三道，春夏之交，山水渊漫，行人绝无能往来。大甲、房里两溪，岁必淹毙数十人，急须造桥，以便行旅。查大甲、房里、曾文三溪，大者宽至十里，其次小溪二十余道，或宽百余丈。大甲溪经前任抚臣岑毓英督修石坝，以阻漫流，并未修桥，已费洋元三十余万，数月溪流冲刷，今已无存。臣现由上游窄处议修，统计大小溪桥工必需银三十余万两。今该商等承办车路，此项桥工二十余处，一律兴修。火车巨利，暂不必言，公家先省桥工银数十万两。此有裨于台湾工程者三。

伏念铁路为国家血脉，富强至计，舍此莫由。臣于光绪六年曾经条陈具奏。其时风气未开，举朝疑议。书生谋国，从古类然，可胜太息。现在开平，成效丕彰，举国群疑，观此无难尽释。且台湾与内地情形迥殊，绅商多涉外洋，深明铁路大利。商民既多乐赴，绅士决无异辞。如蒙俯准开办，所裨于台湾大局，实非浅鲜。臣无任惶悚待命之至。谨将商立章程，恭呈御览，伏乞圣鉴施行。

清单

一、基隆至台湾府城拟修车路六百余里，所有钢质铁路并火车、客车、货车以及一路桥梁，统归商人承办。议定工本价银一百万两，分七年归还，利息按照周年六厘。每年归还数目，俟办成后核量铁路脚价进款数目，再行定议。

一、台北至台南，沿途所过地方，土沃民富，应用铁路地基，若由商买，民间势必居奇。所有地价，请由官发，其修筑工价，由商自给。

一、基隆至淡水，猫里街至大甲，中隔山岭数重，台湾人工过贵，必须由官派勇帮同工作，以期迅速。

一、车路所用枕木，为数过多，现在商船订购未到，须请先派官轮代运，免算水脚。

一、车路造成之后，由官督办，由商经理。铁路火车一切用度，皆归商人自行开支。所收脚价，官收九成，偿还铁路本利，商得一成，并于搭客另收票费一成，以作铁路用度。除火车应用收票司事人等由官发给薪水外，其余不能支销公费。

一、铁路经过城池、街镇，如须停车之处，由官修造车房。所有站房、码头，均由商自行修造。

一、此项铁路现虽商人承办，将来即作官物。所用钢铁条，每码须三十六磅，沿途横桥梁必须工坚料实，由官派员督同修造。

一、此项铁路计需工本银一百万两，内有钢条、火车、铁桥等项约需银六十余万两，商人或在德厂、或在英厂订购，其价亦须分年归还，如奉旨准办，再与该厂议立合同，由官验明盖印以后，由商自行归还，官不过问。如商人另做别项生意，另借洋款不能以铁路作抵。

再，臣查铁路之利，不独目前有裨于海防、建省、桥工三事，将来更可添大宗入款，充海防经费要需。台湾地狭，内山未开，万不能如内地商利之厚，商等所筹本利，请以七年归还，似可有盈无绌。惟经理必须得人，若无廉实大员查察会计，将来商人以多报少。任意侵牟，不独无利可余，且恐七年难清路本。查台北府城市面日盛，内山番地土旷人稀，闽广穷民争愿远来开垦，徒以轮船过贵，无力渡台。若商务办理日增，即就商局轮船往来香港、厦门之便，运载垦民渡台，由官薄给船费，十数年后，全台均成沃壤，社番土匪，永无内变之忧。

　　近年内地招商集股，骗折过多，商股不无疑虑。查内阁学士臣林维源端谨忠诚，久为商人钦信。自奉旨回籍帮办台北抚垦以来，不独抚垦一力办成，即清赋、抽厘，均资臂助。其于理财一道，心计尤精。如蒙朝廷主持，俯准台湾造路，可否仰恳天恩，饬令学士臣林维源督办台湾铁路、商务，仍兼办台北抚垦事宜，凡遇铁路、商务，准由该学士专折奏陈，以收实济，出自逾格鸿慈。

　　再，台湾拟修铁路，创办商务，曾经臣附片奏请内阁侍读学士臣林维源督办，因该学士取与不苟，将来车路脚价，期于捐滴归公，不虞中饱。连日据林维源面称，所办台北沿山垦务，新开田园，俱定于本年秋冬清丈，逐段分界，以便将来陆续升科。宜兰现有新垦、旧垦争产械斗，即宜前往督同官绅清丈，地方宽阔，一时不能告竣，商务、垦务彼此不能兼顾，商请奏销铁路商务差使，以免遗误，等情。臣查林维源所办台北垦务，亟须清丈。宜兰八里沙地方，本年三月，经林维源督同官绅议开河道，该处可垦田园数万亩，全系平阳膏腴之地，新垦旧垦争占地界，不时械斗，亟须林维源前往督同官绅清丈分界，免滋事端。所称两处不能兼顾，亦系实情。铁路商务，现经海军衙门议准，奉懿旨："依议，钦此。"咨行钦遵前来。据商务委员禀称：现由英、德两厂先行订购铁路钢条三百三十里、铁桥二道、火车客车七十具，定于年内办齐。股分银两，陆续招集，所欠无多。先由基隆造至彰化，再行接续前进。工程浩大，必须二三年后方能完工。并请派选用道员杨宗瀚总办铁路商务，以顺商情，等因。臣查杨宗瀚以知县于同治元年投效大学士李鸿章军营，历保河南补用道，报捐海防尽先选用，其办事精实，器局宏深，每以中国之大，不能富强为恨。经臣函招来台，总办商务，实称其选。惟禀称轮选到班，理应赴部投供，合无仰恳天恩，俯念台湾分省伊始，事事兴创，佐理需才，饬部注册，准将盐运使衔新班先选用道杨宗瀚留于台湾差次，遇缺即选，俟选缺后再行送部引见。至铁路抽收脚价，为期尚早，现由外洋开来铁路脚价章程，简当详明，丝毫不能舞弊，届时再由臣妥筹办理。

　　光绪十三年五月二十日奉朱批：着照所请，该衙门知道。钦此。

　　（《刘壮肃公奏议》卷五《设防略》）

李凤苞

巴黎答友人书

窃尝谓西国富强，不尽由于制器治兵，诚如来谕。谨就见闻所及，为知己陈之。

西国制治之要，约有五大端。一曰通民气。民居甚散，分位悬殊，通之匪易。乃由乡举里选，以设上下议院，遇事昌言无忌。凡纤悉不便于民者，必本至诚，以设法妥贴之。又设卿大夫里正等官，以安闾阎，以审狱讼。用民治民，自无纷扰。而复实查户版，生死婚嫁，靡弗详记，俾一夫无不得所。则君公之分愈尊，而上下之情愈通矣。

二曰保民生。人情莫不欲安富寿考。使以横逆待之，诛求困之，盗贼冤狱以折挫之，惠未必吉，逆未必凶，人人无自立之权，遂人人无自坚之志矣。西国则上以诚心保民，下亦咸知自保。凡身家性命器用财贿，绝无意外之虞。且予告官员，半俸赡之，老病弁兵，终身养之，老幼废疾，阵亡子息，皆设局教育之。使居官无落职之虑，则不至贪墨。临阵无内顾之忧，则无所畏缩。有不共勉厥职，上下一心，固结不解者乎？

三曰牖民衷。凡智慧材力，日浚则日灵，日梏则日窒。西国孩提，教以认识实字。稍长，教以贯串文义。量其材质，分习算绘气化各学。而月秒年终，总其所习而试之。必令心领神会，手舞足蹈。不令读未解之书，不妄试未习之事。及其成人，或专一事，或名一艺，而终身无一日废学者，何也？有新报之流传，有社会之宣讲也。新报自朝政至技艺，何止千百，皆通人载笔，至理名言。自君公以至婢媪牧圉，与妇孺之在舟车，无不人手一编。某国得某地，某人创某器，咸能洞悉其源委也。社会亦每国数百处。系老师宿儒，分讲治制律例制造格致等学。环听者男妇数百人。口讲指画，必使听者领悟而后快。故通国男妇，无不各勤所学。而智慧材力，如萌蘖之易生，枝叶之易茂矣。

四曰养民耻。西国无残忍之刑，惟故杀者罪止远戍苦工。其余不过监禁及罚锾而已。监禁之服用精洁，与官家埒。又教以诵读，课以工艺，济以医药，无拘挛亦无鞭挞。而人犹畏刑自守，视犯罪为不齿。即寻常偶爽一约，若负重疚。偶拾一遗，若挞市朝。是以牛羊昼夜遍野，货物堆聚通衢，衣物之遗忘于舟车者，每出新报招认。从未闻有宵小之觊觎者。虽由民有生计，亦民知廉耻故也。父母不怒责其子，家主不呵叱其仆。虽犬马亦不加棰楚。而雍然秩然，自无违忤乖张。男女杂坐谈天，而不及淫乱，皆养耻之效也。

五曰阜民财。古人言：有国者宜藏富于民。愚谓民之富有三要：一尽地力。谓讲水利种植气化之学，而使尺寸无弃地也。二尽人力。通工易事，而可各擅专门，由熟生巧也。同力合作，而可任用致远，哀多益寡也。又济之以机器，可令时省而工倍也。三尽财力。有公司及银号，而锱铢之积，均得入股生息，汇成大工大贾，庶蓄财者不致浪费矣。有钞票及金银钱，而便于轻赍，利于转运，一钱可抵百钱之用矣。

凡此五端之所以上下相孚，永久不渝者，尤本于四道。则孔孟之忠恕，官礼之精详，黄老之坚定，佛氏之澈悟也。其治国齐家，持躬接物，动与尽己推己之旨相符，直合王霸为一，而骎骎三代大同之治矣。此孔孟之道也。其政治规制，既合《周官》八法八柄九两九职，以至邦交之合行人，制器之合考工，无不缕晰条分，整齐画一。制法者既公而无私，奉法者即久而无弊。此官礼之道也。本百折不回之志，以立坚强不拔之操，无嚣竞，无浮躁，遇事则以静制动，行权则欲取故与，实有大智若愚，大巧若拙之概，迥非补苴张皇之治，所得希其万一。此黄老之道也。至于穷事物之理，则无论格致等学，必抉其疑。即政治律例，公法理财治狱之书，莫不元箸超超，辩才无碍，绝无影响附会、臆度总揣等病。有内典之精深，而无内典之隐晦。皆其深造自得，贯通了悟之证。此佛氏之道也。夫然而可制船械，可兴工商，可固边防，可勤远略。凡有所为，莫不纲举目张，而举重若轻也。

此皆见闻所得，非敢好事铺张。暇时当再逐条指实以发明之。所识西国博雅之士，论及创制，每推中国。如新报之仿邸抄，化学之本丹家，信局则采字罗之记，印书则为冯道之法，煤灯之本于四川火井，考试之本于岁科取士，至于南针火药，算学天文之开于中国，更无论矣。唯西国日求其精，中国日失其传耳。穷则变，变则通，诚吾国今日急务矣。漏残灯烬，率笔直书。尚求知己，不吝垂教。（《晚清文选》卷上）

郭嵩焘

请纂成通商则例折（光绪三年）

出使英国大臣郭嵩焘奏为各口通商事宜急应纂成通商则例一书，以资信守事。

窃查道光二十二年五口通商以来，迄今三十六年。咸丰十年增加十口。光绪二年又增加五口。沿海九千余里，内达长江五千余里，交涉日广，情事日繁，仅恃通商条约为交接之准，而条约定自洋人，专详通商事例，于诸口情状皆所未详，每遇中外人民交涉事件，轻重缓急，无可依循。是以历年办理洋案，各口领事与各地方官交互抵难，辗转避就，无一能持平处断者。推原其故，由中国律例与各国相距太远，又无能究知西洋律法，遇有辩论事故，无例案之可援，观望周章，动为所持。

因查西洋通商，起于隋唐之世，已历一千五六百年。初开广州一口。宋、明以后，添开福州、宁波二口。明又分别西洋、南洋，各归一口。其时办理通商，并无建立埠头房屋，是以各口增减分合，中国能自操其权。而自通商至今，未尝一日停罢。今口岸繁开，民商屯集。窃度西洋通商之局，一成而不可易。三十年来办理洋案，艰烦冗剧，棘手万分。盖由西洋以通商为制国之经，各国相沿章程，守而弗失，大略相同。中国本无通商成案，一切屈意为之，所定条约，苟且敷衍，应付一时，未尝为经久之计。自始通商，即分别各国民商归领事官管理，地方官权利尽失，而于条约所载，地方官又多忽视，不甚究心，使洋人据为口实，于是并条约所有之权利皆失之。情事变迁日甚，中国办理洋案日益迷离惝恍，无所适从。前岁总税务司赫德承议租界免厘一节，稍能窥见本原，通筹全局，于其中分析商情、交际、词讼三者，实为中外相接紧要关键，允宜明定章程，廓然示以大公，不独以释中国之猜疑，亦且使各口地方官晓然于朝廷用法持平，明慎公恕，遇事有所率循，庶不至以周章顾虑，滋生事端。

臣愚于例案无所知晓，略就所见，推举二端。盖有已失之既往者，有补救于将来者。窃闻理藩院办理蒙古各盟案件，以圈禁代流徙，以罚赎代笞杖。西洋立法，大者拘系，小者罚赎，与此例正同。各口通商之始，倘能明示此例，援照西洋公法，通商各口民商一听地方官管束，则此三十年内，枝节不至繁生，国家体制亦当赖以保全。此失之既往者也。天津毁拆教堂，伤毙领事，云南戕害翻译官，凶犯应抵罪，失察之地方官亦应议处，其事本可立结，徒以中外例案迥异，地方官稍有迟回，遂至反复争持，贻累国家，无有穷期。使当时颁有通商则例，各国戕毙中国人民，与中国戕毙各国人民作何问拟，戕毙职官作何问拟，地方官知情故纵作何问拟，使犯者明知而不至故蹈，朝廷按律拟罪而亦不至游移，此所急宜补救将来者也。

臣顷奉旨辩论镇江趸船一案，经再次照会外部，至今未据核议。其前后两届公使，以保护商民为义，力足相持。因查各国海口皆有船坞码头，无行商自置趸船之事。所定条例有云：修理船坞码头，察得某船必须挪移，理船厅知会，三日内移开，如有违延，该船主应行议罚。又云：各项船只不遵理船厅分示，听将该船绳索松割，铁链打碎，代为移泊，一切使费出自该船主各等语。中国于此全未定立章程，商民肆意抗拒，更历三年之久，无词以相诘难，一切任从所为，不得已就其国辩论，听候外部核议。是不独交涉通商事件无有准则权衡，万不足以经久，其于两国相交，体制关系亦颇巨。

臣窃以为赫德前议三条内，与各国交际及词讼，其原一由于通商而至。洋人到处，与中国人民错居，交涉纷繁，决非通商条约所能尽其事例。一遇民商牵涉案件，窥探揣合，舍己从人，徒滋议论之烦，终无准拟之例。诚惧口岸日开，事端日剧，为累亦将日大。应恳敕下总理衙门，参核各国所定通商律法，分别条款，纂辑通商则例一书，择派章京内实任户部、刑部司员二人，另请通知西洋律法二人，专司编纂之责，仍饬总税务司及南北洋大臣参酌，由总理衙门审定，颁发各省，并刊刻简明事例，略叙大纲，颁送各国驻京公使，庶一切办理洋案有所依据，免致遇事张皇，推宕留难，多生枝节。区区愚忱，冒昧上渎，诚知无裨高深，然独居深念，洋务所关，莫要于此，不敢以愚见所及，避而不言。无任悚息屏营之至。谨奏。

光绪三年八月二十七日奉旨："该衙门议奏。"（《郭侍郎奏疏》卷十二）

铁路议

泰西汽轮车起于乾隆之季，初犹未敢行远也。各择所便为之，得利焉则纳税于官。其驰走数百里赴利，乃集会为公司以董其事。久之，纵横交互，建造日繁，始合并而纳之官，连为一总公司。又久之而通各国为一公司。是以泰西形势互相入亦互相维。国大兵强，遂以称雄天下，国小者亦皆有所凭恃以自立。盖铁路之兴不及数十年，而泰西之富强乃益盛。浸寻而至印度，浸寻而至兴安岭以南，日本亦通行之国中，其势且日相逼。虽使尧舜生于今日，必急取泰西之法推而行之，不能一日缓也。

虽然，为是者有本有末，知其本而后可以论事之当否，知其末而后可以计利之盈绌。本者何？人心风俗而已矣。末者何？通工商之业，立富强之基，凡皆以为利也。人心厚、风俗纯，则本治；公私两得其利，则末治。请言其本：中国商贾，凤称山、陕，山、陕人之智术不能望江、浙，其权算不能及江西、湖广，而世守商贾之业，惟其性朴而心实也。性不朴则浮伪百出，心不实则侵盗滋多。浮伪侵盗盈于天下，朋友不相顾，父子兄弟不相保，而欲以揽天下之计，权四方之利，谁可与持久者？彼其长驾远御之略，又非校量尺寸者所能任也。才愈大则术愈工，术愈工则只以营私，而不足以溥公利、任大谋。比俗之人，踵而行焉，莫之省也。此本之失也。又请言其末：泰西人计利远，每举一事，倾资百万不顾，而期之数年数十年之后，愈久而其利愈博，而终未有举无名之费，为苟且之计而不计利者。中土计利则忘其害，计害则遗其利。较利之多少而起应焉，课利之迟速而争趋焉。朝为其事，而夕责其功，无远计也。而假之公者，又辄以为国家不言财利、不问有无，资人之取求而干没之，急其私不顾其公，图其始不究其终。苟得一身之利而止矣，苟得一日之利而止矣。是以百为而百无成。此末之失也。本失，则凡所与谋者为诈为虞而无固心；末失，则凡所为计者傀得傀失而无恒守。本末俱失，而可与为国家久远之利乎？凡利之所在，国家与民共之，而又相与忘之，斯所以为大公也。民与民争则扰，上与民相匿则溃。扰者，势有不能行；溃者，情有所不能交达也。

今行汽轮车必造铁路，则请先言铁路之利害。铁路南北直达数千里，其间东西驰骛，车马络绎，无有止息，而汽轮车之发，瞬息百里。泰西东西交驰之道皆置栅门，有电报以司启闭，然且有横出铁路之中，相触击为齑粉者，彼此不相咎也。中土一鸡一犬之蹂践，议论繁滋，有司已穷于讯断。其尤甚者，铁路之通利可以一日千里，而必两轮相辅，左右锁铁路，附着以行。投石若坚木当车路，车碾坚而有逾寸之悬，则轮无附着，左右偏强偏弱，而行不利；不利则倾，从而外驰焉则横决，火力猛则暴裂。一汽轮连车数十，莫之御也，而方寸之石败之。豫东马贼，一日踔百余里，以剽掠为生，方寸之石，取之道途皆是也，则虑掀车覆辙之日相寻也。故曰：铍滑觊琐，不可与兴大工；弛易踽差，不可与言同利。尽国家之利，囊括以举之，委输以糜之，相与以兴修铁路，为名而已。百姓无奔走效事之忧，官民无乐利与同之愿。正恐铁路之兴，非可旦夕期也。（《养知书屋文集》卷二十八）

铁路后议

泰西遍国皆机器也，中国无能效之。其必宜效者二：一曰电报，一曰汽轮车。盖中国幅员万里，驿路远者经月乃达，骤有水旱之灾、盗贼窃发之事，利病缓急在须臾之间，而所以应之常在数月之后。有电报则信息通，有汽轮车则转运速，可以处堂户而坐制万里之外。是二者之宜行也，无待再计决也。

虽然，泰西立国之势与百姓共之。国家有所举废，百姓皆与其议；百姓有所为利害，国家皆与赞其成而防其患。汽轮车之起，皆百姓之自为利也。自数十里、数百里以达数千万里，通及泰西十余国，其国家与其人民交相比倚，合而同之。民有利则归之国家，国家有利则任之人民。是以事举而力常有继，费烦而用常有余。

夫权天下之势，非一都一邑之能取资也；转百货之利，非一舟一车之能任载也。今殚国家之利兴修铁路，所治不过一路，所经营不过一二千里，而计所核销之数，视所用数常相百也。是其意将以为利也，而但见其费，未睹其利。又一切行以官法，有所费则国家承之，得利则归中饱；积久，无所为利焉而费滋烦，于是乎心倦而气益馁。泰西通一国之利以为利，日推日广，行之久，遂以为富强之基。中国竭府库之储以为利，利未兴而害先见焉，将并所已有之成功而弃之。何则？力有所不能济，势有所不能周，是其为利终无几也。

电报者，通所治行省之气，有事则急先知之，可以国家之力任之者也。

汽轮车者，有事则征兵转饷，莫之或阻，无事以通商贾之有无，非能专以国家之力任之者也。汽轮车之起当乾隆之季，电报之起在道光之季，用此以横行天下，战必胜，攻必取，诚有以致之，尽泰西十余国比合以尽其利者也。土尔机、波斯附近泰西，而制法各别。电报起才三四十年，皆能行之；汽轮车在电报之前，至今土尔机、波斯诸国未之能行也。此亦理势自然之数也。（《养知书屋文集》卷二十八）

钟天纬

扩充商务十条

一曰设商会。窃见中国经商之道，心思未尝不敏，营运未尝不勤，而获利终不逮西商者，良以彼则官为护持，此则官多抑勒耳。查西洋政治，事事必顺人情。惟商务则一切操以垄断。彼国家非特不禁，反从而庇之，俾其获利。此无他，西国以商税为岁入之大宗，故视工商为国家之命脉。各埠均设商会，京都且设总会，而延爵绅为之领袖。其权足与议院相抗。每有屈抑，许经诉诸巴力门衙门。故商人得恃无恐，贸易盛而国势日强。中国则不然。目商贾为市侩，薄工艺为细民。平日抑勒百端，有事视为鱼肉。故其势涣散，而不能自立，更何能与洋商颉颃。即如关税，洋人仅完厘半，而华人则勒索数成。盘查则洋船不敢谁何，华船则百恫般喝。以致华商人人短气，而有不能自保之势矣。诚能仿外领事之法，许各业推举绅董，优以体制，假以事权，遇有商务，许其直达有司。凡有益于中国商业，听其设法保护，而不以成法挠之。如粤中百工麕聚，商贩肩摩，地窄人稠，生计困苦。苟为振兴，内以裕小民衣食之源，外以杜洋人侵牟之害，大足开天下风气之先，斯亦转移之妙术也。窃慨粤东缙绅巨族，每与长吏抗衡。若礼貌之加，舍彼就此，其亦古人式怒蛙之见乎？

二曰合公司。尝观西洋军饷，全出于商税。商人经商万里，涉历重洋，牟境外之利，以养其本国之民，故国日富而兵亦日强。华商则仅鬻贩于本国，楚弓楚得，利害维均。此岂材力聪明有不逮哉！由于华商势分。分则力薄本微，不能经营远略。西人势合。合则本大力厚，而无往不前。所谓独力难成，众擎易举，则公司是已。乃中国近年开矿争设公司。去岁沪市倾倒银号多家，十室九空，均受其累。至今视为厉阶。再欲纠股集资，虑无不掩耳而走。此其故由于华人不善效颦，徒慕公司之名，不考公司之实。不知西国每立公司，必禀请国家，由商部派员查勘，事实可凭，利亦操券，始准开办。每一公司，由各股东公保董事十二人，由众董事再推总办正副各一，而每人亦必有多股于中。总办受成于各董，各董受成于各股东。上下钳制，耳目昭著，自然弊无由生。乃中国适与之相反。纠股者只须禀请大宪，给示招徕，刊一章程，绘一图说，海市蜃楼，全凭臆造。各股东亦不究其矿在何处，矿质若何，本无置产业贻子孙之心，不过以股票低昂为居奇之计，卖买空盘，宛同赌博，宜其一败涂地也。今若概废其良法美意，则未免因咽废食。而后来重大工程，断难开办矣。为今计，宜查照西洋成法，凡立公司，必经商会派人查考，酌定其章程，务使总办不能独操其权，而悉以各股东公论为断。则凡铁路电报开矿制船诸务，胥可借众力以成矣。外国设公司律法，本有成书。苟斟酌折衷，垂为令甲，庶中国公司，足与洋人相埒，而能驰域外之观矣。

三曰借国债。查国债之法，创自欧洲，实开千古未有之局。不敢谓永无弊端，而终觉其有大利而无大弊。何则？古来国用不足，无非加派于民。或算缗钱，或榷酒酤，或税间架，头会箕敛，无非取济一时，甚或搜括富民，鬻卖官爵，极矣。然倘岁比不登，内讧外寇，则此苟且不终日之计，亦终有时而穷。观胜国末造，加派练饷，民不聊生，至斥宫中器用以抵饷，而哗溃时闻，明社卒屋。此无他，强括民之脂膏，而不予民以应得之利，则小民安肯毁家抒难，以济国用哉！乃观西洋，每有大工大役，必告贷民财，而复予以操券之息，按期应付，晷刻不爽。倘有兵事，不必强民捐输，而百万之饷咄嗟立办，而从未有延诿抵赖者。若一经爽约，则将来虽有急需，民皆袖手，而自蹈骊山举烽之覆辙，故不敢也。今中国自与洋人交接，海防军费，百倍从前，断非内地赋税所能供。全恃征收洋税，为一线来源。一有兵争，海口全封，洋税告绝，断非枵腹所能久持。势必出重利以借洋债。渴饮鸩酒，所弗计矣。倘适与其国构衅，则并告贷无门。此坐毙之道也。即此一端，其后患奚堪设想。不若早开国债之例，俾闾阎惯用，深信不疑，留后日告急之途，亦未雨绸缪之说也。今之洋债，其息为百分之九，与其本国几为加倍。而我中国未尝无财，何必受其盘剥，而岁输重息于外洋？若自借本国之国债，每年偿利若干，由各海关经理，刊给饷票，以抵现银，而即由海关付息。庶商民取信，尽出其藏镪以牟什一之利。则市面流通，经商易于获利。万一有闭关绝市之时，而民皆肯倾囊以献。不啻取之宫中。当安危呼吸之际，而始收其效。故曰有大利而无大弊也。

四曰铸银币。人情莫不喜简而恶繁，趋轻而避重。顺人情而行之，则下令如流水之源，而公私交受其益。今之钱法，亦窳滥极矣。京都行当十大钱，一出国门，乃不能易一醉。外省私铸充斥。康雍朝大钱，已千不获一。而人情乃相率而喜用外国银钱。初用西班牙老板，继用墨西哥新板。近且英法美德均铸银钱，流入中国。而日本起而效尤，岁铸小银钱，羼入市肆。每年不下数十万计，价亦日昂，论其银质，不值所准之钱，而取信于其国家之官铸，所谓银币也。乃中国不自鼓铸，坐使外人得操圜法之轻重，而利遂为其所独擅。欲设法禁之，而人情所趋，卒亦无如何也。论其行驶之便，一曰成色定，二曰分两准，三曰交易便，四曰取携轻，五曰价值不易低昂，六曰花纹不易假造。较之元宝纹银，倾销之耗蚀，兑换之侵欺，扣短平而挨伪银者，不可同年而语矣。欲收其利权，莫如中国奏明设局，购用机器，自行鼓铸三品之钱。每副机器，小者不过五万元。吉林机局，曾购一具。凡铸金银之钱，均须稍挨杂质，方能坚结，而击之有声。核其赢余，足敷炉火人工鼓铸之费。即使无余，而商务已大受其益矣。但须国家颁定律法，定各等之价，并相准之数。每数至若干，即须用何种之钱。如英制铜钱满十二，即须用小银钱一元。银钱满二十，即须用金钱一元。而金银铜既有搭用之例，价值相准，则凡钱粮关税厘金之科则，悉依此而定。使征者解者收者发者，莫不皆准此数。无平色之高低，无兑换之扣勒，自无浮收侵蚀之弊矣。市肆之价，不能因时为轩轾，捉搦刁难，则卖买空盘之弊，不禁而自绝矣。

五曰广轮船。日本之与西洋立约也，许其在海口通商，而不准其驶入内地，侵其本国自有之利。故日人自造轮舶，驶行内海江河，以与洋人争利。中国与各国立约，乃许其轮舶驶入长江，又听其沿海置船往来。如天津、上海、宁波、福州、香港、汕头等埠，向有怡和、禅臣、旗昌三家，按期轮船往来，夺我华人分内之利。是以李爵相创开招商局，思与之并驾争衡，而其势常苦不逮。乃主持局务者，复误以重价买并旗昌一家，仍不能独收垄断之利，而财力反为之疲。欲谋挽救中国之商务，莫如广造小轮船通行内地。彼洋船只能抵通商口岸，而小轮船驶入内河，据其上游，争揽载货。如近日茶市盛于汉口。倘小轮船驶入湘汉二江，直至襄阳、长沙一带，贸易揽载，则茶商争思捷足先售，自无不乐载小轮。倘欲径赴上海，亦可省换船过驳之繁。即可由该轮船一手交卸，则洋轮船之生意大减矣。推而于天津，由运河以抵通州、烟台，由黄河以抵济南、九江，由鄱阳以抵南昌、安庆，由巢湖以抵庐州、镇江，由运河则南可抵苏常，北可抵济宁、上海，则可由黄浦以抵苏松杭嘉湖数府。至于粤东，西江水深溜缓，上可驶至广西之梧州。如此力据上游，争其揽载，则洋人瞠视而为之夺气，而我商务必大有起色矣。且轮舶愈多，则司机驾驶之人材愈出。推而行驶大洋，直一转移间，而不必借才异域。英国兵船管驾，例必由商船遴拔，而中国水师生徒，乃欲一蹴而几，其误不可以道里计矣。间尝私论，以为中国必先设商船学堂，练习驾船管机之舵工水手，方可为练习水师之基。盖未有不娴驾驶商船，而能驾驶兵船者也。

六曰设民厂。国家设科取士，若不劝民家弦户诵，而徒恃庠序学校，以培养人才，断无文教如斯之盛。观此，而知国家崇尚机器，而但设官厂者，其取径迂而收效远矣。西洋制造船炮枪械子药，皆取办于民厂为多；即有一二官厂，亦悉用包工之法，与民厂无异。所以无冗工，无滥食，计工授食，而工作以精。今中国各省设立船政、机器、子药等局矣。每年动用正款以数百万计，而所成之物，若经由外洋购买，或由洋匠承包，费可减半。然欲为华人开风气不计也。但官厂之弊，工匠浮滥，且皆执业以嬉，而赏罚不行，勤惰无别，亦谁肯舍逸就劳，以干众嫉？每制成一器，价比外洋尤昂，而复草率不精，形模徒具，往往取笑洋人，旋生狎侮。如此虽百年终无生色。惟有仿照洋厂之法，一切包工承办，责令匠目逐件分包。或准其携归私制，则工匠有一分之本领，即食一分之薪资，奏一分之工程，即给一分之价值。循名责实，务使费国帑一钱，即须造成一钱之物，而器皆精实，价不虚浮，则工匠无不争奋矣。今福州、天津、江宁、杭州、山东各厂局，皆由官办，未免积习相沿，诚不敢矫举其弊。惟粤东军火机器等局，包工之法，能以泰西之工艺，开民厂之规模。且修理轮船机括，无不估工包价。如仿其法，令民间多开私厂，或即以官厂租给商人，每年收取租息，以抵制造之费。如国家需用器具，责成该厂尽先赶办。以其余力听其为民制造机器、轮船及救火水龙，并一切开矿、挖河、抽水、磨麦、纺纱、织布各机器，以收其利。如此则风气大开，人才日出，工艺日益精进，不烦国家之提倡矣。

七曰颁牙帖。泰西工艺之精，甲于天下，而考其致此，全由国家鼓舞而成，犹中国诱之科举利禄之途也。其道何由？则在于颁给牙帖，即西语所谓丕登也。丕登者，如士人考得新理新法，工商创成一技一艺，即献诸国家，由商部考验，上者锡以爵禄，中者酬以宝星，下次亦准其擅为专门之艺，或传为世业，或专利数年，国家给以文凭，以杜通国工商剿袭仿造。即国家欲仿其新法者，亦与本人商购，偿以重资。如创造汽机、轮车、纺织机器诸人，各国无不颁赐爵秩，廪以终身，至今荣名永世。是以西人无论仕宦、缙绅、农工商贾，无不梦寐思得新法，为取富贵贻子孙，名利两全之计。寝食俱忘，不惜国家试验。西人因此享大名获巨富者，不胜偻指。每年美国发给牙帖数万张。其通商工艺之精，根柢全由于此。彼其言曰：所贵乎士者，非徒高尚其志而已也，必须创立新法，有益于国，有利于民，斯不愧为四民之首。故西国之儒者，不徒抱诗书谈仁义而已也。有商中之士，有工中之士，有农中之士，皆著书立说，自成一家，日出其新法。中国诚能采用其意，不必驱天下儒者，而尽出于一途，各听其天资所近，不论农工商贾，考求新理新法，以利国利民。每省由督抚考验，给以牙帖，以能自出心裁者受上赏，变通西制者受中赏，步趋成法者受下赏。准其一家，专擅其利以酬劳，不准他人仿造以夺其利。甚或破格奏奖，荣以功名。但得一省督抚倡之，即他省推行自易矣。重赏之下而无勇夫，斯未之信也。

八曰保海险。外国经营商务，不外两端。有公司而力量始厚，有保险而意外无虞，而商务乃有恃而无恐。保险之法，非真能保危险也。特遇险而失事，则照数赔偿耳。其法维何？则假如有海舶出洋，报明其船货资本值银百万，则保险行不必查其果值此价与否，但即抽其百分之一以为费，而给以保单。万一遭风遇礁，意外失事，即照百万之本如数偿之，不居功无吝色也。一岁之中，所保千艘，而船之沉溺、货之漂失者，恒不过千中遇一。除赔偿百万外，尚有九百万悉饱己囊。是保险家不费一钱，徒手而得九百万之赢余也。斯亦可谓天壤间第一贸易矣。在船商，重洋涉险仅费万金，即可高枕无忧，永无折阅之虑，何乐不为。若华商之为海舶生理者，每遇风涛，终夜彷徨，虽拥资千万，一夕可以赤贫，由于独力为之，而无保险之法也。自有此法，而洋人放胆经营，无远勿届，而华商则畏风畏礁，局促一隅，不能牟他国之利，而中外商务，遂天渊之判矣。且外洋保险，不但保海险已也，凡房屋则保其火险，轮车则保其碰险，甚至人身则保其病险，如限内人死，则家属得领赔款，而寡妇孤儿借有以养，不致流离失所矣。惟斗杀服毒之人，例不赔偿，则人皆惜命而无自戕之妄作矣。此盖以白鸽票射标之法，用之以济困扶危。真卫商便民之善术也。诚能令华商纠设公司，仿行保险，一切变通其法，则每年各海口保险之费不致流入外洋矣。

九曰设信局。西人颇能留心中国政务，每谓中国度支有出入两大款，可省而不知省，当取而不知取，殊为司国计者一憾。可省者，即各省每年开支驿站经费，几耗天下钱粮十分之一；可取者即设立公信局而征收其税。以西法言之，公私信函合为一局。国家特设信部官，为经理之。量路之远近，秤函之重轻，征收信资。每封黏以印花，随处可投，无远弗届。通国遍设支局，若网在纲，有条不紊。递送境内之函，一日而达；若递出境外，就欧罗巴一洲，从无淹滞至三日者。每年除去车轮、牲马、人夫、房屋、薪工杂费，尚有赢余，为入款一大宗。即如英国，于光绪九年信部经费用银三百四十万磅，而征取信资至七百万磅，几抵中国银一千万两。而日本仿行信局，亦大获其利。现已刊出华字清单，人尽知之。既无中国驿站提塘、马号、铺递各项经费，而凡出使、述职、计偕、按部之员，需索夫马供应牺刍行馆之供张，酒馔之馈遗，举地方州县赔累不堪者，一洗而空，每年节省度支不知凡几，而并可为国家开一绝大利源。今北省议开铁路，将来附轮而行，自可操券。惟官为经理，头绪太繁，不如开设信局，招商承办。大商包一省，小商包一县。推之各口各埠，皆设支局。如身使臂，一气呵成。水通轮舟，陆通快马。偏僻处则用专差。一切走卒脚夫，皆受饩于官，以自食其力。凡折奏、公牍，仍派委员司之，以专责成。无论公私信函，一律秤封给值。不必骤裁驿站钱粮，以恤其私。仅就私信一项言之，已足出入相抵。而递送迅速，商人莫不便之。信资且大可减。此亦有益于国帑商务一大政也。今上海、天津已设文报局矣，若粤东援案仿设，俾折差航海赴京，其亦公信局之嚆矢乎！

十曰赛工艺。天下事有粗观类游戏，而实隐寓富强之意者，其西人之赛珍会乎？赛珍会者，聚五州之物产，罗各国之珍奇，而品评其优劣高下，以行其赏赉，或得金牌，或得宝星。于焉增识见，广见闻，作商贾之南车，为工艺之龟鉴，亦犹文士角艺于名场也。一经品题，声价十倍。而论者病其劳费不赀，笑为过举。而自西人观之，则固用意深而取效远，为欧洲振兴商务之一大关键也。乃华商未明其益，而每遇西国设会，亦乐以珍物辇致其中。西人笑为如盲人观剧，听旁观抚掌而亦叹赏不置，其妙处初未尝领略也。每赛一次，中国亦必费数十万金。诚不如自行赛会，以导华人之先路，而开富国之基。诚能就南方之赛会迎神，北方之庙集赶墟，变通其法，令百工商贾，各行各业，自赛其物产，下至家用什物，亦罗列于会场，兼行交易，举绅董为之经理，而不必托诸神道设教，效僧尼之簧鼓，堕巫觋之荒唐。一转移间，举闾阎所欲烧香供佛演剧放灯之费，悉用诸通商惠工之实际，仍不失岁晚务闲，万民行乐之意。则游戏也而至理存焉矣。县邑则准其按年一赛，府州准其三年一赛，省会海口准其五年一赛。每越十年，则集通国之菁英物产、古玩奇珍，千蹄万轮，八方辇致，而品骘其高下，以分殿最焉。如某处物产最高，某处制造极细，某物为洋人所喜而贸易可兴，某匠为本国之冠而工艺最妙，一一登记于簿，奖以金牌，为之延誉。彼工商得一奖帖，荣于泥金，斯益留心于制造矣。（《晚清文选》卷上）

4. 译西书、办学堂：洋务派的人才观

引　言

　　两次鸦片战争的失败，促使包括洋务派在内的有识之士对当时中国传统以科举取士为基本制度的人才标准、人才培养模式、选拔方式进行了深刻的反思。西方科技、西方文化的传播，近代企业、近代海军的创办，对人才模式、人才培养提出了新的要求，洋务派在洋务运动的实践中逐渐形成了近代性质的人才观，对人才标准、培养方式、培养途径进行了探索，促使中国教育与人才培养体系开始发生历史性变革，在中国教育近代化与社会近代化进程中发生了重要影响。洋务派从不同角度对人才的重要性进行了阐述，如曾国藩在《原才》中指出："风俗之厚薄奚自乎？自乎一二人之心之所向而已。民之生，庸弱者戢戢皆是也。有一二贤且智者，则众人君之而受命焉；尤智者，所君尤众焉。此一二人者之心向义，则众人与之赴义；一二人者之心向利，则众人与之赴利。"张之洞在《上海强学会序》中强调："天下之变亟亟哉，夫挽世变在人才，成人才在学术。"随着时代变迁，人才标准、人才规格相应地发生了变化。从人才知识结构看，科举考试的内容，同时也是对古代士人的要求，是儒学、经学，是时文、诗赋、小楷，但中西文化交流的开展、近代化的兴起，对人才知识结构提出了全新的要求。洋务派强调要实现人才知识结构从"虚"到"实"的转变，强调要兼采中学与西学。李鸿章 1874 年在《筹议海防折》中提出了科举变通的方案："臣愚以为，科目即不能骤变，时文即不能遽废，而小楷试帖，太蹈虚饰，甚非作养人才之道。似应于考试功令稍加变通，另开洋务进取一格，以资造就。现在京师既设同文馆，江省亦选幼童出洋学习，似已辟西学门径，而士大夫趋向犹未尽属者，何哉？以用人进取之途全不在此故也。拟请嗣后凡有海防省分，均宜设立洋学局，择通晓时务大员主持其事。分为格致、测算、舆图、火轮、机器、兵法、炮法、化学、电气学数门，此皆有切于民生日用、军器制作之原。外国以之黜陟人才，故心思日出而不穷。华人聪明才力，本无不逮西人之处，但未得其法，未入其门，盖无以

鼓励作新之耳。如有志趣思议，于各种略通一二者，选收入局，延西人之博学而精者为之师友，按照所学浅深，酌给薪水，俾得研究精明，再试以事，或分派船厂炮局，或充补防营员弁。如有成效，分别文武，照军务保举章程，奏奖升阶，授以滨海沿江实缺，与正途出身无异。"人才规格、人才知识结构有了新的要求，人才培养模式、人才培养途径也需要做相应调整。洋务派建议采取设学校、派留学、立学会等新措施，这些措施有利于新式人才的培养，也取得了一些成效。如在曾国藩、李鸿章等人的呼吁与努力之下，选派幼童赴美留学，"挑选幼童出洋肄业，固属中华创始之举，抑亦古来未有之事"（《派员携带幼童出洋并应办事宜疏》），开启了我国留学教育的先河。

曾国藩

求阙斋记

国藩读《易》，至《临》而喟然叹曰：刚侵而长矣。至于八月有凶，消亦不久也，可畏也哉！天地之气，阳至矣，则退而生阴；阴至矣，则进而生阳。一损一益者，自然之理也。

物生而有耆欲，好盈而忘阙。是故体安车驾，则金舆鏓衡不足于乘；目辨五色，则黼黻文章不足于服。由是八音繁会不足于耳，庶羞珍膳不足于味。穷巷瓮牖之夫，骤膺金紫，物以移其体，习以荡其志，向所扼腕而不得者，渐乃厌鄙而不屑御。旁观者以为固然，不足訾议。故曰："位不期骄，禄不期侈。彼为象箸，必为玉杯。"积渐之势然也。而好奇之士，巧取曲营，不逐众之所争，独汲汲于所谓名者，道不同，不相为谋。或贵富以饱其欲，或声誉以厌其情，其于志盈一也。

夫名者，先王所以驱一世于轨物也。中人以下，蹈道不实，于是爵禄以显驱之，名以阴驱之。使之践其迹，不必明其意。若君子人者，深知乎道德之意，方惧名之既加，则得于内者日浮，将耻之矣。而浅者哗然骛之，不亦悲乎！

国藩不肖，备员东宫之末，世之所谓清秩。家承余荫，自王父母以下，并康强安顺。孟子称"父母俱存，兄弟无故"，抑又过之。《洪范》曰："凡厥庶民，有猷有为有守，不协于极，不罹于咎，女则锡之福。"若国藩者，无为无猷而多罹于咎，而或锡之福，所谓不称其服者欤？于是名其所居曰"求阙斋"。凡外至之荣，耳目百体之耆，皆使留其缺陷。礼主减而乐主盈，乐不可极，以礼节之，庶以制吾性焉，防吾淫焉。若夫令问广誉，尤造物所靳予者，实至而归之。所取已贪矣，况以无实者攘之乎？行非圣人而有完名者，殆不能无所矜饰于其间也。吾亦将守吾阙者焉。（《曾文正公全集》文集卷一）

原才

风俗之厚薄奚自乎？自乎一二人之心之所向而已。民之生，庸弱者戢戢皆是也。有一二贤且智者，则众人君之而受命焉；尤智者，所君尤众焉。此一二人者之心向义，则众人与之赴义；一二人者之心向利，则众人与之赴利。众人所趋，势之所归，虽有大力，莫之敢逆，故曰"挠万物者莫疾乎风"。风俗之于人之心，始乎微，而终乎不可御者也。先王之治天下，使贤者皆当路在势，其风民也皆以义，故道一而俗同。世教既衰，所谓一二人者，不尽在位，彼其心之所向，势不能不腾为口说，而播为声气。而众人者，势不能不听命，而蒸为习尚。于是乎徒党蔚起，而一时之人才出焉。有以仁义倡者，其徒党亦死仁义而不顾；有以功利倡者，其徒党亦死功利而不返。水流湿，火就燥，无感不雠，所从来久矣。今之君子之在势者，辄曰："天下无才。"彼自尸于高明之地，不克以己之所向，转移习俗，而陶铸一世之人。而翻谢曰无才。谓之不诬可乎？十室之邑，有好义之士，其智足以移十人者，必能拔十人中之尤者而材之。其智足以移百人者，必能拔百人中之尤者而材之。然则转移习俗，而陶铸一世之人。非特处高明之地者然也。凡一命以上，皆有责焉者也。有国家者得吾说而存之，则将慎择与共天位之人；士大夫得吾说而存之，则将惴惴乎谨其心之所向，恐一不当而坏风俗，而贼人才。循是为之，数十年之后，万一有收其效者乎？非所逆睹已。（《晚清文选》卷上）

应诏陈言疏（道光三十年）

奏为应诏陈言事。

二月初八日，奉皇上谕令，九卿科道有言事之责者，于用人、行政一切事宜，皆得据实直陈，封章密奏。仰见圣德谦冲，孜孜求治。臣窃维用人、行政，二者自古皆相提并论，独至我朝，则凡百庶政，皆已着有成宪，既备既详，未可轻议。今日所当讲求者，惟在用人一端耳。方今人才不乏，欲作育而激扬之，端赖我皇上之妙用，大抵有转移之道，有培养之方，有考察之法，三者不可废一，请为我皇上陈之。

所谓转移之道，何也？我朝列圣为政，大抵因时俗之过而矫之，使就于中。顺治之时，疮痍初复，民志未定，故圣祖继之以宽；康熙之末，久安而吏弛，刑措而民偷，故世宗救之以严；乾隆、嘉庆之际，人尚才华，士骛高远，故大行皇帝敛之以镇静，以变其浮夸之习，一时人才循循规矩准绳之中，无有敢才智自雄、锋芒自逞者。然有守者多，而有猷有为者渐觉其少，大率以畏葸为慎，以柔靡为恭。以臣观之，京官之办事通病有二：曰退缩，曰琐屑。外官之办事通病有二：曰敷衍，曰颟顸。退缩者，同官互推，不肯任怨，动辄请旨，不肯任咎是也；琐屑者，利析锱铢，不顾大体，察及秋毫，不见舆薪是也；敷衍者，装头盖面，但计目前剜肉补疮，不问明日是也；颟顸者，外面完全，而中已溃烂，章奏粉饰，而语无归宿是也。有此四者，习俗相沿，但求苟安无过，不求振作有为，将来一有艰巨，国家必有乏才之患。我大行皇帝深知此中之消息，故亟思得一有用之才，以力挽颓风。去年京察人员，数月之内，擢臬司者三人，擢藩司者一人，盖亦欲破格超迁，整顿积弱之习也，无如风会所趋，势难骤变。今若遽求振作之才，又恐躁竞者因而幸进，转不足以收实效。臣愚以为欲使有用之才不出范围之中，莫若使之从事于学术。汉臣诸葛亮曰："才须学，学须识。"盖至论也。然欲人才皆知好学，又必自我皇上以身作则，乃能操转移风化之本。臣考圣祖仁皇帝登极之后，勤学好问，儒臣逐日进讲，寒暑不辍；万寿圣节，不许间断；三藩用兵，亦不停止；召见廷臣，辄与之往复讨论。故当时人才济济，好学者多。至康熙末年，博学伟才，大半皆圣祖教谕而成就之。今皇上春秋鼎盛，正与圣祖讲学之年相似，臣之愚见，欲请俟二十七月后，举行逐日进讲之例。四海传播，人人响风。召见臣工，与之从容论难。见无才者，则勖之以学，以痛惩模棱罢软之习；见有才者，则愈勖之以学，以化其刚愎、刻薄之偏。十年以后，人才必大有起色。一人典学于宫中，群英鼓舞于天下。其幾在此，其效在彼。康熙年间之往事，昭昭可观也。以今日之委靡因循，而期之以振作，又虑他日之更张偾事，而泽之以《诗》《书》，但期默运而潜移，不肯矫枉而过正。盖转移之道，其略如此。

所谓培养之方，何也？凡人才未登仕版者，姑不具论；其已登仕版者，如内阁、六部、翰林院最为荟萃之地，将来内而卿相，外而督抚，大约不出此八衙门。此八衙门者，人才数千，我皇上不能一一周知也；培养之权，不能不责成于堂官。所谓培养者，约有数端：曰教诲，曰甄别，曰保举，曰超擢。堂官之于司员，一言嘉奖，则感而图功；片语责惩，则畏而改过。此教诲之不可缓也。榛棘不除，则兰蕙减色；害马不去，则骐骥短气；此甄别之不可缓也。嘉庆四年、十八年，两次令部院各保司员，此保举之成案也。雍正年间，甘汝来以主事而赏人参，放知府；嘉庆年间，黄钺以主事而充翰林，入南斋。此超擢之成案也。盖尝论之，人才譬之禾稼，堂官之教诲，犹种植耘籽也；甄别则去其稂莠也；保举则犹灌溉也；皇上超擢，譬之甘雨时降、苗勃然兴也；堂官常到署，譬之农夫日日田间，乃能熟悉稼事也。今各衙门堂官，多内廷行走之员，或累月不克到署，与司员恒不相习，自掌印、主稿数人而外，大半不能识面，譬之嘉禾、稂莠，听其同生同落于畎亩之中，而农夫不问。教诲之法无闻，甄别之例亦废；近奉明诏保举，又但及外官，而不及京秩，培养之道，不尚有未尽看哉！自顷岁以来，六部人数日多，或二十年不得补缺，或终身不得主稿。内阁、翰林院员数，亦三倍于前，往往十年不得一差，不迁一秩，固已英才摧挫矣。而堂官又多在内廷，终岁不获一见。如吏部六堂，内廷四人；礼部六堂，内廷四人；户部六堂，皆直内廷；翰林两掌院，皆直内廷。在诸臣随侍御园，本难分身入署；而又或兼摄两部，或管理数处。为司员者，画稿则匆匆一面，白事则寥寥数语，纵使才德俱优，曾不能邀堂官一顾，又焉能达天子之知哉！以若干之人才，近在眼前，不能加意培养，甚可惜也！臣之愚见，欲请皇上稍为酌量，每部须有三四堂不入直内廷者，令其日日到署以与司员相砥砺；翰林掌院，亦须有不直内廷者，令其与编、检相濡染。务使属官之性情、心术，长官一一周知。皇上不时询问，某也才，某也直，某也小知，某也大受，不特属官之优劣粲然毕呈，即长官之浅深亦可互见。旁考参稽，而八衙门之人才，同往来于圣主之胸中。彼司员者，但令姓名达于九重，不必升官迁秩，而已感激无地矣。然后保举之法，甄别之例，次第举行乎旧章。皇上偶有超擢，则梗楠一升，而草木之精神皆振。盖培养之方，其略如此。

所谓考察之法，何也？古者询事、考言，二者并重。近来各衙门办事，小者循例，大者请旨；本无才猷之可见，则莫若于言考之。而召对陈言，天威咫尺，又不宜喋喋便佞，则莫若于奏折考之矣。国家定例，内而九卿、科道，外而督抚、藩臬，皆有言事之责。各省道员，不许专折谢恩，而许专折言事。乃十余年间，九卿无一人陈时政之得失；司道无一折言地方之利弊；相率缄默，一时之风气，有不解其所以然者。科道间有奏疏，而从无一言及主德之隆替，无一折弹大臣之过失。岂君为尧、舜之君，臣皆为稷、契之臣乎？一时之风气，亦有不解其所以然者。臣考本朝以来，匡言主德者，孙嘉淦以自是规高宗，袁饶以寡欲规大行皇帝，皆蒙优旨嘉纳，至今传为美谈；纠弹大臣者，如李之芳参劾魏裔介，彭鹏参劾李光地，厥后四人，皆为名臣，亦至今传为美谈。自古直言不讳，未有盛于我朝者也。今皇上御极之初，又特诏求言，而褒答倭仁之谕，臣读之至于抃舞感泣，此诚太平之象。然臣犹有过虑者，诚见我皇上求言甚切，恐诸臣纷纷入奏，或者条陈庶政，颇多雷同之语，不免久而生厌；弹劾大臣，惧长攻讦之风，又不免久而生厌。臣之愚见，愿皇上坚持圣意，借奏折为考核人才之具，永不生厌斁之心。涉于雷同者，不必交议而已；过于攻讦者，不必发钞而已。此外则但见其有益，初不见其有损。人情狃于故常，大抵多所顾忌，如主德之隆替，大臣之过失，非皇上再三诱之使言，谁肯轻冒不韪？如藩臬之奏事，道员之具折；虽有定例，久不遵行，非皇上再三迫之使言，又谁肯立异以犯督抚之怒哉？臣亦知内外大小，群言并进，即俘伪之人，不能不杂出其中。然无本之言，其术可以一售，而不可以再试，明鉴高悬，岂能终遁！方今考九卿之贤否，但凭召见之应对；考科道之贤否，但凭三年之京察；考司道之贤否，但凭督抚之考语。若使人人建言，参互质证，岂不更为核实乎？臣所谓考察之法，其略如此。三者相需为用，并行不悖。臣本愚陋，顷以议礼一疏，荷蒙皇上天语褒嘉，感激思所以报，但憾识见浅薄，无补万一，伏求皇上怜其愚诚，俯赐训示，幸甚。谨奏。（《皇朝经世文四编》卷三《治体》）

圣哲画像记（咸丰九年正月二十一日）

国藩志学不早，中岁侧身朝列，窥窃陈编，稍涉先圣、昔贤、魁儒、长者之绪。驽缓多病，百无一成；军旅驰驱，益以芜废。丧乱未平，而吾年将五十矣。往者读班固《艺文志》及马氏《经籍考》，见其所列书目，丛杂猥多，作者姓氏，至于不可胜数，或昭昭如日月，或湮没而无闻。及为文渊阁直阁校理，每岁二月，侍从宣宗皇帝入阁，得观《四库全书》，其富过于前代所藏远甚，而存目之书数十万卷，尚不在此列。呜呼！何其多也！虽有生知之资，累世不能竟其业，况其下焉者乎？故书籍之浩浩，著述者之众，若江海然，非一人之腹所能尽饮也，要在慎择焉而已。

余既自度其不逮，乃择古今圣哲三十余人，命儿子纪泽图其遗像，都为一卷，藏之家塾。后嗣有志读书，取足于此，不必广心博骛，而斯文之传，莫大乎是矣。昔在汉世，若武梁祠、鲁灵光殿，皆图画伟人事迹。而《列女传》亦有画像，感发兴起，由来已旧。习其器矣，进而索其神，通其微，合其莫。心诚求之，仁远乎哉！

尧、舜、禹、汤，史臣记言而已。至文王拘幽，始立文字。演《周易》，忧勤惕厉之意，载与俱出。周孔代兴，六经炳著，师道备矣。秦汉以来，孟子盖与庄、荀并称。至唐，韩氏独尊异之。而宋之贤者，以为可跻之尼山之次，崇其书以配《论语》。后之论者，莫之能易也。兹以亚于三圣人后云。

左氏传经，多述二周典制，而好称引奇诞，文辞烂然，浮于质矣。太史公称庄子之书，皆寓言，吾观子长所为《史记》，寓言亦十之六七。班氏闳识孤怀，不逮子长远甚。然经世之典，六艺之旨，文字之源，幽明之情状，粲然大备。岂与夫斗筲者争得失于一先生之前，姝姝而自悦者哉？

诸葛公当扰攘之世，被服儒者，从容中道。陆敬舆事多疑之主，驳难驯之将；烛之以至明，将之以至诚；譬若御驽马登峻坂，纵横险阻，而不失其驰，何其神也！范希文、司马君实遭时差隆，然坚卓诚信，各有孤诣。其以道自持，蔚成风俗，意量亦远矣。昔刘向称董仲舒王佐之才，伊、吕无以加，管、晏之属殆不能及。而刘歆以为董子师友所渐，曾不能几乎游、夏。以予观四贤者，虽未逮乎伊、吕，固将贤于董子。惜乎不得如刘向父子而论定耳！

自朱子表章周子、二程子、张子，以为上接孔孟之传，后世君相师儒笃守其说，莫之或易。乾隆中，闿儒辈起，训诂博辨，度越昔贤，别立徽志，号曰汉学。摈有宋五子之术，以谓不得独尊。而笃信五子者，亦屏弃汉学，以为破碎害道，断断焉而未有已。吾观五子立言，其大者多合于洙泗，何可议也？其训释诸经，小有不当，固当取近世经说以辅翼之，又可屏弃群言以自隘乎？斯二者亦俱讥焉。

西汉文章，如子云、相如之雄伟，此天地遒劲之气，得于阳与刚之美者也。此天地之义气也。刘向、匡衡之渊懿，此天地温厚之气，得于阴与柔之美者也。此天地之仁气也。东汉以还，淹雅无惭于古，而风骨少隤矣。韩、柳有作，尽取扬、马之雄奇，万变而内之于薄物小篇之中，岂不诡哉？欧阳氏、曾氏皆法韩公，而体质于匡、刘为近。文章之变，莫可穷诘。要之不出此二途，虽百世可知也。

余钞古今诗，自魏晋至国朝，得十九家。盖诗之为道广矣，嗜好趋向，各视其性之所近，犹庶羞百味，罗列鼎俎，但取适吾口者，唶之得饱而已。必穷尽天下之佳肴，辩尝而后供一馔，是大惑也；必强天下之舌，尽效吾之所嗜，是大愚也。庄子有言："大惑者，终身不解；大愚者，终身不灵。"余于十九家中，又笃守夫四人者焉。唐之李、杜，宋之苏、黄，好之者十而七八，非之者亦且二三。余惧蹈庄子不解不灵之讥，则取足于是终身焉已耳。

司马子长网罗旧闻，贯串三古而八书，颇病其略。班氏《志》较详矣，而断代为书，无以观其会通。欲周览经世之大法，必自杜氏《通典》始矣。马端临《通考》，杜氏伯仲之间，郑《志》非其伦也。百年以来，学者讲求形声、故训，专治《说文》，多宗许、郑，少谈杜、马，吾以许、郑考先王制作之源，杜、马辨后世因革之要。其于实事求是一也。

先王之道，所为修己治人、经纬万汇者，何归乎？亦曰礼而已矣。秦焚书籍，汉代诸儒之所掇拾，郑康成之所以卓绝，皆以礼也。杜君卿《通典》，言礼者十居其六，其识已跨越八代矣！有宋张子、朱子之所讨论，马贵与、王伯厚之所纂辑，莫不以礼为兢兢。我朝学者，以顾亭林为宗，国史《儒林传》褎然冠首。吾读其书，言及礼俗教化，则毅然有守先待后，舍我其谁之志，何其壮也！厥后，张蒿庵作《中庸论》，及江慎修、戴东原辈，尤以礼为先务。而秦尚书蕙田，遂纂《五礼通考》，举天下古今幽明万事，而一经之以礼，可谓体大而思精矣。

吾图画国朝先正遗像，首顾先生，次秦文恭公，亦岂无微旨哉！桐城姚鼐姬传、高邮王念孙怀祖，其学皆不纯于礼。然姚先生持论阂通，国藩之粗解文章，由姚先生启之也。王氏父子集小学训诂之大成，复乎不可几已。故以殿焉。

姚姬传氏言学问之途有三：曰义理；曰词章；曰考据。戴东原氏亦以为言。如文、周、孔、孟之圣，左、庄、马、班之才，诚不可以一方体论矣。至若葛、陆、范、马，在圣门则以德行而兼政事也。周、程、张、朱，在圣门则德行之科也，皆义理也。韩、柳、欧、曾、李、杜、苏、黄，在圣门则言语之科也，所谓词章也。许、郑、杜、马、顾、秦、姚、王，在圣门则文学之科也。顾、秦于杜、马为近，姚、王于许、郑为近，皆考据也。

此三十三子者，师其一人，读其一书，终身用之，有不能尽。若又有陋于此，而求益于外，譬若掘井九仞而不及泉，则以一井为隘，而必广掘数十百井，身老力疲，而卒无见泉之一日。其庸有当乎？

自浮屠氏言因果祸福而为善获报之说，深中于人心，牢固而不可破。士方其占毕呫哔，则期报于科第禄仕。或少读古书，窥著作之林，则责报于遐迩之誉，后世之名。纂述未及终编，辄冀得一二有力之口，腾播人人之耳，以偿吾劳也。朝耕而暮获，一施而十报，譬若沽酒市脯，喧聒以责之贷者，又取倍称之息焉。禄利之不遂，则微幸于没世不可知之名。甚者至谓孔子生不得位，没而俎豆之报隆于尧舜。郁郁者以相证慰，何其陋钦？

今夫三家之市，利析锱铢，或百钱逋负，怨及子孙。若通阛贸易，瑰货山积，动逾千金，则百钱之有无，有不暇计较者矣。商富大贾，黄金百万，公私流衍，则数十百缗之费，有不暇计较者矣。均是人也，所操者大，犹有不暇计其小者，况天之所操尤大，而于世人毫末之善，口耳分寸之学，而一一谋所以报之，不亦劳哉！商之货殖同、时同，而或赢或绌；射策者之所业同，而或中或罢；为学著书之深浅同，而或传或否，或名或不名，亦皆有命焉，非可强而几也。

古之君子，盖无日不忧，无日不乐。道之不明，己之不免，为乡人一息之或懈，忧也；居易以俟命，下学而上达，仰不愧而俯不怍，乐也。自文王、周、孔三圣人以下，至于王氏，莫不忧以终身，乐以终身，无所于祈，何所为报！己则自晦，何有于名？惟庄周、司马迁、柳宗元三人者，伤悼不遇，怨悱形于简册，其于圣贤自得之乐，稍违异矣。然彼自惜不世之才，非夫无实而汲汲时名者比也。苟汲汲于名，则去三十二子也远矣。将适燕晋而南其辕，其于术不益疏哉？

文周孔孟，班马左庄。葛陆范马，周程朱张。韩柳欧曾，李杜苏黄，许郑杜马，顾秦姚王。三十二人，俎豆馨香。临之在上，质之在旁。（《晚清文选》卷上）

复吴廷栋 （同治元年闰八月二十三日）

竹如仁兄大人阁下：

七月杪接奉五月二十八日惠书，裁复稍稽，至为歉仄！仰荷箴诲，拳拳以古人道谊相切劘，感戢曷既！

国藩秉质粗疏，晰理未精，忝窃高位，兼攘虚名。责任之重，属望之众，盖实出于意计之外，亦自日处危机之中。虽积功如山，莫可报称，故不复课程功之多寡，但课每日之勤惰。即训迪僚属，亦但以"勤"、"廉"二字相劝，不更高论要道。至方寸检点，则惟是急功、近利、穿窬、乡原、鄙关数大端，以免此为至幸。大抵皆是人欲之私，更无所谓天理之私。每日诸务猬集，酬接纷纭，身未及检，事未及毕，旧书未及温习，而光阴忽忽已过，刻漏又尽矣。

来示又以安危得失取决片言，虽不至如此之甚，然亦尝蒙天语垂询，令其汲引善类，厘察贤奸。自以见闻极陋，好恶或淆，多以无员可荐据实复陈。盖既自度无知人之明，而又疑封疆将帅由外疏荐，一时之裨益甚少，方来之流弊孔长也。然鄙人之辜负清问，无补时艰，即此已可见其大凡矣。方存之谓敝幕人才颇盛，此乃过情之誉。珂乡贤达如杨璞庵、陈虎臣昆季、洪琴西、沈介夫皆处以清要之职，知其久游德门，廉正耐劳，渐染有素，故敝处礼而用之，百不失一。存之、朗仙计不久亦来此间。此外尚有贤才可以相助为理否？幸倾夹袋之储，无吝百朋之锡，至祷至祷！

派捐之说，敝处与李中丞皆无其事。或系传闻之误，望再查明见示。折弁经过山东，肃泐。奉问台安，诸维心鉴。（《曾文正公全集》书札卷十九）

复吴廷栋（同治二年十一月初七日）

竹如仁兄大人阁下：

接诵惠书，具聆谠论，砭愚订顽，感佩无已。阴消阳长，是倾否交泰之机，阁下与诸君子穆穆在朝，经纶密勿，挽回气运，仍当自京师始。人才不振，各处皆然。捐例、保举两途，有积重难返之势，然明知其弊而无从禁止。譬之医者，知病难矣，而制方更难，或有方而无药，或病重而药轻。故尝谓错枉无益，举直而能使枉者变化则益矣；去邪无益，用贤而能使邪者惩改则益矣。

国藩在外数载，吏治毫无起色，皆坐不能得良吏以风示众僚之咎，用为大愧。皖省用兵太久，蹂躏不堪，人人视为畏途。通省实缺守令不过四五人，弟向江、鄂等省商调数员来皖，亦乏满意之选。两科进士即用及本届拔贡朝考并大挑教习等班，现在到省者不过二员。每一缺出，时有乏才之叹。而地方之苦，百物荡然，公私赤立，民固无以自活，官亦几难自存。又或到任未久，寇氛踵至，纵有贤员，莫能措手。即行军所过，亦往往百里不见炊烟，竟日不逢行人。忝司兵柄，又为民牧，环顾遗黎，但深内疚。而敝部人逾十万，又兼辖希庵中丞全部，各军积欠已多至十五六个月不等，又须月协临淮二万，李军门一万。自丁忧再出，历今六年，从未办捐，除厘金而外，别无筹饷之法，日执此垂尽之商民，而与之剥肤及髓。来示所云"宽一分则受一分福"者，凤昔亦尝服膺斯言，事势所迫，大负初心。

古人谓"兵者，不祥之器"，良有味乎其言之也。幸迩来军事颇顺，皖南连克七城五隘，金陵合围，苏州克复，苗逆授首，寿州投诚。意者天心厌乱，东南荡平，即当奉身而退避贤者路，不敢久窃高位，重蹈愆尤。相知有素，聊布一二。顺问台安。惟希心鉴。（《曾文正公全集》书札续抄卷一）

致澄弟沅弟（同治四年十二月十五日）

澄、沅弟左右：

近日贼情，张总愚一股尚在南阳，赖汶光、任柱等股尚在光州、固始一带。闻京师之东北、山海关外、奉天等处马贼猖獗，派文尚书、福将军剿办，尚未得手。新授徐海道张树声为直隶臬司。圣意盖欲多调淮勇北卫畿辅，局势又当少变矣。

沅弟出处大计，余前屡次言及，谓腊月乃有准信。近来熟思审处，劝弟出山不过十分之三四，劝弟潜藏竟居十分之六七。

部中新例甚多。余处如金陵续保之案、皖南肃清保案全行议驳，其余小事动遭驳结；而言路于任事有功之臣，责备甚苛，措辞甚厉，令人寒心。军事一波未平，一波复起，头绪繁多。

西北各省饷项固绌，转运尤艰。处山西完善之区，则银钱分文皆须入奏，难以放手办事。若改调凋残之省，则行剥民敛怨之政，犹恐无济于事。去年三四月间，吾兄弟正方万分艰窘，户部犹将江西厘金拨去，金陵围师几将决裂。共事诸公易致龃龉，稍露声色，群讥以为恃功骄蹇。为出山之计，实恐呕气时多，适意时少。若为潜藏之计，亦有须熟筹者。大凡才大之人，每不甘于岑寂，如孔翠洒屏，好自耀其文彩。林文忠晚年在家，好与大吏议论时政，以致与刘玉坡制军不合，复思出山。近徐松龛中丞与地方官不合，复行出山。二人皆有过人之才，又为本籍之官所挤，故不愿久居林下。沅弟虽积劳已久，而才调实未能尽展其长，恐难久甘枯寂。目下李筱荃中丞相待甚好，将来设与地方官不能水乳交融，难保不静极思动，潜久思飞。

以余饱阅世变、默察时局，则劝沅行者四分，劝沅藏者六分。以久藏之不易，则此事须由沅内断于心，自为主持。兄与澄不克全为代谋也。余前所谓腊月再有确信者大率如此，下二次更当申明之。（《曾文正公全集》家

书卷十）

略陈直隶应办事宜并请酌调人才酌拨银两折（同治八年正月十七日）

奏为略陈直隶应办事宜，并请酌调人才，以资差委，酌拨银两，以济要需事。

窃臣奉命移督直隶，自顾精力衰颓，夙夜兢兢，深以不克胜任为惧。上年十二月召对之次，荷蒙皇太后两次训示，以畿辅空虚，必须认真练兵，吏治尤须整顿等谕。臣恭聆之下，悚佩难名。近复详加察访练兵、饬吏二端，诚为直隶最大之政，其次则治河亦属要图。谨就此三者略陈梗概，伏候明训指示。

直隶近岁以来，北有马贼，南有教匪，东南与齐省接壤，则枭匪出没之区，而降捻、游勇亦多散处其间，伏莽堪虞。一旦窃发，旬日啸聚，动以千计，非有数千劲兵星速剿捕，即恐酿成大变。此内患也。其无形之外患，陕回现尚猖獗，宣化固宜严为置防；洋务虽曰安恬，天津滨海，亦宜暗为设备。综计数者，必须练兵二万有奇，乃足以敷调遣。目下刘铭传一军万余人驻扎张秋，该军精劲冠时，应请敕下李鸿章，即以铭军长作拱卫京畿之师。其饷项照旧由江南供支，业经李鸿章奏明在案。待刘铭传陛见以后，或将该军全调北路，或因运米之故，分扎东、直之交，臣再与之商酌办理。此外，尚须练兵万人。或专就原议之六军调省城而合练之，或兼用湘、淮之营制，募北勇而另练之，俟臣到任后，再行察度奏明办理。惟二万余人果能练成劲旅，敬求皇上不轻调动。凡兵一经调出，即难遽归，仓卒有警，畿辅仍属空虚。上年辇毂震惊，可为鉴戒。此不能不预为陈明者也。

直隶之吏治，臣入境以后，略询民间疾苦，大约积狱太多，羁累无辜。闻有州县到任年余，未曾坐堂一次、讯结一案者。又因连年用兵，差徭甚重，大户则勒派车马，供支柴草，小户则摊派钱文，掳充长夫。劣绅勾通书役，因缘讹索，车辆有出而无归，贫户十室而九逃。今虽军事大定，尚复派修城之资，索前欠之费，诛求无已。大吏过于宽厚，罔恤民艰。加以政出多门，相忍为国。劣员于此处败露，方惧严参，而彼处钻营，反得优保。总督之事权不一，属僚之径窦愈多。玩上则簸弄是非，虐民则毫无忌惮。风气之坏，竟为各省所未闻。臣到任后，不得不大加参劾。拟以清理积讼，停止杂派为先务，严立法禁，违者重惩。臣自问素非苛刻者流，近在江南亦系失之于宽，今忽变为严厉，劣员或求书函以图救全，或腾谤议以冀宽弛，皆属意中之事。臣随时体察，攻伐之剂，去病即止。苟使数月期年，风气稍转，亦无难渐就和平，复我常度。而下车伊始，则非刚猛不能除此官邪，是亦宜预为陈明者也。

直隶之大河凡九，其不经东、西二淀而径入海者有三，其经过东、西二淀而后入海者有六。六者之中，惟永定河、滹沱河常泛溢而为民患。论者谓二淀为民间田庐所占，不能容纳众流，日就淤塞。上年永定河决，被水之县甚多。臣于河工素未讲求，出京以后，拟先看永定河再行履任。审度情形，奏明兴工。惟查永定河工，从前每年部拨岁修银近十万两中，隔数年辄复另案发帑，加培土工。自道光二十二年后，而另案之土工停矣。自咸丰三年以后，而岁修十万仅发四分之一矣。近虽由刘长佑奏请岁发五万，而司库支绌，不能如期到工，以致堤身处处受病，常常溃决。上年南四汛大工，原请经费十一万，而部拨之闽海三万，山东三万，迄未报解。将来三月兴工，无款筹垫，不能不奏请先从部库借拨。又闻所估之数，只可敷衍目前，断难坚实。经久恐须添筹巨款，乃可一劳永逸。此亦宜预先陈明者也。

此三者，非有人不能振兴，非有财不能展布。河工尚难计算，即练兵一事，除户部六军经费照常拨解外，所短尚多。请旨敕下两江总督马新贻、江苏巡抚丁日昌，每月拨银三万两解至直隶，稍资周转。臣就两江员绅中开列数人，请旨敕下吏部调至直隶，俾收臂指之助，不胜感幸。所有直隶应办事宜缘由，恭折具陈，伏乞皇太后、皇上圣鉴训示。谨奏。（《曾文正公全集》奏稿卷二十七）

劝学篇·示直隶士子（同治八年七月初六日）

人才随士风为转移，信乎？曰：是不尽然，然大较莫能外也。前史称燕赵慷慨悲歌，敢于急人之难，盖有豪侠之风。余观直隶先正，若杨忠愍、赵忠毅、鹿忠节、孙征君诸贤，其后所诣各殊，其初皆于豪侠为近。即今曰士林，亦多刚而不摇，质而好义，犹有豪侠之遗。才质本于士风，殆不诬与？

豪侠之质，可与入圣人之道者，约有数端。侠者薄视财利，弃万金而不眄；而圣贤则富贵不处，贫贱不去，痛恶夫墦间之食、龙断之登。虽精粗不同，而轻财好义之迹则略近矣。侠者忘己济物，不惜苦志脱人于厄，而圣贤以博济为怀。邹鲁之汲汲皇皇，与夫禹之犹己溺，稷之犹己饥，伊尹之犹己推之沟中，曾无少异。彼其能力救穷交者，即其可以进援天下者也。侠者轻死重气，圣贤罕言及此。然孔曰成仁，孟曰取义，坚确不移之操，亦未尝不与之相类。昔人讥太史公好称任侠，以余观此数者，乃不悖于圣贤之道。然则豪侠之徒，未可深贬，而直隶之士，其为学当较易于他省，乌可以不致力乎哉？

致力如何？为学之术有四：曰义理，曰考据，曰辞章，曰经济。义理者，在孔门为德行之科，今世目为宋学者也。考据者，在孔门为文学之科，今世目为汉学者也。辞章者，在孔门为言语之科，从古艺文及今世制义诗赋皆是也。经济者，在孔门为政事之科，前代典礼、政书及当世掌故皆是也。

人之才智，上哲少而中下多。有生又不过数十寒暑，势不能求此四术遍观而尽取之。是以君子贵慎其所择，而先其所急。择其切于吾身心不可造次离者，则莫急于义理之学。凡人身所自具者，有耳、目、口、体、心思；日接于吾前者，有父子、兄弟、夫妇；稍远者，有君臣，有朋友。为义理之学者，盖将使耳、目、口、体、心思，各敬其职，而五伦各尽其分，又将推以及物，使凡民皆有以善其身，而无憾于伦纪。夫使举世皆无憾于伦纪，虽唐虞之盛有不能逮。苟通义理之学，而经济该乎其中矣。程朱诸子遗书具在，曷尝舍末而言本、遗新民而专事明德？观其雅言，推阐反复而不厌者，大抵不外立志以植基，居敬以养德，穷理以致知，克己以力行，成物以致用。义理与经济初无两术之可分，特其施功之序，详于体而略于用耳。

今与直隶多士约：以义理之学为先，以立志为本，取乡先达杨、赵、鹿、孙数君子者为之表。彼能艰苦困饿，坚忍以成业，而吾何为不能？彼能置穷通、荣辱、祸福、死生于度外，而吾何为不能？彼能以功绩称当时，教泽牖后世，而吾何为不能？洗除旧日晻昧卑污之见，矫然直趋广大光明之域；视人世之浮荣微利，若蝇蚋之触于目而不留；不忧所如不耦，而忧节概之少贬；不耻冻馁在室，而耻德不被于生民。志之所向，金石为开，谁能御之？志既定矣，然后取程朱所谓居敬穷理、力行成物云者，精研而实体之；然后求先儒所谓考据者，使吾之所见，证诸古制而不谬；然后求所谓辞章者，使吾之所获，达诸笔札而不差。择一术以坚持，而他术固未敢竟废也。其或多士之中，质性所近，师友所渐，有偏于考据之学，有偏于辞章之学，亦不必遽易前辙，即二途皆可入圣人之道。其文经史百家，其业学问思辨，其事始于修身，终于济世，百川异派，何必同哉？同达于海而已矣。

若夫风气无常，随人事而变迁。有一二人好学，则数辈皆思力追先哲；有一二人好仁，则数辈皆思康济斯民。倡者启其绪，和者衍其波；倡者可传诸同志，和者又可祖诸无穷；倡者如有本之泉放乎川渎，和者如支河沟浍交汇旁流。先觉后觉，互相劝诱，譬之大水小水，互相灌注。以直隶之士风，诚得有志者导夫先路，不过数年，必有体用兼备之才，彬蔚而四出，泉涌而云兴。

余忝官斯土，自愧学无本原，不足仪型多士。嘉此邦有刚方质实之资，乡贤多坚苦卓绝之行，粗述旧闻，以勖群士，亦冀通才硕彦，告我昌言，上下交相劝勉，仰希古昔与人为善、取人为善之轨，于化民成俗之道，或不无小补云。（《曾文正公全集》杂著卷四）

李鸿章

请设外国语言文字学馆折（同治二年正月二十二日）

奏为援案请设外国语言文字学馆，恭折仰祈圣鉴事。

窃臣前准总理衙门来咨，遵议设立学习外国语言文字学馆为同文馆等因。伏维中国与洋人交接，必先通其志、达其欲、周知其虚实诚伪，而后有称物平施之效。互市二十年来，彼酋之习我语言文字者不少，其尤者能读我经史，于朝章宪典、吏治民情，言之历历，而我官员绅士中绝少通习外国语言文字之人。各国在沪均设立翻译官一二员，遇中外大臣会商之事，皆凭外国翻译官传述，亦难保无偏袒捏架情弊。中国能通洋语者，仅恃通事。凡关局、军营交涉事务，无非雇觅通事往来传话，而其人遂为洋务之大害。查上海通事一途，获利最厚，于士农工商之外别成一业。其人不外两种：一，广东、宁波商伙子弟，佻达游闲，别无转移执事之路者，辄以学习通事为逋逃薮；一，英、法等国设立义学，招本地贫苦童稚，与以衣食而教肄之，市儿村竖，来历难知，无不染洋泾习气，亦无不传习彼教。此两种人者，类皆资性蠢愚，心术卑鄙，货利声色之外，不知其他，且其仅通洋语者十之八九，兼识洋字者十之一二。所识洋字亦不过货名、价目与俚浅文理，不特于彼中兵刑、食货、张弛、治忽之大耑焉无知，即遇有交涉事宜，词气轻重缓急，往往失其本旨。惟知借洋人势力播弄挑唆，以遂其利欲，蔑视官长，欺压平民，无所忌惮。即如会办防堵一节，间与通习汉语之大酋晤谈，尚不远乎情理，而琐屑事件势不能一一面商，因而通事假手其间，勾结洋兵为分肥之计，诛求之无厌，挑斥之无理，支销之无艺，欺我聋喑，逞其簧鼓，或遂以小嫌酿大衅。洋务为国家怀远招携之要政，乃以枢纽付若辈之手，遂至彼己之不知，情伪之莫辨，操纵进退汔不得其要领，此非细故也。京师同文馆之设，实为良法，行之既久，必有正人君子、奇尤异敏之士出乎其中，然后尽得西人之要领而思所以驾驭之，绥靖边陲之原本，实在于此。惟是洋人总汇之地，以上海、广东两口为最，种类较多，书籍较富，见闻较广，语言文字之粗者一教习已足。其精者务在博采周咨，集思广益，非求之上海、广东不可。故行之他处，犹一齐人傅之之说也。行之上海、广东更置之庄岳之间之说也。臣愚拟请仿照同文馆之例，于上海添设外国语言文字学馆，选近郡年十四岁以下资禀颖悟、根器端静之文童，聘西人教习，兼聘内地品学兼优之举贡生员，课以经史文艺。学成之后，送本省督抚考验，作为该县附学生，准其应试。其候补佐贰、佐杂等官，有年少聪慧愿入馆学习者，呈明由同乡官出具品行端方切结送局，一体教习，借资照料。学成后亦酌给升途，以示鼓励，均由海关监督督筹试办，随时察核具详。三五年后，有此读书明理之人精通番语，凡通商督抚衙门及海关监督应添设翻译官承办洋务，即于学馆中遴选承充，庶关税军需可期核实，而无赖通事亦敛迹矣。夫通商纲领固在总理衙门，而中外交涉事件则两口转多，势不能以八旗学生兼顾。惟多途以取之，随地以求之，则习其语言文字者必多。人数既多，人才斯出。彼西人所擅长者，测算之学、格物之理、制器尚象之法，无不专精务实。渐有成书，经译者十才一二，必能尽阅其未译之书，方可探赜索隐，由粗显而入精微。我中华智巧聪明，岂出西人之下？果有精熟西文，转相传习，一切轮船、火器等巧技，当可由渐通晓，于中国自强之道似有裨助。如蒙俞允，一切章程及薪资工食各项零费，容臣督同关道设法筹画，或仍于船钞项下酌量提用。其广东海口可否试行，有无窒碍之处，应请饬下该省督抚体察办理。臣愚昧之见，是否有当，伏乞皇上圣鉴训示，遵行。谨奏。
（《李文忠公全书》奏稿卷三）

保荐人才片（同治五年九月初七日）

再，准吏部咨开，五月二十七日奉上谕：直省道、府、州、县，历经各督抚随时保奏，特予擢用者，颇不乏人。第恐恫愊无华之吏，尚未能尽登荐剡。着各督抚于所属府州县内，留心查访，如有尽心民事，政绩可纪，为绅民所爱戴者，即胪列事实，具奏，候旨调取引见，以备简用等因。钦此。仰见朝廷讲求吏治，慎举贤团，曷胜钦感！窃维今日急务，以求才为最要，若体用兼备、器识闳远者，固未易言。臣忝膺疆寄，五年于兹，筹饷筹兵，兼任地方，从事不下数百员，随时留心察访，如运司丁日昌，才猷卓特；粮道王大经，操守廉介；均已仰蒙擢用。此外，恫愊无华，实心任事，历试不渝者，尚不乏人，敢举所知，以备器使。查有分发补用道钱鼎铭，江苏举人，操行贞笃，条理精密。同治初年，苏省沦陷，上海危急，该员来皖乞师，首定援沪之策，随臣攻剿，筹备军需，始终无误。上年，委办出境剿捻各军，转运粮饷军火，通筹全局，缓急得宜，调和军民，舆情翕服，实属久历艰苦、最为得力之员。又，保升江苏补用道高梯，江西举人，廉正勤苦，志趣坚卓，从军数载，誓于公款不染丝毫，同治三、四年，委办常镇招垦抚恤，事事躬亲，布衣草履，问民疾苦，节次密查要案，嫉恶如仇；今秋下河水灾，饬往赈抚，扁舟遍历，核实散放，吏畏民怀，足备循良之选。又，江宁府知府涂宗瀛，安徽举人，曾国藩于二年十一月间保奏，称其践履笃实，治官事如家事；嗣署补斯缺，臣见其志虑忠纯，勤求民隐，孳孳不倦，兴书院以教士，招流亡以垦荒，赈施穷黎，严惩衙蠹，俾雕敝地方渐有起色，殆所谓日计不足，月计有余者。又，保升知府、借补长洲县知县蒯德模，安徽附贡，才识开展，明而能断，自苏城克复后，调署首篆，凡通商、惠农、缉匪、减漕诸大政，皆随同艰苦经营，一洗官场浮滑之习；清理积案，狱无留讼，绅民爱戴，颂声翕然。以上四员，虽未必遽能胜艰巨之任，要其励行修饬，治事勤奋。钱鼎铭、蒯德模，才略较优；高梯、涂宗瀛，质地最朴，用其所长，均可振疲玩而裨吏治。应如何破格擢用之处，出自圣裁。惟捻患正急，臣方出省督师，不独钱鼎铭、高梯承办转运赈恤各要务，未可暂离，即涂宗瀛、蒯德模现任省会守令，巡防弹压，尤资熟手，难遽交卸赴京，应请旨暂缓调取引见，俾资臂助。所有遵保循吏缘由，附片具陈，伏乞圣鉴训示。谨奏。（《李文忠公全书》奏稿卷十）

水师学堂请奖折（光绪十年十一月初五日）

奏为天津水师学堂办有成效，援案拟保，俾资鼓励，缮单恭折，仰祈圣鉴事。

窃查北洋筹购碰快、铁甲等船，以管驾、员弁需材甚亟，经臣于光绪六年七月内奏请于天津建设水师学堂，请旨饬派前船政大臣光禄寺卿吴赞诚驻津督办，嗣吴赞诚因病回南就医，复经臣奏派二品衔分发补用道吴仲翔驻局总办各在案。迨七年七月学堂落成，始添招学生入堂肄业。其时北方风气未开，学生入堂之初，非惟于西语、西学咸所未闻，即中国文字亦仅粗通。经饬监督各员严加约束，教习各员认真课导，欲其于泰西书志能知寻绎，于是授以英国语言、翻译文法；欲其于凡诸算学洞见源流，于是授以几何、代数、平弧、三角、八线；欲其于轮机炮火备谙理法，于是授以级数、重学；欲其于大洋驾舟测日候星、积算晷刻，以知方向、道里，于是授以天文推步、地舆测量；其于驾驶诸学，庶乎明体达用矣。然犹虑其或失文弱也，授之枪，俾齐步伐，树之桅，俾习升降，娴其技艺，即以练其筋力。犹虑其或邻浮薄也，教之经，俾明大义，课以文，俾知论人，沦其灵明，即以培其根本。为之信赏必罚，以策其倦怠；为之月校季考，以稽其知能。盖自开堂以来，一日之间，中学、西学、文事、武事，量晷分时，兼程并课，数更寒燠，未尝或辍，叠经季考，诸生课业月异而岁不同。今年春、秋两季，经臣饬派委员罗丰禄邀同英、俄两国水师兵官到堂会考，该兵官等金谓，欧洲水师学堂所留以俟上练船后指授之学，此堂均已先时预课。罗丰禄亦谓，堂中所授繁难，诸学多为从前闽厂驾驶学堂洋教习所未及课。计自开堂以来，甫及三年，而驾驶头班学生伍光鉴等三十名均已毕业，堪上练船；又，课成肄业美国回华学生王凤喈等九名，或充学堂帮教，或经分派各船，成效历有可稽。伏思水师为海防急务，人材为水师根本，而学生又为人材之所自出。臣于天津创设水师学堂，将以开北方风气之先，立中国兵船之本。兹际成效初收，允宜甄陶在事，激劝来兹，庶几人材可期辈出。查广东设立同文馆，招募学生，课以西国语言文字，每届三年，奏请分别给奖有案。天津水师学堂所课西国语言文字，特其一端，此外诸学视同文馆实相倍蓰。在堂各员弁尽心教导，洵属异常出力，学生亦攻苦逾恒。现已届满三年，著有成效。据总办道员吴仲翔详请援案奏奖前来。臣查泰西各国水师强盛，皆以学堂为根基，中土创办之初，不得不多方诱掖，冀收拔十得五之效，理合酌拟奖叙，缮具清单，恭呈御览，仰恳天恩，俯准照拟给奖，以资鼓励，伏乞皇太后、皇上圣鉴训示。谨奏。
（《李文忠公全书》奏稿卷五十二）

创设武备学堂折（光绪十一年五月初五日）

奏为天津仿照西法创设武备学堂，拟由海防经费内核实开支，并俟办有成效，援案请奖，恭折仰祈圣鉴事。

窃臣上年七月间遵旨选雇德国兵官来津，当即派往水陆各军，认真教练，业经附片陈奏在案。该兵官等，或熟精枪炮、阵式，或谙习炮台、营垒作法，皆由该国武备院读书出身，技艺优长，堪充学堂教师之选。据总统前敌各军遇缺题奏提督周盛波、总统盛军湖南提督周盛传等禀请仿照西国武备书院之制，设立学堂，遴派德弁充当教师，挑选营中精健聪颖、略通文义之弁目到堂肄业，经臣批准照办，并令直隶提督李长乐、广东水师提督曹克忠、署广西提督唐仁廉、四川提督宋庆、总统铭军记名提督刘盛休、正定镇叶志超、通永镇吴育仁、大名镇徐道奎、皖南镇史宏祖等，各挑选弁兵送堂肄业前来。臣查泰西各国讲究军事精益求精，其兵船将弁必由水师学堂、陆营将弁必由武备书院造就而出，故韬略皆所素裕，性习使然。闻其武备书院学舍林立，规模闳廓，读书、绘图有所习艺，练技有所专选。世家子弟年少敏干者，童而习之，长则调入营伍，由队目浒充将领，非可一蹴几也。当其肄业之初，生徒比屋而居，分科传授。其于战阵攻守之宜，直视为身心性命之学，朝夕研求，不遗余力，而枪炮之运用理法、步伍之整齐灵变，尤为独擅胜场。我非尽敌之长，不能致敌之命，故居今日而言武备，当以其人之道还治其人，若仅凭血气之勇、粗疏之材，以与强敌从事，终恐难操胜算。该提督等各遣弁兵来学，诚欲因时制宜，不得不变通尽利耳。惟是武备书院之设，应建厂屋甚多，需费甚巨，目下经费支绌，不能不力求撙节。臣与津海关道周馥等筹商，暂就天津水师公所安置生徒，名曰武备学堂，遴委德国兵官李宝、崔发禄、哲宁、那珀、博郎、阎士等作为教师，并选派通习中外文字之员分充翻译，即于本年正月将各营送来弁兵，饬该道等悉心考试，择其精悍灵敏者，挑取百余名入堂肄业。其中有文员愿习武事者，一并量予录取，并令与该兵官等妥立章程，认真训迪。数月以来，各学生逐日按时进堂，左图右书，口讲指画，于西洋行军新法，颇有领悟。一月之中，每间三五日，由教师督率学生赴营演试枪炮、阵式及造筑台垒之法，劳其筋骨，验其所学。每届两月，由臣派员扃试一次，分别赏罚。约计一年后，于西洋后膛各种枪炮、土木营垒及行军布阵、分合攻守各法，必能通晓。届时拟将头批学生发回各营，饬由各统领量材授事，复挑二批弁兵百余人送堂肄业，分番迭进，期无间断。其优者或留堂作为帮教习，或回营转教弁，数年以后，教学相长，观摩尽善，北洋各营必全晓西洋近日行军制胜之方矣。独是泰西武备之学，皆从天算、舆地、格致而来，欲造其极诣，必先通其语言文字，乃能即事穷理、洞见本原。拟俟经费稍充，另行建立书院，选募良家年幼子弟，入院肄业，以宏造就。学成后再调营带队，俾资历练。庶乎有本之学，将材日出而不穷，可备国家干城御侮之用。现时学堂经费，除洋弁已遵旨酌定辛俸，教习、翻译各员应酌量差事繁简，分别开支薪水外，其余学生饭食、纸笔、器具、奖赏等项，及添造住屋、购买西洋兵事书籍、图画、测量仪器各种，均拟在北洋海防经费内撙节开支，按年核实汇报。至学堂为培植将材根基，中土协办之初，风气未开，不可不多方诱掖，以收鼓舞作新之效。拟将教习、翻译各员及屡考优等、堪充教习之学生，援照同文馆成案，二年奏保一次，以示鼓励，庶几在事人等奋勉图功，成就更速。所有天津创设武备学堂，拟由海防项下开支经费并俟办有成效，援案请奖各缘由，谨缮折具陈，伏乞皇太后、皇上圣鉴，敕部查照。谨奏。（《李文忠公全书》奏稿卷五十三）

肄习西学仍请给奖片（光绪十一年八月十五日）

再，臣前保出洋肄业并天津招募学生学业有成及中西教习出力人员照章酌拟奖叙一折，三月初六日奉旨，唐荣浩等、张席珍等均着照所请奖励。钦此。查所保文职各员，业经吏部照章核准注册，武职员弁兵部改照寻常劳绩核驳，未免两歧。窃维选募生徒出洋学习军政、船政、步算、制造诸学，实为自强至计。事极艰难，又经重洋危险，非明示优奖，不足以鼓舞人心。臣与曾国藩前曾奏明，俟学成恩赏顶戴官阶，前船政大臣沈葆桢亦有船政局员弁生徒，请毋庸照寻常劳绩核减之奏。自定章以来，臣于光绪五年奏保派往德国学习兵法技艺期满回华之千总袁雨春等，又会同沈葆桢等奏保船政学生学业有成之都司刘步蟾等，均系免补本班，奉旨允准，并经兵部核准在案。此次列保赴美国生徒，事同一律。该生等在洋已历十年八年之久，回华分派当差，又逾四年，于外洋军政诸学颇有心得。天津招募学生规制与船政局相仿，历在水师等营勤奋学习，并出海操巡，深明窾要，阅时既久，劳瘁不辞，经臣叠次考核，始择尤保奖。且拟请守备以上者仅止数员，余皆千把总，外委官阶微末，并未敢一律从优。方今风气初开，人才难得，若并此靳而不与，实恐有志之士无以观感奋兴。此非寻常劳绩可比，自应仍照历届出洋肄业及船政生徒学成请奖章程核办。既与部例并行不悖，亦与袁雨春等成案相符。除停保卫职及不准超越加衔应照部章办理外，所有都司衔补用守备山海路中军千总霍良顺，应请仍照原保免补守备以都司尽先补用。并照部议，俟补都司后再加游击衔。军功方凤鸣、蔡廷干、王良登、把总刘金元均请改以营千总，不论双单月选用，并加守备衔。其余原保免补本班及尽先班次之参将刘恩荣、千把总王勇泉等各员，仰恳天恩，饬部仍遵前旨给奖注册，以昭激劝。理合附片具陈，伏乞圣鉴训示。谨奏。（《李文忠公全书》奏稿卷五十四）

保举将才折（光绪十三年七月二十日）

奏为遵旨保举将才，恭折仰祈圣鉴事。

窃准军机大臣字寄，光绪十三年四月初八日奉上谕：各省提镇大员均有专阃之责，必须才略素优，方足以资整顿。迩来军务敉平，尤应安不忘危。物色将才，用备任使。着各直省督抚于军营著绩人员内，无论实缺、候补，各就其人之才具，或长于陆路，或熟于水师，出具切实考语，分别保奏。其曾经引见发往各省差委之提镇各员，本欲令其练习营务，以备缓急。并着随时留心察看，如有才识出众之员，一并奏保，听候简擢等因。钦此。臣惟前代命郡国征武猛，责三公，举将帅，屡见诏书传于史册。然不过选举之常科，或适值疆场之多事。今当寰海镜清之日，仍廑深宫侧席之思。圣谟广远，度越往古，凡在戎行，能无感奋。伏念直隶防军环卫畿辅，复荷特谕创练水师。故北洋号为宿天下重兵。各军缘海屯扎，自大沽、北塘以及山海关、旅顺口，近复东至大连湾，南至威海卫，移营列戍，远道分防。器械则精求新式，工作则忍耐艰苦。又自数年以来防俄、防法、防倭渡辽，盖无日不在警备勤动之中。故能士皆选锋，将犹朝气。现在水陆统将如四川提督宋庆、署湖南提督周盛波、直隶提督李长乐、广东陆路提督唐仁廉、天津镇总兵丁汝昌等，或久历戎行，或新蒙简拔，凡兹才器，固在圣明洞鉴之中。至于部曲列校，亦不乏材堪造就之员。谨就记名提镇尤为出色者，详察列保，以备采择。查有记名提督刘盛休，干练老成，器局端重；记名提督卫汝贵，训练精严，谋勇兼裕；记名提督赵怀业，朴实勤练，调度有方；记名提督贾起胜，晓畅军事，动合机宜；记名提督姜桂题，骁勇无前，饶有干略；记名提督大沽协副将罗荣光，讲求西法，能用利器；记名总兵黄金志，练队耐劳，纪律娴熟；记名总兵林泰曾，统率兵轮，深通西学，性行忠谨。以上八员并为候补提镇中不可多得之才。如蒙特恩，量予简攫，允足以励戎行而作士气。臣忝握兵符，久膺疆寄，将才不易，需用方殷，既有所知，何敢壅于上闻。理合恭折覆奏。伏乞皇太后、皇上圣鉴。谨奏。（《李文忠公全书》奏稿卷六十）

武备学堂请奖折（光绪十三年十月二十五日）

奏为天津创设武备学堂，已逾两年，著有成效，应将教习、翻译人员及屡考优等兵弁，援案择尤请奖，恭折仰祈圣鉴事。

窃臣于光绪十一年，在天津建设陆军武备学堂，挑选各营精健、聪颖、略通文义之兵弁，入堂肄习兵法。曾于是年五月奏明。事属创始，风气未开，不可不多方诱掖。拟将教习、翻译各员及屡考优等学生，援照总理衙门同文馆成案，二年奏保一次，以示鼓励。奉旨着照所请，该衙门知道，钦此，钦遵在案。上年四月间，醇亲王巡阅北洋，亲赴学堂，查勘课程，奏称规制整肃，各生徒于陆路枪炮台垒之法，童而习之，长令入营带队，必得实用，将材自日出不穷等语，诚以学堂为储备将材之地，亟宜加意培植。西洋各大国皆以此为自强根基，天津学堂光绪十一年正月创设后，据各营统领，陆续挑选兵弁子弟一百数十人，来堂肄业，多系骁健精敏之材。募雇德国兵官，朝夕课导，所习天文、地舆、格致、测绘、算化诸学，炮台营垒新法，皆有实用。并时操习马队、步队、炮队及行军布阵、分合攻守诸式，仍兼习经史以充根柢。两年以来，勤课不懈，于西洋武备各学，俱通门径。臣屡派司道大员月试季考，劝惩兼施。前月，臣复亲临考验，各项操法，一律娴熟。试以炮台工程做法及测绘算化，无不洞悉要领，于行军制胜之道，颇有裨助。因择其屡考优等学生，饬令回营，转相传授；次等者，仍留堂学习；并选新生入堂肄业，分番迭进，庶几成就更多，收效更广。惟是西洋练兵制器之法，日新月异，中国边海各防，密迩强邻。平日若不认真讲求，临事必至张皇无措。今之统兵将领，皆从前屡立战功，已擢显职，年力渐就衰颓。后起材武之士，全赖学堂为之甄拔造就，若使精心向学、屡考冠群者进身无路，而不予以升阶，殊不足以资鼓舞而开风气。且回营充当弁目，何以钤束众兵，尽心课督？至堂内教习、翻译各员，有由出使外洋调回者，有由总理衙门调用者。其出力期满之员，自应择尤一并保奖，以示激劝。相应将武备学堂优等学生，及教习翻译尤为出力人员，开具清单。仰恳天恩，俯准照给奖叙，庶愿学者，其闻风而兴起，在事者，益奋勉以图功，于培植将材、筹边固圉之道，裨益非浅。除照章饬开各员履历咨部，并应给千把以下末弁咨部注册外，是否有当，伏乞皇太后、皇上圣鉴，训示施行。谨奏。（《李文忠公全书》奏稿卷六十）

复曾中堂（同治九年十二月十七日）

宫太保中堂夫子钧座：

十六日奉初二日赐缄，谨聆一一。每日见客七八次似太烦劳，日久事熟当可从减。前请筱岚来助，因此间洋务幕吏无一解事者，函牍奏咨，必须亲制，殊为窘苦。又知省山回任，筱岚赋闲，兹省山既奉讳而去，雨生又肥遁不出，南洋掌故，自不可无人商榷。筱岚廉正深稳，资望亦应得官，如尊意能令承乏盐巡，鸿章何可强要？长江许、彭二镇战功太少，人亦平庸，若须更易，宜间用外江干练一人，以昭公允。临清张秋建仓转般，洵为妥善。惟建置巨费，似应江、楚数省摊出，又由临清换船运交通坝，费用甚多，询之晓莲，当得梗概。直省委员承办，碍难受此重累。某省之粮应仍由某省派员接运赴通，则地主可免无穷之祸，乞于议复时。详及海运由直督会同仓场验收，昨已复奏抄呈冰案。江浙粮道径解到通，委员、剥船两项，整饬更难，然剥船所以偷漏挽和，势非得已。前饬丁乐山查开剥船工食、水脚及抵通花费，清折附阅，通坝各色人役，百余年积弊，无能禁绝。剥船多系亡赖游手，非由南省筹给耗米及津贴每石若干文，粮道运往获咎必易，若将津局用费裁减，匀给剥船，未知能否有济。须令久押海运熟手，通盘筹议，方可定准，然粮道无愿赴通之人，此议终恐不就。乞再饬属妥议，明年自以在津验收为是也。俞绍莱已委署大名同知，寿蘅为荫甫乞恩，上干严谴，措词命意，本欠斟酌，恐从此一蹶不振耳。勒少仲本有措资引见之说，为补官地步，如钧意谓非弃才，渠即遵办。江南得缺，似亦不易。专复，敬叩岁祺。鸿章谨上。

再，承寄示陈荔秋等，议选幼童出洋学习条款三折，遵即详为查核，大致似甚精密。尊论为时过久，需费亦巨，既经远学，必求有成，自非十五年后难期深造，惟经费稍多。此虽要事，然仅筹办洋务之一端，较京外所设同文馆当有实获，鄙见先请试行。每年选送三十名，以三年为度，九十名及委员、三教习驻洋，岁需仅五万四千两，加之来往脚费，不过六万余两，即以二十年计之约需百余万耳。奏明在沪关四成洋税按年提拨，尚不为难，亦不致骇人听闻。将来果学有成效，积有经费，再议充拓，方有步骤，拟恳尊处转饬陈、容二君，酌照此数核减。另拟简明章程，其条规内，商请总署知照美使，可否毋庸预定年限，届时来去多少由我自酌。此事由南洋主政，沪关出费。所需尚不过巨，总署必可允行。出洋幼稚童九十名，即学成十之五六，分给署及南北译馆、机器局应用，转相传习亦可生生不已，否则人多费巨，学成而无差无官可以遍为位置，终觉可惜。又条规末，拟添幼童出洋时，赏给监生、年满回国送由总署考试，请给职衔一条，并乞卓裁。鸿章谨又启。（《李文忠公全书》朋僚函稿卷十）

致曾中堂（同治十年四月初一日）

宫太保中堂夫子钧右：

三月十七日寄函到否，久不奉书。伏惟视履多祥为颂。广、建客匪滋事，自须良吏镇抚以善其后，亦当有一二营居中巡抚。威妥玛、罗淑亚月前同时来津，英国教堂赔款议给二千五百两完案，法使求为修建丰领事、教士等坟前碑碣、牌楼，必欲奏明上刊"谕旨"字样，已饬天津马守与狄隆等妥议，尚未定局。威使回京，罗使赴沪，英水师提督亦起碇出洋。适马复震操江轮船运炮子来津，威使谓船样甚好，中国制造亦颇得法。现以北洋既无师船，海口数里外不知消息，拟即商留操江驻巡北洋，稍通气机，饷项仍恳由沪关接发。吾师准否？即备文咨恳也。日本使者已有信，敏斋带委员、通事偕来，势不能少，往返川资乞札涂道在该关闲款中筹付为幸。筱兄日前面圣节略抄呈。闻二十八日陛辞，初二可出京矣。手此，奉叩起居。鸿章谨上。

再，威使询及派幼童出洋学习，甚以为然，谓须选二十岁内外、通习中国文义者。到洋后专习洋学，乃易会通，十年可成。若华洋书兼肄，恐致两误。渠颇通华学，此语似有阅历，陈、容诸君前拟派十五岁以上，并延汉文教师同去，本虑多费而少益，可否再令妥商更订？此间三月内连次得雨，麦苗虽不甚旺，秋禾差可播种。收米正烦，附以奏报。又启。（《李文忠公全书》朋僚函稿卷十一）

左宗棠

请变通部章广搜人才折

奏为时事需才甚殷，请旨敕下吏、兵两部，变通部章，广搜人才，以备任使，恭折陈明，仰祈圣鉴事。

窃维治乱安危，虽关气数，而拨乱反治，扶危就安，则必人事有以致之。人事既尽，虽气数之天，亦退处于无权，而旋转之机始有可验者。所谓干戈起而文法废，文法废而人才出，人才出而事功成也。安常习故时，刀笔筐箧之士奉行例案，亦可从容各奏其能。至事故迭生，则非其人其材不足以当之。天之生才不易，人之应运非偶。古今以奇才异能著闻，而大名盛业足重当时、传于后世者，亦有几人？苟能补救世局，卓然有所表现，即不得谓非一时之选，然即此已不易得。矧时会方殷，待人而理，需才之亟且众，如今之陕甘甚于各省，今之新疆又甚于陕甘，岂可刻以相绳也。

将营广厦，预购众材；将合群力，必呼邪许。不蓄三年之艾，何以治七年之疾？不挈旧识侣伴，何以为万里之行乎？将士远道从征，劳苦过于内地，又皆昔时谪戍之乡。其于役也，艰矣！其称名也，又非甚美。所以争赴前行、矢效死力者，感朝廷豢养之久、体念之深，两次允颁部款，又适当征军待发之际，将士怀忠抱悫，急于赴敌，求纾宵旰忧勤，是其明效。论功请奖，何独不然？近来保案过多，臣亦何尝不以浮滥为虑。特用兵日久，战事又多，保奖稠迭，既不容已，则奏咨两案，不得不宽。局外虽诧其多，局中则犹觉其少也。

溯维同治五年二月，钦奉谕旨："从前南省勇丁以甘肃地方瘠苦，多不愿往。若将调赴甘肃勇丁酌增饷银若干，或再将员弁勇丁之从征西路者变通章程，从优保举，当可乐于从事，益加奋勉。"等因。钦此。臣入关度陇，奉以周旋，罔敢失坠。军行寒苦荒瘠之区，复当兵燹之后，物产既绌，陆运又极艰难，正饷外须分途设局，采运军火、军械、粮料、草束、棉衣、单袷、巾履以及军中必需之件，非别筹经费采运不可，非别筹津贴不可。客军饷需由各省给领者，越境以后，该各省只肯照旧供支额饷。饷数本薄，军粮、马干、驼干为数极微，万难敷衍，又非由臣别筹津贴不可。是甘肃、新疆与各省内地情形本不相同也。采运劳费，既与各省内地悬殊，而又非人不理，非才不办，则劳绩之优绌亦因之有异者，势所必至。部臣意在示限制、拔真才，致多驳斥，是不揣其本而齐其末也。外间之碍难遵照，理有固然。揆诸重内轻外之常经，外僚自应恪遵部议，以收和衷之益，汉臣诸葛亮所谓"陟罚臧否，不宜异同"也。臣于部章固不敢坚持异论，然遵照办理，实苦窒碍难行。伏恳天恩敕下吏部、兵部，将甘肃、新疆保案从宽核议，照甘肃现行州县补缺部章酌予通融，以广搜人材，期收实效。但令拔十得五，于时局必有所裨。

又，部臣于外省汇保各案奉旨交部议奏者，按照新章，分别准驳，本其职分所当为。至已奉旨允准见诸施行，部臣但当钦遵办理，不可再加指驳；否则部章转尊于纶綍，事近颠倒，实非所宜，恐启下陵上替之渐。往代封驳之事，以黄门、给谏任之，亦缘阶远秩卑，非若亲近大臣地逼势疑可比。故今制御史风闻言事，给事中主封驳，秩仍五品，可复按也。唐臣颜真卿谓朝廷纪纲，须共存立，臣故不能无言。应恳敕下部臣一并熟思审处，以免自干咎戾，伏候圣裁。

臣因部章难遵、体制宜慎起见，据实陈明，伏候皇太后、皇上圣鉴，训示施行。谨奏。（《左文襄公全集》奏稿卷五十二）

添造兵轮预筹驾驶人才派员教习片

再，臣前因南洋兵船不敷分布，奏明添造大小兵轮船十五号，现已饬由闽、沪两厂及向德国商人分别定制，数年之内，即可先后告成。惟驾驶人才选择甚难，必须预为筹及。现在闽厂学堂学生，虽通行船之窍要，而于一切机宜，究未躬亲练习，仍恐将来调派来船，亦难骤期实效。臣请将南洋之澄庆兵船作为练船，饬由管驾官游击蒋超英在于闽厂学堂中挑选学生十人，并招水手一百名来船，教以西学，练习帆缆一切事宜，并使游历各海口，衽席风涛，辨识海道，定以三年为限，庶可练习精熟。将来前项船只先后告成，此等学生、水手亦可陆续调用，较与临时招募者得力殊非浅鲜。该船管驾官游击蒋超英，系由学堂出身，并曾游历西洋，精通西学，熟谙驾驶，以之派为教习，实堪胜任。

惟练船一设，人数倍多，每年约增经费银一万四五千两，煤炭、引港等项在外，不能预计。其在船之管驾及大副以下员弁，有督同教练之责，较寻常差务为繁，且常年辛苦，与学生同历斯境。拟俟著有成效之日，准其择尤分别从优请奖，以为实心办事者劝。

臣为慎选人才、预谋管驾起见，除俟遴选学生、水手到船，另行造册咨部查核外，理合先行附片陈明，伏乞圣鉴训示。谨奏。（《左文襄公全集》奏稿卷六十）

湘军刘总统禀论人才由

所论罗道、余提戎才气性情，均与鄙意吻合。英才翩翩而起，时局之幸，岂徒大军兴废所关？览禀曷胜欣慰！宁夏谭镇请假葬亲，该军威望声绩无出余提戎右者，应即加委寄，以重事权。罗道洞晓边情，志虑缜密，相与经画绸缪，必期妥善。至袁守喜龄、易丞孔昭、英守林、李县丞庆棠均各有所长，固亦一时之选。行省郡县议定奉旨，则需才极多，当登之荐牍。此外如有心地朴实、才具明晰者，希即见告为要。（《左宗棠全集》札件）

张之洞

上海强学会序

天下之变岌岌哉，夫挽世变在人才，成人才在学术，讲学术在合群，累合什百之群，不如累合千万之群，其成就尤速，转移尤巨也。今者海内多故，天子怵焉闵忧，特下明诏，搜求才识闳达及九能之人、一艺之士，而应诏者寡，固搜访之未逮欤？得无专门之学，风气未启，有以致之耶？故患贫而理财，而专精农工商矿之学者无人；患弱而训兵，而专精水陆军及制造船炮之学者无人；乃至外国政俗亦寡有深通其故者，此所关非细故也。顷士大夫创立强学会于京师，以讲中国自强之学，风雨杂沓，朝士鳞萃，尚虑未能布衍于海内。于是江海散佚、山林耆旧，益簪聚讲求，如汉之汝南，唐之东都，宋之洛阳，为士大夫所走集者。今为上海，乃群天下之图书器物，群天下之通人学士，相与讲焉。尝考泰西所以富强之由，皆由学会讲求之力。《传》称以文会友，以友辅仁。《记》称敬业乐群。其以开风气而成人才，以应圣天子侧席之意，而济中国之变，殆由此耶？其乐从诸君子游乎？吾愿观其成焉。（《晚清文选》卷中）

上海强学会章程

一，本会专为中国自强而立，以中国之弱，由于学之不讲，教之未修，故政法不举。今考鉴万国强盛弱衰之故，以求中国自强之学。总会立于上海以接京师，次及于各直省。一，今日学校颓废，士无学术，只课利禄之业，间考文史，不周世用。又士皆散处，声气不通，讲习无自，既违敬业乐群之义，又失会友辅仁之旨。西国每讲一种学术，必有专会，会中无书不备，无器不储，即僻居散处，亦得购书阅报，以广观摩。故士有专业，而才日以成，国资其用而势日以盛。今设此会，聚天下之图书器物，集天下之心思耳目，略仿古者学校之规，及各家专门之法，以广见闻，而开风气，上以广先圣孔子之教，下以成国家有用之才。最要者四事，条列于下，其局章附焉。一，译印图书。道莫患于塞，莫善于通，互市者通商以济有无，互译者通士以广学问。尝考讲求西学之法，以译书为第一义。盖以中国人而讲西文，不过通酬酢语言，只能译书札尺牍，其能读朝章国律者已少。至各学专门之书，各具深微之理，即其字义，各有专门，不尽相通。彼方人士，不入此门者，亦不识其字，此固非游历洋差人所能解，亦非同文、方言译生所能知。即有一二专门之士，而以发天下之学者，其为益鲜甚。欲令天下士人皆通西学，莫若译成中文之书，俾中国百万学人，人人能解，成才自众，然后可给国家之用。今西学堂知课语言文字，而寡及译书。惟圣祖仁皇帝御纂《数理精蕴》，润色西算，嘉惠士林。高宗纯皇帝钦定《四库提要》，凡自明以来所译西书，并许著录。曾文正公开制局以译书为根，得其本矣。今此各会先办译书，首译各国各报，以为日报取资，次译章程、条教、律例、条约、公法、日录、招牌等书，然后及地图暨各种学术之书，随译随刊，并登日报，或分地，或分类，或编表，分之为散报，合之为宏编，以资讲求，而广闻见，并设译学堂专任此事。一，刊布报纸。陈文恭公劝士阅邸报，以知时务。林文忠公常译《澳门月报》，以觇敌情。近来津沪各报，取便推俗，语涉繁芜，官译新闻纸，外间未易购求。今之刊报，专录中国时务，兼译外洋新闻，凡于学术治术有关切要者，巨细毕登，会中事务附焉。其邸钞全分，各处各种中文报纸，各处新事，各人议论，并存钞以广学识。各局互相钞寄。一，开大书藏。乾隆时敕建文汇阁于扬州，建文宗阁于镇江，例准士子就读。经乱散失，遗书无多。此会拟宏区宇，广集图书。近年西政西学日新不已，实则中国圣经古子先发其端，即历代史书、百家著述，多有与之暗合者。但研求者寡，其流渐湮。今之聚书，务使海内学者知中国自古有穷理之学，而讲求实用之意，亦未遽逊，正不必惊望而无极，更不宜画界以自封。泰西通都大邑，必有大藏书楼，即中国图籍亦藏弄其中。今合中国四库图书，购钞一分，而先搜其经世有用者，西人政教及各种学术图书，皆旁收购采，以广考镜，而备研求。其各省书局之书，皆存局代售。一，开博物院。文字明其义。有不能明者，非图谱不显。图谱明其体。有不能明者，非器物不显。《诗》称"关关雎鸠"。熟陆机之疏，通冲远之说。学者穷日详考其形色，而不知雎鸠也，置雎鸠于前，则立识矣。人之一体，读《素问》，考《明堂》及《全体新论》不知也。外国有人身全体，一见则立明矣。康熙年间，钦定《时宪书》，采用西法，置南怀仁所造仪器于观象台，其立算与中土迥异。今步天测实，非登台观器不能明。又如轮船之大而且速，枪炮之坚而且利，制造机器之所出货捷而且多，苟一寓目，便知守旧蹈常，断不能与之角力而争利。西国博物院，凡地球上天生之物，人造之器，备列于中，苟一物利用，必思考而成之，不令弃掷，苟一器适用，必思则效，旋且运化生新，而利便又远过之。合众人之心思以求实用，合万国之器物以启心思，乌得不富，乌得不强。今创设此院，凡古今中外兵农工商各种新器，如新式铁舰、轮车、水雷、火器，及各种电学、化学、光学、重学、天学、地学、物学、医学诸图器各种矿质及动植种类皆为备购，博览兼收，以为益智集思之助。

右四条，皆本会开办，各有详细章程，别行刊布。

一，会中于义所应为之事，莫不竭力，视集款多寡，次第举行者，又有数事。立学堂以教人才，创讲堂以传孔教，派游历以查地舆、矿务、风俗，设养贫院以收乞丐教工艺。视何处筹款多者，即在其地举行。惟望我海内志士，合力为之。

一，入会者，将姓名爵里，函知局中，即送以章程。收捐款后即编号，会中遇事知照，展转援引，愈推愈广。庶几自保其类，不致令外国诮以散沙。

一，入会者，不论名位学业，但有志讲求，概予延纳。德业相励，过失相规，患难相恤，务推蓝田乡约之义，庶自保其教。

一，中国非无专门积学之士，苦于不相闻问，无由观摩，即已有学问，无人能知。且平素无相交之雅，相遇生妒忮之心。今此会使海内学士，声气相通，以期增长。是入会之大益，既无隔碍，且合海内之士联结讲求，庶自强有基。

一，入会诸君，原为讲求学问，圣门分科，听性所近。今为分别门类，皆以孔子经学为本，自中国史学、历代制度、各种词章、各省政俗利弊、万国史学、万国公法、万国律例、万国政教理法、古今万国语言文字、天文地舆、化重光声、物理性理、生物、地质、医药、金石、动植、气力、治术、师范、测量、书画、文字减笔、农务、牧畜、商务、机器制造、营建、轮船、铁路、电线、电器制造、矿学、水陆军学以及一技一艺，皆听人自认，与众讲习。如有新得之学、新得之理，告知本会，以便登报。将来设立学堂，亦分门教士，人才自盛。

一，入会诸君，原为学问起见，其有疑义，可函询会中讲求，当询通人详答，其有经世文字、新论新法，可寄稿本局。经通人评定，或抄存备览，或刊刻流通。倘发中西未得之新理，加酬奖赏，标其姓名，以收切磋之益。

一，外国学会咸乐布施，有捐至百万者，故学者甚盛。各省善堂捐款，亦多累千盈百，况此举功德，比善堂尤大。今议凡来入会者，皆须捐助，最少以十两为限。

一，善堂捐助义举，皆立即捐资，凡入此会，概同斯例。若逾月不交，即将其会名扣除。其五十两以上，准分两次清交，百两以上，准分四次清交，每次以两月为限。

一，凡捐助百两以上者，每译印成书各送一部，五十两以上者，译印之书，但收成本，三十两以上者，取译印之书，减价一成，自十两以上，报纸皆减二成，并刊名报上。其有捐助千金者，永准其送一人入学堂肄业，由会中支给。

一，捐助之款，写明姓名爵里，交强学总局给收条，仍到本局换票处换联票收执，作为入会之据。其各处捐助之款，写明姓名爵里，就近交电报局代收，制给三联票收条，电报局将三联票编号存案，将第二联票寄本局，换给入会联票，交电报局付给收执为据。本局将姓名、爵里、学业、寄寓，按照联票号数，汇编存案，联票皆有董事图章。

一，开办此会，合海内之耆硕名士任之。所有局事，由开办诸人内，公举四人为提调，二人坐办，二人会办，公举谙练公正者八人为董事，亦四人坐办，四人会办。创办定后，分年举人轮管，倘董友不洽，既因事辞退，提调董事，集众公举，择众而从。既经举定，不准以私见议改。被议之人，非有实在为难，亦不准规避委卸。其管事管书管器，皆用会内通达之人，由提调董事公酌保用，董事拟多邀办赈诸君。其协理人数，随时增议。

一，入会之友，必求品行心术端正明白者，方可延入。局中应办之事，会友随时献替，留备采择。到局之后，倘别存意见，或诞妄挟私，及逞奇立异者，恐于局务有碍，即由提词董事诸友，公议辞退。如有不以局中为然者，到局申明，捐银照例充公，去留均听其便。

一，局中访求博雅通才，主译书撰报之事，其人数随时增广，皆由提调董事公同妥访邀请。

一，局中司账，须习知贸易书籍情形，及刷印文字者充其选，必须董友考查确实，一秉至公，又须有结实铺保，方许招致。倘涉营私舞弊，一经查出，原保之人，照例责赔，经手之董事会友，凡预有保荐之力者，亦须一律议罚。

一，局中用项，概由值董核发，如有巨款在千数百金以上者，须各董友齐集公议，方准开支。收有成数，择殷实商号存储，立折支取。如存数渐多，亦可议生利息，发票之期，按几日为限，由值董限同经理。

一，开局提调董事，均仗义创办，不议薪资，将来局款大盛，须专请人办理，始议薪水。惟译书撰报、管书管器、司事教习、游历司账，酌量给予薪水。

一，译书刊报，会友应分送及减成售买者，俱持票到总局、分局验票付给。

一，书局开办之始，务求俭约，以期持久，择地赁屋，茶点座落须清雅洁净，董友集议之日，不拘分际，仪文从简。凡博弈游戏，征逐喧嚣，概宜屏禁，俾无坏局规。嗣后办有成效，人多款足，再议扩充，自行建造，添设园舍。

一，局内用款分出入存三柱，简明登记。每月小结，刊刻报章，月朔由各董事齐集查阅，务期核实无弊，阅竟各于名下署押为记。每年一大结汇，刻征信录，分送提调董事，及捐款百两以上者，以昭信实。

一，先订简明章程，以期迅速集办，每事各有详细章程。举办以后，随时集议，如有利弊应兴应革，均由提调董友，公议删增，或每季一集，每年一大议，并核用款，稽论定，再行刊刻布告。（《晚清文选》卷中）

吁请修备储才折

窃查此次和议未经换约以前，臣屡次电奏，沥陈倭约凶狠，种种贻害，万不可允，恐从此中国不能自立，并请购兵船、募洋将等事，电奏在案。只以言轻术浅，不能仰动宸听，挽回万一。惶悚痛愤，寝食难安。此次和约，其割地、驻兵之害，如猛虎在门，动思吞噬。赔款之害，如人受重伤，气血大损。通商之害，如鸩酒止渴，毒在脏腑。及今力图补救，夜以继日，犹恐失之。若再因循游移，以后大局何堪设想。此臣之所以痛心疾首，不能不披沥迫切上陈于圣主之前者也。

或谓和约已成，中国若安于积弱，目前尚可息肩。不知此次日本之和，与西洋各国迥异。台湾资敌矣，威海驻兵矣，南洋之寇在肘腋，北洋之寇在门庭，狡谋一动，朝发夕至，有意之挑衅，无理之决裂，无从豫防，无从亿料。试思去年之事，曷尝真有启衅之端。日本必欲代朝鲜改政，则胁朝鲜以必从可矣。我为东学党发兵，而日本不愿，则催我撤回可矣。何至不下战书而遽然击我兵船？又何至从此尽占朝鲜？又何至犯我辽东内地？又何至必欲攻我京师？不过兵力已强，窥我无备，欲借端称兵，以偿其欲耳。此尚有何理之可论、何约之可言哉？以前例后，则此次之和，犹未和也。

赔款二万万，目前必系借洋款以应之。折扣之外加以东、西洋两层息银，至镑价亏累，尚难豫计。即分数十年归还，每年本息亦须二千万两，势必尽以海关洋税作抵，而又提厘金、丁赋以足之。且洋人制造之土货，概免厘金，则进款益绌，此后国用更何从出。虽以白圭、墨翟之省啬，亦断不能省出此数；虽以桑、孔、王、杨之搜括，亦断不能括此巨款。百方掊克，以资仇敌，民穷且怨，土匪、奸民借口倡乱，而国家以饷绌、兵弱，威力又不足以慑之。是赔款之害，必由民贫而生内乱。

向来洋商不准于内地开设机器，制造土货，设立行栈，此小民一线生机，历年总署及各省疆臣所力争弗予者。今通商新约一旦尽撤藩篱，喧宾夺主，西洋各国援例均沾。外洋之工作巧于华人，外洋之商本厚于华人，生计夺尽，民何以生？小民积愤断不能保相安无事，今日毁机器，明日焚栈房，一有他变，立启兵端。是通商之害，必由民怒而启外衅。

久闻倭人扬言，此次和约，意在使中国五十年内不能自振，断不能再图报复。又闻倭人以中国舆图用五色画界，指示西洋各国，拟与各国瓜分。宣言十年之外，必可立见此局。其封豕长蛇之谋，令人发指。今更以我剥肤之痛，益彼富强之资，逐渐吞噬，计日可待。朝廷虽守约之信，窃料倭人断无永好之心。且西洋各大国，从此尽窥中国虚实，更将肆意要挟。事事曲从，则无以立国，稍一枝梧，则立见决裂。是日本之和不可恃，各国之和亦不可恃矣。故今日事势，徼幸无事者或以为可以偷旦夕之安，而愚臣独以为不久即将有眉睫之患。夙夜忧惧，不知所出。谨条陈九事，愿圣明决而行之。

一曰宜亟练陆军也。中国自剿平发捻以来，军威颇振，何以此次军务竟不能支？查发捻虽甚猛悍，然究系流寇，与敌国不同。日本用兵皆效西法。简练有素，饷厚械精，攻取皆有成算，弁兵皆有地图，以及登山涉水之具，糇粮御寒之物，无不周备，而又不惜重利，广购间谍。故今日之敌，迥非发捻可比。我军则仓卒召募以应之，心既不齐，械亦不足，技又不习，以致动辄溃挫。且十年以来，宿将上选所存无多。其次者暮气已及，积习已深，将领以克扣为故常，以应酬为能事。其自爱者，亦仅能约束不扰而已。至于忠义奋发、训练精强、锐意灭贼者，则实罕见其人。故非一变旧法，必不能尽除旧习。今外洋各国，无一国不汲汲于兵事，日夜讲求淬厉，以相角相伺。我若狃于和局，从此罢兵节饷，而不复为振作之计，是中国永无战胜之日矣。一思及此，可为短气寒心。英将戈登常言，中国之民耐劳而易使，果能教练陆兵，可使为极强之兵。窃谓中国此时必宜趁一年之内，于海疆各省急练得力陆军三万人，乃能支拄。日前陆军以德国为最强，自宜取法于德。至练兵事宜，他省督抚统兵大臣自有良谋硕画，非臣所敢妄谈。臣谨就江南情形酌量筹议。拟练万人为一军，其教练之法，大率有三：一则募洋将管带操练。练兵之道，无权不行，若仍以华官为管带，发饷仍归营官，则缺额摊扣之弊如故，成见自是之习如故，事事掣洋将之肘，教练必无实际。故用洋人为教习，而不使之管带，无益也，其法必宜即派德国将弁为统领、营官，令其悉照洋法操练，并其行军、应用军火、器具、营垒、工程、转运、医药之法，亦俱仿之。中华员弁，仅令充哨官以下职事。而洋将，上则统属于该省督抚将帅，次则所立合同约定会商该省营务处、司道，下则弁勇皆系华人。一军之中洋弁不过数十人，断不至有尾大不掉之虞。练成数年以后，即可用该营练成华弁升补营官、统领，将洋将逐渐辞退，或令转教他营，尤无他虑。一年之外，当可用以战矣。且于洋弁操练之时，使中国将弁从旁观看，令其习见习闻，自能捐弃故技。如有杰出之才，更可触类引伸，本其精熟之法，参以运用之妙。是数年之后，华将多解洋操，即可择其廉洁切实者，以接统此洋操之军矣。一则遣员弁出洋学习。无论文武官阶大小，遴选年力精壮、明敏有志者百余人，令赴外洋，附入学堂营局，将武备、营垒、炮台等事分途肄习。观摩既便，领悟必速，较之在中国学堂所练必更切实。学成回华，视其阶资才艺，分别充补营官、哨官等职。查日本武弁皆向德国学习，德国特留兵官六十缺，专备倭人充补。中国若派往学习，令出使大臣与之切商，多留数十名之额，必无不允。一则各直省各设陆军学堂，延西人为师，择强壮朴实之少年子弟入学。学成亦发各营，量加委用。三途之中，以用洋将管带教练为最速，以出洋学习功夫为最实，益处为最广。而中国自设学堂亦可相辅而行，以扩各营之耳目心思，另为一条奏陈。数年之后，则三途所出人才又可展转教练各防营，驯至中国练成能战精兵十万人，不特永无内患，必可不忧外侮矣。

一曰宜亟治海军也。今日御敌大端，惟以海军为第一要务。沿海七八千里，防不胜防，守不胜守。彼避坚而攻瑕，避实而攻虚。我劳彼逸，我钝彼灵。彼横行海面，而我不能断其接济。彼空国出师，而我不能攻其巢穴。虽竭天下之力，费无穷之饷，终无完固之策，而国已困而不可振。故今日无论如何艰难，总宜复设海军。查近日海战，洋人皆以快船、快炮为要著，与从前专恃船坚炮巨者稍异。大约每一军，必有大铁舰二三艘为老营，而以穹甲快船为战兵，以鱼雷炮船为奇兵。每军约配穹甲快船四五艘，鱼雷炮船七八艘。穹甲雷船所配皆系大小快炮。中等穹甲一艘，长三十余丈，每一点钟行二十二海里，连雷炮在内，约需银一百五十万两。鱼雷炮船长二十余丈，与鱼雷艇之轻小者有别，每一点钟行二十八海里，最为捷速，连雷炮在内，约需银六十万两。中国海军尤以断敌船接济为要策，加以防内海、护长江，则鱼雷炮船之轻速尤为合用。每厂穹甲八个月可成一艘，一年可成五艘。鱼雷炮船，五个月可成一艘，一年可成十艘。铁舰一年余可成一艘。大约海军一枝，船炮鱼雷各费共需银约一千数百万两至二千万两以内。若分向英、德各大厂订造，则一年内外，海军数枝之船，皆可齐备应用，庶免悠忽延误。去冬曾与德国伏尔铿船厂、克虏伯炮厂询商，允为垫办。该价分二十年归还，计息六厘。经臣于上年十二月十九日电奏在案，各厂情形办法必可相同。此时和局既成，利息必可减省。论今日大势，自以南洋、北洋、闽洋、粤洋各设海军一枝为正办。若限于物力大巨，则南、北洋两枝断不可少。此攻彼战，此出彼归，或分或合，变动不居，方不致困守一隅，坐受敌人之牵缀。至水师尤难于陆路，将领必用洋将为之。中国未经战阵之学生、粗疏不谙之武弁，断不能用。且非用洋将，则积弊必不能除，操练必不能精，考核拔擢必不能公。俟洋将于各船弁勇中考有出色可信者，再以派充各船管带。至各船应如何配用布置，应请旨敕调琅威理迅速来华，并带精熟水师将弁数人同来，以便通筹全局，及早举办订购。至于船上所用弁勇，则仍须多派精壮员弁及有志子弟赴英国学之。此举尤宜从速。我有筹巨款购多船之举，先声所播，足见中国志气未衰，已足以隐折各国吞噬之志矣。至如福州船政局，每宜速筹整顿展拓，令其每年可成两三船。惟既设海军，必宜多筹船坞。而可造坞之地甚不易得，除旅顺、福州原有船坞外，山东胶州澳、广东虎门以内，宜分设大兵舰船坞。长江以内，尤宜分设中等船坞，除铁舰外，若穹甲及雷船皆能入口修理。盖兵船攻敌，无论胜负，必有伤损。海军交战，不能定在何处，船坞若不多设数处，设一坞为敌所据，或海道为敌所截，我船不能归坞修理，数战之后，多船均废矣。此则今日固圉卫民之先务，无论如何艰难负累，而必当竭蹶以成之者也。

一曰宜亟造铁路也。方今地球各国，无一国不有铁路，千条百道交错纵横，军、民、农、商，事事称便。至各国专设有铁路学堂，并设有各国铁路公会，每两年大会一次，互相讲求。即以日本论之，该国变法才二十年，而国势日强，几与各大国抗衡，寻其收效之著，实莫如铁路一端。盖版图既广，其利不能兴、弊不能去者，皆由地势阻隔不能相通故也。铁路成，则万里之外旦夕可至。小民生业靡不流通，朝廷耳目靡不洞达，山川之产靡不尽出，风俗之陋靡不尽除。使中国各省铁路全通，则国家气象大变，商民货物之蕃息当增十倍，国家岁入之数亦增十倍。至于调兵捷速，可省多营。转漕无阻，可备海梗。民间省差徭科派之困，官吏无驿站办差之累。种种利便，臣于光绪十五年冬间两奏已详言之。臣原议由汉口至芦沟桥，先成干路分达各省。醇贤亲王极以为然，决意修造。嗣以议造山海关铁路，遂将此项经费改归北洋。军事之兴，一切隔阂，兵饷军火转运艰辛，劳费百倍，而仍有缓不济急之患。使铁路早成，何至如此。中国应开铁路之地甚多，当以卢汉一路为先务。此路南北东西皆处适中，便于通引分布，实为诸路纲领。较之他路之地处一偏、利止一事者，轻重缓急大有区别。若巨款大举而不先造此路，以后物力愈绌，恐难再举。伏愿圣明深维时局，锐意创造。此事需款虽巨，可使洋商垫款包办，卢汉一路限以三年必成，成后准其分利几成，年限满后，悉归中国。如此则费不另筹，而成功可速，弊端浮费亦少。至干路成后，枝路尤宜多造。前曾与比国柯克里大铁厂议及此事，该厂极愿承办。此外尚有奥国、美国商人亦请承办。若定议修造，不患无人。惟此事断不宜英、法诸大国商人包办，恐获利以后，收回或费唇舌。惟小国、远国商人，则无此虑。若中国自办，则委员视为利薮，旷时縻费，十年亦难成矣。

一曰宜分设枪炮厂也。此次军事不振，固由将士之不练，亦坐器械之不精。外洋新出火器，所及愈远，施放愈速。大凡连珠数响者，谓之快枪。药弹相连、炮弹与枪炮同式者，谓之快炮。旧日快枪系大口铅弹，今之快枪系小口钢弹。旧日快炮系四管、五管，今之快炮系单管小口径。快枪可及三里，能于大半里内击穿二分厚钢板。陆路快炮、过山快炮能于一分钟放十余出至三十出。不特前膛枪炮已成土苴，即单响之毛瑟枪、大口径之哈乞开斯、黎意等快枪，犹嫌其所击不远，弹力不猛。旧式药、弹分装之过山炮，旧式之罗登飞、哈乞开斯等快炮，犹嫌其迟缓不速。而船台快炮，竟有至百镑弹之大者。中国不为远计，临时购买，式样既杂，价值亦贵，而且不可必得。若与外洋开战，相持日久，实属可危。虽有良将精兵，亦同徒手。总之，无论水军、陆军，若不讲求精利枪炮，而欲战胜洋人，无论如何勇猛，皆属欺人妄谈。故枪炮子弹，均非多设局厂速行自造不可。凡要冲之地、根本之区，均宜设局，尤宜设于内地，有事时方能接济沿海、沿边。若设于海口，既嫌浅露，且海道梗阻，转运亦难。其湖北枪炮厂，臣数年以来竭力经营，目前甫经就绪。只以经费有限，力量未充，拟由江南筹款，再加开拓。经费既可较省，其地据腹省上游，尤为稳固。即江南及上下游各省需用，一水可达，肆应不穷。此外如天津、江南、广东、山东、四川原有制造局，或制造军需水陆应用各件颇多，而所成枪炮甚少，或仅能造枪炮弹而不能造枪炮，或能造枪而汽机局厂尚小，似应各就本省情形，量加扩充。如福建船政局，现有大锅炉机器及打铁各厂，并多谙悉机器员司工匠，若添枪炮机，似乎费可较省，工亦易集。其余如奉天，根本而道远，难于接济，宜专设一厂。陕西奥区，且可以接济西路，亦宜专设一厂。至各厂制造，大率皆宜以小口径快枪及行营快炮为主。或枪炮兼造，或枪炮分造一项。总之，必宜择定一式，各厂统归一律，以免诸事参差。臣历加考验，快枪以西班牙小口径五响毛瑟快枪为最。以其式样最新，乃光绪十九年所造，其机器仍与比国、奥国、德国小口径快枪大致相同，而益加灵捷。其机器仍系德国力拂厂所造，故与德国快枪同一精工。查外洋风气，本国兵枪口径总与他国兵枪口径微有参差，不肯一律，以防为敌所用。中国新造快枪，似亦宜将口径略加增减。所改或一密里或半密里，即中尺三四厘，便与各国枪弹有别矣。快炮以德国格鲁森厂为最，一分钟能放三十余出。该厂向系专造快炮，现已为克鲁伯厂归并合办，其工作之精巧可知。腹地之局，只须陆路过山小快炮即足供陆战之用。若沿海、沿江数局，并宜造船台大快炮，盖取其身轻而及远放速。中国兵勇手法既迟，炮准又疏，今日守台及兵船若仅用旧式之后膛炮，尚不能久与敌人相持。大约每一厂每年须实出快枪五六千枝，陆路过山两种小快炮百余尊，方能济用。一面雇用洋匠，一面商之洋厂，派工匠赴外洋该厂学习。如多设为难，亦宜迅速添设扩充两三处。一旦有事，乃无束手之虞、糜费之患矣。

一曰宜广开学堂也。人皆知外洋各国之强由于兵，而不知外洋之强由于学。夫立国由于人才，人才出于立学，此古今中外不易之理。不蓄而求，岂可幸致？惟敌国愈强，则人才愈不易言。泰西诸大国之用人，皆取之专门学校，故无所用非所习之弊。今外洋各国与我交涉日深，机局日逼，若我仍持此因循之习、固陋之才、浮游之技艺，断不足以御之。应请各省悉设学堂，自各国语言文字以及种植制造、商务、水师、陆军、开矿、修路、律例各项专门名家之学，博延外洋名师教习。三年小成，乃择其才识较胜者，遣令出洋肄业，如陆师则肄业于德，水师则肄业于英，其他工艺各徒皆就最精之国从而取法。惟待此项学生三年以后再令出洋，收效过迟。当今时势，断不能待。惟有一面选募粗通洋语、洋文者，即令分赴各国学之。此时洋文不必甚深，到彼以后，众咻渐染，自然能通，庶免旷时失机。此臣历访之出洋学生而深知之者。惟出洋者，须择其理路较为明白，志气尚不鄙琐者，学成方为有益。查日本之制，出洋归国后，分归各部署，考列其高下，即任以实官。入仕以后，再由积劳升擢，是以各途需人取之不缺。日本赴德国学兵事之学生，回国即充本国兵官。前此船政水师制造学生亦曾办有成案，今宜令各出使大臣重与商办，外洋无不乐从。大抵向来各省所设学堂及出洋学习之学生，视之皆不甚重。国家糜无数经费，教育累年，迨学成返国，更未尝予以出身，收其实用，听其去就，实为可惜。盖培之于先，必思所以用之于后。如能豫定章程。则人心鼓舞，必有人才出于其中矣。

一曰宜速讲商务也。自中外通商以来，论者或言通商便，或言通商不便，此皆一偏之论也。大约土货出口者多，又能自运货赴外洋销售，不受外洋挟持，则通商之国愈多而愈富。土货出口者少，又不能自运出洋，坐待外人收买操纵，则通商愈久而愈贫。考日本与西人通商，专讲精造土货、自运外洋两端，商本亏累则官助之，不以赔折而沮。今该国商利岁入至八千余万元，其取于美利坚者约四千万元，商务盛则交涉得手，国势自振，其明效若此。中国上下之势太隔，士大夫于商务尤不考究，但有征商之政，而少护商之法。西人常论中国商人最工贸易，惜国家不为保护，任其群起逐利，私作奸伪，不顾全局，以致百业皆衰。至护商之要，不外合众商之力以厚其本，合国与民之力以济其穷。今宜于各省设商务局，令就各项商务悉举董事随时会议，专取便商利民之举，酌剂轻重，而官为疏通之，勿使倾轧坏业，勿使作伪败名。凡能集巨资多股设一大公司者，奏请朝廷奖之。借招股坑骗者，重治其罪，勿以瞻徇而宽之。并准其各派董事出洋学习，由使馆代为照料。现有之招商局尤宜选任董事，速加整顿，总以公正均平为主。为总董者不可稍存自私自利之心，而后商务可兴矣。尤须令出使大臣，将各国商务情形随时考究，知照总署及各省督抚，以便随时悉心筹画。查各国公使皆以觇国为密谋，护商为专责，而中国使臣事简心闲，此似亦使职之最要者也。

　　一曰宜讲求工政也。世人皆言外洋以商务立国，此皮毛之论也。不知外洋富民强国之本实在于工。讲格致、通化学、用机器、精制造，化粗为精，化贱为贵，而后商贾有懋迁之资，有倍蓰之利。《周官·考工记》以"百工"列六职之一。舜命九官责以时亮天工之事，而共工之官居其一。孔子论为天下之九经以来，百工为足财用之本。可见唐虞三代之圣人，其开物前民未有不加意于此者。后世迂儒俗吏，视为末务贱业，不复深求，于是外洋技巧遂驾中华而上。查西洋入中国之货皆由机器捷速，工作精巧，较原来物料本质，价贵至三四倍、十余倍不等。甚至毡羽、煤油、洋红、水泥之类，则尤属贱质弃物，一加制造，便成大利。即如日本，尤重工政。该国于各通商都会，遍设劝工场，聚民间所造器用百货，第其最精者，亦仿西洋之例，国家予以赏牌，使专其利。是以百工竞劝，制造日精，销流日广。今日本土货，其实在物产不过海菜、铜煤数端，此外凡所以图中国、西洋之大利者，大率皆资之于人力，而非仅取之于地产。中国生齿繁而遗利少，若仅恃农业一端，断难养赡，以后日困日蹙，何所底止。故尤宜专意为之，非此不能养九州数百万之游民，非此不能收每年数千万之漏卮。今宜于各省设工政局，加意讲求。查各关贸易册中，每年出口易销之土货，则加工精造之、扩充之，以广其出。进口多销之洋货，则加工仿为之，以敌其入。如开煤、炼铁、制器、缫丝、种棉、种茶、种蔗、造糖、磨面、造瓷器、织呢羽、造洋绸、洋针、洋钉、洋酒、火柴等事。或广土货之销，或敌洋货之入，责成各省督抚招商设局，各就本地土宜销路筹办。总以每省必办成数件为主，即以此为各省督抚藩司之殿最。并分遣多员，率领工匠，赴西洋各大厂学习，一切种植、制器、纺织、炼冶、造船、造炮、修路、开矿、化学等事，皆肄习之，回华日即以充办理工政之官。委员以求其法、通其精者，工匠以习其艺、得其粗者。中国人数之多，甲于五洲，但能于工艺一端蒸蒸日上，何至有忧贫之事哉。此则养民之大经，富国之妙术，不仅为御侮计，而御侮自在其中矣。

一曰宜多派游历人员也。汉赵充国之言曰"百闻不如一见"。明王守仁之言曰"真知自能力行"。夫洋务之兴已数十年，而中外文武臣工罕有洞悉中外形势、刻意讲求者，不知与不见之故也。不知外洋各国之所长，遂不知外洋各国之可患。拘执者狃于成见，昏庸者乐于因循，以致国事贴危，几难补救。延误至此，实可痛心。今欲破此沉迷，挽此积习，惟有多派文武员弁出洋游历一策。查外洋各国开疆、拓土、行教、通商，皆以游历为先导。前此中国虽有派员游历之举，旋即停罢。而派出各员，不谙外国语言文字，仅观粗浅，莫探精微，或限于资斧，无从游览。今宜多选才俊之士，分派游历各国，丰其经费，宽其岁月，随带翻译，纵令深加考究。举凡工作、商务、水陆兵事、炮台、战舰、学校、律例，随其性之所近，用心考求。归国之日，由总理衙门课其能否，察其优劣，将此项人员发交有洋务交涉省分分别委用，或派往各省商务、工政等局差委，或令先补总理衙门章京，或再派充出使参赞、随员等官之选。劳绩期满，即行迁擢，内外互用。必广其出身之途，方能鼓舞，则不惟使才即出其中，而中外文武人才之出，正未有艾。或谓从前游历各员，出色者少，庸陋者多，徒靡经费。此乃因噎废食之说，最为误事。不知拔十得五即不为少，岁费不过十万金，但能得十数有益大局之人，所获不已多乎？至于亲贵大臣及满汉世家子弟，尤宜选其贤者，遣出游历，优予褒奖。风气自上开之，视在下者事半功倍，知己知彼，乃可谋国。转移鼓舞之机，无捷于此者矣。抑臣尤有进者，国家取士用人，首重科目，公卿大吏皆出其中。而科目出身者，毕生困于考试，见闻狭隘，精力销磨，以致未能尽娴经济，若洋务、军务，更难语此。故议者多欲变通科目取士之法。然事体甚大，未易更张。窃谓游历人员，可多取诸翰林部属，及各项正途出身之京外官。回华后，优予升途。盖以科目进者，平日诵法圣贤，讲明义理，本源固已清明，不过见闻未广、世事未练，若令遍游海外，加以阅历，自能增长才识。将来任以洋务等事，必远胜于洋行驵侩、江湖杂流，且较之词曹但考文字、外吏但习簿书者，切于实用多矣。

一曰宜豫备巡幸之所也。近年凡与洋有构兵之事，各国洋人之议，多谓京城距海口太近，必宜迁都腹地，于战事始能操纵自如。昨当东事紧急之时，建言者亦多持此说。窃惟立国形势，历朝不同。我朝以辽沈为肇基之所，陵寝在焉，若都会偏西，则相距太远，不能控引援应。至京师乃天下根本，人心所系，岂宜轻议迁移？况秦晋贫狭，亦不足以容万乘而供六师。若一一缔造经营，今日物力岂能办此？且方今大势，重在交涉，兵势之强弱全在海防，商务财源之盈绌多在海口。若建都关中，则距海辽远，南北洋皆鞭长莫及，耳目难周，都下士大夫更不考求沿海防务、商务等事，海防、海军必致敷衍粉饰，从此断无筹巨款、养重兵、造炮台之事，各海口战守之备皆不可恃矣。惟天津、榆关距京太近，外人专恃此为要挟，正以朝廷久不修巡狩之典，重于举足。彼族窥我所难，动辄以此恫喝。以后各国纷纷要求，正不仅一日本，又将何以应之。为今之计，似宜择腹省远水之地如山西、陕西等处，建设行宫。遇有外警，则暂时巡行。道路素治，行殿素备，则临时不至劳扰。夫然后滨海及边关诸将，可以放手攻战，毫无牵制顾忌。彼若舍舟深入至三四百里之远，则四面环击，截其归路，必可大加歼除。彼知我进退自如，控制有策，则要挟恫喝皆无所施。京城从此安于磐石，必如此而后可以不必迁都。且我既备有巡行之地，将来敌人即不注意京城且可并无巡行之事矣。此兵法所谓伐敌之谋者也。

以上九条非特远虑，实为近忧。惟需款浩大，猝不易筹，窃恐廷议必难于举办。而臣区区之愚，窃谓此数事，乃中国安身立命之端，万难缓图。

若必待筹有巨款始议施行，则必致一切废沮自误而后已。今日赔款所借洋债已多，不若再多借十分之一二，及此创巨痛深之际，一举行之。负累虽深，而国势仍有蒸蒸日上之象。此举所借之款，尚可从容分年筹补。果从此有自强之机，自不患无还债之法。且铁路可令洋商包办，兵轮可令洋厂垫办，此两大宗目前尚可不需现款。如畏难惜费，隐忍图存，将益为各国所轻侮，动辄借端生事，侵占索赔，一再相寻，则天下之事，有非臣子所忍言者矣。譬如病亟而求医药，虽赤贫告贷，犹不能已，何则？身命能保，何忧于贫？当今之势何以异此？惟是以上所陈诸事犹其迹也。若夫自强之本，实在朝廷。圣心时时以大局为可危，则天下之人心警动，而偷惰之习变。圣心时时以此约为可耻，则天下之士气奋发，而智勇之才生。伏望我皇上存坚强不屈之心，励卧薪尝胆之志，广求忠直之言，博采救时之策，将向来因循废弛、罔利营私、膜视君国之习，严惩切戒，先令天下现有之人才激励奋发，洗心涤虑。庶几所欲措施之要务可以实力奉行，所欲造就之人才可以接踵而起，夫然后有成效之可睹矣。仰恳宸衷裁断，早赐施行，天下幸甚。（《张文襄公全集》奏议卷三十七）

妥议科举新章折

窃臣前准部咨，光绪二十四年正月初六日钦奉上谕，开经济特科，令中外大臣荐举考试。近日恭读邸钞，四月二十三日钦奉上谕：殷殷以变法自强，京外设立学堂为急。又读邸钞，五月初五日钦奉上谕："于下科为始，乡、会岁科各试向用四书文字者，一律改试策论。一切详细章程，该部即妥议具奏。等因。钦此。"际此时局艰危，人才匮乏，屡颁明诏，破除成格，力惩谢陋空疏之习，思得体用兼备、通达时务之士而任之。海内士民见我皇上处事之明决如此，求才之急切如此，孰不钦仰感奋。

窃惟救时必自求人才始，求才必自变科举始。四书五经，道大义精，炳如日月，讲明五伦，范围万世。圣教之所以为圣，中华之所以为中，实在于此。历代帝王经天纬地之大政，宅中驭外之远略，莫不由之。国家之以四书文、五经文取士，大中至正，无可议者也。乃流失相沿，主司不善奉行，士林习为庸陋，不能佐国家经时济变之用，于是八股文字遂为人所诟病。今圣主断然罢去八股不用，固已足振动天下之耳目，激发天下之才智。特是科举一事，天下学术所系，即为国家治本所关，若一切考试节目未能详酌妥善，则恐未必能遽收实效，而流弊不可不防。

尝考北宋初创为经义取士之法，体裁只如讲义，文笔亦尚近雅。明成化时，始定为八股之式，行之已五百年。文徇俗而愈卑，流积久而愈敝。虽设有二场经文、三场策问，而主司简率自便，惟重头场时文，二三场字句无疵，即已中式。遂有三场实止一场之弊。今改用策论，诚足以破拘挛陈腐之习矣。然文章之体不正，命题之例不严，则国家垂教之旨不显，取士之格不一，多士之趣向不定。今废时文者，恶八股之纤巧、苛琐、浮滥，不能阐发圣贤之义理也，非废四书、五经也。若不为定式，恐策论发题，或杂采群经字句，或兼采经史他书。界限过宽，则为文者必至漫无遵守，徒骋词华。行之日久，必至不读四书、五经原文，背道忘本，此则圣教兴废、中华安危之关，非细故也。

窃以为今日当详议者，约有数端。一曰正名。正其名曰四书义、五经义，以示复古。文格大略如讲义、经论、经说。二曰定题。四书义出四书原文。五经义出五经原文。或全章，或数章，或全节，或数节，或一句，或数句均可。不得删改增减一字，亦不得用其意而改其词。三曰正体。以朴实、说理、明白、晓畅为贵，不得涂泽浮艳作骈俪体，亦不得钩章棘句作怪涩体。四曰征实。准其引征史事，博考群书，但非违悖经旨之言皆可引用。凡时文向来无谓禁忌，悉予蠲除。五曰闲邪。若周秦诸子之谬论，释、老二氏之妄谈，异域之方言，报馆之琐语，凡一切离经叛道之言，严加屏黜，不准阑入。则八股之格式虽变，而衡文之宗旨仍与清真雅正之圣训相符。

顾犹有虑者，文士之能讲实学、治古文者不多。改章之始，恐仅能稍变八股面目，不免以时文陈言滥调敷衍成篇。若主司仍以头场为重，则二、三场虽有博通之士，仍然见遗，与变法之本意尚未相符。若主司厌其空疏陈腐，趋重二、三场，则首场又同虚设。其诡诞浮薄，务趋风气者，或又将邪诐之说解释四书、五经，附会圣道，必致离经畔道。心术不端之士杂然并进，四书、五经本义全失，圣道既微，世运愈否，其始则为惑世诬民之谈，其终必有犯上作乱之事，其流弊尤多，为祸尤烈。且明旨开特科、立学堂，而学堂肄业有成之士，未尝示以进身之阶，经济虽并入乡会场，而未议及六科如何分考之法。若非合科举、经济、学堂为一事，则以科目升者，偏重于词章，仍无以救迂陋无用之弊。以他途进者，自外于圣道，适足以为邪说暴行之阶。今宜筹一体用一贯之法，求才不厌其多门，而学术仍归于一是，方为中正而无弊。昔朱子当南宋国势微弱之际，愤神州之多难，伤救世之无才，屡欲改变科举。尝考《语类》中力诋时文之弊者，不一而足。而究其救科举积弊之法，则曰更须兼他科目取人。欧阳修知谏院时，恶当时举人鄙恶剽盗，全不晓事之弊，尝疏请改为三场分试，随场而去之法。每场皆有去留，头场策合格者试二场。二场论合格者试三场。其大要曰，鄙恶乖诞以渐先去，少而易考，不至劳昏，全不晓事之人无由而进。其说颇切于今日之情事。朱子之拟兼他科目，犹今之特科经济六门也。欧阳修之欲以策论救诗赋，犹今之欲以中西经济救时文也。

又查今日定例，武科乡会小试，骑射、步射、硬弓刀石分为三场，皆有去取，人数递删而递少，技艺递考而递精，而磨勘之例，尤以末场弓刀为重。窃谓宜远师朱、欧之论，近仿武科之制，拟为先博后约，随场去取之法。将三场先后之序互易之，而又层递取之。大率如府县考覆试之法。第一场试以中国史事、国朝政治论五道，此为中学经济。假如一省中额八十名者，头场取八百名。额四十名者，头场取四百名。大率十倍中额，即先发榜一次。不取者罢归，取者始准试第二场。二场试以时务策五道，专问五洲各国之政，专门之艺。政，如各国地理、学校、财赋、兵制、商务、刑律等类。艺如格致、制造、声光、化电等类，分门发题考试，此为西学经济。其虽解西法，而支离狂悖显背圣教者，斥不取。中额八十名者，二场取二百四十名。额四十名者，取一百二十名。大率三倍中额，再发榜一次。不取者罢归，取者始准试第三场。三场试四书义两篇、五经义一篇，取其学通而不杂，理纯而不腐者。合校三场均优者，始中式。发榜如额，磨勘之日，于三场尤须从严。如有四书义、五经义理解谬妄，离经畔道者，士子、考官均行黜革。如是则取入二场者，必其博涉古今、明习内政者也。然恐其明于治内而暗于治外，于是更以西政、西艺考之。其取入三场者，必其通达时务、研求新学者也。然又恐其学虽博、才虽通，而理解未纯，趋向未正，于是更以四书义、五经义考之。其三场可观而中式者，必其宗法圣贤见理纯正者也。

大抵首场先取博学，二场于博学中求通才，三场于通才中求纯正。先博后约，先粗后精，既无迂暗庸陋之才，亦无偏驳狂妄之弊。三场各有取义，以前两场中西经济补益之，而以终场四书义、五经义范围之，较之或偏重首场，或偏重二、三场，所得多矣。且分场发榜，则下第者先归，二、三场卷数愈少，校阅亦易。寒士无候榜久羁之苦，誊录无卷多谬误之弊，主司无竭蹶草率之虞。一举三善，人才必多。而着重尤在末场，犹之府县试皆凭末覆以为去取，不愈见四书、五经之重哉？

其学政岁科两考生童，均可以例推之。岁科考例先试经古一场，即专以史论、时务策两门发题。生员岁考正场原系一四书文、一经文，即改为四书义、经义各一。生员科考、童生考试一切均同，其童试孝经论性理论，应仍其旧。难者或曰：主司罕通新学，则如之何？不知应试则难，试官则易。近年上海译编中外政学、艺学之书，不下数十种。切实者亦尚不少。闱中例准调书，据书考校，似不足以窘考官。且房官中通晓时务者尚多，总裁主考惟司覆阅，尤非难事，至外省主考学政，年力多强，谕旨既下，以三年之功讲求时务，岂不足以为衡文量才之资乎？惟是变法之初，兼习未久，其研求时务者岂能遽造深通？是宜于甄录之时。稍宽其格，以示骏骨招贤之意。两科以后，通才硕学自必蔚然可观。且登科人仕者渐多，则京外考官、房官，自不可胜用矣。

抑臣等之愚更有请者。百年以来，试场兼重诗赋、小楷，京官之用小楷者尤多。士人多逾中年始成进士，甫脱八股之厄，又受小楷之困，以至通籍廿年之侍从，年逾六旬之京堂，各种考试，仍然不免。其所谓小楷者，亦不合古人书法。姿媚俗书，贻讥算子，挑剔破体，察及秋毫。且同一红格大卷，而殿试散馆优拔贡朝考，字体之大小不同。同一白折，而朝考、大考、考差御史各项，字格之疏密不同。纷歧烦扰各有短长。诏令并无明文，而朝野沿为痼习。故大学士曾国藩奏疏尝剀切言之。夫八股犹或可以觇理解之浅深，诗赋则多文而少理。诗赋犹或可以见文词之雅俗，小楷则有艺而无文，其损志气、耗目力、废学问，较之八股诗赋，殆有甚焉。由是士气销磨，光阴虚掷，举天下登科入仕之人才，归于疏陋软熟，以至今日遂无以纾国家之急。今既罢去时文，则京官考试诗赋、小楷之举，亦望圣明奋然厘定，一并扫除。

　　查乡会试之外，惟殿试一场，典礼至重，自不可废。然临轩发策，登进贤良，自宜求得正谊明道如董仲舒，直言极谏如刘蕡者而用之，断不宜以小楷为去取。一经殿试，即可据为授职之等差，以昭郑重。朝考似可从省，及通籍以后，无论翰苑部堂一应职官，皆以讲求实学、实政为主。凡考试文艺、小楷之事，断断必宜停免。惟当考其职业以为进退，则已仕之人才，不致以雕虫小技困之于老死，俾得汲汲讲求强国御侮之方。此则尤切于任官修政之急务者也。至于词章书法、润色鸿业，乃馆阁撰述应奉文字所必需，自亦不可尽废。如朝廷需用此项人员之时，特颁谕旨，偶一行之，不为常例。略如考试南书房、考试中书故事，严则止及翰詹，宽则无论翰詹、部属小京官皆可与考。视其原有阶品，分别授官，应候请旨裁定，与三年会试、殿试取士之通例各不相涉，庶几文学、政事两不相妨矣。

　　难者又曰：本朝名臣，出于科举翰林者多矣。安见时文、诗赋、小楷之无益？不知登进贵显限于一途，固不能使贤才必出其中，抑岂能使贤才必不出其中。此乃偶然相值，非时文、诗赋、小楷之果足以得人也。且诸名臣之学识阅历，率皆自通籍任事以后始能大进。然则中年以前，神智精力销磨于考试者不少矣。假使主文者不专以时文、诗赋、小楷为去取，所得名臣，不更多乎？

　　窃谓如此办法，博之以经济，约之以道德，学堂有登进之路，科目无无用之人，时务无悖道之患，似此切实易行，流弊亦少。此举为造就人才之枢纽，而即为维持人心世道之本原。臣等忧虑所及，不敢不效其一得之愚。事体重大，伏望敕下廷臣会议施行，不胜惶悚激切之至。（《张文襄公全集》奏议卷四十八）

郭嵩焘

论英国破格擢拔人才

（光绪四年四月）十八日。礼拜。……去岁曾遣一武官威勒斯里赴俄营探刺军情，俄营待之无礼，因诉之本国外部，转达俄国外部以正之俄皇，俄营为之谢过。至是沙赖斯百里因擢以充奥国头等参赞。议绅引向例：凡充参赞驻扎其国，必熟习其国山川地势物土民情，以次递迁。威勒斯里一武员，素未习各国交接之礼，而遽授头等参赞，此必沙赖斯百里以与夙好，破格为之，未可训也。罗斯噶得答言："沙乃斯百里曾语及此，与威勒斯里故不相识，察其才能，固足胜此，不以例也。"其君民上下相与考求如此，是以所用必当其才，而无敢以私意援引，此西洋各国之所以日趋强盛也。（《伦敦与巴黎日记》）

论同治中兴人才特点

（光绪四年五月）初五日。……与丹崖言：同治中兴之业成于楚人，而自当时诸公各以战功致通显，后遂无继者。合淝伯国陶成皖才，远驾楚人而上之。所设机器局，皖人掌其事，于军械、机器多所考求，是以皖才日盛，而楚才日以泯焉。曾文正气量远大，其幕府多文学，而无一楚人，各局乃有之，以楚人办事结实可靠，而文学之选固不逮江浙也。曾文正固一出之以公心。左季高则且以能屈抑楚人自表其公，而反私矣；私其一身之声名，而利不及人。如刘毅斋战功卓著，凡克一城、复一堡，叙战功皆刘为冠，而自初承其季父刘松山一军，即以道员接统，历七八年，荡平全甘回乱，移师出关，先复乌鲁木齐，而南八城以次克复，始终以道员领军，不晋一阶。至克复喀什噶尔，始请开缺以三品京堂候补，而以边才求之吕庭芷、吴清卿诸君。一意阻遏刘毅斋之功，使不得自显，尤所不达其意者也。（《伦敦与巴黎日记》）

与英人论中西进身路径

（光绪四年五月）十一日。赡斯过谈，居中国二十余年，颇悉中国风土人情，自云生子十人，位置学业，使各有所托以成名，亦殊不易。吾谓西法学、仕两途相倚，不患无以自立，此较中国为胜。赡斯言："文武两途员缺有定制，而求仕进者日增。学成而待用，亦苦阶级之不易攀跻，闲废为多。惟律学为人民料理词讼，可以自食其力。其仕进有阶，其从容燕处亦足资以为生。"吾谓西洋律学、医学皆可以求仕，学成亦可以治生，故托业者多。赡斯言："充武员至中国，知中国当兵者皆尚椎鲁，无文学。西洋必使学成而后充兵，近乃知有文学者多浮猾，故凡充兵者皆试其力，不试以文学。此亦中国所早见及者，西洋近始知之。"因论中国最轻视兵。吾谓中国尚文而贱武，凡横暴者，相与以兵目之，言可畏悸也。正惟视之轻，是以为兵者亦皆不自立，以成乎偷敝之习。此亦中国之弊也。（《伦敦与巴黎日记》）

与友人论洋务

（光绪五年三月）初八日。……于景星处见唐道绅，为景星从弟；于勉林处见曾文典，为劼刚从弟，在机器局管支应。与勉林、芝田粗论西学馆事宜，当稍议章程，由合淝爵相酌定。居今日而思统筹全局，以求利益国家，其势诚有难行，为衮衮诸公深闭固拒，以力遂其苟偷旦夕之私，虽有圣者，无如何也。要当各视其愿力为之；愿力所及，能尽一分，必少收一分之益。人人积此心以相饷，其利亦溥矣。此区区之私，所以徘徊顾念而必求一行所见也。西洋政教、制造，无一不出于学。中国收召虚浮不根之子弟，习为诗文无实之言，高者顽犷，下者倾邪，悉取天下之人才败坏灭裂之，而学校遂至不堪闻问。稍使知有实学，以挽回一世之人心，允为当今之急务矣。（《伦敦与巴黎日记》）

论出使人才素质

（光绪五年五月）初六日。龙皞臣遣其世兄砚仙索观所批《离骚》及《史记》。《离骚》仅携得姚氏选本，又海外无书可以考证，惟据其词以通其义而已。然处忧患之中，迭遭侘傺，无所控诉，以身所莅，上窥屈子之心，较之先儒述屈子之言无关其身之利病者，自有浅深疏戚之辨。因所注《离骚》，泛论洋务情形，砚仙所见，似较胜于乃翁。询之，上年赴京，由沪乘坐轮船，略与洋人相习。故常以谓遣使必通知洋务，正今日朝廷之蔽也。所以遣使者，欲使所闻所见，与洋人习，而后能因委以求源，据事以通情。一人知之，其亲若友，推之而得十人；十人知之，其亲若友，推之而得百人。知者日多，则洋务安坐而理，无复有挠之者矣。故知洋务者，当用之以理洋务，而出使当择不知洋务而好议论者，可因而奖进栽成之。朝廷于洋务自不求知，亦不更求其人。以理洋务之有交涉者，而惟用之以出使，安有当哉！（《伦敦与巴黎日记》）

论曾纪泽气质

（光绪五年五月）初十日。……陈程初、袁守瑜、余佐卿次第过谈。佐卿亦述王云生之言，以劼刚性情行谊为虑，言所以不敢赴伦敦之召，亦自度负性，非能和忍者，恐必至隙。末因论劼刚专喜自用，如有所计议，他人能窥其意境之所在而先言之，则又别出一意，以自怙其智，不肯随人。生平公子气已是十成，又益以名士气十成，兼二气之良能，是以陵驾一切，无有在其眼底者。其才略能干事，其魄力亦能任事，而其意气用事太甚，所至必不能合宜。持论极允。然犹有甚虑者：从员如刘开生之明通，左子兴之精爽，曾省斋之稳练，亦皆美才，而不尽其用；用事者，一市侩之陈莘耕，讲求禅悦之杨仁山。讲求禅悦，则常遁身是非功过之外以求解脱，市侩则逢迎为恶而已。亲信者导谀，疏远者怀怨，以保令名，难哉！此吾所尤深虑者也。（《伦敦与巴黎日记》）

由曾纪泽日记品评洋务人才

（光绪五年六月）廿二日。适周氏女生辰，家人亦为之治席为寿。刘伯固送康侯回自上海，见示曾劼刚日记一本，讥刺鄙人凡数端：一论文报局为不可行；一论新加坡领事自筹经费为不便；一论赁居公馆专为节省经费之计为不宜；一论褒奖严宗光太过，长其狂傲矜张之气。虽属有意相诋，而犹近事理。至论姚岳望挑唆播弄，彼此均有怒声，知某知姚之诈，未至成衅，则直意为高下而已，不置〔值〕与一辩也。日记中录马眉叔一信，却甚有见地。述考试政治对策八条。第一条问万国公法，都凡一千八百叶，历来各国交涉、兴兵疑案，俱存其中。第二条问各类条约，论各国通商、驿信、电报、铁路、权量、钱币、佃渔、监犯及领事交涉各事。第三条问各国商例、商会，汇票之所以持信。于以知近今百年西人之富，不专在机器之创兴，其要领专在保护商会，是以铁路、电线、汽机、矿务，成本至巨，要之以信，而众檠〔擎〕自然易举，金银有限而用款无穷。以楮代币，约之以信，而一钱可得数百钱之用也。第四条问各国外史，专论公使、外部密札要函，而后知普之称称雄，俄之一统，与夫俄、土之宿怨，英、法之代兴，其故可觏缕而陈也。第五条问为英、美、法三国政术治化之异同。上下相维之道，利弊何如？英能持久而不变，美则不变而多弊，法则屡变而屡坏，其故何在？第六条问为普、比、瑞、奥四国政术治化。普之鲸吞各邦，瑞之联络各部，比为局外之国，奥为新蹶之后，措置庶务，孰为得失？第七条问各国吏治异同，或为君主，或为民主，或为君民共主之国，其定法、执法、审法之权，分而任之，不责于一身。权不相侵，故其政事纲举目张，粲然可观。催科不由长官，墨吏无所逞其欲，罪名定于乡老，酷吏无所舞其文。人人有自立之权，即人人有自爱之意。第八条问赋税之科则，国债之多少。西国赋税十倍于中华，而民无怨者，国债贷之于民，而民不疑，其故安在？年终考试文词，兼考试格致之学，统西洋今日情势言之，如炮之有前镗后镗，孰优孰劣？弹之贮绵药火药，何利何弊？附船之铁甲，有横直之分；燃海之电灯，有动静之别；水雷则有拖带、激射、浮沉之不一，炮垒则有连环、犄角、重单之不同，均无定论。是军法之无新奇也。煤瘴之伏矿中，无定法可免；真空以助升降，无善术可行。此矿务之犹有憾事也。机织之布，敏捷而不耐久，机压之呢，耐久而不光滑，机纺之绸，价廉而无宝光。此纺织之犹待考求也。下至印书、酿酒、农具，大抵皆仿奥、美二国炫奇会之旧式，并未创有新制。至于电线传声与电报印声，徒骇听闻，究无大益。眉叔天分高出一切，于西法初涉其流，便怀易视之心，殆犹中土虚骄之气然也。其欲以所见闻汇一篇，名曰《闻政》，分列八门，一曰开财源，二曰厚民生，三曰裕国用，四曰端吏治，五曰广言路，六曰严考试，七曰讲军政，八曰联邦交，似欲假西法以附于中土。语经济之学，其名近似，而于西洋立国之本，固亦未有当也。

（《伦敦与巴黎日记》）

王之春

广学校

今之自命为通儒者，以洋务为不屑，鄙西学为可耻。有习其言语文字者，从而腹诽之，且从而唾骂之，甚至屏为名教之罪人。嘻！甚矣！夫所贵于儒者，贵其博古耳，通今耳。试问今之儒者通各国言语乎？通各国文字乎？即叩以各国之名，能通知乎？徒拘拘于制艺之末，而学问经济尽于是而已矣。方今海防孔亟，而所谓熟悉洋务者，不过市侩之徒。正宜培养人材。攻彼之盾，即借彼之矛，谁谓西学可废哉？

又况西学者，非仅西人之学也。名为西学，则儒者以非类为耻，知其本出于中国之学，则儒者当以不知为耻。即以文字论，古之制字者本三人，下行者为苍颉，从左至右而旁行者为佉卢，从右至左而旁行者为沮诵。泰西之字，实本于佉卢也。天文历算，本盖天宣夜之术，《周髀经》《春秋元命苞》等书，言之详矣。《墨子》曰："化征易若蛙为鹑。""五合水火土离然铄金，腐水离木。""同重，体合类，异二体不合不类。"此化学之祖也。"均发均县，轻重而发绝，不均也均其绝也莫绝。"此重学之祖也。"临鉴立景，二光夹一光。""足被下光，故成景于上，首被上光，故成景于下。""鉴者近中，则所鉴大，景亦大，远中则所鉴小，景亦小。"此光学之祖也。《亢仓子》云："蜕地之谓水，蜕水之谓气。"汽学之祖也。《礼经》言："地载神气，神气风霆，风霆流形，百物露生。"电气之祖也。《关尹子》言："石击石生光，雷电缘气以生，可以为之。"《淮南子》言："黄埃青曾，赤丹白礜元砥，历岁生澒，其泉之埃上为云，阴阳相薄为雷，激扬为电，炼土生木，炼木生火，炼火生云，炼云生水，炼水反土。"中国之言电气详矣。至于圜一中，同长方柱隅四欢，圜规写受，方柱见股，重其前，弦其轴，法意规员三，神机阴开，剖厥无迹，城守舟战之具，蛾傅羊坽之篇，机器兵法，皆有渊源。墨言理气，与管子、关尹子、列子、庄子互相出入。《韩非子》《吕氏春秋》备言墨翟之技，削鹊能飞，巧輗拙鸢，班班可考。泰西智士，从而推衍其绪，而精理名言，奇技淫巧，本不能出中国载籍之外。儒生于百家之书，历代之事，未能博考，乍见异物，诧为新奇，亦可哂矣！

　　但西学规例，极为详备，国中男女无论贵贱，自王子以至于庶人，至七八岁者皆入学。在乡为乡学，每人七日内出学费一本纳（合中国钱三十文）。在城为城学，每人一月出学费一喜林（合中国银一钱七分）。如或不足，地方官捐补。其曰乡、曰城者，特就地而言之，其实即乡塾也。塾中分十余班，考勤惰以为升降。其不能超升首班者，不得出塾学艺。乡塾之上，有郡学院，再上有实学院，再进为仕学院，然后入大学院。学分四科，曰经学、法学、智学、医学。经学者，第论其教中之事，各学所学，道其所道，无足羡也。法学者，考论古今政事利弊，及出使通商之事。智学者，讲求格物性理、各国言语文字之事。医学者，先考周身内外部位，次论经络表里功用，然后论病源、制药品，以至于胎产等事。更有技艺院、格物院，均学习汽机、电报、织造、采矿等事。又有算学、化学，考验极精。算学兼天文、地球、勾股、测量之法。化学则格金、石、植、动、胎、湿、卵、化之理。再有船政院、武学院、通商院、农政院、丹青院、律乐院、师道院、宣道院、女学院、训瞽院、训聋喑院、训孤子院、养废疾院、训罪童院，余有文会、印书会。别有大书院数处，书籍甚富，任人进观。总之，造就人材，各因所长，无论何学，必期实事求是，诚法之至善者也。

　　中国取士，止分文武两科。文科专尚时艺，钱谷、兵刑非所习也。武科虽以骑射技勇见长，究之《武经》尚未识为何书，遑问韬钤。前此发捻等匪跳梁，其建大功而荡群丑者，武科中人乎，抑非武科中人乎？然而武科正大可用也。方今战守之策，不外水师、火器两途。诚能于武科中设三等以考试之，一试以山川形势、进退之方，二试以算学、机器制造之能，三试以测量枪炮高低之度。其兼擅众长者，不次超迁。其专工一艺者，量材任事。选将之道，将于是乎在。

　　近年来我朝总理衙门，派幼童出洋学习，万里从游，法至良意至苦矣。但童子何知，血气未定，性情心术，愈染而愈失其本来，尽弃其学而学，恐尽变于夷者也。不如将西国有用之书，条分缕析，译以华文，刊行各直省书院，每院特设一科，请精于泰西之天算、地球、船政、化学、医学及言语、文字、律例者为之教习。或即以出洋学习之学成返国者当之。其学徒则选十岁以上、廿岁以下者，不得过长，以致口音之难调，亦不得过稚，以致气质之易染。又或于科岁两试所录文武俊秀，择其有志西学、年亦相当者，就其性之所近，专习一科，其理易通，其效更速。又况名列庠序，咸知自爱，既可以收当务之益，复不背于圣人之教。而诸生之数奇不偶者，又别开一途以博取功名，谁不乐于从事哉？至于在院膏火，宜仿龙门书院章程，官为筹备。肄业期满，历试上等者，准赴京都同文馆或总理衙门考验。考验之后，或给以经费，赴外国大书院学习三年，或派赴总理衙门及船政、机器等局当差，或充各国出使随员翻译。庶几人材日广，风气日开，不独长西人之所长，何难驾西人而上之哉！

现京都设有同文馆，沪上设有广方言馆，近复创立中西书院，广其额至四百余人，分为两院，其法以疏通文字者为超等、以年齿稍长而读书多者为一等，其余各有差，凡三等。超等，一等以午前学西学，午后学中学。二等以午前学中学，午后学西学。三等以年较少，专习中学而缓西学，恐以西学分其心也。粤东与苏州新设有西塾，专教西语、西文、西算、设线、案报、测电诸学。设额虽少，可以渐推而渐广，为洋务培植人材，正未可量。鄙人闻之，因不禁喜色相告也。（《晚清文选》卷中）

李东沅

论传教

窃谓外国传教之士，实中国召衅之由也。洋人之到中华，不远数万里，统计十余国，不外通商、传教两端。通商则渐夺中国之利，传教则并欲夺华人之心。阳托修和，阴怀叵测。而教民交涉之案，遂迭起矣。

夫泰西本基督一教，分而为三，一曰耶稣教，一曰天主教，一曰希腊教。其教或分或合，有盛有衰。而教士则必周游各地，劝导人民，使之尊奉其教，亦以行道为言。中国既许洋人传教，自必按照条约为之保护。而各教士所到之处，理亦应归地方官约束，不得干预公事。无如中国莠民每倚进教为护符，作奸犯科，无所不至。或乡愚被其讹诈，或孤弱受其欺凌，或强占人妻，或横侵人产，或租项应交业主，延不清偿，或钱粮应缴公庭，抗不完纳，或因公事而借端推诿，或因小忿而殴毙平民。种种妄为，几难尽述。

传教者又往往不知底细，受其瞒瞀，存心袒护，出面扛帮，常有被控在官，匿不到案，甚至犯法既经议罪，竟公然纵之出洋，致令无处缉凶，案悬莫结。而地方官恐启衅端，先存戒慎。又不知外国律例，办理茫然，迁就定谳。以至平民受屈，伸理无从，积怨日深，群思报复。于是拆教堂、辱教士，及民教互斗之案，层见叠出。虽迭经大臣查办，或以相距太远，未悉隐情，或以律例不同，各执一是。讯断殊形周折，定案每致稽延。彼乃恃强，多方要挟。首犯既已抵罪，毁物复索赔偿。有司既已谪官，借口添开口岸。蔑理悖情，殊乖和约。

倘欲顾全大局，必须善筹良法，彼此遵守，永远相安。夫华民各具天良，稍明义理之人，从不为彼教所惑。凡进教者，或为财利所诱，不克自持，或以狂病未瘳，失其本性，或奸民倚为声势，或犯罪求为系援。必先有藐官玩法之心，乃敢作逆理拂情之事。夫教士虽属西人，而入教者固中国之黎民也。以中国之黎民，准彼传教，已觉曲全和谊，大度涵容。而又抑此伸彼，岂真欲驱通国之人，尽为教民而后快耶？其患尚忍言哉！

自后宜令入教之人，开列姓名，报明地方官，与该国领事，注入册内，并另编门牌，书教民二字，衣帽亦稍示区别。遇有事故，仍依华例办理。其与领事会审，不许教士回护。倘系现在案犯，及先未报明注册者，概不作教民论。径由地方官自办，教士更不得过问焉。至各教士有干预公事，挟诈多端者，应该重罚，立即咨请该国分使，饬遣回国，以儆效尤。（《晚清文选》卷上）

论考试

三代以来，风俗敦庞，取士之途，乡举里选，惟重实学至行。宽其途以求士，故野无遗贤，严其制以用人，故朝无幸进。降而唐宋，严于取而宽于用。始当考试，斤斤然拘于一格。至今因之。无论文武，总以科甲为重，谓之正途。否则胸藏韬略，学贯天人，皆目为异路。其取士也隘，则豪杰每有沉沦。其用士也宽，则庸佞不无忝窃。故举世奋志功名者，悉从事于此，老而不悔。竟有髫龄就学，皓首无成。尚何暇他顾哉？

闻西国设有数科，量材取士。虽王子国戚，欲当水师将帅者，无不兼习天舆、地球、格致、测量诸学。初编行伍，以资练习。文案则自理，枪炮则自燃，即至贱至粗之事，皆不惮辛勤而毕试之。及功成名遂，致仕闲居，亦不废立说著书，以期传于当时，垂诸后世。至矿师医士，无不精于格物，通于化学。讼师亦须深明律例，考有文凭，方准行世。无论何学，总期实事求是。坐而言者，可起而行焉。

中国之士，专尚制艺。上以此求，下以此应。将一生有用之精神，尽销磨于八股五言之中。舍是不遑涉猎。洎登第入官，而后上自国计民生，下至人情风俗，及兵、刑、钱、谷等事，非所素习。猝膺民社，措治无从。皆因仕、学两歧，以致言行不逮也。然则文科可废乎？曰：非也。千古纲常名教经济学问，皆从经史而出，悉由文义所生。惟须分列四科，拔尤表荐。一曰考证经史，以觇实学。二曰策论时事，以观卓识。三曰兼试诗赋，以验其才华。四曰博询政事，以考其吏治。拔真材以资实用，不愈于空言无补之帖括乎？

至武科设于武后之时，专以骑射技勇见长，与文科并重。而世之习武者，只求入彀，博取科名，即默写《武经》，亦仅如小考文童之恭钞圣谕而已。试以兵法，开卷尚属茫然。迨夫仕途既入，举凡训练弁卒，与夫水陆攻守之策，阴符壬遁之书，冥然罔觉。即使射穿七札，力举百钧，要亦匹夫之勇耳。一旦临敌，将何恃而不恐哉？是不教而驱之战也。迩来荡平小丑，建立大勋，皆非武科中人，则其所习非所用也，明矣。然则武科可废乎？曰否。今战守所资，借以出奇制胜者，不外乎水师火器。今中国既已举行，惟机器尚制造未精，轮船尚驾驶未熟，枪炮尚施放未巧，行阵尚步伐未齐。即有谙练之人，亦苦不足于用。诚能分门别类，取精用宏，当于武科中亦列三等，以取将才。一询山川形势，军法进退，以观其韬略。二问算学、格致、机器制造，以穷其造诣。三考测量枪炮高低命中及远，以尽其能事。其能集众长者，不次超迁，以示奖励。专工一艺者，量材授事，以广旁求。不愈于仅娴技勇骑射者乎？

然而欲作人才，先觇教养。今之学校书院，专事举业，而外邦之风俗政事，一概不知，且深以西学为可鄙。欲求一洞识时事、兼习中西者，实难其人。况当今海禁大开，藩篱尽撤，欧洲各国，无不肩摩毂击，互市通商。各恃富强，相为要挟。更宜练兵修政，选将筹边，断非醉草可以吓蛮，围棋自堪破敌时也。鄙见宜仿司马光十科之法，添设一科，颁行天下省会。除小学堂外，各设书院，敦请精通泰西之天球、地舆、格致、农政、船政、化学、理学、医学及各国言语、政事、文字、律例者数人，或以出洋之官学生，业已精通返国者为之教习。所选学生，自十余岁至二十岁为限。须先通中西文字，就其性之所近，肆业四年，升至京都大书院，力学四五年。如果期满，造诣有成，考取上等者，即奖以职衔，派赴总理衙门、海疆督抚，或船政制造等局当差。或充出使各国随员。如举博学鸿词之例。凡入院诸生，每年纳束修百元。如书院膏火不敷，由该地方官筹款补足。以冀渐开风气，实力研求。倘有别出新裁，造成一器，于国计民生有益者，视其利之轻重，准其独造数年。并给顶戴，以资鼓励。如此，则闻风兴起，人材众多。又何须朝廷遴选幼童，肆业泰西，致縻巨款乎？夫幼童万里从师，学业自卜其精进。惟少染外洋习气，情性或因而变迁，亦似非养正之道也。诚能变通旧制，教育英才，为国家宣劳，为海疆保障，大用大效，小用小效，又岂特文章华国，咸夸凤翙之才，武艺超群，即列鹰扬之选也哉。（《晚清文选》卷上）

论招工

《书》曰："民为邦本，本固邦宁。"故先王行仁政以济贫乏，严法令以禁惰游，所以保我黎民，不致流离异域者，意良厚也。频年粤东、澳门，有拐诱华人，贩出外洋为人奴仆，名其馆曰招工，核其实为图利。粤人称之为买猪仔。夫曰"猪"，则等人于畜类，"仔"者微贱之称。紾其身而货之，惟利是视，予取予携。复闻猪仔一名，载至西洋，税银一圆。澳门议事亭番官收费银二圆，而又恐华官烛发其奸。于是上下贿蒙，诡计百出。且粤省拐匪，先与洋人串通，散诸四方，投人所好。或炫以资财，或诱以嫖赌。一吞其饵，即入牢笼。遂被拘出外洋，不能自主。又或于滨海埔头，通衢歧路，突出不意，指为负欠，牵扯落船。官既置若罔闻，绅亦不敢申诉。每年被拐，累万盈千。其中途病亡及自寻短见者，不知凡几。即使抵埠，悉充极劳极苦之工。少惰则鞭挞立加，偶病亦告假不许。置诸死地，难望生还。或谓："猪仔落船，皆经番官讯问。不愿者立遣回籍。其飘然长往、绝无顾虑者，皆属情甘。似非刑驱势迫。"不知拐匪奸计百出，贿通上下。即使番官审讯，悉属拐党替冒。并非本人一一过堂。释遣回籍之文，适以欺世。心狠手辣，踪秘术工。且其中不乏富贵之家，单传之子，误罹陷阱，望断家乡，一线宗祧，于焉中绝。言之酸鼻，闻者伤心。

夫贩人出洋，本干例禁，亦为西律所不容。昔年有贩阿洲黑人为奴者。经英国上、下议院集商禁止，出资数十万，悉赎之还，尽行遣释。而严申禁约，弊绝风清，诸国无不称颂其德政。美国南北之战，其始以禁止贩奴而起。后卒设法禁绝，一视同仁。今汕头等处，诡秘难知，而澳门一隅，彰明较著。夫澳门本香山县属，即归洋人管辖。我朝宜申明条约，遣一介往责西人曰："贩人出洋为奴，实干例禁。各国共知，公法具在。查历年运往外洋之人，皆我赤子。不少富家宦族，墨客寒儒。据生还之华佣，述其苦况，几同地狱。然细核所由，半皆受骗于匪人，非真立有合同，甘心远适。试为平心而论，易地以观。倘以此待贵国之人，其果能乐受否乎？贵国嗣后，当饬地方官留心查察，并禁船主不得私行运往。如敢故违，一经访察，或被告发，船立充公，人即定罪。"如此，则理直气壮，洋人自当折服矣。（《晚清文选》卷上）

5. "西学中源"和"西体中用"：洋务派的文化观

引　言

　　在中西文化观上，洋务派主张向西方学习，曾经一度领风气之先。向西方学习、吸取外来文明这一主张，曾经遭受顽固派的激烈反对。为了减缓来自守旧势力的压力，洋务派提出了"西学中源"说，认为西方先进技术、先进文化"源出中国"，学西学不过是"礼失求诸野"，找回老祖宗所创而后来丢失了的文化遗产，以此证明中西学可以互相融通、互相吸收，学习西方并不违背中国传统。李鸿章就曾经指出："无论中国制度文章，事事非海外人所能望见，即彼机器一事，亦以算术为主，而西术之借根方，本于中术之天元，彼西士目为东来法，亦不能昧其所自来。尤异者，中术四元之学，阐明于道光十年前后，而西人代数之新法，近日译出于上海，显然脱胎四元，竭其智慧不能出中国之范围，已可概见。特其制造之巧，得于西方金行之性，又专精推算，发为新奇，遂几于不可及。中国亦务求实用，焉往不学？学成而彼将何所用其骄？是故求遗珠不得不游赤水，寻滥觞不得不度昆仑。后之论者，必以和仲为宅西之鼻祖，《考工》为《周礼》之外篇，较夫入海三千人采黄金不死之药，流沙四万里翻青莲般若之文，岂可同年语耶？事虽创闻，实无遗议。""中体西用"则是洋务派处理中西文化关系的核心命题，也是洋务派举办教育的基本指导思想。曾国藩、李鸿章、左宗棠等人提出了"中体西用"的初步思想。1862 年，曾国藩在日记中写道："欲求自强之道，总以修政事、求贤才为急务，以学作炸炮、学造轮舟等具为下手工夫。但使彼之所长，我皆有之，顺则报德有其具，逆则报怨亦有其具。"（《同治元年五月初七日日记》）1864 年，李鸿章致函总理衙门称："中国文武制度，事事远出于西人之上，独火器万不能及。……中国欲自强，则莫如学习外国利器；欲学习外国利器，则莫如觅制器之器。师其法而不必尽用其人。欲觅制器之器与制器之人，则或专设一科取士；士终身悬以为富贵功名之鹄，则业可成，艺可精，而才亦可集。"1895 年，南溪赘叟在《万国公报》上发表《救时策》一文，首次明确表述了"中学为体，西学为用"的概念。次年，礼部尚书孙家鼐《议覆开办京师大学堂折》中再次提出，"自应以中学为主，西学为辅；中学为体，西学为用"。1898年，洋务派后期健将张之洞撰写了著名的《劝学篇》，对"中体西用"思想进行了系统阐述。他将该书分为内外篇，"内篇务本，以正人心；外篇务通，以开风气"。他对"中体西用"的解释是："中学为内学，西学为外学；中学治身心，西学应世事。"又称："新旧兼学……旧学为体，新学为用，不使偏废。""中体西用"思想贯穿于洋务从兴起到后期的全过程，并一直影响着后来的维新运动的发展和清末"新政"的进行。

曾国藩

同治元年五月初七日日记

　　早饭后，出城看升字右、后两营操演。旋拜客二家，已正二刻归。见客二次，与筱泉围棋一局，与幕府诸君畅谈。眉生言及夷务，余以欲制夷人，不宜在关税之多寡、礼节之恭倨上着眼。即内地民人处处媚夷、艳夷而鄙华，借夷而压华，虽极可恨可恶，而远识者尚不宜在此等着眼。吾辈着眼之地，前乎此者，洋人十年八月入京，不伤毁我宗庙社稷，目下在上海、宁波等处助我攻剿发匪，二者皆有德于我。我中国不宜忘其大者而怨其小者。欲求自强之道，总以修政事、求贤才为急务，以学作炸炮、学造轮舟等具为下手工夫。但使彼之所长，我皆有之，顺则报德有其具，逆则报怨亦有其具。若在我者，挟持无具，则曲固罪也，直亦罪也，怨之罪也，德之亦罪也。内地之民，人人媚夷，吾固无能制之；人人仇夷，吾亦不能用之也。中饭后，写沅、季信一件。阅《水经》，与汪图校对潜水、涪水、梓潼水、阻水、南漳水、青衣水、延江水、油水、蕲水。清理文件，倦甚小睡。见客一次。接雪琴信，知九洑洲于初三日克复。向师棣作策对甚佳，与之久谈。夜清理文件。温《古文·序跋类》。（《曾文正公全集》日记卷十）

李鸿章

致总理衙门函（同治三年四月二十八日）

承询外国洋枪、火药、铜帽等，其最能制胜者，乃系炸炮。上年尊处募外国人在营教制各种火器，近日是否已有成效。我中国人学制此项火器，何项易于入门；所用外国匠头几名，工食每月若干；买制一切需银若干，均望查明示复等因。奉此，伏查泰西各国，明于制器尚象之理而得其用，所凭借以横行海外者，尤以轮船与火器为最。火器之得力者，尤以炸炮为最。鸿章自抵沪以来，购买外洋各种军火，尽心研究，略知端倪。又雇募精巧匠人，留心仿制，近来稍有把握。试将各局制造施放之有成效者，约略言之。一曰长炸炮，大者吃子至百余磅，小者吃子十余磅。造炮之法，先铸一实心大铁块，头大尾小，外如塔形，铸就后锉削炮质，先定何处为炮耳，何处为浮线，外面锉磨光滑，然后用铁车对准中线，车空炮腹，由小而大，由浅而深，至近头之处，铁皮极厚，缘此处药气紧闭，其力甚猛，比药在空地然者，其力约加三十倍，愈近尾则力愈松，是以近口处铁可稍薄。降而至受二十四磅弹三十二磅弹之炮，则铜铸钢铸者尤妙。弹有空腹者，有实心者。空腹之弹，先制内模，抟沙为球，蒂系铁丝，炭焙令沙燥则内模成。次制外模，和泥为之，揉以稻穗，底盖如一。剞其中令空宽过内模二三寸，盖端穿小穴，置内模于底而加盖，则蒂端铁丝贯出穴上。匠人将熔就铁汁，斜倾入穴内，俟满然后决去弹心内模之泥，而弹以成。弹口必用螺旋，冒以锡盖，以免潮湿。弹口用引，或以铜，或以黄杨木，外国人击远敌用铜引，击近敌用木引，中国仿制，则用木引较灵。木引长二寸至四寸不等，首尾皆平圆，形如锥柄，引首圆径约一寸，尾圆径约七分，引首中旋陷二分许，外备轮廓，中通而不到底，中通处入缓药，陷深处施药线，引旁穿，引旁穿细眼或九，或十七，或二十一。其及远之可稽算者，以二百步起，至二千一百步止。弹入炸药后，木引配好舂紧，其口朝外，炮药然时其火焰包出弹子之外，初而然及木引首之药线，继而然及未引中之缓药，如击近则就靠上之细眼钻穿，火力行至此，即斜穿，然及炸药，而弹炸矣；击稍远，则就中间之细眼钻穿；再远，则就靠下之细眼钻穿。时时较试，自有效验。凡长炸炮之弹，皆下施木座，络以马口铁，出口时势方直而不偏。一曰短炸炮。身短而口哆，炮耳在后，形如怒蚌，俗名田鸡炮。其口斜昂向天，故外国人又名天炮。分周天三百六十度八分之一为四十五度，炮口测准四十五度，不可时高寸低，但以药之多寡，定弹之远近，从高坠下，落地开花。敝处内地炉所制短炸炮，有受十八磅之弹，炮重不满五十斤，用药仅三两许，远及千余步，最为轻便。其次有受四十八磅之弹，有受一百零八磅之弹。用药递加，弹亦递重。大约洋人轰坚城、破炮台，则用长炸炮，雷奔电掣，累累贯珠，击厚攻坚，殆同摧枯。惊敌心，散敌阵，则兼用短炸炮，莠然中坠，势若下石，洞垣穿堁，虽趋莫避。炮有不同，而用弹则一律，惟以莹滑合腔为主，大约炮口径一寸，弹必径九分六厘，所争不过一皮纸厚，药气不外泄，弹方能及远有力。其余各弹有椭圆者，有顶锐而底平者，有首尾俱尖如橄榄形者，有双层上实药而下实子，中间以铁皮者。又有洋铁盒内藏群子者。又有菩提子弹，用绳络大子，涂以漆，击远则四散者。又有腰包锡，中施铁柱，内藏自来火，触物而机自发者。又有三眼喷火子，用以烧物者。以上各种炸弹，皆可仿铸。至如英、法近来新出之炮，有炮尾开门，决去螺旋，以受弹者，其炮腹亦有螺旋，药然则弹子旋转而出，势最猛烈而及远，名曰来福炮。又炮腹有火药房，比长炮较短，而比短炮较长，名曰蒿勿惹炮。又有无双耳腹下有一圈，此乃击近所用，名曰加鸾力炮。此皆妙品，外国不肯轻售与人，亦最难仿制。敝处顷购有西人汽炉、旋木、打眼、铰螺旋、铸弹诸机器，皆绾于汽炉，中盛水而下炽炭，水沸气满，开窍由铜喉达人气筒，筒中络一铁柱，随气升降俯仰，拨动铁轮。轮绾皮带，系绕轴心，彼此连缀，轮旋则带旋，带旋则机动，仅资人力之发纵，不靠人力之运动。惜所购机器未齐，洋匠未精，未能制造轮船长炮，仅可铿铸炸弹而已。敝处去年所延法国人勒日尼色教习铸炮，原欲推广尽利，奈渠回国购器，至今未来。现在汽炉则以英人马格理、委员刘佐禹综理其事，所用外国匠人四五名，每月工食多者三百元，少者一百数十元。汽炉机器购自外国，约须万金，然未能全备。所用中国匠人五六十名，每月工食多者三十元，少者七八元不等。所出大小炸弹，每月约可四千余个。此外国炉开铸炸弹之大略也。至于内地泥炉以及锉磨螺旋器皿，每套不过数百金。每炉约须工匠五六十名，一局每日可开数炉，一炉可得炮子五六十个，工紧时每日可得炮子三百余个。工匠须三百余人，匠目工食每月三十元至二十元不等，散匠五六元至十余元不等。所出大小炸弹每月约可得六七千个，大小短炸炮约可得六七尊，铜帽及铜自来火引门均能仿制，铜帽每个约钱三文，铜引门约钱二十余文，尚不及洋人之精，略可使用，但必须采办外国煤铁硝磺药料，方制得成。委员直隶州丁日昌、副将韩殿甲综理其事，并未用外国匠人经手。此内地炉仿铸短炸炮及各色炸弹之大略也。目前火器自以炸弹为能制胜，而长炸炮尤为得力，然非用外国全副机器，延请外国巧匠，不能入手。即长短炸炮，非用外国火药不能得劲。敝处各局尚未能试铸长炮，但购英、法之长炸炮大小数十尊，自铸炸弹，源源济用。至所制受十八磅弹之铁短炸炮，连架制就不过四十金，受四十八磅弹之铁短炸炮，连架制就不过八十金。炸弹大者，每个须洋二三元，小者须洋一元零。中国人初学入门，自以短炸炮为较易。查西士制器，参以算学，殚精覃思，日有增变，故能月异而岁不同。中国制炮之书，以汤若望《则克录》及近人丁拱辰《演炮图说》为最详，皆不无浮光掠影、附会臆度之谈，而世皆奉为秘本，无怪乎求之愈近失之愈远也。夫器不精，则有器与无器同；用不审，则有精器与无精器同。炮不能施放，弹不能炸裂，此制造者之过也。弹之远近疾徐，炮之高下缓急，此用炮者之之事也。其中皆有至当一定之理，非可浅尝而得。鸿章窃以为天下事穷则变，变则通。中国士大夫沉浸于章句小楷之积习，武夫悍卒又多粗蠢而不加细心，以致所用非所学，所学非所用。无事则嗤外国之利器为奇技淫巧，以为不必学；有事则惊外国之利器为变怪神奇，以为不能学。不知洋人视火器为身心性命之学者已数百年。一旦豁然贯通，参阴阳而配造化，实有指挥如意、从心所欲之快。……前者英、法各国以日本为外府，肆意诛求。日本君臣发奋为雄，选宗室及大臣子弟之聪秀者，往西国制器厂师习各艺，又购制器之器，在本国制习，现在已能驾驶轮船、造放炸炮。去年英国人虚声恫喝，以兵临之，然英人所恃而为攻战之利者，彼已分擅其长，用是凝然不动，而英国人固无如之何也。夫今之日本即明之倭寇也，距西国远而距中国近。我有以自立，则将附丽于我，窥伺西人之短长；我无以自强，则并效尤于彼，分西人之利薮。日本以海外区区小国，尚能及时改辙，知所取法，然则我中国深维穷极而通之故，夫亦可以皇然变计矣。抑犹有虑焉者，中国残寇未灭，外国不拘官民，窃售利器，倘山陬海隅有不肖之徒，潜师洋法，独出新意，一旦辍耕太息，出其精能，官兵陈陈相因之兵器孰与御之。鸿章所为每念及此，不禁瞿然起立，慨然长叹也。杜挚有言曰：利不百不变法，功不十不易器。苏子瞻曰：言之于无事之时，足以有为，而恒苦于不信；言之于有事之时，足以见信，而已苦于无及。鸿章以为中国欲自强则莫如学习外国利器。欲学习外国利器则莫如觅制器之器，师其法而不必尽用其人。欲觅制器之器与制器之人，则或专设一科取士，士终身悬以为富贵功名之鹄，则业可成，艺可精，而才亦可集。京城火器营，尤宜先行学习炸炮，精益求精，以备威天下、御外侮之用。鸿章去年四月复书，曾拳拳及此，今又详布颠末者，亦以明问所及，必有鉴于已然而防其未然，且思尽其所以然也。
（《筹办夷务始末（同治朝）》卷二十五）

置办外国铁厂机器折（同治四年八月初一日）

　　奏为置办外国铁厂机器，并局制造，并饬奉派京营弁兵分起到厂学习，恭折具陈，仰祈圣鉴事。

　　窃自同治元年臣军到沪以来，随时购买外洋枪炮，设局铸造开花炮弹，以资攻剿，甚为得力。上年春间，蒙总理各国事务衙门函询："学制各种火器，成效何如？"当即详细具覆，以短炸炮与各种炸弹，均能制造；其长炸炮及洋火药，非得外国全副机器，不能如法试造。现亦设法购求，以期一体学制。至于各项运用之妙，与洋人之贵重此器，暨日本视中国之强弱以为向背各情形，亦推阐陈明，经总理衙门钞函恭呈御览。并以臣函中所言，虑患防微，与该衙门所筹适相符合，宜趁南省军威大振，洋人乐于见长之时，将外洋各种机器，实力请求，期得尽窥其中之秘！有事可以御侮，无事可以示威等语。于同治三年四月二十八日，奏蒙谕旨，饬由火器营派拨护军参领萨勒哈春等官兵四十八员名到苏，经臣酌派在丁日昌、韩殿甲及洋人马格里等三局分习制造，专折覆奏在案。

　　查制造船炮、军火各种机器，有通用者，有专用者，若买制齐全，须数十万金。雇觅中外匠工，采购外洋铜铁、木炭等料，亦需费不赀。臣处所设西洋炮局，其机器仅值万余金，不全之器甚多，只可量力陆续添购，以求进益。前由曾国藩派人赴英美各国，探访该处船厂机器实价。臣并议及此物，若托洋商回国代购，路远价重，既无把握，若请派弁兵，径赴外国机器厂请求学习，其功效迟速，与利弊轻重，尤非一言可决；不若于就近海口，访有洋人出售铁厂机器，确实查验，议价定买，可以立时兴造。进退之权，既得自操，尺寸之功，均获实济。拟饬海关道丁日昌在沪访购。如制器之器，已可购得若干，仍应添补若干，或宜另择妥日试办，容通盘筹议，略有端倪，方可入告。以上各情，均经节次函陈总理衙门，一面饬访购办。此臣处前此议办铁厂机器之原委也。

又去年十二月初九日，钦奉寄谕：昨据御史陈廷经奏，绿营水师废弛，请饬整顿营伍，制造军火一折。着曾国藩、李鸿章会同商酌，奏明办理。原折着钞给阅看。等因。钦此。遵查原奏所议军火一节，大意以“夷情叵测，恃有战舰机器之精利，逞其贪纵。然彼机巧之器，非不可以购求学习，以成中国之长技。请于广东等处海口设局，行取西洋工匠，置造船炮，以期有备无患”等语。虽语焉不详，未得要领，而大致与总理衙门暨臣所筹议不谋而合。曾国藩平时亦持此论，自应遵旨商酌办理。

兹据丁日昌禀称，上海虹口地方有洋人机器铁厂一座，能修造大小轮船及开花炮、洋枪各件，实为洋浜外国厂中机器之最大者。前曾问价，该洋商索值在十万洋以外，是以未经议妥。兹有海关通事唐国华，历游外国多年，熟习洋匠，本年因案革究，赎罪情急，与同案已革之扦手张灿、秦吉等，愿共集资四万两，购成此座铁厂，以赎前愆。厂内一切机器俱精，所有匠目照旧发价，任凭迁移调度。其余厂中必需之物，如铜铁、木料等件，另值银二万两。由该关道筹借款项，给发采买，以资兴造，先行请示前来。当查唐国华一案，既情有可原，报效军需赎罪，亦有成案可援。此项外国铁厂机器，觅购甚难，机会尤不可失。批饬速行定议，禀候分别具奏。并饬该厂一经收买，即改为江南制造总局，正名辨物，以绝洋人觊觎。其丁日昌及韩殿甲旧有两局，即归并总局，一切事宜，责成该关道丁日昌督察筹画，会同总兵韩殿甲暨素习算造之分发补用同知冯焌光、候选知县王德均、熟谙洋军火之候选直隶州知州沈保靖，一同到局总理。所有出入用款，收发器具，稽查工匠，分派委员数人，各司其事。

分饬遵照去后，旋据丁日昌等查造该厂机器物料件数清册，拟具开办章程，约有数端：

一、核计局用，房租薪水及中外匠工等有定之款，月需银四千五六百两。其添购物料多寡，不能预定，大约每月总在一万两以外。

一、查原厂所用之洋匠，计留八人。其匠目科而一名技艺甚属精到，所有轮船、枪炮、机器，俱能如法制造。现拟于华匠中留心物色，督令操习，如有技艺与洋人等者，即给以洋人工食。再能精通，则拔为匠目，以示鼓励。

一、现造洋枪器具，尚未全备，已令匠目赶制，全副约大小四十余件，数月可以成功。如式仿制，即省功力。惟已制洋枪，则必需铜帽；既得铜帽，又必需洋药，皆系相因而至之物，不容偏废。但闻制药、机器，工料尤为繁重，容再设法购求，俾可推行尽利。

一、查铁厂向以修造大小轮船为长技，此事体大物博，毫厘千里，未易絜长较短，目前尚未轻议兴办。如有余力，试造一二，以考验工匠之技艺。其铸钱、织布、挖河、犁田诸器，虽可仿制，但其法式同中有异，触类引伸，尚须考究，尤当权其轻重缓急，庶不致凌躐无序。

一、前奉议饬以天津拱卫京畿，宜就厂中机器，仿造一分，以备运津，俾京营员弁，就近学习，以固根本。现拟督饬匠目，随时仿制，一面由外购求添补。但器物繁重，非穷年累月，不能成就，尚须宽以时日，庶免潦草塞责。

一、查本厂现在虹口，每年房租价银六七千两，实为过费。兼之洋泾浜习俗繁华，游艺者易于失志。厂中工匠繁多，时有与洋人口角生事，均不相宜。应请择地移局。

其他所议，如机器宜择人指授，工匠不令随意去留，费用宜实报实销，赏罚宜明定章程。以上各条，均属切实。

臣查此项铁厂所有系制器之器，无论何种机器，逐渐依法仿制，即用以制造何种之物。生生不穷，事事可通。目前未能兼及，仍以铸造枪炮，借充军用为主。月需经费，容臣随时于军需项下通融筹拨。如将来各种军器，仿造洋式造成，取携甚便，即可省购买洋军火之费。上海虹口地方设局，于久远之计，殊不相宜，稍缓当筹款另建房屋，移至金陵沿江偏僻处所，以便就近督察。曾国藩采办西洋机器，俟到沪后，应归并臣处措置。至前次派在丁日昌、韩殿甲两局之护军校，达咙阿等四员、京营兵二十名，已饬入厂学习。其尽先参领萨勒哈春、副参领崇喜等所带弁兵，本在苏州西洋炮局，该局机器与上海铁厂亦自同源，仍可互相观摩。惟此事形下不离形上，与规矩不能与巧，将来各弁兵所得之浅深，恐难以一例绳也。

机器制造一事，为今日御侮之资，自强之本。总理衙门原奏言之甚详，已在圣明洞鉴之中。抑臣尤有所陈者，洋机器于耕织、刷印、陶埴诸器皆能制造，有裨民生日用，原不专为军火而设。妙在借水火之力，以省人物之劳费，仍不外乎机括之牵引，轮齿之相推相压，一动而全体俱动；其形象固显然可见，其理与法亦确然可解。惟其先华洋隔绝，虽中土机巧之士，莫由凿空而谈。逮其久，风气渐开，凡人心智慧之同，且将自发其覆。臣料数十年后，中国富农大贾必有仿造洋机器制作以自求利益者，官法无从为之区处。不过铜钱火器之类，仍照向例设禁，其善造枪炮在官人役，当随时设法羁縻耳。

天下至奇至异之事，究必本于平常之理，如或不然，则推之必不能远，行之亦不能久。陈廷经原奏，以中国修造钟表推之于机器，虽有精粗、大小之别，可谓谈言微中。中国文物制度迥异外洋獉狉之俗，所以郅治保邦、固丕基于勿坏者，固自有在。必谓转危为安、转弱为强之道，全由于仿习机器，臣亦不存此方隅之见。顾经国之略，有全体，有偏端，有本有末。如病方亟，不得不治标，非谓培补修养之方即在是也。如水大至，不得不缮防，非谓浚川浍、经田畴之策可不讲也。事无巨细，乐成固难，而图始尤不易。自来建一议，兴一利，劳臣志士缠绵而经营之。及乎习之既久，相安于无事，或几不察其所自来。而追溯创议之初，于此中难易得失之数，几经审慎，曷敢卤莽而一试哉。臣于军火机器，注意数年，督饬丁日昌留心访求，又数月。今办成此座铁厂，当尽其心力所能及者而为之。日省月试，不决效于旦夕：增高继长，尤有望于方来。庶几取外人之长技，以成中国之长技，不致见绌于相形，斯可有备而无患。此则臣区区愚诚之所觊幸者也。

除唐国华赎罪一案，另片附奏，并咨总理衙门外，所有置办外国铁厂机器，并局制造，并京营弁兵分厂学习缘由，谨会同协办大学士、两江总督臣曾国藩恭折由驿具奏，伏乞皇太后、皇上圣鉴训示。谨奏。(《李文忠公

全书》奏稿卷九）

左宗棠

《海国图志》序

邵阳魏子默深《海国图志》六十卷，成于道光二十二年，续增四十卷成于咸丰二年，通为一百卷。越二十有三年，光绪纪元，其族孙甘肃平庆泾固道光焘惧孤本久而失传，督匠重写开雕，乞余叙之。

维国家建中立极，土宇宏廓。东南尽海，岛屿星错，海道攸分，内外有截。西北穷山水之根，以声教所暨为疆索，荒服而外，大陷无垠，距海辽远。以地形言，左倚东南矣，然地体虽方，与天为圆，固无适非中也。以天气言，分至协中，寒暑适均，则扶舆清淑所萃，帝王都焉，历代圣哲贤豪之所产也。海上用兵，泰西诸国互市者纷至，西通于中，战事日亟，魏子忧之，于是搜辑海谈，旁摭西人著录，附以己意所欲见诸施行者，俟之异日。呜呼！其发愤而有作也。

人之生也，君治之，师教之。上古君、师一也，后则君以世及而教分，撮其大凡，中儒西释，其最先矣。儒以道立宗，受天地之中以生者学之；释氏以慈悲虚寂式西土，由居国而化及北方行国。此外为天方，为天主，为耶苏，则肇于隋、唐之间，各以所习为是，然含形负气，钧是人也。此孟子所谓君子异于人者也。其无教者，如生番，如野人，不可同群。此孟子所谓人异于禽兽者也。释道微而天方起，天方微而天主、耶苏之说盛。俄、英、法、美诸国奉天主、耶苏为教，又或析而二之，因其习尚以明统纪，遂成国俗。法兰西虽以罗马国为教皇，其人称教士，资遣外出行教，故示尊崇，然国人颇觉其妄，聊以国俗奉之而已。今法为布所败，教皇遂微，更无宗之者。是泰西之奉天主、耶稣，固不如蒙与番之信黄教、红教也。佛言戒杀绝纷，足化顽犷，时露灵异，足慑殊俗。其经典之入中国，经华士润饰，旨趣玄渺，足以涤除烦苦，解释束缚，是分儒之绪以为说者，非天方所可并也。天主、耶苏，非儒非释，其宗旨莫可阐扬，其徒亦鲜述焉。泰西弃虚崇实，艺重于道，官、师均由艺进，性慧敏，好深思，制作精妙，日新而月有异，象纬舆地之学尤征专诣，盖得儒之数而萃其聪明才智以致之者，其艺事独擅，乃显于其教矣。

百余年来，中国承平，水陆战备少弛，适泰西火轮车舟有成，英吉利遂蹈我之瑕，构兵思逞，并联与国，竞互市之利，海上遂以多故。魏子数以其说干当事，不应，退而箸〔著〕是书。其要旨以西人谈西事，言必有稽；因其教以明统纪，征其俗尚而得其情实，言必有伦。所拟方略非尽可行，而大端不能加也。

书成，魏子殁。廿余载，事局如故，然同、光间福建设局造轮船，陇中用华匠制枪炮，其长亦差与西人等。艺事，末也，有迹可寻，有数可推，因者易于创也。器之精光淬厉愈出，人之心思专一则灵，久者进于渐也。此魏子所谓师其长技以制之也。鸦片之蛊，痼养必溃，酒过益醒，先事图维，罂粟之禁不可弛也。异学争鸣，世教以衰，失道民散，邪慝愈炽，以儒为戏不可长也。此魏子所谓人心之寐患，人才之虚患也。宗棠老矣，忝窃高位，无补清时，书此弥觉颜之厚，而心之负疚滋多，窃有俟于后之读是书者。（《左文襄公全集》文集卷一）

艺学说帖

为呈具说帖，商请核酌，挈衔汇奏请旨事。

闰五月十九日钦奉谕旨：国子监司业潘衍桐奏请特开艺学一科以储人才一折。着大学士、六部、九卿会同总理各国事务衙门妥议具奏。钦此。

窃艺事系形而下者之称，然志道据德、依仁游艺，为形而上者所不废。《经》称"工执艺事以谏"，是其有位于朝，与百尔并无同异。况自海上用兵以来，泰西诸邦以机器轮船横行海上，英、法、俄、德又各以船炮互相矜耀，日竞其鲸吞蚕食之谋，乘虚蹈瑕，无所不至。此时而言自强之策，又非师远人之长还以治之不可。宗棠在闽浙总督任内时，力请创造轮船，并有正谊堂书局、求是堂艺局之设，所有管驾、看盘、机器，均选用闽中艺局生徒承充，并未参杂西洋师匠在内。洋人每言华人明悟甚于洋人，亦足见其言之不诬也。见闻广东正绅多延访深明艺事者课其子弟。此风一开，则西人之长皆吾华之长，不但船坚炮利可以制海寇，即分吾华一郡一邑之聪明才智物力，敌彼一国而有余。行之数年，各海口船炮罗列，并可随时分拨协济，人力物力互相通融，处处铜墙铁壁，以守则固，以战则克，尚何外侮之足虑乎！所宜预为筹策者，船炮之制购宜精也，人才之登进宜广也。海上用兵以来，华人于造船制炮之法讲求有日，其精良殆可与泰西各国比。就经费而言，无泰西保险及长途运脚等项，虚縻之耗又较省也。人才惟广东称盛。缘绅民仇视泰西由来已久，如令自相固结，筹兵筹饷不患无人。无论购制船炮，固可期克日藏事；即令其选募成营，用其所长，亦必踊跃争先。而战于其乡，勇气自倍，更无论也。沿海如闽、浙两省，士民之气稍近疲玩，非督抚切实经理，于劝勉之中益加督责不为功。至于江南，则渔团不撤，正可资以集事。船可制购拨用，火炮则储备尚多，且由局增制亦易，人才物力均非所乏也。此言艺学之宜行也。

至原奏所请特开一科之说，则似可无庸置议。缘古人以道、艺出于一原，未尝析而为二，周公以多才多艺自许，孔子以不试故艺自明。是艺事虽所兼长，究不能离道而言艺，本末轻重之分固有如此。惟登进之初，必先由学臣考取，录送咨部，行司注册，然后分发各海口效用差委，补署职官乃凭考核。立法之初，应由海疆督抚饬委海关道及候补道员，专司察验考生三代籍贯，具册开报，一呈送督抚，一由督抚咨送学政。其愿就文、武两途，由各考生自行呈明注册，听候学政考试，分别去取，移明督抚传验，会同出榜晓示。一面饬司注册，由司饬考生本籍州县传知各考生知照。其流寓各考生，即呈由寄籍各州县开列，加结具文，申送备案。其取中文、武两科艺事各生，均听各考生自呈，愿就何项差使，填注试卷面旁，钤用文科艺事、武科艺事戳记，以便识别。大约艺事以语言、文字、制造三者为要。能通中西语言、文字，则能兼中西之长，旁推交通，自成日新盛业。其有取于语言、文字者，为其明制造之理与数，虽不能亲手制器，尚可口授匠师，令其制造也。其能制造而不谙文理者，即以武科开列，以之充当末弁，深其历练，究胜于趋跄应对、以弓箭枪炮得差缺补署之流也。至于取中额数，以应考名数为断，大约学额十名，取录艺事两三名。于学额无所损，而于人才则大有益，省虚文而收实效。自强之策，固无有急于此者。谨毕其愚虑，作为说帖，敬希同事诸君子核定，挈衔汇

奏。幸甚，幸甚！（《左文襄公全集》说帖）

郭嵩焘

赴下议院听议事

（光绪三年二月）三十日。阿什百里邀赴下议院听会议事件，多研诘政府及各部。堂设正坐，若各署堂皇然。前有巨案，上方列坐三人，主记载；左右列长榻五行，上下施榻，容十许人；前廊亦设榻三行。是日集者四百余人。有致诘各部院事，先指名知会，至则相与诘辨，而以土耳其一案为最著。有议院绅阿定敦，先知会政府毕根士由（毕根土由系上议院绅，是日亦至坐听），发论凡数千言。每有中肯綮处，则群高声赞诺。其兵部尚书哈尔谛辨驳其误，亦数千言，语尤畅朗。次议绅阿葛尔得复申阿定敦之说，亦数千言，徒诘政府因循坐视，不能出一计、定一谋，其言颇强坐以无能。大抵英政分立两党，一主时政，为新政府毕根士由一党；一专攻驳时政，为旧政府格南斯敦一党。其议政院坐位竟亦分列左右，右为新政府党，左为旧政府党。而列入新党者常多，亦权势所趋故也。其主议院事者，谓之斯毕格（注：Speaker，议长），坐正中堂皇。始就坐，斯毕格赞称静坐止言谈，即有应称起立，论所诘事。答者俟其语毕，起立申辨。其有要紧事件，斯毕格起传其名，令早自陈说。凡有言皆起立，其余皆坐，语毕退就坐，乃继起应之，无敢儳言者。下议院，洋语曰好斯曷甫恪门斯（注：House of Commons，英国下议院）；上议院，洋语曰好斯曷甫乐尔知（注：House of Lords，英国上议院）。上议院斯毕格为克尔恩斯；下议院斯毕格为伯兰得。（《伦敦与巴黎日记》）

听严复等述西学

（光绪四年三月）初七日。早邀李湘甫、姚彦嘉、德在初、凤夔九、张听帆、黄玉屏、罗穋臣及马格里、贺璧理为面食作生日。格林里治学馆严又陵、方益堂、叶桐侯、何镜秋、林钟卿、萨鼎茗来贺，因留面食。严又陵议论纵横，因西洋光学、声学尚在电学之前，初作指南针，即从光学悟出。又云光速而声迟，如雷、电一物，先睹电光而后闻雷声。西士用齿轮急转，不能辨其能〔为〕齿轮；引电气射之，悬幔其前以辨影，则齿轮宛然，可悟光之速。西士论光与声，射处皆成点。声有高下，光有缓急，则点亦分轻重。凡所映之光影，皆积点而成者也。传声器之法，即从此悟出。又凡声与光皆因动以致其用，其动处必成文。西士制方铜板，下用铜柱擎之，以旋螺合其笋，而合笋处必稍宽松，使含动势。布细沙其上，舒两指按铜版边，张丝为弓弦，从右向铜板边捋之，则上沙析分为四方，每方皆有花纹，其形式并同。而每一捋则花纹必一变，以捋处及左方按处用力有轻重，沙之随动而成聚散者必各异其状，其机妙全视所动之数。西士于动力亦以分秒计之。又论地球赤道为热度，其南北皆为温度。西士测海，赤道以北皆东北风，赤道以南皆东南风。洋人未有轮船时，皆从南北纬度以斜取风力，因名之通商风。其故何也？由地球从西转，与天空之气相迎而成东风；赤道以北迎北方之气，赤道以南迎南方之气，故其风皆有常度。（《伦敦与巴黎日记》）

比较中西政治

（光绪四年五月）二十日。……晚诣李丹崖、罗稷臣谈。三代以前，皆以中国之有道制夷狄之无道。秦汉而后，专以强弱相制，中国强则兼并夷狄，夷狄强则侵陵中国，相与为无道而已。自西洋通商三十余年，乃似以其有道攻中国之无道，故可危矣。三代有道之圣人，非西洋所能及也。即我朝圣祖之仁圣，求之西洋一千八百七十八年中，无有能庶几者。圣人以其一身为天下任劳，而西洋以公之臣庶。一身之圣德不能常也，文、武、成、康四圣，相承不及百年，而臣庶之推衍无穷，愈久而人文愈盛。颇疑三代圣人之公天下，于此犹有歉者。秦汉之世，竭天下以奉一人。李斯之言曰："有天下而不恣睢，命之曰以天下为桎梏。"恣睢之欲逞，而三代所以治天下之道于是乎穷。圣人之治民以德。德有盛衰，天下随之以治乱。德者，专于己者也，故其责天下常宽。西洋治民以法。法者，人己兼治者也，故推其法以绳之诸国，其责望常迫。其法日修，即中国之受患亦日棘，殆将有穷于自立之势矣。中国圣人之教道，足于己而无责于人。即尼山海人不倦，不过曰"往者不追，来者不拒"而已。佛氏之法，则舍身以度济天下，下及鸟兽，皆所不遗。西洋基督之教，佛氏之遗也。孟子之攻杨墨，以杨墨者，佛老之先声也。孟子独知其为害之烈，所以为圣人也。而其言曰："逃墨则归于杨，逃杨则归于儒。"以杨氏之为己，尤近于儒也。《中庸》之言曰："成己，仁也。成物，知也。性之德也，合内外之道也。"必如此而后足以尽圣人之能事。圣贤不欲以兼爱乱人道之本，其道专于自守。而佛氏之流遗，至西洋而后畅其绪，其教且遍于天下，此又孔、孟之圣所不能测之今日者也。天降下民，作之君，作之师。三代圣人所以不可及，兼君、师任之。周之衰而后孔、孟兴焉，师道与君道固并立也。自六国争雄以讫于秦，而君道废。自汉武帝广厉学官，而师道亦废。程、朱崛起一时，几近之矣。承风而起者，自宋至明数十人，而其教未能溉之天下，则以君道既废，师道亦无独立之势也。西洋创始由于教士，至今尤分主朝权，不足为师道也，而较之中国固差胜矣。（《伦敦与巴黎日记》）

与西人论泰西政教风俗

（光绪五年正月）廿七日。……与删布洛论法政："议论纷纭，数年未定，近时更换伯理玺天德，国是其稍定乎？"答言："未也。往时麦马韩主兵日久，尚有威望。今克来威起自议院，冠服如平民，人视之等耳，性情又和易，诚恐议论将日繁，日异月改，变更方未有已。"问以宜如何而后可以安定国家，曰："须强毅有断制者压伏一切。议论各属民主，要须略存君主之意，而后人心定，国本乃以不摇。"因言泰西政教风俗可云美善，而民气太嚣，为弊甚大。去年德国、意大里、西班牙屡有戕君谋逆之案，俄罗斯亦数伤毙大臣，亦是太〔泰〕西巨患。曰："民主之意甚美，然须甚去兵、去刑罚，尽斯民而归于仁善，如耶苏立教，视人犹己，人人相忘于浑噩之天，乃为无弊。而人心万有不齐，其势不能截然使之齐一，即人之一身有前后左右，而着力处尤在右手，即用法亦有参差，一手五指亦须是有长短。民主立国，无分贵贱上下，强天下之不齐以使之齐，则将截中指以补小指，使体骨皆失其用，而虚为一体同视之名，其势恐万难持久。"吾谓此须如瑞士，并民主之名乃可行。删布洛言："瑞士小国，人数无多，不与各国立崖岸，各国亦度外视之。然每年亦须举数人分持国政，常至喧争数日不能决，赖其力薄，不足滋生事端，终亦不见有好处。"似其为言亦属君党，而理固莫能外。（《伦敦与巴黎日记》）

论泰西政治得失

（光绪五年）二月初一日乙亥。……删布洛言及法国改立民政，日事纷更，官无常守，等威陵夷，水陆兵将皆可经营求得，不必才能；因论及美国政务，尤为烦乱，以民制君，纪纲倒置，为弊滋甚。吾谓："中土圣人辨上下以定民志。无君臣上下之等，则民气浮动，不可禁制。近年德、意、日诸国疾视其国政〔君〕，动至谋逆，未尝不因法国改立民政，群思仿效之。"傅兰雅言："泰西戕君之案又别一义。德国刑司讯问，直言以贫故，思造非常之谋以立名。确是如此。往年英国亦数出此案。宰相某请自讯之，推鞫〔鞠〕甚至。国人谓其必从严也。已而缚之市中，褪去其衣，令一老妪持木棒扑其臀竟日，遂纵遣之。嗣是数十年无犯此者。"盖泰西人最喜奇迹，君臣之分未严，相视犹平等也，与中国政教原自殊异。而观删布洛之言，深怀忧危之心，则以法兰西强国，立君千余年，一旦改从民政，群一国之人挈长校短，以求逞其志，其势固有岌岌不可终日者矣。（《伦敦与巴黎日记》）

与张力臣谈洋务本末

（光绪五年闰三月）十九日。张力臣、彭仲莲、余佐卿、袁叔瑜次第过谈，遂尽一日之力。力臣于洋务所知者多，由其精力过人，见闻广博，予每叹以为不可及，然犹惜其于透顶第一义未能窥见。至是问及西洋政教风俗本源之所在，且谓合淝伯相及沈幼丹、丁禹生诸公专意考求富强之术，于本源处尚无讨论，是治末而忘其本，穷委而昧其源也；纵令所求之艺术能与洋人并驾齐驱，犹末也，况其相去尚不可以道里计乎！力臣聪明胜人

万万，闻言即能深求，不易得也。(《伦敦与巴黎日记》)

自述能见洋务之大

(光绪五年闰三月)廿三日。本府何相山、长沙令王实卿、善化令张子钰馈满汉筵席，因邀周幼安、朱宇恬、周闻之、李仲云、黄子寿、子襄及意城早酌。子寿相戒以不谈洋务。予谓："左季高言洋务不可说，一说便招议论，直须一力向前干去。季高近日在德国购买机器，织布、织羽呢，招集西洋工匠至二百人，真是一力干将去。然吾犹惜其舍本而务末。即其末节，亦须分别重轻缓急。织布、织羽呢，何关今时之急务哉？吾于洋务，稍能窥见其大，自谓胜于左季高。又无任事之权，只凭所见真实处，详细说与人听，激动生人之廉耻，而振起其愤发有为之气。亦实见洋人无为害中国之心，所得富强之效，且倾心以输之中国，相为赞助，以乐其有成。吾何为拒之？又何为隐情惜已，默而不言哉？所以言者，正欲使君辈粗见中外本末情形，庶几渐次有能知其义者，犹足及时自立，以不致为人役耳。"子寿之戒不言，所据世俗之见，无足取也。(《伦敦与巴黎日记》)

自述坚持谈洋务

(光绪五年四月)初二日。……是日，宇恬馈盛肴，因约罗小垣与易梯衢、陈又愚、易淑子、易玉峰、叔辉、周浥藻会饮。小垣属见人不谈洋务。吾谓并不见人，然固不可不谈洋务。所以谈者，欲使人稍知其节要，以保国有余。苟坐听其昏顽而已，不动兵则坐削，一旦用兵，必折而为印度。此何等关系，而可不言乎？世俗之说，但谓不知言之人不可与言。此为无关系言之。苟有关系，忍坐视乎？彼于中国强且逼，然其意犹然尊视中国，略无猜忌之意。诸公乃视言及洋务为忌讳，然则将听其终古昏顽而莫之省也？果可以昏顽终古，则自洞庭以南，蠢蠢之三苗至今存可也，而其势固必不能。传曰："铸鼎象物，使民知神奸，以能使魑魅魍魉莫能逢之。"夫惟其知之也，以先知觉后知，以先觉觉后觉，予于此亦有所不敢辞，于区区世俗之毁誉奚校哉！(《伦敦与巴黎日记》)

与友人论谈洋务之亟

（光绪五年四月）初七日。黄子寿招集朱宇恬、陈舫仙、张力臣、余佐卿及意城同聚养知书屋会饮，盖仿张力臣例也。子寿相戒以不谈洋务。吾谓洋务与他事不同，正惟举天下人不知，又方以为忌讳，相顾而不敢言，而其入处中国，盘结已深，固必无能拒而远之。日日与之相处，而日怀猜防之心；人人受其欺侮，而人存菲薄之见。即令其安然听受，而已不可以终日，又况其用心之坚，久而不化，用力之强，洞而必穿，其往迹凿凿可见，其未来之患且有累积而日深者乎！所以酿成三十年之大变，惟无一人知之故也。诚知之，则亦可以弭祸于几先，而稍存国体，以不至贻笑天下矣。吾是以发明此义，惟恐人不知之，以为苟且缄默，规免人言之嚣而自附于明哲，吾所不敢知也。子寿以为言之无益，且先求内治，以图所以自立。佐卿言："内治无他，政教而已，办理洋务，正今日行政之一端，岂能不讲求？"其言最为中肯。（《伦敦与巴黎日记》）

论立君为民

（光绪六年七月）初八日。雨。宋儒疑孟子者李旴江、司马涑水，而余隐之皆为之辨，朱子又更申论之。然于二先生所以致疑处，皆未有以发明也。孟子言政曰："民为贵，社稷次之，君为轻。"天生民而立之君，所以为民也。三代圣人所汲汲者，安民以安天下而已。自战国游士创为尊君卑臣之说，而君之势日尊。至秦乃竭天下之力以奉一人而不足，又为之刑赏劝惩以整齐天下之人心。历千余年而人心所同拱戴者，一君而已。因是以推及三代。因是而并衰周之世责以大一统之义，且以是苛及孟子，其大旨反覆归宿惟在于此。虽余隐之之辨，亦不敢直讦其不然也。此宋以来论古者之一大蔽也。（《伦敦与巴黎日记》）

论中西谋利之别

（光绪八年六月）十六日。奇热不可耐。周昌辅来此作竟日谈，与论义利之辨，因及本朝士大夫无不经营生计，其风自闽、粤、江、浙沿海各省开之，浸及于京师，盖亦西洋风气之流溢中国者也。中国言义，虚文而已，其实朝野上下之心无一不鹜于利，至于越礼反常而不顾。西洋言利，却自有义在，《易》曰："利物足以和义。"凡非义之所在，固不足为利也。是以鹜其实则两全，鹜其名则徒以粉饰作伪，其终必两失之。近来于此看得分明，不似向时之拘牵文义也。（《伦敦与巴黎日记》）

论君臣之义

（光绪九年二月）廿七日。大南风。八十里，至湘阴，始及巳刻也。致黄子寿、黄石珊、唐曦城、竹虚、邓子勋、吴晴研、萧子远、唐桂生各信，并于风浪中急遽为之，竟不意终日为人忙迫如此，可笑之至。魏郑公疏论待大臣以礼云："处之衡轴，为任重矣。而信之未笃，则人或自疑。人或自疑，则心怀苟且。心怀苟且，则节义不立。节义不立，则名教不兴。名教不兴，而可以固太平之基，保七百之祚，未之有也。夫委大臣以大体，责小臣以小事，为国之常也。今委之以职，则重大臣而轻小臣。至于有事，则信小臣而疑大臣。信其所轻，疑其所重，欲求致治，其可得乎？任以大官，求其细过，刀笔之吏，顺旨承风，舞文弄法，曲成其罪。自陈也，则以为心不伏辜；不言也，则以为所犯皆实。进退维谷，莫能自名，则苟求免祸。大臣苟免，则谲诈萌生。谲诈萌生，则矫伪成俗。待之不尽诚信，何以责其忠恕哉！臣或有失，君亦未为得也。夫上之不信于下，必以为下无可信矣，若必下无可信，则上亦有可疑矣。上下相疑，不可以言至理矣。"又言："国家重惜功臣，不念旧恶，但宽于大事，忽于小罪，临时责怒，未免爱憎之心。君严其禁，臣或犯之。况上启其源，下必有甚。川壅而溃，其伤必多。欲使凡百黎元，何所措其手足！此则君开一源，下生百端之变，无不乱者也。"此疏所言，多切中今日情事，廷臣无知此义者矣。（《伦敦与巴黎日记》）

议君德与臣道

（光绪九年四月）十二日。邓双坡、彭丽生过谈，相与述近事，多可慨叹。范文正言："人主纳远大之谋，久而成王道；纳浅近之议，久而成乱政。刑法之吏言丝毫之重轻，钱谷之司举锱铢之利病，往往谓之急务，应响而行。或有言政教之源流，议风俗之厚薄，陈圣贤之事业，论文武之得失，往往谓之迂说，废而不行。岂朝廷薄远大之谋，好浅末之议哉？"最切中今日情事。彭龟年疏言："匡衡上言元帝：治性之道，审己之所当戒而齐之以义，然后中和之化应，巧伪之徒不敢比周之〔而〕望进。夫治性系于人主，而衡乃及巧伪之徒。盖正直之人，知君性之偏则以为惧，从而救正之；巧伪之人，知君性之偏则以为喜，从而逢迎之。近日进退人才之际，惟伤于太急，言急则难信，行急则难久，令急则难从，政急则难及。察其黜陟先后，若有成画，操纵取舍，若有机数。伤急之中，又损陛下质直之性，臣恐有巧伪之徒误陛下也。"真德秀疏言："在廷之士，有劝陛下以亲近端良、不讳己过者，必君子也；不惟听受之，又当奖擢之。有劝陛下以疑忌人言、恶闻阙失者，必小人也；不惟拒绝之，又当摈斥之。"今时朝政，惜无以此言上达者。（《伦敦与巴黎日记》）

张之洞

劝学篇

序

昔楚庄王之霸也，以民生在勤箴其民，以日讨军实儆其军，以祸至无日训其国人。夫楚当春秋鲁文、宣之际，土方辟，兵方强，国势方张，齐晋秦宋无敢抗颜行，谁能祸楚者！何为而急迫震惧，如是之皇皇邪？君子曰："不知其祸则辱至矣，知其祸则福至矣。"今日之世变，岂特春秋所未有，抑秦汉以至元明所未有也。语其祸，则共工之狂、辛有之痛，不足喻也。

庙堂旰食，乾惕震厉，方将改弦以调琴瑟，异等以储将相，学堂建，特科设，海内志士，发愤扼捥，于是图救时者言新学，虑害道者守旧学，莫衷于一。旧者因噎而食废，新者歧多而羊亡；旧者不知通，新者不知本。不知通则无应敌制变之术，不知本则有非薄名教之心。夫如是，则旧者愈病新，新者愈厌旧，交相为愈，而恢诡倾危、乱名改作之流，遂杂出其说以荡众心。学者摇摇，中无所主，邪说暴行，横流天下。敌既至无与战，敌未至无与安，吾恐中国之祸，不在四海之外，而在九州之内矣！

窃惟古来世运之明晦、人才之盛衰，其表在政，其里在学。不佞承乏两湖，与有教士化民之责，夙夜兢兢，思有所以裨助之者。乃规时势，综本末，著论二十四篇，以告两湖之士，海内君子，与我同志，亦所不隐。内篇务本，以正人心，外篇务通，以开风气。内篇九：曰同心，明保国、保教、保种为一义，手足利则头目康，血气盛则心志刚，贤才众多，国势自昌也；曰教忠，陈述本朝德泽深厚，使薄海臣民咸怀忠良，以保国也；曰明纲，三纲为中国神圣相传之至教、礼政之原本、人禽之大防，以保教也；曰知类，闵神明之胄裔，无沦胥以亡，以保种也；曰宗经，周秦诸子，瑜不掩瑕，取节则可，破道勿听，必折衷于圣也；曰正权，辨上下，定民志，斥民权之乱政也；曰循序，先入者为主，讲西学必先通中学，乃不忘其祖也；曰守约，喜新者甘，好古者苦，欲存中学，宜治要而约取也；曰去毒，洋药涤染，我民斯活，绝之使无萌柢也。

外篇十五：曰益智，昧者来攻，迷者有凶也；曰游学，明时势，长志气，扩见闻，增才智，非游历外国不为功也；曰设学，广立学堂，储为时用，为习帖括者击蒙也；曰学制，西国之强，强以学校，师有定程，弟有适从，授方任能，皆出其中，我宜择善而从也；曰广译，从西师之益有限，译西书之益无方也；曰阅报，眉睫难见，苦药难尝，知内弊而速去，知外患而豫防也；曰变法，专己袭常，不能自存也；曰变科举，所习所用，事必相因也；曰农工商学，保民在养，养民在教，教农工商，利乃可兴也；曰兵学，教士卒不如教将领，教兵易练，教将难成也；曰矿学，兴地利也；曰铁路，通血气也；曰会通，知西学之精意，通于中学，以晓固蔽也；曰非弭兵，恶教逸欲而自毙也；曰非攻教，恶逞小忿而败大计也。

二十四篇之义，括之以五知：一知耻，耻不如日本，耻不如土耳其，耻不如暹罗，耻不如古巴；二知惧，惧为印度，惧为越南、缅甸、朝鲜，惧为埃及，惧为波兰；三知变，不变其习不能变法，不变其法不能变器；四知要，中学考古非要，致用为要，西学亦有别，西艺非要，西政为要；五知本，在海外不忘国，见异俗不忘亲，多智巧不忘圣。凡此所说，窃尝考诸《中庸》而有合焉。鲁，弱国也，哀公问政，而孔子告之曰："好学近乎知，力行近乎仁，知耻近乎勇。"终之曰："果能此道矣，虽愚必明，虽柔必强。"兹内篇所言，皆求仁之事也，外篇所言，皆求智求勇之事也。

夫《中庸》之书，岂特原心杪忽、校理分寸而已哉？孔子以鲁秉礼而积弱，齐邾吴越皆得以兵侮之，故为此言，以破鲁国臣民之聋瞆，起鲁国诸儒之废疾，望鲁国幡然有为，以复文武之盛。然则，无学、无力、无耻，则愚且柔；有学、有力，有耻，则明且强。在鲁且然，况以七十万方里之广、四百兆人民之众者哉？吾恐海内士大夫狃于晏安，而不知祸之将及也，故举楚事。吾又恐甘于暴弃而不复求强也，故举鲁事。《易》曰："其亡其亡，系于苞桑。"惟知亡，则知强矣。光绪二十四年三月南皮张之洞书。

内篇

·同心第一·

范文正为秀才时，即以天下为己任。程子曰："一命之士，苟存心于利物，于人必有所济。"顾亭林曰："保天下者，匹夫虽贱，与有责焉。"夫以秀才所任，任者几何？一命所济，济者几何？匹夫所责，责者几何？然而积天下之秀才则尽士类，积天下之命官则尽臣类，积天下之匹夫则尽民类，若皆有持危扶颠之心、抱冰握火之志，则其国安于磐石，无能倾覆之者。是故人人亲其亲，长其长，而天下平；人人智其智，勇其勇，而天下强。大抵全盛之世，庠以劝学，官以兴能，朝廷明于上则人才成于下。艰危之世，士厉其节，民激其气，直言以悟主，博学以济时，同心以救弊，齐力以捍患，人才奋于下则朝廷安于上。昔春秋之季，周若赘旒，孔子诛乱贼，孟子明仁义，弟子布满天下，而周祚延二百余年，七十子后学者，流衍益广。至西汉而儒术大兴，圣道昭明，功在万世。东汉末造，名节、经学最盛，李、郭之气类，郑康成之门人，亦布满天下，一时朝野多重操行、尚名义之人，故卓、操不能遽篡。而蜀汉以兴，诸葛隐居躬耕，而师友极盛，其人皆天下之豪杰，所讲明者天下之大计，故昭烈得之而成王业。曹魏迄隋，江北皆尚郑学，故北朝兵事纷纭，而儒风不坠。隋王通讲道河汾，门徒众盛，唐之佐命如房、杜、魏、薛，皆与交游（其书虽有夸饰，其事不能尽诬，房、杜辈非必门人也），故贞观多贤而民得苏息。唐韩子推明道原，攘斥佛老，尊孟子，赞伯夷，文宗六经，至北宋而正学大明，学统、文体皆本昌黎，由是大儒蔚起。宋代学术之中正、风俗之洁清，远过汉、唐，国脉既厚，故虽弱而不亡。宋儒重纲常，辨义利，朱子集其成，当时虽未竟其用，其弟子私淑亦布满天下，故元有许、刘、吴、廉诸儒，元虐以减。明尚朱学，中叶以后，并行王学，要皆以扶持名教、砥厉气节为事。三百年间，主昏于上，臣忠于下，明祚以延。咸丰以来，海内大乱，次第削平，固由德泽深厚、庙算如神，亦由曾、胡、骆、左诸公，声气应求于数千里之内，二贺（熙龄、长龄）、陶（文毅）、林（文忠）诸公，提倡讲求于二十年以前，陈（庆镛）、袁（端敏）、吕（文节）、王（茂荫）诸公，正言说论于庙堂之上有以致之。是故学术造人才，人才维国势，此皆往代之明效，而吾先正不远之良轨也。

吾闻欲救今日之世变者，其说有三：一曰保国家，一曰保圣教，一曰保华种，夫三事一贯而已矣。保国、保教、保种，合为一心，是谓同心。保种必先保教，保教必先保国。种何以存？有智则存，智者教之谓也。教何以行？有力则行，力者兵之谓也。故国不威则教不循，国不盛则种不尊。回教，无理者也，土耳其猛鸷敢战而回教存。佛教，近理者也，印度蠢愚而佛教亡。波斯景教，国弱教改；希腊古教，若存若灭。天主、耶苏之教，行于地球十之六，兵力为之也。我圣教行于中土，数千年而无改者。五帝三王，明道垂法，以君兼师，汉、唐及明，宗尚儒术，以教为政。我朝列圣，尤尊孔、孟、程、朱，屏黜异端，纂述经义，以躬行实践者教天下。故凡有血气，咸知尊亲。盖政教相维者，古今之常经、中西之通义。我朝邦基深固，天之所祐，必有与立。假使果如西人瓜分之妄说，圣道虽高虽美，彼安用之？五经四子，弃之若土苴；儒冠儒服，无望于仕进。巧黠者充牧师，充刚巴度，充大写（西人用华人为记室。名大写）。椎鲁者谨纳身税，供兵匠隶役之用而已。愈贱愈愚，愚贱之久，则贫苦死亡，奄然澌灭。圣教将如印度之婆罗门，窜伏深山，抱守残缺。华民将如南洋之黑昆仑，毕生人奴，求免答骂而不可得矣。

今日时局，惟以激发忠爱、讲求富强，尊朝廷、卫社稷为第一义。执政以启沃上心、集思广益为事，言官以直言极谏为事，疆吏以足食足兵为事，将帅以明耻教战为事，军民以亲上死长为事，士林以通达时务为事，君臣同心，四民同力，则洙泗之传、神明之胄，其有赖乎？且夫管仲相桓公匡天下，保国也，而孔子以为民到于今受其赐。孟子守王道待后学，保教也，而汲汲焉忧梁国之危，望齐宣之王，谋齐民之安。然则舍保国之外，安有所谓保教、保种之术哉？今日颇有忧时之士，或仅以尊崇孔学为保教计，或仅以合群动众为保种计，而于国、教、种安危与共之义忽焉。《传》曰："皮之不存，毛将安傅？"《孟子》曰："能治其国家，谁敢侮之。"此之谓也。

·教忠第二·

自汉、唐以来，国家爱民之厚，未有过于我圣清者也。请言其实：三代有粟米、布缕、力役之征，盛唐有租、庸、调三等之赋，最称善政，已列多名。以后秦创丁口之钱，汉行算缗之法，隋责有司以增户口，唐括土户以代逃亡，唐及五季、宋初有食盐钱，中唐、北宋有青苗钱，宋有手实法，金有推排民户、物力之制，皆出于常例田赋力役之外。明万历行一条鞭法，丁、粮尚分为二；明季又有辽饷、剿饷、练饷。至我朝康熙五十二年，奉滋生人丁永不加赋之旨；雍正四年，定丁银并入钱粮之制；乾隆二十七年，停编审之法。于是历代苛征，一朝豁除。赋出于田，田定于额，凡品官、士吏、百工、闲民，甚至里宅、货肆、钱业、银行，苟非家有田产、运货行商者，终身不纳一钱于官。

顺治元年，即将前明三饷除免；康熙中，复减江苏地丁银四十万；雍正三年，减苏松一道地丁银四十五万、南昌一道地丁银十七万；乾隆二年，减江省地丁银二十万；同治四年，减江南地丁银三十万、减江南漕粮五十余万石、浙江漕粮二十六万余石。初制已宽，损之又损，是曰薄赋，仁政一也。

前代赐复蠲租，不过一乡一县。我朝康熙、乾隆两朝，普免天下钱粮八次、普免天下漕粮四次。嘉庆朝，复普免天下漕粮一次。至于水旱蠲缓，无年无之，动辄数百万。损上益下，合而计之，已逾京垓以上。是曰宽民，仁政二也。

历代赈恤，见于史传者为数有限，或发现有之仓，或移民就食。宋河北之灾，富弼仅劝民出粟十五万斛，益以官廪；曾巩仅请赐钱五十万贯，贷粟一百万石。杭州之灾，苏轼仅请度牒数百道。本朝凡遇灾荒，仁恩立沛，动辄巨万。即如光绪以来，赈恤之举，岁不绝书。丁丑、戊寅之间，晋、豫、陕、直之灾，赈款逾三千万金。此外畿辅、苏、浙、川、楚各省，每一次辄数百万或百余万，从古罕闻。以今日度支之匮乏、洋债之浩繁，而独于赈恤之款虽多不惜，甚至减东朝之上供，发少府之私钱，出自慈恩，以期博济。是曰救灾，仁政三也。

前代国家大工大役，皆发民夫行赍居送，官不给钱。长城、驰道、汴河之工无论矣，隋造东都，明造燕京，调发天下民夫工匠，海内骚动，死亡枕藉。以及汉凿子午、梁筑淮堰、唐开广运、宋议回河，民力为之困敝。本朝工役皆给雇值，即如河工一端，岁修常数百万，有决口则千余万，皆发库帑。沿河居民，不惟无累，且因以赡足焉，是曰惠工，仁政四也。

前代官买民物，名曰和买、和籴，或强给官价，或竟不给价，见于唐宋史传、奏议、文集，最为民害。本朝宫中、府中需用之物，一不累民，苏杭织造、楚粤材木，发帑购办，商民吏胥皆有沾润。但闻商贾因承办官工、承买官物而致富者矣，未闻商贾因采办上供之物而亏折者也。子产述郑商之盟曰"无强贾，无丐夺"，于今见之，是曰恤商，仁政五也。

任土作贡，唐虞已然，汉之龙眼荔支，唐之禽鸟，明之鲥鱼，皆以至微之物，而为官民巨害，其他贵重者可知。本朝此义虽存，所贡并无珍异，广东贡石砚、木香、黄橙、干荔之属，江南贡笺扇、笔墨、香药之属，湖北贡茶、笋、艾葛之属，他省类推，由官发钱，不扰地方。又如宋真宗修玉清昭应宫，所需木石、金锡、丹青之物，征发遍九州，搜罗穷山谷，致雁荡之山由此开通，始为人世所知，史书之曰："及其成也。民力困竭。"宋徽宗兴"花石纲"，破屋坏城，等于劫夺。民不聊生，遂酿大乱。今内府上用，民不与知。是曰减贡，仁政六也。

前代游幸最为病民，汉、唐、宋以来，东封西祀，四海骚然。若明武宗北游宣大，南到金陵，狂恣败度，尤乖君德。至于秦、隋，更无论矣。本朝屡次南巡，亦间有东巡、西巡之事，大指皆以省方观民为主，勘河工、阅海塘、查灾问民瘼、召试求人才，所过郡县必免钱粮。其桥道供张，除内帑官款外，大率皆出自盐商，或豁免积亏，或予以优奖。至今旧闻私记，但道其时市廛之丰盈、民情之悦豫，从无几微烦扰愁苦之词。是曰戒侈，仁政七也。

前代征伐，多发民兵，汉选江淮之卒以征匈奴，唐劳关辅之师以讨南诏，田园荒芜，室家仳离，死伤过半，仅得生还。唐之府兵、明之屯卫，书生称为良法。然而本系农夫，强以战斗，征戍之苦，愁怨惨凄。司马温公尝论之矣，于忠肃尝改之矣。北宋签官军，刺义勇，练保甲，当时朝野病之。本朝军制不累农民，除八旗禁旅外，乾隆以前多用绿营，嘉庆以后参用乡勇。其人由应募而来，得饷而喜，从无签派之事。是曰恤军，仁政八也。

前代国有大事，财用不足则科敛于民，汉、唐以来皆然，今土司犹仍其俗。即如宋宣和将伐辽，则派天下出免夫钱六千二百万缗（见蔡绦《铁围山丛谈》）。宣和中创经制钱，绍兴以后又有经总制钱、月桩钱、板帐钱、折帛钱，岁得数千万缗，并无奖叙。明季用兵，初加辽饷，继加剿饷，又加练饷，共加赋二千万。果如此法，筹饷易耳。本朝每遇河工、军旅，则别为筹饷之策，不以科派民间。历年开设捐输，奖以官爵，并加广其学额、中额。朝廷不惜为权宜之策，而终不忍朘小民之生。是曰行权，仁政九也。

自暴秦以后，刑法滥酷，两汉及隋，相去无几，宋稍和缓，明复严苛。本朝立法平允，其仁如天，具于《大清律》一书。一、无灭族之法；二、无肉刑；三、问刑衙门不准用非刑拷讯，犯者革黜；四、死罪中又分情实缓决，情实中稍有一线可矜者，刑部夹签声明请旨，大率从轻比者居多；五、杖一百者折责，实杖四十，夏月有热审减刑之令，又减为三十二；六、老幼从宽；七、孤子留养；八、死罪系狱，不绝其嗣；九、军流徒犯，不过移徙远方，非如汉法令为城旦鬼薪，亦不比宋代流配沙门岛，额满则投之大海；十、职官妇女收赎，绝无汉输织室、唐没掖庭、明发教坊诸虐政。凡死罪必经三法司会核，秋审。勾决之期，天子素服，大学士捧本，审酌再三，然后定罪，遇有庆典则停、减等，一岁之中，勾决者天下不过二三百人，较之汉文帝岁断死刑四百，更远过之。若罪不应死而拟死者，谓之"失入"；应死而拟轻者，谓之"失出"。失入死罪一人，臬司、巡抚、兼管巡抚事之总督，降一级调用，不准抵销；失出者，一案至五案，止降级留任，十案以上始降调，仍声明请旨，遇有疑狱，则诏旨驳查，覆讯至于再三，平反无数，具见于历朝圣训。是曰慎刑，仁政十也。

昔南北分据之朝，中外阻绝之世，其横遭略卖没蓄陷虏之民，朝廷不复过问。本朝仁及海外，凡古巴诱贩之猪仔、美国被虐之华工，特遣使臣，与立专约，保护其身家，禁除其苛酷，此何异取内府之金以赎鲁人、拔三郡之民以归汉地邪？是曰覆远，仁政十一也。

前代黩武之朝残民以逞，本朝武功无过康熙、乾隆两朝，其时逞其兵力，何求不得？然雅克萨既下而界碑定，恰克图交犯而商市开，越南来朝而即赦其罪，浩罕畏威而不利其土，自道光以至今兹，外洋各国屡来构衅，苟可以情恕理遣，即不惜屈己议和，不过为爱惜生民，不忍捐之于凶锋毒焰之下。假使因大院君之乱而取朝鲜，乘谅山之胜而收越南，夫亦何所不可者？是曰戢兵，仁政十二也。

本朝待士大夫最厚，与宋代等，两汉多任贵戚，北朝多任武将，六朝专用世家，赵宋滥登任子，甚至魏以宦寺、厮役典州郡，唐以乐工、市侩为朝官，明以道士、木匠为六卿，若元代则立法偏颇，高官重权，专用蒙古色目人，而汉人、南人不与。本朝立贤无方，嘉惠寒畯，辟雍驾临，试卷亲览，寒士儒臣与南阳近亲，丰镐旧族一体柄用。又，汉、魏诛戮大臣，习为常事，唐则捶楚簿尉、行杖朝堂，明则东厂、北司，毒刑、廷杖，专施于忠直之臣，碧血横飞，天日晦暗，尤为千古未有之虐政。本朝待士有礼，既无失刑，亦不辱士。又唐、宋谪官于外，即日逐出国门，程期不得淹留，亲友不得饯送；明代宰相被逐，即日柴车就道。且前代每有党锢、学禁，罚及累世，株连亲朋。本朝进退以礼，不以一眚废其终身，是曰重士，仁政十三也。

历代亲贵佞幸，骄暴横行，最为民害，汉之外戚、常侍，北魏之王族、武臣，唐之贵主禁军、五坊小儿、监军敕使，元之僧徒、贵族，明之藩府矿使、边军缇骑、方士乡官，胁辱官吏、残虐小民，流毒遍于天下。本朝一皆无之，政令清肃，民安其居，是曰修法，仁政十四也。

本朝笃念勋臣，优恤战士，其立功而袭封者无论，已凡战阵捐躯者，但有一命，无不加赠官阶，给予世职，自三品轻车都尉至七品恩骑尉。即至外委生、监殉难者，亦皆有之。本职或袭二十余次，或袭三四次，袭次完时，均予恩骑尉，世袭罔替，皇祚亿万，其食禄即与为无穷。咸丰至今，京师顺天府及各省奏请忠义恤典，已至数百案。又职官虽非战功而没于王事，或积劳病故，亦官其子一人，名曰"难荫"，自汉迄明，其待忠义死事之臣，有如是之优渥者乎？是曰劝忠，仁政十五也。

此举其最大者，此外良法善政，不可殚书，列圣继继绳绳，家法、心法相承，无改二百五十余年。薄海臣民日游于高天厚地之中，长养涵濡，以有今日。试考中史二千年之内，西史五十年以前，其国政有如此之宽仁忠厚者乎？中国虽不富强，然天下之人，无论富贵贫贱，皆得俯仰宽然，有以自乐其生；西国国势虽盛，而小民之愁苦怨毒者郁遏未伸，待机而发，以故弑君、刺相之事岁不绝书，固知其政事亦必有不如我中国者矣。当此时世艰虞，凡我报礼之士、戴德之民，固当各抒忠爱，人人与国为体，凡一切邪说暴行，足以启犯上作乱之渐者，拒之勿听，避之若浼，恶之如鹰鹯之逐鸟雀。大顺所在，天必祐之。世岂有无良之民，如《小雅》所讥者哉。

·明纲第三·

"君为臣纲，父为子纲，夫为妻纲"，此《白虎通》引《礼纬》之说也，董子所谓"道之大原出于天，天不变道亦不变"之义，本之《论语》"殷因于夏礼，周因于殷礼"。注："所因，谓三纲五常。"此《集解》马融之说也，朱子《集注》引之。《礼记·大传》："亲亲也，尊尊也，长长也，男女有别，此其不可得与民变革者也。"五伦之要，百行之原，相传数千年更无异义，圣人所以为圣人，中国所以为中国，实在于此。故知君臣之纲，则民权之说不可行也；知父子之纲，则父子同罪、免丧废祀之说不可行也；知夫妇之纲，则男女平权之说不可行也。

尝考西国之制，上下议院各有议事之权，而国君、总统亦有散议院之权，若国君、总统不以议院为然，则罢散之，更举议员再议。君主、民主之国略同。西国君与臣民相去甚近，威仪简略，堂廉不远，好恶易通，其尊严君上不如中国，而亲爱过之，万里之外，令行威立，不悖不欺，每见旅华西人，遇其国有吉凶事，贺吊忧乐，视如切身，是西国固有君臣之伦也。

《摩醯十戒》敬天之外，以孝父母为先，西人父母丧亦有服，服以黑色为缘，虽无祠庙、木主，而室内案上，必供奉其祖父母、父母、兄弟之照像；虽不墓祭，而常有省墓之举，以插花冢上为敬，是西国固有父子之伦也（家富子壮则出分，乃秦法。西人于其子，必教以一艺，年长艺成，则使之自谋生计，别居异财，临终分析财产，男子、女子皆同，兼及亲友，非不分其子也）。戒淫为十戒之一，西俗男女交际，其防检虽视中国为疏，然淫佚之人，国人贱之。议婚有限，父族、母族之亲，凡在七等以内者，皆不为婚。（七等谓自父、祖、曾、高以上推至七代，母族亦然。故姑、舅、姨之子女，凡中表之亲，无为婚者。）惟男衣毡布，女衣丝锦，燕会宾客，女亦为主，此小异于中国。（《礼记·坊记》："大飨，废夫人之礼。"《左传》昭二十七年："公如齐，齐侯请飨之，子仲之子曰重，为齐侯夫人，曰请使重见。"是古有夫人与燕飨之礼，因有流弊，废之。）女自择配（亦须请命父母且订约，而非苟合），男不纳妾，此大异于中国。然谓之男女无别则诬，且西人爱敬其妻虽有过当，而于其国家政事、议院、军旅、商之公司、工之厂局，未尝以妇人预之，是西国固有夫妇之伦也。

圣人为人伦之至，是以因情制礼，品节详明。西人礼制虽略，而礼意未尝尽废，诚以天秩民彝，中外大同，人君非此不能立国，人师非此不能立教。乃贵洋贱华之徒，于泰西政治、学术、风俗之善者懵然不知，知亦不学，独援其秕政、敝俗，欲尽弃吾教、吾政以从之。饮食服玩，闺门习尚，无一不摹仿西人，西人每讥笑之。甚至中士文学聚会之事，亦以七日礼拜之期为节目（礼拜日亦名星期，机器局所以礼拜日停工者，以局内洋匠其日必休息，不得不然）。近日微闻海滨洋界，有公然创废三纲之议者，其意欲举世放恣黩乱而后快，怵心骇耳，无过于斯。中无此政，西无此教，所谓非驴非马，吾恐地球万国将众恶而共弃之也。

· 知类第四 ·

种类之说，所从来远矣，《易·同人》之象曰："君子以类族辨物。"《左氏传》曰："非我族类，其心必异。神不歆非类，民不祀非族。"《礼记·三年问》曰："有知之属，莫不知爱其类。"是知有教无类之说，惟我圣人如神之化能之，我中华帝王无外之治能之，未可概之他人也。

西人分五大洲之民为五种：以欧罗巴洲人为白种、亚细亚洲人为黄种、西南两印度人为棕色种、阿非利加洲人为黑种、美洲土人为红种（欧洲种类又自有别，俄为斯拉物种，英、德、奥、荷为日耳曼种，法、意、日比为罗马种，美洲才智者由英迁往，与英同为白种，同种者性情相近，又加亲厚焉）。西起昆仑，东至于海，南至于南海，北至奉天、吉林、黑龙江、内外蒙古，南及沿海之越南、暹罗、缅甸、东中北三印度，东及环海之朝鲜、海中之日本（日本地脉与朝鲜连，仅隔一海峡），其地同为亚洲，其人同为黄种，皆三皇五帝声教之所及，神明胄裔种族之所分。隋以前佛书谓之"震旦"，今西人书籍文字于中国人统谓之曰"蒙古"（以欧洲与中国通，始于元太祖故），俄国语言呼中国人曰"契丹"，是为亚洲同种之证。其地得天地中和之气，故昼夜适均，寒燠得中，其人秉性灵淑，风俗和厚，邃古以来称为最尊、最大、最治之国。文明之治，至周而极，文胜而敝，孔子忧之，历朝一统，外无强邻，积文成虚，积虚成弱。欧洲各国开辟也晚，郁积勃发，斗力竞巧，各自摩厉，求免灭亡，积惧成奋，积奋成强。独我中国士夫庶民懵然罔觉，五十年来，屡鉴不悛，守其傲惰，安其偷苟，情见势绌，而外侮亟矣。

　　方今海内之士，感慨发愤、竭智尽忠、求纾国难者固不乏人。而昏墨之人，则视国家之休戚漠然，无动于其心，意谓此非发捻之比，中华虽沦，富贵自在，方且乘此阽危，恣为贪黩，以待合西伙为西商，徙西地入西籍，而莠民邪说甚至诋中国为不足有为，讥圣教为无用，分同室为畛域，引彼法为同调，日夜冀幸天下有变，以求庇于他人。若此者，仁者谓之悖乱，智者谓之大愚。印度属于英矣，印度土人为兵为弁，不得为武员，不得入学堂也。越南属于法矣，华人身税有加，西人否也。华人无票，游行有禁，西人否也。古巴属于西班牙矣，土人不能入议院也。美国开辟之初则赖华工，今富盛之后则禁华工，而西工不禁也。近年有道员某，吞蚀公款数十万金，存于德国银行，其人死后，银行遂注销其帐，惟薄给息而已。夫君子不以所恶废乡，故王猛死不伐晋，钟仪囚不忘楚，若今日不仁、不智、不耻为人役之人，君子知乐大心之卑，宋必亡其家，韩非之覆，韩必杀其身矣。《左传·昭公二十五年》："春，叔孙婼聘于宋，桐门右师见之（杜注：右师，乐大心，居桐门），语，卑宋大夫而贱司城氏，昭子告其人曰：'右师其亡乎？君子贵其身，而后能及人，是以有礼。今夫子卑其大夫而贱其宗，是贱其身也，能有礼乎？无礼必亡。'"《定公九年·传》："逐桐门右师。"（注：终叔孙昭子之言。）《左传·哀公八年》："吴为邾故，将伐鲁，问于叔孙辄，叔孙辄对曰：‘鲁有名而无情，伐之，必得志焉。’退而告公山不狃，公山不狃曰：‘非礼也，君子违不适仇国，未臣而有伐之，奔命焉，死之可也，所托也则隐。且夫人之行也，不以所恶废乡，今子以小恶而欲覆宗国，不亦难乎？’”《通鉴》卷六："秦王下吏治韩非，非自杀。臣光曰：‘臣闻君子亲其亲以及人之亲，爱其国以及人之国，是以功大名美而享有百福也。今非为秦画谋，而首欲覆其宗国，以售其言，罪固不容于死矣，乌足愍哉！’"

·宗经第五·

衰周之季，道术分裂，诸子蜂起，判为九流十家，惟其意在偏胜，故析理尤精，而述情尤显。其中理之言，往往足以补经义（乾嘉诸儒，以诸子证经文音训之异同，尚未尽诸子之用）应世变，然皆有钓名侥利之心，故诡僻横恣，不合于大道者亦多矣。即如皇子贵衷，田子贵均，墨子贵兼，料子贵别，王廖贵先，儿良贵后，此不过如扁鹊适周则为老人医，适秦则为小儿医，聊以适时自售耳，岂其情哉？自汉武始屏斥百家，一以六艺之科为断，今欲通知学术流别，增益才智，针起喑聋跛躄之陋儒，未尝不可兼读诸子，然当以经义权衡而节取之。刘向论《晏子春秋》曰："文章可观，义理可法，合于六经之义。"斯可为读诸子之准绳矣。（《汉书·艺文志》曰："若能修六艺之术，观九家之言，舍短取长，则可以通万方之略矣。"意与此同。）盖圣人之道，大而能博，因材因时，言非一端，而要归于中正。故九流之精，皆圣学之所有也；九流之病，皆圣学之所黜也。

诸子之驳杂固不待言，兹举其最为害政、害事而施于今日必有实祸者。如《老子》尚无事，则以礼为乱首；主守雌，则以强为死徒；任自然，则以有忠臣为乱国。《庄子》齐尧、桀，黜聪明，谓凡之亡不足以为亡，楚之存不足以为存（此不得以寓言为解）。《列子·扬朱篇》惟纵嗜欲，不顾毁誉。《管子》谓"惠者民之仇雠，法者民之父母"，其书羼杂，伪托最多，故兼有道、法、名、农、阴阳、纵横之说。《墨子》除"兼爱"已见斥于《孟子》外，其《非儒》《公孟》两篇至为狂悍，《经》上下、《经说》上下，四篇乃是名家清言，虽略有算学、重学、光学之理，残不可读，无裨致用。《荀子》虽名为儒家，而《非十二子》，倡性恶，法后王，杀《诗》《书》（读隆杀之杀），一传之后，即为世道、经籍之祸。申不害专用术，论卑行鄙，教人主以不诚（《韩非子》及他书所引）。韩非用申之术，兼商之法，惨刻无理，教人主以不任人，不务德。商鞅暴横，尽废孝弟仁义，无足论矣。此外，若《吕览》多存古事，大致近儒。《晏子》兼通儒墨，瑕瑜互见（刘向谓"其中诋孔子者为辩士伪托"）。《战国策》考见世变，势不能废（晁公武以《战国策》入子部，今入史部）。《孙》《吴》《尉缭》，兵家专门，尚不害道（《孙子》，惟《用间篇》末有谬语，《尉缭》惟《兵令篇》末有谬语）。尹文、慎到、鹖冠、尸佼，可采无多。至于公孙龙巧言无实，鬼谷阴贼可鄙，皆不足观。又如《关尹子》多剿佛书（并有后世道书语），《文子》全袭《淮南》，皆出作伪。（西汉儒家诸子，如贾长沙、董江都、刘子政，皆为儒家巨子，《说苑》《新序》最为纯正，《新书》已多残缺，《春秋繁露》精义颇多，惟董治《公羊》，多墨守后师之说，几陷大愚之诛，宜分别观之。《法言》文藻而已，《孔丛》《家语》甚多精言，兼存孔门行事，虽有附益，要皆有本，近人概斥为王肃诸人伪作，未免太苛。道家如《淮南》，可资考古，间有精理。）

大抵诸家纰缪易见，学者或爱其文采，或节取一义，苟非天资乖险，鲜有事事则效、实见施行者；独《老子》见道颇深，功用较博，而开后世君臣苟安误国之风，致陋儒空疏废学之弊，启猾吏巧士挟诈营私，软媚无耻之习，其害亦为最巨。功在西汉之初，而病发于二千年之后，是养成顽钝积弱，不能自振之中华者，老氏之学为之也。（"大巧若拙"一语最害事，此谓世俗趋避钻刺之巧则可矣，若步天测地、工作军械，巧者自巧，拙者自拙，岂有巧拙相类之事哉？数十年来，华人不能扩充智慧者，皆为此说所误。）故学老者病痿痹，学余子者病发狂。

董子曰："正朝夕者视北辰，正嫌疑者视圣人。"若不折衷于圣经，是朝夕不辨，而冥行不休，坠入于泥，亦必死矣，不独诸子然也。群经简古，其中每多奥旨异说，或以篇简摩灭，或出后师误解。汉兴之初，曲学阿世，以冀立学，哀、平之际，造谶益纬，以媚巨奸，于是非常可怪之论益多。如文王受命、孔子称王之类，此非七十子之说，乃秦、汉经生之说也，而说《公羊春秋》者为尤甚（新周，王鲁，以《春秋》当新王）。乾嘉诸儒嗜古好难，力为阐扬，其风日肆，演其余波，实有不宜。于今之世道者，如禁方奇药，往往有大毒可以杀人。假如近儒《公羊》之说，是孔子作《春秋》而乱臣贼子喜也。窃惟诸经之义，其有迂曲难通、纷歧莫定者，当以《论语》《孟子》折衷之，《论》《孟》文约意显，又群经之权衡矣。（伊川程子曰："穷得《语》《孟》，自有要约处。以此观他经，甚省力。《语》《孟》如丈尺权衡相似。"）道光以来，学人喜以纬书、佛书讲经学，光绪以来，学人尤喜治周、秦诸子，其流弊恐有非好学诸君子所及料者，故为此说以规之。

·正权第六·

今日愤世疾俗之士，恨外人之欺凌也，将士之不能战也，大臣之不变法也，官师之不兴学也，百司之不讲求工商也，于是倡为民权之议，以求合群而自振。嗟乎，安得此召乱之言哉！

民权之说，无一益而有百害，将立议院欤？中国士民，至今安于固陋者尚多，环球之大势不知，国家之经制不晓，外国兴学立政、练兵制器之要不闻，即聚胶胶扰扰之人于一室，明者一，暗者百，游谈呓语，将焉用之？且外国筹款等事重在下议院，立法等事重在上议院，故必家有中资者乃得举议员。今华商素鲜巨资，华民又无远志，议及大举筹饷，必皆推诿默息，议与不议等耳，此无益者一。

将以立公司，开工厂欤？有资者自可集股营运，有技者自可合伙造机，本非官法所禁，何必有权？且华商陋习，常有借招股欺骗之事，若无官权为之惩罚，则公司资本无一存者矣。机器造货厂，无官权为之弹压，则一家获利，百家仿行，假冒牌名，工匠哄斗，谁为禁之？此无益者二。

将以开学堂欤？从来绅富捐资，创书院，立义学，设善堂，例予旌奖，岂转有禁开学堂之理，何必有权？若尽废官权，学成之材既无进身之阶，又无饩廪之望，其谁肯来学者？此无益者三。

将以练兵御外国欤？既无机厂以制利械，又无船澳以造战舰，即欲购之外洋，非官物亦不能进口，徒手乌合，岂能一战？况兵必需饷，无国法岂能抽厘捐，非国家担保岂能借洋债？此无益者四。

方今中华诚非雄强，然百姓尚能自安其业者，由朝廷之法维系之也。使民权之说一倡，愚民必喜，乱民必作，纪纲不行，大乱四起，倡此议者，岂得独安独活？且必将劫掠市镇，焚毁教堂，吾恐外洋各国必借保护为名，兵船、陆军深入占踞，全局拱手而属之他人，是民权之说，固敌人所愿闻者矣（或谓朝廷于非理要求，可委之民权不愿，此大误也。若我自云国家法令不能制服，彼将自以兵力胁之）。昔法国承暴君虐政之后，举国怨愤，上下相攻，始改为民主之国。我朝深仁厚泽，朝无苛政，何苦倡此乱阶，以祸其身而并祸天下哉？此所谓有百害者也。

考外洋民权之说所由来，其意不过曰国有议院，民间可以发公论、达众情而已，但欲民申其情，非欲民揽其权。译者变其文曰"民权"，误矣（美国人来华者，自言其国议院公举之弊，下挟私，上偏徇，深以为患。华人之称羡者，皆不加深考之谈耳）。近日撮拾西说者甚至谓"人人有自主之权"，益为怪妄。此语出于彼教之书，其意言上帝予人以性灵，人人各有智虑聪明，皆可有为耳，译者竟释为人人有自主之权，尤大误矣。泰西诸国，无论君主、民主、君民共主，国必有政，政必有法，官有官律，兵有兵律，工有工律，商有商律，律师习之，法官掌之，君民皆不得违其法；政府所令，议员得而驳之；议院所定，朝廷得而散之。谓之人人无自主之权则可，安得曰人人自主哉？夫一哄之市必有平，群盗之中必有长，若人皆自主，家私其家，乡私其乡，士愿坐食，农愿蠲租，商愿专利，工愿高价，无业贫民愿劫夺，子不从父，弟不尊师，妇不从夫，贱不服贵，弱肉强食不尽，灭人类不止，环球万国必无此政，生番蛮獠亦必无此俗。

至外国今有自由党，西语实曰"里勃而特"，犹言事事公道，于众有益，译为"公论党"可也，译为"自由"非也。若强中御外之策，惟有以忠义号召合天下之心，以朝廷威灵合九州之力，乃天经地义之道，古今中外不易之理。昔盗跖才武拥众，而不能据一邑；田畴德望服人，而不能拒乌桓；祖逖智勇善战，在中原不能自立，南依于晋，而遂足以御石勒；宋弃汴京而南渡，中原数千里之遗民，人人可以自主矣，然两河结寨，陕州婴城莫能自保，宋用韩、岳为大将，而成破金之功；八字军亦太行民寨义勇也，先以不能战为人欺，刘锜用之，而有顺昌之捷；赵宗印起义兵于关中，连战破敌，王师败于富平，其众遂散。迨宋用吴玠、吴璘为将，而后保全蜀之险。盖惟国权能御敌国，民权断不能御敌国，势固然也。曾文正名为起家办团练矣，其实自与发匪接战以来，皆是募勇营、造师船，济以国家之饷需，励以国家之赏罚，而以耿耿忠义、百折不回之志气，激厉三军，感发海内，故能成勘定之功。岂团练哉？岂民权哉？

或曰，民权固有弊矣，议院独不可设乎？曰：民权不可僭，公议不可无。凡遇有大政事，诏旨交廷臣会议，外吏令绅局公议，中国旧章所有也。即或咨询所不及，一省有大事，绅民得以公呈达于院、司、道、府，甚至联名公呈于都察院；国家有大事，京朝官可陈奏，可呈请代奏。方今朝政清明，果有忠爱之心、治安之策，何患其不能上达？如其事可见施行，固朝廷所乐闻者。但建议在下，裁择在上，庶乎收群策之益而无沸羹之弊，何必袭议院之名哉？此时纵欲开议院，其如无议员何？此必俟学堂大兴，人才日盛，然后议之，今非其时也。

·循序第七·

今欲强中国，存中学，则不得不讲西学。然不先以中学固其根柢，端其识趣，则强者为乱首，弱者为人奴，其祸更烈于不通西学者矣。

近日英国洋文报讯中国不肯变法自强，以为专信孔教之弊，此大误也。彼所翻四书五经，皆俗儒村师解释之理，固不知孔教为何事，无责焉耳。浅陋之讲章，腐败之时文，禅寂之性理，杂博之考据，浮诞之词章，非孔门之学也。簿书文法，以吏为师，此韩非、李斯之学，暴秦之政所从出也。俗吏用之，以避事为老成，以偷惰为息民，以不除弊为养元气，此老氏之学，历代末造之政所从出也。巧宦用之，非孔门之政也。

孔门之学，博文而约礼，温故而知新，参天而尽物；孔门之政，尊尊而亲亲，先富而后教，有文而备武，因时而制宜。孔子集千圣，等百王，参天地，赞化育，岂迂陋无用之老儒，如盗跖所讥、墨翟所非者哉？

今日学者，必先通经以明我中国先圣、先师立教之旨，考史以识我中国历代之治乱、九州之风土，涉猎子集以通我中国之学术文章，然后择西学之可以补吾阙者用之、西政之可以起吾疾者取之，斯有其益而无其害。如养生者，先有谷气而后可饫庶羞；疗病者，先审藏府而后可施药石。西学必先由中学，亦犹是矣（华文不深者不能译西书）。外国各学堂，每日必诵耶苏经，示宗教也；小学堂先习蜡丁文，示存古也；先熟本国地图，再览全球图，示有序也；学堂之书，多陈述本国先君之德政，其公私乐章，多赞扬本国之强盛，示爱国也。如中士而不通中学，此犹不知其姓之人，无辔之骑、无柁之舟，其西学愈深，其疾视中国亦愈甚，虽有博物多能之士，国家亦安得而用之哉？

·守约第八·

儒术危矣，以言乎迩，我不可不鉴于日本；以言乎远，我不可不鉴于战国。昔战国之际，儒术几为异学诸家所轧，吾读司马谈之《论六家要指》而得其故焉，其说曰："儒家者流，博而寡要，劳而少功。"何以寡要少功？由于有博无约。如此之儒，止可列为九流之一耳，焉得为圣，焉得为贤？老诟儒曰："绝学无忧。"又以孔子说十二经为大谩；墨诟儒曰："累寿不能尽其学。"墨子又教其门人公尚过不读书；法诟儒曰："藏书策，修文学，用之则国乱。"（《韩非子》语）大率诸子所操之术，皆以便捷放纵，投世人之所好，而以繁难无用诬儒家，故学者乐闻而多归之。夫先博后约，孔、孟之教所同，而处今日之世变，则当以孟子守约施博之说通之。且孔门所谓博，非今日所谓博也，孔、孟之时，经籍无多，人执一业可以成名，官习一事可以致用，故其博易言也。今日四部之书汗牛充栋，老死不能遍观而尽识。即以经而论，古言古义隐奥难明，讹舛莫定，后师群儒之说解纷纭百出，大率有确解定论者不过什五而已。

沧海横流，外侮洊至，不讲新学则势不行，兼讲旧学则力不给，再历数年，苦其难而不知其益，则儒益为人所贱，圣教儒书寖微寖灭，虽无嬴秦坑焚之祸，亦必有梁元文武道尽之忧，此可为大惧者矣。尤可患者，今日无志之士本不悦学，离经畔道者尤不悦中学，因倡为中学繁难无用之说，设淫辞而助之攻，于是乐其便而和之者益众，殆欲立废中学而后快，是惟设一易简之策以救之，庶可以间执仇中学者之口，而解畏难不学者之惑。

今欲存中学，必自守约始，守约必自破除门面始。爰举中学各门求约之法，条列于后，损之又损，义主救世，以致用当务为贵，不以殚见洽闻为贤。十五岁以前，诵《孝经》、四书、五经正文，随文解义，并读史略、天文、地理、歌括、图式诸书，及汉、唐、宋人明白晓畅文字有益于今日行文者。自十五岁始，以左方之法求之，统经、史、诸子、理学、政治、地理、小学各门，美质五年可通，中材十年可了，若有学堂专师，或依此纂成学堂专书，中材亦五年可了。而以其间兼习西文，过此以往，专力讲求时政，广究西法，其有好古研精、不骛功名之士，愿为专门之学者。此五年以后，博观深造，任自为之。然百人入学，必有三五人愿为专门者，是为以约存博，与子夏所谓"博学近思"、荀子所谓"以浅持博"亦有合焉。

大抵有专门著述之学，有学堂教人之学、专门之书，求博求精，无有底止，能者为之，不必人人为之也，学堂之书，但贵举要切用，有限有程，人人能解，且限定人人必解者也（西人天文、格致一切学术，皆分专门学堂，与普通学堂为两事）。将来入官用世之人，皆通晓中学大略之人，书种既存，终有萌蘖滋长之日。吾学、吾书庶几其不亡乎。

一、经学通大义。切于治身心、治天下者，谓之大义。凡大义必明白平易，若荒唐险怪者乃异端，非大义也。《易》之大义，阴阳消长；《书》之大义，知人安民；《诗》之大义，将顺其美，匡救其恶（《诗谱序》："论功颂德，所以将顺其美，刺过讥失，所以匡救其恶"）。《春秋》大义，明王道，诛乱贼；《礼》之大义，亲亲，尊尊，贤贤；《周礼》大义，治国，治官，治民。三事相维（太宰建邦之六典、治典，经邦国、治官府、纪万民，其余教典、礼典、政典、刑典、事典，皆国、官、民三义并举。盖官为国与民之枢纽，官不治则国、民交受其害。此为《周礼》一经专有之义，故汉名《周官经》，唐名《周官礼》）。此总括全经之大义也。如《十翼》之说《易》，《论》《孟》《左传》之说《书》，大小序之说《诗》，《孟子》之说《春秋》，《戴记》之说《仪礼》，皆所谓大义也。

欲有要而无劳，约有七端：一、明例，谓全书之义例（《毛诗》以训诂、音韵为一要事，熟于《诗》之音训，则诸经之音训皆可隅反）。一、要指，谓今日尤切用者，每一经少则数十事，多则百余事。一、图表。（诸经图表，皆以国朝人为善，谱与表同。）一、会通，谓本经与群经贯通之义。一、解纷，谓先儒异义各有依据者，择其较长一说主之，不必再考，免耗日力（大率国朝人说而后出者较长）。一、阙疑，谓隐奥难明、碎义不急者，置之不考。一、流别，谓本经授受之源流，古今经师之家法（考其最著而今日有书者）。以上七事，分类求之，批郤导窾，事半功倍。

大率群经以国朝经师之说为主，《易》则程传与古说兼取（并不相妨）。《论》《孟》《学》《庸》以朱注为主，参以国朝经师之说。《易》止读程传及孙星衍《周易集解》（孙书兼采汉人说及王弼注）。《书》止读孙星衍《尚书今古文注疏》，《诗》止读陈奂《毛诗传疏》，《春秋左传》止读顾栋高《春秋大事表》，《春秋公羊传》止读孔广森《公羊通义》（国朝人讲《公羊》者惟此书立言矜慎，尚无流弊），《春秋穀梁传》止读钟文烝《穀梁补注》，《仪礼》止读胡培翚《仪礼正义》，《周礼》止读孙诒让《周礼正义》（已刊未毕）。《礼记》止读朱彬《礼记训纂》（《钦定七经传说义疏》皆学者所当读，故不备举）。《论》《孟》除朱注外，《论语》有刘宝楠《论语正义》，《孟子》有焦循《孟子正义》，可资考证，古说惟义理，仍以朱注为主。《孝经》即读通行注本，不必考辨。《尔雅》止读郝懿行《尔雅义疏》，五经总义止读陈澧《东塾读书记》、王文简（引之）《经义述闻》，《说文》止读王筠《说文句读》。（兼采段、严、桂、钮诸家，明白详慎，段注《说文》太繁而奥，俟专门者治之）。

以上所举诸书，卷帙已不为少，全读全解亦须五年，宜就此数书中择其要义先讲明之，用韩昌黎提要钩元之法，就元本加以钩乙标识（但看其定论，其引征辨驳之说不必措意）。若照前说七端，节录纂集，以成一书，皆采旧说，不参臆说一语，小经不过一卷，大经不过二卷，尤便学者。此为学堂说经义之书，不必章释句解，亦不必录本经全文（盖十五岁以前，诸经全文已读，文义大端已解矣）。师以是讲，徒以是习，期以一年或一年半毕之，如此治经，浅而不谬，简而不陋，即或废于半途，亦不至全无一得。有经义千余条以开其性识，养其本根，则终身可无离经畔道之患。总之，必先尽破经生著述之门面，方肯为之，然已非村塾学究、科举时流之所能矣。

一、史学、考治乱典制。

史学切用之大端有二：一事实，一典制。事实，择其治乱大端，有关今日鉴戒者考之，无关者置之；典制，择其考见世变，可资今日取法者考之，无所取者略之。事实求之《通鉴》。《通鉴》之学（《资治通鉴》《续通鉴》《明通鉴》），约之以读《纪事本末》。典制，求之正史、二通。正史之学，约之以读志及列传中奏议（如汉《郊祀》，后汉《舆服》，宋《符瑞》《礼乐》，历代《天文》《五行》，元以前之《律历》，唐以后之《艺文》，可缓也）。地理止考有关大事者，水道止考今日有用者，官制止考有关治理者。如古举今废，名存实亡，暂置屡改，寄禄虚封，闲曹杂流，不考可也）。二通之学，《通典》《通考》约之以节本，不急者乙之，《通考》取十之三、《通典》取十之一，足矣（国朝人有《文献通考详节》，但一事中最要之原委条目，有应详而不详者，内又有数门可不考者）。《通志》二十，略知其义例可也。

考史之书，约之以读赵翼《廿二史札记》（王氏《商榷》可节取，钱氏《考异》精于考古，略于致用，可缓）。史评，约之以读《御批通鉴辑览》。若司马公《通鉴》论义最纯正而专重守经，王夫之《通鉴论》《宋论》识多独到而偏好翻案，惟《御批》最为得中而切于经世之用（此说非因尊王而然，好学而更事者读之自见）。凡此皆为通今致用之史学。若考古之史学不在此例。

一、诸子知取舍。可以证发经义者及别出新理而不悖经义者取之，显悖孔、孟者弃之，说详《宗经》篇。

一、理学看学案。五子以后，宋、明儒者递相沿袭，探索幽渺，辨析朱、陆，掊击互起，出入佛、老，界在微茫，文体多仿宗门语录，质而近俚，高明者厌倦而不观，谨愿者惝恍而无得，理学不绝如线焉耳。惟读学案，可以兼考学行，甄综流派。黄梨洲《明儒学案》成于一手，宗旨明显而稍有门户习气；全谢山《宋元学案》成于补辑，选录较宽而议论持平，学术得失，了然易见。两书甚繁，当以提要钩元之法读之，取其什之二即可。通此两书，其余理学家专书可缓矣。惟《朱子语类》原书甚多，学案所甄录者未能尽见朱子之全体真面，宜更采录之。陈兰甫《东塾读书记·朱子》一卷最善。

一、词章读有实事者。一为文人便无足观，况在今日，不惟不屑，亦不暇矣。然词章有奏议、书牍、记事之用，不能废也。当于史传及专集、总集中择其叙事述理之文读之，其他姑置不读。若学者自作，勿为钩章棘句之文，勿为浮诞嵬琐之诗，则不至劳精损志矣（朱子曰："欧、苏文好处只是平易说道理，初不曾使差异底字换却寻常底字。"又曰："作文字须是靠实说，不可架空细巧，大率七八分实，二三分文。欧文好者只是靠实而有条理。"均《语类》一百三十九）。

一、政治书读近今者。政治以本朝为要，百年以内政事、五十年以内奏议，尤为切用。

一、地理考今日有用者。地理专在知今，一形势，一今日水道（先考大川），一物产，一都会，一运道（水道不尽能行舟），一道路，一险要，一海陆边防，一通商口岸。若《汉志》之证古，《水经注》之博文，姑俟暇日考之可也。考地理必有图，以今图为主，古图备考，此为中学地理言。若地球全形、外洋诸国亦须知其方域广狭，程途远近，都会海口，寒暖险易，贫富强弱，按图索之，十日可毕，暂可不必求详，重在俄、法、德、英、日本、美六国，其余可缓。

一、算学各随所习之事学之。西人精算，而算不足以尽西艺，其于西政更无与矣。天文、地图、化、力、光、电，一切格致制造莫不有算，各视所业何学，即习何学之算，取足应用而止，如是则得实用而有涯涘。今世学人治算学者，如李尚之、项梅侣、李壬叔诸君，专讲算理，穷幽极微，欲卒其业，皓首难期，此专家之学，非经世之具也（算学西多中少，因恐求备求精有妨中学，故附于此）。

一、小学但通大旨大例。中学之训诂犹西学之翻译也，欲知其人之意，必先晓其人之语。去古久远，经文简奥，无论汉学、宋学，断无读书而不先通训诂之理。近人厌中学者动诋训诂，此大谬可骇者也。伊川程子曰："凡看文字，先须晓其文义，然后可求其意，未有文义不晓而见意者也。"（《二程遗书》，《近思录》引）朱子曰："训诂则当依古注。"（《语类》卷七）又曰："后生且教他依本子认得训诂、文义分明为急，今人多是躐等妄作，诳误后生，其实都晓不得也。"（《答黄直卿书》）又曰："汉儒可谓善说经者，不过只说训诂，使人以此训诂玩索经文。"（《答张敬夫书》）又曰："向议欲刊《说文》，不知韩丈有意否，因赞成之为佳。"（《答吕伯恭书》。此外言训诂为要者尚多。）朱子所注各经，训诂精审，考据《说文》者甚多。《潜夫论》圣为天口，贤为圣译可谓善。譬若不通古音古义而欲解古书，何异不能译西文而欲通西书乎？惟百年以来，讲《说文》者终身钻研，汨没不反，亦是一病。要之，止须通其大旨大例，即可应用。大旨大例者，解六书之区分，通古今韵之隔阂，识古籀篆之源委，知以声类求义类之枢纽，晓部首五百四十字之义例。至名物无关大用（如水部自有专书，示部多列祭礼，舟车今制为详，草虫须凭目验，皆不必字字深求者也）。说解间有难明，义例偶有抵牾，则阙之不论（许君书既有脱逸，复多奥义，但为求通六书，不为究极许学，则功力有限断矣）。得明师说之，十日粗通，一月大通，引申触类，存乎其人，何至有废时破道之患哉？若废小学不讲，或讲之故为繁难，致人厌弃，则经典之古义茫昧，仅存迂浅俗说，后起趣时之才士，必皆薄圣道为不足观，吾恐终有经籍道熄之一日也。

如资性平弱并此亦畏难者，则先读《近思录》《东塾读书记》《御批通鉴辑览》《文献通考详节》，果能熟此四书，于中学亦有主宰矣。

·去毒第九·

悲哉！洋烟之为害，乃今日之洪水猛兽也，然而殆有甚焉。洪水之害不过九载，猛兽之害不出殷都，洋烟之害流毒百余年，蔓延二十二省，受其害者数十万万人，以后浸淫，尚未有艾。废人才、弱兵气、耗财力（近年进口洋货价八千余万，出口土货可抵五千余万，洋药价三千余万，则漏卮也。是中国不贫于通商而贫于吸洋烟也），遂成为今日之中国矣。而废害文武人才，其害较耗财而又甚焉。志气不强，精力不充，任事不勤，日力不多，见闻不广，游历不远，用度不节，子息不蕃。更数十年，必至中国胥化而为四裔之魑魅而后已。

昔者国家尝严刑峻法以禁之而不效，天祸中国，谁能除之？然而吾意以为不然，《论语》曰："齐之以刑，免而无耻。""齐之以礼，有耻且格。"是法所不能治者，名得而治之（顾亭林曰："以法治人不若以名治人。"）。《学记》曰："君子如欲化民成俗，其必由学乎。"是政所不能化者，学得而化之。何也？中国吸烟之始，由于懒惰，懒惰由于无事，无事由于无所知，无所知由于无见闻。士之学取办于讲章墨卷，官之学取办于例案，兵之学取办于钝器，老阵如是已足（近日宋学、汉学、词章、百家之学，亦皆索之故纸，发为空言，不必征诸实事，考诸万物）。农无厚利，地无异产，工无新器，商无远志，行旅无捷涂，大率皆可以不勤动、不深思、不广交、不远行而得之，陋生拙，拙生缓，缓生暇，暇生废，于是嗜好中之，此皆不学之故也。若学会广兴，文武道艺，城乡贵贱无有不学，弱者学之于阅报，强者学之于游历，其君子胸罗五洲，其小人思穷百艺，方且欲上测行星、下穷地隔、旁探南北极，岂尚有俾昼作夜、终老于一灯一榻者？导之且不为，况禁之哉？故曰：兴学者，戒烟之药也。近日海内志士，伤时念乱，怵然有人类灭绝之忧。上海、扬州均有戒烟会，其说大抵各自治其所属之人，如吸烟者，主不以为仆，师不以为士，将不以为兵，田主不以为佣，商贾不以为伙，匠师不以为工，凡以治愚贱之人而已。夫不治富贵智能之人，则将吏、师长、田主、工师不乏吸烟者，彼恃有逃墨归杨之薮，犹不戒也。且官师皆无常职，彼视其官师如传舍，亦不戒也。吾谓惟在以学治智能少壮之人，愚贱者视吾力所能及者治之，衰老者听之，十年之后，此智能少壮之士大率皆富贵成立，或有位、或有家，因以各治其所属之人，三十年而绝矣。今各省多创立学会，谓宜即以戒烟会附之而行，无论何学会皆列此一条。四十岁以上戒否听其便，四十岁以下者不戒烟不得入会，家训训此，乡约约此，学规规此，剥穷则反，此其时乎？孔子曰："知耻近乎勇。"孟子曰："不耻不若人，何若人有。"夫以地球万国鄙恶不食之鸩毒，独我中华乃举世寝馈湛溺于其中，以自求贫弱死亡，古今怪变无过于此。使孔、孟复生，以明耻教天下，其必自戒烟始矣。

·益智第一·

自强生于力，力生于智，智生于学。孔子曰："虽愚必明，虽柔必强，未有不明而能强者也。"人力不能敌虎豹，然而能禽之者，智也；人力不能御大水堕高山，然而能阻之开之者，智也。岂西人智而华人愚哉？

欧洲之为国也，多群虎相伺，各思吞噬，非势钧力敌不能自存，故教养富强之政，步天测地、格物利民之技能，日出新法，互相仿效，争胜争长。且其壤地相接，自轮船、铁路畅通以后，来往尤数，见闻尤广，故百年以来焕然大变，三十年内进境尤速。如家处通衢，不问而多知；学有畏友，不劳而多益。

中华春秋，战国、三国之际，人才最多。累朝混一以后，傫然独处于东方，所与邻者类皆陬澨蛮夷、沙漠蕃部，其治术、学术无有胜于中国者。惟是循其旧法随时修饬，守其旧学不逾范围，已足以治安而无患。迨去古益远，旧弊日滋，而旧法、旧学之精意渐失，今日五洲大通，于是相形而见绌矣。假使西国强盛开通，适当我圣祖、高宗之朝，其时朝廷恢豁大度不欺远人，远识雄略不囿迂论，而人才众多，物力殷阜，吾知必已遣使通问、远游就学，不惟采其法、师其长，且可引为外惧，借以儆我中国之泄沓，戢我中国之盈侈，则庶政、百能未必不驾而上之。乃通商、用兵，待至道光之季，其时西国国势愈强，中国人才愈陋，虽被巨创，罕有儆悟，又有发匪之乱，益不暇及。林文忠尝译《四洲志》《万国史略》矣，然任事而不终；曾文正尝遣学生出洋矣，然造端而不寿；文文忠创同文馆，遣驻使，编西学各书矣，然孤立而无助，迂谬之论、苟简之谋充塞于朝野，不惟不信不学，且诟病焉。一儆于台湾生番，再儆于琉球，三儆于伊犁，四做于朝鲜，五做于越南、缅甸，六做于日本，祸机急矣，而士大夫之茫昧如故，骄玩如故。天自牖之，人自塞之，谓之何哉！

夫政刑兵食，国势邦交，士之智也；种宜土化，农具粪料，农之智也；机器之用，物化之学，工之智也；访新地，创新货，察人国之好恶，较各国之息耗，商之智也；船械营垒，测绘工程，兵之智也。此教养富强之实政也，非所谓奇技淫巧也，华人于此数者，皆主其故常，不肯殚心力以求之。若循此不改，西智益智，中愚益愚，不待有吞噬之忧，即相忍相持、通商如故，而失利损权，得粗遗精，将冥冥之中，举中国之民已尽为西人之所役矣；役之不已，吸之、腋之不已，则其究必归于吞噬而后快。是故智以救亡、学以益智、士以导农工商兵。士不智，农工商兵不得而智也；政治之学不讲，工艺之学不得而行也。大抵国之智者，势虽弱，敌不能灭其国；民之智者，国虽危，人不能残其种。（印度属于英，浩罕、哈萨克属于俄，阿非利加分属于英、法、德，皆以愚而亡。美国先属于英，以智而自立，古巴属于西班牙，以不尽愚而复振。）求智之法如何？一曰去妄，二曰去苟。固陋虚憍，妄之门也；侥幸怠惰，苟之根也。二蔽不除，甘为牛马土芥而已矣。

愚民辨

三年以来，外强中弱之形大著，海滨人士稍稍阅《万国公报》，读沪局译书，接西国教士，渐有悟华民之智不若西人者，则归咎于中国历代帝王之愚其民，此大谬矣。《老子》曰："有道者，非以明民，将以愚之。"此李斯、韩非之学，暴秦之政也，于历代何与焉？汉求遗书，尊六经，设博士，举贤良，求茂才异等，绝国使才，非愚民也。唐设科目多至五十余，宋广立学校，并设武学。明洪武三年开科，经义以外兼考书、算、骑、射、律（《日知录》引《明太祖实录》）非愚民也。自隋以词章取士，沿袭至今，此不过为荐举公私无凭，词章考校有据耳，谓立法未善则可，谓之愚民则诬。至我朝列圣，殷殷以觉世牖民为念，刊布《数理精蕴》《历象考成》《仪象考成》，教天算西学也；遣使测经纬度，绘天下地图，教地舆西学也；刊布《授时通考》，教农学也；纂《七经义疏》，刊布十三经、二十四史、九通，开四库馆修书，分藏大江南北，纵人入读，教经史百家之学也；同治军务敉平以后，内外开同文方言馆，教译也；设制造局，教械也；设船政衙门，教船也；屡遣学生出洋，赴美、英、法、德，学公法、矿学、水师、陆师、炮台、铁路也，总署编刊公法、格致、化学诸书，沪局译刊西书七十余种，教各种西学也。且同文馆三年有优保，出洋随员三年有优保，学堂学生有保奖，游历有厚资，朝廷欲破民之愚、望士之智，皇皇如恐不及。无如陋儒、俗吏动以新学为诟病，相戒不学，故译书不广，学亦不精，出洋者大半志不在学，故成材亦不多，是不学者负朝廷耳。且即以旧制三场之法言之，虽不能兼西学，固足以通中学，咎在主司偏重、士人剽窃，非尽法之弊也。果能经义、策问事事博通，其于经济大端、百家学术必能贯彻，任以政事必能有为，且必能通达事变，决不至于愚矣。譬如子弟不肖，楹有书而不读，家有师而不亲，过庭、入塾惟务欺饰，及至颓废贫困，乃怨怼其父母，岂不悖哉？大率近日风气，其赞羡西学者，自视中国朝政、民风无一是处，殆不足比于人数，自视其高、曾、祖、父亦无不可鄙贱者，甚且归咎于数千年以前历代帝王无一善政，历代将相、师儒无一人才。不知二千年以上，西国有何学，西国有何政也？

·游学第二·

出洋一年胜于读西书五年，此赵营平“百闻不如一见”之说也。入外国学堂一年胜于中国学堂三年，此孟子“置之庄岳”之说也。游学之益，幼童不如通人，庶僚不如亲贵，尝见古之游历者矣。晋文公在外十九年，遍历诸侯，归国而霸；赵武灵王微服游秦，归国而强。春秋、战国最尚游学，贤如曾子、左邱明，才如吴起、乐羊子，皆以游学闻，其余策士、杂家不能悉举。后世英主、名臣如汉光武学于长安，昭烈周旋于郑康成、陈元方，明孙承宗未达之先，周历边塞，袁崇焕为京官之日潜到辽东，此往事明效也。请论今事。日本，小国耳，何兴之暴也？伊藤、山县、榎本、陆奥诸人皆二十年前出洋之学生也，愤其国为西洋所胁，率其徒百余人分诣德、法、英诸国，或学政治、工商，或学水陆兵法，学成而归，用为将相，政事一变，雄视东方。不特此也，俄之前主大彼得愤彼国之不强，亲到英吉利、荷兰两国船厂，为工役十余年，尽得其水师轮机驾驶之法，并学其各厂制造，归国之后，诸事丕变，今日遂为四海第一大国。不特此也，暹罗久为法国涎伺，于光绪二十年与法有衅，行将吞并矣，暹王感愤，国内毅然变法，一切更始，遣其世子游英国，学水师，去年暹王游欧洲，驾火船出红海来迎者即其学成之世子也，暹王亦自通西文、西学，各国敬礼有加，暹罗遂以不亡。上为俄，中为日本，下为暹罗，中国独不能比其中者乎？至游学之国，西洋不如东洋：

一、路近省费，可多遣；

一、去华近，易考察；

一、东文近于中文，易通晓；

一、西书甚繁，凡西学不切要者，东人已删节而酌改之。中、东情势风俗相近，易仿行，事半功倍，无过于此。若自欲求精、求备，再赴西洋有何不可？或谓："昔尝遣幼童赴美学习矣，何以无效？"曰："失之幼也。"又："尝遣学生赴英、法、德学水陆师各艺矣，何以人才不多？"曰："失之使臣监督不措意，又无出身明文也。"又："尝派京员游历矣，何以材、不材相兼？"曰："失之不选也。"虽然，以予所知，此中固亦有足备时用者矣，若因噎废食之谈、豚蹄篝车之望，此乃祸人家国之邪说，勿听可也。尝考孟子所论圣贤、帝王、将相历险难、成功业，其要归不过曰"动心忍性，增益其所不能"而已，曰"生于忧患"而已。夫受侮而不耻，蹙国而不惧，是不动也；冥然罔觉，悍然不顾，以效法人为耻，是不忍也；习常蹈故，一唱百和，惮于改作，官无一知，士无一长，工无一技。外不远游，内不立学，是不增益所不能也；无心、无性、无能，是将死于忧患矣。何生之足云！

　　　　　　·设学第三·

今年特科之诏下，士气勃然，濯磨兴起，然而六科之目可以当之无愧，上副圣心者盖不多觏也。去年有旨，令各省筹办学堂，为日未久，经费未集，兴办者无多。夫学堂未设，养之无素，而求之于仓卒，犹不树林木而望隆栋，不作陂池而望巨鱼也。游学外洋之举所费既巨，则人不能甚多，且必学有初基，理已明、识已定者，始遣出洋，则见功速而无弊，是非天下广设学堂不可，各省、各道、各府、各州县皆宜有学，京师、省会为大学堂，道府为中学堂，州县为小学堂，中小学以备升入大学堂之选。府县有人文盛、物力充者，府能设大学，县能设中学，尤善。小学堂习四书，通中国地理、中国史事之大略，算数、绘图、格致之粗浅者。中学堂各事较小学堂加深，而益以习五经，习《通鉴》，习政治之学，习外国语言文字。

大学堂又加深，加博焉。或曰："天下之学堂以万数，国家安得如此之财力以给之？"曰："先以书院改为之。"学堂所习，皆在诏书科目之内，是书院即学堂也，安用骈枝为？或曰："府县书院经费甚薄，屋宇甚狭小，县尤陋，甚者无之，岂足以养师生、购书器？"曰："一县可以善堂之地，赛会演戏之款改为之，一族可以祠堂之费改为之。""然数亦有限，奈何？"曰："可以佛道寺观改为之。"今天下寺观何止数万，都会百余区，大县数十，小县十余，皆有田产，其物业皆由布施而来。若改作学堂，则屋宇、田产悉具，此亦权宜而简易之策也。方今西教日炽，二氏日微，其势不能久存。佛教已际末法中半之运，道家亦有其鬼不神之忧，若得儒风振起，中华乂安，则二氏固亦蒙其保护矣。大率每一县之寺观，取什之七以改学堂，留什之三以处僧道，其改为学堂之田产，学堂用其七，僧道仍食其三。计其田产所值，奏明朝廷，旌奖僧道，不愿奖者，移奖其亲族以官职。如此则万学可一朝而起也。以此为基，然后劝绅富捐资以增广之。昔北魏太武太平真君七年、唐高祖武德九年、武宗会昌五年，皆尝废天下僧寺矣，然前代意在税其丁、废其法，或为抑释以伸老，私也；今为本县育才，又有旌奖，公也。若各省荐绅先生以兴起其乡学堂为急者，当体察本县寺观情形，联名上请于朝，诏旨宜无不允也。

　　其学堂之法，约有五要：一曰新旧兼学。学四书五经、中国史事、政书、地图为旧学，西政、西艺、西史为新学，旧学为体，新学为用，不使偏废。一曰政艺兼学，学校地理、度支赋税、武备律例、劝工通商，西政也；算绘矿医、声光化电，西艺也。（西政之刑狱立法最善，西艺之医最于兵事有益，习武备者必宜讲求。）才识远大而年长者，宜西政，心思精敏而年少者宜西艺。小学堂先艺而后政，大中学堂先政而后艺。西艺必专门，非十年不成；西政可兼通数事，三年可得要领。大抵救时之计、谋国之方，政尤急于艺，然讲西政者，亦宜略考西艺之功用，始知西政之用意。一曰宜教少年，学算须心力锐者，学图须目力好者，学格致、化学、制造须质性颖敏者，学方言须口齿清便者，学体操须气体精壮者。中年以往之士，才性、精力已减，功课往往不能中程，且成见已深，难于虚受，不惟见功迟缓，且恐终不深求，是事倍而功半也。一曰不课时文，新学既可以应科目，是与时文无异矣。况既习经书，又兼史事、地理、政治、算学，亦必于时文有益。诸生自可于家习之，何劳学堂讲授以分其才思，夺其日力哉？朱子曰："上之人曾不思量，时文一件，学子自是着急，何用更要你教？"（《语类》卷一百九）谅哉言乎。一曰不令争利，外国大小学堂，皆须纳金于堂，以为火食、束脩之费，从无给以膏火者。中国书院积习，误以为救济寒士之地，往往专为膏火奖赏而来。本意既差，动辄计较锱铢，忿争攻讦，颓废无志，紊乱学规，剿袭冒名，大雅扫地矣。今纵不能遽从西法，亦宜酌改旧规，堂备火食，不令纳费，亦不更给膏火用。北宋国学积分之法，每月核其功课，分数多者酌予奖赏，数年之后人知其益，即可令纳费充用，则学益广，才益多矣。一曰师不苛求，初设之年，断无千万明师，近年，西学诸书沪上刊行甚多，分门别类，政、艺要领，大段已详，高明之士研求三月，可以教小学堂矣；两年之后，省会学堂之秀出者，可以教中学堂矣。大学堂初设之年，所造亦浅，每一省访求数人，亦尚可得。三年之后新书大出，师范愈多，大学堂亦岂患无师哉？若书院猝不能多设，则有志之士当自立学会，互相切磋，文人旧俗，凡举业、楷书、放生、惜字、赋诗、饮酒、围棋、叶戏，动辄有会，何独于关系身世安危之学而缓之？古人牧豕都养，尚可听讲通经，岂必横舍千间，载书兼两而后为学哉？始则二三，渐至什伯，精诚所感，必有应之于千里之外者。昔原伯鲁以不悦学而亡，越勾践以十年教训而兴，国家之兴亡，亦存乎士而已矣。

　　　　　　　　·学制第四·

　　外洋各国学校之制，有专门之学，有公共之学。专门之学极深研几，发古人所未发，能今人所不能，毕生莫殚，子孙莫究，此无限制者也；公共之学所读有定书，所习有定事，所知有定理，日课有定程，学成有定期（或三年，或五年），入学者不中程不止，惰者不得独少。既中程而即止，勤者不必加多，资性敏者同为一班，资性钝者同为一班，有间断、迟误者附其后班，生徒有同功，师长有同教，此有限制者也。

　　无事无图，无堂无算，师无不讲之书，徒无不解之义，师以已习之书为教则师不劳，徒以能解之事为学则徒不苦，问其入何学堂，而知其所习何门也；问其在学堂几年，而知其所造何等也。

　　文武将吏，四民百艺，其学无不皆同。小学堂之书较浅，事较少，如天文、地质、绘图、算学、格致、方言、体操之类，具体而微。中学堂书较深，事较多（如小学堂地图则极略，仅具疆域山水大势，又进则有府县详细山水，又进则有铁路、电线、矿山、教堂，余书仿此），方言则兼各国，算学则讲代数、对数，于是化学、医术、政治以次而及，余事仿此。大学堂又有加焉。小学、中学、大学又各分为两三等，期满以后，考其等第，给予执照。国家欲用人才，则取之于学堂，验其学堂之凭据，则知其任何官职而授之，是以官无不习之事，士无无用之学。其学堂所读之书则由师儒纂之，学部定之，颁于国中，数年之后，或应增减订正，则随时修改之。

其学堂之费，率皆出地方绅富之捐集，而国家略发官款以补助之，入学堂者但求成才，不求膏火，每人月须纳金若干，以为饮食束脩之费，贫家少纳，富家多纳。其官绅所筹学堂之费，专为建堂延师、购书制器之用，不为学生膏奖（亦有义学，以教极贫子弟，学生出资甚微，然义学甚少，所教极浅）。来学者既已出费，则必欲有所得而后归，学成之后，仕宦、工商各有生计，自无冻馁。此以教为养之法也。是以一国之内常有小学数万区，中学数千，大学百数，由费不仰给于官，亦不尽仰给于绅故也，其善有三：出资来学则不惰，志不在利则无争，官不多费则学广。苏子瞻沮新法学校之说曰："必将发民力以治宫室，敛民财以养游士。"如西法所为，可无多费之虞矣。王介甫悔新法学校之误曰："本欲变学究为秀才，不谓变秀才为学究。"如西法所为，可无变为学究之患矣。凡东西洋各国立学之法，用人之法，小异而大同，吾将以为学式。

·广译第五·

十年以来，各省学堂尝延西人为教习矣，然有二弊。师生言语不通，恃翻译为枢纽，译者学多浅陋，或仅习其语而不能通其学，传达失真，豪厘千里，其不解者则以意删减之、改易之，此一弊也。即使译者善矣，而洋教习所授，每日不过两三时，所教不过一两事，西人积习，往往故作迟缓，不尽其技，以久其期，故有一加减法而教一年者矣。即使师不惮劳，而一西人之学能有几何？一西师之费已为巨款。以故学堂虽建，迄少成材，朱子所谓"无得于心而所知有限"者也，此二弊也。前一弊学不能精，后一弊学不能多，至机器制造局厂，用西人为工师，华匠不通洋文，仅凭一二翻译者，其弊亦同。

尝考三代即讲译学，《周书》有舌人，《周礼》有象胥诵训，扬雄录别国方言，朱酺译西南夷乐歌，于谨兼通数国言语，《隋志》有国语、杂文、鲜卑号令、婆罗门书、扶南胡书、外国书，近人若邵阳魏源于道光之季译外国各书、各新闻报为《海国图志》，是为中国知西政之始。南海冯焌光于同治之季官上海道时，创设方言馆，译西书数十种，是为中国知西学之始。迹其先几远跲，洵皆所谓豪杰之士也。若能明习中学而兼通西文，则有洋教习者，师生对语，不惟无误，且易启发。无洋教习者以书为师，随性所近，博学无方，况中国照会、条约、合同，华洋文义不尽符合，动为所欺，贻害无底。吾见西人善华语、华文者甚多，而华人通西语、西文者甚少，是以虽面谈久处而不能得其情，其于交涉之际失机误事者多矣。大率商贾市井，英文之用多；公牍、条约，法文之用多。至各种西学书之要者，日本皆已译之，我取径于东洋，力省效速，则东文之用多。

惟是翻译之学有深浅，其仅能市井应酬语，略识帐目字者不入等；能解浅显公牍、书信，能识名物者为下等；能译专门学问之书（如所习天文、矿学，则只能译天文、矿学书），非所习者不能译也，为中等；能译各门学问之书，及重要公牍、律法深意者，为上等。下等三年，中等五年，上等十年，我既不能待十年以后译材众多而后用之，且译学虽深，而其志趣、才识固未可知；又未列于仕宦，是仍无与于救时之急务也。是惟多译西国有用之书，以教不习西文之人，凡在位之达官、腹省之寒士、深于中学之耆儒、略通华文之工商，无论老壮，皆得取而读之，采而行之矣。译书之法有三：一、各省多设译书局；一、出使大臣访其国之要书而选译之；一、上海有力书贾、好事文人，广译西书出售，销流必广，主人得其名，天下得其用矣。（此可为贫士治生之计，而隐有开物成务之功，其利益与石印场屋书等，其功德比刻善书则过之。惟字须略大，若石印书之密行细字，则年老、事繁之人不能多读，即不能多销也。今日急欲开发新知者，首在居官任事之人，大率皆在中年以上，且事烦暇少，岂能挑灯细读？译洋报者亦然。）

王仲任之言曰："知古不知今，谓之陆沈；知今不知古，谓之聋瞽。"吾请易之曰："知外不知中，谓之失心；知中不知外，谓之聋瞽。"夫不通西语，不识西文，不译西书，人胜我而不信，人谋我而不闻，人规我而不纳，人吞我而不知，人残我而不见，非聋瞽而何哉？学西文者，效迟而用博，为少年未仕者计也；译西书者，功近而效速，为中年已仕者计也。若学东洋文，译东洋书，则速而又速者也。是故从洋师不如通洋文，译西书不如译东书。

·阅报第六·

李翰称《通典》之善曰："不出户，知天下；罕更事，知世变；未从政，达民情。"（元文"民"作"人"，乃避唐讳。）斯言也，殆为今日中西各报言之也，吾更益以二语曰："寡交游，得切磋。"外国报馆林立，一国多至万余家。有官报，有民报。官报宣国是，民报达民情。凡国政之得失、各国之交涉、工艺商务之盛衰、军械战船之多少、学术之新理新法，皆具焉。是以一国之内如一家，五洲之人如面语。中国自林文忠公督广时，始求得外国新闻纸而读之，遂知洋情，以后更无有继之者。上海报馆自同治中有之，特所载多市井猥屑之事，于洋报采撷甚略，亦无要语。上海道月有译出西国近事，呈于总署及南北洋大臣，然皆两月以前之事，触时忌者辄削之不书，故有与无等。乙未以后，志士文人创开报馆，广译洋报，参以博议，始于沪上，流衍于各省，内政、外事、学术皆有焉，虽论说纯驳不一，要可以扩见闻、长志气，涤怀安之鸩毒，破扪篇之瞽论，于是一孔之士、山泽之农，始知有神州；筐篋之吏、烟雾之儒，始知有时局，不可谓非有志四方之男子学问之一助也。

方今外侮日亟，事变日多，军国大计、执政慎密，不敢宣言，然而各国洋报早已播诸五洲，不惟中国之政事也，并东西洋各国之爱恶攻取、深谋诡计，一一宣之简牍，互相攻发，互相驳辨，无从深匿，俾我得以兼听而豫防之，此亦天下之至便也。然而吾谓报之益于人国者，博闻次也，知病上也。昔齐桓公不自知其有疾而死，秦以不闻其过而亡。大抵一国之利害安危，本国之人蔽于习俗，必不能尽知之，即知之亦不敢尽言之，惟出之邻国，又出之至强之国，故昌言而无忌。我国君臣上下果能览之而动心，怵之而改作，非中国之福哉？近人阅洋报者，见其诋訾中国不留余地，比之醉人，比之朽物，议分裂、议争先，类无不拂然怒者，吾谓此何足怒耶？勤攻吾阙者，诸葛之所求；讳疾灭身者，周子之所痛。古云"士有诤友"，今虽云"国有诤邻"，不亦可乎？

·变法第七·

变法者，朝廷之事也，何为而与士民言？曰："不然。"法之变与不变，操于国家之权，而实成于士民之心志议论。试观曾文正为侍郎时，尝上疏言翰林考小楷、诗赋之弊矣（《文集》卷一），及成功作相以后，若力持此议，当可成就近今三十年馆阁之人材，然而无闻焉，何也？大乱既平，恐为时贤所诟病也。文文忠尝开同文馆，刊公法格致各书矣，以次推行，宜可得无数使绝国，识时务之才，然而曲谨自好者相戒不入同文馆，不考总署章京，京朝官讲新学者阒然无闻，何也？劫于迂陋群儒之谬说也。夫以勋臣元老，名德重权，尚不免为习非胜是之谈所挠，而不睹其效，是亦可痛可惜者矣。又如左文襄在闽创设船政，在甘创设机器织呢羽局，沈文肃成船政，设学堂，与北洋合议设招商局，丁文诚在山东、四川皆设制造洋枪枪弹局，此皆当世所谓廉正守道之名臣也，然所经营者皆是此等事，其时皆在同治中年、光绪初年国家闲暇之时，惜时论多加吹求，继者又复无识，或废阁，或减削，无能恢张之者，其效遂以不广。

夫不可变者，伦纪也，非法制也；圣道也，非器械也；心术也，非工艺也。请征之经，穷则变，变通尽利，变通趣时，损益之道与时偕行，《易》义也。器非求旧惟新，《尚书》义也。学在四夷，《春秋传》义也。五帝不沿乐，三王不袭礼，礼时为大，《礼》义也。温故知新（刘楚桢《论语正义》引《汉书·成帝纪》：诏曰："儒林之官宜皆明于古今，温故知新，通达国体。"《百官表》："以通古今，备温故知新之义。"孔冲远《礼记·叙》："博物通人，知今温古，考前代之宪章，参当时之得失。"是汉、唐旧说皆以温故知新为知古知今），三人必有我师，择善而从，《论语》义也。时措之宜，《中庸》义也。不耻不若人，何若人有，《孟子》义也。

请征之史，封建变郡县，辟举变科目，府兵变召募，车战变步骑，租庸调变两税，归余变活闰，篆籀变隶楷，竹帛变雕版，笾豆变陶器，粟布变银钱，何一是三代之旧乎？历朝变法最著者四事：赵武灵王变法习骑射，赵边以安；北魏孝文帝变法尚文明，魏国以治，此变而得者也（若武灵之不终以嬖幸，魏之不永以子孙不肖，与变法无涉）。商鞅变法，废孝弟仁义，秦先强而后促；王安石变法，专务剥民，宋因以致乱。此变而失者也。商、王之失在残酷剥民，非不可变也，法非其法也（西法以省刑、养民两事为先务）。

请征之本朝：关外用骑射，讨三藩用南怀仁大炮。乾隆中叶，科场表判改五策，岁贡以外增优贡、拔贡；嘉庆以后，绿营之外创募勇；咸丰军兴以后，关税之外抽厘金，同治以后，长江设水师，新疆、吉林改郡县，变者多矣。即如轮船、电线创设之始，訾议繁兴，此时若欲废之，有不攘臂而争者乎？今之排斥变法者大率三等：

一为泥古之迂儒，泥古之弊易知也。一为苟安之俗吏，盖以变法必劳思，必集费，必择人，必任事，其余昏惰偷安，徇情取巧之私计，皆有不便，故借书生泥古之谈以文其猾吏苟安之智，此其隐情也。至问以中法之学术治理，则皆废弛欺饰而一无所为，所谓守旧，岂足信哉？又一为苛求之谈士，夫近年仿行西法而无效者亦诚有之，然其故有四：

一、人顾其私，故止为身谋而无进境，制造各局、出洋各员是也。此人之病，非法之病也。

一、爱惜经费，故左支右绌而不能精，船政是也。此时之病，非法之病也。

一、朝无定论，故旋作旋辍而无成效，学生出洋、京员游历是也。此浮言之病，非法之病也。

一、有器无人，未学工师而购机，未学舰将而购舰，海军、各制造局是也。此先后失序之病，非法之病也。

乃局外游谈，不推原于国是之不定、用人之不精、责任之不专、经费之不充、讲求之不力，而吹求责效，较之见弹求鸮炙、见卵求时夜，殆有甚焉。学堂甫造而责其成材，矿山未开而责其获利，事无定衡，人无定志，事急则无事不举，事缓则无事不废，一埋一撅，岂有成功哉？

虽然，吾尝以儒者之论折衷之矣，吕伯恭曰："卤莽灭裂之学或作或辍，不能变不美之质。"此变法而无诚之药也。曾子固曰："孔，孟二子亦将因所遇之时、所遭之变而为当世之法，使不失乎先王之意而已，法者，所以适变也，不必尽同；道者，所以立本也，不可不一。"此变法而悖道之药也。由吕之说则变而有功，由曾之说则变而无弊。夫所谓道、本者三纲四维是也，若并此弃之，法未行而大乱作矣，若守此不失，虽孔、孟复生，岂有议变法之非者哉？

·变科举第八·

朱子尝称述当时论者之言曰："朝廷若要恢复，须罢三十年科举。以为极好。"痛哉斯言也！中国仕宦出于科举，虽有他途，其得美官者、膺重权者，必于科举乎取之，自明至今，行之已五百余年，文胜而实衰，法久而弊起，主司取便以藏拙，举子因陋以侥幸，遂有三场实止一场之弊（钱晓征语）。所解者高头讲章之理，所读者坊选程墨之文，于本经之义，先儒之说，概乎未有所知。近今数十年，文体日益佻薄，非惟不通古今，不切经济，并所谓时文之法度、文笔而俱亡之。今时局日新，而应科举者拘瞀益甚，傲然曰："吾所习者孔、孟之精理，尧、舜之治法也。"遇讲时务经济者，尤鄙夷排击之，以自护其短，故人才益乏，无能为国家扶危御侮者。于是诏设学堂以造明习时务之人才，又开特科以搜罗之，夫学堂虽立，无进身之阶，人不乐为也，其来者必白屋钝士，资禀凡下，不能为时文者也。其世族俊才皆仍志于科举而已，即有特科之设，然廿年一举，为时过远，岂能坐待？则仍为八比，诗赋、小楷而已，救时之才何由可得？且夫齐衣败紫，晋曳苴履，赵文王好剑而士死于相击，越勾践好勇而士死于焚舟，从上所好也。两汉经学，实禄利之途驱之，使乡会试仍取决于时文，京朝官仍絜长于小楷，名位取舍惟在于斯，则虽日讨国人而申儆之，告以祸至无日，戒以识时务、求通才、救危局，而朝野之汶暗如故，空疏亦如故矣。故救时必自变法始，变法必自变科举始。

或曰："若变科举、废时文，则人不读五经四书可乎？"于是有献学校贡举私议者，曰："变科举者，非废四书文也，不专重时文，不讲诗赋、小楷之谓也。"窃谓今日科举之制，宜存其大体而斟酌修改之。昔欧阳文忠知谏院时，恶当时举人鄙恶剽盗，全不晓事之弊，尝疏请改为三场分试、随场而去之法，每场皆有去留，头场策合格者试二场，二场论合格者试三场。其大要曰：鄙恶乖诞，以渐先去，少而易考，不至劳昏。全不晓事之人无由而进。其说颇切于今日之情事。欧公之欲以策论救诗赋，犹今之欲以中学、西学经济救时文也。今宜略师其意，拟将今日三场先后之序互易之，而又层递取之，大率如府县考覆试之法。第一场试以中国史事、本朝政治论五道，此为中学经济。假如一省中额八十名者，头场取八百名；额四十名者，头场取四百名，大率十倍。中额即先发榜一次，不取者罢归，取者始准试第二场。二场试以时务策五道，专问五洲各国之政、专门之艺，政如各国地理官制、学校、财赋、兵制、商务等类，艺如格致、制造、声、光、化、电等类，此为西学经济。其虽解西法而支离狂怪，显悖圣教者斥不取，中额八十名者，二场取二百四十名，额四十名者，取一百二十名，大率三倍。中额再发榜一次，不取者罢归，取者始准试第三场。三场试四书文两篇，五经文一篇，四书题禁纤巧者，合校三场均优者始中式发榜如额，如是则取入二场者，必其博涉古今、明习内政者也。然恐其明于治内而暗于治外，于是更以西政、西艺考之，其取入三场者，必其通达时务、研求新学者也。然又恐其学虽博、才虽通，而理解未纯、趣向未正，于是更以四书文、五经文考之，其三场可观而中式者，必其宗法圣贤、见理纯正者也。大抵首场先取博学，二场于博学中求通才，三场于通才中求纯正，先博后约，先粗后精，既无迂暗庸陋之才，亦无偏驳狂妄之弊，三场各有取义，较之偏重首场所得多矣。且分场发榜，下第者先归，二三场卷数愈少，校阅亦易，寒士无久羁之苦，誊录无卷多谬误之弊，主司无竭蹶草率之虞，一举三善，人才必多，而着重尤在末场，犹之府县试皆凭末覆以定去取，不愈见四书五经之尊哉？惟科举必以生员为基，其学政岁科两考，生童均可以例推之，岁科考例先试经古一场，即专以史论、时务策两门发题。生员岁考正场，原系一四书文、一经文，生员科考正场，原系一四书文、一策，亦照岁考例改为经文，以免荒经之弊。童试一切照生员，惟将正场第二篇四书文改为经文而已。盖生童考试旧章正与今日所拟科举之法相类。二十年来，经古场久已列算学一门，是尤不劳而理者也。

难者曰："主司不能尽通新学，将如之何？"曰："应试难，试官易。"近年来上海编纂中外政学、艺学之书不下二十种，闱中例准调书，据书考校，何难之有？且房官中能晓时务者尚多，总裁、主考，惟司覆阅，何难之有？至外省主考学政，年力多强，诏旨既下，以三年之功讲求时务，自足以衡文量才而有余。乡、会试之外，惟殿试临轩发策，典礼至重，自不可废，然可即据以为授职之等差，朝考似为可省，及通籍以后，无论翰苑部曹，一应职官，皆以讲求政治为主。凡考试文艺、小楷之事断断必宜停免，惟当考其职业以为进退，则已仕之人才不致以雕虫小技困之于老死矣。

难者曰："本朝名臣出于科举者多矣，安见时文之无益？"不知登进限于一途，则英雄不能不归于一彀，此乃人才之亦能为时文，非时文之足以得人才也，且诸名臣之学识阅历，率皆自通籍以后始能大进。然则中年以前神智精力销磨于应举者不少矣，假使主文者不专以八比、诗赋为去取，所得柱石之臣、干城之士不更多乎？

窃谓议者之说，意救时而事易行，实本明旨特科岁举，讲求经济之意而推阐之，因存其说于此，并将朱子论科举之弊及欧公论三场以渐去留之疏节录于左，可知七八百年以上之贤人君子，忧国势人才之不振、疾官人选举之无方，其谋虑固已如此，庶今世士大夫得有所儆悟焉。

《东塾读书记》引朱子论科举：南宋时科举之弊，朱子论之者甚多，其言亦极痛切，今略举数条于此——《衡州石鼓书院记》云："今日学校科举之教，其害有不可胜言者，不可以为适。然而莫之救也。"《学校贡举私议》云："名为治经而实为经学之贼，号为作文而实为文字之妖。主司命题，又多为新奇，以求出于举子之所不意，于所当断而反连之，于所当连而反断之，为经学贼中之贼，文字妖中之妖。"又云："怪妄无稽，适足以败坏学者之心志，是以人才日衰，风俗日薄。"《语类》云："今人文字全无骨气，自是时节所尚如此，只是人不知学，全无本柄，被人引动，尤而效之。如而今作件物事，一个做起，一个学起，有不崇朝而遍天下者，本来合当理会，底事全不理会，直是可惜。"（卷一百三十九）"时文之弊已极，日趋于弱，日趋于巧小，将士人这些志气都消削得尽。莫说以前，只是宣和末年三舍法才罢，学舍中无限好人材，如胡邦衡之类，是甚么样有气魄，做出那文字，是甚豪壮，当时亦自煞有人。及绍兴渡江之初，亦自有人才，那时士人所作文字极粗，更无委曲柔弱之态，所以亦养得气宇。只看如今是多少衰气。"（卷一百九）"最可忧者，不是说秀才做文字不好，这事大关世变。"（同上）问："今日科举之弊，使有可为之时，此法何如？"曰："更须兼他科目取人。"（同上）问："今日之学校，自麻沙时文册子之外，其他未尝过而问焉。"曰："怪他不得，上之所以教者不过如此。然上之人曾不思量，时文一件，学子自是着急，何用更要你教？你设学校，却好教他理会本分事业。"（同上）此亦朱子欲救当时风气之弊，使朱子见今日科举时文，不知更以为何如耳。

节录欧阳公论更改贡举事件札子（庆历四年）：伏以贡举之法，用之已久，则理当变更。必先知改弊之因，方可收变法之利，知先诗赋为举子之弊，则当重策论（欧公时之不专重诗赋，意与今日不专重时文同）。知通考纷多为有司之弊，则当随场而去，而后可使学者不能滥进，考者不至疲劳。请宽其日限，而先试以策而考之，择其文辞鄙恶者、文意颠倒重杂者、不识题者、不知故实略而不对所问者、误引事迹者、虽能成文而理识乖诞者、杂犯旧格不考式者，凡此七等之人先去之。计二千人可去五六百，以其留者次试以论，又如前法而考之，又可去其二三百，其留而试诗赋者，不过千人矣。于千人而选五百，少而易考，不至劳昏，考而精当则尽善矣。纵使考之不精，亦当不至太滥，盖其节钞剽盗之人，皆以先经策论去之矣。比及诗赋皆是已经策论、粗有学问、理识不至乖诞之人。纵使诗赋不工，亦可以中选矣。如此，可使童年新学、全不晓事之人，无由而进。

·农工商学第九·

"石田千里，谓之无地；愚民百万，谓之无民。"（《韩诗外传》语）不讲农、工、商之学，则中国地虽广，民虽众，终无解于土满人满之讥矣。劝农之要如何？曰："讲化学。"田谷之外，林木果实，一切种植，畜牧养鱼，皆农属也。生齿繁，百物贵，仅树五谷，利薄不足以为养，故昔之农患惰，今之农患拙。惰则人有遗力，所遗者一二；拙则地有遗利，所遗者七八。欲尽地利，必自讲化学始。《周礼》"草人掌土化之法"，实为农家古义。养土膏，辨谷种，储肥料，留水泽，引阳光，无一不需化学。又须精造农具，凡取水、杀虫、耕耘、磨砻，或用风力，或用水力，各有新法利器，可以省力而倍收，则又兼机器之学。西人谓一亩之地，种植最优之利可养三人，若中国一亩所产，能养一人，亦可谓至富矣。然化学非农夫所能解，机器非农家所能办，宜设农务学堂，外县士人各考其乡之物产，以告于学堂，堂中为之求求新法、新器，而各县乡绅有望者、富室多田者试办以为之倡，行而有效，民自从之（上海《农学报》多采西书，甚有新理新法，讲农政者宜阅之）。昔者英忌茶之仰给于华也，印度、锡兰讲求种茶，无微不至，自印茶盛行，茶市日衰，销路仅恃俄商，大率俄销十之八，英、美销其一二，缘茶中含有一质涩而兼香，西人名曰"胆念"，印茶惟胆念较华茶略少故。俄尚食华茶。若再数年，印茶日精，恐华茶无人过问矣。此茶户种茶不培，摘芽不早，茶商不用机器，烘焙无法之弊也。（光绪二十年，湖北、湖南两省合力，以官款买茶三百二十箱，附俄公司船运赴俄境，自销之。西路水运，销阿叠萨，托出使许大臣交俄行带售；东路陆运，销恰克图，托俄商余威罗福代售，除茶价、运费、关税外，西路赢余得息一分，东路赢余得息五分。若使我自有公司在彼，其利必更饶余可知也。）丝之为利，比茶尤多，十年以前，西洋各国用华丝者十之六；三年以内，日本丝销十之六，意国丝十之三，华丝仅十之一，且本贵则价难减，价昂则销愈滞。此由养蚕者不察病蚕、售茧者多搀坏茧、茧耗既多、成本自贵之弊也。外国种棉分燥土、湿土两种，长茎宜湿地，短茎宜燥地。种植疏阔，故结实肥大。（种子三粒为一窠，长至四五寸，留壮者一株，其余拔去，每茎相距横三尺三寸，纵一尺三寸。）洋布、洋纱为洋货入口第一大宗，岁计价四千余万两，自湖北设织布局以来，每年汉口一口进口洋布，已较往年少来十四万匹。特是洋纱最精，有至四十号者，而华棉绒短纱粗，以机器纺之，仅能纺至十六号纱止，以故不能与洋纱、洋布敌。购洋棉子种之，多不蕃茂，此由农夫见小，种棉过密，又不分燥湿之弊也。麻为物贱，南北各省皆产，然仅供绲绳、作袋之用，川、粤、江西仅能织夏布耳，西人运之出洋，搀以棉则织成苎布，搀以丝则织为绸缎，其利数倍。此由沤浸无术，不能去麻胶，又无搀丝之法之弊也。（湖北现设制麻局于省城外，以西法为之，若有效，各省可仿行。）丝、茶、棉、麻四事皆中国农家物产之大宗也，今其利尽为他人所夺，或虽有其货而不能外行，或自有其物而坐视内灌，愚懦甚矣。（惟种稻，西人谓其勤力得法。）西法植物学，谓土地每年宜换种一物，则其所吸之地质不同，而其根叶坏烂入土者，其性各别，又可以补益地力，七年一周，不必休息而地力自肥。较古人一易、再易、三易之法更为精微，此亦简显易行者也。工学之要如何？曰："教工师。"工者，农、商之枢纽也，内兴农利，外增商业，皆非工不为功。工有二道：一曰工师，专以讲明机器学、理化学为事，悟新理、变新式，非读书士人不能为，所谓智者创物也。一曰匠首，习其器，守其法，心能解，目能明，指能运，所谓巧者述之也。中国局厂良匠多有通晓机器者，然不明化学、算学，故物料不美；不晓其源，机器不合，不通其变，且自秘其技，不肯传授多人，徒以把持居奇，鼓众生事为得计，此《王制》所谓执技事上、不与士齿者耳。今欲教工师，或遣人赴洋厂学习，或设工艺学堂，均以士人学之，名曰工学生，将来学成后，名曰工学人员，使之转教匠首。更宜设劝工场，凡冲要口岸，集本省之工作各物陈列于中，以待四方估客之来观，第其高下，察其好恶，巧者多销，拙者见绌，此亦劝百工之要术也。

商学之要如何？曰："通工艺。"夫精会计、权子母，此商之末，非商之本也。外国工商两业相因而成，工有成器，然后商有贩运，是工为体，商为用也。此易知者也。其精于商术者，则商先谋之，工后作之，先察知何器利用，何货易销，何物宜变新式，何法可轻成本，何国喜用何物，何术可与他国争胜，然后命工师思新法、创新器，以供商之取求，是商为主，工为使也。此罕知者也。二者相益，如环无端，中国之商惟听其自然而已。所冀者亿中之利，如博塞求赢，但凭时运；所分者坐贾之余，如刮毛龟背。虽得不多，虽有积货如阜，日赢千金，犹为西商役也。至劝商之要，更有三端：一曰译商律。商非公司不巨，公司非有商律不多，华商集股，设有欺骗，有司罕为究追，故集股难。西国商律精密，官民共守，故集股易。一曰自治。近年茶市虽敝，然仍是芽嫩无烟者价高而速售，霉湿搀杂者、样盘抵换者价亏而难销，若不求自治之方，而欲设总行以为合群持价之计，西商固必不听，群贩亦必不从。一曰游历。各省宜设商会，上海设一总商会，会中自举数人出洋游历，察其市情货式，随时电告，以为制造、贩运之衡，此较设外洋公司为易。夫学问之要，无过阅历，各国口岸即商务之大学堂也。

大抵农、工、商三事互相表里，互相钩贯，农瘠则病工，工钝则病商，工、商聋瞽则病农，三者交病，不可为国矣。至如驼羊之毛、鸡鸭之羽皆弃材也，马、牛之皮革皆贱货也，西商捆载而去，制造而来，价三倍矣。水泥（西人名塞门德土，华名红毛泥）、火砖（以中国观音土和砖屑烧成之）、火柴、火油、洋毡、洋纸、洋蜡、洋糖、洋针、洋钉，质贱用多而易造者也。事事仰给外人，而岁耗无算矣。然而以上诸事，非士绅讲之、官吏劝之不可，荀卿盛称儒效，而谓儒不能知农、工、商之所知，此末世科目章句之儒耳，乌睹所谓效哉？

· 兵学第十 ·

或曰："兵必须学。"《论语》曰："以不教民战，是谓弃之。"诸葛忠武曰："八阵既成，自今行师，庶不覆败矣。"是兵有法、有教也。或曰：

"兵不在学。"霍去病曰："顾方略何如耳，不至学古兵法。"岳武穆曰："运用之妙，存乎一心。"是兵无法、无教也。此皆圣贤名将之说也，何道之从？曰："吾将以四说通之。"

盖兵学之精，至今日西国而极，有械不利，利械不习，与无手同；工作不娴，桥道不便，辎重不备，与无足同；地理不熟，测量不准，侦探不明，与无耳目同。聚千万无手、无足、无耳目之人，乌得为兵？是必先教之以能战之具，范之以不败之法，既成为兵矣，而后可以施方略、言运用。至于方略、运用，岂必西法，亦岂必古法哉。《汉·艺文志·兵家》分权谋、形势、阴阳、技巧四类，西人兵学惟阴阳不用，余皆兼之。枪炮、雷电、铁路、炮台、濠垒、桥道，技巧也；地图、测算，形势也；至攻守谋略，中西所同，因其械精艺多，条理繁细，故权谋一端亦较中法为密。

陆军之别有五：曰步队、马队、炮队、工队、辎重队（工、辎两队皆兼有步队之所能），每一军皆兼有之，如四体具而后为人。工队主营垒、桥道之事，辎重队主械药、衣粮之事，西法以步队、炮队为最重，马队止为包抄及侦探之用。工、辎二队，古人所略，缘火器猛烈，或大队相持，或侦探扼守，必须掘地营、开濠堑，顷刻立就，若遇溪河泥沙，必须应时可渡，故立工队。今日用快枪、快炮，所需弹药过多（一装五子、十子连珠而发者为快枪，炮子如枪子式，弹药相连，一分钟可放数十出者为快炮），以及备战各物至为繁重，故立辎重队，分为数起，层递转运，故进不误用，退不全失。（《淮南子·兵略训》言将以五官为股肱手足，一曰尉之官，治军者也；一曰候之官，侦探也；一曰司空之官，"空""工"古今字，即工程队之官也；一曰舆之官，即辎重队之官也。其一阙其说，舆之官曰："收藏于后，迁舍不离，无淫舆，无遗辎，舆之官也。"往年辽东之战，多因无此队之为累矣。）临战之善有三：一、未战先绘图（欲与敌国有战事，先于一两年前详绘敌境地图）；一、马队充侦探（侦探必以马队分途四出，更番归报）；一、前敌有军医（随在阵后，药物皆具。西法有军乐队，以作战士之气，今姑从缓）。恤兵之善有四：一、饷厚；一、将不发饷，别有官主之；一、兵不自爨，官为供备；一、阵亡者恤其家终身。教武备学生之法有三：曰学堂，曰操场，曰野操。

学堂讲军械理法、地理测绘、战守机宜、古来战事。操场习体操、队伍、火器。野操习分合、攻守、侦探（或于山阜，或于溪谷，或于平地，作两军对敌状，惟将所指挥无定式，不仅在校场排演旧阵也）。将领教偏裨之法有二：曰兵棋，曰战图。兵棋者，取地图详绘山水道路、林木村落，以木棋书马、步各队，将校环坐，各抒所见，商榷攻守进退之法。战图者，取西国古来大战事诸图，推究其胜败之故，其教之程期有三：教兵止在操场，迟者一年可用，速者半年可用。教弁即有学堂（若绿营把总、外委、额外，勇营哨官、哨长，皆为弁），步队、辎重队弁十四月，马队弁十六月，炮队、工队弁十八月，均兼随营操演（其十四岁以前例入之小学堂，不在此数）。教将官者，学堂五年，随营操演二年（若绿营千总以上至副将，勇营管带以上至分统皆为官，以下为弁，界限甚严）。教大将者，学堂五年，随营二年，再入大学堂二年（若提镇及大统领）。凡为将官者，虽为官，仍不废学，以时受教于本管之将领，必至大将，乃不受学，初入学堂者，年无过二十岁。总之，略于教兵，详于教将，此其要旨也，自将及弁，无人不读书，自弁及兵，无人不识字，无人不明算，无人不习体操，无人不解绘图，此其通例也。

水师之别有二：曰管轮，曰驾驶。管轮主轮机测量，驾驶主枪炮攻战。先教之于学堂，大率五年。复教之于练船，游历各国海口，习风涛，测海道，观战事，大率三年。其事较陆军为尤精。（将领之外，又有关涉军事最要之官两项：一曰参谋官，主谋画调度，考地理，审敌情，国君之参谋，若宋之枢密、明之本兵；将帅之参谋，若今之营务处而较尊。一曰会计官，主一军械物、衣粮、车马，何物用汽车，一车装若干；何物用马，一马驮若干；何物用马车，一车装若干，皆豫算于平时，若今之粮台。两项官皆出于学堂，参谋尤重。今日固有营务处、粮台，但无豫为此学者耳。）

兵之等差有三：在营者为常备兵，教之三年，即遣之归，名为豫备兵，不给饷，每年调集一操，酌予奖赏。又三年则罢为后备兵，有大战事，常备不足，则以豫备兵充之。大率每年常备之退为豫备兵者约三之一，补新兵亦三之一，新旧层递蜕换，行之二十年，则举国之人无不习战者，用饷愈省，得兵愈多，兵技常熟，兵气常新。其法创始于德，欧洲效之，东洋踵之（欧洲大战动辄用兵二三十万，故兵须多）。然此法所以能行者，外国重武，其民以充兵为荣，为国家效力计，不为一身糊口计（华兵以入伍为生计，故疲老多而裁汰难）。且工商多，闲民少，其兵皆有技能，军籍既脱，仍有执业，故可行也。中国若仿为之，则惟有于三年学成之兵发给凭照，退为豫备兵，遣归本籍，酌给半饷，以供本县缉捕之用。改业远出者不给饷，三年以后，亦照西法退为后备，有事募集，亦可得半。

至其教将士之本务有二：曰知忠爱，曰厉廉耻（西洋将官教武备学生之言曰："汝等须先知自己是中国人，将来学成，专为报效国家。若临战无勇，乃国家之耻，一身之耻。若无此心，虽练成与西兵一律之才能，亦无用也。"云云，西人武备书所言，意与此略同。东洋将领人给官书一卷，佩之于身。有来湖北者，取视其本，所载皆中国古来忠义文字，如《出师表》《正气歌》之类）。所以将士皆能知忠爱、厉廉耻者，其道有一：曰尚武功。其国君服提督之服，邻国之君相赠以武将之衔，临战之饥寒有备，战殁之家属有养，兵之死亡，君亲吊之；兵之创伤，后亲疗之。故将之尊贵过于文臣，兵之自爱过于齐民，强国之由，其在此矣。今日朝野皆知练兵为第一大事，然不教之于学堂，技艺不能精也；不学之于外洋，艺虽精，习不化也；在上无发愤求战之心以倡导之，兵虽可用，将必不力也。或曰："使古之孙、吴、韩、岳、戚，近今之江、塔、罗、李、多，与西人战，能胜否乎？"曰："能。""亦学西法否乎？"曰："必学。"夫师出以律，圣之明训也；知己知彼，军之善经也；后起者胜，古今之通义也。兵事为儒学之至精，胡文忠阅历有得之格言也。（《孙子·火攻篇》即西法先导，《谋攻篇》"其次伐交"，《九地篇》"不知诸侯之谋者不能豫交""争天下之交，养天下之权"，皆西国兵争要义。《吴子》"地轻马，马轻车，车轻人，人轻战"，与西法行军修路合；"一人学战，教成十人；万人学战，教成三军"，与西法学堂重在教将领合；畜骑之对，与西法养马合。）知忠爱廉耻则必学。其不学者，必其不知忠爱廉耻者也。使诸名将生今之世，必早已习其器、晓其法，参以中国之情势，即非仿行，亦必暗合，即出新意亦同宗旨，而又鼓以忠义之气，运以奇正之略，奚为而不可胜哉？若近日武臣怠惰粗疏，一切废弛，而借口于汉家自有制度，亦多见其无效忠死国之诚而已矣。

方今兵制教法，东洋、西洋大略皆同，盖由推求精善，故各国有则，效而无改易之者。语曰："不习为吏，视已成事。"况不习兵而又不视成事，岂不殆哉？

·矿学第十一·

矿学者，兼地学、化学、工程学三者而有之，其利甚博，而其事甚难。夫以浑浑土石，略见苗引，而欲测其矿质之优劣、矿层之厚薄、矿脉之横斜、施工之难易，是何异见垣一方人之神术矣。西国矿师之精者声价极重，不肯来华，其来者中、下驷而已。方今兴利之法，诚无急于此者，然华商既无数百万之巨资（矿之易开者，一矿亦须数十万），又无数十年之矿学，但凭西师一言，岂能骤集巨股？且无论何矿，非深不佳，水源不止一孔，石隔不止一层，资费耗尽，亦必中作而辍。若略备微资，姑用土法，遇水、遇石即已废然而返，是矿利终不可兴也。是惟有先讲实学、缓求速效之一法。今山东之矿已为他人所笼，山西之矿亦为西商所觊，若东三省之金，湖南、四川、云南以及川滇边界、夷地、番地之五金、煤炭，最为丰饶，他省亦尚不少。有矿之省，宜由绅商公议，立一矿学会，筹集资斧，公举数人出洋，赴矿学堂学习，数年学成回华，再议开采，察矿之质性。而后购机。水有开通运道之法，陆有接通大小铁路之法。而后采矿，能不用西师固善，即仍用西师，我亦可辨其是非而不为所欺。如是则得尺得寸，不等于象罔求珠矣。

窃谓今日万事根本，惟在于煤，故煤矿较他矿尤急，而开煤尤非凿井深入不为功，凡近地面之煤，其灰质必较多，其磺气必较重，其煤质必不甚坚结。土法之病，斜穿而不能深入，遇水而不能急抽，或积水淹，或架木圮，或煤气闭，或地火发，是四者皆足以坏井。即使浅尝可得佳煤，而所得无多，其井已废，数月必弃一井，一年必易一山，人力已竭，而佳煤未动，虽凿遍九州之山，而断不能得一可用之煤矿。（锅炉、气机止用烟煤、白煤，若炼铁、炼钢必须焦炭，非佳煤不能炼焦炭，非西炉、西法所炼亦不能精，此又煤矿之相因递及者。）尝考英国之富以煤矿兴，故西人谓煤矿之利国利民实在五金以上，五金若乏，可以他物代之，煤则孰能代之？煤源一断，机器立停，百举俱废，虽有富强之策，安所措手哉？

大抵西法诸事，皆以先学艺、后举事为要义，学将而后练兵，学水师而后购舰，学工师而后制造，学矿师而后开矿，其始似迟，其后转速，其费亦必省。或曰："必待学成而后开矿，如时迫效远何？"无已，则有一变通之策焉。就本省内择取一矿，募西人之曾办矿厂、确有阅历者，与议包办一切，用人、购器听其主持，不掣其肘，约定出矿后优给余利，限满而不得矿有罚，即于局内设矿学堂，矿成获利以后，我之学生及委员、工匠皆已学成。此借矿山为矿学堂之法也。（但须严定限制，止开此处。若全省包办，则其害甚大，不可行。）《记》曰："地不爱其宝，人不爱其情。"若人无湛深之思，专壹之志，而欲乞灵富媪，安坐指挥以侥大利，盖不可得之数矣。

更有一策，与西人合本开采，本息按股匀分，但西本止可十之三四，不得过半。尤为简易无弊，较之全为西人所据，及闳佳矿而不能开者，不远胜乎？此策在前三年则必梗于时议，此时或可行矣。

·铁路第十二·

有一事而可以开士、农、工、商、兵五学之门者乎？曰："有，铁路是已。"士之利在广见闻，农之利在畅地产，工之利在用机器，商之利在速行程、省运费，兵之利在速征调、具粮械。三代以道路为大政，见于《周礼》《月令》《左传》《国语》诸书。西法富强尤根于此。中国道路之政久已不讲，山行则荦确，泽行则泥淖，城市芜杂，乡僻阻绝，以故人惮于出乡，物艰于致远。士有铁路，则游历易往，师友易来；农有铁路，则土苴粪壤皆无弃物；商有铁路，则急需者应期，重滞者无阻；工有铁路，则机器无不到，矿产无不出，煤炭无不敷；兵有铁路，则养三十万精兵，可以纵横战守于四海。凡此五学，总之以二善：一曰省日力，一日可治十日之事，官不旷，民不劳，时不失；一曰开风气，凡从前一切颓惰之习，自然振起，迂谬耳食之论，自然消释泯绝而不作。至于吏治不雍，民隐不遏，驿使不羁，差徭不扰，灾歉不忧，皆相因而自善。夫如是，故天下如一室，九州如指臂，七十万方里之地皆其地也，四百兆之人皆其人也。如人之一身，气脉畅通而后有运动，耳目聪明而后有知觉，心知灵通而后有谋虑，耳目者，外国报也，心知者学堂也，气脉者，铁路也。若铁路不成，五学之开未有日也。至铁路所不到之处，则先多修马路及行手车之小铁路，阜民敏政，亦其次矣。综观东西洋各国，自三十年来无不以铁路为急，日增月多，密如蛛网，大国有铁路数十万里，小国有铁路二三万里。（东、西洋各国，公设有铁路会，考求铁路利病、新法，三年一举。）

今中国干路北起卢沟，南达广州，已归总公司建造，以后分造支路，工尤省，利尤厚。其尤便者，凡借洋款皆须抵押，独修铁路一事，借款即以此路作抵，无须他物，商为之则利在商，国为之则利在国，况方今东海之权，我已与西洋诸国共之，门户阻塞，如鲠在喉，若内无铁路，则五方隔绝，坐受束缚。人游行于海上，我痿痹于室中，中华岂尚有生机乎？昔魏太武讥刘宋为"无足之国"，以此较两国胜负之数，谓北朝多马、南朝无马也。若今日时势，海无兵轮，陆无铁路，则亦无足之国而已。及今图之，为时已晚，若再因循顾虑，恐尽为他人代我而造之矣。

·会通第十三·

《易传》言通者数十，好学深思，心知其意，是谓"通"。难为浅见，寡闻道，是谓"不通"。今日新学、旧学互相訾謷，若不通其意，则旧学恶新学，姑以为不得已而用之，新学轻旧学，姑以为猝不能尽废而存之，终古枘凿，所谓"疑行无名，疑事无功"而已矣。《中庸》天下至诚，尽物之性，赞天地之化育，是西学格致之义也。（《大学》格致与西人"格致"绝不相涉，译西书者借其字耳。）《周礼》土化之法，化治丝枲，饬化八材，是化学之义也。《周礼》一易、再易、三易，草人、稻人所掌，是农学之义也。《礼》运货恶弃地；《中庸》言山之广大，终以宝藏兴焉；是开矿之义也。《周礼》有山虞、林衡之官，是西国专设树林部之义也。《中庸》来百工则财用足，夫不以商足财，而以工足财，是讲工艺、畅土货之义也。《论语》工利其器，《书》"器"非求旧"维新"，是工作必取新式机器之义也。《论语》"百工居肆"，夫工何以不居其乡而必居肆，意与《管子》"处工就官府"同是劝工场之义也。《周礼》训方氏，训四方，观新物，是博物院、赛珍会之义也。《大学》"生之者众，食之者寡"，即西人富国策"生利之人宜多，分利之人宜少"之说也。《大学》生财大道，为之者疾；《论语》"敏则有功"，然则工商之业、百官之政、军旅之事必贵神速，不贵迟钝，可知是工宜机器、行宜铁路之义也。《周礼·司市》"亡者使有，微者使阜，害者使亡，靡者使微"，是商学之义，亦即出口货无税、进口货有税及进口税随时轻重之义也。《论语》教民七年，可以即戎；不教民战，是谓弃之是武备学堂之义也。(《司马法》"虽遇壮者，不校勿敌，敌若伤之，医药归之"；与西人交战时有医家红十字会同。)《汉书·艺文志》谓九流百家之学皆出于古之官守，是命官用人皆取之专门学堂之义也。《左传》仲尼见郯子而学焉，是赴外国游学之义也。《内则》十三年舞勺，成童舞象学射御；《聘义》勇敢强有力，所以行礼，是体操之义也。《学记》不歆其艺（从郑注），不能悦学，是西人学堂兼有玩物适情诸器具之义也。《吕刑》"简孚有众，维貌有稽"（貌，《说文》作䫉，细也），《王制》"疑狱，氾与众共之"，是讼狱凭中证之义也。《周礼》外朝询众庶；《书》谋及卿士，谋及庶人，从逆各有吉凶，是上、下议院互相维持之义也。《论语》众好必察，众恶必察，是国君可散议院之义也。《王制》史陈诗，观民风，市纳价，观民好，《左传》"士传言，庶人谤，商旅市，工献艺"，是报馆之义也。凡此皆圣经之奥义，而可以通西法之要指。其以名物文字之偶合、琐琐傅会者皆置不论（若谓"神气风霆"为电学，"含万物而化光"为光学之类）。然谓圣经皆已发其理，创其制，则是，谓圣经皆已习西人之技、具西人之器、同西人之法，则非。昔孔子有言曰："吾闻之，天子失官，学在四夷，犹信。"是此二语乃春秋以前相传之古说。《列子》述化人，以穆王远游、西域渐通也。邹衍谈赤县，以居临东海，商舶所传也。故埃及之古刻类乎大篆，南美洲之碑勒自华人。然则中土之学术、政教，东渐西被，盖在三代之时，不待畴人分散、老子西行而已然矣。以后西汉甘英之通西海，东汉蔡愔、秦景之使天竺，摩腾辈之东来，法显辈之西去，大秦有邛竹杖，师子国有晋白围扇，中西僧徒、水陆商贾来往愈数，声教愈通，先化佛国，次被欧洲，次第显然，不可诬也。然而学术、治理或推而愈精，或变而失正，均所不免。且智慧既开以后，心理同而后起胜，自亦必有冥合古法之处，且必有轶过前人之处。即以中土才艺论之，算数、历法诸事，陶冶、雕织诸工，何一不今胜于古？（日食有定，自晋人已推得之。）谓圣人所创，可也；谓中土今日之工艺不胜于唐虞三代，不可也。

万世之巧，圣人不能尽泄；万世之变，圣人不能豫知。然则西政、西学，果其有益于中国，无损于圣教者，虽于古无征，为之固亦不嫌，况揆之经典，灼然可据者哉？今恶西法者，见六经古史之无明文，不察其是非损益而概屏之，如诋洋操为非，而不能用古法练必胜之兵；诋铁舰为费，而不能用民船为海防之策，是自塞也。自塞者，令人固蔽傲慢，自陷危亡。略知西法者又概取经典所言而傅会之，以为此皆中学所已有。如但诩借根方为东来法，而不习算学，但矜火器为元太祖征西域所遗，而不讲制造枪炮，是自欺也。自欺者，令人空言争胜，不求实事。溺于西法者甚或取中西之学而糅杂之，以为中、西无别，如谓《春秋》即是公法，孔教合于耶稣，是自扰也。自扰者，令人眩惑狂易，丧其所守。综此三蔽，皆由不观其通。不通之害，口说纷呶，务言而不务行，论未定而兵渡江矣。然则如之何？曰：中学为内学，西学为外学；中学治身心，西学应世事。不必尽索之于经文，而必无悖于经义。如其心圣人之心，行圣人之行，以孝弟忠信为德，以尊主庇民为政，虽朝运汽机，夕驰铁路，无害为圣人之徒也。如其昏惰无志，空言无用，孤陋不通，傲很不改，坐使国家颠隮，圣教灭绝，则虽弟佗其冠，神禫其辞，手注疏而口性理，天下万世皆将怨之詈之，曰：此尧、舜、孔、孟之罪人而已矣。

·非弭兵第十四·

兵之于国家，犹气之于人身也。肝藏血而助气，故《内经》以肝为将军之官。人未有无气而能生者，国未有无兵而能存者。今世智计之士，睹时势之日棘，慨战守之无具，于是创议入西国弭兵会，以冀保东方太平之局，此尤无聊而召侮者也。向戌弭兵，子罕责其以诬道蔽诸侯，况今之环球诸强国，谁能诬之，谁能蔽之？奥国之立弭兵会有年矣，始则俄攻土耳其，未几而德攻阿洲，未几而英攻埃及，未几而英攻西藏，未几而法攻马达加斯加，未几而西班牙攻古巴，未几而土耳其攻希腊，未闻奥会中有起而为鲁连子者也。德遂以兵占我胶州矣，俄又以兵占我旅顺矣，廿年以来但闻此国增兵船，彼国筹新饷，争雄争长而未有底止。我果有兵，弱国惧我，强国亲我，一动与欧则欧胜，与亚则亚胜，如是则耀之可也，弭之亦可也，权在我也。我无兵而望人之弭之，不重为万国笑乎？诵《孝经》以散黄巾，黄巾不听；举驺虞幡以解斗，斗者不止。苟欲弭兵，莫如练兵。海有战舰五十艘，陆有精兵三十万，兵日雄，船日多，炮台日固，军械日富，铁路日通，则各国相视而不肯先动，有败约者必出于战，不恤孤注，不求瓦全，如是则东洋助顺，西洋居间，而东方太平之局成矣。《管子》曰："寝兵之说胜，则险阻不守，全生之说胜，则廉耻不立。"若弭兵之议一倡，则朝野上下，人人皆坐待此会之成，更不复有忧危图治之心、枕戈待敌之事。各省寥寥数军，裁者不复，存者不练，器械朽败，台垒空虚，文酣武嬉，吏贪民困，忠谏不入，贤才不求，言官结舌，人才消沮，诸国见我之昏愚如此、无志如此，于是一举而分裂之，是适以速亡而已。山行不持兵，而望虎之不咥人，不亦徒劳矣乎？

又有笃信公法之说者，谓公法为可恃，其愚亦与此同。夫权力相等则有公法，强弱不侔，法于何有？古来列国相持之世，其说曰"力钧角勇，勇钧角智"，未闻有法以束之也。今日五洲各国之交际，小国与大国交不同，西国与中国交又不同，即如进口税主人为政，中国不然也；寓商受本国约束，中国不然也；各国通商只及海口，不入内河，中国不然也。华洋商民相杀，一重一轻，交涉之案，西人会审，各国所无也，不得与于万国公会，奚暇与我讲公法哉？知弭兵之为笑柄，悟公法之为謷言，舍求诸己而何以哉。

·非攻教第十五·

异教相攻，自周秦之间已然。儒、墨相攻，老、儒相攻。庄，道也，而与他道家相攻；荀，儒也，而与他儒家相攻。唐则儒、释相攻，后魏、北宋则老、释相攻，儒之攻他教者辨黑白，他教之相攻者争盛衰。（欧洲因争新教、旧教，连兵相杀数十年，乃教士各争权势，借以为乱，非争是非也。）至今日而是非大明，我孔、孟相传大中至正之圣教，炳然如日月之中天，天理之纯，人伦之至，即远方殊俗亦无有讥议之者。然则此时为圣人之徒者，恐圣道之陵夷，思欲扶翼而张大之，要在修政，不在争教，此古今时势之不同者也。

中外大通以来，西教堂布满中国，传教既为条约所准行，而焚毁教堂又为明旨所申禁，比因山东盗杀教士一案，德国借口，遂踞胶州，各国乘机要求，而中国事变日亟。有志之士但当砥厉学问，激发忠义，明我中国尊亲之大义，讲我中国富强之要术，国势日强，儒效日章，则彼教不过如佛寺、道观，听其自然可也，何能为害？如仍颓废自甘，于孔、孟之学术、政术不能实践力行，学识不足以济世用，才略不足以张国威，而徒诟厉以求胜，则何益矣？岂惟无益，学士倡之，愚民和之，莠民乘之，会匪、游民借端攘夺，无故肇衅，上贻君父之忧，下召凭陵之祸，岂志士仁人所忍为者哉？不特此也，海上见闻渐狎，中西之町畦渐化，若游历内地，愚夫、小儿见西国衣冠者，则呼噪以随之，掷石驱击以逐之，一哄而起，莫知其端，并不问其为教士、非教士，欧洲人、美洲人也。夫无故而诟击则无礼，西人非一，或税关所用，或官局所募，或游历，或传教，茫然不辨，一概愤疾则不明；诏旨不奉则不法；以数百人击一二人则不武；怯于公战、勇于私斗则不知耻。于是外国动谓中国无教化，如此狂夫，亦何以自解哉？

至于俗传教堂每有荒诞、残忍之事，谓取人目睛以合药物，以造镪水，以点铅而成银，此皆讹谬相沿，决不可信。（光绪十七年宜昌教案，先哄传搜获教堂所蓄幼孩七十人皆无目者，百口一辞。及委员往，会同府、县一一验视，则皆无影响，止一人瞽其一目，眼眶内瘪，其睛尚在，其人及其父母均言因出痘所伤，群疑始释。又如光绪二十二年江阴教堂之案，乃系劣生向教堂索诈，埋死孩以图栽诬，城乡周知，其人当即服罪讯结。此皆近事之可凭者。）试思西教创立千余年，流行地球数十国，其新教、旧教争权攻击，则多有之矣，从无以残忍之事为口实者。若有此事，则西国之人早已尽为教堂残毁无完肤、无遗种矣。若谓不戕西人，惟残华民，则未通中华以前，此千余年中之药物、镪水、银条，安所取之？且方今外洋各国所需之药物、镪水，所来之银条，一日之内即已无算，中国各省虽有教堂，又安得日毙数千万之教民，日抉数千万之眸子以供其取求耶？语云："流丸止于瓯臾，流言止于智者。"荐绅先生、缝掖儒者，皆有启导愚蒙之责，慎勿以不智为海外之人所窃笑也。（《劝学篇》）

曾纪泽

《西学述略》序

《记》曰："辟如行远必自迩，辟如登高必自卑。"老氏亦云："合抱之木，生于豪末；九层之台，起于累土；千里之行，始于足下。"盖天下事业、文章、学问、术艺，未有不积小以高大，由浅近而臻深远者。泰西之学，条别派分，更仆难数。学成而精至者，大抵撼风霆而揭日月，夺造化而疑鬼神。方其授学伊始，往往举孩提之童所能言能知，匹夫愚妇所不屑道者，笔之为塾钞，编之为日课，耆彦师姆，谆复道之，不以粗浅为耻，翻以躐进为戒。其向学易而为学有次第，此泰西学者之所以众多，学而成名者亦因是而济济焉。试举一二端明之。

论光色之学曰："白者诸色皆备，黑者诸色皆无。"诸色皆备，则不复受色，故以色着白纸，常推而拒之，显露于纸上；诸色皆无，则能受众色，故以色着黑纸，常纳而入之，隐于纸中。夫绘白纸而显露，绘黑纸而隐晦，此孩提之童所能言能知，匹夫愚妇所不屑道者也。然泰西学士，由此理以证日质之所有，辨虹霓之七色，窥玻璃之三角，定藻绘之彰施，考影相之宜忌，其学无穷极焉。又论寒热之学曰："五金传热，毛羽不传热。"投铁杖一端于火，火外之铁遽不可执；焚兽皮将尽而未尽者仍可执，此传热不传热之证也。狐貉足以御寒，非狐貉能生热也，惟其不传热，故能护藏人身本有之热。夫投铁杖与兽皮于火，可执不可执之别，此亦孩提之童所能言能知，匹夫愚妇所不屑道者也。然泰西学士由此理以考求太阳地心之热力与一切机器键辖、火轮舟车蒸汽生力之大凡，稽化学生克之源，察冷暖涨缩之理，储水银、铸钢鼓以制寒暑之表、风雨之针。五纬彗孛、地球月轮，借摄力以环日；地火震山、空阳生飑，循定轨以行灾。推测之眇，通乎神明，其学亦无穷极焉。所谓积小以高大，由浅近而臻深远者，非其效欤！

总税务司鹭宾赫君择泰西新出学塾有用之书十有六种，属英国儒士艾先生约瑟译成华文，书成，问叙于予。予尝忝持使节，躬莅欧洲，每欲纂辑见闻，编为一帙，事务纷乘，因循不果。今阅此十六种，探骊得珠，剖璞呈玉，遴择之当，实获我心。虽曰发蒙之书，浅近易知，究其所谓深远者，第于精微条目益加详尽焉耳，实未始出此书所纪范围之外，举浅近而深远寓焉，讵非涉海之帆楫，烛暗之灯炬欤！古称通天地人为儒，又曰："一物不知，儒者之耻。"儒岂易言！发轫于此书，就性天之所近，更著研眈之力，其于专门之学，殆庶几乎！《尔雅》训诂之文，《急就》奇觚之字，贾、董、扬、班于是乎兴。吾人而有志于西学，则虽以《尔雅》《急就章》视此编焉可也。（《曾纪泽集》文集卷二）

钟天纬

格致说

格致之学中西不同，自形而上者言之，则中国先儒阐发已无余蕴；自形而下者言之，则泰西新理方且日出不穷。盖中国重道而轻艺，故其格致专以义理为重；西国重艺而轻道，故其格致偏于物理为多，此中西之所由分也。然其实，言道而艺未尝不该其中，言艺而道亦究莫能外，其源流固无不合也。自汉以来，中国讲格致者，如郑康成、孔颖达诸儒，不止数十家，其中纯驳不一，而要皆以义理为主，从无兼涉今之西学者，然无心之暗合亦往往而有之。其说理精深，颇非西儒所能及。然由今观之，犹西国古时希腊诸大儒，其源流固不难偻指数也。请申论之。

考西国理学初创自希腊，分有三类：一曰格致理学，乃明征天地万物形质之理；一曰性理学，乃明征人一身备有伦常之理；一曰论辩理学，乃明征人以言别是非之理。其初创此学者，后人即以其名名其学，而阿卢力士托德尔，实为格致学之巨擘焉。阿君，希腊人，生于耶稣前三百八十四年，初与名士巴雷陀共学者二十年，后到雅典设塾行教者十三年，至六十三岁，疾终于楷雪斯地方。生平著书一百四十六种，惜大半散佚。现存十九种，各国大书院，无不什袭珍藏。另有十六种，则世人疑为后人所伪托，然亦根据格致之说。晚年十三载所著之书，囊括一生所考之事，语皆精粹，不涉惝恍之谈，人皆信为实录。综其平生，无一种学问不为思虑所到，可谓格致之大家、西学之始祖。越二千零三年，始有英人贝根出而尽变其说。贝根，英之伦敦人，父母俱有大名，叔为英相。贝根年十三入太学肄业，厌弃旧学，即有超然独立之概。其后久历宦途，因案削职，乃专心于格致之学。所著大小书数十种，内有一卷论新器，尤格致家所奉为圭臬。其学之大旨，以格致各事，必须有实在凭据者为根基，因而穷极其理，不可先悬一理为的，而考证物性以实之。以是凡目中所见，世上各物，胥欲格其理而致其知。所著诸书，原原本本，具有根柢，儒士见之，宛如漆室一灯，因之名声大著。迨一千八百零九年而达文生焉。达文为英之塞罗斯玻里人，祖为医生，父为格致家。幼入公塾，聪慧绝伦，及长入苏格兰壹丁培格大书院读书，得入选。后随英国兵船环地球测量绘图，并考究动植各物、舆地等事。返游至英国，凡天下所有格致博物等，无不邀请主盟，屡得金牌等奖赏。一千八百五十九年特著一书《论万物分种类之根源并论万物弱灭强存之理》，其大旨谓凡植物动物之种类时有变迁，并非缔造至今一成不变。其动物、植物之不合宜者渐渐渐灭，其合宜者，得以永存，此为天道自然之理。但其说与耶稣之旨相反，故各国儒士均不服其言。初时辩驳蜂起，今则佩服者渐多，而格致学从此大为改变，此亦可谓千秋崛起之人也。至于施本思，名赫白德，生于英国豆倍地方，小于达文者十一年，生平所著之书多推论达文所述之理，使人知生活之理、灵魂之理。其书流传颇广，其大旨将人学而确可知者与确不可知者，晰分为二。其所谓确可知者，皆万物外见之粗质，而万物之精微则确有不可知者在也。夫万物精微本亦一物，而无形无体之可见，及其化成万物皆已昭著于人之耳目，故格致家得诸见闻而测知之。至若圣教中之所言上帝，格致学之所论原质，虽非人思力所能知能测，而要皆实有，更无疑义。且万物化成既皆原于此无形可测之一物，则此一物为本，而万物为末，明矣。施本思所论大率如此。近人译有《肄业要览》一卷，即其初著之书也。此四家者实为中西格致之大宗，其派衍源流犹我中国汉儒、宋儒之别，将来新理日出，正不患无继起之人也。（《皇朝经世文三编》卷十一《学术·格致下》）

西学古今辨

格致之学何所不该亦无一不备，大而天文、历算、舆地、山川，小而水、火、声、光、重、电、化、医各学，莫不有精微之理存乎其间。惟中国重道轻艺，故久置不讲而寖失其传，外国重艺轻道，故日益研求反成绝诣。迄今风气大开，新理日辟，上以富强其国，下以世业其家，每挟其长以侮我所短，夸其所有以傲我所无，不知华人心思才力何尝亚于西人，苟稍分制艺之精神专究格致，不难更驾西人而上之。特恐中西言语不同，文字复多隔阂，此近世翻译书籍之所由起也。翻译西书，初创于上海墨海书馆，继而京都则同文馆，上海则制造局，均以翻刻西书为事，刻成者盖不下数十种。而西人之寓居各埠者，时著述以继之，如益智书会、格致书院等是也。近日赫总税务司亦翻译初学之书，天津亦设翻译馆。日本与我为同文之国，而译刻西书至百余种，亦可谓海内之大观也。顾京师所译者多交涉公法之书，上海所译者多工艺制造之事，惟日本所译最广，惜中间杂以土字难以通行。然就此各种西书而论之，其中虽有详略之殊，而其发明泰西格致之学则一也。请择其最要言之：

一曰天文学。中国自古以来皆言天圆而地方，而西人则言地体浑圆；中国言日月圜地而行，西人则言地球自转而与诸行星皆绕日而行，盖地为行星之类；中国言日月暗食为计都虚，而西人则言日为月体所掩而日食，月为地球所隔而月食；中国言天有九重，最上为宗动天，而西人则言恒星为太阳之一类，各有行星月轮绕之；中国言彗为天之垂象，而西人则言彗亦有轨道可寻，且必循椭圆线而行；中国言日为君象，月为后象，而西人则言月小于日几千万倍，且行星各有月轮，如木星则有四月绕之。凡其所言，皆凿凿可据，且制造极精之仪器，可以仰观俯测，是以天学大明。而航海者竟能环绕地球而行，即夜寒昼暑之理，无不能言其要。今所译者如《谈天》等书是也，此可谓天学之最要已。

一曰地理学。地为流质所结成，其始极热，渐冷渐缩而渐坚，地壳渐结成凹凸之形，则山川是已。地中火质，有时发泄，则为地震；亦有裂为火山火井者。地既外冷而内热，则入土百尺，既加热若干度，深至十里，则金石皆熔矣。地球既绕日而行，则因南北而有寒暑，因向背而有昼夜，因吸力而有潮汐，因冷热而有风飓，皆一理为之相生者也。就地面言之，则区为五大洲，分为百余国，有山川以隔风气，有江湖以资灌输。就地内言之，就地内言之，则有五金煤铁各矿，土石层累而成。西人识别矿产，即就逐层土石以验之，而地之宝藏尽出。近所翻译者如《地理全志》上下编、《地理备考》《地球说略》《万国舆图》《地学指略》《瀛环志略》《海国图志》《地学浅识》《金石识别》《开煤要法》《井矿工程》《宝藏兴焉》等书，其于地理、地舆、地质三种，言之綦详，此则言地学之要也。

一曰气学。气分两种，有空气，有蒸气。空气者，合养气、淡气而言之，环地球外皆有空气包罗，盖即天地氤氲之气，所以生育万物者也。人物皆处空气之中，如鱼之游泳于水中。人物四围受空气所压，故骨肉停匀；若一离空气，则百脉偾张，气喘欲死。凡室中生煤火则空气为其逼走，人无空气呼吸，即奄然欲毙，俗谓之中煤毒，其实乃无空气之故也。不独无空气足以杀人，即空气少亦足致病。凡舟舱监狱，室小人多，往往致毙。西人有空气筒之制，抽出空气则纳以鸟兽而立毙，燃以火药而无光，或击钟无声，或钱毛并落，皆其验也。至若蒸汽则每水一立方寸，化气一千七百倍，借汽之涨力代人力之用，故西国凡百机器皆以汽力运之，如火轮舟车、纺织机器，皆以汽为之行动，汽之为用大矣哉。西人创为寒暑风雨等表、轻气球、空气枪，则空气之力也；汽机、锅炉、汽罨等物则蒸汽之力也。翻译者如《汽机新制》《汽机必以》《汽机发轫》等书，皆言气学之要也。

一曰水学。水为轻、养二原质所成，以电气化分，仍还为轻、养二气质，而水即涓滴无余矣。若复以电气还原，则气质仍为流质，故顺之则就下，搏之则过山，蒸之则化汽，压之则传力，其用无穷。西人因创为水轮、水碓、水龙、水法、吸水筒、压水柜、蒸气机、自来水诸法，民生利赖愈宏。盖水性就下，因地心有吸力，水必顺下而流。水性平流，设有两柜，各距数里而以铁管相通，则此端水高一尺者，彼端亦高一尺，地形之高下以水测之，西国则有水平之制。物性之轻重以水为衡，西国则有水平之器。水可借力，如大小两筒其底相通，则压其小筒之水，而大筒之水即上升，如大筒径逾十倍即增力十倍，此近日压水柜之法，凡放炮、起重、压铁无不赖以传力。如《博物新编》《格致入门》等书皆详载其制，此亦水学之要也。

一曰电学。万物日在电气之中，而不觉电气亦伏于万物之内而无形，大而人发，小而猫皮，粗为玻璃，细为火漆，皆电气之易见者也。人心亦有电气，道家谓之三昧火，而西人谓之脑筋气，司一身之知觉运动，全赖脑气筋为之觉察也。物类中之电则分为两种：一为干电，则以摄铁摩擦而生，如电光灯即用此法；一为湿电，则以白铅炭精代精锜铜片之用，一经硝强水而电气生焉，如电线通信即用此法。至照相亦初用湿电，近已改用干电矣。西人为今之电学初起机械，将来深究精微，必愈出愈奇，不但如得律风、电光灯、水雷、电报而已。或用电气行车，或用电气交战，较各种西学，最无涯岸，然其端则仍中国发之。中国以琥珀拾芥，西人因之推究其理，名之琥珀电气。近所译者如《电学》一书，及电气镀金镀镍各法。此则电学之要也。

一曰化学。中国以金木水火土为五行，而西人则分为六十四原质。原质者，即纯一独立之质，挺生于天地之间而不与他质相杂者也。原质之中分为三类：有实质，有流质，有气质，三者可递相变易，亦可互相还原。天壤间品汇庶类千变万化，皆由此原质而成。有化分、化合之异，其化合之故全借爱力相摄，而必得热火光三种，则变化更速。自有此学，大之足以品察万类，小之足以剖析毫芒，直探造物之元机，而使凡人得窥位育之作用，其功岂可与采丹炼汞者同日语哉？西国学校童蒙即习其书，是以重视化学为民生切要之图。近来译出西书如《化学鉴原》《分原》《考质》《求数》及《化学初阶》等书，其于西人之精蕴略已该备，谓非化学之要哉？

一曰重学。力有动静，动者遇力而静，静者亦遇力而动，两力相抵而止，两力相并而前，西人机椓之学，胥本乎此。盖力之为用广矣，顾论力之根原，肇始于太阳，由是而星月之相摄有力，地心之吸动有力，波涛之摧压有力，风气之鼓荡有力，水蒸汽则有涨力，火生热则有焚力，以及电有传力，物有化合之力，皆力之大较也。西人因创为助力、借力之器，于是一发之力可引千钧，一夫之手能移万石。爰考其制则分为七类：一为杠杆，二为轮轴，三为辘轳，四为斜面，五为螺丝，六为齿轮，七为尖劈。凡造钟表之摆锤、器具之机簧，无不借此七种而为之。近来翻译者有《重学》一书，其余附见于《格致入门》一书，不胜枚举，此重学之要也。

一曰医学。人之夭寿生死虽赋于命，然病前之防护，病时之调治，病后之补救，实为生命之大关。西国医理实为格致之大端，其始本兴于罗马，历代均有名家著书垂世。自格致化学明，而医学亦为之大变，二百年前脉管回血之理西医犹未讲明，近始证验明确。此外如脑气筋、甜肉经之类，皆发前人所未发，更为中国自古医理所无。所以然者，大半由于剖验之功。西国取老病院或狱囚之病死者，细为剖验其脏腑血脉，究其致病之由，是以于人之四体百脉，无不洞垣一方，即病者自知不起，亦肯舍身医院以教生徒以救同病，若病死而不得其由，一若大仇之未复，故精益求精也。近来译出之书如《儒门医学》《医药大成》《四种医书》《西药释略》等，世人颇有能读之者，而西医复在各省施医施药，治之辄效。足见西医之治法皆从格致中来，初非无本之学，此医学之要也。

以上不过粗举大纲，而西学之范围已不出乎是，若夫声学、光学，不过为气学、热学之绪余；律学、算学，别属于专门之绝诣。兹故不赘焉。

（《皇朝经世文三编》卷十一《学术·格致下》）

盛宣怀

拟设天津中西学堂请奏明立案

敬禀者：窃于光绪二十一年闰五月二十九日奉宪台札开；光绪二十一年闰五月二十八日，承准军机大臣字寄，奉上谕：自来求治之道，必当因时制宜。况当国事艰难，尤宜上下一心，图自强而弭隐患。朕宵旰忧勤，惩前毖后，惟以蠲除痼习，力行实政为先。叠据中外臣工条陈时务，详加披览，采择施行。如修铁路，铸钞币，造机器，开矿产，折南漕，减兵额，创邮政，练陆军，整海军，立学堂，大抵以铸饷练兵为急务，以恤商惠工为本源，皆应及时举办。至整顿厘金，严核关税，稽察荒田，汰除冗员各节，但能破除情面，实力讲求，必于国计民生，两有裨益。各直省将军督抚将以上诸条，各就本省情形，与藩臬两司暨各地方官悉心筹画，酌度办法，限文到一月内分晰复奏。当此创巨痛深之日，正我君臣卧薪尝胆之时，各将军督抚受恩深重，具有天良，谅不至畏难苟安，空言塞责。原折片均着抄给阅看，将此各谕令知之。钦此。钦遵寄信前来。合行恭录谕旨，抄录原奏，札饬悉心筹议。札到该司道等即便钦遵，迅速妥筹议复，以凭酌核具奏。等因奉此。复〔伏〕查自强之道，以作育人才为本，求才之道尤宜以设立学堂为先。光绪十二年，前任津海关道周馥禀请在津郡设立博文书院，招募学生，课以中西有用之学。嗣因与税务司德璀琳意见不合，筹款为难，致将造成房屋，抵押银行，蹉跎十年，迄未开办。可见创举之事，空言易，实行难。立法易，收效难。况树人如树木，学堂迟设一年，则人才迟起一年。日本维新以来，援照西法，广开学堂书院，不特陆军海军将弁，皆取材于学堂，即外部出使诸员，亦皆取材于律例科矣。制造枪炮开矿造路诸工，亦皆取材于机器工程科、地学、化学科矣。仅十余年灿然大备。中国智能之士，何地蔑有，但选将才于佣人广众之中，拔使才于诗文帖括之内。至于制造工艺，皆取材于不通文理，不解测算之匠徒，而欲与各国絜长较短，断乎不能。职道之愚，当赶紧设立头等二等学堂各一所，为继起者规式。惟二等学堂，功课必须四年，方能升入头等学堂。头等学堂功课必须四年，方能造入专门之学，不能躐等，即难免迟暮之憾。现拟通融求速办法，二等学堂，本年拟由天津、上海、香港等处，先招已通小学堂第三年功夫者三十名，列作头班；已通第二年功夫者三十名列作二班；已通第一年功夫者三十名，列作三班；来年再续招三十名，列作四班，合成一百二十名为额。第二年起，每年即可拔出头班三十名，升入头等学堂。其余以次递升，仍每年挑选三十名，入堂补四班之额，源源不绝。此外国所谓小学堂也。至头等学堂，本年拟先招已通大学堂第一年功夫者，精选三十名，列作末班，来年即可升列第三班，并取二等之第一班三十名，升补头班第四等之缺，后按年递升，亦以一百二十名为定额。至第四年底，头等班三十名，准给考单，挑选出堂，或派赴外洋，分途历练，或酌量派委洋务职事。此外国所谓大学堂也。

职道与曾充教习之美国驻津副领事丁家立考究再三，酌拟头等二等学堂章程，功课必期切近而易成。大约头等学堂，每年需经费银三万九千余两，二等学堂每年需经费银一万三千余两，共需银五万二千两左右。现值国用浩繁，公款竭蹶，事虽应办，而费实难筹。职道查津海钞关，近年有收开平煤税每年约库平银一万四五千两，为从前所无之税款，似可尽数专提，以充学堂经费。又天津米麦进口，自光绪十九年禀明每石专抽博文书院经费银三厘，每年约收捐银三四千两，拟每石改收银五厘，亦不为多。又电报局禀明由天津至奉天借用官线递寄海兰泡出洋电报，每字津贴洋银一角，电线通时，每年约计应缴洋三四千元，营口一带线断之后，已经停止，嗣后锦州至奉天，改造商线，仅借用天津至锦州官线一段，贴费更微。拟令电报局以后不计字数，每年捐缴英洋二万元。又招商局运漕由沪至津轮船，向系援照沙宁船成案，装运土货，例准二成免税，借以抵制洋商。拟令招商局，以后在承运漕粮运脚免税项下，每年捐缴规银二万两。以上合计每年捐银五万二千两左右，全数解交津海关道库存储，专备天津头等二等学堂常年经费。通筹扯算，似可有盈无绌。

所有头等学堂，应即照前北洋大臣李批准周前道原拟，以博文书院房屋为专堂。现经胡臬司顾全大局由粮台设法筹款，向银行赎回，作为公产。其屋价内原有总税务司赫德及津海税务司德璀琳捐款在内，如仍作学堂，税务司亦必乐从。所需购办格致化学器具书籍等项，及聘请教习川资创办应用之款，不在常年经费之内。查光绪十九年起至二十一年四月止，米捐存银八千余两，拟即在此款内核实动用。二等学堂应觅地另行盖造。拟在开办初年教习学生尚未齐全，应余经费之内提用，毋庸请发公款。其房屋未造成之先，应即借用头等学堂。房屋甚宽，足敷可用。

所有学堂事务，任大责重，必须遴选深通西学、体用兼备之员总理，方不致有名无实。头等学堂拟请宪台札委二品衔候选道伍廷芳总理，二等学堂拟请札委同知衔候补知县蔡绍基总理。并拟订请美国人丁家立为总教习。该堂延订中西教习，考取学生，购办机器书籍等事，均由职道会商伍道、蔡令及总教习，于年内妥速开办，以免因循，虚旷岁月。向来学堂有会办提调监督各名目，一概删除，借省开销，而杜纷杂。谨缮呈章程清折，是否有当，伏乞宪台俯赐鉴核，迅赐批示遵行。并请奏明立案，以垂久远，实为公便。肃此敬请勋安，伏乞垂鉴。谨将拟设天津头等二等学堂章程功课经费，与总教习丁家立酌议各款，分缮清折，恭呈钧鉴。

北洋大臣王批：据禀创设头等二等学堂，遴选学生各以一百二十名为定额，应需经费，每年约共银五万五千两。该道仰体时艰，就本任及经管招商电报各局设法筹款，不动丝毫公帑，洵属讲求时务，公而忘私。所拟章程功课，均甚妥协。伍道廷芳，蔡令绍基，深谙西学，准派为学堂总办，各司其事，并准延订美国人丁家立为总教习。一切应办事宜，责成该道会商，妥为布置，即于年内开办。各项捐款，每年全数解存关库，随时支用，年终汇册报查，勿稍含混。余如所议办理。仰候具奏，另檄行知。仍将章程功课，照钞两分，迅速呈送，以凭分咨军机处、总理衙门查核，并候札饬伍道等遵照。缴折存。初四日。(《皇朝经世文三编》卷一《学术一·原学上》)

王文韶

奏开设天津中西学堂疏

为道员创办西学学堂，倡捐集资，不动公款，奏明立案，恭折仰祈圣鉴事。窃据津海关道盛宣怀禀称：自强之道，以作育人才为本，求才之道，以设立学堂为先。光绪十二年前关道周馥请在津郡设立博文书院招募学生，课以中西有用之学，嗣因与税务司德璀琳意见不合，筹款维艰，致将造成房屋，抵押银行，未能开办。惟学堂迟设一年，则人材迟出一年。日本援照西法广开学堂书院，不特海军陆军将弁取材于学堂，即外部出使诸员及制造开矿等工，亦皆取材于学堂。中国智能之士，何地蔑有。但选将材于俦人广众之中，拔使才于诗文帖括之内，至于制造工艺，则皆用不通文理不解测算之匠徒，而欲与各国絜短较长难矣。该道拟请设立头等二等学堂各一所，以资造就人材。惟二等学堂功课，必须四年方能升入头等学堂。头等学堂功课，亦必须四年方能造入专门之学，不能躐等。现拟通融求速，二等学堂本年即由天津、上海、香港等处，先招已通小学堂第三年功夫者三十名，列作头班。已通第二年功夫者三十名，列作二班。已通第一年功夫者三十名，列作三班。本年再续招三十名，列作四班，合成一百二十名为额。第二年起，每年即可拔出头班三十名，升入头等学堂。其余以次递升。仍每年挑选三十名，入堂补四班之额，源源不绝。此外国所谓小学堂也。至头等学堂，本年先招已通大学堂第一年功夫者，精选三十名，列作末班，来年即可升列第三班，并取二等之第一班三十名，升补头等第四班之缺。嗣后按年递升，亦以一百二十名为额。至第四年头等头班三十名，准给考单，挑选出堂，或派赴外洋，分途历练，或酌量委派洋务职事。此外国所谓大学堂也。该道与曾充教习之美国驻津副领事丁家立考究再三，酌拟头等二等学堂章程功课，必期切近易成。约计头等学堂每年需经费银四万余两，二等学堂需经费银一万五千余两，共需银五万五千余两。现值国用浩繁，库款竭蹶，事虽应办，而费实难筹。查津海钞关，近来税项尚旺，该道情愿每年倡捐银一万五千两，又天津米麦进口自光绪十九年禀明，每石专抽博文书院经费银三厘，每年得收捐银三四千两。今拟每石改收银五厘尚不为多。又电报局众商每年拟捐缴英洋二万元，招商局众商每年捐缴规银二万两，统计每年可收银五万四五千两，以之拨充学堂经费，不相上下。所有头等学堂，即照前督臣李鸿章批准周馥原议，以博文书院房屋为专堂。现经广西臬司胡燏棻设法筹款，向银行赎回。至应购格致化学器具书籍等项，及聘请教习川资，创办应用各款，不在常年经费之内。计自光绪十九年起至本年四月止，米捐存银八千余两，应即核实动支。其二等学堂，须觅地另行盖造。拟在开办初年，教习学生尚未齐全，应余经费内提用，毋庸请发公款。房屋未成之先，借用头等学堂，暂行栖止。拟定章程功课，禀请具奏立案前来。臣查光绪二十一年闰五月二十八日奉上谕：自来求治之道，必当因时制宜，况当国事艰难，尤宜上下一心，图自强而弭隐患。朕宵旰忧勤，惩前毖后，惟以蠲除痼习，力行实政为先。叠据中外臣工条陈时务，详加披览，采择施行。如修铁路，铸钱币，造机器，开矿产，折南漕，减兵额，创邮政，练陆军，整海军，立学堂，大抵以筹饷练兵为急务，以恤商惠工为本源，皆应及时举办。等因钦此。设立学堂即其中应办之一端。凡铁路机器开矿治军诸务，均可以西法为宗。则造就人才，尤当以学堂为急。该道等仰体时艰，就本任及经营招商电报各局，设法筹款创办，此事不动丝毫公帑，洵属讲求时务，公而忘私。所拟章程，亦均周妥，应即照办。惟堂内事繁责重，必须通晓西学，才堪总核之员，认真经理，方不致有名无实。查二品衔候选道伍廷芳堪以委派总办头等学堂，同知衔候补知县蔡绍基堪以委派总办二等学堂，并延订美国人丁家立为总教习。一切应办事宜，乃责成盛宣怀会商伍廷芳等妥速办理，以免因循，虚旷岁月。其会办提调监督等名目，一概删除，借省开销，而杜纷杂。除分饬遵照，并将章程咨送军机处、总理衙门核查外，所有创设北洋西学学堂缘由，理合恭折具呈，伏乞皇上圣鉴训示谨奏。光绪二十一年八月十二日具奏。十四日奉朱批：该衙门知道，钦此。（《皇朝经世文三编》卷一《学术一·原学上》）

孙家鼐

官书局奏开办章程

光绪二十二年正月二十一日奉上谕：总理各国事务衙门奏新设官书局，请派大员管理一折，着派孙家鼐管理，钦此。臣恭奉谕旨，朝夕筹思，且与原办书局诸臣，悉心酌度，谨拟开办章程，分条胪列，恭呈御览。一、藏书籍。拟设藏书院，尊藏列朝圣训钦定诸书，及各衙门现行则例，各省通志，河漕盐厘各项政书。并请准其咨取储存庋列，其古今经史子集有关政术学业者，一切购置院中，用备留心时事讲求学问者，入院借观，恢广学识。一、刊书籍。拟设刊书处，译刻各国书籍。举凡律例、公法、商务、农务、制造、测算之学，及武备、工程诸书，凡有益于国计民生与交涉事件者，皆译成中国文字，广为流布。一、备仪器。拟设游艺院，广购化学、电学、光学诸新机，矿质、地质、动物、植物各异产，分别部居，逐门陈列，俾学者心摹手试，考验研求，了然于目，晓然于心。将来如制造船只枪炮等事，可以别材质之良窳，物价之低昂，用法之利钝，不致受人蒙蔽。一、广教肆。拟设学堂一所，延精通中外文理者一人为教习。凡京官年力富强者，子弟之姿性聪颖安详端正者，如愿学语言文字及制造诸法，听其酌出学资入馆肄习。一、筹经费。总理衙门原奏，每月拨银一千两。查局中用款以延教习、翻书籍为大宗，此外译报及书手、匠役人等工价伙食，费亦不资，每月千两，只供各项之用。至于购买图籍仪器等款，尚无所出。原办零星招投，过于冗碎，自应遵照原奏，酌核收纳。现在事属创行，需款数难预定，惟有就现有经费，次第兴办，总以撙节为充拓之基，切戒滥费，以收实济。一、分职掌。上年部院诸臣开设书局，仓猝举办，草定规模，议事尚未画一。今拟将局中诸务，各分职掌，庶心志专一，可期日起有功。所有在局办事诸臣职名，另单开呈御览。一、刊印信。拟刻一木质关防，文曰："管理官书局大臣之关防。"凡向总理衙门领取经费，及有行文事件，即以此为凭信。以上七条，如蒙俞允，臣即敬谨遵行，即从本日开办。臣窃惟同治初年总理衙门请设立同文馆，讲求泰西诸国文字，令翰詹部院各官一体入馆习练。维时议论纷纭，人情疑阻，风气未开，事因中止。后虽经总理衙门设法招徕，入馆生徒略有成就，而读书明理之人，从事其中者绝少。遂致中外间隔，彼己不知，仓猝应机，动多舛误。近者倭人构衅，创巨痛深。一二文人学士默参消息，审知富强之端，基乎学问，讲肄所积，爰出人才，砥砺奋兴，消除畛域。期以洞中外之情形，保国家于久大。此与同治初年设立同文馆之意，实相表里，诚转移风气一大枢纽也。臣开办初章，事归简要，未尽事务，渐图扩充。其藏书、刊书、游艺、学堂诸所，有稽查诸员考其课业，综理诸员总期纲维。各期敬业乐群，尊贤尚齿，善资群议，术集众长。庶几成材者，扩会通过半之思，志学者得师友观摩之益。至局中用款，惟延请翻译，钞写书籍，典收文簿，登记帐目，及工匠制造之人，发给薪水。此外兴办局务，翰詹科道部院诸臣，皆出于诚恳之心，忠勤之念。但期创开风气，增广见闻，为异日报效国家之用。臣亦鉴其初心，亦一概不请奖叙，不支薪资。至印送各路电报，只选择有用者照原文钞录不加议论。凡有关涉时政，臧否人物者概不登载，以符总理衙门原奏。所有议乞条款请旨遵办缘由，谨缮折具陈，伏乞皇上圣鉴训示，谨奏。（《皇朝经世文三编》卷一《学术一·原学上》）

议覆开办京师大学堂折

奏为遵筹京师建立学堂大概情形，恳恩拨款开办，恭折覆陈，仰祈圣鉴事。本年七月十三日，准总理各国事务衙门咨开，议覆刑部左侍郎李端棻奏，请推广学校以励人才折内，京师建立大学堂一节，系为扩充官书局起见，请饬下管理书局大臣，察度情形，妥筹办理等因。奉旨：依议。钦此。钦遵咨行到局。臣查本年正月总署原奏，所已言请立官书局，本有建设学舍之说，臣奉命管理书局，所奏开办章程，亦拟设立学堂，延请教习，是学堂一议，本总署原奏所已言，亦即官书局分内应办之事。刻开办书局，时近半年，各处咨取书籍，译印报章，草创规模，粗有眉目。惟苦于经费不足，只能略添仪器，订购铅机，搜求有用之图书，采撷各邦之邮电，俾都人士，耳目见闻，稍加开拓而已。若云作育人才，储异日国家之大用，则非添筹经费，分科立学不为功。独是中国建立京师学堂，为中国通商以来仅有之创举，苟仅援前此官学义学之例，师徒授受以经义帖括，猎取科名，亦复何裨大局？即如总署同文馆各省广方言馆之式，斤斤于文字语言，充其量不过得数十翻译人才而止。福建之船政学堂、江南制造局学堂及南北洋水师武备各学堂，皆囿于一材一艺，即稍有成就，多不明大体，先厌华风。故办理垂数十年，欲求一缓急可恃之才，而竟不可得者，所以教之之道固有未尽也，此中国旧设之学堂，不能仿照办理也。泰西各国，近今数十载，人才辈出，国势骤兴，学校遍于国中，威力行于海外，其都城之所设之大学堂，规模闳整，经费充盈，教习以数百计，生徒以数万计。其学有分四科者、五科者、六科者，仍广立中学、小学，以次递升，暗与中国论秀书升之古制相合，遂以争雄竞长，凌抗中朝，莘莘群才，取之宫中而皆备，非仅恃船坚炮利为也。

当兹事变日多，需才孔亟，以蓄艾卧薪之意，为惩前毖后之方，亟应参仿各国大学堂章程变通办理，以切时用。第各国分科立学，规制井然，而细绎其用心致力之端，终觉道器分形，略于体而详于用，故虽励精图治，日进富强，而杂霸规为，未能进于三代圣王之盛治者，亦其学限之耳，况外国学校经费充溢，千狐集腋，非一日所成，骤欲一蹴而几，安得有此财力，此外国大学堂之法，亦有不能全行仿办者也。臣与在局诸臣悉心筹议，深知此事定制之难，创始之不易。且中国堂堂大国，立学京师，尤四海观瞻之所系，一或不慎，则徒招讥议，无补时艰，反不如不办之为愈矣。刻仍内外函商，周咨博访，务求悉臻美善，以期仰副圣明。谨先将现在筹办情形大概，胪为六事，缕析为我皇上陈之：

一曰宗旨宜先定也。中国五千年来，圣神相继，政教昌明，决不能如日本之舍己芸人，尽弃其学而学西法。今中国京师创立大学堂，自应以中学为主，西学为辅；中学为体，西学为用。中学有未备者，以西学补之；中学有失传者，以西学还之。以中学包罗西学，不能以西学凌驾中学。此是立学宗旨。日后分科设教，及推广各省，一切均应抱定此意，千变万化，语不离宗，至办理章程，有必应变通尽利者，亦不得拘泥迹象，局守成规，致失因时制宜之妙。

二曰学堂宜造也。书局初开，为节省经费起见，暂赁民房，一切已多不便。今学堂将建，则讲堂斋舍，必须爽垲宜人，仪器图书亦必庋藏合度。泰西各国，使署密迩，闻中国创立学校，亦将相率来游，若湫隘不堪，适贻外人笑柄；拟于京师适中之地，择宽旷地，或购民房，创建学堂，以崇体制。先建学堂一区，容大学生百人，四围分建小学堂四所，每学容小学生三十人，堂之四周，仍多留隙地，种树栽花，以备日后扩充，建设藏书楼、博物院之用。

三曰学问宜分科也。京外同文方言各馆，西学所教亦有算学格致诸端，徒以志趣太卑，浅尝辄止，历年既久，成就甚稀，不立专门，终无心得也。今拟分立十科：一曰天学科，算学附焉；二曰地学科，矿学附焉；三曰道学科，各教源流附焉；四曰政学科，西国政治及律例附焉；五曰文学科，各国语言文字附焉；六曰武学科，水师附焉；七曰农学科，种植水利附焉；八曰工学科，制造格致各学附焉；九曰商学科，轮舟铁路电报附焉；十曰医学科，地产植物各化学附焉。总古今，包中外，该体用，贯精粗，理索于虚，事征诸实，立格以待奇杰，分院以庋图书。风会既开，英才自出，所谓含宏光大，振天纲以赅之也。虽草创规模，未能开拓，而目张纲举，已为万国所无，他日并包六合之机，权舆于是矣。

四曰教习宜访求也。大学堂内应延聘中西总教习各二人，中国教习，应取品行纯正、学问渊深、通达中外大势者，虽不通西文可也。外国教习，须深通西学、兼识华文、方无扞格，如实难其选，则拟先聘一人，脩脯必丰，礼敬必备，中西教习，一律从同，此燕昭筑黄金台，以待天下贤士之意也。四小学堂，每堂延中西教习各一人，亦须学正品端，足为师表者，乃膺其选。西师所教，先以英法方言，如能兼及德俄，尤便翻译书籍，应俟届时察酌办理。

五曰生徒宜慎选也。大学堂学生，年以二十五岁为度，以中学西学一律赅通者为上等，中学通而略西学者次之，西文通而粗通中学者又次之，仍分三班，发给薪水。头班月八金，二班六金，三班四金，由同文方言各馆，调取内外各衙门咨送及举贡生监、曾学西文者，自行取结投考。惟中西各学，均须切实考验，第其优劣，分别去留，仍须性行温纯，身家清白，方能入选。四小学之学生，年以十五岁为度，便于习学语言。创办时额数无多，暂由满汉各官员子弟中报名投考，亦须中文粗通、识字稍多者方能入选。不足再出示招考，由乡邻具结，确系读书世家，乃准与考。取入学，自备薪水，不出束脩，数年后中西各学俱通，升入大学堂，始给薪水，以示鼓励。

六曰出身宜推广也。学而不用，养士何为，用违其才，不如不用。中国素重科目，不宽予以出身之路，终不能鼓舞人才，拟参酌中西，特辟三途，以资激励：一曰立科，光绪甲申，礼部议覆潘衍桐折请立算学一科；以二十名取中一名，然屡届人数不满额，拟援此例，立时务一科，包算学在内，乡会试由大学堂咨送与考，中式名数，定额宜宽，应俟学堂规模大定之时，请旨办理。二曰派差，学生应试不中者，由学堂考验，仿西例奖给金牌文凭，重其所长，咨总署派往中国使馆，充当翻译随员，或分布南北洋海军、陆军、船政、制造各局，帮办一切，以资阅历。三曰分教，泰西各国有所谓师范学堂者，专学为师，大学堂学生，如不能应举为官者，考验后仿泰西例奖给牌凭，任为教习。各省立学之始，皆先向大学堂咨取充当，则师资有自，俯仰无忧，京外各学堂，亦可联为一气矣。

此六事者，准今酌古，原始要终，实以兼包内外，以后详细办法，或应行推广，一切未尽事宜，容当博采群言，随时奏明请旨。惟是开办之始，筹款为先，泰西各国学校，岁需几与官俸兵饷相等，有多至华银八千余万两者。英京大学堂岁支九百万镑，故尔规模阂整，俊彦云兴。中国总署同文馆岁费二十余万两，天津医学堂岁费十万两，各省同文、方言各馆，水师、武备各堂岁费十余数万两不等。大抵草率狭隘，日久因循，卒未闻成就一人，足以上济国家之急，固缘办理之未善，亦苦于经费之未敷耳。

今京师创立大学堂，款太多则筹措维艰，款太少则开销不足，思维再四，昕夕旁皇，伏念学堂一事，屡经臣工条奏明旨饬行，良以时局多艰，亡羊补牢，非有人才，不能自立。今设学堂于辇毂之地，耳目近接，稽察易周，臣等仍当慎选真才，力求核实，以上副圣主寤寐求贤之至意。

内外诸臣，受恩深重，以人事君之素志，具有同心，岂宜惜此区区，致挠盛举！应请旨饬下户部飞饬南北洋大臣，无论何款，按月各拨银五千两，解交户部，作为京师学堂专款。自奉旨之日为始，由臣饬派局员，按月领取，俾得从容布置，刻期一载，当可告成。此款比之泰西，固属泰山之毫末，即较之各省学堂同文各馆，亦尚系酌中之数，得半之间，而不敢斤斤于体制所存，率请多拨者，实以无征不信，创始维艰，俟他日成效已彰，人才渐出，续行奏请，添拨款项，广置生徒，以渐推行于各省。庶循名责实，慎始图终，海宇倾风，贤才辈出，师师济济，为国干城，内治外交，永不必借材于异地，此则皇上之洪福，臣等之素心，抑亦宗庙社稷之神灵所默为呵护者已。所有筹议学堂大概情形，及请拨款开办缘由，谨缮折上陈，伏乞皇上圣鉴训示。谨奏。（《皇朝经世文三编》卷一《学术一·原学上》）

熊亦奇

京师创立大学堂条议

暴秦以降，先王之道存，而先王之法亡。亡之中，传之西。西人拾之，又从而精进之，故其国政与教分。道其所道，道无足观。而法我之法，法乃转胜。通商立约以来，彼不解取我之道以益所本无，我转得采彼之法以还吾固有。以道御法，法行道行。彼法先来，吾道终往，全球大一统之规，将基诸此。

夫道一而已矣。法在下为艺，在上为政。前拟官书局设一新学馆，开风气育人才，不过粗引其端。因而扩充之，非广设学堂不可。学堂者以吾道为体，以我法参彼法，兼艺与政为用者也。古之为民者四，曰士农工商。今之为民者五，增其一曰兵。士不能为农工商兵，而不可不通农工商兵之。学农工商兵不必能为士之学，而不可不专学其学。顾其始要，皆必原于小学。请为小学设二科，选子弟聪颖者入之。曰音训，中国六书，兼及各国语言文字，学所由入门也。曰测算，兼及天文历法律度量衡，学所从措手也。士者农工商兵之耳目，亦农工商兵之枢纽也。士之学曰大学。请为大学设二科，选子弟小学有成尤聪颖者入之。曰格致，水、光、火、气、声、力、化、电无不赅，所以学为艺，备农工商兵之用也。曰政治，职官、赋税、典礼、法律、军政、邮政、工程、交涉无不具，所以学为政制农工商兵之宜也。有士斯可有农工商兵，农工商兵之学，不曰大学，曰专学。请为专学设六科，选子弟小学有成，性有所近者入之。农者工之本也。农之科二，曰种植。因天时，察土宜，尽人事，地上之利无不兴。曰矿石。明相度，善开采，精熬炼，地中之藏无不出。如是而工有所资矣。工者农之委商之源也。工之科一，曰制造。化果谷为酒饧，变丝麻为布帛，易金木石土为舟车宫室器用。机括有必精，工力有必省。如是而农有所授，商有所因矣。商者农工之流也。商之科一，曰转运，公司以厚其资本，银行以通其有无。汽船火车以捷其转输，电报信局以神其消息。利权有必揽，利源有必扩，如是而农工有所通矣。兵者农工商之卫也。兵之科二，曰水师。外洋内港，风潮沙礁有必详，兵船炮台雷弹机轮有必习。曰陆师。马队步队、枪队炮队、工程队，奇正分合，有必熟，攻法、守法、进法、退法、安营法，疾徐隐见有必娴。如是而农工商有所保矣。

大学士所独也，小学、专学，士农工商兵所同也。凡三学六类十科，科设一堂。堂为若干斋，斋分若干事。纲举目张，巨细必举，可无混杂之虞。或兼或专，因材而笃。毋挂漏，毋杂糅，毋作辍，毋凌躐。复为总堂，日集十堂之秀，讲明吾道纲常名教之大，修齐治平之全。求其所当然，及其所以然，濡染而熏陶之，优柔而餍饫之。托始京师，推行各省，师师济济，不可胜用。以道御法，法行道行，彼法先来，吾道终往。三年而国势张，十年而国体尊，数十年百年而为大国师，为万国王。全球大一统之规，舍是其将焉往？彼茫茫然谋富于商，不知求之农工。皇皇焉责强于兵，不知求之士农工商。舍本逐末，顾此失彼，蒙诚不识其可也。

若夫节目之繁猥，条理之缜密，非尺幅可终。今姑从略。一、西学须从语言文字入手，兼习图算，是为第一级课程。盖不通文字语言，则无由读西书，不习图算，则天文、地理、格致诸学皆无由入门。故西洋蒙馆，无不以作字、绘画、笔算、心算等为初课也。一、语言文字，虽不必远寻希腊、罗马古文，而英、法、德、俄四国之文，不可不备。论西国通人，无不兼通数国。今各学生问津伊始，难责以兼人之量，只可各占一科。一、自各国通使往来，又有贸易交涉。凡为士商者，不能不知地球大势，及他国衰盛强弱之由。故西人之教初学，必以地球图说，及各国史乘为先，尽人所当共知。二者不可偏废。今亦仿用其例，定为第二级课程。一、多识于鸟兽草木之名。古人诗教则然，西人有植物动物等学，亦同此意。不但识其名，更当尽物之性也。此二学最浅显，当为第二级课程之附。一、格致化学为养民富国之本，公法条约为睦邻御侮之本，定为第三级课程，令各学生分途学习，以成专身名家。一、人皆戴高履厚，焉可不知天地。通天地人为儒，亦古之志也。故天学地学，亦定为第三级之课程，期其专精一学。一、天学与算学相表里，算学与格化诸学相表里。凡算学由浅入深，自初学以至成材，其用最广，其功不可间断，须参合中西，故洋汉两课并及之。一、地学有考地形者，有考地质者。地形之学舆图是也，已载第三条矣。地质之学兼金石，质言之，实为农学矿学之本，与格化诸学，亦相为表里。一、农学矿学商学，固以算格诸学为本，然西洋近年已各设专科，今当仿行之，俾为格化学及算学者各专一门，以底实用。一、制造一科，凡深于测算格致者，自能知之，不复列为专门。一以上课程，虽以西学为主，务令简约可行，不复尽拘西例。故道法医三大科，在西洋大学中最为专精切要之学，兹弗遑及。一、此论课程大概，其详细节目，俟延订教习后，再当斟酌尽善。

◎附：武学

一有文事者，必有武备。前数条论文事详矣，宜更设武学与文学分院练习。一武学以陆军水师为两大宗，其课程节目俟延订教习后再议。一船政学堂本系专设，应在近海之处。凡造船行船诸法，不但行军兼资通商，于富强最有关系。今姑附于武学，俟后再行扩充。一电线铁路等，本各有专设学堂，今亦附于武学，以资考究。

学条十规，仿照天津育材馆成例。

一、每日上午八点钟到馆，下午五点钟散馆，不得迟来早去。一、每日习汉文四点钟，洋文四点钟，午膳一点钟。一、所有课程，教习分班排定，按序肄业，毋得僭越。一、师道宜尊，请业请益，皆当起坐。见教习礼貌必恭，毋得简慢。一、肄业之时，各宜专心壹志，其互有质疑问难之处在所不禁，惟不得谈闲笑语。亲友亦不得来访交谈，致荒馆政。一、诸生每日功课毕后散学，及每月放学之息游，原所不禁，惟切须自加防检，毋得荡其心志，致肄业不能专进。一、读书行已二者交修，诸生来学毋得矜奇立异，以世俗浮伪之习为戒。立心行事，力趋笃实，相期远大。人贵自立，毋待烦言。一、每月逢星房虚昴日放学一日，夏月入伏日起放学二十日，十二月十六日起至次年正月十五日止放学三十日。此外概不得放学。一、洋文所需书籍笔墨纸张各件，由馆中供给，汉文所需书籍各件，由诸生自备。一、馆中预备各种书籍，只准在馆看阅，毋得携带出外。（《皇朝经世文三编》卷一《学术一·原学上》）

杨选青

华文西文利弊论

嗟乎！谈西学于今日，亦可谓易矣，亦可谓难矣。何以易？易于袭西学之貌也。何以难？难于造西学之精也。溯自海禁宏开而后，泰西博学之士，各挟所学，以显于中华，于是华人知西学之上有以益国计，下有以利民生，莫不切意讲求，孜孜不倦。以故京师则有同文馆，福建则有船政局，上海则有方言馆，天津则有武备学堂，皆以西学为首务。所以讲求西学者，亦不可谓不切，不可谓不殷矣。然而数十年来，卒无人升西学之堂，入西学之室，造西学之极，探西学之微者，何哉？则以讲西学者，徒用华文，而不用西文之弊也。

何以言之？盖西学之为理也微，其为类也广，必须会稽博考，始可以得其旨而会其归。若第用翻译之华文，则既翻译者，尚得稍涉其篱藩，未翻译者，即不得深窥其奥窍。如此而欲擅西学之妙，入西学之微，是犹缘木求鱼矣。况乎西学之大义，与华文迥不相同。同一字也，十人译之而十异，百人译之而百异，甚且一人译之而前与后异，此与彼异。盖西文同音者无两字，而华文则同音者数十字。西文有两字合音，三字合音者，而华文无此种字。故以华文译西语，其不能吻合之处，本已居多。此所以用翻译之华文，不能免差讹之弊也。然则华人既讲求西学，其不可不用西文也明矣。譬之宫墙，西学为室，西文为门，不得其门，不能入其室也。譬之事物，西学为末，西文为本，不明其本，不能知其末也。是非用西文，不能有利无弊也。

且夫西学不一，即西学之宜用西文亦不一。试类陈之以觇利弊之所在。一曰算学。中国算学亦甚备，如御制《数里精蕴》，及梅、戴、徐、李、项、刘诸书，推陈出新，颇为精美，然尚未及西学之详备。此算学所以必以西学为归也。夫泰西之算学甚精，其自加减乘除开方，以及代数微积曲线等法，莫不推陈出新，足资推测。以既翻译者而论，则言加减乘除开方者，有如《几何原本》数本，《三角数理》六本，《算法统宗》四本，《算式集要》二本，《数学理》四本，《勾股六术》一本，《开方表》一本，《数根开方术》

一本。言代数者有如《代数术》二十五卷，《对数表》《八线简表》《弦切对数表》各一卷，《八线对数全表》二卷，《代数难题解法》四本。言微积者，有如《代数积拾级》数卷，《微积溯源》八卷。惟《微积溯源》胜于《代微积拾级》之略。盖《溯源》之前四卷为微分术，后四卷为积分术，其理最奥，其义最深。近来广方言馆诸公，所新翻译之算学等书又有数种，信如是则算书如此之多，算法如此之备，苟使讲求算学者，心精力果，维日孜孜，即或第用华文，亦奚不可不知。第用华文而不用西文，实不足以言无弊也。何则？盖西文既译为华文，词意每多扦格，且文以译而变，即理以辞而晦。故往往有寻解不得处，此用华文所以有疑难之弊也。况乎算学之理甚微，道甚大，非旁征曲引，融会贯通，无以出化而入神。苟徒用华文，则翻译华文之算书，犹得而学之，未经翻译之算学，即不得而学之，虽有聪明材力，亦苦于无所用。而欲其臻算学之极也难矣。是故讲算学者，必用西文，始可有利无弊也。

一曰格致学。西学格致，始于西腊之阿卢力士托德尔。至英人贝根之书出，其学始精，逮达文、施本思之说行，其学益备。总而言之，则曰格致学，分而言之，则曰光学、重学、化学、汽学、声学、电学。近来华人之讲格致，多用翻译之华文，鲜有用西文者。虽翻译之书，亦多精美。光学如英人田大里所辑之《光学》，傅先生所译之《量光力器图说》，伟列亚力所译之《分光求原重学》。如英人艾约琴所著之《重学》，美人丁韪良所著之《重学入门》，傅先生所著之《重学图说》《重学汇编》。化学如英人罗斯古所纂之《化学启蒙》，美人嘉约翰所译之《化学初阶》，英人蒲陆山所撰之《化学分原》，英人韦而司所撰之《化学鉴原》。汽学如丁韪良所译之《汽机入门》，英人蒲而捺所撰之《汽机》，必以英人白尔格所撰之《汽机新制》，英人美以纳、白劳那所合撰之《汽机发轫》。声学如田大里所著之《声学》。电学如英人奴搭所撰之《电学》，丁韪良所著之《电学入门》，田大里所著之《电学纲目》，英人璐挨德所著之《电学源流》，类皆详悉无遗，足资考证。然西书之未译者，犹多美备，必用西文，则可罗西学格致之书，尽致之窗下，朝以习之，夕以玩之，虽性情愚鲁，亦不难进以探格致之原也。是故讲格致者，必用西文，始可有利无弊也。

一曰地舆学。西书云：地学与算学相通，其理昭然，可以推测。欲知全地之形者，先明为行星之类，欲知地面之方位者，先明其天空之经纬。至于水陆之形势，气化之流行，须推以格致之事；人民之情状，物产之异同，须考诸纪载之书。可知地舆之学广大精深，非深造不足以有得也。夫风涛沙线，及一切测地量地之法，西书言之最详。近亦有翻译数种，如《绘地法原》《测地绘图》《地学浅释》《地学指略》《大江图说》《海道图说》《航海简法》《海面测绘》《地理全志》《地理问答》等书，类皆有益于世。故广方言馆及各局生徒，多有明地理者。惟所用多系华文，犹未免有浅尝之弊也。姑举一端，以见其概。即如行舟，西人之为船主者，风涛沙线，以及测度之法，何一不熟悉于胸中。华人虽有知地理者，究未能洞明航海机宜，故中国虽多轮船，皆用西人为船主，岂果中西人才之不相等哉！诚以不能精于学耳。如欲精于学，非用西文不可。盖西文者，西学之基也。既晓西文，则凡西洋一切航海测地之法，必不难博征曲证。如有疑难处，亦得与西士参稽，自可由浅以及深，由近以及远。是故讲地舆者，必用西文，始可有利无弊也。

一曰天文学。中国自古以来，本重天文，独有专司其出身者，曰天文生，又复厚之以禄，荣之以衔，如钦天监之司晨博士、挈壶灵郎、主簿、五官、正、监副、监正等官皆是。我国家之视天文，可谓重矣。虽然钦天监之通天文，固能推测无差矣，而必恭稽以西学，乃克益臻神化。此所以讲求西学天文者之日多也。就西书之既译者而论，如英人侯失勒所撰之《谈天》，英人骆克优所撰之《格致启蒙》，天文素称精细，其余亦多可采者。然而西国天文之学，为格致之大端，记测候则有簿，置仪器则有台，谈天之书屡经删补，测算之法，时著新奇，岂此区区翻译之书，所能尽其奥妙乎？况乎翻译之华文，更不免混名之弊。试举一事，以概其余。即如合信氏《博物新编》之名目，不甚差忒，而译书者，可仍其旧，乃译书之士，以为定名，几彼一人所主，而前人所定者，皆置于不论。故有以《博物新编》内之淡气，当为轻气之用。若华人阅此二人著作，则淡气轻气之义，几难分辨矣。况各门教师称造化万物之主，有译曰天主者，有译曰真神者，有译曰上帝者，尚且混名如此，其他可以类推。苟徒翻译华文，岂能免踌躇顾虑之劳乎？如用西文，既可穷深极远，亦无混名难别之虞，实较之徒用华文，既无损而又获益也。是故讲天文者，必用西文，始可有利无弊也。

一曰武备学。中华武备之书甚夥，自孙子管子以下，无虑数百家，乃自华洋互市以来，西人挟其枪炮轮船，以树雄海外，于是华人知弧矢不足以制强敌，争效西人武备之法。十余年来所讲枪炮轮船，不可以枚数，讲求武备，不可谓不殷矣。虽然有枪炮而无精学演放之人，则与无枪炮等。有兵轮而无精学驾驭之人，则与无兵轮等。所以武备之学，不可不讲也。天津武备学堂，一切皆学西法，复延西师训练之，近来颇著成效，如能皆教生徒，皆用西文，复多购西学武备之书，尽储之堂内，日则习练诸法，夜则博览群书，数年后置兔之才，有不遍天下者，无是理也。此惟用西文为有益耳，若用华文，则华文所译未备之书，终为有限，必不足以增见闻也。是故讲武备者，必用西文，始可有利无弊也。

一曰医学。中西之医学，本不相同，中医惟尚乎王道，西医每矜乎霸功。究其所以存心济世则一也。然华人之学西医者极少，即或有之，亦不过用翻译之华文，如舒高第所译之《西学总说》，以及合信氏之《全体新论》、柯为良氏之《全体阐微》、海得兰氏之《儒门医学》、来拉氏、海得兰氏合撰之《医药大成》、德贞氏之《体骨考略》、图嘉约翰氏之《西药略释》《皮肤新编》《内科阐微》《裹札新法》等书而已，从未有用西文而遍观群籍者。此所以袭西学之迹，而往往不得其真也。如用西文，则可聚西医之书，深味而玩索之，然后刀针之秘诀，可以熟悉于胸中，药饵之新奇，可以运行于笔底，不数年必举西学之所能者而尽能之，亦可以遍晓华人，使知西医之特著奇功，实有所可取也。是故讲西医者必用西文，无可有利无弊也。

统此数端，亦可知利弊之大略矣。总而论之，西文固宜用矣，然因致力西文之故，遂而致华文不通，则亦失华人之本色。计惟有俟华文通以后，乃尽力于西文，然后既翻译之西学，可得而涉猎之，未翻译之西学，亦可得而深窥之。有兼听并观之明，无扞格不通之虑。以此言西学，而西学乃可日引而日深也。此以下复就题意而引申之，以见欲兴西学非设立教堂不可。若夫利弊之所在，则至此既明矣。且夫华人讲求西学，亦有年矣，在有识者见西学之不振，知西学之可兴，因欲利弊之所在，使天下共见共闻，此其用情为独殷，此其用心亦良苦矣。而吾谓欲振兴西学，不独在利弊也，而尤在国家有以宏培才之道，莫良于德。其自正学而外，如工艺、商贾、船务、武备、农桑、音乐、起建、制造各学，无不设立教堂，延明师以教之，所由人材辈出、国富而兵强也。即如德属之拜晏国当光绪初年时，其民籍仅四百九十余万，而国内设课农教堂三十四所，教徒二千一百四十四人；课树艺教堂一所，教徒四十人；课莳花教堂一所，教徒三十人；课兽医教堂一所，教徒一百四十人；课商贾教堂二十所，教徒二千人；课工艺教堂二十九所，课制造教堂三所，课绘画教堂二所，课雕刻教堂一所，课起建教堂一所，课音乐教堂十一所，课绘图教堂二百六十一所，教徒九千九百三十三人。又如德属之威而敦伯而克国当光绪初年时，其民籍止一百八十余万，而课化学重学机器等教堂十一所，为之师者五百三十九人，其徒五千一百四十八人，课工艺等十一所，为之师者二百八十六人，其徒六千四百五十七人。至于德国国中，总计师长一千一百五十四人，文教馆学生一千七百九十五人，律法馆学生三千一百六十五人，格致馆学生四千五百四十七人，医学馆学生三千九百八十三人，共一万三千九百九十人。其余杂学，如商贾工艺等项，教尤不可以数计。此其所以法良意美，艺精业专，人才之多，直驾乎欧洲诸国之上也。今中国虽不暇旁及工艺商贾等学，而于西学之大者，不妨多立学堂。一若武备学堂之例，如算学则立算学学堂，格致则立格致学堂，使学者各习一业，精益求精，不得有泛骛之心，不得有兼营之念。惟须先设华文讲学堂，凡十岁以内之幼徒，欲学各项西学者，先入总学堂中，专肄一切华文等书，俟华文通晓，然后由总学堂考试。考取后，其欲学算学者，则送往算学学堂；欲学格致者，则送往格致学堂；先致力于西文，后致力于西学。其余各学亦如之。然后不难由粗及细，由精及巨。十年后其有不人才蔚起，西学大兴，以争海外之雄，以兴域中之利者，吾不信也。请以质之识时务之俊杰。

（《皇朝经世文三编》卷一《学术一·原学上》）

六、　洋务时期的守旧思想以及守旧派与洋务派的争论

导　论

  晚清学习西方思潮，不断遭到顽固保守势力的阻挠。洋务思潮的兴起、洋务运动的开展，就遭到了前期以倭仁为首、后期以李鸿藻为首的守旧势力的反对。洋务运动时期的守旧派有着与以往守旧派相似的特征，即保守愚昧、妄自尊大、僵化拒变，排斥新思想、新事物等，同时他们坚决反对洋务派学习西方的先进技术、机器生产、语言文化、政治制度，坚守"夷夏之大防"，坚持"祖宗之法不可变"，坚决维护封建纲常名教与清王朝开国以来形成的祖训祖制。而洋务派倡导学习西方、倡导变法，与守旧派拒绝西方、拒绝变革之间，形成了多次思想交锋。比较重要的冲突有：（1）关于同文馆招生的争论。1861年清政府成立总理各国事务衙门，作为综理洋务的中央机关。同时恭亲王奕䜣等人建议在总理各国事务衙门下设立同文馆。1862年，恭亲王奕䜣等奏准在北京设立同文馆，附属于总理衙门。1866年，奕䜣奏请在同文馆附设天文算学馆，招生对象由八旗子弟扩展到科举正途出身人员，聘请洋人教习，激起了张盛藻、倭仁等人的强烈反对。如倭仁上奏道："天文、算学为益甚微，西人教习正途，所损甚大……立国之道，尚礼义不尚权谋；根本之图，在人心不在技艺。今求之一艺之末，而又奉夷

人为师，无论夷人诡谲未必传其精巧，即使教者诚教，学者诚学，所成就者不过术数之士，古今来未闻有恃术数而能起衰振弱者也。天下之大，不患无才，如以天文、算学必须讲习，博采旁求，必有精其术者，何必夷人，何必师事夷人？"（《同治六年二月十五日大学士倭仁折》）（2）关于派遣留学的争论。1871 年 8 月和 1872 年 2 月，曾国藩、李鸿章、丁日昌等洋务派官员两次上奏，对派遣留学生留洋做出建议与安排。洋务派的留学计划遭到守旧派的抵制，受到了负责留学生管理的陈兰彬等官员的破坏。1872—1875 年间，清政府共派出四批共 120 名学生赴美留学，其中 50 多人进入哈佛大学、耶鲁大学、哥伦比亚大学、麻省理工大学等著名学府深造。原计划每批幼童应在外学习 15 年，但由于各种原因，计划于 1881 年中断，这些学生被召回国。（3）关于修建铁路的争论。洋务派与守旧派两派争论的实质，是统治集团内部开明与守旧的不同政见之争。在洋务派围绕举办洋务事业与守旧派展开的争论中，关于铁路问题的争论是其中持续时间最长、斗争最为激烈的一次。洋务派官僚把修筑铁路作为谋求富强的重要措施之一。早在 1872 年，李鸿章就主张改"土车为铁路"，指出："俄人坚拒伊犁，我军万难远役，非开铁路，则新疆、甘陇无转运之法，即无战守之方。俄窥西陲，英未必不垂涎滇、蜀，但自开煤铁矿与火车路，则万国缩伏，三军必皆踊跃，否则日蹙之势也。"1874 年，李鸿章重新提出修建铁路的要求，但未能引起清政府的重视。1880 年 12 月，刘铭传提出修建铁路的建议，在清政府内部引发一场关于铁路问题的大争论，时间一直持续到 19 世纪 90 年代。刘铭传指出："自强之道，练兵造器固宜次第举行，然其机括则在于急造铁路。铁路之利于漕务、赈务、商务、矿务以及厘捐、行旅者，不可殚述。而于用兵一道，尤为急不可缓之图"；"惟铁路一开，则东西南北，呼吸相通，视敌所驱，相机策应。虽万里之遥，数日而至。虽百万之众，一呼而集。无征调仓皇之虑，无转输艰阻之虞。且兵合则强，兵分则弱"。（《光绪六年十一月初二日前直隶提督刘铭传奏》）但守旧派竭力反对修建铁路，如周德润认为"捷径一开，而沿途之旅店，服贾之民车，驼载之骡马，皆歇业矣，是括天下贫民之利而归之官也。……昔商鞅开阡陌而秦以亡，王安石行青苗而宋不振，与民争利，祸亦随之"（《光绪七年正月初十日翰林院侍读周德润奏》）。刘锡鸿抨击铁路有百害而无一益，列举修建铁路的 25 条弊端，包括"不可行者八，无利者八，有害者九"。礼部尚书奎润认为铁路有害于风水墓地，火车会惊动祖宗之灵，他认为"多年古墓，棺木朽腐，子孙见祖父之枯骨，能不伤心"。在洋务派与守旧派的多次争论中，洋务运动、洋务事业依然得以向前推进，但由于顽固派的阻挠，增添了很多障碍，有的计划则被迫中止。

有关洋务派与守旧派争论的奏折，在葛士浚辑《皇朝经世文续编》、《筹办夷务始末（同治朝）》、《光绪政要》、中国近代史资料丛刊《洋务运动》等书刊中，各有收录。洋务派官僚的个人文集中也收录了有关同文馆、派遣留学、修建铁路的相关奏折。涉及同文馆、派遣留学争论的近代教育史史料有舒新城编的《近代中国教育史料》，朱有瓛主编的《中国近代学制史料》，陈元晖主编的《中国近代教育史资料汇编》，王学珍、张万仓编的《北京高等教育文献资料选编（1861~1948）》等。涉及修筑铁路争论的有宓汝成编的《中国近代铁路史资料（1863—1911）》，江沛主编的《中国近代铁路史资料选辑》等。

1. 以倭仁为代表的守旧派的守旧思想

引　言

作为地主阶级开明派的洋务派主张学习西方先进技术，受到了同属统治阶级内部的传统守旧势力的反对。两派围绕同文馆设立、派遣留学、修筑铁路等问题展开了激烈争论。守旧派以倭仁、李鸿藻、徐桐、刘锡鸿、屠仁守等人为代表。

倭仁身为同治帝师，努力以"正学"辅导圣德。他将自己所辑《帝王盛轨》《辅弼嘉谟》进呈，赐名《启心金鉴》，并陈于弘德殿作为同治帝读书的教材。他反对"奉夷为师"，反对学习西方科学技术，反对发展工矿业、商业，主张改革风俗，认为"立国之道，尚礼义不尚权谋；根本之图，在人心不在技艺"。他指出："人性皆善，皆可适道，只为无人提倡，汩没了天下多少人才，实为可惜。倘朝廷倡明于上，师儒讲求于下，道德仁义，树之风声，不数年间，人心风俗，必有翕然丕变者。道岂远乎哉？术岂迂乎哉？"（《倭文端公遗书》卷六）他根据儒家经典中的政治理念，上书皇帝，提出其施政建议，如提出"行政莫先于用人，用人莫切于严辨君子小人"，"今欲求知人之道，岂有他术哉？亦惟皇上好学之心勤求不怠，使圣智益明，圣德益固耳"（《应诏陈言疏》）。建议皇上"择同心同德之臣，讲求治道，切劘身心，由穷理修身，以至于治平天下"（《敬陈治本疏》）。强调"保卫地方尤以固结人心为第一要务"，"固人心即以弭天变，诚为今日之急务也"（《请固人心以弭天变疏》）。他又指出"我朝崇尚质朴，列圣相承，无不以勤俭为训"，要求"遵祖训所以检身心；崇俭去奢，惜民财即以培国脉。应请饬下总管内务府于所有应备之物力为撙节，可省则省，可裁则裁。总以时事艰虞为念，无以粉饰靡丽为工，则圣德昭而天下实受其福矣"（《请崇俭疏》）。

李鸿藻经历了咸丰、同治、光绪三朝，对清政府大政有过重要影响。光绪二年（1876），李鸿藻兼任总理衙门大臣，形成以其为核心的清流派，与洋务派分庭抗礼。由于受到传统思想的禁锢，他对洋务派的活动进行过阻挠，对西学有所排斥。1866 年 11 月，恭亲王奕䜣奏请在京师同文馆添设天文算学馆并招收科甲正途出身人员，遭到了倭仁等人的反对，同为帝师的李鸿藻站在了以倭仁为代表的守旧势力一边。后来，李鸿藻对西学的态度有所变化。

刘锡鸿是 19 世纪 60 年代洋务运动时期著名的反洋务论者，是保守主义的代表人物之一。著作有《英轺私记》《日耳曼纪事》《刘光禄遗稿》等。他于 1876 年与郭嵩焘共同出使英国，并任驻英副使，随后任驻德公使。他在《英轺私记》等论著中发表了反对修筑铁路、修造外洋船炮、训练新式军队、发展工商业的思想。如认为洋人公司不可效仿，"洋人每有创建，皆商民合凑股分，谓之曰公司"，"然使欲效其公司所为，则又有不可强致者。欺诈之风流行日甚矣。数人合伴以业商贾，资本或仅千百缗。苟非身亲注睐其间，犹辄为同伙攘窃以去；况数千万金之重，谁则信之，而肯通力合作哉？"又如他反对修筑铁路，指出"火车开造铁路，工费不赀，非厚取脚价，不足以偿还本息"，"是故火车之不能行于中国，犹清静之治不能行于欧洲，道未可强同也"。

其他守旧人物还有徐桐、张盛藻、屠仁守、徐致祥、周德润、张家骧、王家璧、徐承煜等，他们在各自的奏折与论著中也发表了反对洋务运动、反对学习西方的言论。

倭　仁

应诏陈言疏

奏为应诏陈言仰祈圣鉴事。窃臣蒙古世仆，前蒙先皇帝知遇之恩，夙夜祗惧，报称无由。我皇上至德嗣兴，丕绍鸿业。受命之初，即告谕内外臣工："共矢公忠，弼成郅治。"又复特诏九卿科道："有奏事之责者，于用人行政诸大端，皆得据实密陈。"诚念祖宗缔造之艰，先帝付托之重，兢兢业业，勤求上理，固非徒循广言之故事，博纳谏之虚名已也。以臣梼昧何补高深，顾念清问之殷，敢忘刍荛之献，谨就圣谕用人行政推阐言之。

伏惟行政莫先于用人，用人莫切于严辨君子小人。方今宝箓初膺，励精图治，百尔臣工惴惴焉视九重好尚以为趋向，薄海内外亦莫不延颈举踵观朝廷举错以卜升平。《易·泰》之初九曰："拔茅茹，以其汇，征吉。"此其时矣。夫君子小人之分，藏于心术者难知，发于事迹者易知。类族辨物约有数端，敬为我皇上陈之。大抵君子朴拙，小人佞巧。君子恬退，小人躁竞。君子爱惜人才，小人排挤异己。君子图远大以国家元气为先，小人计目前以聚敛刻薄为务。刚正不挠无所阿徇者，君子也；依违两可伺候人主喜怒以为趋避者，小人也。谏争匡辅为朝廷补阙拾遗者，君子也；迁就逢迎导人主遂非长傲者，小人也。进忧危之议，悚动当宁之敬心者，君子也；动言气数，不畏天变以滋长人君之逸志者，小人也。公私邪正，相反每每如此。皇上天亶聪明，勤学念典，孰贤孰否，自难逃圣明洞鉴之中，第恐一人之心思，而揣摩者众，一人之耳目，而混淆者多。几微莫辨，情伪滋纷，爱憎稍涉于偏私，取舍将虞其失当。此知人则哲，惟帝其难，大禹所以致叹也。

今欲求知人之道，岂有他术哉？亦惟皇上好学之心勤求不息，使圣智益明，圣德益固耳。宋臣程颢云："古之人君必有训诵箴谏之臣，惟命老成贤儒，俾日亲便座，相与讲论道义，以辅圣德。又择天下贤俊，使得陪侍法从，朝夕延见，开陈善道，讲磨治体，以广闻听。"我朝康熙年间，熊赐履上圣祖仁皇帝疏谓：《大学衍义》一书，为君师天下者之律令格例。伏愿延访其儒，讲求研究，务尽其理。于是考之以六经之文，参之以历代之迹，实体诸躬，默念诸衷，以为敷政出治之本。若夫左右近习必慎其选，虎贲缀衣亦择其人，非圣之书屏而弗读，无益之事戒而弗为。内而深宫燕闲之间，外而大廷广众之地，微而起居言动之恒。凡所以维持此身者无弗备，防闲此心者无弗周，则君志清明，君身强固矣。"

臣以为二臣所言诚人君修养身心之益，用人行政之原也。天下治乱系宰相，君德成就责经筵。惟君德成就而后辅弼得其人，辅弼得人而后天下治，然则开讲幄以赞宸修，致治要图，莫急于此矣。臣学识谫陋，无以仰承德意，谨就管见所及冒昧以陈，伏祈皇上采择，不胜悚惶之至。谨奏。（《倭仁集注》）

敬陈治本疏

奏为敬陈治本以提万事之纲仰祈圣鉴事。伏见我皇上践阼以来，敬以饬躬，宽以御众，求贤纳谏，勤政爱民，圣德咸孚，固宜治臻美备矣。乃中外之玩愒如故，人才之委靡依然，寰海望治之心犹未能畅然满志者，何哉？或曰：积重难返也，辅弼乏人也。固也，而非本原之论也。志不期于远大，政以苟且而自安，意不极于肫诚，事以虚浮而鲜效，则欲济当今之极弊而转移一世之人心，亦在朝廷而已矣。

奴才请进一说曰，愿皇上立必为尧舜之志。夫志始于思，辨于学，发端甚微，而为效固甚巨也。皇上端居渊默之时，深察密省，事事与唐虞互证，危微辨与？执中允与？知人哲？安民惠与？必有歉然不自足而皇然不自安者。由是因愧生奋，因奋生厉，必期如放勋、重华而后已。此志既定，然后择同心同德之臣，讲求治道，切劘身心，由穷理修身，以至于治平天下。此其机，操之圣心而有余，即推之四海而无不足，所谓志定而天下之治成也。承艰巨之任，值多事之时，使非困心衡虑以激发大有为之气，其何以宏济艰难哉？志切有为，斯虚怀乐善。后世人君往往耻闻己过，臣下遂唯诺成风，吁咈都俞，不可复睹。以唐太宗从谏如转圜，犹积怒于魏徵，盖克己之难也。舜命禹曰："予违汝弼，汝勿面从。"夫舜岂尚有违道之举，禹亦何至如谗谄面谀者流，顾兢兢焉惟恐有违，且恐禹面从者，诚以人心至危，修省密故惕厉深，而求助于臣工者益切。于是禹以傲戒，益以怠荒戒，皋陶以逸欲戒。惟当宁乐闻直谏，故在廷咸进谠言。不然，群臣方缄口之不遑，亦孰肯以不入耳之言干雷霆之怒哉？伏读高宗纯皇谕旨："尔九卿中能责难于君者，何人？陈善闭邪者，何事？"高宗皇帝之心，即虞帝取人为善之心也。皇上以法祖者法尧舜，则智益大矣。理财为今日急务，节用尤理财要图。比见礼部议复通政使罗惇衍《崇俭禁奢》一折，刊刻简明礼仪，颁示遵行，奉旨允准，诚正德厚生之本计也。

抑奴才更有进者，政贵实不贵文，民从好不从令，以文告之虚辞挽奢华之积习，科条虽设，谁其听之？伏愿皇上以身作则，力行俭约，为天下先。申谕廷臣将一岁度支出入之数通盘筹画，自宫府内外、大小衙门，凡可裁者，概行裁省。勿狃虚文，勿沿故套，勿避嫌怨，勿畏烦难，务量入以为出，勿因出而经入。服色器用既已明示限制，必须令行禁止，有犯必惩，使朝野臣民，共晓然于恐惧修省以实不以文之意。一人震动恪恭于上，庶司百僚实力奉行于下，自足挽回风气，移易人心。昔汉文帝身衣弋绨，后宫衣不曳地，遂至海内从风，人民富庶。况我皇上秉尧舜之资，体尧舜之德，躬行节俭，天下有不率从者哉！至若人情嗜利，廉耻道亏，宜杜言利之门，奖洁清之士。以及学校不修，人材多废，无人之患甚于无财，尤宜讲明正学，兴贤育德，以储桢干。此皆政教大端，所当及时修举者。惟圣志断以不疑，斯庶绩可次第而理。

奴才身虽在外，心无日不在阙廷。极知浅陋，无补高深，然区区爱主之心不能自已。惟皇上恕其狂愚，俯赐鉴察，天下幸甚！谨奏。（《倭仁集注》）

请固人心以弭天变疏

奏为思患豫防，宜设法迅扫贼氛，以固人心而弭天变，恭折仰祈圣鉴事。奴才窃为今岁秋间星象两次示警。皇上仰体皇太后之心，惕厉忧勤，孜孜求治。大小臣工亦皆恐惧修省，共挽时艰。

数月以来，人心尚称静谧，前因直隶、山东骑马贼之案层见叠出，迭奉谕旨，严拿惩办。各地方官仍未认真搜捕，甚至有闻其入境遣人说和给以银钱，希图不在本处生事者，于是该匪往来滋扰，渐次横行。其始，不过于早晚间拦途抢劫行李。日久，则肆无忌惮，愈聚愈多，焚掠村庄，戕官陷阵。皆由州县平日敷衍了事酿成祸端。察其情形，实堪痛恨。此次大名之乱又因都统遮克敦布办理不善，致令投诚匪党闻言滋疑，突围而出。该都统咎有应得，已在圣明洞察之中，似此偾事劣员应即撤回，不令带兵，庶免一误再误。直隶按察使孙治奉派出省剿贼，所带兵不过千名，昨闻又派京员调神机营兵三千名前往会剿，谅兹乌合之众不难指日荡平。推闻此股匪徒决裂之后，沿途裹胁不下七八千人。

现在，冀州、南宫俱有贼巢，距京仅五六百里，非克期扑灭，万一寇氛逼近，京畿根本重地，稍有动摇，其患尚可言哉？奴才以为切近之灾断断不可轻视，应请明降谕旨，命僧格林沁即日统带大兵驰往大名督剿。该大臣军威素振，可以先声夺人。如南方军务尚紧，未能兼顾，即由该大臣酌派妥员，分兵驰剿，自足以寒贼胆而壮声威。

再，奴才闻现任山西按察使王榕吉前任直隶州县多年，该员老成练达，素得民心，曾以大名道督办军务，著有成效，该处团练无不乐为之用。可否将该员暂行调赴直隶，帮同督剿之处，恭候圣裁。抑奴才访闻大名一带穷民甚多，保卫地方尤以固结人心为第一要务。所有被难各处，即请饬统兵大臣确切查明，将无力完缴钱粮者，概行豁免，迅即刊刻誊黄，遍行晓谕。小民具有天良，感激格外鸿慈，自不忍于从贼，即有被贼裹胁者亦可解散矣。至不得已而用兵，先严纪律。明臣戚继光勋猷卓著，总由令出惟行，尤在文武员弁同心协力，庶有成功，所谓师克在和也。

近来，武弁气习日坏，平时徒事嬉游，临敌辄多退缩，往往见文员冲锋失利，不肯救援。前次，大名道秦聚奎之阵亡半由于此。并请严定武弁处分，尚仍畏葸逗留，或坐视文员之死不肯一救者，讯明重治其罪，庶武弁知所警惧而众志自可成城。固人心即以弭天变，诚为今日之急务也。奴才为思患豫防起见，是否有当，伏乞皇太后、皇上圣鉴。谨奏。(《倭仁集注》)

敬陈管见疏

奏为释服逾期敬陈管见，恭折仰祈圣鉴事。臣等恭阅邸抄，本月十四日御史刘毓楠奏请崇尚节俭屏绝浮华一折。奉上谕："逆氛肆扰，兆姓流离，正君臣交儆之时，岂上下恬熙之日。我两宫皇太后痛念山陵未安，民生未奠，孜孜求治，宵旰不遑，所有内廷供奉业已随时酌减。尔内外大小臣工宜体此意，及时振作，共济艰难。毋蹈奢靡之习，毋贪耳目之娱，用副朝廷崇实黜浮，无敢戏豫之至意等因。钦此。"中外臣工祗承训诫，罔不力求俭约矣，而臣等尤有过虑者，皇上冲龄御极，智慧渐开。当此释服之初，吉礼举行，圣心之敬肆于此分，风气之转移即于此始，则玩好之渐可虑也，游观之渐可虑也，兴作之渐可虑也。嗜好之端一开，不惟有以分诵读之心，而海内之仰窥意旨者，且将从风而靡。安危治乱之机，其端甚微而所关甚巨，可无慎乎？

方今军务未平，生民涂炭，时艰蒿目，百孔千疮，诚如圣谕"正君臣交儆之时，非上下恬熙之日"也。伏愿皇上恪遵慈训，时时以忧勤惕厉为心，事事以逸乐便安为戒。屏玩好以节嗜欲，慎游观以定心志，省兴作以惜物力。凡内廷服御一切用项稍涉浮靡概从裁减，虽向例所有，亦不妨量为撙节。如是则外物之纷华不接于耳目，诗书之启迪益敛夫心思，将见圣学日新，圣德日固，而去奢从俭之风亦自不令而行矣。臣等区区愚悃，为杜渐防微起见，不揣冒昧，谨合词恭折具陈，伏祈皇太后、皇上圣鉴。谨奏。（《倭仁集注》）

李鸿藻

同治五年七月十四日呈吏部

前任户部右侍郎李鸿藻呈，为恳请代奏，叩谢天恩，吁恳恩准终制事。本月初九日奉两宫皇太后懿旨：李鸿藻之母姚氏，秉性淑慎，教子成名，今以疾终，深可轸恻。朝廷优礼大臣，推恩贤母，着赐祭一坛，赏银二千两经理丧事，由广储司给发，以示眷怀。钦此。鸿藻侍亲无状，抱恨终天，渥荷圣慈，推恩泉壤，稽颡零涕，衔感莫名。又伏读懿旨，李鸿藻着开缺守孝百日后即赴弘德殿授读，仍在军机处行走，等因，钦此。伏思三年之丧，古今通义。鸿藻母氏苦节多年，抚育教诲之恩，纤毫未报，一旦惨遭大故，鸿藻偷生视息，负疚已深。闻命之余，战悚惊惶，不知所措。枢要之地，纲纪攸关，岂敢以苦块余生，滥厕其列。至于辅导圣学，尤贵志行完粹之人，方足以资启沃。鸿藻追惟罔极，惨裂五中，今已不能尽子职于生前，而并不能持丧服于身后，忘哀变服，入直内廷，何以为人？何以为子？夫以不可为人不可为子之人，岂能匡辅典学？况经典所言，不外伦常礼义；若为自蹈愆尤，言与行戾，则进讲献纳之际，又将何以置辞？伏望圣慈矜悯，鉴其愚诚，许其终制，天高地厚之恩，殁存感戴。一俟除丧后，必当殚竭心力，以图仰报于万一也。所有衔感下忱，并吁请终制各缘由，伏祈据情代奏。谨呈。（《李鸿藻年谱》）

同治五年八月二十八日呈吏部代奏

先王制礼，原准人情，丧纪之设，非徒以名义具文范围后世。盖以人子之心，必如是而后即安。鸿藻虽不才，亲丧自致之念，岂独无之。伏念鸿藻前以翰林编修，在河南学政任内，被先帝特达之知，召还京师，畀以傅储重任者，盖以鸿藻恪慎自将，尚能谨守礼法也。若亲丧未终，而出入禁闼，则先已违礼忍情，负罪名教，鸿藻一人何足惜，然不亦有伤先帝知人之明乎！今皇上富于春秋，典学正关紧要，使以不祥之身，而日侍经帷，昌不韪之名，而虚言启沃，在臣心无以自安，于圣学则何所裨益。见在弘德殿行走诸臣，如倭仁、徐桐、翁同龢等，皆能守道竭诚，尽心辅导，此时虽鸿藻一人暂离左右，似于缉熙进德尚不相妨。至若趋直枢廷，则是三年之丧，俨然从政，尤令鸿藻进退失据，局蹐无以自容。鸿藻夙夜忧思，欲坚持己见，则似朝廷委曲矜恤，而臣子冥不知恩，欲勉承诏命，则疚心实甚，而终身无以自处。煎灼昏迷，惟有号泣，伏惟天地高厚，哀而怜之。（《李鸿藻年谱》）

同治十三年五月二十日奏

臣李鸿藻跪奏，为沥陈愚悃仰祈圣鉴事。窃上年正月二十五日，蒙皇太后召见王大臣等于养心殿，训以知无不言，臣既有所见，曷敢安于缄默？伏思皇上亲政以来，一年有余，刻下之要务，不可不亟讲求者，仍不外读书勤政二端，敢为我皇上敬陈之：前数年皇上日御弘德殿读书，心志专一，经史记诵甚熟，读书看折，孜孜讨究，论诗楷法，亦日见精进；近则工夫间断，每月书房不过数次，且时刻匆促，更难有所裨益，不几有读书之名，而无读书之实乎？夫学问与政事相为表里，于学问多一分讲求，即于政事增一分识见，二者不可偏废也。伏愿我皇上懔遵皇太后懿旨，每日办事之后，仍到书房，认真讨论，取从前已读已讲之书，逐日温习，以思其理，未读未讲之书，从容考究，以扩其识，诗论必求其精通，字画必求其端整。沉心静气，涵养圣德，久而久之，自受益无穷矣。皇上亲政之初，凡仰蒙召对者，莫不谓天禀聪明，清问周至，钦佩同深，气象为之一振。迩来各部院值日诸臣，未蒙召见，人心又渐懈矣。咸丰年间，文宗显皇帝每日召见多至八九起，少亦四五起，诚以中外利弊，非博采旁咨，无以得其详细也。若每见不过一二人，每人泛问三数语，则人才之贤否，政事之得失，何由得悉乎？夫臣下之趋向，视朝廷为转移，皇上办事早，则诸臣莫敢不早，皇上办事细，则诸臣莫敢不细，不如是则相率偷安，苟且塞责，其流弊有不可胜言者。伏愿我皇上仰法祖宗定制，辨色视朝，虚心听言，实事求是，于披览奏章之际，必求明所以然，则事理无不贯通矣。而又勤求法制，屏无益之游观，轸念时艰，省无名之兴作，则圣功日懋，圣治日隆，庶无负皇太后谆谆训诫之至意。臣谨就愚见所及，冒昧直陈，伏祈皇上圣鉴。谨奏。（《李鸿藻年谱》）

同治十三年七月二十九日奏

（皇上承欢）两宫皇太后，孝思纯笃，未肯收回成命，而当此时事艰难，论理论势，皆有必须停之者，敬为皇太后陈之。咸丰十年，文宗显皇帝由圆明园巡幸热河，为我朝二百余年非常之变，至今天下臣民，无不痛心疾首，两宫皇太后与皇上念及当日情形，亦必伤心惨目，何忍复至其地。且前内务府大臣文丰，曾殉节于斯，不祥之地，更非驻跸所宜，此理之不可不停者也。现在西路军事孔亟，需饷浩繁，各省兵勇欠饷累累，时有哗变之虞，加以日本滋扰台湾，势甚猛悍，沿海各口均须设防，经费尚不知从何筹措。以户部而论，每月兵饷不敷支放，江苏四成洋税，已奏明停解捐输，厘金亦已搜索殆尽，内外诸臣，方以国帑不足为忧，而园工非一两千万莫办，当此中外空虚，又安得此巨款办此巨工乎？此势之不能不停止者也。皇上当以宵旰勤劳，乂安寰宇，仰慰两宫皇太后之心，为孝之大者，若竭天下之脂膏，供园庭之工作，以皇太后之至圣至仁，当必有所不忍也。十余年来，皇太后、皇上励精图治，发捻各匪，次第扫除，良由政令修明，故人心团结。今大局粗安，元气未复，当匮乏之时，为不急之务，其知者以为皇上之孝思，其不知者将谓皇上渐耽安逸，人心有不免涣散者也。在承办诸臣，亦明知工大费多，告成无日，不过敷衍塞责，内而宦寺，外而佞人，希图中饱，必多方画策，极力赞成，如李光昭者，种种欺蒙，开干进之门，启逢迎之渐，此尤不可不慎者也。虽曰不动巨款，而军需之捐例未停，园工之劝捐继起，以有限之财，安能给无穷之用？臣等以为与其徒敛众怨，徒伤国体，于事万难有成，不如及早停工，以安天下之人心乎？伏愿皇太后明降懿旨，停止园工，则皇太后之威德，皇上之孝思，均超越千古矣。臣等不胜激切待命之至，伏祈圣鉴，谨奏。(《李鸿藻年谱》)

光绪六年十月十四日奏

谨奏：为美国修约，拟定华工限制，臣等酌议条款，开单具奏，恭折仰祈圣鉴事。窃本年七月间美国使臣安吉立来京，照会臣衙门，请奏派全权大臣续商条约，当经臣等奏明。奉旨：着派宝鋆、李鸿藻作为全权大臣与使臣续商条约，钦此。九月间又将美国修约使臣帅腓德、笛锐克到京日期及修约开办情形奏闻各在案。伏查臣衙门前接出使大臣陈兰彬等叠次来函，内开：上年美国议院立有苛待华工之例，经其总统批驳，本年正月间，金山埃里士党人，又议例禁公司雇用华工，一唱百和，几酿事端，经美国派兵弹压，始就安贴。是华工在彼与土人已成冰炭，美国方极力设法调停，总恐非长久之计。查美国续约第五款，两国人民准其任便往来，又指明游历、贸易、久居等人，独无华工字样。近因安吉立等面递修约节略，内称：华工分住各口，不下十万人，实于本国平安有损，现拟出整理、限制、禁止三层办法，请臣等酌夺前来。当询以三项办法如何分别。据称，整理系属空言，至限制、禁止两层，系专为华工而设，其余各项人等，不在此例。臣等以禁止一层与旧约不符，万难迁就；惟限制一层，尚可酌拟章程，以期有利无弊，安吉立等以此项章程须由本国议院酌定，此次虽派三人来华，只求中国一言，准其自行定限等语。伏念金山等处华工，美国尚能照约保护，与古巴、秘鲁不同，近因人数太多，与伊国不无窒碍，自系实在情形，此时若坚持旧约不与变通，将来华人日往日多，万一激成变故，不但以后去之华工累及在彼之华工，且恐以华工之故，累及贸易别项等人，转失保护华民之本意，似不如就华人之续往承工者，立定条款，约定限制，与旧约相辅而行，当于两国均有裨益。现与安吉立等往返熟商，定为四款：凡传教、学习、贸易、游历人等，仍听往来自由；其已在美国华工，亦仍照旧约保护；惟续往承工之人，或限定人数、年数，准其由伊国随时察看情形，妥订章程，知照中国，必与华民无损，始准照行。并声明此项条款应候两国御笔批准，再行互换。所有臣等与美国使臣修订条约各缘由，理合缮具清单恭呈御览，伏乞皇太后、皇上圣鉴。谨奏。（《李鸿藻年谱》）

光绪八年六月八日奏

四月二十日奉上谕，侍郎锡珍奏请派大员整顿八旗学校一折，着吏部会同国子监妥议具奏，钦此。臣等查八旗官学隶于国子监衙门，选八旗子弟在学考课读书，有助教、教习督课之，有祭酒、司业稽查之，文法既周，成材亦众，如果奉行勿替，本毋庸改弦更张；乃日久弊生，有名无实，学舍倾圮，教习备员，生徒假冒，诚有如该侍郎所云者。当兹时局需材，官学近隶胶庠，八旗半属勋裔，允宜加意培植，以宏圣教而育英才。惟臣等深究官学废弛之由，学舍倾圮，由于库款支绌，修理无资，而教习应得银币，学生应得膏火，亦俱减成折发，以至因贫废业，日即荒嬉。历任监臣非不欲设法整顿，而军务甫平，司农仰屋，率视为不急之务而置之。今工程愈烦，经营不易，欲事事取给于库帑，财力仍属难支。是原奏所云兴工作，筹款项，用人员，议章程四条，尤以筹款为第一要义。款项不集，则学舍不能议修，俸饩不能议益；学舍不修，俸饩不益，则教习不能应官，学生不能应课；教习不应官，学生不应课，即遽行加派大员专营学务，亦难行不养之教而为无米之炊，是非因时制宜，仍属空言无补也。夫作事在谋其始，而立法贵得其通，该侍郎原奏谓官学虚名仅存，转不如私设义学之得收实效。然则欲除官学之积弊，亦惟有俯采义学之成规，务令事事从实而已。诚使厚集款项，酌增饩廪，修学舍则平估其价，管学务则慎举其人，以急公无私之心，收舍旧谋新之效，积弊虽久，整理非难。臣等公同详酌，该侍郎所云一切学务专员经理者，乃规模既定以后之事，所云一切规模悉心集议者，乃学务未定以前之事，将筹良法以谋其成，宜简重臣以经其始，拟请先行特派满汉大臣数员经管整顿八旗官学事宜，将集款、用人、修工、定章四条，饬令会同监臣详细定议，请旨施行，必令费足济工，人足应务，有合于原奏尽除积弊力破浮文之意，将来规模大备，所有官学事宜，或派员专理，或派员会同监臣协理，应即由此次钦派之大臣秉公保荐，疏请简派。其文职旗员概归考试一节，亦应由该大臣等斟酌情形，归入章程具奏，再候命下臣等覆核定议。(《李鸿藻年谱》)

徐　桐

同治十三年六月四日弘德殿行走侍讲徐桐、广寿奏

臣徐桐、臣广寿跪奏：为星异示警，吁请宸衷，敬懔天戒，慎起居而严禁卫，仰祈圣鉴事。窃惟天人相应之际，捷于影响，凡天象垂异，皆因人事有失，故先出灾异，以谴告之。此以见天心仁爱人君，欲止其乱，苟不知省，祸变乃生，稽诸往古，其征验历历不爽，未可委诸适然之数也。上月彗星出西北，经旬不灭，臣等不习占验，而就得诸传闻者，证以天官之书，知内阶星为天皇之纳陛，上卫等星所以藩卫紫宫太乙之座，是纳陛应在乘舆出入之地，今以彗星守之，则皇上之一出一入，正不可不慎，而紫微藩卫为彗所扫，尤恐禁廷宿卫疏于备豫，致有意外之虞，比因圆明园兴工，屡次亲临看视，固由孝养心殷，非专事游观可比。然臣鳃鳃过虑者，以御园远在城外，当此炎暑郁蒸，风雨不时，跸路往来，已形劳瘁，况频郊原旷远之处，万一兽惊马逸，殊失敬身之道，即随扈有王大臣，而其行止皆有定所，不敢违越，皇上游幸之地，未必禁卫能到之地，设有非常，何以御之？皇上负宗庙社稷之重，承两宫皇太后之欢，岂可不避危虑远，思慰慈爱之深心乎？应请自今以后，似此临幸看视工程之与，悉行停止，我皇上既可节躬亲之劳，于万几余暇，召对臣工，讲求当今要务，孜孜以节用爱人为念，不复以经营台沼为先，自足以召祥和而消灾戾。至禁城重地，倍宜宿卫禁严，乃近来各门稽察甚为疏懈，亟应严申门禁，无论早晚出入人等，皆听值班官兵，实力查察，勿令杂人溷迹其间，亦思患预防之一事也。臣等叨侍讲幄有年，受恩至深，上年皇上亲政之初，仰蒙皇太后训诲周详，敬聆知无不言之谕，时切忮心，兹睹星象，弥抱隐忧，何忍苟安缄默？谨披沥愚诚，具折吁请，伏望圣怀俯赐采纳。(《李鸿藻年谱》)

刘锡鸿

英轺私记（节选）

西历不应天象

西历每岁三百六十五日，仍分十二月。每月三十日者，惟四月、六月、九月、十一月，其余皆三十一日，二月则二十八日，无所谓晦、朔、弦、望。四年则加一日于二月，如中历之置闰焉。

夫一月之命名，系乎天之月魄。月魄尽，则一月以终；月魄生，则一月以始。天显其象于上，人遂因而名之。至于因余置闰，而月魄之死生，仍适协其时而不稍舛。容成之造历，所以可为万世法也。

西人测算之学，号称最精，乃参差其日以为月，致一月之终始日，与月魄绝不相符，命名曰月，其实则全乖矣。因言西人元旦，类记之。

苏尔士开河

……洋人每有创建，皆商民合凑股分，谓之曰公司。虽数千万金，不难克期而办。凡凿山开河，穷天究地，制造奇器，创置新埠，罔不恃此，所谓众擎易举也。

中朝兴建大事，辄须动用国帑，夫安得不自阻？然使欲效其公司所为，则又有不可强致者。欺诈之风流行日甚矣。数人合伴以业商贾，资本或仅千百缗。苟非身亲注睬其间，犹辄为同伙攘窃以去；况数千万金之重，谁则信之，而肯通力合作哉？

始见火轮车

余之见火轮车，始诸此。车制：前后四轮，上盖板屋数间（载货则数间通而为一），机器居前（亦可倒行）。屋高约六尺，深广各如车之大小。一车不足，辄缀属数车行，长亘百步，而行不滞。铁路宽约四五尺，两旁坟起如小埂，以承轮。程之慢者，一时亦百余里，故常数昼夜而万里可达。技之奇巧，逾乎缩地矣。

然以行诸中国，则裸股肱、执策绥、操舟挽辇，以度载人货者，莫不尽废其业。历朝以骚动百姓为戒。凿山开矿，事难纷纷举行，万口嗷嗷，疗穷何术？迫而为盗者日众，则华洋贸易，安堵无期，非恃强力以兵临之，即可遏其饥焰也。

中国游客之多、富商大贾之众、懋迁获利之厚，皆不如欧洲。火车开造铁路，工费不赀，非厚取脚价，不足以偿本息。然华俗尚俭，往来贩运，类多日用朴素之需，估利实属无几。今粗货百担，运赴千里，动须千数百金。行程虽捷，谁甘割膏血，以相饲者？故各省十数豪商而外，寻常贩客，必不搭载火车。

我圣朝绥奠群黎，同安乐土。农工百艺，莫肯轻去其乡。丰裕之家，间有约伴游观者，亦第驰迹近乡，流瞬城市，即足以豁闻见。非若洋人远志，一动行滕，辄越数万里，然后可洗颛蒙。是即火车创行，乐其奇巧者，急一尝试，络绎奔赴以就驾。不及半载，势将乘坐寥寥，求抵一日之煤费工需而不可必得，遑问本息？

况撙节爱养，国有常经，必不肯惊扰亿万众生灵，倾输千百兆银币，以举此见利欲速之工程乎？是故火车之不能行于中国，犹清静之治不能行于欧洲，道未可强同也。……

马格理论中国无法治

……余与马格理灯下谈及新金山事，马君谓："中国民人易钤束，愈于洋人。今其在新金山者十五六万，皆改装从英服，驱驾毫不费力，从未有恃众抗官者。然于本国，则动辄犯法，何也？"

答曰："驭众难于驭寡也。"

马君曰："不然，其故有三：中国法密而不果行，行之亦不一致，故人多幸免心；英则法简而必行之，历久不易，一也。中国待官吏宽，有罪未必皆获谴，获谴未必终废弃，故敢于干冒典刑，以为民倡；民视其所为，不服于心，遂藐官并以藐法；英则犯法之官，永不录用，亦不使有谋食之他途，故皆谨守其度以为治，民之畏官者此，二也。中国官各有界限，百姓非所管辖，虽目睹其恶，亦隐忍以避嫌，故官势孤，而耳目难遍；英则犯法之民，凡官皆可斥治，若以非职而置度外，则人转訾其惰，三也。今外洋欺侮中国，为自强计者，先宜整饬法度，使之必行，然后可及船炮。法度修明，人自敬畏，不生觊觎心。若船炮，则虽多且良，终出洋人技艺之下，不足震慑其志，徒多费钱耳。江南诸路，新筑炮台，不堪御外寇。置炮屋下，其烟难散，眯守卒目。台高而薄，不实沙于腹以藏炮子，又易为敌炮所摧。中国筹饷匪易，以此耗散，岂不可惜？"

余闻其言，相对默然久之。

日本国政令改用西法，并仿其衣冠礼俗，西人皆鄙之，谓摹仿求合，太自失其本来也。"扬武"船带兵官蔡国祥言："宴会洋人，应自用中国器具。彼免冠，我应拱手答之。若舍我而效彼，且反为笑。"容闳华官洋服，马格理以为羞。中国之士有事于邦交者，当鉴此。

伦敦新闻纸

伦敦新闻纸，乃清议所系，国主每视其臧否，为事之举废、弛张。有曰"戴晤士"者，才识特优之绅士主之，朝野所共览者也。次则曰"地哩牛士"，次则曰"地利家其"。曰"司丹达"者，则官授之意者也。曰"磨棱卜士"者，则备载仕宦往来与其升黜，无异中国之官门抄、辕门报者也。论政者之有所刺讥，与柄政者之有所伸辩，皆于是乎著。

英人知礼

十八日，随员张斯栒之跟役入市采买，路遇本土醉人，以肱戏击其颠，落帽。巡捕共擒是人，送罗地美亚审办（罗地美亚者，乡长也。英制，地方公事皆乡长治之）。美亚以中国使者憩驾甫数日，土人遽敢妄为，从重羁管两月示惩，并刊布新闻纸，令众力同护使署随从人等（英国凡有号令，皆以新闻纸传之）。郭正使致书德尔秘，请以其醉戏宽之（凡各国使臣于地方官有所请，皆须函会外部总理大臣转饬，不得径行其下，亦不得遣属官为其下言之，西洋通例也），仍未得释。

又前在"北绍尔"舟中，有附载洋客诃詈余仆，掌船者见之，到亚丁遽逐洋客于岸，亦经余为之讨免，乃罢。

向疑英人僻处海岛，惟知逞强，无敬让之道。乃上下同心，以礼自处，顾全国事如此。

伦敦

伦敦街道两旁，白石平垫，通男女往来。中则沙土碎石筑成，车马所经也。道之广者，可七八车并驰，狭者亦可四五车，皆洁净，无稍垢秽。

民居、官署规模不甚悬异，结构类皆四层，并入地者计之则五层（各屋皆有入地一层，为下房、为厨、为屯煤所）。白石为墙、为柱，铸铁为护栅、为栏杆，环于门外。其内糊壁以花锦，铺地以细毡毯。嵌窗以玻璃数尺，亦铁栅护之。估肆则临街大玻璃槅，货物咸鉴澈于外。惟耶稣堂、银行、客店、信局、电报局、施医院，制度独崇闳。每游骋道上观之，左右房舍峻整华洁，数百街如一式。问其房价，动须数十万金钱，可以知其地之富足矣。

数街辄有广囿一区，荫以杂树，有池沼，而无亭台楼榭。沿路安长铁几，以便游者憩息。地由国主建置，百姓男女均往焉。盖以其人所居皆层楼叠阁，无呼吸通天处（民居、估肆皆无院子），虑以气郁生疾疫，故特辟此囿，俾民人闲暇，散步舒怀，以畅其气，重育民也。

每夜九点钟前，市肆犹烘闹，男女络绎。途间路灯，皆煤气为之。

昴、虚、星、房四宿值日之辰，即耶稣教礼拜日。廿二日，虚宿所值也。正使与余往拜德尔秘，未遇。道上车行稍迟，正使曰："何不鞭之？"马格理曰："今日礼拜，不鞭马。且不特礼拜而已，伦敦有仁心会，禁人虐使牲畜，鞭马酷，则捕役执讯（捕役为罗地美亚所辖，犹中国之团练壮丁，工食由各行户捐给），故以为戒。"

查礼拜日，官不治事，民不力作，马不效驾，牛不负犁，所以节群劳也。届期前一日（其俗谓之礼拜六），过午，遂各游息。间左之奴雇，店肆之帮伙，莫不探视亲属，以遂其情；逶迤园囿，以畅其志。张而弛之，七日一周则复张，时气又一振，力必倍劲，无疲惰偷安之患。

马格理云："伦敦昔多偷盗，最为巧黠。过路者，囊金腰间，一偎身已被摸去。铸铁为室以储宝，环庐逻守终夕，比晓而宝已亡。故街衢分段置巡捕（疏通道路，弹压喧争，皆捕役事），近宫数武一火枪兵，皆昼夜更替，坚立其地，不远离。别有马队，二十人为一班，顶盔披甲，挟枪周巡，日数轮转。每窃盗，发一呼呵而巡捕已至。巡捕一鸣哨，而近街兵捕亦至，防范严紧。

伦敦无城，其巩若城阙者，火车所经之桥梁也。民居稠密，不可以行火车。爰以巨石为飞桥，于万家烟户之巅，架以铁板，垫以沙土，俾往来焉。卧百尺楼，时闻其上雷轰，隐隐不断，则火车过也。乘车眺望，遥见其下行人如织，街市间巷渺若重渊，几疑其穴地为之，而不知身在桥上也。又或高凌宝塔之尖，俯拾帆樯之顶。初至其地，骇心惊目，无非异观。闻人言：南至海口，北至苏葛兰，铁路共数十道。每行百里，人纳车价仅一息零，较之未有火车时，省费数倍。故商旅之车，有群居之室，有别室，皆漆皮软几，玻璃明窗，坐卧殊觉畅适。其贵者所乘，则锦壁绣帘、文楹画案，瓶添净水，盘供鲜花。虽轮行如飞，风霆贯耳，终不改书斋闲憩之乐。车后厕牏溷器，亦极整洁。其价则百里一金钱，或不可少矣。

马车式亦不一。有单马车、双马车，以木夹漆布两重为车屋，可敞可蔽，寻常出游以之。有四马车，则富人以之行数十里内者。又有街道车，形如画舫而卑其轮，两马驾之，上下两层，可坐数十人。每人附载三里，仅给价一边士。其高轮彩画大车亦然。

余尝问不立城郭之故于英人，据云："前百余年，固有之。自火炮盛行，城不足自卫。闭关以守，伤人愈多，故毁去。"今增固海口炮台，御敌较可得力。即不幸被敌闯进，犹可出兵各路以驱逐之。外洋之无城郭，正不独英。

开会堂情形

……凡开会堂，官绅士庶各出所见，以议时政。辩论之久，常自昼达夜，自夜达旦，务适于理、当于事而后已。官政乖错，则舍之以从绅民，故其处事恒力据上游，不稍假人以践踏。而举办一切，莫不上下同心，以善成之。盖合众论以择其长，斯美无不备；顺众志以行其令，斯力无不殚也。

闻此次绅民所诘驳，如上年印度海溢，漂溺丁口三十二万，所宣诏书漏未及此，经当事以遗忘谢过，已无他言。惟调处土、塞两国事，众议有非之者，辩难数日未已。惜翻译人少，末由遍读新闻纸。（出使西洋，必须熟于翻译者多员，遍观其书报，乃有济。向谓洋语洋文不必广募人学习者，误耳！）

每年度支出入，刊列细数，普示绅民，稍有虚滥，则人共诘驳之，此不惟见其公也。英税至重，亦至烦琐。犬马之畜（家畜一马，岁税金钱三，畜一犬，税金钱一），珍异之佩（指环、手钏非常用者，岁税洋银十元、五元不等），莫不有税。而店肆则计其赢利之多寡以为赋，住户则计其进项之多寡以为赋。隐曲细碎，剔抉殊不易易。苟非条列刊示，则瞒匿影射，岂其民独愚？吞蚀侵挪，岂其官独洁？至于弊窦百出，然后立法以惩之，斯闾阎之被扰不堪，仕宦之藏奸日巧矣。众耳众目，故人不敢欺；公用公销，故人不忍欺。以通国之财，治通国之事，而无所沾润。于上不足，则众分任之，苛敛又将谁怨？……

英国宰相之进退，视乎百姓之否臧。而众官之进退，又视乎宰相之进退。持其失者多，则当国谢去，公举贤能，告诸君而代之。相既易，则各曹长皆易，由代相者自置其人，以期呼应灵动。进必群进，退必群退，故常相倾轧，有一利必有一弊。

蜡人馆

……查英国制法最恕，无殊死刑，惟谋杀、叛逆者缢杀之；斗杀拟流；误杀、过失杀责赔家口终身养赡银，或十年，或二十年，各如尸身生前岁入之数。官为存放，按岁支给其亲属。亲属死，则余银充公。其它各罪犯，则第罚锾与拘禁而已。拘禁之限，由数日、数十日以至十年、八年，皆因其罪之轻重，由司刑者临时察例议之。疯病者，禁锢终身，恒犯不改亦然。并优给以食，若香港监牢所见状。但英国无予人以坐食者，必驱以劳役，如运石、负土、筑城、造桥、除道、建舍诸事。男子二十一岁，女子十六岁，谓之成人，有犯乃科罪。未至成人，勿治也。鞭挞之刑，第施于凶狠较甚者，不数数见。以民命为重，而惩戒从宽。

养民之政

英国年终稽查户口，岁除日献其册于君。凡册挨户编号，男丁女口，均具实年若干岁（英人以足三百六旬有五日为一岁），治何术业，按名书之，孩赤仆雇不遗。所管田庐店肆，岁入租息，亦一一开载。其君受册，派员详核，编分老幼少壮各为一类，士农工商各为一类，以知其人之死生寿夭、勤惰贫富。死而夭者多，则究其所以然之。故令医生察勘其地，或攘剔其障蔽，以通天气；或疏浚其沟渠，以通地气；或粪除其道路，以免疾疫。尝有石匠群处，因劳促寿，教以运力节劳之法，乃遂永年者。向来伦敦市肆，早开迟闭，今改定九点钟开肆，八点钟歇工，亦以人死稍多，特汰其工作之苦也。人无业而贫者，不令沿街乞丐，设养济院居之，日给饔餐，驱以除道造桥诸役。故人知畏劳就逸，转致自劳而自贱，莫不奋发以事工商。国之致富，亦由于此。

葬死之事，亦官主之。制地一区为茔兆，有死者，概由医生开具病由及药治情形，报官详核，乃令赴瘗其地。不能私埋，亦不能他葬。所以忧民之死于冻馁，死于困郁，死于视疾之无人也。医生皆由官考试，不易中选。其中选者，国主辄召见之，厕诸朝班。故皆自爱，不至有徇情受赂，妄报捏报之事。

凡妇女产子，皆男医为之接生。其国患民之不庶，首以生齿为重。故一孩赤死，必推求其致死之由，责其不善字养者。（其俗，无论官民，皆以子女多为累，子女少为美。故立法督察之。）接生以医，犹是意耳。虑妇媪无知，误伤其气血，致不能育，爰以深明医理者，莅之于脱胎之始。盖意在繁衍，不以男女当别为义也。第揆诸中国圣教，则募令妇女习医，俾充接生，义固两全矣。

观戴晤士报馆

"戴晤士"为伦敦第一报馆，日售新闻纸七万分。……二十三日，接正使赴该馆阅看。馆人二演试。其先以铜活字板填砌入铜格，压印纸上为凸凹，形如其字。置诸小圆铁匣熨贴平，灌铅液以成模，遂付诸司机器者。机器形类小瓜蔓架，前面横贯小铁轴二，大铁轴一。小者以刷墨，大者以属模。其下铁长匣为切刀。机器前，纸卷贴地，大如车轮。机动则纸飞过大铁轴，即印成字。转入铁长匣下，即截而断之。复飞上架，由后面堕落。每落皆两纸，别一机器将纸各折叠平整。电驰风掣，为时仅及瞬息，新闻纸之堆案者，已累累然。故一点钟而七万份皆就。伦敦报事，阅一时而毕周者，以此。虽其馆会计之手，送报之足，役人非不多，然就刷印新闻而论，则第司字模者二人，司机器者五六人，即敷用矣。

以余迟钝之见筹之，若专用人力，当令每人自备活字板一分。凡新闻撰成，各限一时刷印百纸，力无不给也。计二十八万纸，应得二千八百人刷印之。以每日所入洋银四千三百七十五元，分给诸二千八百人，每人可得一元半有奇。虽英国浇裹费重，八口之家，亦足赡养。是二万数千人之生命，托于此矣。何为必用机器，以夺此数万人之口食哉？

说者曰：此英之所以富也。英人愿力至大，谋利辄以亿兆计。今制一机器而获巨资，则侧睨其旁者，必各出智计，以效为营谋，夫心思之用，日出焉而不穷者也；货产之精，并行焉而各当者也。心愈用愈巧，货愈出愈多，商贾之揽巨资者乃愈众。豪富既众，则百货自易销售，贫民自易为生，国课自然充裕。伦敦之地，每有所购买赏赐，动须金钱，不能以铜钱应（买一粗物，赏一微劳，亦费多金，在息零以下者绝少）。而人不病为过费者，以其得之易也。英国每岁度支，动言百十兆磅（一兆磅计中国银三百三十余万两）。政教所系，溥泽无不周全。而国不忧其虚耗者，以其入之多也。假令斤斤然以一事之利，赡养数万人，则此数万人者安于粗贱之役，不进而求厚获，虽不至道殣相望，然芜废有用之心力，闭遏生物之根源为不少矣。

英人技艺争鸣，各树一帜。苟可经营以立业者，虽毫发之细，亦必推究其所以然；虽数万里之遥，亦不惮跋涉以寻求之。男女子自幼咸入学读书，天文、舆图、算法、杂学无不毕讲。十二岁以上，即皆能殚竭智力，以就一艺。

外相夫人茶会

廿三夜戌正，德尔秘宴中国使者于外部署。亥正，其妇复以茶会请。

英俗，凡宴客，必夫妇亲之，赴宴者亦夫妇偕至。宾主坐次，皆先定而标识之，无逊让礼。妇坐不与夫偕。男宾之贵者，扶挟主妇，就席并坐。余皆以次挟客妇坐。主人分尊，则妇皆肉袒。宴将毕，妇人先起，男宾复酌，少顷乃散。

所谓茶会者，煮加非及茗，剂以白糖牛酪，佐以饼饵，布席堂侧，以俟客至而饮之。客多，则皆立谈。

是夜，德尔秘之妇所请客，凡二百余人。妇女盛饰，袒露胸背之半，摩肩蹑踵于堂，与男子见，辄握手。

柏金哈木宫

到伦敦后，两入其柏金哈木宫。英人虑我匆匆进见，末由深观其陈饰，无以炫华美也。二十四日，内大臣拔剌佛尔德来拜，约翌日往游，并言是日无暇分身，惟令帮办潘孙璧徽音为导。廿五日未刻赴焉。

入其堂，凡六七所，以及客寝，以及国主燕见亲臣之处、用膳之处，公主居息之处。惟国主寝室不可入。客寝者，俄罗斯、士耳其国王畴昔亲聘，曾此信宿，距君寝咫尺耳。其堂室，皆以花锦缎为壁衣。有红、绿、黄、蓝四色。几榻铺垫，各与壁色称。藉地以杂采花毯，亦各异色。壁间悬玻璃镶金格子洋画，或方或长，以多为贵，皆绘其今昔君臣、列国主状貌，与茇军行乐之事。前庭一图，维多里亚（英国主名）裸体而卧，玻璃明镜，高轾丈余，亦镂金为格。屋顶凿花飞金，悬大小各式玻璃灯。几榻皆饰金，有全体象牙镂花者十数具。煤炉亦饰金。

其陈设多花瓷瓶缸罍缶，辄金其口，镂金为座。游廊夹道，皆遍间以古铜、瓷器。有象牙船三，如吴粤花船，雕刻人物，篙桨毕具。有九层宝塔数座，高盈丈，嵌空玲珑，或铜、或象牙为之。有杂宝攒成花卉，罩以玻璃。有白石琢成裸女子形，全体胥露，卧立不一，在于众目交集之地（各处宫观及富室大家，多以白石琢为裸女子立于前庭，街道旁亦间有之，想由国主为之倡也）。其余器具几案，为玉、为石，不能尽名。置身其间，惟觉金光灿烂，极人间之奢丽而已。……

英人之奖制造

人知英人制造之巧，而不知其有所奖而成也。英人于物之不适于用，或适用而意犹未快足者，则竭其心思之力，广其耳目之助，不惜资本，不避况瘁，遍访天下，历试诸法，以务求其当。或数十年，或十数年，一旦有得，则以告诸白丁德亚非士（官名也，专管人之创制新物者）。验之而果济于用，则给以文据。凡夫人之效为此者，皆纳资于创造之人焉。由是遍告邻近诸国，亦官主持之。有私仿其式而不纳资者，则信罚。故一物既成，其利辄以亿兆计。非然者，几经求索以发斯秘，他人坐享其成，无所控诉，谁则甘虚费财力以创始一物者？

故英国之富，以制造之多也。其制造之所以多，则官为经理以归利，人人咸乐图谋也。他国之人之不肯用心者，则反是也。火轮车之行，轮铁迅激，辄生火焰，而车被焚。阿施伯利之父创为新法，制油以凉之，行久而轮不热，遂获厚利，家以豪富。英之富家，如是致者比比。且不惟是，创制既成，告诸官而官不以为异，犹可讼诸刑司，俾审断之。近有妥玛士者，筹得利炮新法，不获见收于官，官中实阴用之。妥玛士以控刑司，卒断令国主赔给金钱六千。

人有一得之技，尊如朝廷，不能以势相抑遏，夫安得不劝？

总论英国政俗

到伦敦两月，细察其政俗，惟父子之亲、男女之别全未之讲，自贵至贱皆然，此外则无闲官，无游民，无上下隔阂之情，无残暴不仁之政，无虚文相应之事。

宰相而下，各署皆总办一人、帮办四人、司事数人不等。每日自十二点钟后，咸勤其职，至六点钟乃散归。庶僚固奔走维烦，即国相、曹长亦五官并运，有应接不暇之状：是谓无闲官。

士农工商，各出心计，以殚力于所业。贫而无业者，驱之以就苦工。通国无赌馆、烟寮，暇则赛船、赛马、赌拳、赌跳，以寓练兵之意：是谓无游民。

城乡镇埠，各举议院绅一二人，随时以民情达诸官。远商于外者，于伦敦立总商会，亦以议院绅主之，为上下枢纽。民之所欲，官或不以为便，则据事理相诘驳，必至众情胥洽，然后见诸施行：是谓无隔阂之情。

制治最恕，无殊死刑，亦不事鞭扑。犯罪者辄监禁，而仍优养之。牛马之类，且戒棰楚。孤穷废疾与异方难民，皆处以养济院，国君时遣人查验其寝食。每数里即有广厦，为病人调摄之所，亦由国君派太医临视之。凡构兵，惟阵前相杀死者勿问，戮俘囚、伤百姓并严禁：是谓无残暴不仁之政。

有职役则终其事而不惰，有约令则守其法而不渝。欺诳失信，等诸大辱。事之是非利害，推求务尽委折，辩论务期明晰，不肯稍有含糊。辞受取与，亦径情直行，不伪为殷勤，不姑作谦让。男女尽人皆然，成为风俗：是谓无虚文相应之事。

两月来，拜客赴会，出门时多。街市往来，从未闻有人语喧嚣，亦未见有形状愁苦者。地方整齐肃穆，人民鼓舞欢欣，不徒以富强为能事，诚未可以匈奴、回纥待之矣。观其自直布罗陀以东、以南，如摩儿大，如印度，如亚丁，如锡兰、槟屿、新嘉坡、香港，如澳大利亚，沿海数万里，往来冲要，可以泊舟，可以成市者，皆篡取其口岸而布置之，独无所蚕食于其内地，则其营谋只在商贩可见。且西洋例，凡入万国公会者，同盟之国不能无故加兵。俄罗斯谋并土耳其以通海道，执土政之乱为词，英人约会各国夹持之，俄遂未敢公然用武。余于二月初七日，举出洋后所见大概，致书都中诸贵暨直督李相国云然。

孔子言：治国之要，曰节用。用而无节，则罄天地之藏，不足以供之，英国是也。英之政治，无一不殚力讲求。其于教民、养民、整军、经武，尤能不惜重费。然常有不必用而用，不当用而用者。如今年印度上尊号，颁诏大赦，民之告贷被禁者，国君代偿所欠，释出万数千人之多，此不必用者也。珍奇玩好，罗列纷纶，一木一石之异，越数万里而舟车致之，此不当用者也。

维多里亚在位，而后构兵屡胜，国势日强。迄今每岁所入，皆不敷出，积欠国债至八万万金钱，实中国银二十六万七千二百四十万两有奇。

初七日，张斯枸、姚岳望至丽如银行，司出纳者为其言之。按每两输息三厘计，岁息已八千零十七万余两。

播犁地士母席庵

……夫英之为此，非徒夸其富有也。凡人限于方域，阻于时代，足迹不能遍历五洲，耳目不能追及前古，虽读书知有是物是名，究未得一睹形象，知之非真。故既遇是物而仍不知为何者，往往皆然。今博采旁搜，综万汇而悉备之一庐。每礼拜一、三、五等日，放门纵令百姓男女往观，所以佐读书之不逮，而广其识也。英人之多方求洗荒陋如此。……

观伦敦铸钱局有感

钱币必造自朝廷，然后可以富国，可以便民，可以一市价之低昂，可以杜奸商之欺伪。然造钱币固不易易。钱过重，则患在私销；钱过轻，则患在私铸。一弊弭，而他弊辄随之，愈变更，则害愈甚而已矣。

英制，钱币三等，曰金，曰银，曰红铜。金钱之大者，重二钱二分，中杂以银约数分，其值计银三两三钱五分（所值随时价为低昂，然大致初不甚远）。银钱之大者，重七钱，中杂以铜约数分，其值计银一分四厘弱。钱轻而所值者多，销之则无利，故私销之弊泯。抑其造钱也，皆以机器。金、银、铜之方质者，炽而红之，一过机器而成薄片，再过机器而得钱形，三过机器而边棱以彰，四过机器而王面图字以显。由是复以机器衡其轻重，轻重稍不如制者，机器剔出之，另付工匠熔铸。故其制造精工，非木模、土范、刀錾、斧凿所能仿佛，则私铸之弊亦泯。无私销，故钱不虞其乏；无私铸，故钱不虞其壅。而钱身较轻，又非如中国元宝之重滞，数至累千，即难远赍，须贴脚费。此英伦制钱所以通行于属地，虽程之远如澳大利亚，俗之异如五印度，亦莫不遵而用之，而帑藏遂收无穷之利也。

伦敦有罗亚泯剔者，译言皇家铸钱局也（罗亚译言皇家，泯剔译言铸钱局）。十五日，禧在明导往观之。其副总管曰非蛮得儿者，先与试验其天平，虽加损寸发，而轻重立见焉。继令管机器之希勒，逐一试演其机器。碾凿印刷迅捷，几不及瞬。尤足异者，辨别金钱轻重之具，形制仅如小匣，罩以玻璃。入钱数十枚，其间轻仅杪忽者自归一区，重仅杪忽者自归一区，无稍轻重者亦自归一区。钱之流于器，如蚓之行，其声如草虫之趋。时甫半刻，千钱早已衡遍。故不特千万新铸之钱分两一式，即交纳旧钱稍因磨刷而轻减者，亦不能欺其权衡，必令补交铸费而销之。钱之日新而不陈者，盖以此。

嗣复往观其彭克柯弗英葛兰。彭克柯弗者，银行之谓，英葛兰则其国名也，犹言英国银行也。英之文法辄倒置，故云。然银行之票，地各异式（如印度别有印度之票式）。纸皆自造，坚韧殊常。每日所出银，辄在一百数十万以上（余往观之前一日，出银一兆零二万六千），足见其流行之广。

夫中国未尝不知自铸钱也。明时，洪武、嘉靖、万历均令各省鼓铸。我朝康、雍、乾隆间，亦令各省鼓铸。其始皆以为便民便国之计，其后每因钱法壅滞，得不偿失，辄复停止，则以为民间惯用杂钱使然。然而废古用今，王莽时尝行之矣。尽销古钱，隋时亦尝为之矣。卒之古钱废而新钱仍不可用者，其病源盖在上而不在下也。京省开一铸钱局，凡大小官吏、书役、工头之花销浇裹，期盈期侈者，罔不出于其中。侵蚀视为固然，得缺即以相庆。于是工本物料，层累克减，钱身搀杂，体粗质脆。市上用之，或随手而破坏；民间蓄之，或未久而朽腐。虽禁令严密，率皆不以为宝，废格而不行。官中病其无以应朝廷之诏也，遂为掩耳盗铃之术，惟官放官收者，概用新钱，以符国制，不复强之于阛阓。此钱法所以壅滞，鼓铸所以徒为虚耗也。铜钱且如此，况其在银，又况其在金哉？

今使中国开金银矿，置办机器，效为英伦，钱币私销、私铸之患，诚可免矣。而弊之在上者不除，则金钱之杂银，银钱之杂铜铅，或几及半。百姓知其所值本少，不以为宝，卒亦不可以流通，势必仍至官民异价，以成糊弄之局。且钱币创行之始，须尽民间所蓄旧钱而缴销之。民不缴销，则显违法令，固召吏胥讹索。民若缴销，则旧钱一入官手，发还原值将不知何时。赴衙门以待给领，获领之价，必不能弥补其待领之费。是便民之效未彰，扰民害民之祸已立见矣。

无已，则惟各省分设官银号，召募诚实商贾司之，俾民得自与交易，庶乎其可。夫商贾之力，能报名于官者，难期其果为诚实也。就令诚实之选幸如所期，然银号之设，将以官监之乎？抑不以官监之乎？如不监以官，则呼应不灵，驵侩有恃强以轻钱勒用者，必待讼诸公庭，批示审断，然后息争，则银号不可以自立。如监以官，则索取规费，又无异鼓铸之局，是粒米而虫之攒集蛀啮者凡再也，尚望其钱币之能行哉！……

伦敦监狱

…………

英制之待罪囚，如此其优，人犹不堪，至有坠楼求死之事（此是近事）。盖拘苦为素所未经，则役作辛劳，已不如家居之优游自适，不在乎重以惩之也。夫斗狠由于悍戾，为盗迫于饥寒，其人未尝不知法而自禁。然忿之所起，贫之所逼，当时实无如何。不驯其勃发之气，不予以谋生之技，则虽严刑示惩，卒难免再蹈于后。英人知此，故立为规教以约之，制为役限以课之，调适其身体，使不至以颓弱而自废。然后其出狱也，可以忍性，可以效功，可以耐劳，不复为斗殴盗贼之行。伦敦百姓，类皆安静勤奋，有由然矣。

又闻有侯士呵佛哥勒格神者，译言改过房也。童子孤贫，无父兄之教，或父兄实不能教，致陷匪类者，官中勾摄至其地，饮食驯诲之，莅以师傅，慈以保姆，俟其成人，学艺既足，然后放归。英之育成人材，用心为良苦矣！

与井上馨谈宝藏

廿七日，井上馨来，与正使并接晤之。井曰："中国宝藏实多，何为货弃诸地，胡不效西法改弦而更张之？"正使未及答，余曰："且君之综司户部，亦尝革户部之弊政否？"答曰："甚愿与革，众不我从。"余曰："此非众之好为疑沮也，祖宗制法皆有深意，历年既久而不能无弊者，皆以私害法之人致之。为大臣者，第能讲求旧制之意，实力奉行，悉去其旧日之所无，尽还其旧日之所有，即此可以复治。若改弦而更张，则惊扰之甚，祸乱斯生，我中朝敢不以贵国为戒乎？金、银、煤、铁等矿，利在焉，害亦存焉，非圣天子所贪求也。"井唯唯。其友谈诗半晌而去。

会堂议事情形

……马格理每谓："中国尚伪，不说实话，不做实事。每有所议，心不以为然，口则许可之。及其见诸行事，又不如此办理。洋人最以是为愤恨。试思人各有真意，事各有真理。己非人是，固不可矫强相持；若既见人言为非，何妨直陈其所以刺谬之处，明白晓畅，使人心服。倘既言之而仍不服，别出一解以相驳，亦不妨再细思量，或即立时伸辩，或订异日重商，务令己之意、事之理，咸喻于人。洋人并非豺虎，安能遽肆吞噬，奈何含糊其词也？"

答曰："此高一层办法也。辩论易致忿争，维口兴戎，故含忍优容，以息争端而安天下。"

马曰："面从心违，既诺旋背，正足启争。若据理直言，人即不服气，亦须服理。当辩论时，似是争竞，究竟两心相喻，自各恬然，何争之有？"

余闻言而如姑颔之。今观其会堂辩论得失，各不相假。迨事归一是，众遂俯首相从，不存胜负之见。

观电学有感

电学者，以小筒盛两金并硫磺水，入铜铁线于水中，但使其线相接万千里不断，则电气直及万千里，可以裂金石，碎铜铁，可以击人至毙；置之暗室，则其光闪烁，与天上之电无异是也。热学者，金木之类互相磨压，力重则生火，凡物闭郁久亦生火是也。天文学者，日不动而地动，月与五星皆动，月为地影所掩则有圆缺之类是也。气学者，天地之气最重，火气最轻，入火气于皮球，人驾之可以凌空而起；入火气于铜铁大钟，以机器压而实之，人坐其内，入水不濡（伦敦有馆，曰坡里提克呢克音司的究甚者，其铁钟可坐四人，曾令演试之以为戏）；凡物注气既满，其力足达远而摧坚是也。光学说见前。

廿八至三十，连日观艺师演此。惟力学、化学，尚未及睹。此皆英人所谓实学，其于中国圣人之教。则以为空谈无用。中国士大夫惑溺其说者，往往附和之。

余为之辩曰："彼之实学，皆杂技之小者。其用可制一器，而量有所限者也。"子夏曰："虽小道，必有可观者焉；致远恐泥，君子不为。"非即谓此乎？

圣人之教，仁义而已。仁者，人心固有之纯善。义者，处事自然之条理。仁义之道，矢之于口，则为嘉言；践之于身，则为懿行；而其大用，则维持夫君臣、父子、兄弟、夫妇、朋友之五伦。君非臣则无手足，臣非君则无头目，故君臣至亲。子非父无以生其身，父非子无以传其世，故父子至亲。兄弟者，同禀父母之血气以生，犹折一身而二之，非他人所能同，故兄弟至亲。夫妇者，相与成家而育后嗣者也，故夫妇至亲。朋者，吾之同类，友者，吾之辅助也，故朋友虽疏而亦亲。惟亲故相联属，惟亲故相爱恤。此固有之善心也。仁也。

君所以治其臣，故君尊臣卑，有父而后有子，故父尊子卑；而凡与父同等者皆尊，与子同等者皆卑。有兄而后有弟，故兄尊弟卑，而凡与兄同齿者皆尊，与弟同齿者皆卑。夫妇者，阴阳也。阳天阴地，阳日阴月，天高而地下，日大而月小，故夫尊妇卑。朋友无尊卑，其道主于相敬，不自尊而卑人。夫尊自尊，卑自卑，无尊卑者自无尊卑，此自然之条理也，义也。

天下生民，日日相接，不外此五伦。果其洽以仁而不相弃不相害，缔以义而不相侵不相凌，一家如是则家安，一国如是则国安，天下如是则天下安。故圣人之教，所以奠安宇宙而助天地惠育万物之功者也。非是，则情意乖忤，君与臣互为残贼，父与子互为伤夷，兄与弟互为摧剥，夫妇、朋友互为戕杀，民物无以全其生，天地且为之扰乱，而不能帖然于其位。教之为用，孰大于是？孰实于是？

圣人虑人之违其教也，佐之以兵刑。兵刑者，不得已然后用之，所以驱不仁不义之人咸归于仁义，而非以逞忿、非以恃强者也，故兵刑亦仁义也。中国自秦、汉以迄元、明，修其教则治，沦其教则乱。其治也，遐荒向德，重洋慕化，仁义之风遂渐及于四裔。其乱也，人多骛利而尚力，海内纠纷。然君臣、父子、兄弟、夫妇、朋友之伦蠲然犹存，非甚不肖，犹知顾畏仁义，不敢过肆其桀骜。故剥击屠戮，较之圣化未被之地，其惨忍终殊。夫天地间含生负气、具有耳目爪牙者，莫不知饮啄求多，攫搏求胜，非独人而后能之。人之所以可贵者，为其伦纪不紊，知有善而非惟尚力，知有理而非惟骛利耳。

今西洋之俗，以济贫拯难为美举，是即仁之一端；以仗义守信为要图，是即义之一端。诚因其所明推之，以率由五伦之教，君臣相爱而堂廉之分明，父子相爱而乔梓之道明，兄弟相爱而长幼之序明，夫妇相爱而内外之辨明，朋友相爱而敬让之谊明。蔼蔼乎，秩秩乎，雍穆整齐，不因好胜而奋争心，不恣贪欲而动杀机，生灵之祸，即于是乎息。非然者，一意讲求杂技，使趋利之舟车、杀人之火器，争多竞巧，以为富强，遽谓为有用之实学哉？

中国自天开地辟以来，历年最多。百数十大圣继起其间，制作日加精备，其言理之深，有过于外洋数倍者。外洋以富为富，中国以不贪得为富；外洋以强为强，中国以不好胜为强。此其理非可骤语而明。究其禁奇技以防乱萌，揭仁义以立治本，道固万世而不可易。彼之以为无用者，殆无用之大用也夫。

乌里治制造局

……综计一局，执艺者共七千余人，每岁经费金钱三百万，实中国银一千万两有零。今七万六千斤炮铸成八十八门，十六万斤炮（英语曰八十吨）铸成五门，其较小者则尤夥。炮子大细罗列道旁，不啻塘之崇、楄之此。

然炮身过大，只宜于守城垒。若以备船战，则船之小者，不足以多载；船之大者，能多载炮，又恐易为敌炮所中。故英人之于船炮，务求至大至坚，以相夸尚。不及数年，必将嫌其钝重，一切改为之，徒浪费而已。即如后膛大炮，前数年以为新式，今知其易炸，悉弃诸道途，惟手枪尚用后膛者。

易炸之炮，以贱值售诸中国。采买委员，利其可以冒报银数，辄与收之。鱼雷初制，亦多不可用，并为中国购去（美国人莱姓所造，以电气鼓雷行水中，人在岸上执电气总管，如执辔以驭马者。然其雷辄露形水上，敌船易拒避之，绝不可用。亦有一种十放九不应手者）。

彼人借以稍偿工料之本，然耗折固已多矣。以知保国之道，惟治功当日进而不已。戎器则第在足用，无取过求。夸多、斗巧之风一开，流弊不知胡底。……

英伦讯案规模

民间讼狱之事隶于美亚。美亚所不能治，或既治之而仍不服者，则控诸议院以上闻，交刑司审断焉。刑司之权，足以讯治其国主王公大臣。故英伦有"君主不尊，律例为尊"之语。

其推鞫之法，两造各请律师六人代质。刑司据台上坐，律师环台下坐。台上有所诘驳，则台下检案卷起立辩答，无跪审刑讯之事。

综计通国大律师六百人，小律师一千二百人，皆考试其律学之差等而拔置之。盖恐民愚不克自达其情，故代以律师也。……

与波斯藩王论强弱

…………

与波斯藩王相见。余闻本月十一日，喀什噶尔遣使来英，以该王同为回教，问其知彼来意否？答曰："总未相见，不知之也。中国现与喀构兵，徒利俄人。览天下大势，俄英之强，皆未有艾，而贵国与敝国乃以弱承之，将来必为所并，第不知归英抑归俄耳。"

余曰："是必不然。天道祸盈而福谦。如俄之贪噬无厌，安知不夺其魄，使之骤致丧败，若拿破仑之灭亡？强弱胜败，何常之有？大清威行四裔，殆二百年。自咸同间，蠡贼内讧，财力稍困。朝廷顾惜民命，不肯黩武于外洋，其势遂似于弱。今扫平海内，渐靖西陲，武功既成，一意政教，不及数载，纲维大张，国威自可复振。贵国君臣苟能发愤，事亦如之，何至遽被蚕食于彼暂强者乎？"

王曰："中国孔圣之教，禁人言利，戒人尚力，知敛退而不知奋进，故易弱其国也。"

余曰："是更不然。孔圣之戒言利，为敛财害民者耳；其禁尚力，亦为恃强肆恶者耳。足食、足兵，治国何尝不务富强？但所以致富强者，准绳乎仁义之中，故其教为万古所不能易。中国历朝强盛由此，我大清乾隆以前，遐荒效顺，重洋慕化，亦由于此。今英国知仁义为本，以臻富强，未始非由久入中国，得闻圣教所致，奈何以为贻害也？"

王曰："我两国亦何尝不求前进，但西人之前进也百步，我之前进仅数步，故觉瞠乎其后，势利远不及耳。"

余曰："绝迹而奔者，人喜其捷，而不知有颠陨之虞。缓步而行者，人苦其迟，而不知无倾跌之患。水雷火炮，惨杀生灵，以此为雄，他日必反受其害，君何慕为？"

王曰："中国何以不制火轮车？"

余笑曰："方今政府，谋于朝廷之上制造大火车。正朝廷以正百官，正百官以正万民，此行之最速，一日而数万里，无待于煤火轮铁者也。"

王闻之亦大笑。

余自到伦敦，凡出拜客，必正使与偕，未尝向人稍伸辩论。此次每一答驳，波斯藩王必点头不已。语毕辞去，王曰："今日领教殊快，无怪是中国有名人。"

业火车者多亏本

英人创造火车，自谓致富之奇术，然业此者多至亏本。盖铁路之税、煤火之值、工食之需、陈饰修理之费，皆出其中。度载人货稍或减少，则用必不敷。加收脚价，殊非易易也。初四日刘孚翊以告余。谓天下无奇巧之事可以久行者，天道实然。

跳舞会

跳舞会者，男与女面相向，互为携持。男以一手搂女腰，女以一手握男膊，旋舞于中庭。每四五偶并舞，皆绕庭数匝而后止。女子袒露，男则衣襟整齐。然彼国男子礼服，下裤染成肉色，紧贴腿足，远视之若裸其下体者然，殊不雅观也。云此俗由来最古，西洋类皆为之，国中大小衙门，莫不有跳舞庭，以备盛会，若以为公事之要者。

四月以来，英人延请赴观者，不下十余家。余以病，皆未往。五月十二日晚，国主请茶会，乃一睹之于柏金哈木宫。是夜，各国公使毕集，官绅男女聚观尤众。前庭奏乐，以为舞节。世子与其夫人亦在跳舞中。世子别与一妇为偶，夫人又别与一男子为偶，夫妇不相偶也。……

苏葛兰公会看跳舞

十五夜，赴苏葛兰公会看跳舞，巴西国王与其妻在焉（巴西国在亚美理驾洲之南），衣裤犹洋人常服。民主之国，其式类如此。该国王遨游阿非利加洲及欧罗巴，遍历埃及、德、奥、法等国，以至于英。凡园池之胜，无不夫妇偕往观览，宴会无不并赴，殆地上游行散仙而已。

是夜跳舞之闹，较甚于柏金哈木宫。苏葛兰服式与伦敦殊，男女皆于左肩搭红色棋盘纹绒段，而束其余于腰。男子不裤而靴，有以红带绕膝以下抵足，如行滕然者。（是夜女子有服希腊国装者，裙裾大裉，甚似中国。以希腊之首被中国化也。）女袒其上，男裸其下，身首相贴，紧搂而舞。

与博郎论铁路

十八日，博翻译来。余问英国事，博曰："英俗太奢，铺陈享用，务极华侈，殊非久计。妇女浪费，尤中国所无。衣裙一袭，动须银百余两，服之仅二次，即嫌不鲜，又换新制。每日往来酬应，车马酒食，所费浩烦，月非三四百金不办。故女子择配，必以男家富有为期。而男子又病供应之难，必此女力能自给，方敢聘定。故男终身不娶，女至老不嫁者比比。华人以多男为庆，英人以多男为苦。近年此地育女，常倍于育男（其言甚确，每赴绅商宴会，见有一家而三四女者，罕见一家而二男者）。风俗之累，正不知何由矫正。今所恃者，贸易生财，周于四海。将来道路或梗，货不流通，即恐易至困匮。"余深然之。

嗣论及火车，余谓中国游客较少，造铁路、制火车，必至亏本，势不可行。博曰："不然。火车之利在载货，不在度人。中国货物最多，生理最大，若制火车，利息必倍，税课亦增，实是足国裕民之道。且借此可省兵力。各省或有变乱，闻报发兵，数日便至，疾风扫叶，摧落匪难。第于京师养兵十万，选良将领之，天子亲为校阅，以备征讨，即可不设重镇于外，每岁所节饷糈，当在千余万白金以上。但天下事，有利必有弊。西洋以造轮船、火车为前进，究竟是进是退，我不敢知。然一国创始是物，他国必渐皆踵为之，若有天意其间，非可以人为去取。即如轮船，华人始亦不愿仿效，乃今忽而二三十艘矣。有轮船即必多用煤，铸铁炮即必多用铁。煤铁不能常假诸外洋，故开矿之事又起。他日有以运煤铁工价之多、道路之难为病者，自然商及制造火车。此是事之相因而至，欲终拒之，亦不可得。"

余曰："贼夺火车以袭我，则奈何？"博曰："此须司之以官。贼即能夺火车，不能尽占铁路。铁路划断，则火车不可行。"

余曰："一铁路须银六七千万，因防寇而尽断之，则他时不易修复。若仅划去百数十步，巨寇何难填以度军，此即有利亦有弊之说矣。且创造伊始，中国奚能有此巨款。"

博曰："可借诸外国也。外国罔不借债，中国何惧而不为？借之既多，则债主护惜中国，不肯加兵扰乱之，以自失本利，亦维系交谊之一道也。"

余曰："本利不偿，则兴兵勒取奈何？"

博曰："讨债以兵，外洋所无。土耳其负欠最巨，各国咸宽假之，且代筹其国生财之方，即此可知其概。"

余曰："此皆非治国正轨，恐未可恃。"……

英国地方官之制

《周礼·地官》："州长以下，有党正、族师、闾胥、比长；县正以下，有鄙师、鄹长、里宰、邻长。"管仲治齐，子产治郑，莫不由是。秦汉因之。高帝二年，令举民年五十以上，有修行、能帅众为善者，置以为三老，乡一人。其时三老掌教化，啬夫听狱讼，游徼巡盗贼。是乡之民事，即以是乡之耆老经理之。分不隔，则耳目胥真；事不烦，则精力易给。县令、丞尉监视于上，而坐受其成，治法所以克举也。

自隋开皇十五年，尽罢州郡乡官。比及唐季，遂至节度、防御、观察等使，层累建置，而仍不可以治。明太祖复立里老，以理词讼。然其人皆命自有司，故常有媚官求充、党官肆虐者。洪熙以后，此选益衰，仆隶匪人，滥竽相继，知有廉耻者，皆鄙之而不屑为。于是讼狱繁兴，贼焰四起。知牧令为不可恃，乃增设总督、巡抚、兵备以监临之。贵官愈多，牵掣愈甚，供亿奔走亦愈烦，百姓之生路乃尽绝，而无可逃免。夫此贵官者，固第以空文相督责，而不能置身闾阎，周知其情伪者也，虽多奚以为哉？

英制，酌城乡大小，各设看司勒百数十员（伦敦则二百零六员），奥德门数员或十数员（伦敦则二十六员），以美亚一员统之。看司勒犹中国所谓里长也，奥德门犹所谓党正也，美亚犹所谓乡大夫也。奥德门分辖地段，看司勒又各按奥德门所分之地段而分理焉。由绅商士民产业多在其地者，公议举充，非富民不得与选，皆不食薪俸。凡所辖地段，教养之政、词讼之事，以及工程兴作、商贾贸易，奥德门均得举治，上诸美亚。岁收煤、酒、牛、羊市之税，以为经费（其他赋税，家部征收）。

辖下巡役，谓之曰"剖隶司漫"，人数多寡，视事繁简为衡（伦敦一千二百名），口粮核派于商贾富户。凡遇盗贼、人命、喧争、斗殴一切不法，该役拿解美亚寓所讯问。寓所有暂押人犯之屋，亦备锁铐。既讯得实，乃致诸其署，集奥德门、看司勒而会办焉。设狱以禁罪犯，与官狱章程不殊。罪之大者，该国刑司赴其署谳定。

伦敦美亚署，在基拉多儿司力特达（英人谓街曰司力特达），有大小事会议公堂数处，有刑司谳事堂，其外陈古书、古器及例案数百卷，任人观阅（有三厅，为列坐观书处）。余尝至其署、其寓，遍游览也。

凡举充奥德门，必与曾任看司勒一年以上者；举充美亚，必于曾任奥德门七年以上者。美亚定限一年更替，贤能者或再留一年，然不数数觏。退位，则仍复奥德门之职位。每岁十月，即新美亚接替之期，仪仗、扈从甚都。其公服长及足，遍簇金花，后裙曳地逾尺，袖底另缀小幅约尺，亦嵌金花。项上掛镂杂宝一串，无异中国朝珠。侍者左捧金冠，右捧宝剑。宝剑长三尺五丈，攒珠为铗。金冠以木杆承之，长四尺余，遍饰以金。以其有地方之责，故崇重之。

此制与汉之三老、明之里老略同。然其所举者富民，举之者亦富民，官不复参预其事。惟所举者富，故无贪黩之忧；惟举之者富，故无贿嘱之患。惟官不预其事，故无仰承俯注之难。以民治民，事归公议。有不获，则合绅耆之众以图之；有不当，则绅耆商诸美亚而改之。道路整洁，桥梁毕修。巡捕人役，勤于其职，而不敢惰。美亚所不能治，乃达诸家部，制以官法焉。官助绅力，而不掣绅之肘。

⋯⋯⋯⋯

机器耕作

英国田亩皆归富户，而雇人佃耕。人之工食费重，故辄以机器代之。

⋯⋯观毕而宴。询其乡义塾多寡，登纳曰："此地向少义塾，今增至十所矣。义塾多则贼少（塾学皆工商之事，言人各就工商，则不为盗也），故教规特严。凡童子自五岁至十三岁，皆令入塾。旷学则其师督催之，至再至三仍不改，则治以官法（拘诸监牢作苦工）。近年，人务工商，各执所业，不至群为鼠窃狗偷之行者，以是。"

嗟乎！余之来此以阅耕也，而所闻乃治盗之说。夫农田之以机器，可为人节劳，亦可使人习逸者也；可为富民省雇耕之费，亦可使贫民失衣食之资者也。人逸，则多欲而易为恶；失衣食，亦易为恶。而忧时者，独以义塾救之。塾多贼少之言，殆深明治道者所必韪矣。⋯⋯

公爵茶会

⋯⋯⋯⋯

途中见有负牌而行者，以问马格理，知为戏馆招客。夫伦敦周围仅百里耳，大戏馆三十余所，小戏馆无数。每夜九点钟演唱，坐客常万人，少亦二三千人。座价辄以金磅计。此非徒富厚为然也。机器之用，教之逸乐，而耗其财也。人之精神，不用诸此，则用诸彼。故圣王常勤其民，而不使逸。余初至伦敦，道上不见行乞。居既久，则乞者随车求索，亦自不乏。且闻有乞之既获，不以供饔飧，而以供饮荡者。侈靡之溺人甚矣哉！然而马格理犹谓劳逸相间，乃所以养民，此则非余所知矣。

英国税课之重

英国税课，无人不征，无物不征，无事不征。凡大小贾贩、树艺、畜牧、渔猎、匠作、当官、当商、律师、教师、婚嫁、雇役，皆须领取准票，然后能为之，此准票之税也。凡商贾合伙之券、出货入货之券、发银收银之券、析产领产之券、买地卖地之券、舟船保险之券，皆必由官验明盖印，然后能行之（此皆两层分税，如出货发银须验，入货收银亦须验，余俱仿此），此印花之税也（富贵家所乘车亦盖印，其税五金钱，递年征之）。凡人每岁所入至一百磅以上（一金钱为一磅），每磅税三边士（一边士值银一分四五厘），官俸、君禄亦所不免；惟佃户则税一边士半，以恤其劳。房地、田亩按其初买受时盖印之税。岁以为常。

每有一人一物而税之三四重者。即如商贾，既税之于合伙，又税之于出入货物，又税之于发收钱银，又税之于每岁所赢之利，层层披剥，类此者甚多。而金银器则尤重。店肆打造银器重三十两，金器不及二两，其税皆两磅六息零（一息零值银一钱七八分）。银器过三十两，金器过二两，其税皆五磅十五息零。买者，银器每重一两，税一息零；金器每重一两，税十七息零。岁课如之。汰金银之炉匠，另有征额。有来自他国、携往他国者，则税倍加焉。玩物、赌具、烟酒、茶叶税之重，亦如之（近年有不征茶税之议）。

每年国主禄地税四十余万磅，海口税二千余万磅，准票税二三千万磅，盖印税一千余万磅，房地税二百余万磅，人税四百余万磅，林薮税四十万磅，信局税一二百万磅，电报局税一百余万磅，官报税六七千磅，总计一岁所入，约七千数百万磅。出项逾乎是。大工程、大军旅则增税，寻常三边士者或增至四五边士、七八边士不等。

我中国百姓，戴天履地，而忘其高厚之恩，闻此当抚臆誓肌矣。

论妇女

归途，博郎与刘孚翊论中国闺教之严。博曰："妇女亦人也，何独幽诸室而不出？"刘无以答。

泪晚，余谓刘曰："君何不云，胸吾体，背亦吾体，何为胸则前，而背则后乎？以胸阳而背阴也。头吾皮肤，少腹以下亦吾皮肤，何为头则露，而少腹则覆之乎？以头阳而少腹阴也。”

他日刘君述之，博亦无以答（洋人性情，能于论辨间据理相驳，愈透澈则愈佩服。否则，自以为是，其焰遂张）。

西人不重后嗣

西人不重后嗣。积产数千百万，临终尽舍以建义塾及养老济贫等院，措置既已，即自谓没世无憾。询以祀事何人？则曰：“吾舍吾资，以成善举，虽千百载犹奉吾像于其地，奚祀事足忧乎？”语以祖父血食之斩，则曰：“鬼犹求食，中国谬语也。人死，则气散诸天地，仍毓而为人，无所谓鬼。祖父之殁，相距数十载，气散久矣，求食何云？且独不思祖父生吾一人，养吾一人，吾乃以其财生千万人，养千万人，大孝不即在是乎？”其道殊近墨子，视私其子孙者，意量似相远。抑以产业传世，遇不肖者，辄易代亡之。即有贤子孙，亦不能保诸曾玄以降。故以是为绵延血食者，皆指雪为冰，指冰为铁之见也。第圣人教孝、教慈，义固有在，不能舍亲亲而惟言仁民耳。阿木士汤无子女，因论及此。

游观监狱

英人狱制之善，余虑其有所饰以美观也。二十三日，偕博郎出门，突至其他禁犯之所觇之，饲养、督教无异，房室之洁亦无异。该处禁犯一千八百人，据司狱云：“每人工作所成毯布器物，均鬻诸外。获价至百息零，则给其人五息零，余充公，岁入货价，足敷狱所一切支应，或且赢焉。在狱者，禁不得言语，犯则减其食一次，通国例式也。”此则曩赴奔敦维辣时所未询及。

男女婚配

男女婚配，皆自择。女有所悦于男，则约男至家相款洽（其俗女荡而男贞，女有所悦，辄问其有妻否，无则狎而约之，男不敢先也），常避人密语，相将出游，父母不之禁。款洽既久，两意投合，告父母，互访家私，家私不称不为配也（苟访查不确而被欺，则虽既嫁、既娶后，女仍不以男为婿，男仍不以女为妻，等诸婢仆而已）；称，则以语男女，使自主焉。聘定之后（以戒指为定礼，约之使不他悦也），偕出入，益惟其意。

迨过门（男子三十而娶），女家赴耶稣堂，延教士诵经，大会宾客。供十字架于案，新妇偕婿入跪案前，伴亲之女郎皆跪（伴亲人数不等，美亚嫁女之日，则十六人）。教士亦跪，旋起立，向新妇与婿诵戒语。戒毕而祝，祝亦毕，导其夫妇入后堂，书名册籍。又同赴乡官署，各秉笔立案。遂任所之，恒相偕走数百里，宿客店成婚，见者初不知为新婚也。

新妇衣白，蒙首以白纱（妇女寻常出行，多以黑白纱蒙首，避尘也，不独新妇为然），婿常服，皆无异恒人。嫁女陪送良厚，衣服器用，纤悉毕备。男家戚友，亦添女妆，无为男助冠婚费者。二十九日，余至伦敦美亚家亲阅视之。

英俗，子妇向不与舅姑同居，年七八十亦无侍盘匜酒浆者。新婚后如何成妇礼、明妇顺，均未之闻。（据禧在明言，已聘定后，女即常至舅姑家，过门无他礼节。）

戴圣云："男女有别，然后父子有亲；父子有亲，然后义生；义生，然后礼作；礼作，然后万物安。"此数语，直将天地间应然之礼，彻头彻尾，全数揭出，至明显亦精至精深也。西人不知有父母，或谓耶稣教以天为宗，扫灭一切。凡为子者，自成人后，即各自谋生，不与父母相闻。闻有居官食禄之人，睽离膝下数十载，迨既归，仍不一省视者。

呠酒酿房

英、法禁酒，而酒之销售日多。伦敦之东，有巴尔格厘北尔坚士者，呠酒酿房也。以大池为酿器，以深屋为酒缸。每酿辄数十屋，扬其沫而凉之，然后注诸木桶，一桶盛酒四百磅（十二两曰一磅）。每年赍出六十万桶以上，皆销诸伦敦，无他出者。初七日，禧在明请往观之。据酿家云："伦敦似此酒局凡四家，较小者尚众。"以是知英人之酒癖为独深也。

呠酒以炒麦及恰士为之（恰士，木名，本土所植），其味颇苦，能充养血气。官中病酒禁之不行，特令为此，听人沽饮，以默寓转移之术。而其人乃遂狼吞鲸吸，益自迷于醉乡。尝见饮此者，往往挹注盈筒，一吸罄之，日非数瓶不足尽兴。而奸伶复以盐矾阴投其中，使之愈饮愈渴，愈渴愈沽。于是以杯中物弃其世业、夺其衣食者，比比矣。耶稣礼拜日，例须闭门静坐。而呠酒肆之关者，乃常百十成群，不可拒阻。以致临阵决战，两军相持，病渴兵丁，犹若须臾之难忍，此则不可谓非大害矣。

博郎常以鸦片与酒并提，余意酒害可稍减，乃痛言其弊如此。今观酿房贸易之大，始知博非过辞。

野士凌墩养老院

野士凌墩距使寓十四里，有养老院焉。屋一千三百七十所，居男妇老者九百五十人。月抽其乡房租以为经费，每四十磅纳五磅（一金钱曰一磅），少者减，多者增。日三饭以为常。晨饭一馒、一茶、一牛脂，间以馓粥，午饭加肉，晚饭有羹，皆丰洁。血气衰者，医士谓宜酒则酒之。一礼拜酒三百斛不能给。男外服以黑大呢，内以白布，女服杂色衣裙，无异充裕之家。礼拜一易而浣濯，敝则改造。寝所宽舒，男女异处。衾褥随四时为厚薄，咸备自院中。夫妇偕，则共一室。周遭各有院落，可任游憩。妇女未衰老，或令缝纫而货之，所得值十畀以一。不愿居于内，则饭时乃集，人亦数百。间有少壮者，皆责以凿石苦工乃授食（防其安于惰逸，驱之以自图生计也）。仅投一宿，予一饭者（别为一所），亦令析旧绳二股，乃听去。院事以四绅士督之。此伦敦养老院之一也。

伦敦周围百里，设二十六奥德门。每奥德门辖四里有奇（英人效中国官制，谓之为一县）。辖内皆有养老、育婴、济贫等院，与喑盲跛躄者以工饩食之所。经费所出，或商人独捐，或抽租，或醵金，因地随宜为之。然其宫室之崇广，衣食之充足，则大致无稍殊。各城乡市镇亦然。奥德门不亲治其事。治院事者侵克虐使，则赴控而董正之。国主时一临观（伦敦外各处亦辄便道一览），或遣子女与媳代查验，以示郑重之意。

十二日，余与刘孚翊、博郎偕至野士凌墩游览。不以公往而以私往者，公往则告董事预洒扫，虑不得其真耳。

英人亦爱戴君主

初，余由天津赴沪，同舟有英人，年七十余，与其乡里谈，谓西洋视君为轻，至等诸小馒头。今观其国人，奏乐诵经，众宴杂耍，皆先颂祝君主。画影之戏开，场心出君主像，结局必出世子像。烟火之戏，亦以君主像终之。又闻前十余年，世子疾病，举国祷天；及愈，举国酬天，至于外埠皆然，爱戴殊不为轻。此间尝推求其故，盖以维多里亚在位而后，每战必捷，国势日强，虽无独断之善举，亦能不拂舆情，故咸以福德归之也。

英本民政之国，不必其君治事，故继世者苟自乐其乐，不与上下议院为难，正国人所祷祀求。其心属世子，当以是。

与博郎论海防后记

与博郎谈及海防。博曰："中国海面如此宽长，理宜有以守之。"余曰："不守海而守岸，何如？"博曰："炮台守口岸，固不可少。但口岸多，不胜提防。一处有失，则全局扰乱。且人之相攻者，即被岸兵击退，犹可全军以归，无损分毫，以中国无轮船追之故也。相攻不胜亦无损，则人无所怔惧，而乐于尝试。中国寇患，何自而消？以中国之大，不能制人，反安坐以听人之制乎？"

余曰："海口有要可握否？"博曰："无之。北洋、南洋，一望浩淼，随处可进敌军，安能握截？"余曰："审是，则虽有轮船，其可济？"博曰："备船非欲以握守也。平时与各国交驰，海外往来贩运（博之意谓，不筹贩运，则第见洋人载银以出，不见华人载银以入，不数十年中国必尽困匮）。有兵衅，则麇集而战。战胜，则逐击而歼人之师。不胜，则退守口岸，以炮台护之，人亦莫奈其何。北路如盛京、大沽、烟台，南路如上海、宁波、温台、厦门、琼州，皆有岛屿港汊，可以泊舟，与炮台交相为助。敌人虑我复出，截其运煤接济之路，即亦不敢深入，是内地可保无恙矣。况轮船之多，既与各国等，则构兵莫卜谁胜，人必潜消窥伺之心，固可不战以相安也。"

余曰："轮船当得若干？"博曰："如阿木士汤所制较大者约二百号，每号约银十万两，共银二千万。借诸外洋，每百两以岁息四两计，不过岁输息银八十万耳。轮船既成后，裁减原设水师，可省银三五百万。裁减海防陆兵，可省银三五百万。各国不相欺凌，赔款可省数十万。加以贩货外洋，往来收税，又可增银数百万。中国何惮而不为乎？由此更借三二千万，停止捐输，安插游民，遣散老兵，开垦田亩，中国治象可成也。"

余曰："轮船驾驶，非华人所习，奈何？"博曰："水手可择师船少壮者学习充当，此非所难。惟司水火以保机器，觇天文以识方向，则华人不能骤为之。三、五年内，尚可借资英、美各国，然非长策。当亟选聪慧子弟数百人，分赴各国，从根底学习，约四五年可有成。若惟在轮船中凭管船洋人指画，仅得其皮毛，莫窥其奥窍，恐机器易坏，破耗不少也。每人出洋投师，岁需银五百两，即一切可以充裕。五百人则岁费二十五万，合管领官薪水计之，亦三十万而止，此项当易筹。"

余闻其言而心口熟商之，曰：事理无穷，因乎时事。如人之一身，疾疠未起，则补养元气，自可退外邪，此一理也；疾疠一起，不先祛外邪，而惟言补养，则其病终不可瘳，此又一理也。人之一家，平居无事，约束子弟，使不与匪为伍，则凶衅无自相寻，此一理也；凶衅既至，则必先谋捍御解散，然后可严申其家教，此又一理也。余素持治国务本之说，由今思之，未可偏执也。诚如博郎云，每年所得之利，不忧其难偿所纳之息。至铁船大炮等项，以目前士习审之，自行制买，徒费财而无益。惟金登干实心实力，可保无欺。若以此事责成赫德，督令金登干在于各国各局分投办理，一年尽可造成百艘，暂募洋人管驾，游历海外。一面派人赴各国讲求水战，当难我欺矣。

虽然，法令不修，仍不足恃也。船炮虽备，司其事者不知料理，则损朽锈蛀，不十年而废诸无用，故职掌之令当严。临敌退缩，不知效死，则有船炮而弃之，与无船炮同，故治军之令当严。吏治不明，民多失所，市野之间，遍地穷乞，以及游手匪类，从古无如此而可以自强者，故课治之法当严。查外官之制，督抚挈其纲领，司道布其教令，以倡知府，知府以倡州、县，原皆职有所司。自咸丰间，军务繁兴，州、县遇事径禀督抚，不但知府视同虚设，即司道亦闲废无事，等诸承转过递之官。夫以一人之精神，遥制一、两省而无分治于下者，以督察之耳目不及，思虑不周，州县无所忌惮，何怪乎教养刑政，事事废弛？今似宜查明国初定制，责令府、道就近督率州、县，劝课农工，兴举废坠，而藩、臬两司综理之。督抚大吏，除整军经武，慎固封守外，惟于用人行政，监视其得失，以别司道贤愚，州、县不得径以公事上渎。庶几分猷效职，官无冗员，亦无偏累，庶政可以就理。司道苟非其人，废黜较易，不如易置督抚之难择才也。种植畜牧、百工技艺，皆百姓生财之源，能令亲民官督饬绅士，稽查游民而安插董劝之，赋税亦于是而出。

凡此诸大政，圣祖、世宗、高宗实录，及康、雍上谕，具有典型。若使翰林官随时选择数则，进呈御览，自足备修举政要之助，此则无待集益于外洋者矣。仕途太杂太冗，未得缺者虚费赡养，已得缺者贻害生灵；甄别加严，实为整饬官常、节省经费之要。治内与治外并举，奚虑吾国威之不振哉？……

英国民数
…………

英人无事不与中国相反。论国政则由民以及君，论家规则尊妻而卑夫（家事皆妻倡夫随，坐位皆妻上夫下，出外赴宴亦然。平时，夫事其妻，如中国孝子之事父母，否则众訾之），论生育则重女而轻男，论宴会则贵主而贱客（主人居中，客夹之），论文字则自右而之左（语言文字皆颠倒其先后，如伦敦的套儿，则曰套儿的伦敦；父亲的花园，则曰花园的父亲，此翻译之所以难也），论书卷则始底而终面（凡书自末一页读起），论饮食则先饭而后酒。盖其国居于地轴下，所戴者地下之天，故风俗制度咸颠而倒之也。昼夜亦然。伦敦时刻，较诸中国迟八点钟，阿尔兰又较伦敦迟二十五分。其晚也，乃吾中国之午也；其晓也，乃吾中国之夕也。英人每息于昼，忙于夜，毋亦夜时始阳盛欤？

安友会

十四日，安友会绅来见郭星使。安友者，劝息兵争，以安黎庶而联诸邦之友谊也。同会万余人。据马格理言，咸丰七年粤省之役，会绅建议止戈，丞相巴尔密士敦非之，告国主散其会，今乃其重结约者。司密利士即会中人，意专行善，与禁烟会相联络。

案英国之制，官不称职，则舆论可以易其官；绅不审义，则官权可以去其绅，此交相维制之道也。然黜官易，黜绅难；黜官以就绅时多，黜绅以就官时少，故绅之权较足恃。

此时，英国官绅以行善为志，息兵安民为心者，十居六七然。其俗究以理之是非为事之行止，非专恃强力者。苟理无不足，则明白畅快与之反覆辨驳，使知事理之所归，彼外部亦不能以数人之见，遽至决裂。盖官主其谋，亦必绅允其议，然后能行之。下议院之论事，据理势以互证，毫无避忌回护。我理既足，众心相喻，则左袒者必多。绅不筹饷，官即不能发兵。西洋局面，多是如此，曩闻人谓武员与公使合谋，即可奋动干戈者，传讹耳。

然与洋人辨理，虽可挥洒自如，惟客气之话则不可有，皆有事邦交所当共戒者。大约辨论之先，总须将理想到明透，临时爽直出之（洋人喜爽直，恶含混）。或为彼论所屈，则别谋所以伸己意者，重与颉颃。苟得其错失所在，虽明斥之，亦所不妨，不必吐茹伸缩（洋人谓辨驳道理原非争斗，无论何人，道理至是，即当从之，说理不出，即是无理），尤不可阴持一意，而阳为他论以抵之。

至于英人立国，首重商贩，其求通于中国，亦只意在商贩。商人一有所苦，则诉诸主持商会之绅。下议院即必众口一词，求为伸理。我中国与英人交际，能持理，能恤商，斯尽之矣。

英人讲求教养

英国教人之法，绅宦殷富或自延师，或公建学堂，以课子弟，皆不与贫儿混。贫而无力就学者，则收之以义塾焉。都会乡镇各有义塾，自数所以至数十所，每所延师数人以至十数人，均按其地大小酌行之。经费公捐、独捐，亦视其地有无巨富为断。学徒皆居宿于塾，供其衣服、饮啖，不听他出。人家生育子女，咸报乡官。乡官岁核户籍、省知已届五龄，即驱率入塾。初学教诵耶稣经，既长，学书算勾股开方之法，是之谓小学。小学成，则令就工以谋食。其资禀特优者，益使习天文、机器、画工、医术、光学、化学、电学、气学、力学诸技术，是之谓大学。大学之处，刊卜吏治（地名）十书院，以光、化、电学为主。岳斯笏（地名）三十余书院，以各国语言文字为主。又或舍巨舟为学塾，教练航海各工。总之，不离乎工商之事者近是。

虽然，其教术则工商，其教规则礼乐也。塾中子弟，言语有时，趋步有方，饮食行立有班行，虽街市遨游，不得逾越尺寸。歌声乐节，孩而习之，无任差忒。每入其塾，规矩森肃。

抑不惟此，群萃之地，有筑宫储册籍，遍揭图画者；有罗致动植诸物状，珍异诸名色，陈于庭者；有聚百兽而畜之，汇众芳而莳之，以为园囿者；有辇木材药料，别其名物功用，而灿列于室者；有构馆舍，聘名师，主讲光、化、电、气各学者。莫不远近棋布，纵百姓男女观览摹效，以为学识之助。其各种机器，亦时集一区，运用演试，使人得审视之。

夫喜逸而恶劳者，人之情也。难善而易恶者，人之习也。设学以训子弟，人不志是，则姑听之，未有皆驯然束身以就吾范者。英人虑此，特为官法督治之。不循其教令，虽三尺童子，犹拘诸改过房，俾习苦于布、麻、金、木诸匠作，以制为有用之器，故监牢亦学塾焉。

英之众庶，强半勤谨，不自懈废。商贾周于四海，而百工竭作，亦足繁生其物，以供懋迁之需。国之致富，盖本于此。非然者，火车轮船即能致远，而可贩之货，国中无从造而成之，金币究如人何哉？（《小方壶斋舆地丛抄》第十一帙《英轺日记》）

屠仁守

敬献刍言疏（光绪九年十一月）

奏为敬献刍言仰祈圣鉴事。臣窃维今天下待治在我皇上之一身，皇上欲修身以治天下，则莫急于典学。皇太后垂帘训政宵旰焦劳，皇上正宜仰体慈怀，及此未亲万几之时，日新至德。昔圣祖仁皇帝夙龄践阼，勤学好问，辨色即御经筵，会军务倥偬，臣工请间日进讲，犹且未蒙俞允。伏读实录圣训忧勤惕虑，未尝偶蒙逸豫之思。庭训格言二百四十六则，阐明性理、发挥经义之余，多及细微之事，而天德王道无不隐寓其中，此实削平三藩复定九省之基本，我皇上所宜效法者也。

皇上圣质天纵，进修次第，臣不敢妄涉揣拟，窃以为诸经大义既通，所亟当进讲者，莫要于真德秀《大学衍义》一书。诚能尽格致诚正修齐之本，则治国平天下犹运之掌。其他书传纷纶虽靡不开卷有益，然恐见效或寡，用功已多未若此简而易明，约而可守，体用该贯，法戒昭然，为内圣外王之极规，无杂霸小补之陋说。伏冀皇上因文求义，即事考理益责毓庆宫，诸臣尽心启沃。念宗社安危之所系，懋勉宸修，然后靖内攘外，诸务次第振兴，则知事会之多艰，实以殷忧而启圣，于以巩皇图、绳祖武，实万世无疆之休。臣章句鄙儒谬居言职不胜惓惓，私愿冒昧渎陈是否有当，伏乞皇太后、皇上圣鉴，谨奏。（《屠光禄疏稿》卷一）

奏请申严门禁以复旧章防未然疏（光绪九年十二月）

奏为请申严门禁以复旧章以防未然，恭折仰祈圣鉴事。伏睹近岁以来，内城正阳门、紫禁城东华门子刻即启，乾清宫门丑正即启，趋直臣僚

及百执事无不奔走，通夕者记曰："朝，辨色始入，君日出而视之。"陈祥
道谓："辨色始入，所以防微；日出而视之，所以优尊。"《周礼》司门掌授
管键以启闭国门，阍人掌宫门之禁以时启闭，宫正掌王宫之戒令纠禁为之
版以待夕击柝而比之，辨内外而时禁几其出入。宋嘉祐时偶夜启宫门，王
陶有谨严周卫，杜绝非常之奏，司马光有深虑安危防微杜渐之言；而前明
万历间视朝太早，给事中王三余疏请以日出为准，既得调养圣躬保和元气
且于门禁朝仪俱为便益，此皆经史遗文所可考见者。谨按《大清通礼》载：
"御门听政之礼，部院寺奏事官暨侍班官，春冬辰正初刻、夏秋辰初初刻
进至后左门祗候。"《会典》载："凡城门朝启，以昧爽夕闭，以日入。如遇
夜间有旨，启门合符启钥，次日奏闻。"《钦定皇朝文献通考》载："凡内外
城门其非时启闭者，每月常朝日于黎明启正阳门；遇御门听政日，外城居
住官员应早入者，于晓钟后启正阳门；遇坛庙祭祀日，内外城陪祀官有应
早入城出城者，于五鼓后启门；其无兵部印文概不准启。如遇夜有奉旨差
遣及紧要军务应即时启门者，必合符启钥，报知步军统领于次日具奏。平
时启闭仍遵例行。"盖定制之重慎如此。恭读《康熙二十一年圣祖仁皇帝
谕》曰："朕御朝太早，各官趋赴朝会殊为劳瘁，自今以后朕每日御朝听
政，春夏以辰初初刻，秋冬以辰正初刻为期，启奏各官从容入奏。"三十二
年谕："自后年逾六旬以外大臣令其量力间二三日一来启奏于是，大学士等
以隔三四日御门一次为请。"圣祖复谕曰："朕听政三十余年已成常规，不日
日御门理事即觉不安，若隔三四日恐渐致倦怠，不能始终如一矣，此乾清
门乃朕宫中亦有何劳，但念年老大臣黎明从家中入奏甚为劳苦，故有此谕，
朕仍照常每日听政。"圣德同天，视臣工黎明奏事犹悯其劳，而勤政之思不
遗寸晷，要自并行不悖。以义则处之极精，以制则循之可久，实永为子孙
万世法者也。今内外城门启之之早，朝廷深意固懔怠荒，然子丑之交非为
本日之清晨，乃是前日之夜半，重闉洞达稽查防范诚恐难周。即如上年宫
殿铜炼宝匣迭被盗窃，太监徐志详等至于开烟馆窝匪徒，是宵小之所以生
心，黠御之所以张胆，未必不缘门之早辟，得以恣其出入，肆恶而藏奸。
由此以思，可虞者大且图事贵乘朝气昧爽丕显，实日新又新之机，盖志气
清明则义理昭著，夫何令之不审、何谋之不臧乎？伏请饬旨申明成宪损过，
以就中顺阴阳阖辟之宜，适昼夜兴居之节，既于皇太后懿躬、皇上圣体摄

卫为宜，由是以励精图治，不愆不忘，则宋儒朱子所谓忧勤过甚有所不堪，而不见其效；或且因循怠惰迄于无成者，又不足虑。而门禁以之严朝纲，以之肃弭未然之隐患，昭率履于不越抑亦曲突徙薪之至计也。臣愚虑所及，不敢隐默，爰略考古义，详稽旧章，惶悚上陈。伏乞皇太后、皇上圣鉴。谨奏。（《屠光禄疏稿》卷一）

奏陈求治当务本图济时必有要道疏（光绪十年正月）

奏为求治当务本，图济时必有要道，谨就管见所及，迫切上陈，仰祈圣鉴事。窃维今日时事亦孔棘矣，政颇法敝而善变之未能，力竭财殚而自强之无术，旱潦荒饥动连数省，议蠲议赈骎骎有莫给之势，教民会匪、游勇剧盗其潜匿勾结待时窃发者实繁，有徒厝火积薪未足为喻，所以妖氛彗天象儆于上，河溢湖丹地变见于下，此诚朝廷震动恪恭奋兴善治之日也。然皇太后宵旰勤劳，皇上孜孜典学固中外所共闻，王大臣乃心国事者亦皆竭蹶不遑，力求整饬而治象，若此将毋疲精于庶务。所以图其本者尚疏狙滞于近规，所以衷诸道者未审与。臣夙夜忧思未知计所从出，馨竭愚虑举其至切者数端上涸宸听，伏冀圣明裁择焉。今者化理未兴，善俗未成，威不足以服远，力不足以赡近，由朝权未振之故也，夫权者非厉威严任智数之谓。盖定天下之大计，决天下之大疑，进退人材，兴除利病，莫不赖有卓识定力以主乎其间，然后天下可得而理也。不能持权，则处一事屡作屡辍有举棋不定之势，用一人乍贤乍佞有反鉴索照之劳，良法美意议之经岁而不能行，深弊巨蠹言者交章而不能去，矧夫安危呼吸全局攸关，其何以宏远谟定国是乎？臣愚以为谋之贵详，断之在独，于重臣专任以责，其成功则可委曲以徇，其偏见则不可于庶僚兼听以察，其见在则可逆亿以绝，其将来则不可人言不患其多，患我无知言之鉴。人才不患其少，患我无铸才之方。透卸苟便于目前，偾败必贻于日后，故大臣避权致误其咎有甚于揽权。且诏令者，朝廷之大信也，今或前后不免相歧，或是非有似两可，得毋俾智者疑俾愚者惑哉，故当其谋始，务揆诸天理准乎人情斟酌尽善，然后敬慎以布之令之。既布则必有雷厉风行之势，使薄海内外精神耳目为之振奋而发皇，无敢少有沮格者，则天下无不可立之事，无不可成之功矣。

今者伦理多乖，官常多紊，人才梏窳，士习虚憍，由学术不正之故也。夫学术与世运隐相维系于无形，为立国之基，为生人之本。故学术大正则大治，虞夏商周是也；小正则小治，汉唐宋是也；无学术则晦盲否塞，大乱不解，南北朝五代是也；此固灼然可见者矣。我朝学术之隆，远迈前古，然自乾嘉以后，竞骛于名，浸淫久之，遂由名而入于利，驯致讳言正学，非有党锢之祸而气节日衰，非有伪学之禁而师道不立。胥天下官僚士庶驱而纳诸利之一途，彼奸猾之侵牟、贪庸之封殖蝇营狗苟无论矣，乃至聪明误于衔鬻，材力竞于锥刀，诘戎大事溺于机巧之心，经国远猷运以商贾之智，妄谓古道不可行于今日，诩材能推干济功利之外无他术焉，其为人心世道之忧，殆有虑不胜虑者。臣愚以为转移之柄端在朝廷，谓宜明布天下，崇讲正学，诸不在六艺之科、圣贤之教者，勿使并进，因搜求道德之儒，经术之彦，优其礼数，俾之师表人伦。昔顺治、乾隆年间俊乂满朝，犹诏举山林隐逸之士，或取其学足辅世，或取其才品优长。在于今日宜举斯典，诚得其人则内而大学讲成德均才之道，外而乡校示明伦修教之方，务在拯陷溺之人心，开锢蔽之世，习则学术既以挽末流世运亦必臻上理矣。今者狱讼繁兴，盗贼多有，民苦腹削，户鲜盖藏，由吏治弗讲之故也。夫设官分职，凡以为民亲民之官莫如守令，守令胥贤则天下治矣。自顷以来仕风猥杂流，品混淆，由捐纳者怀市心，由保举者骛捷径，即号称为儒吏，亦每泪于浊流，然非特守令之罪也。督抚监司不知所以澄汰变化之方，非纵之已深则操之过蹙；委署有章乃意不为激扬为调剂甄别，有典乃效不责抚字，责催科迁调频烦；有为者莫竟其施，不肖者因以为利甚则徇情于交谊之浅深，谐价于缺分之肥瘠，闾阎疾苦未尝轸念；是以民无所定，嚣然丧其乐生之心，遑问孝友睦姻兴其六行礼义廉耻张其四维乎？臣愚以为天下守令千数百员岂遂无盟心？夙夜希迹循良者，要在激厉裁成之而已。诚以民生之苦乐为考课，以民俗之美恶为殿最，簿书期会可宽则宽之，处分违误可贷则贷之，一惟尽心教养辑和吾民是赖，果其循声既著登诸荐牍，则朝旨优加褒擢，以为后来之劝，使凡司牧者知勤民宣化之外不足言事功，洁己奉公之余皆将荷宠禄，则吏治庶有起色矣。今者国威未张，众志未固，瑕衅易起，奸慝潜萌由军政莫修之故也，夫兵可百年不用不可一日不备。夫人而知之顾备之非难备之，而善其制之为难。自军兴以来杂然招募，寇戎既殄流弊亦滋始，则经制之兵不敌新添之勇，继则骄惰之勇殆甚。旧有之兵，其在边徼者，无论计各省屯驻为防营，为练军，为防河，为巡盐统纪不一，法制多门。蠹国病民不知胡底，募矣而未足云练也，练矣而未足云教也。夫募而不练，无怪其群嬉旅游动辄扰乡闾哗城市，练而不教，安望其亲上死长有如捍头目卫父兄。糜饷于无用之兵，宿兵于无用之地，酿患则有余，御侮则不足，或议裁撤则又架辞伏莽借口邻防，无异于与狐谋皮也，盖十数年来王凯泰化兵为勇之说，既托空言，曾国藩改兵为练之规未睹成效，即左宗棠减兵加饷就饷练兵，今亦不知其何如，长此因循疆场奚赖。臣愚以为宜亟定画一之法。通计天下兵勇之数伍，敕部束而整齐之，参绿营职守之制，收楚勇朴勤之效，核尺籍之虚冒，杜正身之顶替，士卒惩其骄恣，阶级必严，将领戒其龃龉，事权必一详稽国初军令及雍正乾隆增定之军律，变通尽利颁布行间，因加以拊循之恩作其忠义之气，以精为强，以和制胜，必使一将所在屹若长城一军，所屯照及千里无事，足资其镇抚。有事可赖以折冲，则军政庶改旧观矣。今者需费浩穰度支奇绌，举国债于番市，筹急饷于临时，由财用未理之故也，《大学》生财之道即理财之道，后世专言生财而不知理财，生之愈多耗之亦愈甚。夫理财不外乎务本、节用两端，而酌盈剂虚与时消息，则所以措注之方亦各不同。臣愚以为即今策之贵粟重农通商惠工，边境则屯田，官荒则招垦，酌关税之平，慎矿务之兴，收鼓铸之利，善行盐之法，此皆务本之属，其道亦广矣。上而宫禁得毋有可省之浮费，可缓之工程乎？下而官寺得无有可裁之散员，可减之冗食乎？外而直省采办例物得无有宜且停罢滥设之局，虚糜之饷得无有宜从核实者乎？此皆节用之属，其端亦多矣。道之广者疾之，端之多者舒之，一舒一疾之间赢缩有不啻倍蓰者。与其开利孔不如塞漏卮，与其剥下民不如杜中饱。政体不可不存，不当以一言启搜括之渐；商情不可不恤，不当以百计求权算之工。大利公之天下，万世之计与不终月不终日之计固自不侔，何财不足之忧乎？若取之尽锱铢用之如泥沙，则源必竭。委之于驵侩，行之以烦碎，则流亦挠，今日之理财盖亦反其本之为得也。凡此数端经传存其理史志详其事，论治者固莫不习熟见闻，然设诚致行则知为急务，循流逐末则见为迂谈。臣伏愿皇太后、皇上审此，本图行兹要道以振朝权，责枢辅使力持定计而综万事之纲以正学术，责学官使士风丕变而人才兴以课吏治，责督抚使民气不伤而邦本固以修军政，责将帅使威棱日振以理财用，责中外司计之臣使帑藏日充。皇太后恭俭以临之，明断以处之，至于本中之本、要中之要，则惟在我皇上圣学日懋、圣德日新，臣前疏已敬陈之矣。必使有以慰臣庶之仰瞻，动邈迩之徯应，上下协心，文武毕力，励惜时之志气，恢久大之规模，如此而兆姓不安，远人不服，奸宄不戢，渗戾不消，臣决其无是理也。惟圣明俯赐采纳，因端竟委敬慎以要其成，宗社幸甚，天下幸甚，臣寡昧之识不胜惓惓。伏祈皇太后、皇上圣鉴训示。谨奏。（《屠光禄疏稿》卷一）

奏参两广督臣张树声疏（光绪十年五月）

奏为督臣任性徇私，不孚众望。谨据实纠参，仰祈圣鉴事。窃两广地大物博，控驭岭海，岩疆重寄，镇抚期于得人。督臣张树声复任以来，毫无措置，以致政窳民困，怨讟繁兴，有岌岌不可终日之势。比者海氛不靖，彭玉麟奉命办理防务，该督臣如果公忠体国，得此臂助，正当消除己见相与有成，乃张树声与彭玉麟臭味差池，薰莸显判——彭玉麟痛恨夷人，张树声则深畏夷人；彭玉麟爱护百姓，张树声则屈抑百姓；沙面一案办理乖舛，亦其明验。彭玉麟徒有会办之名，一切重要事件，往往掣肘，故虽有芚谋胜算，彼此枘凿，迄不得行。将来贻误海疆，谁执其咎？

且张树声任性徇私，非一事也。该督素有誉儿之癖，伊子张华奎由举人捐纳郎中，现在随任，事无大小，皆由其手。凡遣一将、委一官，招权纳贿无所不至。该督懵然罔觉，方谓真才足倚，致粤中哗然，有"大、小总督"之目。又署南海县丞薛瑶光，曾因误公被藩司刚毅撤任。该督以薛瑶光曾教伊次子学习洋话，为之慰留，藩司力争，始撤去署任，旋令回阳江县丞本任。刚毅尝对人言，有"藩司不能撤一县丞"之语。又在籍候选道陈桂士，曾充洋人贱役，朦捐道员，颇有口辩。该督谓其熟习夷情，委以筹捐练勇诸重任，借势舞弊，军民莫不切齿。又惠州陆路提督方耀，署任多年，威信素著。该督调剂私人，令其随员蔡金章接署此缺。迨惠州匪徒滋事，该督知蔡金章不能得力，乃复令方耀前往剿办，幸就扑灭。然则该督为人择地，并非为地择人，调度乖方，可以概见。

凡此各节，皆彰彰在人耳目，确实不诬。其他率多类此。即令安平无事，于吏治民生已难望其整饬；况外有强敌，内多伏莽，彼宣不聪，何以释士民转恤之惧？是以流言飞文，哗于民间，即都下众口交讦，亦无一人谓该督能胜其任者。相应请旨将该督张树声立予罢斥，另简贤员往代，以慰两粤之民心，以重炎海之疆寄，于大局实为有裨。臣迫于公论据实参奏。伏乞皇太后、皇上圣鉴，严断施行。谨奏。（《屠光禄疏稿》卷二）

奏自强之道不宜畏避迁延疏（光绪十年四月）

奏为自强之道不宜畏避迁延敬摅愚悃仰祈圣鉴事。臣闻当断不断，是谓后时；临事仓皇，是谓失机。比因法越构衅，出兵防御，劳费连年，曾未交绥，师徒挠败，是非主战之误，由委任非人之误也。然敌焰虽张，全越未定，不能不虑我军之蹙其前而他国之议其后，爰逞狡谋，扬波海上，为北趋之势。使天津及沿海防务足恃，镇定数月，若弗闻问，彼亦将情见势绌，而我得以从容应敌，不谓历年备御，事至失措，遂迫于势险节短惟图暂安之计。故今日之和，适堕敌人术中，欲过此以往更图自强，诚恐国势愈衰不可振也。

本月十五日，奉传赴内阁，恭读谕旨并抄单二件。圣谕周详，莫名钦悚。惟核阅李鸿章与福禄诸问答，辄谓中国所争在体制，不在区区一越南，行人失辞，莫此为甚。不思属藩见灭于体制乎何有？而和款五条无一语及越南疆界之事，一若全以界法人者。良由视境土太轻，视国体过亵，苟安旦夕，无复奋发有为之气，此实不能自强之病源，不待后日而始知。俄人逼新疆、窥吉林，英人踞印度、服缅甸，今法人又入越地与中国为邻，始计所以力护越南者固为国势强弱全局攸关也。争越南而得，则英俄觊觎之志可衰，他国思逞之心可戢，庶自强从今日始。今直以为区区之越南而弃之，二百余年藩封，数千余里疆土，曾不顾惜，徒争诸和约锱铢尺寸之间，微论信不由衷，虽质无益；即议成约定，而商务、界务我将奔走承命之不暇。是中国竭精敝神，助成强敌之势以自困，唇亡可忧噬脐何及？自来寇戎为患，其始盖莫不盛语怀柔；怀柔不效，遂至用兵；用兵不效，遂至纳赂；纳赂不效，遂至割地；至于割地不效，国事于是乎不可问矣！非为爱地，以其内侵外逼可危之甚也。夫置越南而不争，与割地何异？法人坐收数千里之实利，而又得让赔兵费之美名，谓于国体无伤，于后患无忧，臣愚具有天良，不敢与盈廷同其附和！

　　窃以今日决当首争越南分界保护，如此能和则亦可和；否则暂事羁縻，与之往复，但得延展时日，则左宗棠、张之洞均已来京，刘铭传、鲍超等亦皆会集，苦心筹画，竭力经营，谋定后动，以乘敌人之敝。彼利怵之兵将溃，新附之众必离，刘永福沉几观变，必且蹈其瑕而抵其隙，事固有转败为功，易危为安者。机不易遇，时不再得。战胜而和，四夷无患，于国事方有实济，而自强之说更不必诿诸将来矣！

　　至李鸿章身任畿疆，昧于大计，持禄保位苟安目前，练兵二十年未成，兵且将老；制器二十年未精，器且将朽。犹托于持重待时，朝廷试以实事核之，其果足倚以安危乎？若必屈意事和，度非李鸿章不可；诚欲为自强之计，而专恃一李鸿章，臣窃恐犹缘木而求鱼也。然恃之不能，去之亦未易。淮军骄惰，御侮不足，为患有余。谓宜就其部下与淮军相得而忠诚足赖者，资其总统，以渐转移。此事极有关系，切祈深留宸虑。

　　唐炯之不可用，臣因循未言，至今以为大戚。李鸿章职任百倍唐炯，臣若复缄默，负疚实深。臣为大局久远起见，谨一并密陈。伏乞圣鉴。谨奏。（《屠光禄疏稿》卷二）

应诏陈言疏（光绪十年闰五月）

　　奏为恭承明诏敬献刍言，仰祈圣鉴事。光绪十年五月二十三日奉上谕：我朝列圣相承，莫不以克勤克俭为天下先，训诫臣工至为深切，前谟具在，永宜懔遵等因，钦此。臣恭读再三，窃幸圣谕及此，诚中外之至愿而社稷之长福也。辄有愚悃，不敢不因以为献。臣闻身教者从，言教者讼，上感下应，理有固然，名是实非政之通弊。勤俭二字内原于天德之懿，外挈乎王道之纲，就其事力而行之，可以臻小康；循其理扩而充之，足以隆郅治安平之时。固赖成其久道艰难之会，尤当恃为本图，然非责难。自上则观感无由非核实于中则推行多窒，何则？效不能以强求，功不能以虚立也。

　　故所谓勤者，非衡石量书米盐凌杂之谓，要必皇太后勤于训政，时时以敬天为心，则大小臣工无敢安于泄沓；必皇上勤于典学，事事以法祖为念，则左右近习无敢启其怠荒。今日之军机大臣职剧事繁，似宜略为变通，不必更综部务，重其任者专其责，劳其心者逸其身，庶日力不分于簿书，精神不疲于奔走，其于论道经邦裨益必且宏多。卿曹半居冷职，栖迟偃仰又复过于优闲，敏干者无所见长，阘茸者亦无所见短，谓可兼派要差均其劳逸，共分猷念。翰林院掌院学士，国初本设专员，康熙中始令重臣兼领，近来编检员数数倍从前，地号储材，陶成为急，似可裁他冗秩仍设掌院学士专官，使其激厉渐磨，就文学侍从之班，养国家公辅之器，事半功倍，斯其为勤也远矣。今者强邻环伺，动关安危，而国是未定，庶事之勤不免淆于两端，众志未坚，数年之勤不免隳于一旦，遂使荩臣抚膺于阃外，义士短气于行间。臣愚不胜私忧，恐异日倍劳圣虑，此尤卧薪尝胆，不容托诸空言者也。

若夫俭之为道，盖亦有本矣。暴闻内廷偶有兴作，久未竣工。上年臣于东华门内见运瓴甋鸱吻之属，数人而舁其一。本年于崇文门内见运云母玻璃之属，亦数人而舁其一。由此推之规模壮丽，难可揣量。各海关奏报拨款，合之内府及户部，动用为数计必不赀，既蹈时绌举赢之戒言，亦违崇实黜华之本意。将毋内务府诸臣，误托将顺私图冒销。至于可已而不已，流闻四远，其为盛德之累，顾不甚欤。臣愚欲乞因陋就简，早蒇厥功庶不滋观听之疑，益以彰朴斫之美。至近时风气，婚丧宴会弥入奢华，化理未端，骤难厘革，而漏卮太甚者，则专在机器一事，历年内造外购无虑数千万金，既无成例以核其报销，复无额数以示之限制。无事则夸其足恃以为出奇无穷，有事则恨其未精顿觉相形见绌。昔宋时造明举甲每副至费八千缗，未闻以之御敌人。前明铸各种枪炮至三大营，兵溃乃适以资流贼。夫行军固资利器，用之要在得人，苟非其人，器安足恃？况乎一船之价，倾中人万家之产，一炮之费损士卒百日之粮，器则日新，财则日匮，未战而已自困矣！于此而不少思变计，不力求综核，虽使士大夫布被脱粟柴车藉槁，以是为俭庸有济乎？臣伏愿圣明深维本末，洞究始终，不务名而务实，不责应而责感，本身作则即事图功，培元气于无形之中，虑隐患于所备之外，此今日之急务也！臣迂拘寡识管蠡之见，不敢隐默昧厥本心，伏乞皇太后、皇上圣鉴训示。谨奏。(《屠光禄疏稿》卷二)

奏陈图治必在励精、弭患宜防积渐疏（光绪十三年四月）

奏为图治必在励精，弭患宜防积渐，谨陈管见，恭折仰祈圣鉴事。伏以今者我皇上禀承慈训，庶政躬亲，薄海内外莫不延颈跂踵以仰维新之治，凡万几之待理、百度之宜贞，经纬措施未易遍以疏举，惟是上关君德，隐系朝纲，其极切要者约有数事，敬为皇太后、皇上陈之。

臣窃惟古者君举必书所以示体制之尊，而谨出入之度也。是以虞舜之圣，大禹犹戒慢游；成王之贤，周公首陈《无逸》，观鱼筑囿，春秋讥之。况乎传警跸之时，多则于养性非宜亲；讲论之时，少则于典学有旷至，或频事曲宴玩及细娱，亦盛德之累也。

皇上念治道原于恭己，圣学成于惜阴，则游观宜戒。尧大难名茅茨不翦，禹德无闲宫室则卑。昔韩昭侯作高门屈宜曰，曰前年秦拔宜阳，今年旱君，不以此时恤民之隐而顾益奢，所谓时诎举赢者也。是以恭俭之主，无不以力役为重慎，汉文帝尝欲作露台，召匠计之直百金，文帝曰百金中人十家之产，吾奉先帝宫室常恐羞之，何以台为。唐太宗尝营一殿，材用已具，以为秦作宫室而民怨叛者，由病人以利己故也，于是鉴秦而止。此皆史册传为盛事，后世播为美谈。

皇上念调广必致民劳役烦，亦妨事典，则土木宜罢。财者，国之脉、民之命也。《论语》言节用爱人，《大学》言用之者舒则财恒足。昔吕惠卿执周礼"惟王不会"之文蠹国病民乃奸臣之邪谋。陈恕不告真宗以钱谷之数，恐生侈心，乃忠臣之至计。夫府库之陈朽相因，皆闾阎之脂膏所积，耗之甚易，取之实难。

皇上念损上方能益下，竭泽必至无鱼，则财用宜节。小人难养，孔子深戒。数十君子维之而不足，一二憸壬坏之而有余。矧在宦寺之流性成，阴黠小忠小信奔走承颜，地近则其势易亲，情习则其言善入，伺喜怒为逢迎，播是非为离间，甚且漏泄机事，结纳外朝，势必有相因而至者。故宋臣欧阳修之言曰："若小事不以为意而从之，彼必自张于外，以谓朝政可回威势不小矣。"

皇上念便嬖不可使，令嚬笑弗容轻假，则左右近习宜防。大易之象，天地交而万物通，上下交而其志同，为泰；反是则为否。否泰之机，兴衰系焉。故事君之义，有犯无隐，然上苟无闻过之诚，则下必以进言为讳，保身持禄常情类然，今朝廷忠说是求，而时月封章罕，达事涉宫府既皆动色，相戒以为难，言政关枢密，又以外廷莫闻无由参议，耳目为虚涉之官，肢体有蹠戾之象，是十渐之疏不陈于魏徵九弊之说，徒传于陆贽，其为隔阂有甚闭拒。

皇上念济时，必资群策，宣德必达情，则上下壅蔽宜通。记言爵人于朝，与众共之。传称惟名与器，不可假人。在朝廷弃瑕肆眚自具微权而贪人，心怀侥幸，妄希恩泽，外假输财助边之名，阴遂好官自为之计，钻营尝试涂附猱升，负俗之累不泐而自除，终身之锢不解而自脱，既以躁竞求荣难期，公诚效节，且唐之斜封、宋之内降，紊朝章，塞贤路，示天下以私，又可为炯鉴者也。

皇上念爵滥有伤政体，宠贻必启官邪，则中外幸门宜杜。自来君心之敬，怠朝政之弛张，实治乱安危之本，不可忽也。宋臣苏辙告仁宗曰："古之圣人无事则深忧，有事则不惧。"夫无事而深忧者所以为有事之不惧也。陛下无事则不忧，有事则大惧，臣以为失其宜矣。由此言之，即令海宇承平，未敢忘震动恪恭之意。况今灾祲叠见，十室九空，内多不逞之奸民，外有环伺之强敌，乘墉伏莽在在堪虞，所当并力一心，如捧漏卮，沃焦釜，犹恐不及，谓可以丰亨逸乐处之乎？皇上春秋鼎盛，寅绍丕基，惟天维祖宗付畀之重，皇太后训政之劳，弼时仔肩乂安匪易，伏愿励惜时之圣志，图保业之嘉谟及闲暇以明政，刑戒泄沓以修道法，惩前毖后日监在兹，至于内患不作，外侮潜消，将见民物阜康，能致慈颜悦豫，以四海之富奉养我皇太后，则即宫廷晨夕起居，胜于土木游观之乐万万，实率土臣民之幸。臣愚昧之见，不胜迫切，伏乞皇太后、皇上圣鉴训示。谨奏。（《屠光禄疏稿》卷三）

奏请勤修政治以答天戒疏（光绪十三年七月）

奏为时事艰虞，隐忧方大，伏乞勤修政治以答天戒而遏乱萌，恭折仰祈圣鉴事。伏自往月以来，太白昼见每于时加午未日光盛烈之时，其星愈明，市井耸观，互相惊诧，此实非常变异，未可以天道幽远，诿为适然之数，惟当责诸人事震动，恪恭以冀消弭。臣夙夜思维，窃以徒考機祥既非，所以裨实政空言修省亦非，所以格天心谨就今日所当措意者。综其大纲曰杜诿卸、曰开壅蔽、曰慎动作、曰抑近习、曰轸民瘼、曰重国计。敬为我皇太后、皇上胪陈之。

朝廷因时立制，创设海军衙门，特以亲王主之，固将以图自强恢大业也。乃群下不能深体此意，恃有亲王主持，遂左瞻右顾，各怀推诿之心，枢臣不执盈廷之咎，总署不广集思之益，各部院唯诺奉行更不待言。而北洋大臣深知洋务之棘手，尤恃海军衙门为藏身之固，其济则该大臣之功，脱有不济，则将引亲王以分谤诸臣自为谋则得矣。其如国事何夫？以极难极重之任，而责之至亲至贵之人，臣庶稍具天良，固宜咸抱不安，但时局多艰，臣既不敢请勿烦亲王以事，惟亲王愈劳，诸臣愈逸，亲王愈勇于图功，诸臣愈巧于谢责，纪纲所在，治忽攸关，将来成败利钝何所归咎，此宜杜诿卸者一也。

臣闻古语云："兼听则明，偏信则暗。"盖兼听则众说并陈，是非无难决择；偏信则单辞易惑，得失无可参稽。即如近日包征税厘，利害显然，国人皆曰不可，未尝询谋金同，遽以电札开办，贪不可必得之盈余，启不可胜防之隐患。使果尽群议于先，谅无此失，夫以外洋各国且设上下议院，凡有举动，必众论胥协，然后施行。今内廷事务，上海报馆往往辄述其详，朝中政要部院臣工乃不得悉闻其概，是犹一家之事传诸疏远而其子弟亲近转不及知，隔阂不已甚乎？间有留心咨访，察见利病理宜悉意直陈，然事先而为事后之虑，则似于危词耸听；局外而议局中之失，则似于阻挠成谋，自非导之使言孰不嘿尔，而息是以寒蝉仗马，终日寂然。夫愚者千虑必有一得，舍非从是，其权要自上操。唐陆贽有言："谏者多表我之能好，谏者直示我之能容，谏者之狂诬明我之能恕，谏者之漏泄彰我之能从，有一于斯，皆为盛德。"由此言之，于国何损焉。此宜开壅蔽者二也。

比者兴修三海，历岁经营土木，各工行将告竣。我皇上奉皇太后万几余暇时一临幸娱悦，慈颜足以仰征圣孝。顷恭阅奏定门禁章程，似专为移銮驻海而设。臣愚窃有请焉，伏查我朝旧制如避暑山庄、圆明园等处，列圣固常临御，听政办事无异宫廷，然皆不过数月之久，而留钥重寄要在禁闼。今我皇太后训政方勤，皇上典学尤急，天下延颈望治，以视当日事势实有不同，三海处宫阙西偏，陂池台榭，既不若内禁之深严，觐见论思亦较殊朝廊之肃穆。上揆天时，下察人事，似以简于临幸为虑之善，九重端拱，绥辑万国，体清静无为之治，即日臻上理不难。此宜慎动作者三也。

臣维内监之职所司者，阍闼洒扫以及使令之役而已。恭查顺治十年世祖章皇帝特颁明谕：凡系内员，非奉差遣不许擅出皇城，职司之外不许干涉一事，不许招引外人，不许交结外官，其在外官员亦不许与内官互相交结，如有内外交结者，同官觉举、院部察奏、科道纠参审实，一并正法。内院即传谕该衙门遵行，着刊刻满汉字告示，自王以下以及官吏军民人等咸宜知悉。十二年复降谕旨，特立铁牌，世世遵守。康熙三十三年，圣祖仁皇帝谕曰：太监良善者少，要在人主防微杜渐慎之于始，苟其始纵容姑息，寖假事权迨其势既张，虽欲制之亦无如何等因。钦此。仰见本朝家法之严远轶前代，是以二百余年来太监偶有过犯必立正刑章，无敢大作威福者。近者恭办大婚典礼银款事务，闻交总管太监经理则是渐假之以权矣。奉宸苑工程处，奏定门禁三十六条，内于南海等处拈香竟以总管太监为请，则是渐委之以事矣，夫以向交内务府大臣者而交总管太监，是太监直与内务府大臣等夷；以例派王公者而派总管太监，是太监又将与王公并势。在皇太后、皇上严于御下，若辈感于恩，慑于威，料不敢辄萌恣肆，诚恐积习之久，事权渐专，气焰必且渐盛，履霜坚冰不得不防。此当抑近习者四也。

自来所恃以立国者民心也，民得其所则安，民失其所则危。今天下之民，水旱灾伤困之，钱粮追呼迫之，官吏贪残扰之。厘金征及谷米，未能尽裁；狱讼关于民教，孰为公断？百货利夺于外洋，而民之懋迁者，生计遂穷；轮船驶行于内地，而民之食力者糊口无所。行旅惮搜索之苦，负贩病诛求之悉，游勇会匪蔓延潜结所在，皆是无由铲除，谋国者防之，在外不知可忧之先，在内倘或一方蠢动，懦者转于沟壑，强者铤而走险，恐历年措置，海疆势且鞭长莫及，无救于腹心之内溃。此宜轸民瘼者五也。

至于海防之设，筹备不为不至，炮台兵轮机器耗费无虑亿万，日新月盛未有穷期，水师学堂、武备学堂平日支用浩繁，其人才恐亦未可深恃。且以近事观之，北洋大臣因将试行轮船于昆明湖，特举到善水之人乃方试测深浅，竟尔溺毙，设当缓急之际而有此失，其贻误何堪设想。今轮船既不可行，则长河可以不开，湖淤可以不浚，省此劳费，专意陆操，练成劲旅翊卫神京，得力必较有实际。庶不令艰难之国帑糜于无益之工程，况洋款累至千百万之多，偿还摊至数十年之后，古之于财量入为出而犹必计其赢，今之于财卯粮寅支而弥复侈于用脃脂膏以供浮冒，竭江海以注漏卮，不待有事而先已自困矣！此当重国计者六也。

今星变非寻常之比，周防之道固不厌其详，求治之方尤必举其要，天心仁爱则今日殷忧以启。

圣良非偶然。昔顺治九年九月太白昼见时，世祖章皇帝将巡幸塞外，洪承畴陈之遴奏，言日者人君之象，太白敢于争明，上天垂象，诚宜警惕，宗社重大，非圣躬远幸之时。疏入得旨：此奏是，朕行即停止。康熙七年五月太白见午位，圣祖仁皇帝谕曰：太白昼见天象，屡示儆戒，朕甚惧焉，今力图修省，弥加敬慎，励精勤政以答天心。列祖之克自抑畏若是，是以变异虽大，而修德纳谏，终竟化炎为详，诚所谓遇格天之圣，旋转有权，其占验自不符矣。至于马端临《文献通考·星昼见》一门起，汉安帝永初二年迄南宋嘉定十七年，胪列綦详，凡所述臣强阴盛以及非常之占，无其应者盖鲜，皆由不知修德以致罹咎，此王安石"天变不足畏，祖宗不足法，人言不足恤"之三言所以乱宋，可为千古鉴戒者也。臣伏愿我皇太后、皇上深宫惕虑，法世祖章皇帝、圣祖仁皇帝之所行，于今日所有利弊察其端之所自来，究其势之所终极，当改者不惮更张，当守者不轻变易，一以大公至正、敬天勤民为心，庶几精诚感召，有以潜回天意，为宗社无疆之庥，臣忝居言路，遇变悚慄，不敢蹈隐情惜己之咎，冒昧渎陈，无任激切屏营之至。伏乞皇太后、皇上圣鉴。谨奏。（《屠光禄疏稿》卷三）

敬陈祖训疏（光绪十四年三月）

奏为敬陈祖训，冀神圣治事。窃惟近年土木繁兴，蠹财害政，微臣前后疏论，辞意拙滞，天听未回，言责为虚，夙夜悚惕，惟是西苑工程将次告竣矣。侧闻清漪园改作，费复不赀，葺旧营新，诚恐渐推渐广。臣义不当默识拘见隘不知所以为言。恭阅宣宗成皇帝圣训，至钦颁御制声色货利谕，紬绎再三，震惧失措。自维溺职，无以仰对朝廷，情迫于中，不得不摅诚以献。伏读谕有之曰：百姓足，君孰与不足；百姓不足，君孰与足？

宫中府中，原属一体，非同士庶之私自盖藏也。故人主不可有私财，有私财必有私事，有私事必有私人，有私人则不为其所愚者鲜矣。是以货利之害尚小，而立身行政之害大矣。我朝立法严明，言利之臣，立加贬斥，惠民之政，不惜帑金。故任土作贡，自古有之。惟是行之既久，未免世俗相因，渐生侈靡。要在为人上者知稼穑之艰难，力崇节俭，返本还纯。然节俭之风，岂空言所能感化也。务在身践力行，概从朴实，勿尚虚文。即向应入贡者，亦必察其意之所在，定以限制，不可稍存自奉之心。在诏谀者，必曰寻常之物，非珠玉可比，价廉直贱，独不思一丝一粟从何而出哉？且由数千里而来以至达于九重，其费不知凡几矣。故省一分，天下阴受一分之福，于吏治民生不无小补也。至于亭台苑囿，夙有规模，纯朴之风，尽美尽备，足以供几余游憩，其可复待经营乎？《书》曰："峻宇雕墙。"又曰："惟宫室台榭，陂池侈服，不可不引为龟鉴也。"即以当时而言，每岁应修应理者即不能及时措置，何暇复有所加增乎？设遇容悦之臣，侵渔之吏多方献谀取巧，逢迎主意，则必曰："内廷之兴造不同往昔。"今则自内发帑募夫，并非劳民力伤民财而成之也，此乃我大清万世之罪人，即应立正典刑暴白天下。试思府库之藏来自何所耶？变其名色，分其出纳，又将谁欺耶？呜呼！仍是吾民脂膏也。设非坛庙宫室城郭官署外，又何忍以有常之费恣意消耗于无用之地耶？我后世子孙若不遵循旧制，纵欲无厌，或有谗佞荧惑，罔顾是非，当时之满汉大学士、军机大臣、都察院堂官暨科道等，即持朕谕，交章进谏，若谏而弗纳，则为君者甘为祖宗之罪人，臣工无与焉。若不能犯颜强谏，唯知自顾身家，而且旁观尸禄保位，则是自外生成，为万世不忠之臣矣。着将此谕交内阁、军机处、都察院各录一道，慎密存记，特谕。仰见我宣宗成皇帝神烛几先，垂诫万世，遵而行之，可以永永无弊。或谓近修三海推及清漪园等处，系为皇太后颐养之居、临幸之所，关乎皇上圣孝，事体微有不同。臣愚窃以为祖宗明训为虑至深，惟患行之不及，不患守之太过，我皇太后如果断自渊衷，停工罢役，不特于皇上圣孝无几微之损，而我皇太后恭俭有制，愈足以光前烈而裕后昆，昭德塞违，人谁不服。且我皇太后既有训政之实，必不居逸乐之名，本无游观之心，何至示侈靡之迹。是必由容悦之臣、侵渔之吏，谗佞营惑，罔顾是非，有如宣宗圣谕所云者。所以道路传言，工员度篙营造，每争献巧丽为能，而用款浮冒，不过五六在工，恒有四五入已。人各致富，为弊显然。然宣宗圣谕谆谆，犹就当时全盛言之也。乃者河决郑州，炎连三省，田庐陆沉，漂溺无虑数万人，荡析不啻百万户，苇席以为居，草根以为食。颍、亳之间，素称盗薮，饥民麕聚，铤险堪虞。云南地震至于裂陷，数千民命毙于倾压，亦为非常之变。其他偏灾迭告，水旱相仍，剧贼横行，会匪蠢动，农商多有失业，良懦无以存身，民生困苦亦云极矣。至于海国盟言，断难深恃，逞其狂狡，侵轶我疆圉，怵诱我人民。即云公法通商，实致利源外竭，而曩岁太白昼见，历数十日。尚未知应验之端。天意若此，人事若此，此果何如时乎？伏思皇太后垂帘之初，亲戡大难，克致中兴，迄今前后二十余年。忧勤罔间，庚申之播越，固知常厪圣怀，思惩前而毖后，则今日所以保成功图治本者，更难稍懈于往时。《论语》曰："人无远虑，必有近忧。"《周书》曰："不矜细行，终累大德。为山九仞，功亏一篑。"此在士庶一身一家，成败得失。罔不由之。况圣明抚有亿兆，可无微惧乎？夫以未然之隐患防不胜防，意外之殷忧虑不胜虑，惟恃宫廷兢惕之一念有以深培国脉，默挽天心。然必实事见于躬行，实政孚于民听，未可以空文敷播，令天下有以窥测朝廷，致佞谀之徒因得逞臆营私，巧为迎合。昔唐太宗发卒修洛阳宫，张元素上书切谏，至引隋世为喻。太宗曰："卿谓我不如炀帝，何如桀纣？"元素对曰："若此役不息，亦同归于乱。"太宗曰："吾思之不熟，乃至于此。"即为之罢役。此其所以致贞观之治，史册著为美谈。臣今区区愚诚，伏冀我皇太后、皇上念宗社付托之重，臣民仰望之殷，事有万端，特降懿旨将一切不急工程即时停罢，然后整饬法纪，修举政纲，严责内外大小臣工同心戮力，毋玩细娱而忘远虑，毋遗本计而务弥文，至于国势尊强、迩安远肃，则我皇太后盛德被于天下，无疆惟恤，亦无疆惟休，善始善成，无复有几微遗议。即皇上圣孝祇承亦弥光且大矣。臣赋性戆愚，忧思所积，不敢稍隐于君父之前，若乃粉饰太平，面欺以为容悦，傍缘故事，委曲以事逢迎，微臣清夜扪心，万万不敢出此。敬谨密疏。伏乞皇太后、皇上圣鉴训示。臣无任战慄屏营之至。谨奏。（《屠光禄疏稿》卷四）

宋　晋

请酌核保举章程以示限制疏

窃惟军兴以来，凡粮台文案及劝捐团练铸钱捐米各事，在在需员，著有微劳，自应酌奖。第军务总以披坚执锐为先，此外各事，不过钩稽文案之劳、口舌奔走之用。任事既有难易，即请奖宜示区别。臣历观近日保举各案，有候补知府、同知而越请升选道府者，有选缺同知未经到任而请以知府选用者，有编修而请选知府及升补坊缺者，有庶吉士而请授编修者，有内阁中书而请升侍读者，有候补佐杂而请越级升用者，虽叠蒙圣明衡鉴，不尽准行，而种种破格保奏实多非常例所有。查道府为方面表率，责任非轻，定例各部学习各员须由实缺员外郎中遇京察截取记名，始得仰邀简授，该员等奔走各司非积十余年或二十余年辛苦不能得此升阶，即由翰林出身者亦必得三年俸满京察合例始能保送。至春坊各官惟遇大考特旨升补，余皆比较资俸，亦须积至十余年进二十名内始能开列请补，大考记名升用者亦准此例。庶吉士之留馆则以考试等第为鉴别去留，更非可以他途假进。内阁侍读亦由中书俸深者拟定正陪请升。揆诸立制之意，考绩抡才何等慎重。今则以数月之劳一事之委非连篇并保即特请示优，在得者既以捷获为工争觅夤缘之路，在保者遂以市恩见好不顾专擅之嫌，似此冒滥相仍交相奔竞，实于名器官方大有关系。且此等保举之人，多系奏留差委，及至已经选补，又必以经手未完事件仍复请留，是本员徒占实缺之名，署任又存暂时之见，尤恐贻误地方。况此等事件迥非亲冒矢石者可比，即俟一省一局经办完竣，实有劳绩成效再行奏保，已属不没其劳，若事未半而动列剡章，效未收而概加优叙，将与效命戎行者何所区别？似应亟加综核以示限制。可否请旨饬下吏部分别核定，嗣后如实系领队打仗、杀贼立功及守城捍御、击追贼匪者，准其随折保奏候旨超擢。此外如粮台、文案及一切局务人员，概不得越次奏保，如候补候选各员只准请以原班优予补选，不得遽行越级请升，又选补各员实缺未经到任奏留差委各员，只准量请升衔顶带，不得指名何官遽请升授。又候补候选各员请尽先补用选用者，由何处军营保奏即俟该处军务完竣再行饬令赴部赴省候补候选。其翰林保举坊局者，应请照大考记名之例，俟历俸至前二十名再行开列请补，如保升知府奉旨允行，准其作为双月知府俟军务完竣再予选用。其员外郎中及外省同知请升知府者，亦照此办理。庶吉士本系在馆教习之人，今既办理地方事件，应请酌量改补地方官。内阁中书只准照俸满截取同知之例，以同知请用佐杂等官，只准优予班次，亦不得越级请升。如此分别限制，奏明请旨饬谕各路带兵大臣及中外督办军务大员，俾各懔遵办理，如再有任意滥保者，即将保奏之官照违例议处，庶于鼓厉之中不失慎简之意，甄致明而奔竞亦息矣。（《皇清道咸同光奏议》卷二十二）

奏请裁停闽沪厂局造船折

闽省连年制造轮船，闻经费已拨用至四五百万，未免糜费太重。此项轮船，将谓用以制夷，则早经议和，不必为此猜嫌之举，且用之与外洋交锋，断不能如各国轮船之利便，名为远谋，实同虚耗；将谓用以巡捕洋盗，则外海本设有水师船只，如果制造坚实，驭以熟悉，沙线之水师将弁，未尝不可制胜。何必于师船之外，更造轮船。转增一番浩费，将欲用以运粮，而核其水脚数目，更比沙船倍费。每年闽关及厘捐拨至百万。是以有用之帑金，为可缓可无之经费，以视直隶大灾赈需及京城部中用款，其缓急有天渊之别。此在国家全盛时帑项充盈，或可以此创制新奇示斗智角胜之用，今则军务未已，费用日绌，殚竭脂膏以争此未必果胜之事，殊为无益。且闻制造原归帑项，而一切采买杂料皆系委员四出办理。即官为给价，民间亦不无扰动。闻历任督臣吴棠、英桂、文煜亦多不以为然。江苏、上海制造轮船局亦同此情形。应请旨饬下闽、浙两江督臣将两处轮船局暂行停止，其每年额拨之款即以转解户部，俾充目前紧急之用。其已经成造船只似可拨给股商驾驶，收其租价以为修理之费，庶免船无可用之处，又糜费库款修葺也。臣愚昧所及，附片缕陈，伏乞圣鉴。谨奏。（《筹办夷务始末（同治朝）》卷八十四）

世 铎

详议筹边之策疏（光绪六年）

和硕礼亲王臣世铎等跪奏，为详议筹边之策，恭折覆陈，仰祈圣鉴事。

窃臣等遵议俄国约章一事，已于本年正月初三日会奏，并声明筹备边防事宜，再行详细妥议，另折具奏等因在案。今者于十七日，臣等复行公同集议，将诸臣节次条陈各折片，详加核阅，折衷群言，兼综博采，谨将边防筹饷储才三大端，分别八条，恭候圣裁。

一、西路边防宜筹也。左宗棠久膺边寄，自能独当一面，筹划周详。惟刘锦棠一军，为西师纲领，扼扎前敌，似宜重其事权，敕令帮办左宗棠军务。金顺所部，兵力尚厚，惟锡纶现驻塔城，与俄人逼处，兵力太单，应令就地选募边人，招徕番属，以壮声威。拟请敕下左宗棠，申戒将士，先为不可胜，以待敌之可胜；务使我直彼曲，我主彼客，方能常操胜算。至于练生军以防师老，足粮食以计久长，联兵势以完后路，均为目前要着，应令亟行经画，益固远图。

一、北路边防宜筹也。乌里雅苏台、科多布、库伦，皆与俄境毗连，虽系次冲，亦宜防范。拟请特派知兵大臣，简调精锐，分驻其地。绥远城、张家口均属近边，见宜调集北地精兵，分屯两处。查曾国荃所部刘连捷一军，见无所事，宜令移扎绥远城。李鸿章所部淮军，其见扎山东张秋镇者，人数尚多，宜令分扎张家口。将来如敌势趋重北路，乌科库等城，再为增设重兵，即将绥远城、张家口两军，调赴前敌。事缓时，仍调回近边屯扎，免致聚兵漠北转运艰难。赛尔乌苏为乌、库两城总路，再能专驻一军，尤可相机策应。惟漠北荒凉飞挽不易，自宜讲求屯垦、畜牧诸法，以为持久之计，应饬各该大臣认真督办，内外蒙古，沿边屏蔽，拟请简派亲信威重之王大臣，设法联络整顿。其应如何择要练兵，核给饷需军械之处，即饬会同各汗、各札萨克筹议奏明，赶紧办理。蒙古近甚贫弱，虽不能恃以御敌，犹可固结其心，借壮声势，与官军相资为用。

一、东路边防宜筹也。吉林、黑龙江，两面与俄接壤，俄人近年在海参崴地方，悉力经营，已成重镇。其意存窥伺可知。是东三省之亟宜规画，固不徒为今日设防计也。三省中吉林、黑龙江，人材物力，均可就地取资，应责成各该将军，选将练兵，本地猎户人等，素称勇健，亦可募用。其招集打牲、索伦诸部落，及办理金匪、垦荒、榷税各事宜，一并饬令详为经画。惟各该将军任大责重，文武兼资之才，不可多得，应请特简练达公正大员，周历三省，访查见在情形，妥筹办理。或应派知兵重望武员，帮同训练，或应调明干耐劳文职，经理地方，以期择人分任，事无不举，至奉天一省，就陆路论则为腹地，而沿海口岸，亦不可不防。况国家根本之地，尤应格外慎重。拟请酌调中原宿将，统带旧部二三千人，前往择要屯扎，以为陪都拱卫，兼可教练制兵。松花江久为俄人窥伺，应如何制造战船，添练水师之处，并请敕下该将军等察看情形，速筹举办。

一、北洋海防宜筹也。天津海防，李鸿章办理有年，见在建筑炮台，购备战船守具，粗有规模，就大局而论，亟应整顿水师，备齐战舰。在山东奉天对岸之烟台、大连湾等处，择要扼扎，以固北洋门户。奉天营口，本属北洋所辖，所有该处海防，并归李鸿章统筹兼顾，庶几呼应较灵。至见在水师不足，仍宜注重陆师，以期有恃无恐。李鸿章所部淮军，久经战阵，亦宜有威望宿将统之，应否奏调刘铭传赴津，以资倚任之处，并请敕下李鸿章迅速奏明办理。

一、南洋海防宜筹也。目前防俄之策，陆路重于海道，夫人知之。惟上年倭人擅废琉球，意在借端生衅，窥我台湾。俄倭之交，最为诡秘。此时俄事未定，难保不嗾倭滋事，多方扰我。南洋海面辽远，虽不能处处设防，而福建之台湾、厦门等处，江苏之吴淞、长江等口，尤为吃重之区，应请敕下各该督抚，各就地方情形豫为布置，仍简练陆师，以辅水师之不足。

一、饷需宜综核也。西征本有专饷，津防水陆各军，亦有奏定北洋海防经费，及淮军专饷，应分饬全数解足。其东三省练饷协饷，近年未能解足者，亦应勒限清解。若如此次所议，开办东西两路边防，需费甚觉浩繁，应由户部通盘筹划，先尽丁漕盐关，实力整顿，并将厘金洋药税等项，责成各督抚，力除中饱滥支诸弊，务令涓滴归公。惟边防亟宜举办，需饷正殷，应先由户部于提存四成洋税项下，酌拨巨款，以应急需。一面按年指拨各省有着的饷，俾无缺误。

一、筹饷宜节流也。各省防营，除直隶陕甘等省须办边防，暨云贵广西边瘠省分，营勇本少，均毋庸议减外，其余各省，水路防勇尚多，应由各该督抚酌量情形，实力裁撤。此为节流之一。沿海各省，向有额设外海水师，原为平日绥靖海疆之用，自轮船驶入中国，此项战船，全无所用。自宜变通旧制，分别裁汰。此为节流之二。军兴以来，各省每办一事，动设一局，薪水口粮，糜费滋甚；在当时或亦不得不然，事平以后，相沿成习，徒有局务之虚名，并无应办之实事。其厘金、海运、督销等局，甚至有官绅并不在事，安坐而得薪水者。若各省破除情面，痛予裁除，所省实不可以数计。此为节流之三。前因日本图扰台湾，遂有开辟后山之议，数年以来，未有成效，而每年耗饷至数十万两，何如停止后山之役，移作海防之用。请敕下闽省督抚，权衡时势，拟议奏明办理。此为节流之四。大抵理财之道，开源不可不慎，而节流不得不严。是在各督抚之实事求是矣。

一、人才宜广储也。见既整理边防，沿边各督抚将军都统，才略素优者，固不乏人。其中间有但习吏事，未谙兵机者，应请旨随时考核，与腹地对调，以收人地相宜之效。务令各边重镇，均系缓急可用之人。此外群策群力，亦须博搜文武将佐，供目前驱策之材，备异日干城之选。应请敕下大学士六部都察院堂官，各省督抚将军，暨勋绩素著之大臣，如彭玉麟、杨岳斌等，各举所知，或才略过人，或骁勇善战，或熟悉洋情，通晓外国语言文字，或善制炮械，精通算学，无论文武士人，一体列荐，不得以无人可保塞责，候朝廷选择录用，发往各边练习。其在籍宿将，应请酌量宣召来京，随宜任使。

以上各条，臣等悉心筹议，意见相同，仰恳圣明裁夺，严饬中外实力举行。夫立国之道，不患敌强，而患我不自强，无论有无外患，但期边圉日固，自能操纵裕如。若永保和局，固不必轻启兵端，即衅自彼开，亦不至全无战备，内外一心，共维大局，固不仅为目前防俄起见也。所有臣等会议筹备边防缘由，谨合词恭折覆奏，伏乞圣鉴。(《道咸同光四朝奏议选辑》)

洪良品

边事方殷宜筹良策疏（光绪十年）

兵科给事中臣洪良品跪奏，为边事方殷，宜筹良策，敬摅管见，恭折仰祈圣鉴事。臣窃闻古来御边之道，无事则宜防，有事则宜战。法人自夺踞越南以来，日肆鸱张，势将逼我疆界，和局已坏，而边警日闻，所以凌夷至此者，知所以防，而不知所以战，有事而视为无事故也。夫法人越数万里而灭我属国，狡焉思启，此其意岂仅在越南哉！在彼本无中止之势，在我宜有虑远之图。臣请就目前要务，择其最急者，敬为皇太后、皇上筹之。

一、用兵宜以全力专注一路也。法人越国鄙远，前为刘义所败，力几不支，乃复添募兵船，侥幸一战，复虑中国之救，声言欲犯广东，侵轶琼州、台湾等处，声东击西，意在分我兵力，使多方顾虑。彼乃得萃力越南，以至有北宁之失。夫备多则势分，兵分则力弱，缓急虚实，贵有权衡。今除天津为京畿门户，宜宿重兵外，其余各海口岸，应令督抚提镇各自设防，所有精兵良将，正宜归并一处，命一威望知兵重臣，如左宗棠、彭玉麟者，归其节制，统往越南，以收泰山压卵之效。即彼犯我沿海诸郡，我以得胜之师，随机策应，势亦无难。如此而先发制人，不至为人所制矣。

一、大事宜虚衷以集众议也。夫国家行政，固归君相主持，而成败所关，亦宜博采旁谘，以期允协。近年夷务方兴，往往海外周知，而近侍诸臣，转若讳莫如深，而惟恐有泄露者。夫机事尚密，局外者不可使知，至股肱耳目之臣，均有献替之责，何难盈廷萃议，使之各摅己见，以备折衷。昔大舜之圣，其智在好问察言；诸葛之贤，其功在集思广益，由斯道也。

一、用人宜器使以收边材也。夫两军相敌，得人者强，自来祸乱所生，人材即由此出。是故粤有发匪，而湘士以兴，豫有捻匪，而淮军以起。今海疆有事，其沿边材勇非常之士，伏处者当不乏人，请令统兵大臣，留心延揽，或仿古人翘材馆故事，募有能洞悉敌情、制御火器、精通兵法者，罗而致之幕下，俟着有成效，始加保荐。至官军所到，有能团练一军，与相掎角，克奏肤功者，亦予破格擢用。然知人不易，要非器识闳远，体用兼备之大臣，亦不足以语此。此又在朝廷委任之得人也。

一、筹饷宜变通以裕财用也。用兵之道，军饷为先。饷所从出有三，曰钱粮，曰厘金，曰关税。其济三者之穷，曰捐输。我朝于钱粮，则不加赋；于厘金，则近多裁并；于捐输，则新议停止。皆属善政，未可更张。所未经整顿，而可资挹注者，唯关税耳。关税有赢无绌，中外共知，乃纷纷以征不足额为辞，借端如出一口，虽以浙海、江汉为华洋最旺之关，犹可以不敷结报者，其它可知也。然管关之员，无不坐拥厚资，充盈私囊，即以粤海一关言之，刘坤一署监督百余日，已可捐银十五万两，使充其数而涓滴归公，军饷何患不足，乃诸臣屡以为言，朝廷但令其和盘托出，彼亦徒应以空文。臣以为关税之归监督者，令督抚递署，实核其入款之多寡，以定章程，关税之归巡道者，宜派大臣清查，严稽其报数之盈虚，以惩侵蚀。考雍正、乾隆两朝，武功不废而库帑仍充。盖由利归于国而无一切中饱之故。不此之务，而徒张皇补苴，欲国之富强，不可得也。

凡此数端，皆今日筹边之要，臣学术庸浅，不足仰赞高深，诚见边圉有传烽之警，黼座宵旰之忧，爰是俯竭愚虑，冀裨万一，统俟采择施行。（《道咸同光四朝奏议选辑》）

敬掳管见疏（光绪十年）

兵科给事中臣洪良品跪奏，为敌情叵测，和约尚未定议，防营不可骤撤，敬掳管见，恭折仰祈圣鉴事。

窃臣伏读本月二十四日上谕，据李鸿章与福禄诺于四月间，议定简明条约，第五款声明三月后将所定各节详细会议，见在已将届期，所有第二款北圻各防营，调回各边疆一节，应即如约照行，着岑毓英、潘鼎新将保胜谅山各处防营，撤回滇粤各关驻扎，并于一月内全数撤竣，以昭大信。钦此。臣维交邻之道，固宜先示以信，而审敌之机，亦宜慎防其诈。四月间法人既递照会求和，议约有期矣，乃忽有攻逼谅山之举，赖我军力战，始得退走，可知彼特阳假乞和之名，阴收夺地之利，我军一撤，彼必夺踞谅山各处，俟议约时再肆邀求，我若不从，而前所踞守之地，已不可复得矣。是法人力所能取者，既以兵攻之，力所不能取者，又以计赚之，此乃秦人之所以愚六国者，奈何堕其狡谋哉。今畺命已申，势难反汗，唯有密饬岑毓英、潘鼎新托以道远信迟，阴缓其期，专俟和局之成否，以定行止。一面速催李鸿章集与议诸臣，传该国早定和约，如和不成，尚可议战。不至为其所欺。况闻其所议新约，意存蒙混，不知李鸿章何以率意议行。如有一条云：中国南界越南北圻，法人为之保护，不许他国侵占，彼既欲与中国连和，理应指一实在地方退出，为中国封贡地步，乃犹觊此一隅，名为保护，实图专踞，则所称不失中国脸面者，乃纸上空文，曷贵有此和局哉？又一条云：不议兵费，准法国在云南境外通商，夫兵费无名，何以出口，不过借此为求通商计耳。通商何必在云南境外，为将来求分矿利计耳。况所称云南境外者，为云南全省境外乎？抑在云南府一府境外乎？含混其词，殊未分析。昔燕云之役，宋金以地界不明，卒启边衅，可为前鉴，而臣更有请者，彼议和约必首以刘义为辞，彼与刘义战不胜，招降刘义又不从，既夺越南，恐刘义之谋匡复，乃乞和中国，思假其力以制之，盖惧刘义与中国互相犄角，而力不能支也。我正宜预筹一安置刘义之法，或割越南北圻之地，或就刘义屯踞之地，即用刘义镇守，为我藩篱，以杜后日边患。彼既托讲和之名，曰保护，曰通商，曰封贡，岂区区者而不令中国为政，又曷贵有此和局哉？以上数端，谅皆会议诸臣所虑及，乃李鸿章只图迁就于目前，不顾贻忧于后日，议和未就，遽请撤兵，设兵撤而和约有不可从，谅山为所谋踞，李鸿章将何以仰对朝廷，万一该国必以先撤兵后讲约为词，请将臣所虑数条，敕下李鸿章暨会议诸臣，先与该国预为剖析，俟其就我范围，再为撤兵不迟。昔唐德宗之和吐蕃，戒将士盟所撤备，卒致梨树之变，为千古笑。自古敌情诡诈，往往如是，不可不防也。臣备位兵垣，职司谏净，当此大局利害攸关，管见所及，不敢不以入告，是否有当，请即敕议施行，伏乞圣鉴。

　　再，臣前阅福禄诸信函，诡谋妄语，臣以为有识处此，必如宋臣范仲淹焚元昊书辞之例矣。乃李鸿章徒信其空言恫喝，而未及揣其乞和本心，臣就管见所及，敬为皇太后、皇上陈之。法国万里行师，其兵饷由借国债而来，若与我久战，则力不能支，帑无所出，必生内变之忧。其不能不与我和者一也。法人夺踞越南，越人之心未服，又有刘义与之力持，屡为所败，今中国苟合力同仇，法人一战不胜，越人必乘机而起，彼则三面受敌，何以图终，其不能不与我和者二也。彼所挟以恐喝者，扰我各省海疆及天津耳。海疆皆各国通商口岸，法人苟扰其贸易，必触众怒，索偿资本，闻前争红海，已与他国构怨，则势孤力弱制之何难。天津久宿重兵，讲求洋战，不比道光时之不习火器，咸丰时之尚有内忧，彼欲孤军深入，亦有戒心，其不能不与我和者三也。有此三端，乃乘新胜之后，投畏事之臣，怵以大言，骋其诡计，是彼真一纸贤于十万师矣。夫制夷之道，在审夷情以定和战，方不为其所欺，请敕会议诸臣力筹，万勿稍迁就，以致启侮他国，贻患将来，臣愚昧之见，未识当否，为此附片密陈，伏乞圣鉴。（《道咸同光四朝奏议选辑》）

徐致祥

沥陈愚见疏（光绪十年）

署礼部左侍郎、内阁学士臣徐致祥跪奏，为沥陈愚见，仰祈圣鉴事。窃臣本月初十日，在内阁恭阅历次谕旨，并各省奏报电信等件，及法人要约四条，盛宣怀与法领事林椿私议七条，臣谨就所见者陈之。夫法人与我接仗，我军虽间获胜，而于法实未尝大挫衄也。忽焉而又要盟，是仍本年二三月间之故智矣。非仅缓我师也，直要我以必不可行之事，而以兵临之，其说之果出于彼，抑系中国之人，觍颜而求其出于此者，臣不得而悬揣矣。法人占据基隆，台北岌岌可危，其意专注于台，已无疑义。煤矿关税，归伊管理，愚不肖皆知其不可。至中国借伊款二千万，每年出利若干，分四十年归还，其利已数千万，无论竭中国之力，不足以应，而以彼之款专开铁路，并监工匠头等，俱用伊国之人，则千万之资，耗于中国，而铁路之利，收自洋人，造成后断不能禁彼之不行也。臣另折所谓敌之蓄念十余年者，正适以遂其计，且法国如此，他国相率效尤，其害尚可胜言耶！以大势而论，越远而台近，越僻而台冲，越贫而台富；台郡倘有疏虞，沿海各省不得高枕而卧。广西巡抚潘鼎新与王德榜不和，台湾督办刘铭传与刘璈不和，将帅参商，患非浅鲜。而沿海各省督抚，仅图自全，莫肯救恤。臣前次折内，屡屡言之。为今之计，势惟有严敕广东、江苏两省督抚，速速拨兵援台，接济粮械，倘仍前玩泄推诿，即以军法罪之，并急招募善水者毁其船只，敌既登岸，船必空虚，乘虚击之，彼登岸之兵，势必反顾。我以陆路大军追剿，是亦制胜之一策。秋高气爽，滇、粤两军，正可及时进兵，伐魏救赵，计无逾此。总之不战何以能胜，不胜何以能和，必使和出于人，而权操于我，则我之师出为有名，而饷需非妄费，可以保中夏稍靖，可以儆各国效尤。若如前项所议，费十倍于赔偿，祸更烈于败衄，愚众人之耳目，不能欺九重之圣明。夫兵非得已而用，饷亦不易于筹。倘法人果悔罪求成，退出基隆，返我越地，则息事安人，固天下臣民所共幸，臣又何必为此迂阔之论乎？愚昧之见，是否有当，伏乞圣鉴。
（《道咸同光四朝奏议选辑》）

贾　桢

贾桢等奏请皇太后亲操政权以振纲纪折（咸丰十一年九月三十日）

臣贾桢、臣周祖培、臣沈兆霖、臣赵光跪奏，为事关国家大计，政权请操之自上，以振纲纪而防流弊事。

伏惟我朝圣圣相承，从无皇太后垂帘听政之典，前因御史董元醇条奏，特降谕旨甚晰，臣等复有何异词？惟是权不可下移，移则日替；礼不可稍渝，渝则弊生。我皇上冲龄践祚，钦奉先帝遗命，派怡亲王载垣等八人赞襄政务。两月以来，用人行政，皆经该王大臣等拟定谕旨，每有明发，均用"御赏""同道堂"图章，共见共闻，内外皆相钦奉。然臣等详慎思之，似尚非久远万全之策，不能谓日后之决无流弊也。寻绎赞襄二字之义，乃佐助而非主持也。若事无巨细，皆凭该王大臣之意先行定议，然后进呈皇上一览而行，是名为佐助而实则主持。日久相因，中外能无疑虑乎？今日之赞襄大臣，即昔日之军机大臣，向来军机大臣则事事先面奉谕旨，准驳可否，悉经钦定，始行拟旨进呈，其有不合圣意者，每奉朱笔改正，此太阿之柄不可假人之义也。为今计之，正宜皇太后敷中宫之德化，操出治之威权，使臣工有所禀承，命令有所咨决，不居垂帘之虚名，而收听政之实效。准法前朝宪章，近代不难折衷至当也。

伏查汉之和熹邓皇后、顺烈梁皇后，晋之康献褚皇后，辽之睿智萧皇后，皆以太后临朝，史册称美。至宋朝之章献刘太后，有今世任姒之称，宣仁高太后，有女中尧舜之誉。明世穆宗皇后，神宗嫡母，上尊号曰仁圣皇太后；穆宗贵妃，神宗生母，上尊号曰慈圣皇太后。维时神宗十岁，政事皆由两宫决择，命大臣施行，亦未尝居垂帘之名也。我皇上聪明天禀，正宜涵泳诗书，不数年间即可亲政。而此数年间来，外而贼匪未平，内而夷人逼处，何以拯时艰？何以饬法纪？固结人心最为紧要！倘大权无所专属，以致人心惊疑，是则目前大可忧者。至皇太后召见臣工礼节及一切办事章程，仍循向来军机大臣承旨旧制，或应量为变通，敬祈饬下廷臣会议具奏，请旨酌定，以示遵守。庶行政可免流弊，而中外人心益深悦服矣！

臣等意见相同，谨合词具奏。是否有当，伏乞皇上圣鉴。谨奏。大学士管理兵部事务臣贾桢、大学士管理户部事务臣周祖培、户部尚书沈兆霖、刑部尚书臣赵光。（《清代档案史料丛编（第一辑）》）

2. 守旧派与洋务派关于同文馆招生的争论

引　言

洋务派与守旧派的论争持续了 20 余年时间。凡洋务派倡行的洋务措施，如建造铁路、购买军舰、派遣留学、修筑铁路等，无一不遭到守旧派的激烈反对。较为激烈的有三次，1867 年围绕同文馆是否招收科甲正途人员展开的辩论，是两派的第一次交锋。

同治五年十一月，奕䜣、文祥上奏，建议添设天文算学馆，"招取满汉举人及恩、拔、岁、副、优贡，汉文业已通顺"入馆学习。十二月，他们又上一篇奏章，进一步提出招取具有进士资格的人，尤其是翰林院中地位较高的文人学士入馆学习天文、算学，"前议专取举人，恩、拔、副、岁、优贡，及由此项出身人员，今拟推广，凡翰林院庶吉士、编修、检讨，并五品以下由进士出身之京外各官，俾充其选"。这两道奏折得到了慈禧的批准。但到同治六年正月，御史张盛藻上奏，认为自强不一定要靠船炮等技术，提倡技巧会使士大夫失去气节，"若令正途科甲人员习为机巧之事，又借升途、银两以诱之，是重名利而轻气节，无气节安望其有事功哉"，"至轮船、洋枪，则宜工部遴选精巧工匠或军营武弁之有心计者，令其专心演习，传授其法，不必用科甲正途官员肄习其事，以养士气而专责成"。由此，引起了洋务派与守旧派之间有关学习天文、算学能否导致大清亡国的激烈笔墨官司。

二月，内阁大学士倭仁以理学大师之尊，上书大声疾呼："窃闻立国之道，尚礼义不尚权谋；根本之图，在人心不在技艺。今求之一艺之末，而又奉夷人为师，无论夷人诡谲未必传其精巧，即使教者诚教，学者诚学，所成就者不过术数之士，古今来未闻有恃术数而能起衰振弱者也。天下之大，不患无才，如以天文、算学必须讲习，博采旁求，必有精其术者，何必夷人，何必师事夷人？"三月，倭仁上了另一道奏折，力言"奉夷为师"的结果，一定是"未收实效，先失人心"，对朝廷危害更大。两道奏折由慈禧决定公布，在士大夫中产生了极大反响，使得原先打算报考的士人打了退堂鼓。

在争论中，奕䜣等以曾国藩、李鸿章、左宗棠等从事洋务运动的实践，对守旧派的批驳进行了反击。三月，奕䜣在奏折中指出："臣等复与曾国藩、李鸿章、左宗棠、英桂、郭嵩焘、蒋益澧等往返函商，佥谓制造巧法，必由算学入手，其议论皆精凿有据。左宗棠先行倡首，在闽省设立艺局、船厂，奏交前江西抚臣沈葆桢督办。臣等详加体察，此举实属有益，因而奏请开设天文算学馆，以为制造轮船、各机器张本，并非空讲孤虚，侈谈术数，为此不急之务。"于凌辰、杨廷熙则上奏坚决反对同文馆招收科甲正途人员学习天文、算学。

五月，总理衙门得到上谕，获准增设天文算学馆。这场争论表面上以洋务派的胜利而告结束，但守旧派的反对严重影响了天文算学馆的招生，导致其教育效果与洋务派初衷相距甚远。

相关上谕

同治五年八月二十四日谕军机大臣等

前据郭嵩焘奏，南海生员邹伯奇，木讷简古，专精数学，海宁生员李善兰，淹通算术，尤精西法，宜并置之同文馆，以资讨论各等语。现在总理各国事务衙门同文馆正在需才之际，该生员等既通西法，自可有裨实用。着瑞麟、蒋益澧、马新贻迅将邹伯奇、李善兰咨送来京，前赴总理各国事务衙门，听候该管王大臣试验，再行奏请给予官职，以资差委。（《筹办夷务始末（同治朝）》卷四十四）

同治六年正月二十一日上谕

同治六年正月二十一日内阁奉上谕：总理各国事务衙门奏请派员充总管新设同文馆事务大臣等语。太仆寺卿徐继畬，老成望重，足为士林矜式，着仍在总理各国事务衙门行走，充总管同文馆事务大臣。惟寺务恐难兼顾，着开太仆寺卿缺，以专责成，而资表率。（《筹办夷务始末（同治朝）》卷

四十七）

同治六年正月二十九日上谕

前据总理各国事务衙门奏请设同文馆，专用正途科甲人员学习天文、算术，并拟定章程六条呈览，当经降旨依议。兹据张盛藻奏，科甲正途读书学道，何必令其习为机巧，于士习人心大有关系等语。朝廷设立同文馆，取用正途学习，原以天文算学为儒者所当知，不得目为机巧。正途人员用心较精，则学习自易，亦于读书学道无所偏废。是以派令徐继畬总管其事，以专责成。不过借西法以印证中法，并非舍圣道而入歧途，何至有碍于人心士习耶！该御史请饬廷臣妥议之处，着毋庸议。（《筹办夷务始末（同治朝）》卷四十七）

同治六年三月十九日上谕

同治六年三月十九日，内阁奉上谕：总理各国事务衙门奏，遵议大学士倭仁奏同文馆招考天文算学请罢前议一折。同文馆招考天文算学，既经左宗棠等历次陈奏，该管王大臣悉心计议，意见相同，不可再涉游移，即着就现在投考人员，认真考试，送馆攻习。至倭仁原奏内称"天下之大不患无才，如以天文算学必须讲习，博采旁求，必有精其术者"，该大学士自必确有所知，着即酌保数员，另行择地设馆，由倭仁督饬讲求，与同文馆招考各员互相砥砺，共收实效。该管王大臣等并该大学士，均当实心经理，志在必成，不可视为具文。（《筹办夷务始末（同治朝）》卷四十八）

同治六年三月二十一日上谕

同治六年三月二十内阁奉上谕：前因大学士倭仁奏天文算学博采旁求，必有精其术者，曾降旨令其保数员，另行择地设馆，由倭仁督饬讲求。兹据该大学士奏称"意中并无其人，不敢妄保"等语。倭仁现在既无堪保之人，仍着随时留心，一俟咨访有人，即行保奏，设馆教习，以收实效。

（《筹办夷务始末（同治朝）》卷四十八）

同治六年五月二十九日上谕

同治六年五月二十九日，内阁奉上谕：前因天时亢旱，诏求直言，原冀于国计民生有所裨益。兹据都察院代奏候选直隶州知州杨廷熙奏请撤销同文馆以弭天变一折，呶呶数千言，甚属荒谬！同文馆之设，历有年所。本年增习天文算学，以裨实用，历经御史张盛藻、大学士倭仁先后请罢前议，因其见识拘迂，叠经明白宣示。兹据该知州所陈十条，不过摭拾陈言，希图自炫，原可置之不论，惟有关于风俗人心者甚大，不得不再行明示。杨廷熙因同文馆之设，并诋及各部院大臣。试思杨廷熙以知州微员，痛诋在京王大臣，是何居心！且谓"天文算学，疆臣行之则可，皇上行之则不可"，普天之下，孰非朝廷号令所及，岂有疆臣可行而朝廷不可行之理！又谓"事在必行，恳请将翰林、进士科甲有职事官员撤销"。尤属谬妄。国家设立科目，原以登进人才，以备任使。曾国藩、李鸿章等均系翰林出身，于奉旨交办中外交涉事件，从无推诿，岂翰林之职专在词赋，其国家政务，概可置之不问乎？至所称"西教本不行于中国，而总理衙门请皇上导之使行"，及"专擅挟持，启皇上以拒谏饰非之渐"等语，更为肆口诋诬，情尤可恶！推原其故，总由倭仁自派总理各国事务衙门行走后，种种推托所致。杨廷熙此折，如系倭仁授意，殊失大臣之体，其心固不可问；即未与闻，而党援门户之风，从此而开，于世道人心大有关系。该大学士与国家休戚相关，不应坚执己见，着于假满后，即到总理各国事务衙门之任，会同该管王大臣等和衷商酌，共济时艰，毋蹈处士虚声，有负朝廷恩遇。至杨廷熙草莽无知，当此求言之际，朝廷宽大，姑不深责。恭亲王、宝鋆请将杨廷熙所奏十条，派大臣核议，并请将该王大臣及现任各大臣均暂开总理衙门差使听候查办，自系为杨廷熙折内有"专擅挟持"等语。当此时半多艰，该王大臣等当不避嫌怨，力任其难，岂可顾恤浮言，稍涉推诿？所请着毋庸议。

（《筹办夷务始末（同治朝）》卷四十九）

总理衙门奕䜣等奏

同治元年七月二十五日总理各国事务恭亲王奕䜣等奏请设立同文馆折（附章程）

　　总理衙门奏：窃查咸丰十年冬间，臣等于通筹善后章程内，以外国交涉事件，必先识其性情，请饬广东、上海各督抚等分派通解外国语言文字之人，携带各国书籍来京，选八旗中资质聪慧年在十三四以下者，俾资学习。嗣遵筹未尽事宜，复经声明铁钱局除改作衙署外，尚有炉房修葺堪作馆舍等因，均经先后奉旨允准在案。

　　臣等行文两广总督、江苏巡抚，派委教习，并行文八旗，挑选学生去后，嗣据各该旗陆续将学生送齐，而所请派委教习，广东则称无人可派，上海虽有其人，而艺不甚精，价则过巨，未便饬令前来，是以日久未能举办。臣等伏思欲悉各国情形，必先谙其言语文字，方不受人欺蒙。各国均以重资聘请中国人讲解文义，而中国迄无熟悉外国语言文字之人，恐无以悉其底蕴。广东、江苏既无咨送来京之人，不得不于外国中延访。旋据英国威妥玛言及该国包尔腾兼通汉文，暂可令充此席。臣等令来署察看，尚属诚实，虽未深知其人，惟以之教习学生，似可无事苛求。因于上月十五日先令挑定之学生十人来馆试行教习，并与威妥玛豫为言明，祗学言语文字，不准传教；仍另请汉人徐树琳教习汉文，并令暗为稽察。即以此学为同文馆。至应给修金一节，各国公使以为必需重资，方肯来教。而现在英国包尔腾，据威妥玛声称，本系在外教徒，尚有余资，若充中国教习，系属试办，本年止给银三百两，即可敷用。至明年如教有成效，须岁给银千两内外，方可令其专心课徒，俾无内顾之忧。臣等查外国人惟利是图，既令教习诸生，不得不厚其薪水以生其歆羡之心。至汉教习薪水，按照中国办法，现拟每月酌给银八两，将来应否加增，应由臣等随时酌办。

　　通计此项教习薪水及学生茶水饭食，服役人等工食，并一切零费，每年约需银数千两。近年部库支绌，无款动支，再四斟酌，惟于南北各海口外国所纳船钞项下酌提三成，由海关按照三个月一结，奏报之期，委员批解臣衙门交纳，以资应用。此项向不解部，专备各关修造塔表、望楼及一切办公之用，今止酌提三成，于各关办公不至有误。如蒙俞允，应请即以奉旨之日为始，行文各海关遵照办理。至汉教习薪水，较之外国教习薪水厚薄悬殊，如教有成效，拟由臣等酌量奖励。其学生分别勤惰，以示惩劝。

臣等谨酌拟同文馆章程六条，恭呈御览（御批：依议。）

◎附章程

一、请酌传学生以资练习也。查旧例，俄罗斯文馆额设学生二十四名，今改设同文馆，事属创始，学生不便过多，拟先传十名，俟有成效，再行添传，仍不得逾二十四名之数。此项学生，臣等前在八旗中仅挑取二十名，除已传十名外，记名人数无多。将来传补将次完竣，应由八旗满、蒙、汉闲散内，择其资质聪慧、现习清文、年在十五岁上下者，每旗各保送二三名，由臣等酌量录取，挨次传补。

一、请分设教习以专训课也。查旧例，俄罗斯文馆准挑取俄罗斯佐领下另档之人，令在教习巴克什上行走，巴克什亦准奏请作为主事。今所延英文教习包尔腾，止图薪水，不求官职。将来如广东、上海两处得人，应照咸丰十年奏定章程，由该省督抚保送来京充补。此缺系中国人充当，如果教授有成，自应酌量奏请奖励，每年薪水即不得援照外国人办理。至汉教习，现系顺天人候补八旗官学教习徐树琳充当。嗣后汉教习乏人，拟即由考取八旗官学候补汉教习内仿照鸿胪寺序班定制，咨传直隶、河南、山东、山西四省之人，取其土音易懂，便于教引。仍取具同乡京官印结，在臣衙门投卷，试以诗文，酌量录取，挨次传补，月给薪水银八两。二年期满，如有成效，无论举贡班次，均奏请以知县用；再留学二年，准以知县分发省分归候补班补用。至将来学生增多，及觅有教授俄、法等国语言文字之人，此项中外教习，再行随时酌增，分堂教授。

一、请设立提调以专责成也。查旧例，俄罗斯文馆提调由内阁侍读学士、理藩院郎中、员外郎内拣选，专管学馆一切事务。今改设同文馆，无庸由内阁、理藩院咨取，以归简易。应即由臣衙门办事司员中拣选满汉各一员，兼充该馆提调，所有馆务，责成该员等专心经理，如督课得力，遇有奖叙教习之年，一并奖励。专设苏拉三名，以备驱策，每名月给工食银二两五钱。

一、请分期考试以稽勤惰也。查旧例，俄罗斯文馆有月课、季考、岁试三项。月课则每月初一日由该教习拟定文条，散给诸生翻译誊卷，该教习分别等第，注册备查。季考则于二月、五月、八月、十一月之初一日举行，出题、等第，均如月课，惟试卷则呈堂裁定，始行注册。是月停止月课。至岁试则于每年十月初十日前，堂定日期面试，考列一等者赏给笔墨纸张，以示奖励。是月月课、季考均行停止。今改设同文馆，除遇有考试毋庸停止月课、季考外，其余一切均请仿照办理。惟所试之艺，现在甫经开学，于外国文字未必遽能熟悉，一年之内，应先用满汉文字考试，俟一年后学有成效，再试以各国照会，令其翻译汉文。

一、请限年严试以定优劣也。查旧例，俄罗斯文馆乾隆二十二年奏定五年由本馆考试一次，考取一等者授八品官，二等者授九品官，三等者留学读书。由已中等第内择其优者，堂委副教习，额设助教二员，由副教习内拣选，奏请补放。助教教导有方，奏请授为主事，分部遇缺即补，仍在馆行走。嗣于嘉庆八年，经军机处、内阁具奏，改为由吏部照各项考试之例，奏请钦派阅卷大臣，在上谕馆考试，分别等第，升授如前。惟八品官考取一等者升授七品官，七品官复考一等者授为主事。又于道光十九年，经吏部奏准，学生由七品官授为主事，遇缺班次过优，改为到部学习三年，期满与各项候补主事统较行走日期，以次挨补等因，各有案。今改设同文馆，臣等拟请每届三年，由臣衙门堂官自行考试一次，核实甄别，按照旧例，优者授为七、八、九品等官，劣者分别降革、留学、俟考定等第，将升降各生咨行吏部注册。其由七品官考取一等应授主事者，旧例因鼓励学生起见，准其遇缺即补，嗣经改为三年期满与各项候补主事统较行走日期以次挨补，自此升途稍隘，而学习者渐不如前。今欲令该学生等认真学习，拟仍照旧例办理，嗣后由同文馆考取七品官复考一等授为主事者，请仍准掣分各衙门行走，遇缺即补。至考试学生时，该助教等如果训导有方，亦应由臣衙门奏请以主事分部遇缺即补，仍兼馆行走。

一、请酌定俸饷以资调剂也。查旧例，俄罗斯文馆助教每年俸银八十两，七品官每年俸银四十五两，八品官每年俸银四十两，九品官每年俸银三十二两三钱；学生传补，咨旗坐补马甲钱粮。今改设同文馆，拟请仿照俄罗斯馆旧章办理。助教等俸银数目，均请悉仍其旧。现在部库各项支绌，未便由库支领。臣等酌拟此项放款，悉由奏拨各海关船钞项下支给。至学

生钱粮，即照俄罗斯馆学生旧章，遇有本旗马甲缺出，照例坐补，以资调剂。（御批：览。）（《筹办夷务始末（同治朝）》卷八）

同治二年三月十九日总理各国事务恭亲王奕訢等奏

查各国语言文字均当谙熟有人，今英国虽得人教习，而法、俄缺如，究有未备，因于接见该二国公使时，留心延访。兹据法国哥士耆、俄国巴留捷克；陆续函荐司默灵、柏林二人前来。查司默灵本系法国传教士，当即力却。哥士耆称司默灵虽属教士，现在并不传教，且其人尚诚朴，可充斯席。臣等令其来署面见，尚无传教士习气，因与切实言定，若到同文馆，断不准其传教，一涉此弊，立即辞回，该使应允而去。至俄国柏林向充该馆翻译官，嗣因接手有人，在馆闲住。此人上年因公来臣衙门多次，臣等均曾接见，人尚不十分狡诈，以之教习学生，似尚无大流弊，因与巴留捷克订定。

至各国教习，每岁应给薪水，上年英国包尔腾到馆时因威妥玛言包尔腾初入中华，充当教习，系属试办，止须给以三百金，来年再为给予一千数百金，是以上年止给包尔腾薪水三百两，今法国公使并无试办少给薪水之说，臣等未便与之斤斤较量，且外国教习非厚给薪水亦无人愿来充当。因与言定，每教习薪水一年给予库平银一千两，并包尔腾亦一律加给，以示大方。

其汉教习一项，上年试办英文馆时，尚未奏定章程，系由臣等采访得八旗候补汉教习徐树琳人品较优，咨传充补。迨七月间始奏定章程，汉教习均由八旗咨传考试录用。此次添开法、俄文馆，自应遵照奏案办理。惟思此项文馆，现在试办之初，汉教习日与外国人相处，且有暗为查察之责，必须人品端正，方为可用。考试仅凭文艺，底蕴或未深知。且徐树琳自上年采访传充以来，课读一年，馆务诸称安静，因商定此次仍暂照上年咨传徐树琳办法，采访传充，俟将来馆务章程大定，再行遵照奏案考试办理。臣等现访得镶蓝旗汉教习张旭升，直隶人；候补八旗汉教习杨亦铭，河南人，品学均尚端粹，堪膺斯选，业经行文国子监、礼部咨取前来，于本月初六日将张旭升分入法文馆、杨亦铭分入俄文馆，各派挑定八旗学生十名，令其教习；其法、俄两国教习，亦于是日到馆，公同教导。并经臣等谕知该馆提调成林、夏家镐等，随时督同该教习等稽查防范，如涉有传教等弊形迹，即行据实禀明，以便办理。

至各国教习薪水。言明分春秋二季支给，汉教习每月薪水银八两，按月支给，均于解到船钞项下按时照数给领。

（御批：依议。）（《筹办夷务始末（同治朝）》卷十五）

同治四年四月初五日总理各国事务恭亲王奕䜣等奏

窃臣衙门于同治元年七月二十九日具奏，遵议设立同文馆，挑选八旗学生，暂觅外国人教习语言文字，并传汉教习训课汉文，酌拟章程。内开汉教习月给薪水银八两，二年期满，如有成效，无论举贡班次，均奏请以知县用。再留学二年，准以知县分发省分，归候补班补用等语。并声明英文馆已于五月间开馆。汉教习系徐树琳充当，英文教习系包尔腾充当。将来觅有教授俄、法等国语言文字之人，中外教习再行随时酌增，分堂教授等因。奉旨："依议。钦此。"钦遵在案。

嗣经觅得俄人柏林教习俄文，法人司默灵教习法文。并传八旗教习杨亦铭充俄文馆汉教习，张旭升充法文馆汉教习，均于二年三月初六日到馆。自到馆之日起，扣至本年三月初六日，二年期满，该教习等在馆课读，朝夕无间，自应照章奖叙，均请以知县用。如蒙俞允，即由臣衙门咨照吏部遵办，仍照章将杨亦铭、张旭升留学二年以资教习。俟此二年续经期满，查系始终不懈，即照章准其分发省分，归候补班补用，以符定章。

至英文馆虽开馆在先，因汉教习徐树琳于二年九月初二日告退，续传曹佩珂到馆。扣至本年九月始满二年，应俟届期，再行办理。

御批：着照所请。该部知道。

再，查奏定章程，同文馆学生每届三年，由臣衙门堂官自行考试一次，分别优劣，奖叙革留等语。英文馆于元年五月初间开馆，扣至本年五月，三年期满，自应照章届时考试，分别等第升降。惟该馆外国教习屡次更换，学生功课难免作辍。恐所学外国语言文字未尽娴熟。且俄、法文馆扣至明年三月，即行期满，为时亦属无几，应请将英文馆学生展缓数月，俟俄法文馆限期将满时，一律考试，统行分别优劣，以示劝惩。

（御批：依议。）（《筹办夷务始末（同治朝）》卷三十三）

同治四年十一月初五日总理各国事务恭亲王奕䜣等折

……窃臣衙门于同治元年奏定同文馆章程内开，同文馆学生每届三年，由臣衙门堂官自行考试一次，核实甄别，按照旧例，优者授为七、八、九品等官，劣者分别降革留学，咨行吏部注册；其学生得官后，每年俸银由奏拨各海关船钞项下支给，等因。查英文馆于元年五月间开馆，截至本年五月期满，本应即行考试。因该馆外国教习屡次更换，学生功课难免作辍，于本年四月间附片陈明，展缓数月，俟法、俄文馆限期将满时，一律考试在案。

兹查法、俄两文馆学生学习三年限期将满，而英文馆已逾半年，自应将法、俄两文馆试期提前与英文馆一并考试，经臣等定期于十月十一日至二十日，按馆分日由臣等在大堂公同面试，并饬提调等在旁稽察，防其枪替等弊。初次考试，将各国配送洋字照会令其译成汉文；覆试将各国条约摘出一段，令其翻成洋文。因洋文非臣等所习，特饬总税务司赫德与各馆外国教习会同阅看，分别名次高下。复恐各学生于外国文字虽能通晓，而语言未必娴熟，因再行覆试，由臣等密出汉话条字，按名交该学生等令其翻成外国言语，隔座向外国教习侍讲，再令外国教习将学生言语译汉，写明两相核对。计共九日试毕。臣等将三次试卷条子，合并比较，其翻译各文虽未能通体贯串，亦尚有相符之处，外国言语亦多吻合。自应分别优劣，照章办理。惟查章程内优者授为七、八、九品等官，劣者分别降革留学。臣等公同商酌，现考前列学生，虽翻译尚无错误，然究属一知半解，于西洋文字未必全局贯通，若遽授为七品官，转恐该学生等视之太易，不复用心。兹酌拟优者分别为八、九品官，咨部注册，仍留馆学习；其余尚堪造就者，分别记优、记过、留馆学习；至劣者系初次考试，无可降罚，应行咨回本旗，所食甲缺钱粮，应由各该旗察其能否当差，自行酌核办理。

（《筹办夷务始末（同治朝）》卷三十七）

同治五年正月初六日总理各国事务恭亲王奕䜣等折

　　……查自各国换约以来，洋人往来中国，于各省一切情形日臻熟悉，而外国情形，中国未能周知，于办理交涉事件，终虞隔膜，臣等久拟奏请派员前往各国探其利弊，以期稍识端倪，借资筹计。惟思由中国特派使臣前赴各国，诸费周章，而礼节一层，尤难置议，是以迟迟未敢渎请。兹因总税务司赫德来臣衙门，谈及伊现欲乞假回国，如由臣衙门派同文馆学生一二名随伊前往英国一览该国风土人情，似亦甚便等语。臣等伏思同文馆学生内有前经臣等考取奏请授为八九品官及留学者，于外国语言文字均能粗识大概，若令前往该国游历一番，亦可增广见闻，有裨学业；且系微员末秩，与奏请特派使臣赴各国通问体制有间，又与该总税务司同去，亦不稍涉张皇，似乎流弊尚少。

　　惟该学生等皆在弱冠之年，必须有老成可靠之人率同前去，庶沿途可资照料，而行抵该国以后，得其指示，亦不致因少不更事，贻笑外邦。兹查有前任山西襄陵县知县斌椿，现年六十三岁，系内务府正白旗汉军善禄管领下人，因病呈请回旗，于咸丰七年在捐输助赈案内加捐副护军参领衔，前年五月间经总税务司赫德延请办理文案，并伊子笔帖式广英襄办，年余以来，均尚妥洽，拟令臣衙门札令该员及伊子笔帖式广英同该学生等，与赫德前往，即令其沿途留心，将该国一切山川形势，风土人情，随时记载，带回中国，以资印证。

　　据赫德声称，此行往返不过七八月即可回京，川资等费，均由该总税务司先行垫用，俟将来回中国后核呈清帐，由臣衙门于三成船钞项下照数给发；其整装银两，应于该官生等起程之前，统由船钞项下酌量给予。

　　惟该官生等远涉重洋，所有副护军参领衔前襄陵县知县斌椿，可否赏给三品衔，作为臣衙门副总办官，及伊子笔帖式广英，并考取八九品官之同文馆学生凤仪、德明二名，均赏给六品顶带，其未经授官之彦慧一名，赏给七品顶带，以壮观瞻。……

　　（御批：依议。）（《筹办夷务始末（同治朝）》卷三十九）

同治五年十一月初五日总理各国事务恭亲王奕䜣等折

窃维开馆求才，古无成格，惟延揽之方能广，斯聪明之士争来。查臣衙门于同治元年七月间，设立同文馆，延请英、法、俄三国教师，分馆教习。各馆学生，系由八旗咨取年在十四岁内外，迄今几及五载，各馆学生于洋文洋话，尚能领略；惟年幼学浅，于汉文文义，尚难贯串。现仍督令该学生等，将洋文翻译汉文，以冀精进。止以功力分用，速效难期，若再令讲求天文、算学等事，转恐博而不专。因思洋人制造机器、火器等件，以及行船、行军，无一不自天文、算学中来。现在上海、浙江等处，讲求轮船各项，若不从根本上用着实功夫，即习学皮毛，仍无俾于实用。臣等公同商酌，现拟添设一馆，招取满汉举人及恩、拔、岁、副、优贡，汉文业已通顺，年在二十以外者，取具同乡京官印结或本旗图片，赴臣衙门考试，并准令前项正途出身五品以下满汉京外各官、少年聪慧、愿入馆学习者，呈明分别出具本旗图片及同乡官印结，一体与考，由臣等录取后，即延聘西人在馆教习，务期天文、算学，均能洞澈根源，斯道成于上，即艺成于下，数年以来，必有成效。至现在已设之三馆，仍查照办理。诚以取进之途，一经推广，必有奇技异能之士出乎其中。华人之智巧聪明不在西人以下，举凡推算学、格致之理，制器、尚象之法，钩河、摘洛之方，傥能专精务实，尽得其妙，则中国自强之道在此矣。其延聘洋人一事，前与总税务司赫德议及，伊可代为招聘。所有一切办理章程及学习人员，将来如有成效，应如何奖励之处，俟奉旨允准后，再由臣等详细酌定，奏请施行。

（御批：依议。）（《筹办夷务始末（同治朝）》卷四十六）

同治五年十二月二十三日总理各国事务恭亲王奕䜣等折

臣等前因制造机器，必须讲求天文、算学，议于同文馆内添设一馆等因，于十一月初五日具奏，奉旨"依议，钦此"，钦遵在案。

臣等伏查此次招考天文、算学之议，并非矜奇好异，震于西人术数之学也。盖以西人制器之法，无不由度数而生，今中国议欲讲求制造轮船、机器诸法，苟不借西士为先导，俾讲明机巧之原，制作之本，窃恐师心自用，枉费钱粮，仍无裨于实际，是以臣等衡量再三，而有此奏。

论者不察，必有以臣等此举为不急之务者，必有以舍中法而从西人为非者，甚且有以中国之人师法西人为深可耻者，此皆不识时务也。夫中国之宜谋自强，至今日而已亟矣。识时务者，莫不以采西学、制洋器为自强之道。疆臣如左宗棠、李鸿章等，皆能深明其理，坚持其说，时于奏牍中详陈之。上年李鸿章在上海设立机器局，由京营拣派兵弁前往学习；近日左宗棠亦请在闽设立艺局，选少年颖悟子弟，延聘洋人教以语言文字、算法、画法，以为将来制造轮船、机器之本。由此以观，是西学之不可不急为肄习也，固非臣等数人之私见矣。

或谓雇赁轮船，购买洋枪，各口均曾办过，既便且省，何必为此劳赜？不知中国所当学者，固不止轮船、枪炮一事，即以轮船、枪炮而论，雇买以应其用，计虽便而法终在人；讲求以澈其源，法既明而用将在我。盖一则权宜之策，一则久远之谋，孰得孰失，不待辨而明矣。

至以舍中法而从西人为非，亦臆说也。查西术之借根，实本于中术之天元，彼西土目为东来法，特其人性情缜密，善于运思，遂能推陈出新，擅名海外耳，其实法固中国之法也。天文、算学如此，其余亦无不如此，中国创其法，西人袭之，中固傥能驾而上之，则在我既已洞悉根源，遇事不必外求，其利益正非浅鲜。且西人之术，我圣祖仁皇帝深韪之矣，当时列在台官，垂为时宪，兼容并包，智周无外，本朝掌故亦不宜数典而忘。况六艺之中，数居其一、古者农夫、戍卒，皆识天文，后世设为厉禁，知者始鲜。我朝康熙年间，除私习天文之禁，由是人文蔚起，天学盛行，治经之儒皆兼治数，各家著述考证俱精。语曰："一物不知，儒者之耻。"士子出户，举目见天，顾不解列宿为何物，亦足羞也。即今日不设此馆，犹当肄业及之，况乎悬的以招哉？

若夫以师法西人为耻，此其说尤谬。夫天下之耻，莫耻于不若人。查西洋各国，数十年来，讲求轮船之制，互相师法，制作日新，东洋日本近亦遣人赴英国学其文字，究其象数，为仿造轮船张本，不数年后亦必有成。西洋各国，雄长海邦，各不相下者无论矣。若夫日本，蕞尔国耳，尚知发愤为雄，独中国狃于因循积习，不思振作，耻孰甚焉！今不以不如人为耻，而独以学其人为耻，将安于不如而终不学，遂可雪其耻乎！

或谓制造乃工匠之事，儒者不屑为之；臣等尤有说焉。查《周礼》考工一记，所载皆梓匠轮舆之事，数千百年，黉序奉为经术，其故何也？盖匠人习其事，儒者明其理，理明而用宏焉。今日之学，学其理也，乃儒者格物致知之事，并非强学士大夫以亲执艺事也，又何疑乎？

总之，学期适用，事贵因时。外人之疑议虽多，当局之权衡宜定，臣等于此筹之熟矣。惟是事属创始，立法宜详，大抵欲严课程，必须优给廪饩，欲期鼓舞，必当量予升途，谨公同酌拟章程六条，缮呈御览，恭候钦定。

再，查翰林院编修、检讨、庶吉士等官，学问素优，差使较简，若令学习此项天文、算学，程功必易。又进士出身之五品以下京外各官，与举人五项贡生事同一律，应请一并推广招考，以资博采。

（御批：依议，单并发。）

◎酬拟同文馆学习天文算学章程六条

一、请专取正途人员以资肄习也。查天文、算术，义蕴精深，非夙知勤学用心之人，难以渐窥底蕴，与专习外洋语言文字之学生不同。前议专取举人，恩、拔、副、岁、优贡，及由此项出身人员，今拟推广，凡翰林院庶吉士、编修、检讨，并五品以下由进士出身之京外各官，俾充其选。缘该员等研经有索，善用心思，致力果专，程功自易。服官者由京外各衙门保送，未仕者取具同乡京官印结及本旗图片，径赴臣衙门具呈，由臣衙门定期试以策论等项，考取送馆学习。其各省保送人员，程途远近不齐，难以久候，应俟咨送到时，陆续考试，以免耽延。至京外各衙门咨送此项人员，务须择其年在三十以内者，方可咨送。如有平日讲求天文、算学，自愿来馆学习，借资印证以精其业者，其年岁亦可不拘。

一、请饬各员常川住馆以资讲习也。查成事必由居肆，力学务在亲师。居本馆留学各员，必须朝夕在馆，习讲问难，方可积渐见功。若朝出暮归，往来蹀躞，则晨夕之荒功不少，而心思亦因以不专。今议在馆学习人员，无论京外，均一概留馆住宿，饭食由臣衙门备给。其出入由该馆提调设立号簿，随时登记，以便稽查。至各本衙门如有应送差使，以及考试等事，仍准照旧办理，以期两不相妨。

一、请按月考试以稽勤惰也。查在馆学习人员，果能专心致志，自可日起有功；惟其中勤惰之分，亦必随时考察，用资策励。今议俟该员等学习半年之后，按月出题考试一次，由臣等亲加校阅，分别甲乙，优者记功，劣者记过。功过分而勤惰见，相形之下，奋勉益生。

一、请限年考试以现成效也。查三载考绩，朝廷课吏之方，诚以功力积至三年，优绌无不立见。今议每届三年，举行大考一次，分别等第：高等者立予奏奖，并酌量差遣试用；下等者照常学习，俟下届考试再行察看。

一、请厚给薪水以期专致也。查此次留学各员，难保无寒畯之士，必须优加体恤，乃可冀其用志不纷。今议在馆各员，除饭食由臣衙门备给外，每月仍各给薪水银十两，俾资津贴，庶内顾无忧而心益专壹矣。

一、请优加奖叙以资鼓励也。查该员等学习三年，试居高等，足见其平日用心勤苦，始终不懈，自应格外优奖，以为后之留学者劝。今议此项人员，均准各按升阶，格外优保班次，以示鼓舞而广招徕。

（御批：览。）（《筹办夷务始末（同治朝）》卷四十六）

同治六年正月二十一日总理各国事务恭亲王奕䜣奏

查臣衙门现议添设学习天文算学馆，咨取进士、举人，恩、拔、副、岁、优贡生，并翰林院庶吉士、编修、检讨，及由前项出身之京外各官，考试录取留学，业经条议章程，奏奉谕旨准办在案。

惟查臣衙门前设学习英、法、俄国语言文字各馆，均设洋教习一员，专司讲译；此外各设汉教习一员，兼课汉文，令该学生等奉以为师。现在学习天文算学之员，均系已成之材，汉文无不通晓，汉教习自可不设，但亦必须有群情宗仰之一人，在彼指引开导，庶学者有所禀承，否则该馆止有洋人讲贯，而中国无师表之人，恐来学者竟疑专以洋人为师，俾修弟子之礼，未免因此裹足。臣奕䜣与臣文祥、臣宝鋆、臣董恂、臣崇纶公同商酌，惟有臣徐继畬老成望重，品学兼优，足为士林矜式，拟请旨饬派徐继畬作为总管同文馆事务大臣，以专稽查而资表率。（《筹办夷务始末（同治朝）》卷四十七）

同治六年三月初二日总理各国事务恭亲王奕䜣等折

……军机处交出大学士倭仁条奏一折，奉旨："该衙门知道。钦此！"臣等查阅倭仁所奏，陈义甚高，持论甚正，臣等未曾经理洋务之前，所见亦复如此，而今日不敢专恃此说者，实有不得已之苦衷，请为我皇太后皇上详陈之。

窃惟城下之盟，春秋所耻。宋臣韩琦有言和好为权宜、战守为实务，自古御夷无上策，大要修明礼义以作忠义之气为根本，一面即当实力讲求战守，期得制伏之法，不能以一和而遂谓可长治久安也。溯自洋务之兴，迄今二三十年矣。始由中外臣僚未得窾要，议和议战大率空言无补，以致酿成庚申之变。彼时兵临城下，烽焰烛天，京师危在旦夕，学士大夫非袖手旁观，即纷纷逃避。先皇帝不以臣奕䜣等为不肖，留京办理抚务。臣等不敢徒效贾谊之痛哭流涕，胡铨欲蹈东海而死，空言塞责，取誉天下，而京城内外尚以不早定约见责，甚至满汉臣工联衔封奏，文函载道，星夜叠催，令早换约。臣等俯察情形，不得不俯徇舆论，保全大局。自定约以来，八载于兹，中外交涉事务，万分棘手，臣等公同竭力维持，近日大致虽称驯顺，第苟且敷衍目前则可，以为即此可以防范数年，数十年之后则不可。是以臣等筹思长久之策，与各疆臣通盘熟算，如学习外国语言文字，制造机器各法，教练洋枪队伍，派赴周游各国访其风土人情，并于京畿一带设立六军，借资拱卫；凡此苦心孤诣，无非欲图自强。又因洋人制胜之道，专以轮船、火器为先，从前御史魏睦庭曾以西洋制造火器不计工本，又本之天文度数，参以勾股算法，故能巧发奇中，请在上海等处设局训练。陈廷经亦请于广东海口设局制造火器。臣等复与曾国藩、李鸿章、左宗棠、英桂、郭嵩焘、蒋益澧等往返函商，佥谓制造巧法，必由算学入手，其议论皆精凿有据。左宗棠先行倡首，在闽省设立艺局、船厂，奏交前江西抚臣沈葆桢督办。臣等详加体察，此举实属有益，因而奏请开设天文算学馆，以为制造轮船、各机器张本，并非空讲孤虚，侈谈术数，为此不急之务。又恐学习之人不加拣择，或为洋人引诱误入歧途，有如倭仁所虑者，故议定考试必须正途人员，诚以读书明理之士，存心正大，而今日之局，又学士大夫所痛心疾首者，必能卧薪尝胆，共深刻励，以求自强，实际与泛泛悠悠漠不相关者不同。倭仁谓夷为吾仇，自必亦有卧薪尝胆之志。然试问所为卧薪尝胆者，姑为其名乎？抑将求其实乎？如谓当求其实，试问当求之愚贱之人乎？抑当求之士大夫乎？此臣衙门所以有招考正途之请也。今阅倭仁所奏，似以此举断不可行。该大学士久著理学盛名，此论出而学士大夫从而和之者必众，臣等向来筹办洋务，总期集思广益，于时事有裨，从不敢稍存回护。惟是倭仁此奏，不特学者从此裹足不前，尤恐中外实心任事不尚空言者亦将为之心灰而气沮，则臣等与各疆臣谋之数载者，势且隳之崇朝，所系实非浅鲜！臣等反复思维，洋人敢入中国肆行无忌者，缘其处心积虑在数十年以前，凡中国语言文字，形势虚实，一言一动，无不周知，而彼族之举动，我则一无所知，徒以道义空谈，纷争不已。现在瞬届十年换约之期，即日夜图维，业已不及；若安于不知，深虑江河日下，及设法求知，又复众论交攻，一误何堪再误！左宗棠创造轮船各厂，以为创议者一人，任事者一人，旁观者一人，事败垂成，公私均害。李鸿章置办机器各局，以为无事则嗤外国之利器为奇技淫巧以为不必学，有事则惊外国之利器变怪神奇以为不能学，并引宋臣苏轼之言，以为言之于无事之时，足以有为，而恒苦于不信；言之于有事之时，可以见信，而已苦于不及。该督抚等所论，语多激切，岂故好为辩争，良由躬亲阅历，艰苦备尝，是以切实不浮，言皆有物。在臣等竭虑殚思，但期可以收效，虽冒天下之不韪，亦所不辞。该大学士既以此举为窒碍，自必别有良图，如果实有妙策，可以制外国而不为外国所制，臣等自当追随该大学士之后，竭其梼昧，悉心商办，用示和衷共济，上慰宸廑。如别无良策，仅以忠信为甲胄，礼义为干橹等词，谓可折冲樽俎，足以制敌之命，臣等实未敢信。所有现议开办同文馆事宜，是否可行，伏祈圣明独断，训示遵行。谨摘录曾国藩、李鸿章、左宗棠、英桂、郭嵩焘、蒋益澧等历次奏稿信函恭呈御览，可否谕令倭仁详细阅看，备晓底蕴，以局外之议论，决局中之事机，臣等幸甚！天下幸甚！至于用人行政之常经，其有关圣贤体要者，自当切实讲求，于现办之件，实不相妨，合并陈明。
（《筹办夷务始末（同治朝）》卷四十八）

同治六年三月十九日总理各国事务恭亲王奕䜣等折

窃维臣衙门设立同文馆，招考天文、算学，前因倭仁条奏，谓此事窒碍难行，经臣等沥陈举办情形，实具不得已苦衷，并系与各省疆臣悉心商筹，非臣等私见，是以钞录曾国藩等折件信函，请饬倭仁阅看，俾知底蕴。原期释其疑虑，共济时艰。兹倭仁并未体会各该督抚等所陈各件之意，仍谓此事以不行为是，亦似臣衙门钞录各件全未寓目者然。

伏查臣衙门招考正途，考究天文算学，其亟应举行之故，前折已缕悉言之，无可赘陈。惟是夷患之兴，匪伊朝夕。当年内外臣工，不求御制实际，徒以空言塞责，遂酿庚申之变。今值腹地未靖，兵财交困，纵极力讲求思以自强，幸而收效，固在数十年以后。若仍前苟安，不思补苴，其大患亦或在数年、数十年以后。但望臣等言之不中，而国势永庆奠安，断不愿言之幸中，而朝廷毫无备豫，此臣等所以鳃鳃过虑不敢以道学鸣高，止顾目前而不肯任劳任怨也。左宗棠所云"非常之举，谤议易兴，无人执咎"等语，此时浮议之腾，果不出其所料。当兹权宜时势，豫筹制胜，既经疆臣曾国藩、左宗棠、李鸿章、郭嵩焘、蒋益澧等与臣等往返函商，必须从此入手。况雇觅洋人不过与之讲究其法，并奏明不修弟子之礼，此折业经发钞，倭仁岂有不知？乃一则曰"师事夷人"，再则曰"奉夷为师"，辄臆造师名，阻人向往。当御史张盛藻条奏此事，明奉谕旨之后，臣衙门投考者尚不乏人；自倭仁倡议以来，京师各省士大夫聚党私议，约法阻拦，甚且以无稽谣言煽惑人心，臣衙门遂无复有投考者。是臣等未有失人心之道，人心之失倡浮言者失之也。因思法令之行，原冀乐从，今人心既为浮言所摇，臣等无从勉强，拟就现在投考者择期考选，取中者入馆研究，仍时加察核，傥有弊端，即奏请裁撤。

若倭仁所奏，果有把握等语，臣等止就事所当办，力所能办者，尽心以办，至成败利钝，汉臣如诸葛亮尚难逆睹，何况臣等？是此举之把握，本难豫期，因倭仁之倡议而益多阻滞矣。惟时势艰难，势同厝火，自不得因浮言煽惑置为缓图。止有竭尽愚忱，不敢稍萌懈志。（《筹办夷务始末（同治朝）》卷四十八）

同治六年三月十九日总理各国事务恭亲王奕訢等片

再，自道光二十年以来，因海疆多事，曾经奉有谕旨，广招奇才异能之士，迄无成效。近年臣等与各疆臣悉心讲求，仍无所获，往返函商，不得已议奏招考天文算学，请用洋人，原欲窥其长短以收知彼知此之效。并以中国自造轮船、枪炮等件，无从入手，若得读书之人旁通其书籍、文字，用心研究，译出精要之语，将来即可自相授受，并非终用洋人。今浮言既出，念所期已属无望。惟查倭仁原奏内称："天下之大不患无才，如以天文、算学必须讲习，博采旁求必有精其术者，何必夷人？"据此是内外臣工先后二十余年所求而弗获者，倭仁耳目中竟有其人，不胜欣幸！相应请旨饬下倭仁，酌保数员名；即请择地另设一馆，由倭仁督饬，以观厥成。若能如此办理，更属两得之道，裨益非浅，彼时臣衙门原请奏办之件，即行次第裁撤。倭仁公忠体国，自必实心保举，断不至因恐误保获咎，仍请如前降旨旁求，仅博延览之虚名全无究竟之实效。是否有当，理合附片密陈。（《筹办夷务始末（同治朝）》卷四十八）

同治六年六月初二日总理各国事务恭亲王奕訢等折

窃臣衙门于上年十一月初五日奏请招考天文算学，专取满汉举人，恩、拔、副、岁、优贡生，并前项正途出身之五品以下京外各官，考试录取，旋复奏请推广考试，翰林院编修、检讨、庶吉士并进士出身之五品以下京外各官，均蒙谕旨允准；嗣因浮言四起，正途投考者寥寥，并经奏明就现在投考各名考选等因在案。

两月以来，投考之人，正途与监生杂项人员相间。臣等以此举既不能如初念之所期，不敢过于拘执，因而一律收考，共计投考正杂各项人员九十八名，定期五月二十日在臣衙门局门考试，计已到者七十二名，先经投考临时未到者二十六名，试以策论，认真考校，将各员试卷公同阅看，择其文理可观者选取三十名，于二十六日，覆加考试，文艺均属一律。谨将录取各员试卷恭呈御览，伏候钦定后，即将取中各名送馆学习。如将来人数不敷，再行招考，以资研究。

（御批：知道了。单一件并试卷并发。）（《筹办夷务始末（同治朝）》卷四十九）

同治六年七月十六日总理各国事务衙门奏

六月十七日，内阁奉上谕："给事中周星誉奏理财用人宜量为变通一折，着该衙门议奏。钦此。"由军机处钞交到臣衙门。臣等查原折所陈增官制、敛商权、广人材三条，其前二条系吏户两部事件，应由该衙门各自议奏，末一条专论洋务，系臣衙门事件，臣等详加阅看……即如招考天文算学，臣衙门何尝不欲于此中隐求良士，以资臂助，而急切尚难见功。况近今所谓人才，有实学亦有虚声。其有实学者，往往高自位置，不慕荣进，即如上年郭嵩焘所举邹伯奇、李善兰二员，奉旨饬令来京，至今引疾不赴。其究竟有无实学，抑或恐为浮言所鄙，不肯轻进，无从而知。

……………

再，前据广东巡抚郭嵩焘奏，南海生员邹伯奇专精数学，海宁县生员李善兰淹通算术，尤精西法，宜并置之同文馆，以资讨论等语。同治五年八月奉旨："着瑞麟、蒋益澧、马新贻迅将邹伯奇、李善兰咨送来京，听候考验。"等因，钦此。行知各该督抚遵办在案。嗣据两广总督瑞麟奏，据邹伯奇禀称，向有肝病，时常苦痛，屡医未痊，实难领咨赴京。俟该生医调全愈，再行咨送。又据浙江巡抚马新贻咨，据李善兰资称，病虽稍痊，精神委顿，难胜舟车之劳，惟乞不定限期，俟病势脱体，报国有日等语。臣等查该生员邹伯奇等因病未能急切就道，自属实情。惟该生等据郭嵩焘保荐，均系熟精数算。现在同文馆添设学习天文算学一馆，该生等到此，驾轻就熟，正好与所延西洋教习及考取学习各员，讨论切磋，以期互有进益，现距该生报病之日为期已久，自必调治就痊。相应请旨饬下两广总督、广东巡抚、浙江巡抚，迅即剀切晓谕生员邹伯奇、李善兰，务宜仰体朝廷需才孔亟，作速束装北上，力图报效，以副国家作养人材之意。

（御批：依议。）（《筹办夷务始末（同治朝）》卷五十）

同治六年九月十五日总理各国事务恭亲王奕䜣等片

再，臣衙门添设同文馆，招考天文算学一事，业于本年五月二十日在臣衙门将投考各员扃试，酌取三十一名，当经具奏并将试卷进呈在案。

惟思所取各员，仅长于中国文理，而于西文、西语未尝学问，即使所延洋人亦通中国语言文字，究恐讲解尚多隔阂。因查同治二年二月暨三年七月，升任江苏巡抚李鸿章奏请仿京师同文馆之例，在上海设立外国语言文字学馆，臣衙门奏覆广东开设教习外国语言文字学馆，俱经声明，如有精通西文西语才识出众者，调京考试，授以官职，均蒙俞允行令遵照在案。兹查上海、广东两处所设学馆已阅三年，其中子弟所学即或未能深粹，而通其语言文字者谅不乏人。臣衙门开馆伊迩，若于该学生中择其已有成效者咨送来京考试，与臣衙门本年所考各员共为讲解，必可得力。应请旨饬下上海通商大臣、两广总督、广东巡抚，将各该处所立外国语言文字学馆内择其已有成效者，每省酌送数名来京考试，以便群相研究，俟有成效，果系才识出众，即由臣等酌请奖励，授以官职，俾资鼓舞。

（御批：依议。）（《筹办夷务始末（同治朝）》卷五十）

同治七年五月二十三日总理各国事务恭亲王奕䜣等片

臣衙门设立同文馆，原拟遴举聪颖之士，精习泰西语言文字，递及步算测量。乃当未经开馆之先，谣诼群兴，为所惑者不无观望，彼时投考诸人，流品不一，经臣等勉强考试，取录三十人，开馆肄业。今年五月十二日，复查照奏定六个月再行考试章程，令该学生等在本署大堂当面出题考较，其中尚堪造就者不过数人，若再一律留馆，非特优劣无从区别，而一切膏火薪水徒供哺啜，亦属所费不赀。臣等公同商酌，除将学经半年毫无功效之学生等立予撤退外，其李逢春等十人，察其所业既肯认真，自当加以勉励，令其在馆朝夕讲求。但人数过少，拟令该学生等与旧在同文馆内八旗俊秀同在一馆，俾资探讨。查教习天文算学之英国人额布廉、法国人李弥谐，本系兼八旗俊秀教习，现在暂归一处，既更便于稽察，亦不旷误课程。臣等仍督率各教习等，悉心启导，断不稍涉迁就。一俟将来招考人数渐多，再行分别办理。总期事非虚应，学有成功，用副朝廷选拔真材、宏济艰难之至意。

（御批：依议。）（《筹办夷务始末（同治朝）》卷五十九）

同治七年六月初九日总理各国事务恭亲王奕䜣奏

查前接两江督臣曾国藩咨送上海同文馆学生附生严良勋等五名，到臣衙门，经臣等详加考试，该生等兼习西文，学有成效，均堪造就，当经奏请奖励，分别给予职衔在案。兹据严良勋呈称亲老家寒，终鲜兄弟，恳请仍回本省就近效用。臣等察其情词，出于至诚，自应准其回籍。除告假之王文秀一名，饬俟假满仍回京肄业外，理合附片陈明。

（御批：知道了。）（《筹办夷务始末（同治朝）》卷六十）

同治七年十二月二十三日总理各国事务恭亲王奕䜣等折

……窃臣衙门设立同文馆，前于同治元年七月二十五日奏定章程，每届三年由臣衙门自行考试一次，核实甄别，按照旧例，优者授为七、八、九品等官，劣者分别降革、留学等因，嗣于同治四年十月，该馆学生已届三年，经臣等面试，将考列在前之学生奏请授为八、九品官，咨部注册，仍留馆学习，其余分别记优、记过及咨回本旗各在案。扣至本年十月，又届三年。经臣等定期于十二月初六、初七及十一等日，传集英、法、俄三馆学生在大堂公同面试，饬提调等在旁稽察，以防枪替等弊。初次考试，将各国配送洋字照会令其译成汉文，复试日又将各国汉字照会令其翻译洋文。因洋文非臣等所习，特饬总税务司赫德与各馆外国教习会同阅看，分别名次高下，并由臣等密书汉文语句，隔座令该学生以洋字翻写，与外国教习看明译汉，两相核对，将洋文之优者与汉文互相比较，悉心评定甲乙。该学生中颇有大意符合并无错误者，自应分别优劣，照章办理。兹谨将拟定各馆学生名次及分别优叙留咨，开列清单，恭呈御览。……（《中国近代史资料丛刊·洋务运动》第二册）

奕劻

光绪十一年九月初三日总理各国事务庆亲王奕劻等奏

……窃查臣衙门奏定章程，同文馆学生向由八旗咨取年在十三四岁以下幼丁，由臣等面试，择其天资聪明者，记名挨次传补，分馆肄业。其用功奋勉、学有成效者，拨入前馆，保奖职衔，以备随带出洋，派充翻译之选。如有其情懒惰，不堪造就者，随时咨回本旗，不得滥竽充数。节经照章分别办理各在案。

兹据总教习丁韪良呈称："前次考取学生，现已传补完竣，应请出示招考，并拟推广办法，借可收效加倍。"开具节略，呈请核办前来。臣等逐条参酌，如所称招考八旗幼丁，请咨取汉文粗通者送馆肄业，及招考满汉有功名者，其中必有奇才各节。臣等查同文馆自同治元年设立以来，迄今二十余年，向由八旗咨取十三四岁以下幼丁，分馆学习，于洋文洋语尚能识认通解。惟年幼学浅，于汉文义理本未贯串，若令其以洋文翻译汉文，功夫分用，速效难期；若再令讲求天文、算学，更恐博而不专，迄无成就。臣等公同商酌，现拟推广招取满汉年在十五岁以上、二十五岁以下、文理业已通顺者，取具本旗图片及同乡官印结，递呈投考，仍由臣等试以策论，择其文理可观者录取，挨次传补，庶可事半功倍，有裨实用也。至招考满汉之有功名者一节，臣等查同治五年臣衙门奏设天文、算学，招取满汉举人及恩、拔、副、岁、优贡，嗣因正途投考者寥寥，经臣衙门于同治六年五月间就现在投考之正杂人员录取试卷，恭呈御览后，即将取中各名送馆肄业，并调派浙江贡生李善兰在馆教习。十余年来，索隐探微，穷格奥窍，于梅文鼎、江永等之绝学，渐能通晓。惟近年以来，各该学生，或随带出洋，或升迁外省，及调赴沿海各处差委，现在留馆派充副教习者仅有翰林院庶吉士汪凤藻、兵部郎中席淦、内务府郎中贵荣数人。臣等现拟招考满汉之举贡生监，如有平日讲求天文、算学、西国语言文字，不拘年岁，准其取具印结、图片，一律收考。诚以取进之途一经推广，必有奇技异能之士出乎其中。华人之智巧聪明岂必逊于西人，倘能专精务实，洞悉根源，遇事不必外求，其利益实非浅鲜。如蒙俞允，再由臣等咨行各衙门钦遵办理。……

（《中国近代史资料丛刊·洋务运动》第二册）

光绪十一年十二月二十五日总理各国事务庆亲王奕劻等奏

　　……窃臣等于本年八月初二日，奏请推广招考满汉学生折内，声称同文馆学生向由八旗咨取十三四岁以下幼丁，分馆学习，于洋文洋语尚能识认通解。惟年幼学浅，于汉文义理本末贯串，若令以洋文翻译汉文，功夫分用，速效难期。现拟推广招考年在十五岁以上、二十五岁以下，文理业已通顺者，庶可事半功倍；并于折内声称，前于同治五年奏设天文、算学，招取满汉正杂人员，送馆肄业，迄今十余年以来，各该学生或随带出洋，或升迁外省，及调赴沿海各处差委，在馆人数无多，拟将满汉举贡生监及平日讲求天文、算学、化学、洋文者，不拘年岁，一律收考，以期有裨实用各等语，均蒙谕旨允准，钦遵在案。

　　查自出示招考后，投考者颇不乏人。臣等于十一月二十六、七、八、九等日，分期考试。计应试者三百九十四名，试以策论、四书文，认真考校，将各生试卷公同阅看，取其文理通顺及粗通天文、算学、化学、洋文者，选择一百五十名。于十二月初八日复试，详加甄录，共取汉文八十名，幼童虽未全篇而文理明顺者十名，天文二名，算学十二名，化学三名，翻译洋文一名，共一百八名，以备送馆肄业。……（《中国近代史资料丛刊·洋务运动》第二册）

光绪十二年五月二十日总理各国事务庆亲王奕劻等片

　　再，臣衙门同文馆，系为边务储才之地，去年奏准推广考取学生，加增额数，督饬各项教习稽查功课，考艺诹经，冀人人通知四国之务，高者可备行人摈介之班，下者亦充象胥舌官之选，不特西学条理亟待研求，抑且记载纷繁，尤资编撰。臣等拟酌照方略馆之例，添设同文馆纂修官二员，于学生中得有部院官职，择其资格较深、文理优长者，派充是选。遇有应辑书籍，俾得专司其事，于馆务实有裨益。理合附片陈明。……（《中国近代史资料丛刊·洋务运动》第二册）

光绪十四年六月二十二日总理各国事务衙门奕劻等片

再，臣衙门同文馆奏定章程，遴选学生通晓洋文者，作为七、八、九品翻译官，原以资谙习各国语言文字，储为舌人之选。比年该翻译等学有成效者，颇不乏人，或调往边界，或奏带出洋，均能奉差无误，俾疆吏、使臣各收指臂之益。至臣衙门办理交涉事务甚繁，翻译尤为紧要，必须于外洋情形阅历较深者方资得力。臣等公同商酌，拟添设英、法、俄、布文翻译官正、副各一员，于曾经出洋充当参赞、翻译差满回京者拣选派充。如人数不敷拣选，任缺无滥。此项翻译官遇有各国使臣到署会晤时，即令随同传宣问答之词，兼充翻订华、洋文字之职。如无贻误，仍照章每届三年给予奖励一次。至该翻译等逐日趋公，亦应量给俸薪，再由臣衙门随时酌核定数发给。……（《中国近代史资料丛刊·洋务运动》第二册）

光绪十五年二月二十九日总理各国事务奕劻等片

再，臣衙门同文馆向设正提调二员、帮提调二员，由各股章京中派委兼行。馆中一切事宜，统由臣等总其大纲，常恐馆中诸生日久渐生懈弛。近年招考学生额数加添，上年又新设格物馆，建造观星台，该学生分隶天文、算学、化学、格物、言语文字各馆，汉洋并习，功课较繁。臣等虽随时稽察督责，然非有大臣总理其事，不足以专责成。溯查同治五年间，曾经特派臣衙门行走之前太仆寺卿徐继畬管理同文馆事务。现在交涉事宜较前倍多，翻译言语文字最关紧要，可否援照成案，请旨仍于总理各国事务衙门行走之大臣内简派一二员，专管同文馆事务之处，谨缮清单，恭候圣裁。……（《中国近代史资料丛刊·洋务运动》第二册）

光绪十五年七月二十九日总理各国事务庆亲王奕劻等奏

光绪十三年四月二十八日，总理各国事务衙门会同礼部议覆御史陈琇莹奏请将明习算学人员量予科甲出身一折。……钦遵行知各省遵照办理。嗣后天津水师、武备学堂教习及学生，上海广方言馆肄业生，并总理各国事务衙门同文馆学生，均经先后奏准，一体录送顺天乡试各在案。

上年戊子乡试，总理各国事务衙门将各省送到生监及同文馆学生试以算学题目，共录送三十二人，由顺天府统于卷面加"算学"字样，按照人数，在二十名以上取中一名亦在案。

本年己丑恩科乡试，先期照章咨行各省学政及南北洋大臣，备文咨送。现在投考者仅十五人，由总理各国事务衙门严加考试，于算法均尚明通，惟人数未及二十名，不敷取中；而其中廪增附各生既不能赴监录科，又难回籍应试，进退维谷，恐有乖造就之本心。查科场条例内，顺天乡试钦天监肄业之天文生，由监生及各省生员充补者，送国子监录科；由顺天生员充补者，送顺天学政录科。是生员充补天文生，原准其编入皿号应试，似可仿照此例，量为变通。臣等公同商酌，拟请嗣后考算学各生，由总理各国事务衙门录科后，如人数在二十名以上，自应遵照奏定章程，不分满、合、贝、皿，统于卷面加印"算学"字样，如额取中；倘人数不足二十名，除八旗、顺天、奉天生员仍归满、合、吏、贝等号外，其各省生员，应与监生一并散归南北中皿字号，一体应试，以免向隅。如蒙俞允，所有此次考试算学之生监，即由总理各国事务衙门咨送顺天府查照办理。……(《中国近代史资料丛刊·洋务运动》第二册)

贾 桢

同治元年七月二十五日大学士贾桢等奏

……查总理各国事务衙门，于咸丰十年冬间奏准善后章程内，请旨饬令俄罗斯文馆妥议章程，认真督课等因，奉旨允准。嗣经内阁议奏，总理各国事务衙门专司各国事务，所有俄罗斯学章程，请归并该衙门一体妥议办理，以昭画一，奉旨"依议，钦此"。

顷于本年五月，该衙门传集该馆助教、副教习、学生等到署，内额设学生二十四名，除悬缺未补八名及临时不到三名外，实到学生十三名，面加考试。该学生等并不熟习俄文，其助教二员、副教习三员内，亦止国世春一人尚称稍通文义。臣等公同商酌，拟将该员咨送总理衙门，仍留原俸，在新设之学堂行走，其余助教一员，副教习三员，及已、未到学生共十六人，既学无成效，自未便虚靡廪饩，相应请旨裁撤；其学生所领马甲钱粮及该馆一切领项，自应一并裁去，以节靡费。嗣后俄国文字，即归并英、法、美三学，由总理各国事务衙门随时酌核办理。……

（御批：依议。）（《筹办夷务始末（同治朝）》卷八）

张盛藻

同治六年正月二十九日掌山东道监察御史张盛藻折

窃臣考《尧典》授时，分命羲和，《周礼》轶司空一篇，汉儒补以《考工记》，未闻水、火、工、虞之职俱习鸟、火、虚、昴之文，亦未闻天官六属俱习考工之事。我朝颁行宪书，一遵御制数理精蕴，不爽毫厘，可谓超轶前古矣；即或参用洋人算术，不过借西法以印证中法耳。

近见邸钞，总理各国事务衙门请设同文馆，专用正途科甲人员学习天文算术，以为制造轮船、洋枪之用，胪列六条，意在专讲习，勤考课；又恐人之不乐从也，乃厚给廪饩，优与奖叙，以鼓舞之，其诱掖奖劝用心苦矣。臣愚以为朝廷命官必用科甲正途者，为其读孔、孟之书，学尧、舜之道，明体达用，规模宏远也，何必令其习为机巧，专用制造轮船、洋枪之理乎？若以自强而论，则朝廷之强莫如整纪纲，明政刑，严赏罚，求贤养民，练兵筹饷诸大端。臣民之强则惟气节一端耳。朝廷能养臣民之气节，是以遇有灾患之来，天下臣民莫不同仇敌忾，赴汤蹈火而不辞，以之御灾而灾可平，以之御寇而寇可灭，皆数百年深仁厚泽以尧、舜、孔、孟之道为教，有以培养之也。若令正途科甲人员习为机巧之事，又借升途、银两以诱之，是重名利而轻气节，无气节安望其有事功哉？臣以为设立专馆，止宜责成钦天监衙门考取年少颖悟之天文生、算学生，送馆学习，俾西法与中法互相考验。至轮船、洋枪，则宜工部遴选精巧工匠或军营武弁之有心计者，令其专心演习，传授其法，不必用科甲正途官员肄习其事，以养士气而专责成。臣职司献纳，未敢缄默自安，惟念此举于土司人心大有关系。可否饬令在廷诸臣悉心妥议。(《筹办夷务始末（同治朝）》卷四十七)

倭　仁

同治六年二月十五日大学士倭仁折

昨见御史张盛藻奏天文算学无庸招集正途一折，奉上谕：朝廷设同文馆，取用正途学习，原以天文算学为儒者所当知，不得目为机巧，于读书学道无所偏废等因，钦此。数为六艺之一，诚如圣谕为儒者所当知，非歧途可比。惟以奴才所见，天文、算学为益甚微，西人教习正途，所损甚大，有不可不深思而虑及之者，请为我皇上陈之。

窃闻立国之道，尚礼义不尚权谋；根本之图，在人心不在技艺。今求之一艺之末，而又奉夷人为师，无论夷人诡谲未必传其精巧，即使教者诚教，学者诚学，所成就者不过术数之士，古今来未闻有恃术数而能起衰振弱者也。天下之大，不患无才，如以天文、算学必须讲习，博采旁求，必有精其术者，何必夷人，何必师事夷人？

且夷人吾仇也，咸丰十年，称兵犯顺，凭陵我畿甸，震惊我宗社，焚毁我园囿，戕害我臣民，此我朝二百年未有之辱，学士大夫无不痛心疾首，饮恨至今，朝廷亦不得已而与之和耳，能一日忘此仇耻哉？

议和以来，耶稣之教盛行，无识愚民半为煽惑，所恃读书之士讲明义理，或可维持人心。今复举聪明隽秀，国家所培养而储以有用者，变而从夷，正气为之不伸，邪氛因而弥炽，数年以后，不尽驱中国之众咸归于夷不止。伏读圣祖仁皇帝御制文集，谕大学士、九卿、科道云："西洋各国，千百年后，中国必受其累。"仰见圣虑深远，虽用其法，实恶其人。今天下已受其害矣，复扬其波而张其焰耶？闻夷人传教，常以读书人不肯习教为恨。今令正途从学，恐所习未必能精，而读书人已为所惑，适堕其术中耳。

伏望宸衷独断，立罢前议，以维大局，而弥隐患，天下幸甚！

(御批：该衙门知道。)(《筹办夷务始末（同治朝）》卷四十七)

同治六年三月初八日倭仁折

……本月初三日，军机大臣文祥、汪元方口传谕旨："总理衙门折一件、片二件，并摘钞曾国藩等折件信函，着倭仁阅看。"仰见集思广益之衷，奴才不胜钦佩！

伏思是非者不易之理，好恶者天下之公。前因同文馆延聘夷人教习正途一事，上亏国体，下失人心，是以馨竭愚诚，直言无隐，固非争以意气之私也。今阅总理衙门所奏，大率谓忠信礼义之空言无当于制胜自强之实政，奴才愚见窃谓不然。夫欲求制胜必求之忠信之人，欲谋自强必谋之礼义之士，固不待智者而后知矣。今以诵习诗书者而奉夷为师，其志行已可概见，无论所学必不能精，即使能精，又安望其存心正大、尽力报国乎？恐不为夷人用者鲜矣。且夷人机心最重，狡诈多端，今欲习其秘术以制彼死命，彼纵阳为指授，安知不另有诡谋？奴才所虑堕其术中者，实非过计耳。

方今时事多艰，义当共济，岂忍以游谈侈论，邀誉沽名。第议论不为苟同，正所以求其至是。若谓奴才此论一出，不特学者裹足不前，即中外实心任事者亦心灰而气沮，则持论亦过激矣。夫利之所在，众所必趋，既有薪水，又得优保，人亦何乐而不从？而谓一人之空言，遂能阻千万人向往乎？至任事诸臣，公忠体国，修内攘外，应办之事甚多，何至因此一议，群相解体？此又不待辩而自明者也。

总之，夷人教习算法一事、若王大臣等果有把握使算法必能精通，机器必能巧制，中国读书之人必不为该夷所用，该夷丑类必为中国所歼，则上可纾宵旰之忧劳，下可伸臣民之义愤，岂不甚善。如或不然，则未收实效，先失人心，又不如不行之为愈耳。战胜在朝廷，用人行政，有关圣贤体要者，既已切实讲求，自强之道，何以逾此，更不必多此一举，转致于人才政体两无裨益也。……

（御批：该衙门妥议具奏。）（《筹办夷务始末（同治朝）》卷四十八）

同治六年三月二十一日倭仁折

本月十九日，内阁奉上谕："倭仁原奏内称：'天下之大不患无才，博采旁求，必有精其术者。'该大学士自必确有所知，着即酌保数员，另行择地设馆，由倭仁督饬讲求。"等因，钦此。

窃奴才前以夷人教习正途，有妨政体，故力陈其不可，所以尽当言之分，非争意气之私也。兹恭读上谕，同文馆招考天文算学，经王大臣悉心计议，不可再涉游移，是此事行止业已断自宸衷，奴才何敢再参末议。惟奴才前奏谓算法系六艺之一，如欲讲求，中国岂无精是术者，盖以理度之，天文算学世有专家，不必奉夷人为师耳。

至折内所陈，原谓立国之道当以礼义人心为本，未有专恃术数而能起衰振弱者。天文算学止为末艺，即不讲习，于国家大计亦无所损，并非谓欲求自强必须讲明算法也。今同文馆既经特设不能中止，则奴才前奏已无足论，应请不必另行设馆、由奴才督饬办理；况奴才并无精于天文算学之人，不敢妄保。谨据实陈奏。（《筹办夷务始末（同治朝）》卷四十八）

于凌辰

同治六年三月二十七日通政使司通政使于凌辰折

……窃臣历观前史，汉、唐、宋、明皆有党人名目，此端一开，未有不立见其祸者。我朝二百余年，从无此习。乃自议设天文算学馆以来，验之人心，考之士气，窃有大可虑者。天文算学招考正途人员，数月于兹，众论纷争，日甚一日。或一省中并无一二人愿投考者，或一省中仅有一二人愿投考者，一有其人，遂为同乡、同列之所不齿。夫明知为众论所排，而负气而来，其来者既不恤人言，而攻者愈不留余地，入馆与不入馆，显分两途，已成水火，互相攻击之不已，因而互相倾复，异日之势所必至也。乃臣恭阅本月十九日上谕"总理各国事务衙门奏遵议大学士倭仁奏同文馆招考天文算学请罢前议"一折，等因，钦此；又恭阅本月二十一日上谕"前因大学士倭仁奏天文算学博采旁求必有精其术者，曾降旨令其酌保数员，另行择地设馆，由倭仁督饬讲求"等因，钦此。在朝廷揆时度势，用意固自甚深，然臣于此转恐于众论纷争之日，而更启之使愈争也。天文算学馆外，又复另立一馆，是学洋人者一馆，不学洋人者一馆，学洋人者势必愈尊洋人，不学洋人者势必愈鄙洋人，愈鄙夫学洋人者，愈激愈争，愈争而愈不可解，而党患成矣。在该管王大臣等洞悉大体，断不至各存意见，而自来朋党之祸，不成于上，而成于下，势使然也。又况两争者必无两胜，学洋人者胜，适以长洋人之骄，鄙洋人者胜，愈以招洋人之忌，将来衅端必自此始。

溯自咸丰十年议和以来，容忍包荒，至于今日，凡有血气，莫不痛心。而所恃为异日涤雪者，正以上下同心，和衷共济，根本之地，深固不摇耳。即总理各国事务衙门王大臣等，数年来苦心羁縻，无非养晦待时，不敢轻躁以误大局，中外臣民从无异议。今天文算学馆甫设而争端即启，争端启则朋党必成。夫天文算学本属技艺之末，其果能得力与否尚不可知，而先令臣子别户分门，开国家未有之风气，所关实非浅鲜。臣惟伏愿我皇上以至仁至勇之圣心，密筹消弭防患未形，庶永无汉、唐、宋、明党人之祸，天下幸甚！万世幸甚！……（《中国近代史资料丛刊·洋务运动》第二册）

崇　实

同治六年四月十三日崇实折

……奴才于三月底接准总理各国衙门咨称，奏准招考天文及算学人员，并给发示告示章程等件。奴才详阅原奏，言中国宜谋自强，至今为亟，具见在廷诸臣深谋远虑，思患豫防，用心良苦。惟议专取翰林院并五品以下由进士出身京外各官及举人，恩、拔、副、岁、优贡生员，俾充其选，仍试策论等项，以定去留，似于事理未协。窃明天文算法委曲深细，本系专门之学，与策论等项不同，每有学问素优而不明历律，亦有推步甚密而不善词章，盖文理可托之空言，而数学必归于实测，聪明异用，难易攸分。今于收录之始，若遽试以算学，则素所未谙，无从弃取；若仍试以策论，则正途各员固所优为，今欲其舍已成之功名，而效初学之讲习，智力穷于小数，物曲限其人官，万一侥幸之徒，但縻廪禄，入馆既久，程功仍虚，无益时势之短长，徒滋中外之疑议，非所以昭示臣民、划一政体也。

奴才以为机器之学本当讲求，而因时制宜，尤为今日之急务。查此种学问，各省不乏其人，而沿海诸疆更多讲习。自嘉庆、道光年以来，古书复出，西法益明，九章、四元，发挥殆尽，内地习算之士，往往推陈出新，借今证古，能擢用一工，必有留意时务者专心壹志，与为抗衡，且将入乎其中，超乎其外。即以西士为法，亦礼失而求诸野之遗意，虽航海往学，且不为过，寻常拘墟之见，诚无关于得失之数也。

惟算学之上下优劣，不一其等，应请旨饬下内外大臣及各省督抚，诚有灼知才技优长者准其荐举，给与资斧，咨送总理各国事务衙门，奏请皇上简派精于数学之大员详加核试，次其等第。如能实尽所学，不妨破格超擢，奖之禄位；其有著书立说之处，亦许随时酌定进呈，伏候御览。以此鼓舞群才，必能应时而起。且考言、考行，事尤一贯，用数、用器理本兼资，如果能制造奇器有关时用者，必先试以小器，验其制胜之端，然后更以大器试之，庶不致实求名应。其正途各员，有向来讲求此业者，听其自行呈请效用。或有深心之人，愿与西士互相考证者，亦不必朝廷为之设馆授餐，但使各直省精选数人，将其实用已足以风示天下，而好学之士即能转相作述，得所师承。既无须限定正途，亦无庸尽师西士，如此办理，庶合时宜，而息物论。

至于洋人制器，皆不稍惜资本，往往以十倍之价，成一器之工。且有祖父未尽之业，授之子孙以毕其功，故能精细异常，适于取用。今中国不乏巧思之士，然未免动多顾忌，难于图功。惟求朝廷宽其岁月，厚其工本，严之以考核，慎之以措施，数年之后，即薄技偏长亦必有远驾西人而上者矣。

抑奴才更有请者，器数之末学，不过取效之一端。既推类以尽其余，当由艺以至于道。奴才尤愿我皇上肃政令之出入，揽兵食之纪纲，严赏罚之大权，防轻重之积弊，厚培根本，预禁党援，自强之道，莫要于此。奴才奉命总理川黔两省交涉外国之案，于此事久切思维，今见朝廷谋及自强，巨细靡遗，不胜欣忭，用敢陈其愚昧之见。……(《中国近代史资料丛刊·洋务运动》第二册)

杨廷熙

同治六年五月二十二日杨廷熙条

遇缺即选直隶州知州臣杨廷熙跪奏，为天象示警，人言浮动，请旨撤消同文馆，以弭天变而顺人心，杜乱萌而端风教，应诏直陈，仰祈圣鉴事。

臣闻天垂象见吉凶，故圣人常因天道以警人事。今年自春及夏，久旱不雨，屡见阴霾蔽天，御河之水源竭，都中之疫疠行。本月初十日大风昼晦两时之久，此非寻常之灾异也。十七日伏读邸抄，见候补内阁侍读学士钟佩贤奏称亢旱日久，请旨饬廷臣直言极谏，以资修省。恭奉上谕："着在廷诸臣，于时政得失尽心献替，毋循故常，毋避忌讳。尔大小臣工，务当精白乃心，共图匡弼，以期君臣交儆，感召天和。钦此！"仰见两宫皇太后勤求政理，皇上励精图治、敬天爱民之至意。然天象之变，必因时政之失，京师中街谈巷议皆以为同文馆之设，强词夺理、师敌忘仇、御夷失策所致。臣思天道渊微虽不系于一事，而此事实贻患之大者，谨越职昧死，为陛下条陈之。

窃维修德行政，实千古临御之经；尽人合天，乃百代盛强之本。自来奇技淫巧，衰世所为，杂霸欢虞，圣明无补。所以唐虞深明天道，亦止授时齐政，垂为典章，未闻使羲和、仲叔作推步之书；成周记列考工，亦只分职设官，勤于省试，未闻令庠序学校习工师之事。推之孔子不言天道，孟子不重天时，非故秘也，诚以天文数学，機祥所寓，学之精者祸福之见太明，思自全而不为世用，事事委诸气数，而或息其忠孝节义之心；学之不精，则逆理违天，道听涂说，必开天下奇衺诳惑之端，为世道人心风俗之害。伊古以来，圣神贤哲，不言天而言人，不言数而言理，其用意至深远矣。

前月见总理各国事务衙门请开设同文馆专用翰林、进士、恩、拔、副、岁少年科第官员，延西洋人教习天文算数，以为制造轮船机器之用，胪陈六条，俱奉旨准行。旋见御史张盛藻奏请改派学习，继见大学士倭仁请罢前议，臣以为同文馆之议，或可中止。兹复见总理衙门示期考试，录取送馆攻习。臣月余以来，日夜研思同文馆原奏，觉其事、其理、其言、其心，有不可解者十焉。

谓学士大夫不可无羞无耻，而必欲激其羞恶之良、愧耻之念，其见未尝不善。然而中国之可羞可耻者，未有大于西洋之流毒、西人之倡乱矣。自道光年间起衅粤东，其前误于琦善等丧师辱国，失守沿海炮台，任其盘踞香港，因得潜窥内地虚实，熟悉江海水道。故由广东而江、浙，而天津，构数千年未有之祸，扰乱中国之边疆，凭陵中国之城池，侵据中国之关口，耗散中国之财赋，荼毒中国之人民，屡和屡叛，国家之贫弱因之。其后误于端华、肃顺等，借寇要君，牵制沿海将帅，因而战守失策，于咸丰十年乘中原多事，又复渝盟败约，肆虐京华，焚烧宫阙，以致文宗皇帝北狩热河，上宾龙驭。诸王大臣目击其变，身受其灾，正宜尝胆卧薪，处心积虑，勤思破敌之良策，广求济变之人才，以掩当年之羞，以雪数世之耻，方足以激励天下也。乃今日不耻不共戴天之仇，而羞不知星宿之士，何忘大耻而务于小耻也！此臣之不解者一也。

原奏称西人制器之法，无不由度数而生；又称其法本中国之法，特西人缜密，善于运思，意以为深明天文数学无过西人，此又所见之不广也。中国自羲、轩、尧、舜、禹、汤、文、武、周公、孔、孟以及先儒曩哲，或仰观俯察，开天明道，或继承缵述，继天立极，使一元之理，二五之精，三极之道，旁通四达，体之为天人性命参赞化育之经，用之为帝典、王谟、圣功、贤学之准，广大悉备，幽明可通，所以历代之言天文者中国为精，言数学者中国为最，言方技艺术者中国为备。如浑天仪、乾凿度，太玄、洞极、潜虚、星纪、九章、三率、周髀、皇极诸书，相继而起，恐西学之轮船机器未必有如此幽深微妙矣。又况中国为人材渊薮，数理载国朝精蕴，二百余年，时宪无失闰之讥，天象无昏迷之消，是此时之天文算数较历代为尤精也。夫以中国之大，养士之久，岂无一二知天文明数学之士足以驾西人而上之者哉？即如康熙、乾隆时，当涂县徐文靖，一文学士，作《山河两戒考》，取诸家之辨论与西士互相考证，其间星宿多寡，度数躔次歧异者不一而足。可见西洋于天文数学未必精也。又有侍郎胡煦，作《周易函书》，讲明河洛理数，指陈勾股尺算，俱采入《四库全书》，最易通晓，何不令天下举而习之，而必自卑尊人，舍中国而师夷狄？此臣之不解者二也。

原奏称制造轮船机器，苟不借西士为先导，俾讲明机巧之原，制作之本，窃恐师心自用，徒费钱粮，意必以轮船机器为西洋恃以制胜中国之具，而亦用轮船以敌轮船，机器以御机器，其策尤非也。夫有利器者在有善其事之工而器始利，有善事之工，无善用之人，其器不利；即有善用之人，遇有人焉，能破之，其器仍不利。尝见《宋史》，载水贼杨太湖中浮舟，以轮激水，其行如飞，官舟迎之辄碎，而岳飞兵到，不数日其船悉破，其人就擒。可见轮船、机器不足恃也。况中国数千年来未尝用轮船、机器，而一朝恢一朝之土宇，一代拓一代之版章。即我朝自开创以来，与西洋通商非一日，彼之轮船、机器自若也。何康熙时不准西洋轮船数只近岸，彼即俯首听命，不敢入内地一步？及至道光、咸丰，沿海将帅督抚，开门揖盗，内廷大臣以耳为目，先存畏惮之心，请旨屡示宽容，而彼愈张凶焰。然犹有僧格林沁于天津一战，破彼轮船十余只，又可见轮船机器，即洋人用之亦不足恃也。今不思破之之方，御之之术，窃恐中国将来之轮船机器较彼尤精，而用之不得其法，不得其人，未必不徒费钱粮，徒劳人力也。此臣之不解者三也。

原奏称，论者不察，必以臣等为不急之务。第思此时当务之为急者，不在天文而在人事，不在算术机巧而在政治修明。近来洋人伏于肘腋间，横行恣睢，沉几观变。朝廷急宜忧勤惕厉，奋其神武，或旁招远诏，求天下之人才，或博访周咨，知民间之疾苦。近责枢密大臣，正本清源，深谋远虑，务使立一法必思不戾旧章，行一令必期永孚众志，不得敷衍了事，不得唯阿取容。远策将帅督抚，振兴士卒，整饬官常，作忠义之气于行间，尽教养之怀于民上，条例无益者除之，免胥吏弄法，黜陟无实者驳之，免督抚专权，应天以实不以文，敬事而信无所欺。如此则纪纲立，号令行，政教兴，洋人虽众，机器虽利，轮船虽多，断不敢肆行无忌也。今自皇上御极以来，汲汲以求贤为念，而廷臣荐举半皆获罪人员；时时以安民为心，而凋敝余生犹有官吏剥削。新章一出，成宪徒事变更；军务未竣，赏赍时多反复。尝见久经奏调保举人员，部曹胥吏竟置谕旨于不问，辄敢驳斥经外臣奏参者，此律例烦苛，曹司胥吏得从中舞弊也。举劾当据陈事实，今则于六法之外，拟一二语以为甄叙，无怪荐弹乖异无实，不足示劝惩也。且资格限难于自效，贤才所以多消阻；官禄薄无以养廉，士夫所以荒职业。善政未修于上，实学未讲于下，而犹令舍人事以习天文数学，此臣之不解者四也。

原奏称，中国之宜谋自强，至今而已亟也。夫自强之道，岂在天文、算数、轮船、机器哉？臣观史册，见历代之致升平、臻郅治者，皆上有至诚无息之令主，下有各尽其职之臣工，纬武经文，一时天下畏威怀德，庶民子来，百工咸集，蛮夷率服矣。今者西洋以数千魑魅魍魉横恣中原，朝廷犹因循含忍，不筹控驭之奇策，慑服之宏规；而且宰辅不闻挞伐之书，台谏竟无驱除之疏，吏部惟知循例即以为得人，户部只悉收捐即以为富国，兵制大坏而兵部不知，工作不精而工部不省，无惑乎人才不兴，国用不足，兵气不扬，国威不振也。有自强之心，无自强之政，而徒震惊于外洋机器、轮船不可制，此臣之不解者五也。

原奏称，招取翰林、进士、五项正途京外官员，考试录取，延聘西人在馆教习。此尤大伤风教。夫洋人之与中国，敌国也，世仇也，天地神明所震怒，忠臣烈士所痛心，无论偏长薄技不足为中国师，即多才多艺层出不穷，而华夷之辨不得不严，尊卑之分不得不定，名器之重不得不惜。况科甲人员，读圣贤书，将以致君泽民为任，移风易俗为能，一旦使之师事仇敌，窃恐朝夕相聚，西人或怀私挟诈施以蛊毒，饮以迷药，遂终身依附于彼，昏瞀不醒，习其教者牢不可破。而忠义之气自此消矣，廉耻之道自此丧矣，机械变诈之行自此起矣。圣贤之大道不修，士林之节概不讲，无一非西学阶之厉也。此臣之不解者六也。

原奏称，西洋各国讲求轮船之制，互相师法，制作日新，雇买以应其用，计虽便而法终在人，讲求以得其源，法既明而用将在我，因开设同文馆。揆诸立馆之心，亦隐虑洋人布满天下，数十年来从无有人议及破之御之之法，而乃于少年科甲中择其颖悟者师其制作，或洞悉源本，或阴得人才，以为将来破之御之地步，此中委曲又不便明示天下，以启衅端，而故为权宜之计，久远之谋。不知其计亦左，其谋亦拙也。夫洋人诡谲百出，所为狡焉思逞，侵陵中国者，方将以轮船机器罔中国无穷之利，断不肯以精微奥妙指示于人。就令其尽心竭力，举其理其源细微曲折全行教授，亦不过制成船器，与之并驾齐驱已耳，而破之御之之法岂能并以相告哉？况轮船必熟谙江海水性水道，而运用始灵。今使科甲人员明其理，悉其源，将来造轮船时，势必引绳削墨，一一教工匠制作，又必纷纷探明江海水势浅深，教水手运用制敌之法，有如是之劳而能成功者乎？窃见古今来坚甲利兵足以制敌之命，较机器尤精也，而人不为用，屡有弃甲曳兵之时；高城险塞足以为人之卫，较轮船尤固也，而人不为守，屡有弃城失险之候。可知天时不如地利，地利不如人和也。兹不操出奇之胜算，而为依样之葫芦，此臣之不解者七也。

原奏称，李鸿章、左宗棠等皆能深明其理，坚持其说，或设艺局，或设机器局，拣派兵弁与少年子弟，延请洋人教以语言文字、算法、画法，以为将来造轮船机器之本。由此以观，是西学之不可不急为肄习也。臣思此事，疆臣行之则可，皇上行之则不可；兵弁少年子弟学之犹可，科甲官员学之断不可。何也？疆臣之制作，信从者不过一省一时，朝廷之诏令，遵守者则在天下万世；兵弁子弟学之，不过成其艺事，科甲官员学之，即可浸成风俗也。盖科甲官员，四民之瞻仰，天下所崇奉者也。查耶稣之教，流入中国有年，不能诱善良而行习者，以其书皆怪诞不经之书，其教乃违天害理、灭伦废义之教，所以稍有知识者必不听其蛊惑也。今而使少年科甲人员习其天文数学，北面修弟子之仪，不二十年间，循例升转，内而公卿大臣，外而督抚大吏，皆惟教是从，惟命是听，出于门墙者也。万一徇私情，废公义，其害可胜言哉？又恐天下之人，因科甲尚且学习，遂相习成风。或奉行不善，一时颛蒙愚鲁之辈，奸宄不法之徒，借习天文算学为名，结党成群，互相引诱煽惑，倚彼势力，造言生事，洋人愈得进步，连合响应以倡乱阶，恐西学未成，而中原多故也。是西教本不行于中国，而总理衙门请皇上导之使行也，此臣之不解者八也。

原奏称，事属创始，立法宜详，欲严课程，必须优给廪饩，欲期鼓舞，必当量予升途，是于勤惰之中，亦寓赏罚之道。窃思赏罚为驱策天下之大柄，赏罚宜公，禄养宜厚，岂仅于同文馆一处行之哉？近日陕、甘、滇、黔、豫、楚，贼氛正炽，军士讧哗屡告，京外大小官员廉俸裁撤，未见增加，从公枵腹，而朝廷之赏罚无位，随财而行，杀贼立功者，不稽核真伪于前，而苛求出身于后，特开补交、捐免，保举之条，此赏之不信也。因罪获谴者不追咎其既往，予自新于将来，有加倍捐复之例，则罚之不必也。而且遇缺存遇缺之名，即用无即用之实；披坚执锐者半目为夤缘，循行数墨者厚膺其爵赏，将何以励戎行而伸士气也？兹惟于同文馆厚廪饩、广升途，何明于此而暗于彼，略其大而举其细？此臣之不解者九也。

原奏称，外人之物议虽多，当局之权衡宜定，臣等于此筹之熟矣。此言尤属偏执己见，专擅挟持，启皇上以拒谏饰非之渐。夫自古帝王，立隆建极，务在循天理，顺人情。故询事考言，用中执两，而后成为大知；悬鼗设铎，博采旁搜，而后不拂乎民心。若事当于理而可行，自必询谋佥同，无有疑议。若事必不可行而行之，物议沸腾，在所不畏，人言浮动，置若罔闻，尼沮者招愆，谏诤者获谴，则有王安石之行新法，秦桧之主和议，大抵如是也。其后祸及天下，害贻后世，何莫非胶固擅权独行独断之所致哉？伏见我朝成宪，凡改一制度，设一官职，必下王大臣、九卿、翰詹、科道会议妥协，覆奏施行，所以无专擅诸弊。今新立一同文馆，而令翰林、进士科甲正途出身京外各官皆从事夷狄，此何等重大事件，关系匪轻，岂总理衙门数人之私见遂能决然行之而无弊乎？即观其原奏命意，亦兢兢于人言，务为回护。是其设立同文馆之初，未尝不明知此事之不当于天理，不洽于人心，不合于众论，而必欲溃夷夏之防，为乱阶之倡，此臣之不解者十也。

臣知同文馆为总理衙门请旨准行，未尝计及于行之害，不行之利，狃于目前，忽于日后，强词夺理，万难挽回；惟见两宫皇太后自听政以来，遇事必虚衷访问，斟酌尽善，不拘成见。兹于同文馆之设，创制非宜，谨请收回成命，以杜乱萌，而端风教，弭天变而顺人心。若事在必行，恐失信于外洋，又生衅隙，仰恳将翰林、进士科甲有职事官员撤销，惟招取曾经学过天文算数者考录送馆，与西人互相印证。如此既无失信于外夷，亦可无伤风化也。

再，同文馆三字系宋代狱名，考宋史蔡京等当权，残害忠良，排斥正士，有异己者即下同文馆狱。是同文馆之名，非美名也，今复袭之，而令翰林、进士、五项正途相聚其中，既失考据而又非嘉予士林之盛举矣。

近因人情疑惧，议论纷纷，实不能已于刍荛之献者，故越职言事之罪在所不辞。冒死直陈，上渎天听，伏乞圣鉴。谨奏。（《中国近代史资料丛刊·洋务运动》第二册）

陈　锦

光绪九年六月二十一日掌广东道监察御史陈锦奏

……窃惟算学莫精于国朝，我圣祖仁皇帝天纵圣明，留心勾股，著有成书，刊布海内，一时通其业者颇不乏人，特未以之立教而课士耳。迩来讲求洋务，制造机器，凡海关、粮务、水师、陆队，在在需才，故特开同文馆以肄习之，典至重也。乃行之数年，迄鲜成效。推原其故，约有数弊，臣请为皇太后、皇上陈之。

一曰考课不真。考课之去取，算学之优劣所由分也。去取失当，人才何由鼓励？乃近闻无耻之徒，专与副教习联络声气，试则前茅也，食则全俸也，叩以算学则茫然不知也。其不讲联络者，虽文理优长，名次概行列后。现在摆印算学课艺一部，其中胪列人名，半皆不通算法，则此书岂非虚文乎？嗣后应令各报所长，出题次第面试，以分真赝，以励人材。

一曰铨补不公。学生额缺，例按资格、功课以凭叙补。乃近来补缺之人，非得自贿求，即或由情面，有最后到馆而补者，有不晓算数而补者，并有丁忧回籍而仍补且得优保者；否则虽资格在前，功课勤奋，而无人关照，叙补无期。至保举一节，尤多蒙保、混保之弊。闻光绪二年九月间，该馆学生罗秀绅呈恳该堂官破除情面，革弊察奸，呈中所言，俱是痛哭流涕之语，该提调等深恐败露，巧为弥缝，竟回堂将罗秀绅勒令出馆了事。上下蒙蔽，公道复安在耶？嗣后应令确议定章，按例叙补，以息浮论，以昭公允。

一曰奖赏不实。馆中诸生，本多寒畯，全赖奖赏银两接续火食。乃该提调于月考奖赏内或扣四五两不等，于季考奖赏内扣七八两不等，名存厨房，实饱私橐。自元年起至九年止，所扣之银，为数甚巨，不知作何开销？至克扣之外，又将此项银两折换钱票分给，百计渔利，无微不入，吮众人之膏血，肥自己之身家，此市侩之所为，而该提调为之，亦无耻甚矣。嗣后应令该堂官于揭晓时，当堂实领实放，毋许克扣分文，以恤寒士，以溥实惠。

一曰馆规不严。馆中督课程功，权在提调，向例轮流住班，以资表率。乃近闻提调中竟有不住宿者，晚餐醉饱，食足洋烟，令门丁携取茶叶点心，潜行回寓，而馆内一切大小事宜，概不管束。以致该学生酗酒、赌博，荡检逾闲。苏拉从而效尤，作乐唱戏，喧哗达旦。夫业不勤不精，心不静不入。功课之荒，成材之少，职是故耳。嗣后应令慎选提调，严立规程，以课实功，以除锢习。

以上各节，臣既有所闻，不敢缄默，虽其弊未必止是。总之，提调非人则诸弊相因而至，欲得真才而收实效，势必不能。当此时事多艰，需才孔亟，该衙门大臣等受恩深重，自当公忠体国，仰慰宸廑。其应如何设法整顿以期材归实用，费不虚縻，臣区区愚忱，不胜激切翘企待命之至。谨奏。

◎附片一

再，闻同文馆提调苑菜池贪鄙嗜利，擅作威福，每逢节期、生期，令门丁刘二名汉臣向各学生索取规费，或三千四千不等，而刘二亦巧于迎合，授意各生，厚送礼物，或洋烟、洋表、洋枪以及皮褂、绸缎、衣料等件，该提调无不一概全收。有馈送者待以礼貌，许以保举；无馈送者，加以势迫，扣其薪水。各生敢怒而不敢言，只得纷纷告退。馆内厨役头目亦畏其权势煊赫，进奉车一辆、骡一头，现该提调所乘之车即此车也。又闻该提调前岁向洋教习柯里士借银六百两，拖延不还。嗣柯里士回国索欠争吵，欲行具控，经教习丁韪良从中调处，该提调即商允总办，在该衙门库内挪出银两给还了事。夫洋教习非放债之人，而公库亦非借贷之所，无论该提调填还与否，即此擅动官项，已属大干法纪。应请饬查严惩，以为贪劣不职有玷官箴者戒。为此据实沥陈。谨奏。

◎附片二

再，同文馆后馆，专调八旗少年子弟在彼学习。乃开馆多年，而通晓洋文、汉文者寥寥无几，殊属有名鲜实。且例无薪水，既乏糊口之资，安能尽心于学？今若议加津贴，而库储支绌，经费指拨维艰。审处熟思，与其留馆肄业，误子弟有用之聪明，何如归旗读书，储国家无方之贤俊！况值整顿旗学风矩，严明造就，尤自易易。可否撤销后馆，饬该子弟各归各旗，实图进取之处，伏候圣裁。谨奏。（《中国近代史资料丛刊·洋务运动》第二册）

志　锐

光绪十六年二月二十六日詹事府詹事志锐片

　　再，储材为致用而设，而投闲置散者无功；人才以历练而精，而缘木守株者无效。总理衙门同文馆之设，历有年矣，各省拔尤而送到之人为数多矣，而出洋大臣奏带同文馆学生充当翻译者，卒不多见，佥谓学生文字虽精，语言不熟，每有临时传述而洋人茫然不解者。奴才曾经试验，令其与洋人对面交谈，诚有不解之时。推原其故，盖学生专习文字，一旦托之言语，只能按书翻译，多有与土音方言不合之处。较之专习语言者，应答驳诘，殊欠爽利。不知同文馆学生，朝廷不惜经费，二十年来养之教之，原冀成才，以供驱策。皆先由读书明理考校进身，其心地必皆可信。况文字既已精通，语言尤易领悟，应请饬下每于轮换出使大臣之时，令其带出四人，仍照学生支给薪水，专习语言，三年之间，断无不能通晓之理。或翻译缺出，即令坐充；或参赞乏人，亦许拟补。量其能而加以鼓励，必有可用之才，较之在外物色翻译，为益不浅。至于支给薪水，则令出使大臣酌量匀拨，少带一二随员，即可匀出此四人薪水，应请不必格外议增经费。为此一变通间，学生皆归有用，翻译不假外求，似于设立同文馆本意尚为符合。不然，豢养多人，坐縻廪糈，又何贵此教养为耶？……（《中国近代史资料丛刊·洋务运动》第二册）

3. 守旧派与洋务派关于派遣留学的争论

引　言

在对外交涉与创办近代洋务企业的过程中，洋务派认识到了培养洋务人才、开展留学教育的重要性。最初向清政府提出派遣留学生建议的是容闳，他提出了留学教育计划，并为之不断奔走，终于在天津通过丁日昌向正在办理教案交涉的曾国藩正式提出，并得到其首肯。容闳在其《西学东渐记》的自传中，记载了其提出派遣留学建议与组织第一批官派留学幼童的过程。

此后，曾国藩在我国近代首批留美学生派遣的酝酿过程中发挥了关键性作用。他于同治九年九月十六日，同治十年正月、五月初九日、七月初三日，同治十一年正月十九日，或单独、或与李鸿章等联名先后五次上书清政府，建议"选聪颖幼童送赴泰西各国书院学习军政、船政、步算、制造诸学，约计十余年，业成而归。使西人擅长之技，中国皆能谙悉，然后可以渐图自强"（《论幼童出洋肄业》）。曾国藩、李鸿章在奏折中建议，由翰林陈兰彬担任留学事务局正委员，容闳为副委员。同治十一年七月初九，经清朝政府批准，在陈兰彬、容闳率领下，中国第一批留学生梁郭彦、詹天佑等30人从上海启程，前往美国开始留学生涯。此后两年中，清政府又按计划派出3批，共计120名。

在派遣留学的过程中，出现了怀疑的声音，曾国藩等在奏折中有针对性地做过解释，如同治十年五月初九日在奏折中指出："京师设同文馆，选满汉子弟延西人教授。又上海开广方言馆，选文童肄业，似中国已有基绪，无须远涉重洋。不知设局制造，开馆教习，所以图振奋之基也；远适肄业，集思广益，所以收久大之效也。"曾国藩在同治十一年正月十九日（即其去世前15天）与李鸿章联名所上奏折中，称"挑选幼童出洋肄业，固属中华创始之举，抑亦古来未有之事"，同时告诫"此系选定官生，不准半途而废"。但遗憾之事还是发生了，幼童留美的计划还是夭折了。

1879年底，陈兰彬推荐吴子登为留学事务局第四任监督。吴子登本是留学事务的反对派，历来把学生留洋看成离经叛道之举。1880年4月1日，吴子登向全体留学生发布《留学局谕告》，要求学生在学习外国功夫的同时不要忘了本国规矩，要努力温习四书五经；同时发布了《留学事务局新守则》，对留学生提出严厉要求。1880 年 12 月，吴子登向陈兰彬告状："外洋风俗，流弊多端，各学生腹少儒书，德性未坚，尚未究彼技能，先已沾其恶习，即使竭力整顿，亦觉防范难周，亟应将该局裁撤。"陈兰彬据此于光绪七年二月初六日上奏，请求清廷将幼童们全部撤回。不过，有学者根据新发现的、散见于北京大学图书馆所藏《总理各国事务衙门清档》第 252 号至 255 号档册中的陈兰彬信函，认为处于留美事业核心位置的三人——陈兰彬、容闳、吴嘉善，无意于执意撤回留美学生（李文杰：《新发现的陈兰彬信函释读——留美幼童撤回事件之补证》，《史林》2013 年第 1 期）。在保守势力主张撤留学生的情况下，李鸿章犹豫不决，在《论出洋肄业学生分别撤留》中，他主张"半留半撤"。光绪七年五月十二日，总理衙门奕䜣等上奏，借题发挥，称李鸿章有"不撤而撤之意"。慈禧太后当日即批示，下令将幼童悉数撤回。在四批 120 名学童中，只有詹天佑和欧阳赓已经大学毕业，有 60 多人正在读大学，其余的还只是中学生，这些学生中有 3 人病故，数人先行回国，少数人抗拒未归，其余则在 1881 年 9 月 6 日离美回华。

奕　䜣

同治十一年四月十一日总理各国事务奕䜣等奏

……原任大学士两江总督曾国藩、协办大学士直隶总督李鸿章奏遴派委员携带学生出洋肄业兼陈应办时宜一折，同治十一年正月二十二日，军机大臣奉旨："该衙门议奏，单并发。钦此！"钦遵，由军机处钞交到臣衙门。

据原奏内称，挑选学生出洋肄业，固属中国创始之举，所有携带学生委员，非坚忍耐劳志趣卓越者不足以膺是选。查有奏调四品衔刑部主事陈兰彬、运同衔江苏候补同知容闳等二员，上次折内业经奏明，均堪胜任，应请饬派陈兰彬为正委员，容闳为副委员，常川驻扎美国，经理一切事宜。至挑选学生，应在上海设局，分批出洋，与出洋之员呼吸相通。查有运同衔分发候补知府刘翰清熟悉洋务，檄令总理沪局事宜各等语。臣等查西人长技在于制器，而其大要皆本于算法。现欲取彼所长，辅我所短，自非选材前往学习未易得其要领。所选学生，年皆幼稚，自须委员常川约束，在沪挑选，分批送往外洋，亦须有人经理，所有请派委员陈兰彬、容闳、刘翰清等分别常驻美国及在沪设局，互相商办各专责成，应如所议办理。惟查开列应办事宜清单第一条内开"挑选学生以十二岁至二十岁为率"，第二条内开"在洋肄业以十五年为率，中间艺成后游历两年，以验所学，然后回至内地"各等语。臣等查所选学生以十二岁计算，至十五年艺成后回至中国时已二十七八岁，若以二十岁计算，则肄业十五年回至中国将及三十六七岁，其家中父母难保必无事故。且年近二十，再行出洋肄业，未免时过后学，难望有成。应请酌定，自十二岁至十六岁为率，并剔除亲老丁单之学生，毋庸挑选外，其挑选出洋者，亦应随时考验所学，或有不及十五年而已有成效，及遇有事故者，准其报明，由该委员会确实查核，酌准送回。且学生一百二十名之多，在洋十五年之久，亦难保无因病出缺等事，应如何办理之处，亦须议及。其挑选出洋各学生姓名、籍贯、三代履历，应饬该委员造具清册，申报该督等，转咨臣衙门存案，以备查核。又第四条内开"恭逢三大节及朔望等日，由驻洋委员率同在事各员以及诸学生等，望阙行礼"等语，所议甚是。臣等并拟令在洋局恭设至圣先师神位，驻洋委委员率同在事各员以及诸学生一体行礼。其余各条，应如所议办理。……（《中国近代史资料丛刊·洋务运动》第二册）

光绪七年五月十二日总理各国事务衙门奕䜣等折

……窃维肄业局之设，原以办理洋务须熟悉彼中情形，方免隔阂。自同治十年由南北洋大臣奏定章程，挑选幼童中之资质较优者，派员管带出洋，前往就学，以备异日材成之用。及在哈富设局后，凡有水土不服过重及不遵约束者，先后分起撤回。其留局肄业诸生，虽未必尽属成材，但使教导有方，尚可收拔十得五之效。讵料日久弊生，有名无实。上年刘坤一来京，代该局前任总办区谔良转递节略一纸，条陈局中利弊，颇为详尽。臣等当即函致陈兰彬，嘱其确切查明。旋据复称，该局利少弊多，难资得力。臣等又与李鸿章往返函商，李鸿章亦有半撤半留之议。去年十一月十六日奉上谕："有人奏，洋局废弛，请饬严加整顿一折，着李鸿章、刘坤一、陈兰彬查明洋局劣员，分别参撤，将该学生严加约束，如有私自入教者，即行撤回，仍妥定章程，免滋流弊。"等因，钦此。钦遵，恭录行知遵照去后。嗣据陈兰彬奏称："外洋风俗，流弊多端，各学生腹少儒书，德性未坚，尚未究彼技能，先已沾其恶习，即使竭力整顿，亦觉防范难周，亟应将该局裁撤。"等语。奉旨："该衙门知道。钦此。"

臣等查该学生以童稚之年，远适异国，路歧丝染，未免见异思迁，惟恃管带者督率有方，始能去其所短，取其所长，为陶铸人材之地。若如陈兰彬所称，是外洋之长技尚未周知，彼族之浇风早经习染，已大失该局之初心。四月二十六日，准李鸿章来咨，现调出洋学生二十名赴沪听候分派，是亦不撤而撤之意。臣等以为与其逐渐撤还，莫若概行停止，较为直截。相应饬下南北洋大臣，趁各局用人之际，将出洋学生一律调回。一面妥订章程，责成该局员亲自管带各童回华，庶免任意逗留，别生枝节。至诸生肄业既久，于原定章程九门当亦渐通门径，回华后察其造诣浅深，分配各处，庶无失材器使之意。局中一切经费，即自裁撤之日，逐款划清，不准再有虚糜，并咨报臣衙门备案，以重帑项。……（《中国近代史资料丛刊·洋务运动》第二册）

曾国藩

奏带陈兰彬至江南办理机器片

再，四品衔刑部主事陈兰彬，经臣于上年正月奏调来直襄办一切，深资臂助。该员实心孤诣，智深勇沉，历练既久，敛抑才气，而精悍坚卓，不避险艰，实有任重致远之志。臣九月初六日奏陈海上操兵之法，其要全在船主得人。目下中国轮船，于驾驶出洋尚未练习，欲求已成之材，可为船主者，自属不易多遘。将来召募之始，必先择闽粤沿海之人不惮风涛者，使之学习掌舵看火测量沙线等事，以期渐就娴熟。该员生长粤东，留心兵事，若令延揽将材，于轮船操练事宜，必有裨益。至外国技术之精，为中国所未逮，如舆图算法，步天测海，制造机器等事，无一不与造船练兵相为表里，其制则广立书院，分科肄业，凡民无不有学，其学皆专门名家，每治一艺，每制一器，皆系父子相传，世继其业，然后通微合漠，愈久愈精。其国家于军政船政，皆视为身心性命之学。如俄罗斯初无轮船，国主易服微行，亲入邻国船厂，学得其法。乾隆年间，其世子又至英国书院肄业数年，今则俄人巨炮大船，不亚于英法各国，此其明效。江苏抚臣丁日昌屡与臣言，宜博选聪颖子弟，赴泰西各国书院及军政、船政等院，分门学习，优给资斧，宽假岁时，为三年蓄艾之计。行之既久，或有异材出乎其间，精通其法，仿效其意，使西人擅长之事，中国皆能究知，然后可以徐图自强。且谓携带子弟前赴外国者，如该员陈兰彬及江苏同知容闳辈，皆可胜任等语，臣精力日衰，自度难策后效，然于防海制器等事，亦思稍立基绪，异日有名将帅者出，俾之得所凭借，庶不难渐次拓充。陈兰彬素有远志，每与议及此事，辄复雄心激发，乐与有成。该员系奉旨交臣差遣之员，此次仍拟带至江南，于目前操练轮船，将来肄业，西洋各事，必能实力讲求，悉心规划。理合附片陈明，伏乞皇太后、皇上圣鉴训示。谨奏。
（《曾文正公全集》奏稿卷三十）

论幼童出洋肄业（同治十年五月初九日）

……去秋，国藩在津门，丁雨生中丞屡来商榷，拟选聪颖幼童送赴泰西各国书院学习军政、船政、步算、制造诸学，约计十余年，业成而归。使西人擅长之技，中国皆能谙悉，然后可以渐图自强。且谓携带幼童前赴外国者，如四品衔刑部主事陈兰彬、江苏同知容闳皆可胜任等语。国藩深韪其言，曾于去秋九月及今年正月两次附奏在案。鸿章复往返函商，窃谓自斌君椿及志孙两君奉命游历各国，于海外情形亦已窥其要领。如舆图、算法、步天、测海、造船、制器等事无一不与用兵相表里。凡游学他国得有长技者，归即延入书院，分科传授，精益求精。其于军政船政直视为身心性命之学，今中国欲仿效其意而精通其法。当此风气既开，似宜亟选聪颖子弟携往外国肄业，实力讲求，以仰副我皇上徐图自强之至意。查美国新定和约第七条，内载嗣后中国人欲入美国大小官学学习各等文艺，须照相待最优国人民一体优待，又美国可以在中国指准外国人居住地方设立学堂，中国人亦可在美国一体照办等语。国藩等思外国所长既可听人共习，志孙诸君又已导之先路，计由太平洋乘轮船径达美国，月余可至，尚非甚难之事。或谓天津、上海、福州等处已设局仿造轮船、枪炮、军火。京师设同文馆，选满汉子弟延西人教授。又上海开广方言馆，选文童肄业，似中国已有基绪，无须远涉重洋。不知设局制造，开馆教习，所以图振奋之基也；远适肄业，集思广益，所以收久大之效也。西人学求实济。无论为士，为工，为兵，无不入塾读书，共明其理，习见其器，躬亲其事，各致其心思巧力，递相师授，期于月异而岁不同。我中国欲取其长，使一旦遽图尽购其器，不惟力有不逮，且此中奥窍，苟非遍览久习，则本原无由洞澈，而曲折无以自明。古人谓学齐语者，须引而置之庄岳之间。又曰百闻不如一见，比物此志也。况诚得其法，归而触类引伸。视今日所为孜孜以求者，不更可扩充于无穷耶！惟是试办之难有二：一曰选材，一曰筹费。盖聪颖子弟不可必得，必其志趣远大，品质朴实，不牵于家累，不役于纷华者，方能远游异国，安心学习，则选材难。国家帑项岁有常额，增此派人出洋肄习之款，更须措办，则筹费又难。凡此二者，国藩、鸿章亦深知其难，第以成山，始于一篑。蓄艾期以三年，及今以图庶他日。继长、增高稍易为力。爰饬陈兰彬、容闳等悉心酌议，加以复核。拟派员在沪设局，访选各省聪颖幼童，每年以三十名为率。四年计一百二十名。分年搭船赴洋在外国肄习。十五年后，按年分起，挨次回华。计回华之日，各幼童不过三十岁上下，年力方强，正可及时报效。闻前此闽、粤、宁波子弟亦时有赴洋学习者，但止图识粗浅洋文、洋话，以便与洋人交易，为衣食计。此则入选之初慎之又慎。至带赴外国，悉归委员管束。分门别类，务求学术精到。又有翻译、教习随时课以中国文义。俾识立身大节，可冀成有用之材。虽未必皆为伟器，而人才既众，当有瑰异者出乎其中。此拔十得五之说也。至于通计费用，首尾二十年需银百二十万两。诚属巨款，然此款不必一时凑拨，分晰计之，每年接济六万，尚不觉其过难。除初年盘川发给委员携带外，其余指有定款，按年预拨，交与银号陆续汇寄，事亦易办。总之图事之始，固不能与之甚奢，而遽望之甚奢。况远适异国，储才备用，更不可以经费偶乏，浅尝中辍。近年来设局制造，开馆教习，凡西人擅长之技，中国颇知究心。所需经费，均蒙谕旨准拨，亦以志在必成。虽难不惮，虽费不惜。日积月累，成效渐有可观。兹拟选带聪颖子弟赴外国肄业，事虽稍异，意实相同。仰维尽抱婀谟，主持大局，当必有以提挈之也。章程十二条附呈台览，如贵衙门以为可行，一俟接到复信，敝处即会衔具奏。其需用经费，亦即奏明饬下江海关，于洋税项下指拨，勿使缺乏。章程中恐有未尽事宜，仍求裁酌示知遵办。再春间美国镂使过津时，鸿章曾面与商及，渠甚怂恿速办，并允俟贵衙门知照到日，必即转致本国妥为照料。三月间，英国威使来津接见，亦以此事有无相询。鸿章当以实告。意颇欣许，谓先赴美国学习，英国大书院极多，将来亦可随便派往。此固外人所深愿，似于和好大局有益无损。……（注：是函与李鸿章共同具名）（《李文忠公全书》译署函稿卷一）

同治十年七月十九日大学士两江总督曾国藩等奏

奏为拟选聪颖子弟前赴泰西各国肄习技艺，以培人才，恭折仰祈圣鉴事。

窃臣国藩上年在天津办理洋务，前任江苏巡抚丁日昌奉旨来津会办，屡与臣商榷，拟选聪颖幼童送赴泰西各国书院，学习军政、船政、步算、制造诸书。约计十余年业成而归。使西人擅长之技，中国皆能谙悉。然后可以渐图自强。且谓携带幼童前赴外国者，如四品衔刑部主事陈兰彬，江苏候补同知容闳皆可胜任等语。臣国藩深韪其言。曾于上年九月、本年正月两次附奏在案。臣鸿章复往返函商。窃谓自斌椿及志刚、孙家谷两次奉命游历各国，于海外情形亦已窥其要领。如舆图、算法、步天、测海、造船、制器等事，无一不与用兵相表里。凡游学他国，得有长技者，归即延入书院，分科传授，精益求精。其于军政船政，直视为身心性命之学。今中国欲仿效其意而精通其法，则当此风气既开，似宜亟选聪颖子弟携往外国肄业，实力讲求，以仰副我皇上徐图自强之至意。

查美国新立和约第七条，内载嗣后中国人欲入美国大小官学学习各等文艺，须照相待最优国人民一体优待；又美国可以在中国指准外国人居住地方设立学堂，中国人亦可在美国一体照办等语。本年春间，美国公使过天津时，臣鸿章面与商及。允俟知照到日，即转致本国妥为照料。三月间，英国公使来津接见，亦以此事有无相询。臣鸿章当以实告，意颇欣许。亦谓先赴美国学习，英国大书院极多，将来亦可随便派往。此固外国人所深愿。似于和好大局，有益无损。

臣等伏思外国所长，既肯听人共习。志刚、孙家谷又已导之先路。计由太平洋乘轮船径达美国，月余可至，当非甚难之事。或谓天津、上海、福州等处，已设局仿造轮船、枪炮、军火，京师设同文馆，选满汉子弟，延西人教授，又上海开广方言馆，选文童肄业。似中国已有基绪，无须远涉重洋。不知设局制造，开馆教习，所以图振奋之基也。远适肄业，集思广益，所以收远大之效也。西人学求实济，无论为士、为工、为兵，无不入塾读书，共明其理，习见其器，躬亲其事，各致其心思巧力，递相师授，期于月异而岁不同。中国欲取其长，一旦遽图尽购其器，不惟力有不逮，且此中奥密，苟非遍览久习，则本源无由洞彻，而曲折无以自明。古人谓学齐语者，须引而置之庄岳之间。又曰百闻不如一见。此物此志也。况诚得其法，归而触类引伸，视今日所为，孜孜以求者，不更扩充于无穷耶？

惟是试办之难有二：一曰选材，一曰筹费。盖聪颖子弟，不可多得。必其志趣远大，品质朴实，不牵于家累，不役于纷华者，方能远游异国，安心学习。则选材难。国家帑项，岁有常额，增此派人出洋肄习之款，更须措办。则筹费又难。凡此二者，臣等亦深知其难。第以成山始于一篑，蓄艾期以三年。及今以图，庶他日继长增高，稍易为力。爰饬陈兰彬、容闳等悉心酌议，加以复核。拟派员在沪设局，访选沿海各省聪颖幼童，每年以三十名为率。四年计一百二十名。分年搭船赴洋，在外国肄习。十五年后，按年分起，挨次回华。计回华之日，各幼童不过三十岁上下，年力方强，正可及时报效。

闻前此闽、粤、宁波子弟，亦时有赴洋学习者。但只图识粗浅洋文洋话，以便与洋人交易为衣食计。此则入选之初，慎之又慎。至带赴外国，悉归委员管束。分门别类，务求学术精到。又有翻译教习，随时课以中国文义，俾识立身大节，可冀成有用之材。虽未必皆为伟器，而人材既众，当有瑰异者出乎其中。此拔十得五之说也。

至于通计费用，首尾二十年，需银百二十万两，诚属巨款。然此款不必一时凑拨，分析计之，每年接济六万，尚不觉其过难。除初年盘川，发给委员携带外，其余指有定款，按年预拨，交与银号，陆续汇寄。事亦易办。总之，图事之始，固不能予之甚吝，而遽望之甚奢。况远适异国，储才备用，更不可以经费偶乏，浅尝中辍。

近年来，设局制造，开馆教习，凡西人擅长之技，中国颇知究心。所需经费，均蒙谕旨准拨。亦以志在必成，虽难不惮，虽费不惜。日积月累，成效渐有可观。兹拟选带聪颖子弟赴外国肄业，事虽稍异，意实相同。谨将章程十二条，恭呈御览，合无仰恳天恩，饬下江海关，于洋税项下按年指拨，勿使缺乏。恭候命下，臣等即饬设局挑选聪颖子弟，妥慎办理。如有章程中未尽事宜，并请敕下总理衙门酌核更改。臣等亦可随时奏请更正。

所有拟选聪颖子弟前赴泰西各国肄习技艺缘由，谨合同恭折具奏，伏乞皇太后、皇上圣鉴训示。谨奏。

◎**挑选幼童前赴泰西肄业章程**

一、商知美国公使，照会大伯尔士顿，将中国派员，每年选送幼童三十名至彼中书院肄业缘由，与之言明，其束脩膏火，一切均中国自备，并请俟学识明通，量材拔入军政船政两院肄习。至赴院规条，悉照美国向章办理。

一、上海设局，经理挑选幼童、派送出洋等事，拟派大小委员三员，由通商大臣札饬在于上海、宁波、福建、广东等处。挑选聪慧幼童，年十三四岁至二十岁为止，曾经读中国书数年，其亲属情愿送往西国肄业者，即会同地方官取具亲属甘结，并开明年貌籍贯存案，携至上海公局考试，如资性聪颖，并稍通中国文理者，即在公局暂住，听候齐集出洋；否则撤退，以节縻费。

一、选送幼童，每年以三十名为率，四年订一百二十名，驻洋肄业。十五年后，每年回华三十名，由驻洋委员胪列各人所长，听候派用，分别奏赏顶带、官阶、差事，此系官生，不准在外洋入籍逗留，及私自先回，遽谋别业。

一、赴洋幼童学习一年，如气性顽劣，或不服水土，将来难望成就，应由驻洋委员随时撤回，如访有金山地方华人年在十五岁内外，西学已有几分工夫者，应由驻洋委员随时募补，以收得人之效，临时斟酌办理。

一、赴洋学习幼童，入学之初，所习何书，所肄何业，应由驻洋委员列册登注，四月考验一次，年终注明等第，详载细册，赍送上海道转报。

一、驻洋派正副委员二员，每员每月薪水银四百五十两。翻译一员，每月薪水二百五十两。教习二员，每员每月薪水银一百六十两。

一、每年驻洋公费银共六百两，以备医药、信资、文册、纸笔各项杂用。

一、正副委员、翻译、教习来回川费，每员银七百五十两。

一、幼童来回川费及衣物等件，每名七百九十两。

一、幼童驻洋束脩、膏火、房租、衣服、食用等项，每名每年计银四百两。

一、每年驻洋委员将一年使费，开单知照上海道转报。倘正款有余，仍涓滴归公，若正款实有不足之处，由委员随时知照上海道，禀请补给。

一、每年驻洋薪水、膏火等费，约计库平银六万两，以二十年计之，约需库平银一百二十万两。（《筹办夷务始末（同治朝）》卷八十二）

同治十一年正月十九日曾国藩等折

……窃臣等拟选聪颖子弟，前赴泰西各国肄习技艺，以培人材，业于十年七月初三日专折会奏在案。旋准总理衙门复奏，不分满汉子弟，择其质地端谨，文理优长，一律送往。每年所需薪水膏火，准于江海关洋税项下指拨等因，知照前来。

伏查挑选幼童出洋肄业，固属中华创始之举，抑亦古来未有之事。所有携带幼童委员，联络中外，事体重大，拟之古人出使绝域，虽时地不同，而以数万里之遥，需之二十年之久，非坚忍耐劳，志趋卓越者，不足以膺是选。查有奏调来江四品衔刑部候补主事陈兰彬，夙抱伟志，以用世自命。挹其容貌，则粥粥若无能，绝不矜才使气。与之讨论时事，皆能悉烛幾微。盖有远略而具内心者。又运同衔江苏候补同知容闳，前在花旗居处最久，而志趣深远，不为习俗所囿。同治二年，曾派令出洋购买机器。该员练习外洋风土人情，美国尤熟游之地。并以联外交而窥秘钥。以上二员，上次折内业经奏明，均堪胜任。相应请旨饬派陈兰彬为正委员，容闳为副委员，常川驻扎美国，经理一切事宜。此时不敢遽请奖叙。将来办有成效，再由臣等从优酌保。

至挑选幼童，应在上海先行设局。头批出洋后，即挑选次年之第二批，又挑选第三、第四年各批。与出洋之员，呼吸相通。查有盐运使衔分发候补知府刘翰清，渊雅纯笃，熟悉洋务。业经檄令总理沪局事宜。所有驻洋及在沪两局中外大小事件，由陈兰彬等互相商办，各专责成。兹将臣等前奏所未及此，酌拟应办事宜，开列清单，恭呈御览。仰恳饬下总理衙门，核复施行。……

◎附清单

谨将挑选幼童及驻洋应办事宜，分条开列，恭呈御览：

一、挑选幼童，不分满汉子弟，俱以年十二岁至二十岁为率收录入局，由沪局委员，查考中学西学，分别教导。将来出洋后，肄习西学，仍兼讲中学，课以《孝经》、《小学》、五经及国朝律例等书。随资高下，循序渐进。每遇房虚昂星等日，正副二委员传集各童，宣讲《圣谕广训》，示以尊君亲上之义。庶不至囿于异学。

一、幼童选定后，取具年貌籍贯暨亲属甘结，收局注册。在沪局肄习以六个月为率。察看可以造就，方准资送出洋。仍由沪局造册报明通商大臣，转咨总理衙门查考。至洋局课程，以四个月考验一次。年终分别等第报查。其成功则以十五年为率。中间艺成后，游历两年，以验所学。然后回至内地，听候总理衙门酌量器使，奏明委用。此系选定官生，不准半途而废，亦不准入籍外洋。学成后，不准在华洋自谋别业。

一、出洋委员及驻沪办事所有内外往来文件，应刊给关防。洋局之文曰：奏派选带幼童出洋肄业事宜关防。沪局之文曰：总理幼童出洋肄业沪局事宜关防。均经臣刊刻饬发，以资信守。

一、每年八月颁发时宪书，由江海关道转交税务司，递至洋局。恭逢三大节以及朔望等日，由驻洋员之率同在事各员，以及诸幼童，望阙行礼，俾娴仪节而昭诚敬。

一、出洋办事，除正、副二委员外，拟用翻译一员、教习一员。查有五品衔监生曾恒忠，究心算学，兼晓沿海各省土音，堪充翻译事宜。光禄寺

典簿附监生叶源浚，文笔畅达，留心时务，堪充出洋教习事宜。业由臣檄
饬遵照，届时同正、副委员一并前往。

一、每年需用经费，查照奏定章程，于江海关洋税项下指拨洋局用款，
下年应用之项，于上年六月前由上海道筹拨银两，眼同税务司汇寄外洋，
交驻洋之员验收。其沪局用款，即交沪局总办支销。惟原奏系二十年内共
用一百二十万金，约计每年须六万两。而细加推算，分年应用之款，参差
不齐，不能适符六万之数。如首数年沪上设局，幼童齐往，用款较巨。第
四年竟至八万九千六百余两。末数年幼童已归，用款较减。第十九年仅需
二万三千四百余两。此外各年递推，亦皆多寡悬殊。兹有陈兰彬等核开清
单，某年应用银若干，交江海关道署存照，按年寄洋，仍由该道分析造报，
以昭核实。(《中国近代史资料丛刊·洋务运动》第二册)

李鸿章

复曾中堂（同治九年闰十月二十一日）

宫太保中堂夫子钧右：

奉十一日桃源手示，敬承一一。比当抵金陵接篆，惟福履嘉绥为颂。江
南自毅帅暴亡，首府冯君，著名正直。病四日而逝，都人惜之。雨生、小
轩接丁内艰。可谓极厄之会。幸吾师功德在民，威望愠众，从容擘画，自
就范围。雨生之事，早在意中，失此右臂，诚为寡助。青翁索喜更张，才
力精神似多不及，若得敏斋为方伯，究稍维持百一，乃以腾缺与德公，而
令恩竹樵南移，苏事将何所赖。三数人成之而不足，一二人隳之而有余，
地方大局、敝军饷源皆可虑也。函丈老景侵寻，既无可退之理，世俗毁誉
亦无能铄之金，尚祈坚持定力，引用正人，庶东南全纲不致尽颓耳。朗轩
函称：雨生有冬月扶榇回粤之说，奏留督办铁厂、襄办洋务，即蒙廷旨允
行，雨生必不肯就。记在津时曾以私意商及，似可暗助而不可明帮。目前
自以归葬为是，少迟师再商之，能招令寄居金陵，遇事当以实告，乞核酌。
小轩志趣卓立，操防可靠，前将朱先民等禀批咨呈，并函促其赶营丧葬善

事。吾师虽迟逾百日，当强起之，是否由尊处奏明，使稍踊跃。窃料江境以纪纲政务为急，海防江防尚可缓图。内外訾议长江水师未甚精切，鄙见已成之法，得人守之江面，必能芟定溃勇游匪，此为对症之药。以御海氛，炮船固非其敌，陆军抑何可恃，与西兵战，陆军恃土工，与水师塞河口，功用略等。内江择险，狭处密筑炮台，暇或试办一二，亦不能处处兴作，更无力多练劲军。洋人所图我者，利也，势也，非真欲夺我土地也。自周秦以后驭外之法，征战者后必不继，羁縻者事必久长，今之各国又岂有异。惟练兵制器，相去太远，正须苦做下学工夫，做到那处说到那处，吾师弟在位一日，不得不于此致力一日耳。鸿章前为天津机器局曾畅论一篇，少迟容再缮呈。沪宁两局敬求倍加提振，鸿章虽远，亦不敢忽视也。陈荔秋与容闳建议选派聪颖子弟赴西国学习，尊疏前已略陈，内无可否，其懵然不知，非不为也。此事先须议订条款，预筹经费。南中熟悉外情者尚多，乞令集议通筹。若有眉目，请尊处挈敝衔会奏，断不可望事由中发。文公病终不支，醇邸乞退太激，孰与谋远虑者。一旦有变，师与鸿章终无可逭其责，则不若及时图之，即无成就，亦无憾也，钧意以为何如？李铁翁关聘早换，王仲丈自应蝉联。惠甫、子岱当与调甫酌办，但无美缺，亦少机会。作梅似是长局。幼亭无疾而废，未免负疚。子敬关道最宜。崇公载百万以去，鸿章受斯美名，仍甘穷乏，其不为朝士所唾弃者几希。久无异闻到目其他可知。省三若回任，筱南可令北游相助否。湘匪肃清，沅丈自不轻出，已得第三孙，予齿去角之证。陈季牧官亏，俟补帆书来，即为谆恳。幼弟等月杪可到。商署颇似园林，小住为佳。节署是否借贡院。榖帅眷属回里，祈派人照护。手肃，复叩任禧。不具。鸿章谨上。（《李文忠公全书》朋僚函稿卷十）

请派区谔良帮办留美幼童肄业各事片（光绪元年四月十二日）

再，臣于同治十年七月间，会同前大学士两江督臣曾国藩，奏派委员四品衔刑部主事陈兰彬、江苏候补同知容闳，携带幼童出洋肄业，陈兰彬等即于十一年夏间，带领头批幼童赴美国哈富地方寄居，分派各馆学习文艺。十二、三年，复选各省聪颖子弟，分起送往，本年续送四批，已符奏定一百二十人之数。

选据陈兰彬等禀称，驻洋各幼童肄业，洋文粗有蹊径，俟其娴熟，即须就性质所近，分门别类，专心研求，以裨实用。该委员等布置督率，悉臻周妥。惟上年总理各国事务衙门，因古巴招工凌虐华人，奏派陈兰彬就近往查，事竣，仍檄调该员回京，以备与日斯巴尼亚使臣辨证一切。该员自十二年冬驰赴古巴，去冬回京，驰驱险远，辛苦备尝，以致照料幼童未能兼顾。现在总理衙门正与各国公使议办古巴华工章程，实赖该员从旁赞助，势难遽离，而幼童驻洋事宜亦关紧要，自应遴派妥员速往接办，以昭慎重。查有工部候补主事区谔良，籍隶广东，由翰林院庶吉士改授部曹，年力正壮，志趣坚卓，洋务亦颇讲求，堪以委令出洋，会同原派委员容闳常驻美国，经理幼童肄业各事，借资造就。拟请旨敕下总理衙门暨工部，仍照出差人员向例办理，将来如有成效，再由臣等从优酌保，以示鼓励。至陈兰彬识力诚毅，廉正可靠，驻洋三年，筹办要务均极精详，拟俟古巴华工定案后，请由总理衙门酌核保奏，俾旌劳勋。嗣后若驻洋幼有必须该员前往经理之处，或另有海外差遣要件，该员虽年已六旬，当可勉力一行。除咨南洋通商大臣知照外，理合附片具陈，伏乞圣鉴训示。谨奏。（注：该奏附在《陈兰彬议办华工片》后——编者）

光绪元年四月十五日，军机大臣奉旨：着照所请。该衙门知道。钦此。（《李文忠公全书》奏稿卷二十五）

闽厂学生出洋学习折附清折二件（光绪二年十一月二十九日）

奏为选派华洋盐督，率领闽厂学生出洋学习，以储人才，而重防务，恭折仰祈圣鉴事。窃臣葆桢前于同治十二年十一月奏陈船工善后事宜折内，请于闽厂前后学堂选派学生，分赴英法两国，学习制造驾驶之方，及推陈出新，练兵制胜之理，速则三年，迟则五年。拟令船厂监督日意格，详议章程，经总理衙门议请敕下南北洋大臣，会商熟筹等因。奉旨：依议。钦此！钦遵在案。旋因台湾有事佽偬，未及定议。上年，臣等筹议海防折内，于出洋学习一事断断焉不谋同辞，及臣日昌、臣赞诚先后接办船政，察看前后堂学生内秀杰之士，于西人造驶诸法，多能悉心研究，亟应遣令出洋学习，以期精益求精。臣等往返函商，窃谓西洋制造之精，实源本于测算格致之学，奇才迭出，月异日新。即如造船一事，近时轮机铁胁一变前模，船身愈坚，用煤愈省，而行驶愈速，中国仿造皆其初时旧式，良由师资不广，见闻不多，官厂艺徒虽已放手自制，止能循规蹈矩，不能继长增高。即使访询新式，孜孜效法，数年而后，西人别出新奇，中国又成故步，所谓随人作计，终后人也。若不前赴西厂观摩考索，终难探制作之源。至如驾驶之法，近日华员亦能自行管驾，涉历风涛，惟测量天文沙线，遇风保险等事，仍未得其深际。其驾驶铁甲兵船，于大洋狂风巨浪中，布阵应敌，离合变化之奇，华员皆未经见，自非目接身亲，断难窥其秘钥。查制造各厂，法为最盛，而水师操练，英为最精，闽厂前堂学生，本习法国语言文字，应即令赴法国官厂学习制造，务令通船新式轮机器具，无一不能自制，方为成效。后堂学生，本习英国语言文字，应即令赴英国水师大学堂，及铁甲兵船学习驾驶，务令精通该国水师兵法，能自驾铁甲船于大洋操战，方为成效。如此分投学习，期以数年之久，必可操练成才储备海防之用。至学生中有天资杰出，能习矿学、化学，及交涉公法等事，均可随宜肄业。惟人数既多，道里辽远，非遴选贤员派充监督，不足以资统驭而重责成。查有三品衔候选道李凤苞，学识闳通，志量远大，于西洋舆图算术，及各国兴衰源流，均能默讨潜搜，中外交涉要务，尤为练达，实属不可多得之才，以之派充华监督，必能胜任。至访询各国官厂官学，安插学生，延请洋师，仍应有情形熟悉之员，联络维持主客方无隔阂。臣葆桢原奏所称，正一品衔闽厂监督日意格，前已回国，经臣等催调来华，商办一切。该员久襄船政，条理熟谙，于船厂学生情谊亦能融洽，以之派充洋监督，必可胜任。六月间，李凤苞、日意格二员来津禀商，臣鸿章适有烟台之役，即携该员等同往饬令筹议章程。滇案结后，曾将该员等所议各节，钞送总理衙门核夺。兹经臣等再四讨论，复与李凤苞、日意格切实核减，学生员数以三十名为度，肄习年限以三年为度，责以成效，严定赏罚，出洋经费分年汇解约共需银二十万两，此项经费必应筹定有着之款，臣鸿章前议由闽省额拨南北洋海防项下，酌提动用先尽厘金，拨解厘金不敷，即在闽海关四成洋税项下就近凑拨，旋准福州将军臣文煜咨称，闽关四成洋税暂无存款，俟第六十五结届满，再行核数拨解等因。新授闽浙督臣何璟过保定时，臣与面商一切，亦深以为然，兹由臣日昌函致臣鸿章议定，由闽省厘金项下筹银十万两，闽海关四成洋税项下筹银五万两，船政经费项下匀拨银五万两，是此项二十万之数，均已议有着落。查照分年汇解章程，第一年七万三千两有奇，第二年六万两有奇，第三年五万八千两有奇，并游历及应支教习修金等费，随时核计拨汇。闽力虽甚拮据，必能酌量缓急，以符定议，应请于海防额饷内作正开销。查西洋各国，均以中国遣人赴彼学习为和好证验，前派幼童赴美国，英使即有该国大书院极多，将来亦可随时派往之语。秋间滇案议结时，臣鸿章面告威妥玛，以拟遣学生赴英学习，该使允俟总理衙门知照到日，转致本国外部。九月间，威妥玛回国过晤，臣复与商明照办。惟该国兵船定例稍严，闻日本近时已有七人在英兵船学习，臣在烟台阅视洋操，即见有日本武弁在英国铁甲船随同操演，今议学生分班送往，又有郭嵩焘等驻英商办，当无碍难之处。至法使白来尼，屡以日意格办船有效为言，此举亦该使所深愿。现拟令该监督等率同学生，于明年正月启行，应请敕下总理衙门，迅速分别知照英法驻京公使，令其转达本国，妥为照料。臣鸿章于本年三月间，因洋员李劢协回国之便，派令武弁卞长胜等七人同赴德国军营学习兵技，当时未派监督，心甚悬念。此次李凤苞出洋，饬令该员按三个月一次，由轮车驰赴德国，兼查卞长胜等功课，并请总理衙门酌量照会德国驻京公使，一体知照办理。近自同治十二年，筹遣幼童赴美学习之后，上年日意格回国，臣葆桢遣学生数名随往游学，本年臣鸿章又遣卞长胜等赴德国学习，此次又派李凤苞等率领学生分赴英法两国，从此中国端绪渐引，风气渐开，虽未必人人能成，亦可拔十得五，实于海防自强之基不无裨益。谨将臣等筹议船政学生出洋章程及经费数目，分缮清单，恭呈御览，仰恳饬下总理衙门，核准施行。所有遴员派充华洋监督，率领闽厂学生出洋肄业缘由，理合会同兼署闽浙总督福州将军臣文煜，新授闽浙督臣何璟，恭折由驿具陈，伏乞皇太后、皇上圣鉴训示。谨奏。

◎附：清折（一）

谨将选派船政生徒出洋肄业章程，缮具清折，恭呈御览。

计开

一、奏派华洋监督各一员，不分正副，会办出洋肄业事务，俟挈带生徒到英法两国时，两监督公同察看大学堂、大官厂应行学习之外，会同安插，订请精明教习指授。如应调赴别厂，或须更换教习，仍令会商办理。其督课约束等事，亦责成两监督不分畛域，如遇两监督分驻英法之时，则应分投照顾。其华员及生徒经费，归华监督支发，洋员洋教习及华文案经费，归洋监督支发，每至年底，由两监督将支发各数会衔造报，凡调度督率每事，必会同认真探讨，和衷商榷，期于有成。万一意见不合，许即据实呈明通商大臣、船政在臣察夺。

一、选派制造学生十四名，制造艺徒四名，交两监督带赴法国习学制造。此项学生，既宜另延学堂，教习课读，以培根柢，又宜赴厂习艺，以明理法，俾可兼程并进，得收速效，以备总监工之选。其艺徒学成后，可备分厂监工之选，凡所习之艺，均须极新极巧，傥仍习老样，则惟两监督是问。如有他厂新式机器及炮台、兵船、营垒，矿厂，应行考订之处，由两监督随时酌带生徒量绘。其第一年除酌带量绘外，其余生徒可以无须游历，第二、第三年，约以每年游历六十日为率，均不必尽数同行，亦不必拘定时日。

一、选派驾驶学生十二名，交两监督带赴英国学习驾驶兵船。此项学生应赴水师学堂，先习英书，并另延教习指授枪、炮、水雷等法，俟由两监督陆续送格林回次抱士穆德大学院肄习，其间并可带赴各厂及炮台、兵船、矿厂游历，约共一年，再上大兵船及大铁甲船学习水师各法，约二年，定可有成。但上兵船之额，可援日本派送肄业之例，陆续拔尤，分班派送五六人。其未到班者，仍留大学堂学习。既上兵船，须照英国水师规制，除留辫发外，可暂改英兵官装束，其费由华监督归经费项下支给，内有刘步蟾、林泰曾二名，前经出洋学习，此次赴英即可送入大兵船肄业。

一、制造生徒赴法国官学官厂学习。驾驶学生赴英国格林回次抱士穆德学堂并铁甲大兵船学习，应请总理衙门先行分别照会驻京之英、法公使，咨会本国外务院，准照办理。其英国学习各事，或再由中国驻英钦差大臣，就近咨商办理。两项学生，每三个月由华洋监督会同甄别一次，或公订专门洋师甄别，并由华监督酌量调考华文论说，其学生于闲暇时，宜兼习史鉴等有用之书，以期明体达用。所有考册，由两监督汇送船政大臣，转咨通商大臣备核。其驻洋之期，以抵英法都城日起计，满三年为限，未及三年之前四个月，由两监督考验，学成者送回供差。其中若有数人将成未成，须续习一年或半年者，届时会同禀候裁夺。总以制造者能放手造作新式船机及全船应需之物，驾驶者能管驾铁甲兵船，回华调度布陈丝毫不借洋人，并有专门洋师考取，给予确据者，方为成效。如一切办无成效，将监督议处。

一、制造、驾驶两项学生之内，或此外另有学生愿学矿务、化学及交涉公法等事者，由两监督会商挑选，就其才质所近，分别安插学习，支给教习脩金。仍由两监督随时抽查功课，令将逐日所习详记送核，亦以三年为期，学成后公订专门洋师考验确实，给有的据送回供差。

一、两监督及各项生徒，自出洋以迄回华，凡一切肄习功课，游历见闻，以及日用晋接之事，均须详注日记，或用药水印出副本，或设循环簿，递次互换，总以每半年汇送船政大臣查核，将簿中所记由船政钞咨南北洋大臣覆核。或别国有便益新样之船身、轮机，及一切军火、水陆机器，由监督随时探明，觅取图说，分别绘译，务令在洋生徒考究精确，实能仿效。一面将图说汇送船政衙门，察核所需各费，作正开销。

一、各项生徒如遇所订教习不能认真指授，或别有不便之处，应随时诉明，华监督会同洋监督察看确实，妥为安置。若该生徒无故荒废，不求进益，有名无实，及有他项嗜好者，均由两监督会商，分别留遣严究。其员生每月家信二次，信资及医药等费，作正开销，或延洋医，或延驻洋钦使之官医，或应另请派拨医生，均于到洋后酌定。万一因攻苦积劳，致有不测之事，则运回等费，作正开销，并给薪费一年半，仍酌量情节，禀请附奏，以示忧恤。如有闻讣丁忧者，学生在洋守制二十七日，另加恤赏，饬该家属具领。

一、此次选派生徒，应由监督溯查考迹，详加验看，如有不应出洋滥收带往，不能在官学、官厂造就，以致剔回者，其回费由监督自给。傥生徒赴洋后，有借词挟制情事，因而剔回者，即将挟制实在情形，禀请抵华后，查明惩究。如咎不在监督者，仍开报回费。实系因病遣回者，不在此例。

一、两监督和衷会办，当互相觉察，万一华监督有敷衍塞责等情弊，而洋监督不行举发，或洋监督有敷衍塞责等情弊，而华监督不行举发者，咎各相等，查有扶同确据，即分别照会咨行，随时撤换，不必俟三年期满。

如果事事实际，生徒多优异者，将两监督专折奏请奖叙。

一、此次所议章程，总以三年学有成效为限，若三年后或从此停止，或另开局面，均由船政大臣、通商大臣会商主裁，外人不得干预。

◎附：清折（二）

谨将出洋监督薪费及生徒经费，并分三批汇付银数，开列清折，恭呈御览。

计开：

一、华洋员薪费项下：华监督一员，并翻译一员，共薪水每年七千六百两，华员杂费每年三千两。洋监督一员，薪水每年七千二百两，洋帮办兼文案一员，每年二千四百两。华文案以学生陈季同兼办，每年一千二百两，洋员并华文案房饭杂费每年四千八百两。（华文案并习交涉公法，所需教习脩金，由华监督另给造报。）以上各项，俱按照船政向例。支发七一七洋平银，其生徒薪水仍由船政照给该家属支领。（该员等起程以至法国，先约支两月薪水，俟按日数造报，回华时仿此。）

一、制造学生经费项下：每名每年房租，并学堂修膳费约银一百二十磅，每名行装费五十磅，于起程时先发二十磅，到洋时找发三十磅。又第二、第三年，每名年需游历费六十磅，每名年需剃头、洗衣，添购书籍、纸笔，零用等杂费四十磅。以上各项，须随时按英磅作价，不能预定银两。其游费杂费，实支实报，不敷者，补给。如有赢余，涓滴归公。另延教习，兼教所添脩金，每年约以八百磅为限，此款核实支发，以原收单黏报。

一、驾驶学生经费项下：每名行装费及每年房租修膳费、游费、杂费，并同前条。惟陆续上兵船时，每名应给兵官衣资，并海图器具等费，共银一百五十磅。即上兵船之后，每名每年应增饭食费二十四磅，约以二年为限。其未上兵船时，另延教习兼教所添脩金，每年约以四百磅为限，亦核实支发，以原收单黏报。

一、路费项下：若搭西国公司船，则华洋监督及随员、翻译、文案五员，坐上等船位（除洋文案一员，来回费前已领过），每次约五百三十元。生徒坐二等舱，每次约四百元。此项船介及渡船、火车，衣箱税等费，搏节支报，如有不敷，俟挪用后，禀请补领。所带随役，不准开支公项，其往费于起程时具领，其回费于第二批内领二分之一，第三批内领二分之一。

若派船政官轮船送往，则此项路费概不开支。（魏瀚、陈兆翱二名行装回费，前已具领。）

　　一、拨汇日期：于华洋监督与生徒起程时，先拨第一年薪费及行装费、往费，学生之上兵船衣食费，均由华洋监督出具钤领，带往支发。及起程八个月，再由船政汇付第二年薪费一批，及回费二分之一，以后十二个月又汇付第三年薪费一批，及回费二分之一。寄交两监督收存备用。又分三批汇付银数。

　　第一年

　　华、洋员薪费，每年共七一七洋平银二万六千二百两，两监督及翻译华文案共四员，起程以至法国，先约支两月薪水，计银二千六百六十六两，不另支杂费，俟到洋后，扣足在路日数计算，将余银归公。随员马建忠并制造学生十四名，艺徒四名，共十九名，每名房、脩、膳等费，年应英银一百二十磅，杂费四十磅，行装费十七名，每名五十磅，共三千八百九十磅。内随员薪水仍由天津发给学生，魏瀚、陈兆翱二名已领行装。制造生徒另延教习，年约脩金八百磅。驾驶学生十二名，每名年应房、脩、膳等费，英银一百二十磅，行装费五十磅，杂费年应四十磅，共二千五百二十磅。驾驶学生另延教习，年约脩金四百磅。驾驶学生十二名，上兵船衣具、图书费，每名一百五十磅。上兵船后，每名每年增饭食银二十四磅。全年统共二千零八十八磅。

　　以上五款，共英银九千六百九十八磅，以每磅五元，作七一七洋平算，合银三万四千七百六十七两三钱三分。

　　往费（监督等五员，每员五百三十元。生徒二十八名，每名四百元）共一万三千八百五十元，七一七合银九千九百三十两四钱五分。

　　以上约计第一年总共应领银七万三千五百六十三两七钱八分。

　　第二年

　　华、洋员薪费，每年共七一七洋平银二万六千三百两。随员并制造学生房、脩、膳并杂费，年共三千零四十磅。制造生徒另延教习，年约脩金八百磅。随员并制造生徒共十九名，每名游历费六十磅，共一千一百四十磅。驾驶学生十二名，房、修、膳并杂费，年共一千九百二十磅。驾驶学生另延教习，年约脩金四百磅。驾驶学生十二名，每名年增饭食费二十四磅，共二百八十八磅。驾驶学生一十名，每名年应历游历费六十磅，共六百磅。

以上七款，共英银八千一百八十八磅，合银二万九千三百五十三两九钱八分。

回费二分之一，应六千九百二十五元，合银四千九百六十五两二钱二分五厘。

以上约计第二年总共应领银六万五百一十九两二钱五厘。

第三年

就第二年数内，除去驾驶学生另延教习脩金四百磅，驾驶学生增饭食项下二百八十八磅，驾驶学生游历项下六百磅，共应除去英银一千二百八十八磅，合银四千六百一十七两四钱八分。两监督等四员，法国起程至回闽，先约支两月薪水，计银二千六百六十六两，不另支杂费，俟回闽后扣足在路日数计算，将余银归公。

以上约计第三年总共应领银五万八千五百六十七两七钱二分五厘。以上三年，统共七一七洋平银一十九万二千六百五十两七钱一分外，尚有第一年酌带学生出外量绘游历费，及三年内华文案并随员学习交涉、公法应支脩金等费，未算在内。（《李文忠公全书》奏稿卷二十八）

论学生出洋学习（光绪二年十一月二十九日）

敬肃者：

议派船政学生分赴英、法学习一事，八月间曾将李凤苞、日意格等拟呈章程缄请钧鉴，声明俟闽省定议再行会奏。旋奉九月初三日公函，以议办此事，迄今三载，辄因事中阻，趁此举行，日后办理海防较有把握等因。仰见洞悉机要，力图远谋，曷任钦佩。当因雨生、春帆于船厂学生情形较熟，恐日意格所开经费过重，如有浮滥，属令再加驳减，迭据雨生等函称厂内生徒分习英、法语言文字，虽不乏究心造驶之人，而工夫浅薄者尚多，断难滥竽充数，致有虚糜。督同李凤苞、日意格逐细挑选，仅得制造学生十四名、艺徒四名、驾驶学生十二名堪资造就，合共三十名，较前单人数大减，又将华、洋员杂费，教习薪资、往返舱费逐加覆减，经费已省其半。复与申明约束，责以成效，严定赏罚，该监督日意格初犹崛强，继亦勉遵，约计三年用费共二十万。闽中筹措稍易，至三年之限，不过紧一步办法。届时察看，如学有成效而功亏一篑，尚可展限一半年以竟全功，并开单咨请会奏前来核查，所议洵极周密，业经照缮折单具奏，请由钧署核准施行。另文钞呈鉴定，现拟令该监督等开正料理起程，恳即分别照会英、法驻京公使，属其转咨本国妥为照料。威使九月杪过津面晤，又谈及此事，允于回国后转告外务各衙门，但彼时章程未定，自应由尊处知照代办，公使方为确据。至前派武弁卞长胜等七名赴德国学习技艺，业蒙尊处知照巴使，并由鸿章函属巴使致信该国兵部照料，嗣据李劢协及卞长胜等自德国来信，五月间入斯邦道第四号军营，即从巴使之兄巴提督学习。鸿章又曾函托巴提督尽心教导，由巴使转递去后。惟该弁等本由各营挑选，不相统辖，久恐别滋流弊，已札饬李凤苞于到英、法后，按三个月一次前往德国，会同巴提督认真查察考验，倘该弁等有不遵约束，或学无进益，酌量惩调回华，该道允为照办。可否并由尊处知照巴使，转致该国知照，抑或于会晤巴使时先为叙及再行函布，伏乞卓裁。专肃奉陈，祗叩中堂、王爷、大人钧祺。李鸿章谨上。直字一百五十二号。（《李文忠公全书》译署函稿卷六）

复陈荔秋宗丞（光绪四年八月十五日）

再，哈富学生见在造诣若何？与区海峰、容元甫等如何商筹布置，谅已有文函在途。筱宋来信，深盼海峰移作日本副使，可就近接眷。弟以东洋副使并无调换之说，若学生有替人，商令回华，或可与执事酌办，未知海峰意见与学生实在情形，是在老兄妥细商度耳。美国各邦自为风气，其议院人多语杂，交涉各事恐非易办。容纯甫尚能和衷协力否？念念！日使催赴西班牙，爱使为招工之事亦催早赴秘鲁查办，乃可定议。闻秘邦各山寮陵虐华工如故也，应否先派总领事前往查察。曾劼刚放驻英公使，与崇地翁皆九月先后出京，由轮船分往。筠仙候代回国，李丹崖署德使，刘云生亦撤回矣。德、英协谋，欲裁中土洋货厘金，由巴使回德怂恿而出，明年必有一番口舌。直、晋、豫秋收尚好，鄙状鹿鹿如常。手此奉布，诸希珍卫。鸿章又顿首。（《李文忠公全书》朋僚函稿卷十八）

复陈荔秋星使（光绪六年四月初二日）

顷容元甫来谒，言学徒抛荒中学，系属实情。由于纯甫意见偏执，不欲生徒多习中学，即夏令学馆放假后，正可温习，纯甫独不谓然。弟拟致函纯甫，属勿固执己见，尚祈执事便中劝勉，令其不必多管，应由子登太史设法整顿，以一事权，庶他日该童等学成回华，尚有可以驱遣之处，无负出洋学习初意也。小吕宋凌虐华民，弟前据招商局转禀公呈，咨商总署核办，嗣准咨缄，请会商闽省将军、督抚办理，并令揆度机宜，酌定一切。弟思闽帅于境外洋务向不关心，且亦无法可设，执事既为日国星使，小吕宋亦日之辖境，或将华民公呈商彼外部，准设领事，再咨照闽省及南北洋就近选派如何。容再专文奉商。又及。（《李文忠公全书》朋僚函稿卷十九）

复陈使（光绪七年正月二十二日）

接正月初九、十三两电，均悉。檀香山国王若来津游历，当妥为接待。子登何以遽带二三十幼童回华？已发电劝止，乞与商经理完结。恐彼未可久留，又无妥人往替，如真无功效，弗如及早撤局省费，请速筹定，勿辞。（《李文忠公全书》电稿卷一）

寄吴子登（光绪七年正月二十二日）

闻有自带二三十幼童回华之说，务请与陈公妥商，将此事经理完结，乃可起程，切勿着急。（《李文忠公全书》电稿卷一）

寄陈使（光绪七年正月二十六日）

格兰德来函，幼童在美颇有进益，如修路、开矿、筑炮台、制机器各艺可期学成，若裁撤，极为可惜。子登冬月函称，已入大书院者满期甚近，可交费，由钦差经理，余酌量撤回，其总办以下人等可裁，亦是办法，乞与纯甫等商定。（《李文忠公全书》电稿卷一）

论出洋肄业学生分别撤留（光绪七年二月三十日）

敬复者：

昨奉二月二十三日六百二十八公函，以幼童肄业局作何遣撤尚无定章，属即酌度办理等因。仰见筹虑精详，实事求是至意。

查学生出洋肄业，原所以储异日之用。从前曾文正公创办之初，奏派陈荔秋、容纯甫为正副总办，盖以纯甫熟谙西事，才干较优；荔秋老成端谨，中学较深，欲使相济为功也。既而荔秋因古巴华佣一案调回中国，旋与纯甫同充驻美公使，其肄业局总办则区员外谔良与纯甫同任之。幼童附入书院等事，由纯甫一手经理，比区君调回，继之者为容主事增祥，不久丁忧，又继之者为吴子登编修，乃纯甫所推荐，而荔秋所奏调者也。

迩年以来，颇有议纯甫偏重西学，致幼童中学荒疏者，鸿章尝寓书诫勉，不啻至再至三。往岁荔秋出洋，曾与面商，请其照料局务，荔秋亦慨然允许。而前年子登到局后，迭函称局务流弊孔多，亟宜裁撤，是以鸿章累次函告荔秋、子登会商纯甫，妥筹应留应撤，或半留半撤之法。嗣荔秋等皆有来函，似其意见甚相龃龉，故商办未能就绪。鸿章平心察之，学生大半粤产，早岁出洋，其沾染洋习或所难免；子登绳之过严，致滋凿枘，遂以为悉数可撤，未免近于固执。后次来信，则谓学生之习气过深与资性顽钝者可撤回华，其已入大书院者，满期已近，成材较速，可交使署兼管。其总教办、教习、翻译等员，一概可裁，尚系审时度势之言。纯甫久管此局，以谓体面攸关，其不愿裁撤，自在意中。然阅其致子登函，内有分数年裁撤之说，尚非不可以理喻者。荔秋与纯甫抵牾已久，且其素性拘谨畏事，恐管理幼童与纯甫交涉更多，或被掣肘，故坚持全裁之议。彼其所虑，固非无因。然荔秋与纯甫均系原带幼童出洋之人，均不能置身事外。子登续拟半撤之法，既不尽弃前功，虚糜帑项，亦可出之以渐，免贻口实。且其意谓得使署照料，呼应较灵，亦系实情。

查各国出洋肄业生徒，多由公使兼理，本属责无可贷。刻下驻美人员资望、权位皆推荔秋为最优，敝处相隔数万里，局务利弊究难悉其底蕴，孰撤孰留，非由荔秋等就近察办不可。正在踌躇间，适接美前总统格兰德及驻京公使安吉立来信，安使信内并抄寄美国各书院总教习等公函，皆谓学生颇有长进，半途中辍殊属可惜，且于美国颜面有损。鸿章因思前此幼童出洋之时，钧署暨敝处曾函托美使镂斐迪照料，该国君臣喜中国振奋有为，遇事每能帮助；今无端全撤，美廷必滋疑骇；况十年以来，用费已数十万，一旦付之东流，亦非政体。若照子登后议，将已入大书院者留美卒业，其余或选聪颖端悫可成材者酌留若干，此外逐渐撤回。若使署可以兼顾，其肄业局总办、教习、翻译人等亦可酌裁省费。但必通盘核算，先将经费划清，究竟节省若干，日后每岁应用若干，庶免更滋弊混。敝处已发电信，并续抄格兰德及安使来函，谆致荔秋、子登就此与纯甫会商妥办。今省荔秋上钧署书意，自尚未接敝处最后一函。荔秋所深虑者在纯甫暗中阻挠，然闻纯甫有愿接子登交代之说。昨接上海寄到二月十二日荔秋来电云："顷接电示，知子登又有变计，应否撤局，自由尊裁。惟兰彬弗能经理，万乞鉴原。纯甫如何，由其自报。"等语。是此事并未与纯甫妥商，纯甫亦无另报，鸿章实系无从捉摸。可否请由尊处函致驻美、正副使，属其和衷商榷，会同子登经理，则荔秋未便推诿，纯甫未能显违，而子登亦必乐从，诸务当可顺手。荔秋迭函称年老多病，期满在迩，求退甚切。倘因使事较烦，不能兼顾，将来似可交副使兼管；但此时必需荔秋综其大纲，既觉切实可靠，亦事势不得不然。敝处仍当随时函告荔秋、纯甫、子登，劝令销融意见，尽心公务，以收实效。（《李文忠公全书》译署函稿卷十二）

复吴子登（光绪七年六月初四日）

总署已奏准全撤，俟奉到行知照办。电报学生可令先回。执事须将局内经手公务了清，方能起程回国。（《李文忠公全书》电稿卷一）

续选学生出洋折（光绪七年十月十一日）

奏为续选闽厂学生出洋肄业，以储人才，而扩进境，恭折仰祈圣鉴事。

窃臣鸿章于光绪二年十一月，会同前南洋大臣沈葆桢等奏明，选派闽厂前后学堂制造学生十四名、艺徒四名、驾驶学生十二名，分赴法国官厂及英国水师学堂铁甲兵船，学习制造驾驶之方，及推陈出新，练兵制胜之理。所需经费，由闽省额拨南北洋海防经费内酌提动用。旋议定闽省厘金项下，筹银四分之二，闽海关四成洋税及船政经费项下，各筹拨银四分之一。按照章程，分年汇解。该学生等出洋后，均能悉心考究，窥见门径。虽所造深浅不同，尚不为故步所域。多已学成期满，陆续回华。其驾驶学生出色者，则有刘步蟾、林泰曾等，制造学生出色者，则有魏瀚、陈兆翱等。经臣等量材器使，或派管驾蚊船快船，或在船政差遣，及派往外洋为铁甲船监工。其余亦分任要务，各效所长。

惟现值整顿水师，研精船械，规模日扩，事事需才，尤觉不敷分布。臣鸿章于光绪五年九月，会同沈葆桢奏明闽局出洋生徒，应予蝉联就学，以储后起之秀，而备不竭之需。奉旨允行在案。查船政前后学堂生徒，初次选择三十人出洋，已拔其尤。其续入学堂者，年资稍浅，遴选较难。然育才之要，宜使迭出而不穷，日新之功，不可一得而自画。臣鸿章与臣兆棠往返咨商，拟定续选前学堂学生八名，后学堂学生六名，出洋肄业，并拟分拨经费银十万两，陆续汇解出使大臣兼肄业监督李凤苞收支。并请由出使英、法大臣曾纪泽，会同督率照料。惟查后学堂学生内有许兆箕等四名，先经臣鸿章调赴天津，派充水师学堂教习，及威远练船教练水手，皆有要差，碍难遽令出洋。现计后学堂学生仅有二名。合之前学堂学生八名，共有十名，先行尽数派员送至香港，登舟出洋。余俟选择得人，续派前往。所需经费，仍应由福州将军及福建督抚臣与臣兆棠查照成案，分年匀拨接济。所有续选闽厂学生出洋肄业缘由，理合会同福州将军臣穆图善、闽浙督臣何璟、福建抚臣岑毓英，恭折驰陈。伏乞皇太后、皇上圣鉴训示。谨奏。（《李文忠公全书》奏稿卷四十二）

肄习西学请奖折（光绪十一年三月初三日）

奏为出洋肄业暨天津招募学生学业有成，及中西教习出力人员照章请奖，缮单恭折仰祈圣鉴事。

窃查同治十年七月，内前大学士两江督臣曾国藩会同臣奏请，挑选聪颖幼童赴美国书院学习军政、船政、步算、制造诸学，使西人擅长之技，中国皆能谙悉，以培人材而图自强，奏定章程，自同治十一年起，至光绪元年止，四批选送学生一百二十名出洋肄业，俟学成回华，听候派用，分别奏赏顶戴官阶等因。经总理衙门核准覆奏，奉旨，依议。钦此。该学生等先后赴美国肄业，除因事故撤回及在洋病故二十六名外，其余九十四名均于光绪七年分作三批回华。头批学生二十一名，均送电局学传电报，二三批学生内有由船政局、上海机器局留用二十三名，其余五十名经臣札饬津海关道周馥会同机器、电报各局逐加考验，分拨天津水师、机器、鱼雷、水雷、电报、医馆等处学习当差，迄今又逾四年。叠经月课、季课并由臣屡次亲临考校，试以所习各艺，均能融会贯通，各有心得。据津海关道周馥查明各该学生当差年分、学业浅深，详请照章给奖前来。

　　臣查选募学生出洋肄习西学、培养人材实为中国自强根本。惟事属创办，风气初开，该学生等童年应募，远涉重洋，学成回华，分派各处当差，均能始终勤奋，日进有功，叠经面加校试，考其所学。其习水师者，内如鱼雷一种，理法最为精奥，洋师每有不传之秘，该学生等讲习有年，苦心研究，于拆合、演放、修整诸事皆能得法。此外水雷、旱雷施放灵捷，驾驶、测量讲求精细。其分赴各营教习者，于外洋操法、阵法、口令均臻娴熟，所教弁勇颇有成效。其派值电报者，传递紧要军报，昕夕从公，密速无误。他如步算、制造、医学诸大端，均能深明窾要，质诸西洋教习及泰西各国水师兵官，咸谓该学生等造诣有得，足供任使。该学生等现有派充营哨各官及管驾、教习、官医各项差使者，亟应量其技能，酌保官阶，给予顶戴，以式戎行而资策励。其天津所募学生在水师、电报、医馆各学堂肄习多年，叠经考试，其学业之优者足与出洋诸生相埒，自应一律保奖，俾昭公允。至中西教习各员课导有方，始终不懈，其所教诸生既均学有成效，亦应择尤酌保，以奖成劳。为此酌拟奖叙，缮具清单，恭呈御览，仰恳天恩，俯念中国选募学生肄习西学，以图自强，实为目前当务之急，值此风气初开，粗有成效，准予照拟破格从优给奖，以昭激劝，可为培养人才渐收实用之一助。(《李文忠公全书》奏稿卷五十三)

续选出洋学生折（光绪十一年十月初十日）

　　奏为续选闽厂学生第三次出洋肄业，拟请加展年限，并遴派华洋监督，以专责成，恭折仰祈圣鉴事。

窃光绪二年、七年，两次选派闽厂学生分赴英、法各国学习，节经臣等奏奉俞旨在案。查闽厂水师学堂设立多年，前堂专习制造，后堂专习驾驶。现值倡练海军驾驶之才，视制造为尤亟。北洋旧有蚊、快各船；均以闽局学成回华之学生充当管驾，尚为得力。目下，新购铁舰到沽，机器极精，虽雇定洋员教练，而华员尚鲜独当一面之选，将来逐年添置船只，日新月盛，而驾驶为专门名家之学，未可卤莽从事。若不亟为储备，实有乏才之虑。即制造一端，亦宜力求精进，以期日起有功。臣等往复咨商，拟续选前堂学生十三名、艺徒四名，分赴英、法、德各国官厂学习制造。另选后堂学生九名，专赴英国水师学堂铁甲兵船学习驾驶。共计生徒二十二名，作为第三次出洋肄业，克日前往。该生徒分途投学，凡访聘名师、稽考课业、约束规矩，必须有华、洋监督专管其事，随时禀商各国出使大臣，转商各外部、海部给照分派，方可望其尽心指授，学有进益。查有福建候补道周懋琦才识渊通，留心西学，现充船政提调，待生徒如子弟，劝勤惩惰，董教兼施。臣荫森与共事半年，知之最稔，以之派充出洋监督，可期胜任。至洋监督，须熟悉西洋情事，又能与华员和衷协力，颇难得人。查有法员日意格，由该国水师出身，久襄船政，素与学生情意融洽，前届在洋督课亦甚勤恳。出使大臣许景澄函称，该员仍愿接办，始终其事。自可派令与周懋琦会商，以资熟手。所需经费应查照向章，由闽省厘金及闽海关四成洋税、船政经费项下分别筹拨。惟向例学生出洋定期三年，为期太促，所学不全。驾驶学生每年仅有两个月在大船，阅历亦浅。其驾驶学生改为每年扣足六个月在船，无庸加展年限。此后，天津学堂驾驶学生材质有可造就者，亦即陆续挑派，随同出洋肄习以广甄陶。至六年内每年每项需用若干，应由臣荫森督饬各监督查照旧章切实核减，另行具奏。所有续选闽厂第三次学生出洋肄业并选派华、洋监督缘由，除咨明出使英、法、德大臣就近督饬、认真办理外，谨会同南洋大臣两江总督臣曾国荃、署福州将军臣古尼音布、闽浙总督兼署福建巡抚臣杨昌濬恭折驰陈，伏乞皇太后、皇上圣鉴训示。谨奏。（《李文忠公全书》奏稿卷五十五）

陈兰彬

致李鸿章函（光绪六年十一月十五日）

哈富一局，自同治十三年兰彬回华后，接办者少有信函，间有修候之书，亦从未提及办理情事。及前年抵美到局暂驻，见存局之经史人谱等书，皆束高阁。幼童之来谒者，多系第一批认识诸人，余外寥寥。每询调考巡课各旧章，似不复举办。含糊答应，已知其诸务废弛久，将不可救药。缘其时随行人众，恐滋口舌，致有猜嫌，未便显加指摘，故只讽海峰回华，而拟将局务全交元甫经理，虽事多牵掣，未敢信元甫必日起见功，究系起首共事之人，凡事可以商略，可以责成，或冀补牢于万一，奈又变生意外。元甫接办匝月，即丁艰回籍。兰彬与树冬远在欧洲，在美者惟知意气相争，置大局于不顾。各童年长习深，心无严惮，遂益驰纵，而不可究诘。本年回美，力劝子登以整顿。虽子登系纯甫所推荐，交谊比别人较好，而总觉收拾不来，前复总署函内已约略言之，亦经录稿呈览。窃尝自维前此料事不彻，办理无效，兰彬已咎无可逃，长兹敷衍以终，兰彬益罪无可逭，惟是局事应由子登细察通筹。故裁撤一语，兰彬因未接过子登函商，实有不敢先行遽请者。伏承中堂当几立断，并嘱密与筹商，不必谋之纯甫，尤为体贴周至。兰彬念设法裁撤，总须管局者主政，于接奉饬函之次日，即致函子登，嘱其查照办理，若何定规，尚俟文函再布也。（《总理各国事务衙门清档》第二五五册）

复咨吴嘉善（光绪七年正月十一日发）

本日接准贵编修咨开："拟撤肄业局一事，节经钦差北洋大臣李函开，交付与贵大臣妥为商办。或全撤，或渐撤，曾经面商。……"等因，阅之骇异。查同治年间，南北洋大臣奏设肄业局，已阅六七年之久，方有公使来美。去年经贵编修迭次陈请北洋大臣准议裁撤，则无论全撤半撤，局务系贵编修专政。总应由贵编修一手经理，咨明南北洋大臣将幼童遣送，局款销缴。一切完结，然后起程，方为正办。今乃抽带二三十名先行回华，听候或奉派再来，或另委善后，此等办法或者贵编修身任该局总办，行止得以自由，不必虑及擅离职守，亦不必咨候南北洋大臣复文。本大臣均未便置议。惟现拟将现存经费并一切局务移交暂管一节，前此面商，及节次函复，已将奉使三国，事务纷繁，种种窒碍，不能兼顾实情，再三奉告，万望贵编修曲加体量，切勿移来，倘勉强移来，本大臣亦断不敢应允接受。特此声复。再，本大臣去冬接到津门来函，始知有力请撤局之事。北洋大臣李两次来函具在，实无交付本大臣妥办字样，合并声明，须至咨文者。（《总理各国事务衙门清档》第二五五册）

陈使由华盛顿来电（光绪七年正月十三日，正月二十一日到）

接吴子登文，要自带二三十幼童回华，余事弗管，请即电止起程，饬其经理完结。（《中国近代史资料丛刊·洋务运动》第二册）

光绪七年二月初六日出使美国秘国大使陈兰彬折

窃臣于光绪七年正月二十八日，承准总理各国事务衙门咨递军机大臣字寄："光绪六年十一月十六日奉上谕，有人奏，闽洋两局废弛，请饬严加整顿一折，等因，钦此。"遵旨寄信前来。

臣伏查驻洋肄业局，系同治十一年创设于美国之干捏底吉邦哈富得尔城，臣于是年七月，同副使容闳奉委携带第一批幼童出洋，所有章程，均系遵照南、北洋大臣原议试办。十二年秋间，臣往古巴岛查察华佣，十三年夏间返局，旋接总理各国事务衙门札调回京，其后各批幼童陆续到局，该局总办、教习各员亦选有更换。查原奏所称"总办区姓"，系工部升用员外郎区谔良。该员外郎是否吸食洋烟，臣未亲见。惟自光绪元年接充总办，实携有侍妾二人另馆居住，则十数日不到局，到亦逾刻即行之语，谅非无因。但臣于五年二月接准北洋大臣李鸿章抄咨，已经具奏调回原衙门当差，该员外郎旋即交卸离局矣。

又原奏所称"帮办翻译黄姓"，查系候选同知黄大权。该同知原系奏带随使之员，派充华盛顿使署翻译。五年三月，臣往日斯巴尼亚国，适该局总办候选道容增祥丁忧回籍，副使容闳兼摄局务，拟派帮办，臣虑及该同知洋习太重，在局究不相宜，当于是年闰三月去法国途次，寄札改派为金山总领事公署翻译，以金山相距一万四千里，可免其沾涉局事也。

现在该局总办系侍讲衔翰林院编修吴嘉善，教习系候选同知容思济，候选县丞沈金午，各员皆不崇尚洋教，察出各学生弊窦，亦节次撤遣回华，不肯姑息。惟上年十一月，吴嘉善特来华盛顿，面称"外洋风俗，流弊多端，各学生腹少儒书，德性未坚，尚未究彼技能，实易沾其恶习，即使竭力整饬，亦觉防范难周，亟应将局裁撤。惟裁撤人多，又虑有不愿回华者，中途脱逃，别生枝节"等语。臣当语以拟何办法，总宜咨呈南北洋大臣酌夺。嗣经迭次函牍询问，尚未据吴嘉善复有定章。

臣窃维吴嘉善身膺局务，既有此议，诚恐将来利少弊多，则照其所言，将各学生撤回内地，严加甄别，择稍有器识者分派需用各衙门，充当翻译通事，俾之学习政事威仪，其次者令在天津、上海各处机器、水雷等局专习一艺。谅各学生肄业多年，洋文固已谙通，制造亦当涉猎，由此积累，存乎其人，亦不在久处外洋方能精进。至所虑中途疏脱一节，即责成该总办督同教习各员，亲行管带回华交代，自免意外之虞。

惟查该局向章，一切事宜，均具报南、北洋大臣核办。此次应否撤局及如何带回交代之处，自应由该局总办筹有章程，呈请南、北洋大臣核定，奏明办理，以归画一。

臣恭奉谕旨饬查，理合将驻洋肄业局现在实情缮折具陈。……（《中国近代史资料丛刊·洋务运动》第二册）

陈使来电（光绪七年二月二十日）

日前复奏，已言裁撤此局应由中堂奏明。顷接电示，知子登又有变计，应否撤局，自由尊裁。惟兰彬弗能经理，万乞鉴原。纯甫如何，由其自报。（《中国近代史资料丛刊·洋务运动》第二册）

致李鸿章函（光绪七年）

冬间两次奉示，始知其早已力请撤局，正在致函往问，渠已到来，言此局不可挽，维应得尽撤，兰彬语以如何办法，可呈报南、北洋大臣核定，我处决无阻挠，如果拟有章程，祈即见示。渠嗣后惟约副使相商，游移变幻，一面言撤，一面言回华请示，言回华再来，言派员帮替，令人叵测。正月初，竟递公牒，说要带三二十人旋华，余悉留交正使。并有人云，子登明知南、北洋大臣未经奏明，但欲给此间一诺，则发通咨，谓由兰彬允行，陷以专擅之罪。（《总理各国事务衙门清档》第二五五册）

致李鸿章函（光绪七年二月廿二日）

今渠拟将总办以下各员概行撤退，而各童及经费留交使署，使署人事纷烦，无专管之员，无调集之地，无督课之时，种种碍难，前已再三向渠声说。倘仅按月按季支与各童例费，而约束训课等事，但以使事余暇，偶一及之，窃恐将来流弊益滋，必不仅如寄谕所谓废弛；若欲稍稍支柱，又须设局派员，专责料理。是名为撤局省费，实则从新开局，细想无此事体，而况随使乏员，实无妥人可派乎？

兰彬以撤局之议起自子登，以为身在局中，利弊周悉，所言当必不谬，故于奉到寄谕复奏折内，冒昧言之，不料其反覆若此行为。（《总理各国事务衙门清档》第二五五册）

致总理衙门（光绪七年二月二十八日）

又，裁撤肄业局，系吴编修嘉善迭次陈请，少荃中堂专函属筹，故面嘱吴编修拟定遣撤，交带各章程咨复。乃吴编修别后忽而变计，欲将该局撤去，而幼童则交公署管理，且来函有怪兰彬不助裁撤之语。经兰彬迭函诘问，吴编修始言系副使不愿裁撤之故。（《总理各国事务衙门清档》第二五五册）

致总理衙门（光绪七年七月二十四日收）

本月初八日泐布华字第四十七号函，谅获仰邀钧览。十九日接奉三月初九日发来美字第二十二号函称，备聆诲示。幼童肄业一局，此时若不裁撤，必须由华遴派一有胸襟、有干局之员来美专办，扫除其迹而更张之，或可望挽维于万一。断非留交使署，苟且敷衍可以补已破之甑，回既倒之澜。兰彬于二月底接到少荃中堂函谕，亦欲查照吴编修，后议将撤留若干，界限清算，以免弊混。惟再四思维，撤局留人，弊且滋甚，故未敢明知其无益，而将就奉行，业经迭函津门，将使署纷杂，势难兼顾，另起炉灶，费不能省，以及大书院无别课程，久留未必有益，此等无关交涉。撤局无伤颜面各实情馨陈无隐。现尚未接少荃中堂复函，未知如何定见。兰彬缘此事在此间受尽委屈，接到少荃中堂函件，不得不商之容副使及吴编修。始犹谓："容副使别有意见，吴编修当可商量。"不料渠亦阴险变幻，令人叵测，使署距哈富二千余里，见面不常，自去冬至今，所得吴编修信函，非闪烁其词，与津门不相符合，即挑剔字句，与此处故相纠缠。比曾有人言"吴编修专欲令兰彬为难，其始明知副使改装婆妇，养有儿子，不愿撤局回华，特建撤局之议。请少荃中堂责成兰彬，定计以为可使鹬蚌相持。及出示津门所来各件，副使知撤局，知议非起自此间，必将怨所归，遂变为留交使署之说。倘兰彬允其兼办，必将又有觭觯纠缠，不闹至决裂不止。"等语。悠悠之口，兰彬未敢据以为信。但将数月以来，所有往复文函抄寄津门，冀悉底里。兰彬奉使在外，凡有关涉中国事件，从未敢以度外置之，况此局兰彬本起初在事，加以贵衙门及少荃中堂茞廑綮，岂敢存膜视？奈此间三心两意，实在难以相商。兰彬非万分无奈，所上少荃中堂函内亦不肯如此率直激切。此时此局，应撤应留，专候少荃中堂裁定。惟议撤，则望其责成吴编修将携带幼童销算经费等事，一切经理完竣；不撤，则望其由华遴委妥员来局交替，不至吴编修强交使署，撤手即行，漫无归宿，此则私衷所祷切而未卜，能否邀准者，伏乞矜鉴下情，函商少荃中堂，俯准照办，则感篆实无涯涘也。……（《总理各国事务衙门清档》第二五五册）

吴子登

留学局谕告

谕告诸生等知悉：

　　我国家作育人才，不惜巨帑，送尔等肄业。尔父母亦不耽溺爱，令尔等离家前来。无非期望尔等学业有成，上可报国临民，下可光宗耀祖，为尔等终身之计。试思中国人家子弟，若万千，若千万，岂易得此美遇？既可学新奇学问，又不用毫末钱财，又早已顶带荣身，又将来回中国后，功名超进；种种好处，不可言宣。

　　但要思出洋本意，是令尔等学外国功夫，不是令尔等忘本国规矩。是以功夫要上等学习，规矩要要不可变更。若尔等不上等学习，将来考试，岂能争先胜人？若任意将规矩变更，将来到家，如何处群和众？尔等既在外国学馆，功夫有洋师指授，不虑开悟无方。惟到局时候甚少，规矩日久生疏，深恐渐濡莫抛。是以谕示尔等，要将前后思量，立定主义。究竟在外国日少，居中国日长。莫待彼时改变不来，后悔莫及也。

　　至洋文、汉文，更要融会贯通，方为有用。否则不但洋人会汉文到中国者不少，即中国人在外国通洋话者亦多。何以国家又令尔等出洋肄业？反复思维，其理易晓矣。现已一面将汉洋文字会通之法，纂集一书，以便印出后，发为尔等程序。尔等当先于学中完毕功课之时，少歇息后，抽出闲谈及作无益诸事工夫，即将四书温习，或相互讲论。日计不足，月计有余。总之洋文、汉文，事同一理。最是虚字难明，如有未解之字，或此句有，别句亦有，当即摘出记录，以便到局请问，或随时写信求益不可，自能旁引曲征，令尔等明白晓悟也。

　　诸生其熟思紧记，以期学业日长，义理日明，为中国有用人材，不胜厚望焉。特谕。(《中国近代史论丛》第二辑第七册）

照录肄业局吴总办嘉善来咨（光绪七年正月初九日发，正月初十日到）

为咨商事。拟撤肄局一事，节经钦差北洋大臣李函开，交付与贵大臣妥为商办。或全撤，或渐撤，曾经面商，及叠次往返函商，均未能确实定妥。兹体查现在情形，全撤终不如渐次抽撤之尤为善行无迹。现拟抽调愚鲁懒惰及花费不知节用者二三十名，先行督带回华，面陈事宜，亲承指示，或再奉派来局，或另委有贤员，以善其后。缘此，拟将现存经费并一切局务迫行移交贵大臣暂为收管，兼督饬各学生书馆功课支应，以免松懈。是否尚可通融，或实有碍屈尊，望即赐为迅复，不胜濡笔延候之至。再，入春以来，腿疾旧患复发，不亟回国就医，病必误公。尤乞体念时局，轸恤下情，俯赐慨允，实为德便。相应咨请察核施行。须至咨文者。（《总理各国事务衙门清档》第二五五册）

吴子登来电（光绪七年六月初三日到）

电报学生六十日内可以起程。嘉善已决意回华，立候中堂示下，可否请即电致陈星使兼管出洋肄业事？（《中国近代史资料丛刊·洋务运动》第二册）

4. 守旧派与洋务派关于修建铁路的争论

引 言

　　第二次鸦片战争后，一方面，西方列强开始在中国进行强行筑路的活动。在进行一系列试探后，吴淞铁路于光绪二年十月十六日正式通车。另一方面，中国有识之士也发出了自主修筑铁路的倡议。同治十一年（1872）以来，李鸿章、丁日昌、郭嵩焘等人相继倡言自筑铁路，但一直遭到守旧势力的反对。光绪六年十一月初二日，刘铭传上奏建议修建铁路，引发了高层激烈的争论。他在该奏折中指出："自强之道，练兵造器固宜次第举行，然其机括则在于急造铁路。铁路之利于漕务、赈务、商务、矿务以及厘捐、行旅者，不可殚述。而于用兵一道，尤为急不可缓之图。"他建议朝廷建造南北铁路干线：南路二条，一由清江经山东，一由汉口经河南，均达北京；北路由北京东至沈阳，西通甘肃。清廷于收到奏折的当天即下达上谕着李鸿章、刘坤一悉心筹商，妥议具奏。论战由此引发。李鸿章写了一道长折，力挺刘铭传的建议。他列举了在中国兴建铁路"大利约有九端"：利南北贯通，增加税收；利调兵快捷，有利军政；利拱卫京畿；利调济物价，有利民生；利军民物资运输；利邮政；利矿务煤铁；利轮船招商，轮船不达之处，火车达之，二者互为表里；利官民兵商的行旅。（《光绪六年十二月初一日直隶总督李鸿章奏》）他还在复奕譞论铁路函中，进一步阐述了其对兴建铁路的思想认识。刘坤一也表示"兹刘铭传所请，适与臣意相符"。

　　然而，洋务派修建铁路的建议，却遭到了守旧士大夫们的强烈质疑与反对。张家骧列举了铁路的"三弊"，建议将"刘铭传请开铁路一节，置之不议，以防流弊，而杜莠言"。王家璧认为刘铭传、李鸿章修筑铁路之议"似为外国谋非为我朝廷谋也。其言铁路九利，词重意复，甚至自相矛盾，总不过夸火车之速耳，不足深辩"。刘锡鸿总结铁路"不可行者八，无利者八，有害者九"。周德润将造铁路上升到"闻夏变夷、未闻变于夷者"的高度，请求朝廷对建议造铁路者"量予议处，以为邪说蛊民者戒"。

　　1887年，李鸿章通过奕譞让主管海军衙门奏请修筑津通路，这一奏请得到朝廷批准，但再次掀起了激烈争论。徐致祥呼吁："臣愚以为若开铁路，无事则显耗中国之财源，隐戕小民之生计；有事则千人守之而不足，一夫踬之而有余。况其害尤有不可胜言者。伏愿我皇太后、皇上仰承家法，俯顺民情，无则益慎防维，有则立予停止，天下臣民幸甚！"余联沅严词指责："铁路利不在国，不在民，而在洋人所贿买之奸民，亦不在洋人所贿买之奸民，而仍在居心巨测之洋人。想其处心积虑，谋之于数十年之前者，兹竟如愿相偿而获之于一旦，乃犹有以自强之说进者，是洋人以利啖李鸿章，而李鸿章以利误国家也。"反对者纷纷上疏，罗列资敌扰民、夺民生计、破坏风水等罪状进行谏阻。海军衙门及各地赞成修路的官员则进行反击；湖广总督张之洞则在津通线之外，另提出兴修芦汉路的计划。光绪十五年八月初二日（1889 年 8 月 27 日），光绪皇帝做出了搁置津通线、肯定芦汉路的决策，从而使旷日持久的铁路之争宣告结束。

奕譞

光绪十三年二月二十二日总理海军事务奕譞等奏

……窃查铁路之议，历有年所，毁誉纷纭，莫衷一是。臣奕譞向亦习闻陈言，尝持偏论。自经前岁战事，复亲历北洋海口，始悉局外空谈，与局中实际，判然两途。当与臣李鸿章、臣善庆巡阅之际，屡经讲求。臣奕劻管理各国事务衙门事务，见闻亲切，思补时艰。臣曾纪泽出使八年，亲见西洋各国轮车铁路，于调兵运饷、利商便民诸大端，为益甚多；而于边疆之防务、小民之生计，实无危险窒碍之处。近在总理各国事务衙门行走，于此事更加留意探询，所闻相同。现在公同酌核，华洋规制，自古不同。铁路利益虽多，若如外洋之遍地皆设，纵横如织，不维经费难筹，抑亦成何景象。至调兵运械，贵在便捷，自当择要而图，未可执一而论。

正商榷间，据天津司道营员联衔禀称：直隶海岸亘七百里，虽多浅滩沙碛，然小舟可处处登岸。轮船可以泊岸之处，除大沽、北塘两口外，其余山海关至洋河口一带，沿岸百数十里，无不水深浪阔。大沽口距山海关约五百余里，夏秋海滨水阻泥淖，炮车日行不过二三十里，且有旱道不通之处；猝然有警，深虞缓不济急。且南北防营太远，势难随机援应，不得不择要害，各宿重兵，先据所必争之地，以张国家阃外之威。然近畿海岸，自大沽、北塘迤北五百余里之间，防营大少，究嫌空虚。如有铁路相通，遇警则朝发夕至，屯一路之兵，能抵数路之用，而养兵之费，亦因之节省。今开平矿务局于光绪七年，创造铁路二十里后，因兵船运煤不便，复接造铁路六十五里，南抵蓟运河边阎庄为止。此即北塘至山海关中段之路，运兵必经之地。若将此铁路南接至大沽北岸，北接至山海关，则提督周盛波所部盛字军万人，在此数十里间，驰骋援应，不啻数万人之用。若虑工程浩大，集资不易，请将阎庄至大沽北岸八十余里铁路先行接造，再将由大沽至天津百余里之铁路，逐渐兴办。若能集款百余万两，自可分起合成。津沽铁路办妥，再将开平迤北至山海关之路，接续筹办。此事有关海防要工，即或商股一时不能多集，似应官为筹措，并调兵勇帮同工作，以期速成。且北洋兵船用煤，全恃开平矿产，尤为水师命脉所系。开平铁路，若接至大沽北岸，则出矿之煤，半日可上兵船。若将铁路由大沽接至天津，商人运货最便，可收取洋商运货之资，借充养铁路之费。如蒙奏准，拟归开平铁路公司一手经理，以期价廉工省。并请奏派公正大员主持其事等情，会禀前来。

臣等查该司道、营员等所请，由阎庄接修铁路至大沽北岸八十余里，均在大沽、北塘之后，距海岸尚数十里，实无失险之虑。惟须筹出养铁路经费，庶可持久。所请由大沽至天津百余里之铁路，逐渐兴造，洵足为挹注良法，于军旅、商贾两有裨益。平日借资拱卫，遇事便于援应，即战阵偶不得力，只须收回轮车，拆断铁路，埋伏火器，自不虑其冲突。臣等公同商酌，拟请照依该司道、营局各员所请举办，仍交开平铁路公司一手经理。并拟派奏留北洋差委前福建布政使沈保靖、署长芦盐运使直隶津海关道周馥，督率官商，妥为办理。

计今夏英、德两国订造战舰，可以来华。臣奕譞明年当再赴海口，与臣李鸿章编立海军第一枝，即就便查看铁路，设合用无弊，拟将京外开矿各处，均次第仿照兴办。……（《中国近代史资料丛刊·洋务运动》第六册）

光绪十三年四月二十八日总理海军事务衙门大臣奕譞等奏

……光绪十三年四月初十日钦奉慈禧端佑康颐昭豫庄诚皇太后懿旨：刘铭传奏台湾拟修铁路、创办商务暨恳饬林维源督办各折片，着总理海军事务衙门议奏，单并发。钦此。

伏查台湾孤悬海外，物产蕃盛，非兴商务不足以开利源，非造铁路不足以兴商务。该岛南北相距千里，海口纷歧，兵力、饷力断难处处设守。若修成铁路，调兵灵捷，无虞敌人窥犯，尤属海防百世之利。是以前福建抚臣丁日昌规画台湾折内，曾建议须修铁路，因经费无措，迄未果行。今刘铭传招致新嘉坡、西贡各岛闽商回籍会办商务，又劝令由商承修铁路，所需工本银一百万两，将来即于铁路取偿，于公款无关出入，洵为裕国便民起见。折内所陈三大利均系实在情形。既称该处商民乐从，绅士亦无异议，应请旨准其开办，以裨台防大局。

臣等细核单开章程，如台南北应用铁路，地价由官筹发，并由官派勇帮同工作，官轮代运木料免算水脚，经过城池街镇停车之处，由官修造车房，火车应用收票司事人等，官给薪水，统计商人省费已属不少，与津沽现办铁路全由公司承认者稍有不同。至其工本银一百万两，分七年归还，周年六厘利息，内有钢条、火车、铁桥等项，约需六十余万两，由商在洋厂订购，其价亦分年归还，与该厂议立合同，由官盖印，由商于铁路造成后提脚价九成偿还本利，另以一成并搭客票费一成作为铁路用度。各等语。该抚自必与中外商人妥议办法。

另片又虑该商以多报少，任意吞匿，恐七年内尚难清偿工本；并以内山番地招民开垦均须得人经理，请令内阁侍读学士林维源督办台湾铁路、商务，仍兼办抚垦事宜，以收实济而专责成。查林维源籍隶台北，乡望素孚，拟请旨准如该抚所奏，令该学士查照现议条规，督饬承办商人委员认真照办，不准稍有滋弊失信之处。凡遇铁路、商务应奏事件，应仍由台湾巡抚领衔，会同林维源具奏，庶收和衷共济之效。……（《中国近代史资料丛刊·洋务运动》第六册）

光绪十四年十二月二十五日总理海军事务奕譞等奏

……窃准北洋大臣李鸿章咨称："前委升任直隶按察使前津海关道周馥、候补道潘骏德与法国新盛公司德威尼订购洋轮坐车六辆、丹特火机车一辆并铁轨七里余，业经派委道员潘骏德督同员弁匠役人等押运入都，经海军衙门验收在案。查坐车六辆，内上等极好车一辆，上等坐车二辆，陈设华美，制作精工；中等坐车二辆，行李车一辆，亦俱材质光洁；尚有铁路七里有奇，其原订价银仅六千两，而自巴黎洋厂加工精制，分起装运来华，实不敷工料运脚之数。询据该国领事林椿声称，前项坐车，虽由德威尼承办，该国银行监督登飞筹贴银款，巴黎总办公司拔郎督催购运，制造厂监工雷声经手趱造，所有造车及运费银两，均系情殷报效，不敢计资论值等情。查该公司等以重资配造新车，均能合力经营，竭诚要好，非分别酌加奖赏，不足励其报效之忱。拟请将法国银行监督登飞赏给三等第一宝星，总办公司拔郎赏给三等第二宝星，德威尼赏给三等第二宝星，并加三品顶带，制造监工雷声赏给三等第三宝星，以酬远人向慕之诚。"咨商请奏前来。伏查十一月初七日，臣奕譞钦奉懿旨："去年解京安澜舰翔云、捧日二船，并此次解京之轮车，工价运价，着详细开单呈览。钦此！"当饬潘骏德遵照详查去后，据禀称接据机器局督办降调福建布政使沈保靖开送订购坐车火车价值及运费银数，并承造昆明湖船只工料银数及运费银数，分缮清单四件，呈递前来，谨照录恭呈慈览。其洋商德威尼等承办轮车赔银过多，既未计资论值，若仍按价补发，转没其报效之忱，合无仰恳慈恩，分别赏给宝星以示奖励。至天津机器局总办潘骏德，并委员、司事人员，订购运送本船，沿途保护，毫无贻误，安置一切，亦甚妥协，实属始终勤慎，用款尤能核实，不无微劳足录，可否请旨准其择尤保奖，以示鼓励之处，出自皇太后逾格鸿施。……（《中国近代史资料丛刊·洋务运动》第六册）

光绪十五年一月十四日总理海军事务衙门军机大臣会奏

……光绪十四年十二月二十日，钦奉慈禧端佑康颐昭豫庄诚皇太后懿旨："余联沅、屠仁守等，洪良品等奏请停办铁路折三件，徐会沣等折内请停铁路一条，着海军衙门会同军机大臣妥议具奏。钦此！"二十一日，钦奉慈禧端佑康颐昭豫庄诚皇太后懿旨："翁同龢等、奎润等、游百川、文治奏请停办铁路折四件、片一件，着总理海军事务衙门会同军机大臣归入余联沅等折件，一并妥议具奏。钦此！"

海军衙门查前于请修津通铁路折内，曾将一切简捷有利万无假人之虞各情形详陈在案。

溯自往年法越事亟，粮阻财匮，筹措维艰，幸谅山一捷，国威远播。适值英人出为调停，臣奕谟等奏恳允准，以纾兵力财力；并于召见时陈奏，从此改弦易辙，力图自强实效，以备不虞。彼时臣奕谟即虑及近年言事陋习，畛域太分，事急虽相缄默，事过必复吹求，当经详细面陈，仰蒙恩允作主，饬令次第推行。是以筹款购械以立海军，调舰会师以巡海防。因海岸之绵亘也，始议设铁路以省兵；因铁路之经费无出也，再续办津通之轨以养路。一气贯注，无一泛文。夫津通之路，非为富国，亦非利商，外助海路之需，内备征兵入卫之用，一举两益，所关非浅。乃议者不察底蕴，不相匡助，或信道听途说，或竟凭空结撰，连章论列，上渎天听。详阅各原奏所虑各节，综而约之，大抵皆臣等创议之始，筹商问难所及者。敬陈其略，上慰慈廑。

一曰资敌。窃维敌乘我路，必须用车运载。将夺我车欤？分布既齐，车已收回，无可夺也。将用彼车欤？少则无济于用，多则船不胜装。且海口既塞，拦沙水浅，万余斤之车不能达岸。即使听其所为，亦须安设起重木架，始能挽运，岂有如此从容摒挡，我军尚作壁上观乎？议者又虑及炮车。是于轮车之轨若何窄，炮车之制若何宽，全不知悉，以意揣测耳。无论彼时铁轨已撤，地雷已伏，万无假人之虑。即彼果肆长驱，自有素无险要之通衢可循，何必定由此路？咸丰庚申之变，亦岂铁路被乘？兵力苟强，自能御敌。议者徒诵设险守国之陈言，亦思地利人和之圣经乎？

一曰扰民。臣奕谟始议建设铁路，即与臣鸿章反复讨论，以避民间庐舍、邱墓为最要之端，不独津通铁路为然，即唐山之至大沽，大沽之至天津，亦莫不然，偶有一屋一坟，关碍大势，万不能避，则给以重价，谕令迁徙，务恤民隐而顺舆情，以仰体朝廷子惠黎元之至意。查津通铁路奉文后，止于上年十二月初一日，有天津民人王有庆赴铁路总局呈递求让菜园呈词一纸，又于十二月初十日有天津候选训导于世菜赴天津道署呈递求让坟前余地呈词一纸，均由天津道县详细酌商迁让，此外并无别案，亦无向直隶督署呈递呈词之人。臣等又虑及天津呈词虽少，或者向通永道署呈诉，实如奎润等所称，亦未可知，复札饬通永道令其查明，据实详复。旋于本年正月初二日，接准该道详称："铁路公司自通州南关外勘路起，立标洒线，取道武清县属之杨村等处，至天津县交界止，所过田庐、坟墓各地主，并未有一人一词赴该道署具呈申诉，实无接收多词，置之不理情事。"等因。而建言者乃云民间因立限迁坟，百姓呈诉有二三百起之多，呈词中坟墓在千起以上，而不思现在地未定准，诉从何来？是直借传闻失实之事，为危言耸听之词矣。

一曰失业。天下万国，地形不同，风俗殊异，而趋利避害，人情之常，西洋之人，趋避尤工。使铁路而利少害多，则断无各国相率兴建之理。诸臣折中所论铁路利害，犹是悬揣之臆说耳。不惟所举之害并非实在情形，即其所指之利亦未必恰当事理。西洋各国初造铁路之时，亦有异议蜂起，断断驳诘。彼之持异议者，则并非悬揣之臆说，大抵皆能胪列有形之实事以相问难。如原有马车、手车、牛牵鹿挽之车若干辆，坐船、货船、帆行轮驶之船若干艘，御车、驾船、舁挑、负戴以糊其口者若干名，家属妇孺、老幼残疾借此事畜之资，以全其生者若干户口，细计之析锱铢，总括之成亿万，连篇累牍，以与议建铁路之党往复争持，宜若可胜矣，而议建铁路之党备陈情势，条分缕析，使大众咸能了解于铁路之利多而害少，利久而害暂，于是异议之党无可置喙而铁路兴焉。始则试造，继则推广，而国计与民生遂已交受其益。向之持异议者早已自悔其前说，群贺新路之成而恨建路之晚矣；向之御车、驾船、舁挑、负戴之徒鳃鳃然以失业为虑者，或仍操其旧业，或投效于铁路公司而改习职业矣。修路扫轨，升旗听电，收票验座，查稞敲轮，运煤添水，搬货物，运行李，卖新闻，贩茶果，伺应店客，巡察栈货，事务繁多，种种需人，何曾有失业之民？非徒不失业而已，民之生计且因之而益广，乃更裕于未兴铁路之时。德国自有铁路以来，陆续添开运河十三道，法国自有铁路以来，陆续添开运河九道，则水路生理因铁路而更旺，铁路无害于驾船之业可证也。英国伦敦都城自有铁路以来，城中陆续添设单马坐车八倍于前，他车称是，他城称是，则陆路生理因铁路而更旺，铁路无害于御车之业可知也。盖南北有铁路，则南北往来之御车、驾船、舁挑、负戴者稍减，而东西之御车、驾船、舁挑、负〔戴〕以横赴南北铁路赶趁生理者转增；东西有铁路，其此减彼增之情形与南北亦正相似。铁路如干，横赴如枝，干盛而枝茂，铁路兴而生计广，西洋各国之所同，然中国何至遽相反耶？

诸臣折中所称铁路之害，不外资敌、扰民及夺民生计三端，臣等深知其论未当，不得不辨。亦有举西洋之事以为证者，或依稀影响，或毫无根据。在进言者诩博闻旁采之才，为推波助澜之笔，虽属无足轻重，然耳食之言每致误事，传播外国，贻笑堪虞，是亦有不得不辨者。如谓英法海底铁路不成，为西人不屑铁路之证，此依稀影响之谈也。夫于大海水底开洞以通铁路，岂可与寻常铁路同日而语？水力所压，难成易毁，集股者观望，经手者因而游移，中止之故实不因英将吴尔思礼一人之言也。又言"英、法诸国与俄人商造铁路以通商货，俄恐利为人夺，决意不开"等语。此毫无根据之言也。英、法与俄壤地并不相接，其商货往来，南则由瑞士国铁路经过奥国铁路以入于俄，北则由德国铁路经过已废之波兰国境内铁路以入于俄，英、法与俄何尝无铁路可相通哉？俄之铁路密如蛛网，四通八达，犹复逐渐推广，何尝有有所畏而不敢开，有所忌而不肯开之说哉？欧罗巴、亚细亚两洲间之国，铁路较少者惟土耳其与波斯耳。该两国皆力弱而势微，堂堂中国岂可与之比拟？至于传教之禁久开，洋人布满都京，何计乎穷乡僻壤？华洋之防久彻，风气遍于大地，更难论上古先朝，此又易明之理，不待剖析者也。又如外洋以商贾为重，中国以耕读为重，是固夫人皆知。然而不重商贾可也，军事亦可不重乎？不讲营运可也，转输亦可不讲乎？

方今环球诸国，各治甲兵，惟力是视。其往也，非干羽所能格，其来也，非牛饩所能退，全视中华之强弱为相安相扰之枢机。臣等创兴铁路，本意不在效外洋之到处皆设，而专主利于用兵；不仅修津通之路，而志期应援全局。诚能于江南、赵北、关东、陇西各设重兵，各安铁路，则军行万里无胼胝之劳，粮运千仓有瞬息之效，缓急相助，声气相通，而且零星队伍可撤可并，浮滥饷干或裁或节，此专指陆战而言也。

此外显而易见之利尚有二端：沿海设防，固须有精练之水师而后能战，尤赖有精练之陆师而后能守。圣朝幅员广大，超越前古，如欲令沿海各省逐处皆屯重兵，即使财赋所入足资供给，设敌以偏师相扰，我即须全力因应，长年不休，何以堪此？有铁路则运兵神速，畛域无分，粮饷煤械，不虞缺乏，主灵而客钝，守易而攻难，首善腹地有三五支精练大军，直与沿海逐处皆屯重兵者无异，诚御侮之长策，亦持久之良图。此兼及防海而言也，利一。

河运日滞，海运多险，因循不变，则天庾正供或有偶然窒碍之虞。有铁路则举重若轻，霎时千里，风雨无阻，昼夜可行，奸伪无所施，沉失无可虑，岁丰则积储无缺，岁歉则赈济易办。此兼及河路而言也，利二。

至于通货物，销矿产，利行旅、便工役、速邮递，利之所兴，难以枚举。言者乃云是臣下之利非君上之利，是外洋之利非中国之利，是一二人之私利非千万人之公利，岂非颠倒是非乎？

议建铁路，忽然中止，显然之害，亦有二端。主见不定，朝令夕更，外洋讥诮固无足论，海上铁路失此资助，恐难久存。遇事分防抵御，岸长兵少，设有疏失，咎将谁归？且已成之功，无端废弃，虚掷款项，失信商民，继此再兴他事，难于招徕。害一。津沽铁路，前因力催赶办，曾借洋债百余万两。罢津通之路，则商情畏阻，断难再招商股以清洋债；而事非办理不善，亦无可着落赔偿，势须户部动拨正款。以有用之财，掷无用之地，较昔年江苏以重金购吴淞铁路毁而弃之，任其锈蚀者，尤为先算。害二。言者之论铁路乃云，即使利多弊少，亦当立予停止，此臣等之所甚不解也。

现当大婚归政举行在即，礼仪繁重，诸赖慈虑亲裁。臣等以本分应办之事，若与局外浮议屡事抵牾，哓哓不已，以致重烦披阅，实非下悃所安，而关系军国要务，又不敢为众咻牵制，遽萌退诿之心，惟有将臣等所见所闻确切可查之事，据实胪陈，伏乞圣鉴。

至于事关创办，本属不厌详求，然局外浮谈，恒多失实。查防务以沿江沿海最为吃紧，各该将军、督抚利害躬亲，讲求切实，可否将臣等此奏，并廷臣各原奏，发交各该将军、督抚，按切时势，各抒所见，再行详议以闻。届时仰禀圣慈，折衷定议，尤为审慎周妥。……（《中国近代史资料丛刊·洋务运动》第六册）

光绪十五年一月十四日总理海军事务奕譞奏

……窃维方今时局为自古所未有，欲弭非常之患，必有非常之法；欲法之畅行无阻，必须群策群力，内外一心，溯自法越构难，军事遽兴，我皇太后赫然震怒，立罢枢臣，重申军律，臣以菲材，受命于多事之际，情形既非素悉，时势复极迫促，设非慈虑深远，乘胜允和，兵连祸结，饷竭防单，大局曷堪设想。烽燧既息，圣意安不忘危，于召见微臣，切实训饬，命筹长策。彼时臣即奏云："外敌之窥伺易防，局外之浮嚣难靖。"盖言路至近年庞杂已极，辩给者深文曲笔、恣意所为，庸暗者随波逐流、联衔沽誉。自甲申以来，圣明独断，甄别整饬，浇风为之顿敛。乃因太和门不戒于火，交章言事，借题发挥，又有倒峡燎原之势。即如上书房各员联衔折内，言路一条，据称"偶有陈奏，辄蒙严旨谴责，公义未申，先蹈徇私之咎，千古钳制言路，莫此为甚"等语，是何言欤？设有此无辜被谴之员，当时何不谏诤，且何不指明其人为谁？若无其人其事，仅无端妄造，播弄词锋，以身为近臣，受恩优渥之人，乃只知取悦一二莠言之辈，忍心昧良，诽谤朝廷，甚于前代弊政，事君尽礼之谓何！尚得忝附读书之列乎？即此一事，已足为乱政滥觞。臣每一念及，不禁心为之寒，愤为之填也。

至于请停铁路各折，本日已会议奏请圣裁。臣所谓非常之法，此其一端耳。继此创办之事正多，要皆非例案可稽者。议者动云祖宗时所无，独不思方今天下局势，岂开关以来所有哉？既系创办，则规模自非大备，造诣自未至精。局外之臣果乃心王事，必将群起襄助，讨沦润色，各尽所长，岂惟臣等所乐从，亦实慈衷所至愿。乃计不出此，戎马倥偬之际，不曰设法抵御，即曰相机因应，空言盈廷，杳无实策。及军事甫定，局内创一事则群相阻挠，制一械则群讥糜费。但阻本国以新法备敌，而不能遏敌以新法图我；但拂乱臣等之所为，转不计敌谋之所蓄。锢习不化，相率若狂，设不及早图维，归政以后，皇帝洞烛未备，枢臣赞画愈难，驯至动辄聚讼，颠倒是非，疆吏寒心，戎行解体，一朝有事，欲与嚣张拘执之辈应变戡乱，不可得也！

图维者何？仍须从建言者设法感化。凡议论时事，略合机宜，稍通局势者，派往海疆随同督抚学习办事，或交出使大臣出洋游历，定以年限，仍其俸资。见闻既广，心思自充，归而以语年谊戚党，展转宣播，借一人之传述，扩无数之见识，阅时既久，风气日开。加以清问博采，量加任使，党同伐异之习已化，斯众擎易举之效可期。较之出身微贱偏重洋俗之徒，其益何止倍蓰。譬如余联沅虽比喻不当，立论太偏，究系留心时事，故能援引外国事迹，此即材堪造就者也。若夫泥古不通，拘墟固执，如文治之睹电竿而伤心，闻铁路则掩耳，议论愈烦，鄙陋愈著，此即天成无用不堪历练者也。伏愿皇太后训教皇帝，纵观全局，详审经权，纳忠说而杜莠言，选真才而调众志，虚名勿务，实效常求，庶不负我皇太后孜孜训政之苦衷。臣虽屡病之余，知识凡浅，苟有关系重大事件，仍当奏达璇闱，用申微悃，不敢拘避嫌末节，自负平生。……（《中国近代史资料丛刊·洋务运动》第六册）

奕　䜣

请设铁路总公司折

奏为统筹南北铁路，拟请设立总公司，以一事权而便展拓，恭折仰祈圣鉴事。

光绪二十二年八月初九日，直隶总督臣王文韶、湖广总督臣张之洞复陈芦汉铁路另筹办法各折片，奉旨：王文韶、张之洞会奏《请设铁路公司并保盛宣怀督办》一折。直隶津海关道盛宣怀，着即饬令来京，以备咨询，钦此。当经臣衙门恭录，电寄王文韶、张之洞钦遵办理，并准军机处钞交王文韶、张之洞折片。八月十六日，盛宣怀亲赍咨文来署，臣等公同接晤，遵旨咨询并据盛宣怀呈递说帖，所论官办之难、商办之难、合洋股之难、借洋债之难，均确有见地。所拟招股四千万两，先借用部款一千万两，由南北洋拨官款三百万两，招集商股七百万两，借洋债二千万两，洋债则拟借诸美国，此其大略也。部款一千万两，臣等自当如数筹济，以彰国家维持铁路公司之盛意。南北洋之三百万两，系现成存款，亦不难就近拨用。至该道所拟先收商股七百万两，事权有属，当可招徕。即拟借洋债二千万两，亦归该道自行筹办，由公司订借，商借商还，条理亦甚明晰。核之王文韶、张之洞原奏，大致吻合，自应妥速定议，毋为道旁筑室之谋。

臣等以为，铁路亟宜兴办，官款不吝通融，惟事期有成，总当前后贯澈。臣等拟就英德款内提存银一千万两备拨，俟该道将商股招足，洋债借定，即行应付，以符王文韶、张之洞原奏一面招商、一面借款之意，庶几官商维系，成兹巨工。惟此公司自必合南北统筹，始能展拓，苏沪、粤汉亦当次第举办，督办之员，亦必隆以事权体制，然后呼应始灵。王文韶、张之洞所奏，诚不易之理也。臣等更有请者，中国拟办铁路，规画逾年，既定以芦汉为干路，各国观听所属，非双轨不足为各路之倡。双轨加费，亦复有限。况湖北铁厂钢轨精良，则双轨之工更不宜惜。此外，测量道里、制造工需与夫设栈用人，一切未尽事宜，条绪纷繁，应由王文韶、张之洞与盛宣怀逐一详议，奏明办理。所有臣等统筹南北铁路请设总公司缘由，理合恭折具陈；并将盛宣怀所递说帖，一并钞呈御览。伏乞皇上圣鉴训示。谨奏。（《皇朝经世文统编》卷九十《考工部四·铁路》）

李鸿章

议覆张家骧争止铁路片（光绪六年十二月初一日）

再，臣接准军机大臣密寄：十一月二十一日奉上谕：前据刘铭传奏请筹造铁路，当经谕令李鸿章等妥议。兹据张家骧奏称，开造铁路约有三弊，未可轻议施行等语，着李鸿章悉心妥筹具奏，原折着钞给阅看等因。钦此。

窃思凡建一事，必兼权乎利害重轻，而后无疑畏拘牵之虑；凡议一事，必确得之阅历考校，而后无揣摩影响之谈。臣于铁路之利益大端，与筹款之难、防弊之法，既详陈之矣。至张家骧所称"清江浦为水陆通衢，若造成铁路，商旅辐凑，恐洋人从旁觊觎、借端要求"等语。臣谓洋人之要挟与否，视我国势之强弱，我苟能自强，而使民物殷阜，洋人愈不敢肆其要求；我不能自强，则虽民物萧条，洋人亦必隐图其狡逞。即如越南国政，不善经理，以致民生凋敝，日就贫弱，法人乘间侵夺其六省，以洋法经营，日臻富庶，是其明鉴。盖强与富相因，而民之贫富又与商埠之旺废相因。若虑远人之觊觎，而先遏斯民繁富之机，无论远人未必就范，即使竟绝觊觎，揆之谋国庇民之道，古今无此办法也。

张家骧又谓："开造铁路，恐于田庐、坟墓、桥梁有碍，民间车马及往来行人，恐至拥挤磕碰，徒滋骚扰。"查外洋铁路，有双单行之别，双行者，占地宽不过一丈二尺，单行者，占地七尺。今南北官道，宽至二三丈及四五丈不等，铁路所占，不及官道之半，既须填筑加高，与官道判若两途，自于官道中车马行人无所妨碍。其十字午贯之路，则有建旱桥之法，有于两旁设立栅门，瞭望火车将至，则闭栅以止行人，俟火车既过，然后启栅之法。至造路之费，地价亦其大宗，如有田庐侵碍官道者，当不惜重价以偿贫民，舆情自可乐从。万一有民间坟墓及田庐，不愿迁售者，自无难设法绕避。其他跨山越水，建造桥梁，外洋自有成法可循，未闻其不便于民也。

张家骧又谓："水陆转运及往来之人，只有此数，若以铁路夺轮船之利，恐招商局数百万款项，一旦无着。"查近水之区，运货利用轮船，其行稍迟而价较廉；远水之地，运货利用火车，其行更速而价较巨，二者固并行不悖。即或铁路初成之时，招商局生意略减，然该局既将旗昌原价缴清，复分年拔还官帑，成本日轻，每岁得漕项津贴，纵令运载稍分于铁路，亦尚可支持周转。数年之后，商货日多，更可与铁路收相济之益。且北方地非硗瘠，而繁富之象远逊南方，盖由运路艰阻，而其民于所以殖货之原，亦遂不肯勤求。若一旦睹运销之便，则自耕织以外，必更于艺植之利、工作之利，一一讲求，可无旷土游民之患。即如江、浙、闽、鄂等省，自通商以后，丝、茶之出其地者，倍于曩日。则谓水陆转运，只有此数者，似又未尽然也。

以上张家骧所陈三弊，臣逐细研求，尚觉不甚确凿。大抵近来交涉各务，实系中国创见之端，士大夫见外侮日迫，颇有发愤自强之议。然欲自强，必先理财，而议者辄指为言利；欲自强必图振作，而议者辄斥为喜事；至稍涉洋务，则更有鄙夷不屑之见，横亘胸中。不知外患如此其多，时艰如此其棘，断非空谈所能有济。我朝处数千年未有之奇局，自应建数千年未有之奇业。若事事必拘守成法，恐日即于危弱，而终无以自强。语曰："非常之原，黎民惧焉。及臻厥成，天下晏如也。"臣于铁路一事，深知其利国利民，可大可久，假令朝廷决计创办，天下之人，见闻习熟，自不至更有疑虑。然臣不敢谓其事之必成者，以集款之非易，而筹借洋债亦难就绪也。果使巨款可集，而防弊之法又悉能如臣所拟，则此等大事，固当力排浮议，破除积习而为之。若洋债未能多借，商股未能骤集，则虽欲举办，一时亦尚无其力。臣因张家骧所虑而遵旨妥筹，略抒管见如此。谨附片具陈，是否有当，伏乞圣鉴训示。谨奏。（《李文忠公全书》奏稿卷三十九）

光绪十四年十二月二十二日直隶总督李鸿章复奕谡函

敬复者：本月二十日午刻，接据潘道骏德函传钧谕，并钞示恩中堂、徐尚书上殿下原函，读悉一一。

伏思国有大政，不得稍执成见，亦不得唯阿取容。铁路一事，既有虑及病民因以病国者，若不切实敷陈，力破其似是而非之论，何以慰九重恤民之隐？何以保海署自强之谋？谨详复如左，伏乞钧鉴。

恩相等原函谓"铁路乃公司之利，非民人之利"，此语似误。铁路系为征调，朝发夕至，屯一路之兵能抵数路之用，于直隶七百里海岸尤为相宜，是以直隶铁路原奏有接至山海关之议。然非先行造至通州，其经费无从措办。向来州县遇有兵差、饷差过境，出票拘车、封船，百姓受累无穷，一有铁路，则非常之差徭可以无虑，南北商旅及附近官民有紧急要务，皆可附搭行走，此非利国利民之大端乎？原函谓"非民人之利"，既有未当。夫公司者，公集股本，合司其事，出入帐目，公同查看，是以谓之公司，股商止得五六厘银利，再有盈余，即以之抽还借债，报效饷需，推广边疆铁路。是铁路之利仍归公家，何独利于公司？乃原函谓"仅公司之利"又实未确。

论者于铁路之本旨未及细思，是以闻道路之浮言容易动听。何以谓道路浮言，查原函内"铁路一开，津通舟车尽废，水手、车夫、客店、负贩食力之人，终归饿莩"等语，骤闻之似觉有理。不知铁路工本甚巨，因之所收运脚亦贵。铁路通行之处，惟有余之人方乘火轮车，其寻常之人仍坐寻常车船；惟急于抢售之货方装火轮车，其寻常之货仍装寻常车船。犹之现在火轮船江海通行矣，而舢板、江划、红单、四不相、沙船、钓艇等船，犹不绝于路。即如直隶、唐山至芦台铁路，通行于今二年矣，而铁路之旁新开河民船往来如故。原函谓"铁路一开，舟车尽废，水手、车夫终归饿殍"，决无之事。而且造铁路有人，修铁路有人，附近车站、客栈、货房、售卖百物有人，开设旅店、杂货店有人，固不仅如原函所云"码头可以营生，短雇可以获利"也。此等过当之言，必非水手、车夫、负贩、力食之贫民所自道；即使贫民偶有此言，亦不易达士大夫之耳，恐系京通漕蠹、仓蠹及开设船行、车行、陆陈行、起卸行之奸商市侩故造蜚语，托诸贫民之口，以惑士大夫之听，故鸿章谓此为道路之浮言也。

在昔道光、咸丰年间，因运河梗阻，创行海运，一时臣工如杨殿邦等，飞章入告，谓从此粮船废弃，水手必滋生事端；甚至造作谶语曰："木龙断，天下乱。"以木龙喻粮船之连樯也。彼时疆吏惟林则徐、陶澍，部臣惟孙瑞珍毅然不为所惑。厥后发捻交哄，铜瓦箱不塞，运河几废，若非海运，仓储不可问矣。故鸿章谓国有大政，不敢唯阿取容也。

原函又谓"津通铁路及码头所占之地，民间坟墓立限迁徙，愚民迁怒于洋人，欲焚洋楼以泄忿"等语。查津通铁路奉文后，甫于十一月二十日派员赴通州查看路径一次，据该员等回津禀称，铁路应由天津铁道尽头，经陈家沟渡运河，至西沽，历浦口、杨村、河西务、张家湾以达通州；若为客货顺便计，则宜附近各村；若为绕避坟墓房屋计，则宜在村西数里外；若为节省工费计，则宜在运凰两河之间取直安设；若为绕避坟墓房屋计，则不得不多造大桥，先在凰河之东，后跨凰河之西等情。当经谕令竭力绕避坟墓、房屋，不必顾计客货，不可徒省经费。是以该员等于十二月初九日所上详文，系声明在各村西数里外以达通州，所呈草图铁路墨线，南半截系居凰河之东，北半截系跨凰河之西，详文已经咨呈海署，兹再将草图寄呈钧鉴。此项详文甫于前数日批准，札行各地方官出示晓谕，现在尚未派员买地，尚未定准详细地界，尚不知迁徙何坟，何能立迁坟之限，何致遽触愚民之怒？其为好事者造言耸听，不问可知。津门并无迁怒洋人、欲焚洋楼之说，何以都城竟〔竟〕有此谣？尤不可解。

原函又谓"民间因立限迁坟，百姓向衙门呈诉有二百余起之多，俱未准理"等语。所谓衙门者，何衙门也。其指在京各衙门乎？未见钞行直隶督署也。其指直隶各衙门乎？查津通铁路奉文之后，止于十二月初一日，有天津民人王有庆赴铁路总局呈递求让菜园呈词一纸，又于十二月初十日，有天津候选训导于世菜赴天津道递求让坟前余地呈词一纸，均由天津道县详细酌商迁让，此外并无他案。如果士大夫倡议于上，小民窥破时势，顿起刁风，从此词讼盈千累万，俱在意中。截至现在十二月二十二日鸿章复信之日止，实止此呈词二张，并无第三张也。

原函又谓"穷民、怨民迁怒洋人，铤而走险"等语，似更过虑。治民者务宜镇静，最忌张皇。当兹中外和睦、洋员驻满京城之时，此等过火之言，士大夫岂可徒逞一时之快，轻易自其口出！

鸿章现于本月十七日复行派员，自津至通复勘铁道路径，惟恐于坟墓一节查点不清，令该员等分段编号，树立木杆，每十里或八里树杆一根，如电杆之树在空地，不准树在庐墓之侧，查明第一杆至第二杆，或无坟或有坟若干处，津通二百里统行立杆查明，分别开单呈核。如此慎重办理，亦为仰体朝廷爱民之意起见，断不敢稍涉孟浪。

伏愿殿下将鸿章此函给恩中堂、徐尚书阅看，并给海署各同事公看，凡有议及铁路者，均不妨给与阅看，庶几海署不得已之苦衷可以共白，局外之过虑可以稍息。恩相等原函并缴。(《中国近代史资料丛刊·洋务运动》第六册)

刘坤一

议覆筹造铁路利弊片 (光绪七年正月初八日)

再，臣先后承准军机大臣密寄，光绪六年十一月初二日奉上谕：刘铭传奏筹造铁路一折，所请筹款试办铁路，先由清江至京一带兴办，与本年李鸿章请设之电线，相为表里等语，所奏系为自强起见，着刘坤一按照折内所陈悉心筹商，妥议具奏，原奏钞给阅看。等因，钦此。又十一月二十一日奉上谕：前据刘铭传奏请筹造铁路，当经谕令李鸿章、刘坤一妥议。兹据张家骧奏称"开造铁路，约有三弊，未可轻议施行"等语，着刘坤一悉心妥筹具奏，原折钞给阅看。等因。钦此。

　　查外洋所办铁路火车，非中国所经见，所言如何得力之处，无非耳食之谈。臣前在广东，凡自外洋官员来见，多以中国不办此事为可惜，而美国外部大臣吉华礼德言尤恳切，察其词意，实属为我，并非有他。臣以铁路火车之有裨益，别项虽未深知，至于征调、转输两端，可期神速，实为智愚所共晓。中国幅员辽阔，自东徂西，几万余里，均与俄界毗连；加以英在缅甸，法在越南，时虞窥伺，沿海数省，则为各国兵船往来，倘有风鹤之惊，殊虞鞭长不及。如得办成铁路，庶可随时应援。臣前过天津时，曾与李鸿章论及。兹刘铭传所请，适与臣意相符。其先办清江至京一路，无非从易入难，自近及远，行之以渐，期底于成。顾立一法，必有一弊，大利所在，害亦随之。张家骧恐铁路成后，洋人于清江求开口岸，原是意中之事，然可据约力争。至谓于南北行旅以及沿途田庐、坟墓、桥梁诸多不便，均属有见，亦可相度地势，斟酌设施。轮车与轮船水陆殊途，似于招商局无甚相涉，即令此赢彼绌，亦是楚得楚弓，无足深较。而臣所鳃鳃过虑者，此项铁路、火车有妨民间生计，盖物产之精华，民生之日用，无铁路未必见少，有铁路未必加多，只此货物之流通，如使尽为火车所揽，则穷民向恃车马人力运负以营生者约数万人，讵不失业！纵谓火车日盛，贸易日多，此项贫民亦必别有营生之计，而急切何能见效？且非驾轻就熟，未免有拂民情。从前捻逆滋炽，论者归咎于河运、盐务之改章，亦前车之鉴也。又现在各洋关运照税单盛行东南，内地税厘被其侵占，然用寻常舟车装载，为数尚少，而我亦可设法防维，今自清江至京造成铁路，则请领洋关单照之货，往来便捷，势必并驾争趋，内地税厘将归乌有，不可不预为之计，即无洋关单照之货，应完内地税厘，而以轮车雨骤风驰，何能节节停待？亟应查明各处税厘确数，妥定章程。

　　臣欲仿造铁路火车，实与李鸿章、刘铭传有同志，第系创举，又属巨工，虽议论最忌纷纭，而规画必须详慎。夫不善始者必不善终，为之而不成，或成之而复毁，非惟虚糜可惜，亦将遗笑外人。请旨饬令刘铭传，务将一切利弊，逐细推求，先行踏勘道路，酌拟章程，呈由总理衙门核明，造路行车有无格碍，收税还款有无把握，参酌异同，权衡轻重，则其事或行或止，一言可决矣。谨附片覆陈。……（《刘忠诚公遗集》奏疏卷十七）

张之洞

光绪十五年三月初二日两广总督兼署广东巡抚张之洞奏

……本年二月初六日承准军机大臣字寄："光绪十五年正月十五日钦奉慈禧端佑康颐昭豫庄诚皇太后懿旨……钦此。"仰见朝廷勤求民隐、郑重海防之至意。

窃惟泰西创行铁路将及百年，实为驯致富强之一大端。其初各国开建干路以通孔道，迨后物力日裕，辟路日多，支脉贯注，都邑相属，百货由是而灌输，军屯由是而联络，上下公私，交受其益，初费巨资，后享大利，其功效次第实在于此。今中国方汲汲讲求安攘之略，自不得不采彼长技以为自强之助。

伏查总理海军事务衙门覆奏所陈迅海防、省重兵、便转运、通货物、兴矿产、利行旅、速邮传、捷赈济诸条，铁路之利亦已详明确实，包举无遗，且欲推之南北各省，广安铁路以振全局，在王大臣谋画阈远，本非专为津通之一隅。臣之愚见，窃以为今日铁路之用，尤以开通土货为急。盖论中外通商以后之时局，中国民生之丰歉，商务之息耗，专视乎土货出产之多少，与夫土货出口较洋货进口之多少以为断。近数年来，洋货、洋药进口价值每岁多于土货出口价值者，约二千万两，若再听其耗漏，以后断不可支。现在洋货洋药之来源无可杜遏，惟有设法多出土货、多销土货以救之。此乃王道养民立国之本源，并非西商争利会计之小数。中国物产之盛，甲于五洲，然腹地奥区，工艰运贵，其生不蕃，其用不广。且土货率皆质粗价廉，非多无利，非速不多，非用机器、化学不能变粗贱为精良，化无用为有用。苟有铁路，则机器可入，笨货可出，本轻费省，土货旺销，则可大减出口厘税以鼓舞之。于是山乡边郡之产，悉可致诸江岸海壖而流行于九洲四瀛之外。销路畅则利商，制造繁则利工，山农、泽农之种植，牧竖、女红之所成，皆可行远，得价则利农。内开未尽之地宝，外收已亏之利权，是铁路之利首在利民。

民之利既见而国之利因之，利国之大端则征兵、转饷是矣。方今强邻环伺，外患方殷，内而沿海沿江，外而辽东三省、秦陇沿边，回环何止万里，防不胜防，费不胜费。若无轮车铁路应援赴敌，以静待动，安所得无数良将精兵、利炮巨饷而守之？夫守国即所以卫民，故利国之与利民实相表里。似宜先择四达之衢，首建干路以为经营全局之计，以立循序渐进之基。至津通一路，其缓急轻重之宜，尚有宜加审察者，请为我皇上缕晰陈之。

　　查御史余联沅等原奏，或恐洋教之煽张，或惜捐金以资敌，或以狡谋利啖为惧，或以人心风俗为忧。不知铁路不过行程迅速，至洋人洋教之多少与此无涉，造路之铁可用华产，修路之工仍用民人，洋匠薪水亦属有限。洋厂劝造不过市侩图揽贸易之故智，此事似非别藏祸心。轮机与轮船、电线等确有利用之实，不得谓之淫巧。凡此数端举无足虑。至所呈引敌、失业两事，业经王大臣剖析详尽，自属切中时宜。惟津通密迩辇毂，非寻常散地可比。以臣所闻，俄德铁路相接，俄人则改宽其轨以限止德车，德国铁路之入都城者，必穿行土邦达炮垒而后得达柏林。法国巴黎城外诸路皆有大堡环护之，即英人与法接界处，海底铁路之议，虽因工艰而止，亦由怵于法岸近峙，自失海险之故。是外国顾念根本，未尝不慎重深严。今大沽铁路已至天津，若再开至通州，不为置兵筑垒以扼要隘，但恃临时收车撤轨之图，则备预似觉未密。苟于中途多设坚台、巨炮以为之备，则所费必在百万以外，筹款实属不赀。其当审者一也。

　　查奎润等折内称津通之民以车船、行店、负贩为生者约六万人，一家五口，已有三十万人，此项人数本难确知，然就极少计之，仰食于此者总不下六七万人。粗货舟行不能尽废，短车客店不能尽歇，尚可安插其半，其废业者必有三万余人。若铁路既开，其投效公司、佣趁车站固必需转移执事之人。顾津通二百余里，地段不长，中站停顿不过数处，一切修路扫轨等役需人不能甚多。据西人《铁路述略》称：英地四万里，铁路执事等众需十六万五千人。以此为准，津通二百余里仅需八百余人，加以各项贩运夫役，不能过三千人，其铁路左右邻近乡邑无甚巨镇名区，人货赴集亦难甚旺，多方安插，终恐不敷。盖津通一段，内近神京，外近海口，又有仓场，三者兼之，故闲民苦其太多，而地段又苦其太短，其难于消纳，实与他处不同。至于庐舍尚可给费迁移，若坟墓多所毁迁，亦恐不易设处，其当审者二也。

　　或谓非常之举难与图始，铁路为利便所在，不得鳃鳃过虑，致失事机。

顾查所以续办津通者，但为养路计耳。夫欲筹养路之需，而度支转益屯防之费，恤公司之困而郊甸乃有无告之民，利害相兼，宜筹两全之策，其当审者三也。

又查西国铁路每为距远水口、陆行艰滞而设，有无轮车，利钝悬绝，故虽重费劳扰而不嫌。今则潞河深通，帆樯如织，车骒驰骤，经宿可至，商旅驿递，为益无多。权以西例，此路尚非所亟。其当审者四也。

至于征兵一节，诚于军事有益。然当今所忧者外患耳。津、沽为京师门户，常屯重镇在焉。大沽有事，后路援师，早应厚集津门。若待至天津郡城告急，势难再分都门之禁旅远出赴援，亦无从抽大沽、山海关之防军回师宿卫，苟无此路，亦无甚妨。其当审者五也。

夫利不百而不兴、害虽隐而必慎。既非万不得已之计，即宜防意外枝节之端。设此路创造之时稍有纷扰，则习常蹈故者益将执为口实、视为畏途，以后他处续造，集股之官商必裹足，疑沮之愚氓必有辞，则铁路之功终无由成，而铁路之效终无由见矣。《记》曰："先其易者，后其节目；及其久也，相说以解。"言举事，宜有次第也。今津通一路关系既重，不便尤多，此则铁路中之节目也。

窃查翁同龢等请试行铁路于边地以便运兵，徐会沣等请改设于德州、济宁，就黄河故道，垫路以便运漕，均拟缓办。津通为另辟一路之计。但边地偏远，无裨全局，若于边隅发端，其效难见；且非商旅辐辏之所，则铁路费无所出，不足以自存。德济一路，黄河岸阔沙松，勉强椎筑，工费太巨。河流迁徙无定，其铁桥等事尤难时时改作。似拟改之路，尚非尽善。臣愚以为宜自京城外之卢沟桥起，经行河南，达于湖北之汉口镇，此则铁路之枢纽、干路之始基，而中国大利之所萃也。盖豫、鄂居天下之腹，中原缟毂，胥出其涂，铁路取道宜自保定、正定、磁州，历彰、卫、怀等府，北岸在清化镇以南一带，南岸在荥泽口以上择黄河上游滩窄岸坚、经流不改之处作桥以渡河，则三晋之辙下于井陉，关陇之骖交于洛口，西北声息刻期可通。自河以南，则由郑、许、信阳驿路以抵汉口，东引淮、吴，南通湘、蜀，万里奔凑，如川赴壑，语其利便，约其数事。内处腹地，不近海口，无引敌之虑，利一。南北二千余里，原野广莫，编户散处，不如近郊之稠密，一屋一坟，易于勘避，利二。干路袤远，厂盛站多，经路生理既繁，纬路枝流必旺，执鞭之徒，列肆之贾，生计甚宽，舍旧谋新，决无失所，利三。以一路控八、九省之冲，人货辐辏，贸易必旺，将来汴、洛、荆、襄、济、东、淮、泗，经纬纵横，各省旁通，四达不悖。岂惟有养路之资费，实可裕无穷之饷源，利四。近畿有事，三楚旧部，两淮精兵，电檄一传，不崇朝而云集都下；或内地偶有土寇窃发，发兵征讨，旬日立可荡平。征兵之道，莫此为便，利六。中国矿利，惟煤铁最有把握，太行以北煤铁最旺而最精，然质最重，路最难。既有铁路，则辇机器以开采，用西法以煎熔，矿产日多，大开三晋之利源，永塞中华之卮漏，利七。海上用兵，首虑梗漕。东南漕米百余万石，由镇江轮船溯江而上，三日而抵汉口，又二日而达京城，由卢沟桥运赴京仓，道里与通州相等，足以备河海之不虞，辟飞挽之坦道。而又省挑河剥运之浮糜，较之东道王家营一路，碍于黄河下流者，办理最有把握，利八。此路既成，但有利便，并无纷扰，民受其益，人习其事，商睹其利。将来集资推广续造，不至为难。兵民食货无往而不宜，公私行役转运，盗窃损失，雨潦稽延、亏耗蠹蚀之患不禁而自止。关东、陇右，以次推行，惟力是视。二十年以后，中国武备屹然改观矣。

难者曰："干路之利诚如此矣，其如费巨难成何？"则请以分段之法为之。拟分自京至正定为首段，次至黄河北岸，又次至信阳州为二、三段，次至汉口为末段。中原地势平衍，工力可省。若令承办员匠核实撙节，估计大约每里不过五六千金，一段不过四百万内外，合计四段之工，须八年造成，则款亦八年分筹。中国之大，每年筹二百万之款，似尚不至无策。开办之始，先就首段估造，俟本段工竣，余段以次推广。其筹款之法，由铁路公司照常招股外，应酌择各省口岸较盛、盐课较旺之地，分别由藩、运两司关道转发印票股单，设法劝集。集股多者，股商及承办之员优予奖励。并准该公司援照前案，借商款垫解，以资周转。

至购买铁料，取之海外则漏卮太多，实为非计，查山西之铁，产自平定、盂县者可运至于获鹿县，产自泽潞者可运至于清化镇。铁轨非同船炮，取材不在至精，土炼之产虽逊洋铁，亦足济用。即使价值略贵几微，其财仍散在中国，不宜斤斤计较。应一面迅速于正定、清化分置炼铁机炉，以供取用。除首段动工参购洋料外，其余悉用土铁，以杜外耗，庶几施工有序而藏富在民。

总之，津通之视豫、鄂，度地考工，相去悬绝。臣之为是议者，非敢有骛广侈大之心，实以置路于可开可不开之区，虽一节有所必惜；展路于有利无害之域，即艰重亦所当为。拟请责成李鸿章仍令原派总办铁路各员督饬该公司熟筹全局，扩充原议，次第举工。

臣识解迂愚，谨遵"按切时势，各抒所见"之旨，竭诚筹度，详切上陈，伏候圣明裁度，饬下海军衙门通筹熟计，采择施行，国计幸甚，民生幸甚！

至该公司呈请试办铁路原案，系自认接续至山海关。此路通接关东，诚为要工，应饬其照案修造，未便听其中道改图，垄断罔利。如必以养路赔累为辞，则此乃海防应办之事，无妨筹动官款，或酌助官本，或于目前该公司生理未旺之时，暂行酌给津贴养路经费，以示体恤。其商借洋债，仍由该商自行清理，似觉较为简便。……（《中国近代史资料丛刊·洋务运动》第六册）

光绪十五年九月初十日两广总督张之洞奏

……窃臣承准军机大臣字寄："光绪十五年八月初二日奉上谕：朕钦奉慈禧端佑康颐昭豫庄诚寿恭钦献皇太后懿旨……钦此。"兹于九月初七日承准总理海军事务衙门钞录原奏，咨行到粤。窃惟此举造端宏大，乃国家自强之远谟，圣上不以臣病躯庸材为不肖，命与李鸿章同肩此举，艰巨重任，岂敢辞诿？

惟是开非常之源，必当出万全之计。《大学》云："物有本末。"又云："知所先后。"古今常变，理无不赅。就今日铁路一事论之，则不外耗为本，计利便为末，储材为先，兴工为后。就外洋富强之术统言之，则百工之化学、机器、开采、制造为本，商贾行销为末，销土货、敌外货为先，征税、裕饷为后。

现经庙堂定议，开办顺、直、豫、鄂一道，按海军衙门原奏，计程三千余里，计费三千余万，需款需铁均属极巨。若取资洋债、洋铁，则外耗太多，且外洋金镑之价日贵，前五年止银三两七钱，今年涨至四两五六七钱不等，借款巨则年限远，十年以后更不知涨至几何矣。至洋铁现亦骤涨，若购之他国，法人必将执乙酉新约，强思独揽，多滋唇舌；设竟专归一国，彼垄断居奇，更不可问。是洋款、洋铁两端皆必致坐受盘剥，息外有息，耗中有耗。臣前奏铁路之益，专为销土货、开利源、塞漏卮起见，若因铁路而先漏巨款，似与此举本意未免相戾。

至臣前奏原拟各省招股，准该公司暂借商款垫办，以资周转，因欲责成该公词承办，不得不略予通融，俾其作速兴工，以免借口津通赔累，坚执推诿。且垫办不过初年，所借亦属有限，自尚无妨。今既经海署确核路长费巨，此断非该公司所能独任，其迟速盈亏，自宜从长另计。

臣窃审此事推行之序，似宜以积款、采铁、炼铁、教工四事为先，而勘路开工次之。试就海署原奏需款三千万、限期十年之数计之，若将郑工新改海防捐例再酌减一二成，每年可收一百万以外至二三百万。洋药税厘，除户部指拨外，尚有赢余，每年亦可指拨一百万。此两款每年将及三百万，由户部提存专储为铁路之用。若仍不敷，竣工稍展一二年，似亦无妨。

款既有着，即一面急求炼铁、采铁之方。查晋铁并非不善，特由煎炼未精。若多购略小机炉，分拆转运，到地装合，足可运入晋境，尚无须遽造铁路，此节已向外洋询明。平、盂铁出至小范，即可由清河运；泽潞铁出至卫辉，即可由卫河运。粤亦产铁，近由臣购定机炉，设厂熔炼，业经奏明在案。由粤至鄂，水运可通。闻湖北大冶县向来产铁，该县近省滨江，俟到鄂后，当详晰勘明，妥筹采炼之法。有此三省之铁，足可供此干路之用。目前宜即拣派曾经出洋学生一二十人，分赴铁路各国专习此艺，俟两年回华，指授工匠，展转传习，则工作并可无需洋匠多人。此时专讲采铁、炼铁，俟新铁之采日旺，旧铁之炼日精，彼时积款已足，路工已娴，再为定期开工修路，两端并举，一气作成，合计亦不过十年内外。查美国每年添造铁路或一二千里，或六七千里，足见工料应手，并不甚迟。

至分段办理一节，海署所奏南北并举之法，极为扼要。臣前奏分为四段办法，不过约略计费之词，似宜分为南北两路：黄河以北至卢沟为北路，直隶督臣任之；黄河以南至汉口为南路，湖广督臣任之。其道里远近，均略相等。豫境跨河，两路均宜兼令河南抚臣会同办理。如此则首尾一气，其勘路运料一切，便于合计通算。缘南路开造，即宜由汉口直造至河南省城，则路成之日，商旅立见辐辏，若信阳尚非繁盛都会，仅造至此，运载尚少，经费难敷。桥道虽多，惟黄河一桥最为巨费。闻外国铁路遇有大河，即以轮船数艘上安铁轨接渡火车，所延不过数刻，所省费多，且可留此天险以备不虞。

其出示一节似可从缓，俟兴工有日，再当剀切晓示。盖民间不知铁路为何事，汉口游民甚多，会匪尤众，况山东水灾甚广，流民四出，此时开办尚早，即不宜骤为宣示，致令莠民、地棍造言煽惑，别滋事端。臣曾电商北洋大臣暨河南抚臣，均以为然。

至铁路利民之端，尤莫如差徭一事。直、豫两省最苦差累，胥吏拉派车骡，重价勒索，钱粮正银一两，差银摊至加一两倍。若火车畅行，所有官差、兵差、贡差，皆由火车，于民间一无所取，从此为北省驿路小民永除巨累。若并将此节剀切晓谕地方，自必欣悦。其经由之路实在里数若干，有无应改应避之处，应俟到鄂后详加考究，派委妥员密为相度，详慎办理。如有失业之人，亦须豫筹安插，总以不致疑累扰民为主。

又集股一节，窃拟干路专归官办，以一事权；枝路留待商股，以便招徕。路成见利，商贾自然争趋。枝路较短，集股较易。

总之，此事储铁宜急，勘路宜缓，开工宜迟，竣工宜速。盖此举必待全功既竟，大利乃彰。若款尚未筹，铁尚未备，急遽从事，枝枝节节而为之，此数年中，人但见日日偿债，处处鸠工，未见其利，但见其扰。设数年中偶有水旱灾祲，军国要用，必致谣谤繁兴，中作而辍，徒糜巨款，致弃前功，此尤不可不虑者也。诚能量力而举，相时而动，此时惟汲汲以开矿、炼铁为先务，令各省将中国所需格致、算学、化学、矿学诸事，加意讲求，则无论铁路之费多费少、效速效迟，事事注在养民，滴滴归于中土，利源日开，漏卮日塞，明有强国之效，暗有富民之益，此则圣天子创物利用之宏规，断然有利而无弊者也。

以上各节，谨就臣管见所及，陈其大略。其山西平、盂、泽、潞各铁矿及道路情形，臣当一面委员分投详勘；所有一应事宜，臣当随时筹酌，会商办理。除先经山东登莱青道盛宣怀由海军衙门饬令询商；当经电复转达海署暨叠次与北洋大臣电商外，理合恭折覆奏。……（《中国近代史资料丛刊·洋务运动》第六册）

刘铭传

光绪六年十一月初二日前直隶提督刘铭传奏

……窃奴才以菲材，渥承恩遇，自解兵柄，养疴田园，每念中外大局，往往中夜起立，眦裂泣下，恨不能竭犬马以图报于万一也。近者被命，力疾来京。仰蒙召见，训诲周详，钦感莫名。窃念人臣事君之道，知无不言。况事变至迫，利害甚巨，敢不竭其惓惓，为我皇太后、皇上敬陈之。

中国自与外洋通商以来，门户洞开，藩篱尽撤。自古敌国外患，未有如此之多且强也。彼族遇事风生，欺陵挟制。一国有事，各国环窥。而俄地横亘东西北，与我接壤交错，拊背扼吭，尤为腹心之患。我以积弱不振，不能不忍辱含垢，遇事迁就。不惜玉帛，以解兵戎。然而和难久恃，财有尽期。守此不变，何以自立！今论者动曰用兵矣。窃谓用兵之道，贵审敌情。俄自欧州〔洲〕起造铁路，渐近浩罕，又将由海参威开路，以达珲春。此时之持满不发者，非畏我兵力，以铁路未成故也。不出十年，祸且不测。日本一弹丸国耳，其君臣师西洋之长技，恃有铁路，动欲逞螳螂之臂，藐视中国，亦遇事与我为难。臣每私忧窃叹，以为失今不图自强，后虽欲图，恐无及矣。

自强之道，练兵造器固宜次第举行，然其机括则在于急造铁路。铁路之利于漕务、赈务、商务、矿务以及厘捐、行旅者，不可殚述。而于用兵一道，尤为急不可缓之图。中国幅员辽阔，北边绵亘万里，毗连俄界，通商各海口，又与各国共之。画疆而守，则防不胜防，驰逐往来，则鞭长莫及。惟铁路一开，则东西南北，呼吸相通，视敌所驱，相机策应。虽万里之遥，数日而至。虽百万之众，一呼而集。无征调仓皇之虑，无转输艰阻之虞。且兵合则强，兵分则弱。以中国十八省计之，兵非不多，饷非不足。然各省兵饷，主于各省督抚。此疆彼界，各具一心。遇有兵端，自顾不暇。征饷调兵，无力承应。虽诏书切责，无济缓急。若铁路造成，则声势联络，血脉贯通，裁兵节饷，并成劲旅。防边防海，转运枪炮，朝发夕至，驻防之兵即可为游击之旅，十八省合为一气，一兵可抵十数兵之用。将来兵权饷权，俱在朝廷，内重外轻，不为疆臣所牵制矣。方今国计，绌于防边，民生困于厘卡。各国通商，争夺权利，财赋日竭，后患方殷。如有铁路，收费足以养兵，则厘卡可以酌裁，并无洋票通行之病。裕国便民之道，无逾于此。且俄人所以挟我，日本所以轻我者，皆以中国守一隅之见，畏难苟安，不能奋兴。若一旦下造铁路之诏，显露自强之机，则气势立振，彼族闻之，必先震詟。不独俄约易成，日本窥伺之心，亦可从此潜消矣。

本年李鸿章奏请沿海安设电线，此亦军务之急需。但电线须与铁路相辅而行。省费既多，看守亦易。

或者以铁路经费难筹，无力举办为疑。窃谓议集商股，犹恐散漫难成。今欲乘时力办，莫如议借洋债。借洋债以济国用，则断断不可。若以之开利源，则款归有着，洋商乐于称贷。国家有所取偿，息可从轻，期可从缓。且彼国惯修铁路之匠，自愿效能于天朝。此诚不可失之机会也。

查中国要道，南路宜修二条；一条由清江经山东，一由汉口经河南，俱达京师。北路宜由京师东通盛京，西通甘肃。惟工费浩繁，急切未能并举。拟请先修清江至京一路，与本年议修之电线相表里。此路经山东直隶，地界最多。或谓于民间坟墓庐舍有碍，必多阻挠。不知官道宽广，铁路所经，只占丈余之地，与坟墓庐舍，尚不相妨。即偶有牙错，亦不难纡折以避。臣昔年剿捻中原，屡经各该省，其地势民情，固所稔知，非敢妄为臆断也。事关军国安危大计，如蒙俞允，请旨饬下总理衙门，迅速议覆。若辗转迁延，视为缓图，将来俄约定后，筑室道谋，诚恐卧薪尝胆，徒托空言，则永无自强之日矣。微臣无状将不知所税驾矣，迫悚上陈无任惶恐待命之至。……（《中国近代史资料丛刊·洋务运动》第六册）

光绪十三年三月二十日台湾巡抚刘铭传奏

督办台湾防务、降二级留任台湾巡抚、一等男臣刘铭传跪奏，为台湾拟修铁路，创办商务，以兴地方而固海防，请旨遵行，恭折仰祈圣鉴事。窃据商务委员、已革道员张鸿禄，候补知府李彤恩等禀称，奉委招致南洋各岛贸易闽人来台合办商务，以兴地方，当即专函往招。现有南洋新嘉坡、西贡等岛闽商陈新泰、王广余等复信，金称俱愿回籍，合办台湾商务。革道等现已集股订购轮船二只，先行开办。惟台湾一岛孤悬海外，当此分省伊始，亟宜讲求生聚，以广招徕。现在贸易未开，内山货物难以出运，非造铁路不足以繁兴商务，鼓舞新。查安平、旗后两口，海涌沙飞，自春徂秋，船难近泊。沪尾一口，日形渐淤浅，轮船候潮出入，耽误时机。只基隆一口无须候潮，泊船较便。因距淡水旱路六十里，运货殊难，中外各商不得已往来沪尾。若能就基隆开修车路，以达台南，不独全台商务繁兴，且于海防有裨甚大。现在公款支绌，革道等议集商股承修，约需工银一百万两，将来即于铁路，取偿不动公款。拟具章程数条，陈请核办等因。

臣查台湾一岛，孤立海中，现在建省设防，截然为南洋之屏蔽，必须开浚利源，使经费不难自给，南北防勇征调可以灵通，方能永保岩疆，自成一省。现在清赋造台安安置水陆电报，本年内外均可次第告竣。惟铁路一事，臣深知其利，赖无疆徒以经费，踌躇未敢猝图举办。现据该委员等禀请，由商人承修，于公款无关出入，将来坐收厚利，实于台湾大局裨助匪浅。考铁路之利便于驿递、垦商不计外，目前之大利有三，请为我皇太后、皇上陈之。

台湾四面皆海，除后山无须办防外，其余防不胜防。基、沪、安、旗四口现已购炮筑台，可资守御，其余新竹、彰化一带海口分歧，万难遍布军队设守。臣已于奏办台湾善后折内陈明。如遇海疆有事，敌船以旱队猝登，隔绝南北声气，内外夹击危迫，将不忍言。若修铁路既成，调兵极便，何处有警，瞬息长驱，不虑敌兵断我中路。此有裨于海防者一也。

台湾既经分省，须由中路建设省城，方可控制南北。查彰化桥孜图地方，曾经前抚臣岑毓英察看地形，议筹建省。臣上年秋，复亲察堪地势宽平，气局开展，襟山带海，控制全台，实堪建立省会。惟地近内山，不通水道，不独建筑衙署、庙宇运料艰难，且恐建城之后，商贾寂寥，虽有省垣，民居稀落。若修车路，货物立见殷繁，建造各工更多节省。此有裨于建立省城者二。

台北至台南六百里，中隔大溪三道，春夏之交，山水涨漫，行人绝无能往来。大甲、房里两溪，岁必淹毙数十人，急须造桥以便行旅。查大甲、房里、曾文三溪，大者宽至十里，其次小溪二十余道，或宽百余丈。大甲溪经前抚臣岑毓英督修石坝，以阻漫流，并未修桥，已费洋三十余万，数月溪流冲刷今已无存。臣现由上游窄处议修，统计大小溪桥工必需银三十余万两。今该商等承办车路，此项桥工二十余处，一律兴修火车，巨利暂不必言，公家先省桥工银数十万两。此有裨于台湾工程者三。

伏念铁路为国家血脉，富强至计，舍此莫由。臣于光绪六年曾经条陈具奏，其时风气未开，举朝疑议。书生谋国，从古类然，可胜太息。现在开平成效聿彰，举国群疑，观此无难尽释。且台湾与内地情形迥殊，绅商多涉外洋，深明铁路大利商民既多乐赴，绅士决无异辞。如蒙俯准开办，所裨于台湾大局实非浅鲜。臣无任惶悚待命之至，谨将商立章程恭呈御览，伏乞圣鉴施行。

◎附件一：商人议立台湾铁路修建章程

一、基隆至台湾府城拟修车站六百余里。所有钢质铁路并火车、客车、货车以及一路桥梁统归商人承办，议定工本价银一百万两。分七年归还，利息按照周年六厘。每年归还数目俟办成后，核量铁路脚价进款数目，再行定议。

一、台北至台南沿途所过地方土沃民富，应用铁路地基若由商买，民间势必居奇。所有地价请由官发，其修筑工价由商自给。

一、基隆至淡水，猫里街至大甲，中隔山岭数重，台湾人工过贵，必须由官派勇帮同工作，以期迅速。

一、车路所用枕木为数过多，现在商船订购未到，须请先派官轮代运，免算水脚。

一、车路造成之后，由官督办，由商经理。铁路、火车一切用度皆归商人自行开支。所收脚价，官收九成，偿还铁路本利；商得一成，并于搭客另收票费一成，以作铁路用度。除火车应用收票司事人等由官发给薪水外，其余不能支销公费。

一、铁路经过城池街镇如须停车之处，由官修造车房，所有站房码头均由商自行修造。

一、此项铁路现虽商人承办，将来即作官物所用。钢铁条每码须三十六磅，沿途横桥梁必须工坚料实，由官派员督同修造。

一、此项铁路计需工本银一百万两，内有钢条、火车、铁桥等项，约需银六十余万两。商人或在德厂、或在英厂订购，其价亦须分年归还，如奉旨准办，再与该厂议立合同，由官验明盖印。以后由商自行归还，官不过问。如商人另做别项生意，另借洋款不能以铁路作抵。

◎附件二：台湾巡抚刘铭传为请派员督办台湾铁路等事片

再，臣查铁路之利，不独目前有裨于海防、建省、桥工三事，将来更可添大宗入款，充海防经费要需。台湾地狭，内山未开，万不能如内地商利之厚。商等所筹本利请以七年归还，似可有盈无绌。惟经理必须得人，苦无廉实大员查察会计，将来商人以多报少，任意侵牟，不独无利可余，且恐七年，难清路。查台北府城，市面日盛，内山番地，土旷人稀，闽广穷民争愿远来开垦，徒轮船过贵，无力渡台。若商务办理日增，即就商局轮船往来香港、厦门之便，运载垦民渡台，由官薄给船费。十数年后，全台均成沃壤，社番土匪，永无内变之忧。近年内地招商集股，骗折过多，商股不无疑虑。查内阁学士臣林维源，端谨忠实，久为商人钦信。自奉旨回籍帮办台北抚垦以来，不独抚垦一力办成，即清赋、抽厘均资臂助，其于理财一道尤精。如蒙朝廷主持，俯准台湾造路，可否仰恳天恩，饬令学士臣林维源督办台湾铁路商务，仍兼办台北抚垦事宜，凡遇铁路商务准由该学士专折奏陈，以收实济，出自逾格鸿慈。（《光绪年间台湾修建铁路史料》，《历史档案》2005 年第 1 期）

光绪十四年十月十六日台湾巡抚刘铭传奏

窃照台湾兴造铁路，前经海军衙门议准，奏奉懿旨：依议。钦此。遵经饬据商务委员订由英、德两厂购办铁路钢条三百三十里、大小铁桥十一道、火车客车七十具，先自基隆造至淡水，再行接续前进。由臣改派道员杨宗瀚总办，议定地价、车房、码头归官承办，并拨兵勇代工，奏明在案。

当时勘定台南北六百余里，除地价、车房、码头、土工外，估价银一百万两。惟淡水至基隆，山河夹杂，须挖山洞九十余丈，大小桥梁百二十余座，穿山渡水，挖高填低，工程浩大。各军修筑炮台，剿番剿匪，无暇代修，均由商局雇夫兴办。现将基隆六十里修造平坦，铺成铁条三十里，年外可以完工，共计夫价桥梁已费银十九万两。

查李彤恩等招集商股一百万，其时创议皆以铁路利厚，两月间招股七十万金，现银三十余万。复经各商议购快船两只，价银三十六万两，以辅铁路之不足。自工师到后，细勘工程，统计土工，需银三十余万两，营兵无暇代修，各商观望。经李彤恩禀请由臣挪用，陆续借支银二十万两。所有铁条、火车、铁桥均经臣议立合同，由外洋购办，分年归还，本年头批已给银十万两。李彤恩勇于任事，商民信服，拟俟基隆六十里最大工程告竣后，再行招集股分。不料李彤恩于九月病故，杨宗瀚因病假归，经臣委员督修。据各商禀请归官自办，已缴现银三十余万，愿留快船两只作抵。等情。

臣查台湾铁路办成，不独利商便民，且关海防大局，故臣费尽经营，创议兴办。今商股既观望不前，承办委员或死或病，若听其中止，不独已费公款无可归还，且购到铁条、铁桥、木料、火车，弃置尤为可惜。臣饬工师详细勘估，究需若干。据称通盘核算，基隆至彰化每里核银三千两，彰化至台南每里核银二千五百两，计地价、土工、车房、码头四项需银六十余万两，核之原估百万，数目相符，较之开平铁路工倍价廉。现在基隆至淡水山路六十里，不日完工。其余除大甲溪之外，别无大工耗费。臣拟尽购到铁条办至彰化，再行量力以筹。惟经费难支，臣同藩司邵友濂筹商至再，惟有自本年秋季以后，闽省每年协济银四十四万两，至十七年春季止，尚存未解银一百零四万两。此项本拟节存，备充建造省城经费。现省工尚堪稍缓，路工在急，非一时所可骤成。拟请暂挪先修铁路，俟竣工后，即将所收脚价归还成本。再筹建城分治，官项既有着落，商股有快船取利，亦不受亏。将来不独有裨海防，即建省工程，有铁路运料，竣工既速，省费亦多。伏求圣鉴。谨奏。

光绪十四年十一月初六日奉朱批：着照所请。该衙门知道。钦此。(《光绪年间台湾修建铁路史料》,《历史档案》2005 年第 1 期)

覆陈津通铁路利害折

光绪十五年二月十六日，承准军机大臣字寄："钦奉正月十五日慈禧皇太后懿旨：'前据总理海军事务衙门奏请，由天津至通州接修铁路，当经降旨允准，嗣据御史余联沅等先后奏请停办，均谕令总理海军事务衙门会同军机大臣妥议具奏。兹据会商筹议，逐款胪陈，详加披阅，所陈各节，辨较精详，敷陈剀切，其于条陈各折内似是而非之论，实能剖析无遗。惟事关创办，不厌求详，在廷诸臣于海防机要素未究心，语多隔膜，该将军、督抚等身膺疆寄，办理防务，利害躬亲，自必讲求有素。着按切时势，各抒所见，迅速覆奏，用备采择等因，钦此。'"并钞各折片遵旨寄信前来。查阅海军衙门会奏一折，洞中窾要，纤悉靡遗，微臣意正同符，实觉无从置议。惟圣怀虚把，仰荷垂询，特就原奏资敌、扰民、失业三条，推阐海署未宣之蕴，为我皇上敬陈之。窃维天下大事，惟断乃成。万国纷拏，惟一乃定。五大洲幅员辽阔，驾驭为难，于是铁路与电报兴焉。此固囊括中外之机械，统一环球之功用也。仰维朝廷屡垂明诏，锐致富强，倘通盘筹画，综揽势机，苟有加于铁路者，抑何苦轻贻众谤，效法西人？无如外审海疆之形势，内揆战守之机宜，纵览环球，计实无能逾此。故臣于十年前即有创修铁路之奏，徒以格于迂论，议不果行。今者圣明在上，与在廷王大臣坚持定见，决意举行。臣等方额手称庆，以为从此推行尽利，庶几富强可以立致，敌患可以潜消，不谓言者转疑为资敌也。自火器之制日精，舍海口炮台，险无可扼。奥、法、俄、德诸国，牙错唇依，铁路纵横，并通都会，城垣故迹，毁弃无存。如谓借端寻衅，兵车即到都门，则列邦相忌，屡起衅端，固已吞并殆尽，何仅于海上兴问罪之师，不闻都下有要盟之举？其不足虑，固以皎然。

言者又谓山溪沟堑，为敌所忧，林木纷丛，为敌所患，一旦边尘偶动，彼将挟其枪、炮，驱火车以入都门，其患将不可测。玩其词意，若指海口未失而言，则安得若许洋人从容布置？而我之官若兵竟同木偶，任其所为乎？若指海口已失而言，则津、通相距二百里，皆属坦途，即无铁路，亦何难长驱直入？至若山溪林木，关堑沟渠，臣熟经其间，视若无睹，敌何胆怯如斯而忧之患之耶？夫海口者，京师之门户，安危所系，固宜呼吸相通。臣以为铁路建至京师，方为尽善。有事则津、沽之劲旅，即为宿卫之禁军；无事则遣神机营与海口各军合队并操，联为一气，临变策应，进退绰如。是遏敌者莫如铁路，而顾以为资敌，岂不慎哉！

不谓言者又疑为扰民也。非特室庐邱墓，呈诉无多，即令群起纷挠，而事关军国安危，亦当权衡轻重。安能以小不忍而乱大谋？且世之讲求风鉴而改葬其亲者众矣。给以重价，迁地抑复何伤？兵家筹备于平时，无异决胜于临敌。王者克敌，初不闻以伤残物命为嫌。倘以筹备为扰民，则是两国交绥，断断于重伤二毛之说矣！方今强邻环伺，其敢与我难者，乘我之无备耳。诚择沿海冲要之区遍开铁路，一省有警，数省环攻；一省有兵，数省资调。天下惟能守而后能战，亦惟能战而后能不战以屈人兵。洋人趋避最工，谁肯远涉风涛，自取覆亡之祸？如此则和局可恃，上以奠亿万年有道之基；阖境胥安，下以全亿兆姓生灵之命。是卫民者莫如铁路，而顾以为扰民，岂不异哉！

不谓言者又虑民之失业也。溯自河运废而转输全改为海船，轮舟兴而商贾竞趋于海道。北五省人烟寥落，旅店荒凉，久非嘉、道繁华景象。果使铁路自通州建至清淮，则运货无沉失之虞，行人免风涛之苦，将见上海商民尽归腹地。夺洋人之权利，即以廓小民之生机。洋人无利可图，必将废然思返。乃一则曰车脚店行势将歇业，再则曰船户水手糊口无资。不知铁路仅设于大道通衢，至于港汊纷歧，船行如故，村镇罗立，车载益多。试观长江轮船往来不绝，几见舟人失业，坐毙江湖？是厚民生者莫如铁路，而顾虑民之失业，不尤重可笑哉！

尤可怪者，谓铁路为开辟所未闻，祖宗所未创。不知人事随天道为变迁，国政即随人心为旋转。今之人既非上古先朝之人，今之政岂犹是上古先朝之政？使事事绳以成例，则井田之制自古称良，弧矢之威本朝独擅，行之今日，庸有济乎？泰西制造之精，日新月异，中国踵而行之，已居人后，若再因循坐误，一旦变生仓卒，和战两穷，其将何以自立？

臣前阅俄报载其君拟由托木司克城增建铁路至距黑龙江六百余里之司他城，计长六千一百里，已深讶之。旋据德商面称，此路俄君谕令日成十里，两岁告竣。虽成功迟速原不可知，而其经略东方壮志，已可概见。际此中俄无事，尚能未雨绸缪，待其既发而后乘之，必且噬脐莫逮！预防之法，断非铁路不为功。微臣所为瞻顾旁皇不能自默者，此也。或谓外洋以商为国，自强实在经商；中华立国在民，爱民斯为邦本。不知商即民也，商务即民业也，经商即爱民之实政也。歧而二之，是尚足为知大计者乎？抑臣更有请者，恒心必根恒产，足食方可足兵。中国生齿日繁，土田日寡，谋生乏术，缓急堪虞。故欲自强，必先致富，欲致富必先经商。西国官商一体，在下无不达之情；中国官商久睽，在下多难言之隐。颇闻前借洋战之款，多属华资，贿托洋人为之营息。从古因民建国，保国惟民，顾令肝胆乖离，腹心疏逖，非所以疗贫振弱，自振拔于倾侧扰攘之时也。当此改弦易辙，发愤为雄，亟宜讲求商政，特派廉正大员认真督理。举凡丝茶、纺植、垦矿、制造诸大端，招集殷商，广筹资本，妥议保商防损章程，各就所能，分途认办。银钱出入，商自主持，官但察其赢亏，护其艰阻。内地办理得宜，然后推之边省；中土行销既畅，然后推之外洋。五行百产之菁，环顾全球，莫吾华若。徒以地利未辟，遂致民气日衰。如此行之十年，且将无敌于天下，尚何敌国外患之足虑哉？夫不聚敛于民者，不能不藏富于民，不与民争利者，不能不与敌争利。此事与铁路相辅而行，关系綦重。应否筹议，伏候圣裁。

臣自督办台防，适值法人肆扰，占踞基隆，向非仗国威灵，沪尾一捷，全台重地且属他人。无他，无铁路、兵轮为之手足也。故和议甫成，即请开办铁路。明知山路崎岖，溪流梗阻，凿山开道，筑路建桥，费巨工艰，视内地且将倍蓰；所为不辞劳怨，毅然独行者，良以台疆千里，四面滨海，防不胜防，铁路一成，即骨节灵通，首尾呼应。此中利害，自非身亲大难，未易决其深微。人情乐与观成，难与谋始。往若削平发捻，全恃抬枪、劈山炮制胜疆场，湘军老将狃视前功，语以西国后膛枪炮，恒鄙夷不屑。及与法交锋，始叹格林炮、黎意枪运用之灵，命中之远。夫物之精粗，经用而始显；事之利害，亲历而后知。今之訾议铁路，必为异时赞美铁路之人。伏愿皇上宸断独操，宣示大计，俾天下晓然铁路一事为安内攘外、刻不容缓之急图，使知非一隅之利，乃四海之利，非一时之利，乃万世之利，非一二人之私利，乃千万人之公利。众志既协，财力自充，成效既彰，浮言自息。臣身膺疆寄，目击时艰，大局所关，不容自已。谨披沥上陈，伏乞圣鉴。

按：铁路大计，惟公独见于举世挠沮之先，故前后两疏，曲折深至如此。所称铁路一成，则兵饷大柄咸属朝廷，疆吏无能掣肘，尤为透抉无遗。惜当时张家骧阻之于前，刘腾鸿扼之于后，千秋大计，竟格不行。至甲午中东之战，各省私其兵饷，不助北洋，至日人有二十二行省如二十二国之诮；然后知兵饷出自朝廷，所见为独远也。（陈澹然记。）（《刘壮肃公奏议》卷二）

邵友濂

光绪十九年十二月初七日台湾巡抚邵友濂为台湾铁路造至新竹工程告竣事奏折

头品顶戴、福建台湾巡抚臣邵友濂跪奏，为台湾铁路造至新竹，工程告竣，恭折仰祈圣鉴事。案照光绪十三年四月二十八日总理海军事务衙门议准台湾开办铁路，钦奉慈禧端佑康颐昭豫庄诚寿恭钦献皇太后懿旨：依议。钦此。遵经前抚臣刘铭传招集商股银一百万两，奏请先由基隆造至彰化，委员督商承办。嗣因商股观望不前，工料弃置可惜，奏请拨用福建协款银一百四万两，收回官办。先后均奉朱批：着照所请。该衙门知道。钦此。臣到任后，察看工程为难情形，奏准办至新竹即行截止，并以路工用过经费早逾百万，原拨福建协款因防营勇饷不敷，陆续拨归善后、海防项下支销。铁路工需随时商由地方绅商借垫。援案奏请截留台湾新海防捐输银两，分别动用归补。经海军衙门会同户部议准复奏，奉旨：依议。钦此。钦遵。各在案。叠饬督办铁路工程道员蒋斯彤督工趱办，业经造抵新竹，于光绪十九年十一月一律工竣。报经臣亲临勘验桥路各工以及码头沟道，均属平稳坚实。途中分段设立车房，分别出售客货各票，以凭搭载，兼为火车上下停顿之所，利捷异常，舆情称便。

臣查，台湾环海一岛，港汊分歧，仰蒙圣主眷念海防，准办此项工程，为居中控制之策。乃以工费浩大，经营七年之久，甫就台北竣工，当时原估工程何尝不详审精密，而卒未尽相副者，台湾地土松浮，田园漫衍，培筑不密，坍卸立形。又或坡陀参差，峦壑倚伏，曲直无定，高下靡常，北穿狮岭则洞邃百寻。南度龟仑则坂逾九折，路工之难如此。溪涧纵横，水流湍急，随宜宣束，因势堤防，矗址重渊，构基陡岸，洪波方迅则累石旋倾，积沙已深则排桩亦陷。桥工之难又如彼重，以人工料价，海外居奇，资用倍增，殆非逆料。计自基隆厅道头起至新竹县南门外止，车路一百八十五里，用过经费共银一百二十九万五千九百六十两有奇。已由地方绅商随时借垫支给。除饬核实报销并俟截留新海防捐输如数归补外，所有台湾铁路造至新竹工竣日期缘由，理合恭折具陈，伏乞皇上圣鉴。谨奏。

朱批：该衙门知道。（《光绪年间台湾修建铁路史料》，《历史档案》2005年第1期）

准　良

请修铁路疏

为富强之策，铁路为先，敬陈管见，请饬廷臣会议举办，恭折仰祈圣鉴事：窃查光绪六年，前抚臣刘铭传请开铁路，以图自强，嗣后总理海军衙门王大臣，议于天津一带，试办铁路利益，均能胪陈确实，包举无遗。比以众议纷纭，莫衷一是，加之巨款无着，迄未兴修。奴才愚以为铁路在今日，实致富之良规，自强之首务，利权所系，约益于国者六，便于民者四，敬为我皇上缕晰陈之。

铁路先干而后枝，由天津至镇江至汉口过江西而达广东为一路。由芦沟桥下保定推及太原以达陕甘为一路。地多平坦，成本必轻，道出通衢，得利必旺，不惟收养路之经费，实可裕无穷之饷源。此国之利一。通商以来，门户洞开，藩篱尽撤，强邻环伺，隐患方长。铁路一开，则声气联络，呼吸相通，百万之师，一呼可集，征调无虑仓皇，转输无虞艰阻，赴敌应援，以静制动，用兵之速，孰便于是。此国之利二。北地毗连俄界，海口公诸各国，画疆而守，则防不胜防，分段应策，则费不胜费。铁路开则裁兵节饷并成劲旅。刘铭传原奏所称合十八省为一气，一兵可抵十数兵之用，将来兵权将权俱在朝廷，内重外轻不为疆臣所牵制者此也。此国之利三。内地矿产未经剥削，苗旺源长，煤铁尤甚。铁路一开，则运机器以兴办，采西法之煎熔，开未尽之地宝，即所以杜已出之漏卮。此国之利四。海上用兵，虑梗漕务，铁路既成，则南漕百余万石，由镇江轮船溯江而上，不五日可达京地。辟飞挽之坦途，兼可省挑运之浮费。此国之利五。和局既成，势须裁撤兵勇，一旦多出十数万无业游民，最易滋事。若兴办铁路，则改勇作工，可杜隐患。此国之利六。

中国物产之盛，甲于五州，徒以工难运贵，其生不蕃，其流不广。铁路一开，则机器可出，三乡可出，山乡边郡之产，悉可致诸江岸海埭，而流通于九州四瀛之外。销路畅旺，商务繁兴，其便于民者一。土货畅行，用工斯众，工作既盛，养人斯多。且干路人物辐辏，沿途支流必旺，列肆之贾，执鞭之徒，生计甚宽，无虑失所，其便于民者二。干路所需，除机器车头，势不能不购诸外洋，其铺路之铁，驾铁之木，以至客车货车所用木货铁料，均由各干路就近采办，设局鼓铸，是此项巨资销诸外洋者十之二三，散诸内地者十之六七也，其便于民者三。比年水患频仍，赈务接踵，只以路远运费，虽有丰获之区，莫收补偏之效。铁路通则千里杂粮，日夕可至，官赈义赈，举易措手，其便于民者四。

夫事固有利兴于此，而害隐消于彼者，铁路兴则国势振，而自强之事可徐图。查刘铭传原奏有云：俄人所以挟我，日本所以轻我者，皆以中国守一隅之见耳。若一下造铁路之诏，显露自强之机，则气势立振，不独俄约易成，即日本窥伺之心，亦可从此潜消。斯言也，以今日之事局权之，盖亦不幸其言之臆中矣。自来非常之举，难于图始，而易于乐成。西国铁路初兴，拘成见者何尝不极力阻抑。迨利弊大明，始恍然于前此浮词，信非确论。故在今日称不便者，非坐井观天之见，即瞽人扪籥之谈。二者举无与于国计民生之大也。

拟请饬下军机大臣、总理各国事务衙门大臣会商开办。惟库款支绌，势不能不借资商力，创修伊始，势不能不招集公司。应请简派大员董司全局，详定条约章程，期于利归中国，而杜积弊。总之铁路开则洋款易集，洋款集则邦交自固，邦交固则和局斯坚。以此为致富始基，以此为自强进步，诚安危大局之枢纽也。奴才愚昧之见，是否有当，伏乞皇上圣鉴。谨奏。（《晚清文选》卷中）

盛宣怀

拟办铁路说帖

窃为芦汉为南北一大干路，于拱卫京师大有益，于转运商货在其次。此中利弊，谨缕晰陈之。

或曰：官本官办，直捷痛快。无如巨款难筹，尤恐将来督抚志趣各殊，办理纷歧，因噎废食。如福建船政，创办之初，左宗棠沈葆桢言之何其郑重，卒至虚糜公费，不能推广造船。在人以为利器，在我以为漏卮。以彼例此，势必相同。此筹官办之难也。

或曰：商本商办，便宜干净。无如华商眼光极近，魄力极微，求利又极奢。问路工何日可成，答以四五年。问路本实需若干，答以四千余万。问路息岁获若干，答以四五年全工未竣，无利可给。闻者无不爽然而去。夫华商本无远识，绅富则暗置恒产，有钱惟恐人知，商贾则挟资营运，一日不能无利。此集华股之难也。

或曰：拼合洋股，款足易成。无如洋人合股之公司，事权全属洋人。此路原为征调而设。苟遇紧急之秋，彼守局外之例，不准运兵馈饷，适与造路本意相左。恐这一路予人以开端，各执利益同沾之例，相与要求，必将路路被人占造。今日路属何国，即他日地属何国。此合洋股之难也。

或曰：借用洋债，事半功倍。无如国债向以海关实款质抵，故各国趋之若鹜。倪由公司出名，商借商还，只能以铁路抵押。而路未造成之际，本利全属蹈空。洋人以操为纵，势必多方要挟，仍须国家批准，保其本利有着，而后可行。此借洋债之难也。

又查芦汉地当上游，东南各省之贷客，江浙两省之漕粮，由沪至津与由沪至汉轮船运货，日期相埒。万无轮船由沪运汉之后，再转轮车之理。是车运仅有云贵川湘之货客，路长而费繁，本重而利轻。华商熟筹已久。况路经鄂豫直三省，无甚富商大贾。故欲专指芦汉而招股，恐直无人过问。盖洋务商务，惟粤沪风气先开。乃居粤沪之商人，而视芦汉之公司以为远矣。此铁路专指芦汉而招股尤难也。又查此项干路，据德国工师锡乐巴云：由信阳州形似弓弦，约二千八百里，由襄樊形似弓背，约三千二百里。照津芦二百十六里估价二百四十余万两，约平路每里将及一万二千两。加之黄河大桥并凿山填湖，共估四千万两左右。勘路绘图，分头开造，至速必须四五年。似此艰难旷远之巨工，付诸位卑望浅之外吏，士夫读书稽古，必诧为旷代未有之奇。不解公司条例，银钱俱属股商公举之总董经手。或仍误会利权操于一人，稍不遂欲，谤议横生。能使功成而后退，成败自有定论。若竟堕半途，一身不足惜，其如大局何！此铁路委诸宣怀而任事尤难也。

以上情形，宣怀在津在鄂业已据实禀明。兹奉饬传到京，仰蒙咨询所及，遵当直抒所见，以备采择。

一请特设铁路总公司，先造芦汉干路，其余苏沪粤汉等处，亦准该公司次第议请展造，不再另设公司。似此西北造路，东南商股，方能号召。且可泯各国窥伺之心，断却无数葛藤。即使各国来议，或可援照电线，饬交公司，查照公法理论，亦可稍助公家之力，隐消萌蘖不少。

谨查直督、湖督会奏苏沪铁路归并芦汉公司，不再另设，系恐南北两路同时并举，商力愈难，更恐南商专力南路，转致北路落后。莫如通力合作，庶可先成北路。及八月初四日，调回新加坡领事张振勋到沪，面称南洋各埠及粤港华商，均以芦汉不愿入股，无法招徕。如准其带造广东铁路，粤人方愿入股等语。查许应锵招股章程内，本有续由汉口至广东，以期筋节灵通之语。拟请现立公司不以芦汉限制。并非迹涉恢张，实系注重干路。

一请由铁路总公司招集商股四十万股，每股银百两，共总收齐计银四千万两。自开工日起，至工竣日止，拟先收商股七百万，为公司根基。并请暂入官股三百万两，为天下倡率。官股亦照商股，掣发公司股票，申送户部存储。俟大工告成之日，官商股分，一律收利。将来或永远列作官股，或俟商股充足，随时归还，悉听官便。

谨查南洋请办吴淞至金陵铁路，原奏内称估计七百万两为度。所借瑞记洋款，尚余二百五十万两。体察两年后两淮盐务，尚有再筹一百万两。共计可得三百五十万两，足敷成本之半。其余一半，概招商股。先令造吴淞至苏州一路，再令造苏州至镇江一路，以达金陵等语。今会奏请将苏沪铁路归并芦汉合一公司。所有备存苏沪造路官款二百五十万两，可否照原奏，拨作铁路总公司之官股。至两淮盐务之一百万两，恐不可靠。拟请将直隶所收海防捐款拨银五十万两，共成官股三百万两之数目。前拟先造吴淞至上海一路，将来续造上海至苏州一路，俱无庸再请官本。

一请由公司先借官款一千万两，续借洋款二千万两。五年之后，分作二十五年归还。每年应还官债本银四十万两，洋债本银八十万两。按商股四十万股，每股每年仅须缴付本银三两。中国商民不富而庶，零星积攒，轻而易举。照西例，买票后有需钱用者，股票听其售与他人。但执票者不准不依限续缴。如不缴即作废纸。约至十余年后，各人已执有股票五十两。以六厘利息计之，即可将利缴本矣。公司忠信为主，揣度此票似可通行。

谨查商股必在路成之日有利可收，方能招集。洋债亦须俟工将及半，有路可指，方能抵借。所以除官商股分千万之外，必须先借官债千万，赶紧造轨，分道开工。俟造成轨道一段，再向洋商贷借一款，拟以实抵，不作空欠。先与该洋商订定合同，庶不致受其要挟。至公司请借官款，官亦无非将所借之洋款挪拨。一俟路工告成，即当与公司洋债，一律按期缴息，分限归本。惟路工未完之先，暂免缴利。仍俟将来余利充足，如数补缴。并拟定公司股分，得利在一分五厘之外，酌提余利一半归官，借伸报效。

一请铁路悉照公司章程办理。应遴选各省公正殷实，声望素著之体面绅商，举充总董十二员。又选身家殷实，熟悉商务之帮董二十四人，公同招股。再由三十六人公举银钱总管，工程总管，参赞监察诸执事。俱按西国规模，尽除官场习气。如有丝毫弊窦，准由有股商人，指实究办。并由户部及直、湖两督，随时派员到工查察。如果查出员董有弊，即可随时指发究办，一面由铁路督办，另议撤换。

谨查铁路必先遴选头等工程洋师，勘路绘图，谋定后动。否则毫厘千里之谬，难以半途更改。拟借何国之款，即募何国之匠。美国未贷官债，并于中国无所觊觎。铁路工程尤精。如借美债，用美匠，各国忌心稍逊。中国于铁路工程，尚无专门之学。驾驭洋匠，教习华徒，考求工料，研究地形，随在俱关紧要。而用人理财，尤非精神贯注，不能取精用宏，风清弊绝。宣怀管窥蠡测，略贡所知。断难驱策群材，肩斯重任。惟乞另简贤能，早成要举。大局幸甚！（《皇朝经世文统编》卷九十《考工部四·铁路》）

张百熙

上条陈时事疏

一、内地铁路宜急招商兴修也。海洋长江之险，外洋与我共之，一旦有事，夷艘纵横海面，进据长江，势所必至。我之征调转运，在在梗塞，所恃者但腹地陆路耳。然陆路不过车马，迁迟笨滞，旷日持久，劳师费财，战守两无可恃。查自湖北汉口，经由河南以抵京师，号曰中道，计程一千三百余里，路皆平衍，又距江海甚远，就此处修造铁路极为要着。前湖广督臣张之洞已遵旨陈奏。因款巨寝议。此次征倭之役，征调兵饷，以南北修阻，转运迟误，论者皆叹息于中道铁路之不果行。今拟请查照张之洞原奏，由招募富商，集股兴修。如商股不敷。由户部于偿倭兵费借项下挪款以足之。有事之秋，运兵运饷，克期可至，既无长遣戍役之苦，更无千里馈粮之忧。且中土幅员辽阔，各省防兵不下数十万，皆分处屯扎，稍为移置，即形空虚。故偏隅偶有蠢动，临时必如招募，而新招之勇，亦未必遽能制胜。今造修铁路，于干路之外，又多修支路。此处有警，即驰调各处防勇屯集一处，他处有警亦然。正如常山之蛇，首尾相应。是不烦招募，而兵力自足，更不必另筹增兵之饷，而所用皆熟练之兵。不特此也，平时内地货物行旅，由江达海，在商民虽时惧浮面飓风触礁之险，而贪其迅速，无不由轮船装载计，每年水脚及保险银两无虑数千百万，均为外洋人独擅其利。中国财源日耗，实由于此。即以海运漕米而论，倘遇海氛不靖，洋商包运必加保兵险费，不仅虚縻帑项，更兼挟制多端。上年因倭人倡乱，海运不便，即将江浙漕米，改归折色。此近事之可证者。今造修铁路，人情就安避危，货物行料，谁不争趋。可以收回江海轮船水脚之利，而官运漕米，更无论已。现在外洋又创造新式极快火车，其不惮精益求精者，彼盖深悉富强之策，首基于此也。惟此次张之洞原奏，估值中道铁路，须费三千万金，议者犹谓其兴修之时，将不止此数。盖以中道经由黄河，每道铁桥，大者动以数百万计，所费不赀，而黄河迁徙靡常，更恐旧桥既归无用，新桥又筹款维艰，极为虑而无庸虑也。查俄罗斯所修铁路中，隔黑龙江即由轮船接运，其外洋各国多有如此办理之者。拟请旨饬下湖广湖南督抚臣相度地势，可否仿照外洋用小轮船或快船接渡，以省桥费，而占利涉。绘图陈奏，恭候圣裁。如议者以中道里数较长，需款多而集资不易，即可改于东道兴修。计东道自江浦清江浦经由山东直只京师不过一千六百余里，所过黄河水面亦不如中道黄河水面之宽，较易集事。其兴办一切事宜，应令张之洞及江苏山东巡抚，妥议奏闻。

一、铁甲兵轮宜劝华商之在外洋者，捐资购办也。外洋之铁甲兵轮，驶来中国，保护口岸，不必尽属官轮，多有洋商自行购办者。拟旨饬令出使各国大臣，劝谕外洋各口岸华商酿资购办铁甲兵轮，视其捐资之多寡，优加奖励，予以实在文武职官。其兵轮管带各缺，并由出使大臣就各华商中择人奏补，或由华商公举，以资得力。无事则保护各口岸华商，有事则调赴中国，以为南北洋防卫之用。不独可以节省官款，且平日购备，临时调用，外洋各国不得执局外之例，多方挟制，洵一举而两得也。

一、军械子药宜设局添造也。上海天津各处，虽有机器局制造军械，而有事之秋，每每星夜加工赶造，尚不敷用。拟请于京师保定两处，添设机器局，制造火器军械。如上海机器局所造之火箭快枪，及连珠快利枪，与夫中国素有之抬枪劈山炮改造后膛火门之类，取其命中及远，利于战阵者，多方制造，精益求精。即用长于制造之中国人，如前大学士左宗棠所用之赖长、前四川总督丁宝桢所用之曾照吉等以为总办，别派大员领之。或聘用洋匠，或调取江南天津四川制造局工匠，以资熟手。中国本能自造军械，而侈谈洋务者，辄以必向洋商购办为言，其弊甚多，其害尤大。无论经手抬价捏报，所购未必精良，而每枪配子无多，用罄之时，其枪即成虚设。现在所购之洋枪洋炮，其所费不下二千万金。内外各营领得者，皆以得枪子少，不敢打靶操演。平日练靶未熟，临阵安有准头？今添设机器局，用机器仿造现有洋枪应用合腔之子药，分给各营，更不必取给外洋，自可用之不竭。查兵器惟造炮者其价较昂，若仅造子药者每副需银四五千金，造枪械者每副需银四十万金，尚不难筹此款。及今举办，实备不虞之急务也。

一、请于四川云南等省，听民开矿，以广利源也。外洋地产与金矿皆少，故利于取他国之地产，以为正料，谋他国之金矿，以资国府。中国地产于金矿皆饶，不假于外，但仿行其法，大开矿禁，令民自采，用牙行纳帖例，由部刊发矿帖，颁之藩司，由藩司分发各府厘局，以便商民，就近报明该管地方官，传报厘局，认地具领，以免藩司衙门书吏需索重费，致商贾裹足不前。光绪十一年各省给发牙帖章程，即系如此办理，颇著成效。今定每矿帖一张，纳银若干两。或集资伙充，或独力开办，悉听其便。每矿务一厂，由督抚臣拣廉干之道府州县，或一员或二员以监之，每金一两收课若干，酌定监厂官薪水银，即由课内按月支给。开办无效，须另开他厂者，准其以旧帖抵纳银之半，将旧帖缴销。商民自任开凿之劳，国家坐收税课之利，筹饷之端，莫善于此。恭读康熙五十二年谕旨，天地有自然之利，与民共之，不当以无用弃之。乾隆五年上谕，两广总督马尔泰奏，银矿所以便民，无庸封禁。圣人开物成务之至意，万世惟昭，愿皇上仰宪前谟，俯廑时局，非矿无以为筹费，无以为偿款之资，俾广利源，天下幸甚。

一、请制造银钱，以收利权也。夫外国银钱通行中国，即上海一隅每年销售何止亿万万计。每银钱一员挽铜数分，行使愈广，利益愈大。外洋推广此法，并多铸金钱，其致富之道，多由于此。现在中国铜钱被奸民销毁过半，甚至偷运外洋，故近来钱价日昂，小民生计日蹙。现署两江督臣张之洞前在两广时，兴铸银钱，颇资流转，著有成效。拟请旨饬直隶、两江及湖广各督抚臣照张之洞前在广东开铸银钱章程，在于汉口、上海、天津等处，迅速开办。凡海关征收税银，分成搭收，并责令各海关非中国银钱不许收税。此即仿照外洋禁用他国钱币之例。庶外洋银钱，不致独专其利，而中国可稍收已去之利权矣。惟内地银两钱文多参用票券，今所铸造之银钱，宜特用新例，永禁用票以免外洋用空纸票据，换取中国实在银钱之弊。此层关系甚巨，不可不防。至于铜钱亦当变通。官铸亏本，私铸得利，甚非利国利民之道。曾见河南贵州地方，多用私铸沙钱，香港地方，皆用洋人小钱。可见钱无轻重，取便而已。广东近设铸钱局，以机器制造，民不能假，钱略轻，民皆便用，且不亏官本。似宜仿照，稍加变通，以铸轻钱，而免私铸，亦裕国足民之事也。

一、绿营兵丁，宜陶汰更换，转弱为强也。窃查各直省绿营额兵不下五十余万，大率父死子继，兄殁弟承，或书吏鬻卖而领粮，或亲友引援而充额。或一人数名而冒领，或数人一名而瓜分。其他截旷扣平，弊难尽罄，而衰老孱弱之承乏行间者无论已。疲玩废弛如此，焉能御敌？各督抚亦知绿营兵之缓急难恃，虚縻饷项，徒以成法所在，未敢遽议越减也。臣愚以为绿营兵虽不可骤裁，未始不可渐换。是宜清厘空滥，汰除老强，每一行省先减兵一千，大省一千五百，即以此所减兵饷之半，招募丁壮，以为抵换。历年递减，六七年之减并募换，一大省可得新兵逾万，小省可得新兵数千，再除城防塘泛之外，每一府籍兵五百为一营，更以前项所减兵饷之半，酌加口粮。如防军章程，择地方扼要之处，列营驻扎，勤加操练，定限以一年换防，循环交替，以均劳逸。所减兵饷，一二年间不敷各府籍兵加粮之费，宜先从一两府酌办，然后逐年推广；如此则营伍可资实用，饷项亦不致虚糜，而营兵疲玩废弛之习，可渐革矣。（《晚清文选》卷中）

钟天纬

中国创造铁路利弊论

我皇上御极之六年，因与俄罗斯争伊犁之约，海内戒严，诏起宿将于田间，垂询方略。其时，刘省三爵帅首上请开铁路一疏，海内诵之；而北洋李傅相覆奏，亦深言其利；乃刘云生参议方自出使日耳曼还朝，抗疏力争，而铁路之议遂罢。间尝取其疏稿读之，作而叹曰，古所谓"辩言乱政"者，其谓此欤！夫刘公久历外洋，其于铁路利弊，当必深知确见，孰知其言皆似是而非耶，向尝设为问答，以破其谬。辱承明问，谨胪举以对。

或谓西洋铁路皆创自公司，无关国帑，并无同伙侵吞之虑。中国商民决无约伙为之者，倘以官领之，而招民凑股，则近年百姓受欺于官屡矣，谁肯复蹈其覆辙？即网罗天下富室，亦不足集西洋之巨资。此言似矣。但考外洋铁路，其初无不创自公司，其后始有买归国家公用者。若开办之始，即归官办者，或因军务急迫，或因商务本稀，而事又为不得不办之举，国家始出帑金以营之。然大半仍令公司包办，而许以格外之利权。若中国于官办一层，非特力有未逮，抑且百弊丛生，无庸置喙。惟商办一层，虽亦难得人人用命，事事核实，然使如外洋公司之例，总办由董事保举，董事由各股东保举，复派股东监之，层层钳制，事事秉公，何致如他局之不振？至于集股之法，第一关键须由国家保利若干，赢则归公，亏则赔补，此即官为保险也。而又无论铁路贸易之赢缩，必按期付利不爽，各股分由各海关招募，而每年即由海关官银号付息，则人皆倚信而集资自易矣。再有不足，始将铁路作抵而借洋债，则洋人无不踊跃输金矣。此盖本洋债之章程默寓股分之保险，而实则隐合西洋之国债，后有作者当不易吾言。

　　或又谓帑藏不充而事此不急之务，非特政体有乖。而每道铁路需银七千万两，何处筹此巨款？且每岁必须修葺，每五年必再更新，计将安出？此言则非也。天下至急之务，莫大于铁路。近则俄人逼于西北，英、法逼于西南，皆迫我以不得不应之势。若无铁路控制，则鞭长不及，而边疆日蹙矣。自当先择要路开办，其余以次续开，而每造一路，则岁修之费即寓于开销之中。纵欲更新，亦不过换其铁轨，而地基无庸重购也，路面无庸重筑也，房屋与机器亦有旧可因，较原造之成本不过十中一二，且必逐段、逐年轮流修之。当开办之初，无不早计及岁修重造之事，尽有行之数年，全路须缴归国家者，亦无非逐年将成本拔还。此皆商贾所能谋，何必鳃鳃过虑乎！

　　或又谓中国名山大川，历古沿为祀典，明禋既久，神实凭焉。倘骤加焚凿，恐山川之灵不安，即旱潦之灾易召。此真妇孺之言也。西洋凿山轰洞视若寻常，熔铁镇流无碍风水，如果山川有神，曷不降祸于西洋，而独召灾于中国？且圣天子百灵效顺，如果天心克断，大工斯兴，则鬼神亦为呵护，何不祥之有？

　　或又谓中国委员之侵蚀，吏胥之窃盗，司事兵丁之虚冒，工料则克减，价值则浮开，凡百施为，类皆虚伪。矧火车机器购自外洋，道远而无从稽核，其不以一报十者几何？苟薄料减工，或以旧充新，则有形无实，势不可以久支。虑之诚是也。不知天下有治人斯有治法，病有标本，则当治其本原。如西洋不得其人其弊，亦当与中国相等，若中国得人而理，何遽不敌西洋？奈何不思自强，自甘暴弃，视西国人人如夷清惠介，而视中国均如生番苗黎乎？吁！过矣。

　　或又谓外洋铁路两旁，每十里置一亭舍，为修道者所居，以便随时葺治。苟失职，有据官绅、目击者皆可惩究其罪，不以非所属而远嫌，故耳目多而人不敢犯。若中国则官各有职，界限划然，苟无管辖其人之责，即不能斥治其人之非。况办理火车之委员，初无刑赏之柄，自鲜巡行之时，苟贻误覆车，始送地方官施之薄责，仍无补于事。此言也，抑何不明事理之甚也。凡衣食之权，更严于刑赏，修道之人，既仰食于公司，如果旷工废职，不难查罚其人，革其职役，不必送有司官，而人自不敢失其衣食之途。且凡驾车之人，即管辖一切之人，犹轮舟之有船主，沿途步步留心稽察，夜悬号灯，昼用伸杆，以报平安，每过火车一次，不啻委员巡查一次，日凡数十往来，人人皆身家性命所系，岂肯远嫌而不问乎？如谓此种琐屑，中国必办不到，则并铁路先不能办到矣，天下有此理哉？

或又谓西洋各国，收养孤穷，禁治匪类，其事最实，其法最周，罕见有鼠窃狗偷者。中国则攘窃成风，物值一钱各国即不可道上须臾置，铁路迤长数千里，势难节节看守，窃失实在意中，而引吴淞铁条被窃为证。我谓曷不即援近日电线证之？电线设立之初，诚有被窃者，及严办数次后，责成地方保甲看守，而又酌给工资，至今数百里旷无人烟之地，人皆习焉若忘，罕有睥睨其侧者。矧铁条重笨，非一人所能任，钉置坚牢，非片刻所可拆，而道上逻守亦逐段有人，轧铁所成又无销赃熔化之地，更非电线可卷可藏之比，亦何虑乎？

或又谓西洋各国，惟界口设关权税，火车至此仅留一刻，验毕即行，故无碍其往来之期限。我则各省各属，关卡林立，而人心之贪诈亦不胜穷。若照寻常查验，则每关停留无定，即有误行期，若稍示宽大，则漏私之弊百出，而课税益以不供。不知此皆易处之事也。诚能将沿铁路途关卡应纳之税，总于装货上车地方并征一次，而后分贴于各卡各关，途中只查验一次，惟路远者则卸车时再税一次，以后任其所之，既无漏税走私，亦不忧税数短绌。若快车则每客只携一肩行李，稽察易周；若货车则行程期限本宽，盘查更可周详。此皆西洋现行之例，无所难者在也。

或又谓西洋客店甚多，衾裯咸备，而其人终岁裋褐，又复身无重衣，故常万里远行不携一物。若载兵，则水瓢、药袋、器械、毡条而外，无所谓军装。我中国则行李箱箧，担负累累，十洋人所坐之车，容五华人而或虞不足。此言亦未尽然也。西人行装虽简，而远游亦携箱箧甚多，特分装于别车，人自不觉耳。中国惟无铁路，故行百里者即须携行李，若铁路既开，千里一日往返，自然轻身往来，不携一物矣，至西兵，则军装人各分携，有重至一二百磅者，累坠已极，故西人尝叹华兵腰刀帕首之简，特锅帐薪粮另有长夫搬运耳。其实军中须带辎重粮食，中西皆同，无庸轩轾也。

或又谓西洋壤地相接，自有铁路则货物流通，各行贸易皆比前繁盛，英商运货直达欧洲之外，所得皆他国之利也。若中国则虽造铁路，不过周于两京、十七省而止，以彼一省之货易此一省之财，是犹一家中以孟仲之财易叔季之货，统一家观之，则毫未有增，安所得利？其言甚辨。然亦知我中国商务、矿务事事不及西人者，半由于工艺之不精，半由于运脚之太贵。有铁路则通功易事，物价自平，华货畅销一分，即洋货减销一分，保中国之利源，即以杜洋人之侵蚀。苟使十八省皆彼此以货易货，而不使银钱漏出外洋，即为计已得，原不必牟外洋之利也。如彼所譬，殆可以彼之矛，攻彼之盾。譬如一家之中，兄弟互通有无，则外人无从染指，斯即获利于无形者甚巨。若兄弟不睦，借贷不通，始有告急于邻，输以重息者，统一家观之，所失不甚巨乎？

或又谓中国食用之物类，皆不宜于西洋，所销大宗惟丝茶耳。近年各路通商，岁销均各有定数，多寡不甚悬殊，华商既恃为洋庄以待销，洋商亦预计华工以采买。倘丝茶所集逾额太远，则有拥挤跌价之虞。英、法、俄、奥四国之人，岁不加多，故丝茶之市岁不加旺。至于他货，制造更鲜知洋式，车虽疾驰，何所载以服远贾哉？噫！此皆巧辩饰说也。夫通商之道，首在通一国之有无，不必定在牟他国之利息，铁路既开，华货载其九而洋货载其一，谁享其利，不问可知。苟中国起居服食，事事便宜，则岁买洋货之钱漏卮自塞。纵使中国无一物可售诸洋庄，而亦使洋货无一物可售诸中国，则与洋人争贸易之策已独得骊珠矣。若夫丝茶产于南省为多，本无待铁路以行销，原不足以借口也，惟转运既易，则内地亦必有栽种者，所产既多，而谓丝茶之互市不旺者，吾未之信也。

或又谓西人好游，妇女不喜家居，出则夫必随行，并挟子女，故游人多，而火车之价、客店之费，皆易取盈。我中国民习勤俭，安居乐业者多，苟非仕宦、兵役、游幕、经商，终身几不出里门，若妇女则尤以逾阈为戒，安得游人？不知铁路专重通商运货，原非为行旅而设，然以行旅论，则铁路必建于往来孔道。如由江宁通至北京，则八九省来往之人自必络绎不绝，八九省驿站之费，可省所费不赀。以中国人数配之，当百倍于英国，何忧行旅不出于其途？尝见三家村有一兰若，则十里以内男妇毕集焉，无他，取其路近耳。若有铁路，则千里缩如咫尺，天涯名胜不啻户庭，隔省亲朋不难觏面，不赀宿粮，一夕可以往返，则游人自众矣。华人未尝不好游，特游于近地耳。王道不外人情，必欲禁民之宴游，则僬焦不可以终日，非深明治道之言也。

或又谓洋俗以银行息皆只一二厘，惟铁路之股分可收息四厘，今中国若借洋债以开铁路，则委员增其一，经纪增其一，洋人汇号又增其一，于是本三厘之息，可以变为八厘，甚且溢至一分。夫洋人合众力以谋生，犹只取息四厘，我中国视为官事，而苟且将之，岂能获利在四厘以外？以一分重息借本而获利仅只四厘，其亏折伊于何底？此言稍似近理，然犹非推原之论也。论其本原，则惟国家愈富，及所营之产业愈稳，斯取利愈轻。乃中国未尝无财，特未开国家银行，置公款于无用之地，又听银号典商之盘剥，故闾阎之私利最重，而又不能取信于己民，反仰他人鼻息，层层朘削，辗转侵吞，其受病均在铁路以外。若能国家自开银行，自借国债，则天下之官利渐轻，倘借作铁路资本，而由国家为保，而其铁路又十分可靠，则人皆有置产业贻子孙之心，而不借股分之涨落为买卖空盘之举。斯铁路之利愈轻，与买田亩、造市廛相等，其利亦只数厘而已。拆息既轻，斯铁路之股票愈昂，铁路之开销更省，自能支持于不敝矣。

或又谓中国幅员太广，有铁路则巡察易周，官吏不敢逾法。顾察吏之昏明，在精神不在形迹，嚣矜暗昧之身，虽日驾火车以周巡，其受蔽被惑益不可解。若其治身心以治左右，则无私足以普照临，虚衷足以广视听，有日坐幽斋而万里无殊一室者。康熙、雍、乾之世，无大无小，皆归圣人洞鉴之中，岂其时已有火车耶？此言也，不过袭八股之唾余，立说甚高，而皆无当于实理。夫为治有本末，修齐治平者，本也，礼乐兵刑者，具也，不得谓其本已立而其为治之具举可废也。有铁路则察吏较精，犹之有千里镜而目力较远，使由盲人窥之，自然熟视无睹焉。若因噎废食而遂谓千里镜之无用，我有离娄之明，自若驾千里镜之上，不亦诬乎？且使康熙、雍、乾之世早有铁路，则列圣周咨博访，更可稍纾勤劳，岂无补郅隆之世哉？

或又谓中国各省置兵，饷糈甚费，有火车则惟练兵数万屯于京师，察事变而应之，王师所加，祸乱立平。其说近似有理。然观西洋诸国，各部均设防兵，未尝以有火车而径撤。盖身习于其地，然后山林溪谷，形势了然，无迷途入坎之虑。且君之于百姓，非欲俟其逆谋已成而尽诛之，将镇以兵威，使之积畏而不萌异志。又况兵易增不易减，每闻裁兵，则营员煽使鼓噪，以挟制疆吏，其不哗者大率空籍之故。今若信其可以裁兵而开铁路，异时铁路既开，必有言兵之不可裁者，省饷之说，夫谁欺欤？此皆不根之说也。西洋各部屯兵，姑不具论，若山川形势，则不必久于其地而始知。昔普鲁斯之将蹶法国也，普兵人人藏有法国地图，是以履法境如入钓游之乡。况有铁路，则兵威所及，千里肃然，驰剿更速，控驭更遥，此正所以销逆谋也。若减兵之案，咸、同以来书不胜书，哗噪者有几，如有空额，更宜裁之。本朝养兵百年，未收其效，诚不如裁额兵之半，而俟临时招募勇营之为愈矣。

或又谓中国久知开矿，会典所载，皆召商试采，矿旺则开，矿竭则闭，未尝借火车以致之也。使因而造火车，则是耗无穷之资财，博有限之矿课，其利安在？至于煤铁，为轮船、枪炮所必需，即驳运维艰，亦断不致如云南铜运之苦。矧产矿之山随在，皆有就近挹注，何待火车？闻英国煤铁，势将不继，深冀中国开采以火车运出，供其取求，则彼兵轮、商轮可以久泊而无忧，是特彼之利而已。为此说者，似于铁路之源流尚未晓然。盖铁路虽因运矿而起，而实不专恃运矿之用也，即以矿论，亦以煤铁为大宗。然一省之矿产，只供一省之用，运诸他方，即不合算，山陕之煤不能供江南之用，川黔之铁亦不能济闽粤之需，何也？以就近有矿可采，自不必求诸远方。但邻近地方仰煤为炊、待铁为铸者，自以转运迅速为便。有铁路则成本可轻，运脚可贱，所利于矿务者，如斯而已。而销路既畅，即矿务愈兴，一矿获利，则人皆争思开矿矣。若谓英国煤铁将穷，此特矿学之士一家之言，且尚在千百年之后，不必为此远虑也。即使有之，彼时岂无设新法以代之者？如美国创设火油机器，已以火油代煤矣。而中国欲自秘其千百年之矿产，是无异恐邻人觊觎其田产，而遂荒弃不耕也，不亦愚哉！

或又谓漕河淤塞，惟恃海运以济京师，他时或有海氛，运道必致阻绝，非不知建铁路以代漕，亦思患预防之计。然尝筹之，如移漕督于济宁，而令南漕由清江浦起岸陆运，以达济宁，沿途州县平治道途，各于站次多造邸舍庐庑，以容粮车，所过州府转相递授，严定赏罚，使升斗无缺，如此未尝不可以达京仓。我朝西征新疆、西藏，沙漠迢遥，运粮不匮，而谓腹地必须火车乎？火车办不得人，则偷盗短欠，弊亦相等，京仓惟恃接济而已，不必以一昼夜驰至为益也。呜呼！书生之见，抑何阔疏乃尔！夫河运不及海运之广，海运不及铁路转运之速，而乃反欲以陆运代之，劳费与烦扰不知凡几，辗转授受，运十石之米，率不能致一石。况粮车所至，需索夫马，征求麸草，远近骚然，百姓且逃亡之不暇矣。所雇粮车，沿途载粮以逃，畴能禁之，此万难行之策也。岂若铁路运漕，事速而费省，无漂失之虞，无霉蒸之患，并无敌国外患之截阻哉。若夫沙漠运粮，劳费百倍，如有铁路，则新疆早定，兵气早销，何至动延数载哉？

或又谓西洋各国之田，统归豪富所有，铁路之造，惟富者彼此商允让地，即不致纷扰闾阎。我中国若买民田以开铁路，无论官中发价，获领为难，即领价弗亏，民之失地者究无从遽得可耕之地。银一到手，坐食寻空，此后谋生，伤哉奚恃？即谓官荒可拨补民田，而官荒所在之处，未必即民庐所在之处，纷纷徙就载道流离，斯冻馁者众矣。不知铁路所经田价顿涨，公司购地给价必优，贫民售出一亩之田，即可于他处转购数亩。且室庐坟墓皆可绕道避之，即欲迁移，亦必给以迁费；即借以经营贸易，亦何致坐食而空；况在大道之旁谋生更易，秋蔬春韭、湿草枯薪，皆足易钱以糊口。若以官荒拨补，此尤拾纸上陈言，国家必无此厉民之政，况为公司办理者乎。

或又谓筑路之法，非洋匠莫得平适。至于火车事件，与垫路之铁条、脂轮之油水，中国皆无能制造，一概须置自外洋。为铁路一道，银之出洋者数千万；为铁路数道，银之出洋者且数万万。兴此工作，辇出无非实银，安有珠还之一日？即借诸彼人，实于司库无异，然负此巨款，果能脱然无累乎？土耳其回回大国也，自仿西洋造火车，借英、德等国金钱一千九百兆，无由归还，强邻遂相陵逼，几致亡国，借贷固日穷之道也。然亦思铁路每里约需万金，而购地筑基去其一，人工物料去其一，汽车铁条去其一，惟汽车须买自洋人，其余皆华人所得，而铁条则可自行轧造，所谓漏出外洋者，不过十中之一二耳。若借洋债为之，不如华人自为集股，而国家保其利，则即变为我华之国债矣，何致蹈土耳其之覆辙哉？且土人虽借英人之资，而至今不闻其铁路归英人掌握者，盖商务与国政判若两途，不能以公司之负欠而强国家代偿也。

或又谓乡僻小民，百亩之入以养十余口，犹有余财；通都大邑，则所入倍而莫能如之。何则？商贾所不到，嗜欲无自生，粝食粗衣，此外更无他求也。今行火车，则货物流通，取携皆便，人心必增奢侈，财产日以虚靡，是通商之弊，得铁路而益助以虐。此则黄老清净之说也。夫通商热闹之区，百工技艺、负贩佣夫，皆倚为谋生之路，麕聚一隅，则食用自必增贵。然亦思彼食力之人，在穷乡僻壤，生计无聊，不过日趁数十钱，或百文钱而止。及至大埠谋生，每日有至二三百文者，食用虽贵，除去开销外，尚有盈余，以畜其妻子，而所贵之物，如米、盐、鱼、肉、蔬果、柴薪，仍不过近处乡愚所得。昔在北省，见妇女不习女红，尝劝之纺织，则对以出力做活，必食量倍增，向食面一斤者，食二斤犹嫌不足，售出布匹，除成本外，实余无几，诚不如每日减食半斤，而半眠半起之为合算也。及游越南，见越人商务、工务、农务，事事为洋人、华人所夺，遂束手以嬉，识者早决其国之必亡矣。盖为国之道，首重在勤，使民皆有生计。若专以俭言，是居今之世而欲卉衣穴处，效太古之风，则其国乌足自立于强大之间乎。

或又谓西人每言搭载火车，货物不能增贵，心窃疑之。迨在德国取各商总行卷册，查其目前货价，较诸火车未行时腾贵若干，乃知米面、牛羊肉等约增四分之一，惟余物有增至十成之三四者。西洋金银流溢，人易营生，故不嫌为贵，若在中国，则贫民咸有饥色矣，火车之成本，工食煤火，及岁修日用各费，均加诸货价之中，未有不令军民生计艰难者。此言也，殆亦知其一而不知其二者矣。火车所经，沿途顿成数十闹市，百工所聚，自然物价稍昂，然亦思货价既昂，则人工、土产与夫舟车负担，其佣值亦必增贵。平日升米二十钱，而谋生者甚若日仅博得数十文，迨米价加倍，反可日趁数百文，虽火食甚贵，庸何伤乎？

或又谓守国之道，人和而外，兼重地形，兵力苟不如人，则据险凭高，亦足自固。若造铁路，则不惟不设险，而且自平其险，山川关塞，悉成驰骤之坦途，重门洞开，屏障悉撤，一夫奋臂可直入内室矣。洋人尝言中国之地崎岖盘曲，不足以骋炮车，故攻战较为费力。然我中国不能以炮车往，人亦不能以炮车来，则陆守得宜，犹可补水战不足，奈何自失其险以延敌哉？不知此亦曲说也。王公设险惟古为然，自有枪炮而兵法一变，自有炸弹爆药而兵法更大变。举向所谓天险，临以火炮而辄靡，纵有金城汤池，炸弹横飞，当之辄烂。如果西人不计岁月，步步为营，天涯终有可到之日。若恃有险要而负嵎自固，倘敌人袭据海口名城，攻我所必救，听之乎？抑援之乎？援则征调不齐，听则巢穴愈固，彼时必致两穷。有铁路则我可朝发夕至，彼未必能批亢捣虚，何也？铁路距前敌不知几千寻丈，纵前敌失利，汽车早已疾驰，虽得空路，何所用之；倘彼乘以入犯，或燃炮以待，或埋雷以轰，不难全车齑粉。况汽车机楗甚繁，一件不全，即难行驶。天津至京并无火车，庚申之役竟犯宫阙，又何说乎？

或又谓民富则不生外心，民穷则易萌他志，中国生齿日众，良莠自不能齐，今犹幸未被窥透耳。若火车既行，则洋人踪迹自必遍及里间，以利啖之，村愚尤易为惑惑，即不至交通勾结，内溃之虞。然使百姓之视洋人，无异其华人，则他时和局或更，民情已不可尽恃。呜呼！此惟粤民则然耳。粤地通番最早，沿海无赖甘作汉奸，若内地则尊君亲上，恪守科条，纵有游览洋人，岂能为其蛊感。且即无铁路，而洋人之游历，势不能禁也，洋人之传教，例不能阻也，所有内地形势风俗，彼已窥之熟矣。纵使处处游览，日日往来，亦胡能为。且夫一国犹之一家也，治家者不能教训其子女，惟恐匪人之引诱，必欲高其垣墉，以杜绝人之往来，不可笑乎？

或又谓铁路之利于行兵，实视乎兵力之强弱，兵力强则我可速以挫人，兵力弱则人亦因而蹙我。光绪二年，俾鲁芝降英，英人即助以金钱，使开铁路。四年，英人占据西奔岛，即派大酋赏金钱，以开铁路，盖其借以驭人久矣。今若借洋债以为之，彼必乐从，既贷而无力遽偿，彼必索铁路以为质，负欠既重，则全局在其掌握矣。纵扣留火车，掘断铁路，欲图遏截其兵，庸讵知洋人畚土机器最捷，掘之者堑未及成，填之者道已如砥。火车铁轨千万如同一式，何虑乎我之扣留，此举若成，徒代人布置耳。此言也粗观似乎有理，细思确未尽然。西洋各国，强弱悬殊，壤地相接，而弱小之邦从未有虑强敌凭陵而不开铁路者，盖驭人之意犹浅，自驭其国之意深也。以铁路抵借资本，西洋各国无不皆然，纵负欠甚重，从未有以铁路归诸债主者，盖民债与国债固有区别也。若夫筑铁路之法，全以人力为之，先须碱土甚坚，方置铁轨，若一经掘动，即骤难填平。西洋纵有畚土机器，无非供挖河所用，未闻有筑铁路之机器也。

或又谓西洋各国，地狭而分治者众，故莽无伏戎，火车之行自无他虞。我则山林丛箐，时有窃踞，火车所经，势不能遍布兵勇，倘于空僻所在，设法梗道，夺车以驰，胁司车以供其指使，袭邑攻城，俄顷即不守矣。烽烟告警，羽书分驰，无有能及火车者，岂能断铁路以遏之？此言更为矛盾矣。夫铁路所经，即成大道，盗贼无自而生，纵有小丑跳梁，而朝集雀苻，夕膏斧锧，扑灭最速，何至再留伏戎？且火车数辆联贯而行，旅客执役，动逾百数，即有二三匪类，何能袭夺？即夺得矣，而火车又非轮船，有枪炮之比，安能徒手而攻城夺邑乎？

或又谓铁路以运货运兵为要议，若造一道，则火车所到者十之一，不能到者十之九，各处商货，依然不能周通直指，兵威依然不能骤至，尔时见为无益，废之则全功尽弃，行之则浩费难供，曩此借款，何所设措而可释重累，是无端作法以自困矣。不知西洋各国，铁路虽多，皆以渐而成，从未闻数道并举者。中国此刻财力不逮，自然盈科而进，有财力若干，即开铁路若干，得寸则寸，得尺则尺，原非限地限时数道并举也。若必欲一朝之间四通八达，如英国十七道之例，是直强以所难矣。诚能先于天津至京首开一道，苟办理得人，公私有利，则集资更易矣。

综而论之，中国商务日疲，利源日竭，不出百年，必致民穷财尽。若开铁路，则以中国之财，办中国之事，开华人之生计，夺洋人之利权，操纵在我，何致反利于外人？况有铁路，则十八省呵成一气，通国筋、摇脉动，而国势为之一振。本朝清议操权，劫持国是，故大局拘挛束缚，而渐难挽回。有铁路则风气大开，士习民风立见丕变，不复如前之深惑锢蔽，譬如皎日所照而阴霾潜消，是铁路直转移国是之大关键也。刘公此疏，一息以官办为主，故愈说愈歧，但其笔力横恣，推阐淋漓，绰有战国策士之风。在无识者观之，鲜不为之眩惑，其实均非实在情势。在欧洲公议院，凡政事之利弊，舆论之从违，必分曹辩驳，以求折衷至当，此种议论，诚不可偏废。且当泰西铁路初兴，阻之者何尝不拘执成见，迨利弊大明，始悟前日之浮议皆非确论，载在西史，班班可考。倘使天佑中国，转弱为强，俾百年后人再读此疏，当不知若何捧腹也已！（《皇朝经世文统编》卷九十《考工部四·铁路》）

守旧派人士奏折

光绪六年十一月二十一日翰林院侍读学士张家骧奏

……窃臣闻直隶前任提督刘铭传来京后，有开造清江浦至京铁路之请；

臣知朝廷权衡慎重，决不轻议施行。惟献策者张皇喜事，既以为有利可图，恐参议者附和随声，即以为是谋足用，一言偾事，关系匪轻，谨为皇太后、皇上剀切陈之。

溯自各国通商以来，凡海口有马头地方，洋人无不盖造房屋，置买地基。清江浦乃水陆通衢，若造成铁路，商贾行旅幅辏骈阗，必较之上海、天津更为热闹。洋人工于贸利，其从旁觊觎，意想可知。虽该处无设立马头条约，而未必能禁其往来，设或借端生事，百计要求，则将何以应之？利尚未兴，患已隐伏，此一弊也。

自清江浦至京，相距一千数百里，从中岂无田亩、屋庐、坟墓、桥梁阻隔不通之处，开造铁路，将于阻隔之处一律平毁乎，抑使民自为迁徙乎？其事之窒碍，不问可知。若沿向来官道营造，臣南北往来数次，所过官道，介于田亩之间、屋庐之侧、坟墓之旁、桥梁之上者，随处有之。火轮车电掣风驰，易于冲突，必至贻害民间。即使设法绕越，善为布置，将来造成之后，寻常一切行人以及往来车马，将准其同行乎，抑不准其同行乎？若准其同行，则拥挤磕碰，在所不免，伤人坏物，易起争端。若不准其同行，则必须另开一条孔道，俾之行走。窃恐此令一下，民间必不乐从，势迫刑驱，徒滋骚扰，此二弊也。

天津设立招商局，购备轮船，现在获利虽微，资本尚无亏蚀。若铁路既开，则由上海、汉口入京者，大半归于陆行，天津马头即将从此而衰。盖南北转运之物，来往之人，只有此数，水便则由水，陆便则由陆；此赢彼缩，势所必然。窃恐所购轮船渐归无用，从前资本无处取偿，是铁路之利未兴，而招商局数百万款项弃于一旦。即以利言，亦已自相矛盾。且开造之费，动需千万，目前各处设防，西事未藏，库款支绌，筹拨维艰，而复耗费巨资以求不可必得之利，虚糜帑项，赔累无穷，此三弊也。

伏望宸衷立断，将刘铭传请开铁路一节，置之不议，以防流弊，而杜莠言。（《中国近代史资料丛刊·洋务运动》第六册）

光绪六年十二月十八日降调顺天府府丞王家璧奏

……臣窃闻开复提督刘铭传请开铁路于京师四面自清江始一议，奉旨交李鸿章、刘坤一悉心筹商，妥议具奏。传闻李鸿章已单衔覆奏主办，群相哗骇。臣不敢轻以形迹疑人，但观该二臣筹画措置之迹，似为外国谋非为我朝廷谋也。其言铁路九利，词重意复，甚至自相矛盾，总不过夸火车之速耳，不足深辩。无论多载速运，兵马同时皆至，断不可信，即令能多能速，则我能往，贼亦能来，果真能朝发夕至，臣恐或有连合诡谋，使我四面受敌。即欲如庚申之变，巡幸从容，亦有臣子所不忍言、所不敢必者矣。若谓"有警即坏其一段而全路皆废，扣留火车而路亦无用"，则又何苦必以万万借贷盘剥膏脂为此嬉戏无用之举乎？臣闻刘铭传此奏，系李鸿章幕中范姓底稿，李鸿章先已与知，故一经奉旨，不待与刘坤一妥筹熟商，急行覆奏。人臣从政，一旦欲变历代帝王暨本朝列圣体国经野之法制，岂可轻易纵诞若此！臣愚以为朝廷保全功臣，在勖以奉法尽职，力求安内靖外。经常可久自强之道，于其受人欺谩、无情无理、造言生事、变法改制、不顾病国殃民之事，惟当一切报罢，弭患于无形，则上之培国家之元气，下之遂人民之生理，而从前有功于国诸臣，皆知兢兢奉法，感恩图报，庶可保全爵位，以功名终矣。

臣愚昧私忧，发于诚悃，伏请圣心裁断，加以博访周谘，饬下廷臣、疆臣悉心筹议，以定国是安危之几，实万世无疆之福，一行一止，关系不小，伏乞皇太后、皇上圣鉴训示。（《中国近代史资料丛刊·洋务运动》第六册）

光绪七年正月初十日翰林院侍读周德润奏

……自昔圣人刳木为舟，法斗为车，此即机器之权舆。迄后周公作指南，孔明作木牛、流马，皆仿其意而小用之，不肯尽器之利者，原欲留此余地以役吾民而养吾民也。闻泰西诸国专尚机器，如织布、挖河等事，皆明以一器代数百人之工，暗以一器夺数百人之业，夺之不已，又穷其巧而为铁路，非外夷之垄断哉！然行之外夷则可，行之中国则不可。何者？外夷以经商为主，君与民共谋利者也；中国以养民为主，君以利利民而君不言利者也。议者欲以铁路行之中国，恐捷径一开，而沿途之旅店，服贾之民车，驼载之骡马，皆歇业矣，是括天下贫民之利而归之官也。即谓僻路尚有商贩，其漏网者能有几何？昔商鞅开阡陌而秦以亡，王安石行青苗而宋不振，与民争利，祸亦随之；为人臣者敢为邪说以蠹民耶？

臣窃略闻其说，其不可解者有六：谓西北有铁路则贸易多而厘金旺。夫物产之菁华，只有此数，岂因铁路而商贸加增！至抽厘助饷，原属万不得已。今开铁路以扩厘金，将欲永远抽收耶？查乾隆年间金川用兵之后，库帑犹存六千余万，是时并无厘金，而民殷国富自若也。此不可解者一也。

谓铁路便于征调，可以拱卫都城。不知兵民一体耳，戎民安则兵志日坚，民怨则兵心日涣。昔周举烽燧而诸侯不至，秦筑长城而戍卒逃亡。纵有铁路，何所用之？此不可解者二。

谓铁路有益于赈务，可以利民生。古者耕三余一，耕九余三，又为常平以济之，虽有荒岁而民不饥。必待铁路以移粟，则尧水汤旱将靡有孑遗矣。此不可解者三也。

谓铁路便于转漕，可以补河运之不足。岂知西北膏腴之地自足养西北之民，苟水利兴而田畴治，何必待哺于东南？昔何承矩之堤堰，徐贞明之疏浚，怡贤亲王之修筑，踵而行之，虽河海两运并废可也，何有于铁路？此不可解者四也。

谓铁路一开，可兴矿务，而裁驿站夫。有明一代，自永乐至万历，以矿务相终始，利归于上而盗无所容。其后裁撤驿卒，张献忠等并起而亡之。明季弊政何足沿袭哉？此不可解者五也。

谓铁路之设，如仓卒有警，我毁其一段而敌不能来。然防范难周，敌毁其一段而我亦不能往。至于控驭无方，虽山溪险要亦有弃以资敌者，何铁路足恃？此不可解者六也。

以上诸说，皆舍本务末，不待攻而自破者。至于官吏罔恤民瘼，平墓毁房，势所难免。设有奸人煽惑，将官作之而民毁之，大乱从此起矣。又况奏销之捏报，委员之侵蚀，守兵之饷需，岁修之浩大，费且不赀，恐夺民利而利同归于尽也。……（《中国近代史资料丛刊·洋务运动》第六册）

光绪七年正月十六日通政使司参议刘锡鸿奏折

……窃闻近有建议仿造火车铁路者，此等创举，朝廷自必深思博访，确见妥善然后施行，决无徒听数人私言，遽兴大工之理。然臣顾吨吨言之者，无事生事，人心惶惑，物议沸腾，甚非国家之福。臣尝奉使西洋，讲求其事，既有所见，不敢不即陈明，以期早日罢论息此纷纭也。

夫火车之利于遄行，速者一昼夜三千里，缓亦数一千数百里；而且一机器居前，能缀十数车于后，每车上下兼坐，可容百数十人，行不颠簸，亦不晕眩；虽崇山峻岭，巨壑深潭，穴以通车，则悉成平地，而无攀跻过涉之苦。此实古今之奇观，绝世之巧术，臣虽迂拙，亦乐其便，冀以施诸中华。是以驻英、驻德，使事余暇，即遍览其纵横之道，亲履其制造之局，与其巨商、老匠悉心推求，而又博考诸各国豪酋及波斯、日本、土尔奇等国非西洋而效为西洋火车者，朝夕以思，如此者两年，乃叹火车实西洋利器，而断非中国所能仿行也。臣窃计势之不可行者八，无利者八，有害者九，敢请为皇太后、皇上详细言之：

西洋人于各货总汇行店皆名曰公司，火车铁路特公司为之，无关国帑。盖其人豪富既众，机变又多，闲暇无事，则相聚谋为奇巧以炫技能。迨既成而势可行，冀以图利者，遂群然酿资，俾之益大其事，并不知有同伙吞蚀之虑者。每国铁路公司约数十家，每公司所集资本约金钱七八十兆至百余兆，每百兆金钱计值中国银三万五千万两，用能养盈万工匠，岁成铁辙数千万丈，火车三四百具以应用而常不穷，所谓众擎易举如此。若中国商民决无约伙为此者。倘以官领之而招民凑股，则近年百姓受欺于官屡矣。闻轮船招商局尝集股银七十余万，初时以三四分息许之，嗣因浇裹不敷，仅给息五厘而止。人皆怨悔，深以为惩，岂复肯蹈覆辙？况此时民力大困，即网罗天下富室，亦未易集西洋一公司之巨资乎！其不可行一也。

无已则动公帑为之。夫帑藏不充久矣，上而宿卫军士且乏衣食而无以肃威严，下而调饥黎民且倾仓廪而无以普赈恤。百废之不举，类皆以财力未裕而苟安之，惟筹款项以事此不急之务，其于政体亦似略乖矣。然姑无论此。洋人之论，谓铁路必多，然后商货周流而无滞。计英国三岛，南北不及三千里，东西仅及千里，其为铁路共十七道，所费金钱六百三十兆之多。我中国地舆数十倍于英，据西洋匠师言，由广州、潮州、长沙、岳州、汉口沿大江东折至南京，北而淮扬，取道临清、天津以达京师，为铁路一道，需银七千万两。夫一道即七千万，若仿英国十七道之制，则十二万万矣。地舆远过于英，十七道必仍不足，则且数十万万矣。我国家经费有常，何处筹此巨款？抑此仅就初造言之耳。以铁轮碾铁路，两铁易于迸伤，机器板屋亦易震坏，每岁必须修而葺之，每五年即须易而新之。修葺之费可取偿于度载人货之资，更新之费将安所出？其不可行二也。

西洋专奉天主、耶稣，不知山川之神，每造铁路而阻于山，则以火药焚石而裂之，洞穿山腹如城阙，或数里或数十里，不以陵阜变迁、鬼神呵谴为虞。阻于江海，则凿水底而熔巨铁其中，如磐石形以为铁桥基址，亦不信有龙王之宫、河伯之宅者。我中国名山大川，历古沿为祀典，明祀既久，神斯凭焉。倘骤加焚凿，恐惊耳骇目，群视为不祥，山川之神不安，即旱潦之灾易召，其不可行三也。

西洋铁路既由商民凑股为之，则司事之人莫非自治其事之人，修涂造车，在在结实，与中国之付诸委员、吏役视为官事而徒存其状貌者不同。溯自军兴以来，法令久弛矣，在下者知侵冒不足以干典刑，遂相习以自肥其囊橐，在上者知徇庇不足以获重咎，因相率而见好于属僚。凡百施为，类皆虚伪。工料之给发，十每不得五矣；价值之浮销，一或竟报三矣。矧火车机器购自外洋，道远而无从稽核，其不以一报十者几何！苟一切薄料减工，更从以补旧刷新之机器，则有其形而亡其实，势不可以久支，即监之以洋人，亦岂能直发其覆？如福建船厂所造轮船，举不堪用，英国暨日本人谈及，有责洋监督日意格之无良者，有为日意格原谅其难者。盖方今所谓制造若此其不足恃也，岂火车铁路一事独能有实际乎？其不可行四也。

火车飞行，其势最猛，路稍不平，则或激轮而全车皆碎，或陷轮而人力难施，故经由之处，每十里置一亭舍为修道者所居，以便随时葺治。凡火车之过，咸捧锹挺立，伺候道旁，否则责治其人，使终身无复可图差使。西洋之法，人苟失职，有据官绅亲见亲闻者，皆可惩究，其罪不以非所属而避嫌，故耳目多而人不敢犯令。若中国则官各有职，界限划然，苟无管辖其人之责，即不能斥治其人之非。汛兵而离汛，堡夫而离堡者，几视为固然。惟伺其本管官出巡，一与之面，即复他去。况办理火车委员，初无刑赏之柄，自鲜巡行之时。修道者或贻误覆车，必待送诸地方官，传质纷纭，然后施之薄责，而仍无补于其事。人何所畏而谨守职役？其不可行五也。

西洋各国收养孤穷，禁治匪类，其事最实，其法最周，城市乡间，罕见有鼠窃狗偷者。我则军兴以来，国初教养之政尚未暇举，攘窃之风盛行，物值一钱即不可道上奥置，矧此铁路之铁，延长数千里，势难节节严守，窃失实在意中。曩年吴淞买回洋人铁路，甫一月即被人截去铁段，火车不复能驰，此其明证。其不可行六也。

西洋各国惟界口设有税关，火车至此仅停一刻，查验即便启行，故无碍其往来之期限。我则各省各属，关卡不一，而人心之贪诈亦不可胜穷。若照寻常关权之法，逐细严查，则每关停留时刻无定。若虑其行期延误而稍事宽大，则走私漏税之弊百出，国课益以不供。其不可行七也。

西洋各国客店最多，每室咸备衾裯，事事整洁，而其人终岁短褐，又复身无重衣，故常万里远行而不携一物。我中国行李箪篋，担负累累，以十洋人所坐之火车，受五华人而或虞不足。车价少索则我不敷出，多索则人莫能堪。若以载兵言之，洋兵水瓢药袋与其所持器械旦晚恒附于身，虽家居寝食而不废。此外无所谓军装，即远出战攻，亦露处而无须帐幄，是以一火车辄度百余人。华兵固不能如其简便也。其不可行八也。

有此八不可行，而利或寓焉，犹曰殚心并力以务成之，不可因咽废食也。然而利果安在哉？或曰英国自造铁路，货物流通，各行贸易皆比前繁闹十数倍，国之益富职是之由，得非利乎？夫由西洋以迄地中海凡数十国，壤地均可相接。自铁路盛行，火车互为递送，英商之货直达欧洲而外，其所得皆他国之利也。若中国则虽造铁路，不过周于两京、十七省而止，以彼一省之货，易此一省之财，是犹一家数男子，以孟、仲之财易叔、季之货耳。孟、仲得货而失其财，叔、季失货而得其财。专以叔、季言之，诚加富矣，统一家言之，则毫末殊未有增。是安可以为利？

或曰火车行则各乡货物皆可集于口岸，不亦可得他国之利乎？不知中国食用之物，类皆不宜于西洋，所销大宗，惟丝茶耳。近年各路通商，沿江、沿海、沿边诸马头，岁销均若有定数，多寡不甚相悬。华商既特为洋装以待销，洋商亦预订华工以采买。倘丝茶所集逾额太远，则有挤拥跌价之虞。盖专用中国茶者惟俄人，专用中国茶与丝者惟英人、法人、奥人，其余则辄图贱价，杂收诸印度、东洋等处。英、法、俄、奥四国之人岁不加多，故丝茶之市岁不加旺。至于他货，除瓷器、白糖、毛羽、药材、草纆而外，西洋只视为珍玩异物以供陈设，以新见闻，均不能多售。火车运赴口岸，不过徒便洋人，未足利中国也。抑英国商贾之富，由其商会头目随时访取各国诸器物合用之式，归示百工，使照式制造，以便行销，故其货所及为最远。若德国则劝工之法实不能然。故火车铁路虽与英同而无所得乎厚利。今我国各省各属，民多旷业，董劝无人，制造更鲜知洋式者。车虽疾驰，何所载以远服贾哉？

或曰火车行则千里若近邻，凡夫探望戚友，寻赏幽胜者，无跋涉之劳，自必咸乐远出，往来人众，沿途之饮食、住宿、船马剥载、土物购带，生理自然增多，其为利于民不少也。不知此惟洋人好游为然耳。洋俗妇女不喜家居，每出则夫必随行，并挟子女，故游人多而火车之价、客店之费，皆易取盈。我中国民习勤俭，安居乐业者多，苟非仕宦、兵役、游幕、经商，常终身不出里门。至于妇女，则尤以逾阈为戒。安所得乎游人？且西洋火车所经，生理畅茂，所利者亦在远客耳。若就国人而论，虽商贾得利，何异夺此民以予彼民？尝闻英人之有识者言及其国习俗奢华，宴游为乐，今日甫得工资，明日即空诸所有，今年甫构庐舍，明年即售诸他人，贫富无常，比比皆是，倘国势稍减，商务稍衰，不三五年，即恐坍塌不可撑挂等语。我中国方当禁民惰游，何为利此！

或曰西洋铁路公司皆获赢余，苟中国官借洋债为之经理精密，亦裕饷之一法也。夫圣朝之生财自有大道，岂效商贾所为，且亦思洋商利此果何故哉？洋俗以银行息皆只一二厘，多者三厘而止，惟铁路股分可得四厘，臣尝问数处公司皆是此数，故其人谓此为裕财善术。今中国借银外洋，动经数手，委员增取其一，经纪增取其一，洋人汇票行又增取其一，于是三厘之息变而八厘矣，且变而一分矣。臣驻德国时，闻有借银五百万加息至一分一厘者。夫洋人合众伙以自治铁路之事，所得息犹止四厘，况我中国视为官事，而苟且将之，承充委办之员难期殷实，苟非奸商驵侩，即是白手棍徒，浮冒侵吞，弊端百出，岂能获利在四厘之外者！以一分重息筹借所办之事，获利仅及四厘，亏绌且无以补，安望其借以裕饷？

或曰中国幅员太广，恒有鞭长莫及之虞，有火车则巡察易周，官吏不敢逾法，是则有裨政治矣，不知察吏之昏明，在精神不在足迹，人之所治，莫近于身心，官之所治，莫近于衙署，此固不烦车马而可到者。然而身心且不自察，故衙署以内欺之；衙署且不自察，故同城属吏欺之，嚣矜暗昧之身，虽日驾火车以周巡，其受蔽被惑益不可解。若其治身心以治左右，则无私足以普照临，虚衷足以广视听，有日坐幽斋而万里自无殊一室者。康、雍、乾隆之世，凡夫遐方军务，边徼民情，各省官吏之贤否，及其措置得失，无大无小，皆归圣人洞鉴之中，岂其时有火车哉？有火车而大吏遂不怀宴安，不耽戏豫，只身遍历所部，如洋酋之简质而耐劳，臣恐未必能然也，第借以快遨游则有耳。

或曰中国置兵分防各省，饷糈所费太多，有火车则惟练数万于京师，察事变而驰以剿洗，疾风扫叶，祸乱立平，省饷不甚巨欤？此其说近似有理。然臣观西洋诸国，各部均设防兵，未尝以有火车而径撤。盖身习于其地，然后山林溪谷形势了然，无迷途入坎之虑。且君人者于其国百姓，非欲俟其逆谋既成而尽诛之，将镇以兵威使之积畏而不萌异志。就令宵小间作，而兵就近则逻察易及，于其初起，擒治一二，即可雾释冰消，无庸兴动大兵，致百姓罹池鱼之祸。此其心固华夷如一也。又况兵易增不易减，自昔为然，每闻裁兵则营员煽使鼓噪以挟制疆吏，疆吏借口鼓噪以恐吓廷臣，陋习相沿，视为秘诀。即如同治间裁兵加饷选练新军之议，发自疆臣矣，迨饷已加，军已练，而各省经制旧兵亦只少减其数以塞责，无有肯任劳怨认真为之裁汰者。闻旧兵之饷，惟湖北尚发八成，他省则二成以至五成不等。兵不哗闹，大率空籍之由，营员乐得此空籍以饱其身家，疆吏亦乐得此空籍以弥缝其市惠，冗员花销浪费之缺，新军既已加饷，旧兵又减饷无多。近年各省报销，较诸道光以前，其数不啻逾倍。国计之万难充裕盖以此。今若信其可以裁兵而开铁路，他时铁路既造，必争起而言兵之不可裁。省饷之说夫谁欺。

或曰中国业已开矿，无火车则盘运艰难，罔以济用，盍谋所以便之。不知中国开矿非自今始也，《周官》卝人掌金玉石锡之地而为厉禁，以时取之，汉有铁官者凡四十郡，唐初银冶五十八，宋初金冶十有一，银冶八十有四，明代陕西、福建、浙江、湖广、云贵均有炉冶坑场，我朝会典所载广西、云南、贵州产黄金、白金、赤金、锡、铅、铁、水银、丹砂、雄黄，山西、四川、广东产赤金、锡、铅、铁，湖南产赤金、锡、铅、铁、水银、丹砂、雄黄，皆召商试采，矿旺则开，竭则闭，货恶其弃地，今古同然，未尝借火车以致之也。使因开矿而造火车，则是耗无穷之资财，博有限之矿课，其利安在？臣窃以为五金之产，只宜谨遵会典，听民开采，以资生计，有司治之赋其什一。若其如何载至行店，如何运赴他方，民既取之，自知所以销流之，民既贩之，自知所以转输之，不必官为经营，致滋他弊。至于煤铁为轮船枪炮所需，即剥运艰难，亦断不至如云南铜差之苦。行迟而计期先发，可与行速者之到境同时。倘以脚价太重为嫌，岂惜脚价之费而独不惜铁路之费乎？又况产此之山，随在皆是，就近挹注，何待火车？闻英国煤铁之产，业将不继，深冀中国采此，以火车运送口岸便其取求，其于煤尤为切要，煤易出口，则彼国兵商各船来集久暂，可以无忧是，亦彼之利而已，我利则非所知矣。

或曰漕河淤塞，惟恃海运以济京师，他时或有海氛，运道阻绝，百官万民何所取给？今先事于清江浦以北造铁路以代漕，固思患预防之至计也。臣亦间尝筹及之，山东之漕业由运河抵通矣，事至不得已则移漕运总督于济宁，令南漕秋初皆集清江浦起岸，由宿迁取道滕、峄陆行以达济宁而下河道，仅五六百里耳。先期由地方大吏预饬沿途州县会营督率汛兵堡夫，分段平治道路，各于站次造大邸舍，多为屋广庑庑以容粮车。漕粮所过，州县官咸出站次派押照料，转相受给，严定该州县赏罚，责使升斗勿阙。既下河，乃由运粮委员接运至通，如此未尝不可以达。我朝征准噶尔、厄鲁特，戡定回疆，沙漠迢遥，兵粮且陆运而无匮，况腹地数百里之近，而谓必须火车乎？火车办不得人，则偷盗短欠，弊亦相等。京仓惟足接济而已，不以一昼夜驶至为益也。

夫不可行而无利如此，则事当勿议矣。然使无利而亦无害，犹曰姑备其物以娱耳目也，臣请更言其害。西洋各国之田统归近地豪富雇佃以耕，无以贫民而仰给于十亩五亩者。铁路之造惟富者彼此商允让地，即不至纷扰闾阎。我中国则官道而外莫非民田，官道为寻常舆马所经，不得不买取民田以开铁路。无论官中发价获领甚难，即领价弗亏，民之失地者究无从遽得可购之地。银一到手，坐食旋空，此后谋生，伤哉奚恃？斯冻馁者众矣。就谓官荒可拨补民田，而官荒所在之处，未必即民庐所在之处，纷纷徙就，载道流离，情形不深可悯哉！其害一。

铁路之造，填沙杵土，可以华民为之。若其筑路之法，则非洋匠而莫得平适。至于火车事件，与垫路之铁条，脂轮之油水，中国皆无由制造，一概需诸外洋。无其铁条，则泥涂足以胶轮，而车辄窒矣。无其油水，则钢轮易于生火，而车且焚矣。故不为则已，为则不能不付诸洋匠者势也。为铁路一道，银之出洋者即数千万；为铁路数道，银之出洋者即数万万。烟土之来犹多以货相易，兴此工作则辇出无非实银，难望有珠还之一日。即谓借诸彼人，还以给诸彼人，实于司库无与。然负此巨债，果能脱然无累乎？土尔奇，回回大国也，其地七千余里，抚有黑海、地中海及阿非利加洲诸回部以为其藩属。自仿西洋造火车，借英、法等国金钱一千九百余兆，无由归还，诸强邻遂相陵逼，几至亡国，借贷固自穷之道也。其害二。

乡僻小民，百亩之入以养十数口，犹有余财，其居近城市者，则所入倍而莫能如之，通都大邑则所入数倍而亦莫能如之。何者？商贾所不到，嗜欲无自生，粝食粗衣，此外更无他求也。今行火车，则货物流通，取携皆便，人心必增奢侈，财产日以虚糜。臣尝闻土尔奇国使臣之驻德者，言土国风俗向系慕效中华，以俭为宝，自火车既行，西洋各货流入内地，人虽知其无当日用，而心好之，遂以穷匮。是通商之弊，得铁路而益助以为虐。其害三。

英人每谓搭载火车货物不能增贵，臣尝疑之。迨驻德国，因其国相之请，至细根部游历，令该部酋长调取各商总行册卷，查其目前物价较较诸火车未行时腾贵若干。旋据查明报称：米面牛羊肉等类只约四成增一，余物则有十成而增三四者。西洋金银流溢，人易营生，故米面之价虽四成增一而不以为贵。若中国廿钱斤面，昂起至廿五钱之多，则贫民或有饥色矣。火车铁路成本如此其重，工食煤火岁修日给各费又如此其浩繁，而均以加诸货价之内，未有不令军民度日倍艰者。其害四。

守国之道，人和而外，兼重地形，兵力苟不如人，则握险凭高，亦足自固，王公所为设险以守也。若造铁路，则不惟不设险，而且自平其险，山川关塞，悉成驰骤之坦途，重门洞开，屏障悉撤，一奋臂可直入室矣。西洋人尝言，中国之地，崎岖盘曲不足以骋炮车，故攻战恒较费力。然我不能以炮车往，人亦不能以炮车来，则陆得宜犹可辅水战之不足。曩者英法构衅，屡获逞于海隅，然而未敢深入者，即以道途阻修，运炮运粮两皆易窒之故。今奈何自失其险以延敌哉？其害五。

列圣之德泽湛深，人心历久而益固，然生齿既众，良莠自不能齐。闻咸丰十年大沽之役，英国惟募闽粤沿海无赖以当前驱，故其人尝谓寇犯中国可即率中国人为之。今犹幸各属各乡地势民情彼尚未得窥透耳。民富则不生外心，民穷则易萌他志。西洋各国内地咸听远客往来，不立界限，我则势不能然。若火车既行，他族难禁其附载，则洋人踪迹自必遍及里闾，以利唊人，村愚尤易为惑，即不至交通勾结内溃为虞，然使百姓之视洋人无异其视华人，则他时和局或更，民情已不可尽恃。其害六。

铁路之利于行兵实视乎兵力之强弱，兵力强则我可速以挫人，兵力弱则人反因以蹙我。光绪二年，西印度之俾鲁芝国降于英，英人即许助以金钱，使开铁路。四年，英人占据地中海之西奔岛，即派大酋赍金钱二百二十万以开铁路。盖其借以驭人久矣。今若贷银洋人，以为彼必乐从。既贷而无力遽偿，必索铁路以为质。负欠既重，欲坚拒之而无词，则全局在其掌握矣。或谓扣留火车，掘断铁路，即可遏截其兵。庸讵知枪炮所指，我虽掘断，彼固能填之乎？洋人畚土机器最捷，恐掘之者堇未及成，填之者道已如砥也。火车铁辙皆其国公司素所多备，千万如出一式，何虑乎我之扣留？此举若成，徒代人布置耳。其害七。

然虑及外洋，或以为迂，则且言土贼。西洋各国，地狭而分治者众，莽无伏戎，故火车之行无他虞耳。我则山林丛箐，常有踞盗，行旅被劫，视为等闲。火车所经，势不能遍布兵勇，倘其于空僻所在，设法梗道夺车，而胁司火者以驰之，袭邑攻城，随其所指，俄顷即至，则皆不可守矣。烽烟之告警，羽书之驰报，无有能疾于火车者，岂及断铁路以遏之？其害八。

由是有请先为铁路一道以试验其行否者。夫铁路之造以运货载兵为要义，若造一道则火车所到者十之一，不能到者十之九，各处商货依然不能周通直指，兵威依然不能骤至。尔时见为无益，废之则前功尽弃，行之则浩费难供，曩此七千万借款，又不知何所设措而可释重累，是无端作法以自困矣。其害九。

夫无利而有此九害，势又不可行而犹有建为此议者，盖由火车洋匠之觅生理者立说相煽，而洋匪之怀叵测心者布散之，华人之好奇喜新不读诗书而读新闻纸者附和之，洋楼之走卒、沿海之黠商捐官谋利者见此可图长差以攘莫大之财也，遂鼓其簧舌，投上司所好而怂恿之，辗转相惑以致上闻也。不然，西洋之政，如教艺课工、矜孤济贫、禁匪捕盗、恤刑狱、严军令、饬官守、达民情等类，与我中国致治之道多暗合者，何以悉屏置弗道而惟火车铁路是务哉！

臣尝譬之，西洋如豪商大贾，金宝充盈，挥霍恣肆，凡其举止应酬，役使僮仆，动用器具，皆为诗书世家所未经见。当其势焰炽发，纵被呵叱而莫之敢仇。然一时采烈兴高，终不如诗书遗泽之远。使为世家者，督课子弟，各治其职业以肃其家政，彼豪商亦不敢轻视之。若歆羡华侈，舍己事而效其所为，则一餐之费即足自荡其产。我国朝乾隆之世非有火车也，然而廪溢库充，民丰物阜，鞭挞直及五印度，西洋亦效贡而称臣。今之大势弗及者，以刑政不修，民事不勤耳。稽列圣之所以明赏罚、劝农工者，饬令诸臣屏除阿私逸欲，实力举行之，即可复臻强盛，何为效中国所不能效哉！……（《中国近代史资料丛刊·洋务运动》第六册）

光绪七年正月十六日通政使司参议刘锡鸿片

再密陈者：臣曩年奉使西洋，未出京之先，与英使威妥玛相见，伊即言中国惟挖煤铁可以生财，惟造铁路可以省兵，火车行则京师屯兵五万便足控驭四方等语。迨抵英国，英人之劝造铁路、愿借以银者甚众。臣以其自愿相借，必非好意，姑默志之。迨驻德国，闻英人占踞西奔岛，立时往开铁路一节，询其故于洋翻译官博郎，据称此系驾驭之法，民苟不服，则驰火车以往剿，立可芟夷。又称英人尝言，中国虽地大民众，若造铁路亦可不忧其反侧，故深盼中国为之。博郎系尽心所职者，其言此时若茹若吐，似不便泄本国诡谋，而又欲醒觉臣心之意。洎臣由德反国，适与威妥玛同舟，时有铁路洋匠赴上海谋生理者，威妥玛导以见臣，请为吹嘘。臣以兴筑无资为辞。威妥玛谓英国尽可借给，但须以物押借，海关税多寡无定，不足作押，惟即以所造铁路质之于英，待收足本利乃归中国，是为两便。臣闻言，哂其包藏祸心，并告以中国不可愚弄之说，伊面为之赧。臣徐与论史，言及国之存亡在德不在强，姬周、赵宋弱而久存，我列圣深仁厚泽，远迈历朝，国祚正未有艾，故构乱诸贼，徒自取覆灭等语，冀以遏其奸萌。威妥玛复论仁、论性，自谓生平制事立言，偶杂私意，未尝不痛自惩艾，迨后私意仍复难免，故荀子性恶之说，甚谓确凿等语，以掩其包藏祸心之非。以是知铁路一说，固彼人所挟以祸中国，万万不可听从者也。……（《中国近代史资料丛刊·洋务运动》第六册）

光绪十年九月十三日徐致祥论铁路利害折

窃闻诸道路纷纷传播，佥谓朝廷有开铁路之议，其说创自洋人，而中国之臣从而附和之，怂恿之，期必行而后已。臣甚惑焉。夫夷人贪溇无厌，包藏祸心，中国丝毫之利，必百计争而垄之。今为画是策，必谓中国行此有数利焉，以利动我，实以害重我。我受其害，则彼享其利，而中国之附和而怂恿之者，无非为肥己进身之地，而置国家之利害于不顾也。臣请敬详陈之：

议者谓铁路开，运漕便，似矣，海运恐资盗粮，河运又虞淹滞，为今之计，势处两难。闻明春海运，顾用售与美国之轮船装运，运费在欠项下抵扣，一时权宜，未尝不可。如战事告竣，海面安谧，查宁河两项船只，尽敷顾募。同治十二年未设招商局以前，皆系前项船只运输天津，近亦参用，历届无误。虽运费较巨，时日稍迟，而岁支二三十万之巨款，实以养十数万之贫民。今若以铁路转运，工成亦须二三年，无论缓不济急，而商船歇业，饥寒迫而盗贼兴，其害一。

山东黄河泛滥，连岁为灾，小民颠连困苦之状，目不忍睹，耳不忍闻。全局兴修，非千万两不可，朝廷轸念民艰，苦于筹办无力，小民虽荡析离居，而不至为非者，实有感于深仁厚泽，而知国家之用度支绌，不能兼顾。今若举行铁路，以千余万之资，不以治河而以便夷民，将怨咨而寒心，其害二。

有谓自京师开至天津而达于清江浦者，夫清江为水陆要冲，南北咽喉，向非通商马头。铁路一开，夷人必要求此地置造洋房，增设货栈，起盖教堂。以咽喉冲要之地，与夷共之。其害三。

夷之欲于中国国开通铁路，蓄念十余年矣。特无以发其端，难于启口耳。今中国先自倡之，彼将如法而行。许之，则开门揖盗；拒之，则启衅兴戎。其害四。

中国之所恃以扼要据险者，惟陆路耳。夷人他日于中国要地广开铁路，四通八达，靡不周历山川，关塞尽失其险，轮船所不能到之处，皆铁路所可通之处，中国将何以自立？其害五。

如谓易于征兵调饷，不知铁路虽坚，火车虽捷，控断尺地，即不能行。若以兵守，则袤延数千里，安得处处防范？倘有疏虞，军粮器械悉委弃于敌人。其害六。

如谓便于文报，查火轮车每时不过行五十里，中国驿递紧急文书，一昼夜可六七百里，有速无迟。今若俱由轮车递送，则驿站全废，且陆路之车驼俱归无用，人以失业而愤嗟，马以失饲而倒毙，不独累及于人，抑且戕及于物。其害七。

户部之库藏不支，海疆之兵饷不给，欲为此举，又将借款外洋，每年所入，陆续归还，亦须十年清款。而洋人之器巧而不能耐久，坏而无可复修，俟十年后除本利归洋人外，计亦无复赢余，而器用已敝，又需巨款添置，伊于胡底！且加以中国经手官员干没中饱，更所不免，商局之亏，前车堪鉴。其害八。

所害如此，而犹以为利，此汉贾谊所谓可长太息者也。总之，利小而害大，利近而害远，利显而害隐。彼所为利者，在五年之中；臣所为害者，在十年以外。伏愿圣衷独断，外洋有以此说煽诱者，拒弗纳；中国有以此说尝试者，罪毋赦；恪守祖宗之成法，以固结民心，以永保天命，则天下臣民之福也。臣不胜激切屏营之至，披沥上陈，伏乞皇太后、皇上圣鉴。

再，臣此折缮就，正拟上闻，适初十日遵旨赴内阁恭阅谕旨及奏报等件，内盛宣怀与法领事林春私议有开铁路一条，合并具陈。谨奏。（《中国近代史资料丛刊·洋务运动》第六册）

光绪十年十一月初七日山东道监察御史文海奏

……顷闻神机营王大臣等拟借洋债五百万两，修置铁路，自西山起至芦沟桥止。查铁路之修，有害无利，用洋人之料，雇洋人之工，数百万金徒资外国，其害一。借洋债不能无利息，即以六厘计之，每年约需利银四十万两，五年归清，即用利银二百余万两，以此巨款，轻于一掷，其害二。沿途居民能不骚扰，坟墓田舍能不迁移？干天地之和，蹙生灵之命，其害三。民情不悦，难免滋生事端，倡乱者起，先毁铁路，流贼之渐，不可不防，其害四。以此四害而论，误国殃民，莫大乎是。

而无识者反以为有利在焉。彼所谓利者，不过谓运煤既多且速，煤价可减。不知京都烧煤只用此数，纵使煤贱，未必多销，不至一年，芦沟桥之煤堆积如山，彼时不运则铁路成废，再运则无处可销。况铁路万不能通至各处煤窑，必须靠山盖一大煤厂，各窑运煤至厂，仍需人力。芦沟桥亦须修盖一大煤厂，存煤于此，运京亦需人力。所省者由西山至芦沟桥一二日之工，谅煤价亦所减无几，以此为利未之思也。

或谓修此一路无非小试其端，果使有成，尚欲推行各省。信如斯言，为害更大。夫中国与外国不同，外国土产不全，专重互市，远与各国交易，有铁路则工价大省。中国百货俱备，不借资他邦，人浮于事，有铁路游手更多，必致生变。孔子谓均无贫，铁路一兴不均甚矣。

且各省铁路修成，外国受利，中国受害，年年修费，又复不少，夺中华之利以富外洋，智者必不为也。无如谋利之徒，贪图中饱，往往巧言蛊惑，以修造机器为富强之谋，二十年来船政、枪炮，费帑不止数千百万，试问今日与法人用兵，庸有济乎？所得力者，仍恃陆地交手战而已，而借修理机器以富贵者不知凡几矣。今又以修铁路为自便之阶，若再漫不加察，其患伊于胡底耶？应请我皇太后、皇上宸衷独断，饬下神机营王大臣等，勿为宵小蛊惑，将修置铁路即行禁止，天下幸甚！……（《中国近代史资料丛刊·洋务运动》第六册）

光绪十年十一月二十三日陕西道监察御史张廷燎奏

……窃维朝廷之一举一动，必斟酌损益，务期有济于天下万世。果其准诸事理，揆诸时势，的系有利无害，自应实力奉行，何必曰试？若事属疑似，言一出而闻者骇，工未兴而群情惧，即当力排浮议，截然停止，岂可以数百万帑金漫为不经之举？

传闻内地拟创修铁道轮车，系借洋款，先于西山试办。西山非通衢，不关运道，非边要，不关防务；修此何为？将以运煤乎？夫产煤之地去京师甚近，驼载肩挑，无数穷黎俱借此谋生，而国家数百半来亦不闻有缺煤之患。主是说者，必以为此特小试其端，俟办有成效，将由津而南，节节建立，为运粮计。不知海道不通而河运可复，即云河运难而海运易，河运之费多，不如海运之费省，于万不得已时，何妨将江浙各省漕粮暂收折色，于直隶就近采买。北省产米之地极多，咄嗟立办，无虞匮乏；俟海疆肃清，再复旧制，有何不便？

又或谓轮车通行则调兵甚便。不知兵贵精不贵多，古之善将兵者，每以数百人、数千人敌人数万、数十万。即以近观之，刘永福之屡战屡捷，潘鼎新之陆岸一捷，刘铭传之淡水一捷，皆兵不满万，而俱能冲锋破敌，可以知兵事矣。如谓兵单地方，必须调遣增益，方能制胜，而附近之兵亦何不可克期而至？顾调度何如耳。轮车纵云神速，岂有尽天下之兵萃聚一处之理？

方今法人构衅，沿海各省办理屯防，福州、台湾最属吃紧，岛屿一区，孤悬海外，彼以铁甲船横绝要隘，而我无兵船不能渡海与之驰骋上下，一切军火接济俱形滞碍。且滇粤出关之兵及南北洋防军一月之费以数百万计，战事一日不了，则防兵一日不撤，即饷项不能一日不筹。当此库款支绌之际，即极力节省，悉裁糜费，犹恐兵食不足重烦宸虑，岂可轻于尝试，耗此巨款而不之惜？然则铁路之修，无论事不可行，亦势有所不及也。

况轮车一行，必生外夷觊觎之心，始则以好言假借之而不能遽却，继则以强力直据之而不能骤除，势必至通商省分皆驻扎外夷包险之兵，其为害有不可胜言者。

现在既有洋款可借，即便用以多购兵船，保护台湾，使与腹地呼吸相通，收复鸡笼，未为不可。缓其所急而急其所缓，洞达机宜者当不如是也。

勿曰涓涓，其流将大。西山之试办铁道，毋乃履坚冰之渐。伏望圣明独断，立罢此议，俾不识政体者无从逞其私臆，天下幸甚，万世幸甚！臣无任悚惶迫切屏营之至。……（《中国近代史资料丛刊·洋务运动》第六册）

光绪十年十一月二十五日内阁学士徐致祥奏

……窃臣九月十三日力陈铁路八害，已蒙俯察。迩来人言啧啧，佥谓此说已在必行，神机营主之。臣昕夕彷徨，不敢避再三之渎，以贻心腹之忧，敬再为皇太后、皇上陈之。

夫唱导此说与赞成此说者，非奸即谄而置国家之大害于不顾也。借夷之款以增夷之利，用夷之法以遂夷之计。既借其款矣，则工匠、器具一一皆取资于夷。夷惟利是视，精良之器必不肯与我明矣，势必以朽败之物作昂贵之价，则我之借款只属空言，而夷之弃物均为奇货；当局者竟未一思耶？

或谓以此运煤，便神机营炮厂之用。不知京师煤价百斤不过二千余文，按市价购买并不至糜费。又谓炮厂所余之煤借可出售以获大利。夫西山煤窑，每日驼骡装载进城不下数千，以此谋生者不下数万人，国家竭力养民犹恐多致失所，今以数万人之生路从而夺之，是驱失业之人不饥寒而盗贼之不止。亏国体而戕民生，臣知朝廷决不忍出此。况西山为神京拱卫，地脉所系，王气所钟，妄施开凿，亦属不祥。应请圣衷独断，勿再为邪说所动。臣但愿朝廷无此举而身干烦渎之愆，不愿臣言幸而中而民受无穷之祸。

山东黄河频年溃决，疮痍满道，时厪宵旰。查东省河工，同治年间专归东抚办理，而兼辖之河东河道总督反得置身事外。夫巡抚公事殷繁，日不暇给，再令其专管河务，即才识兼人者已属顾此失彼。况陈士杰之才本非出众者乎？该抚屡被参劾，闻其负气，时怀退志，不虚衷以引咎，惟己见之独持，尚望能集思广益、用人成务乎？臣愚以为近数年来，汛工安澜，莫如移河东河道于山东济南、武定两府交界，择要驻扎，往来督修。东省济东泰武临道、兖沂曹济道、运河道，本归总河节制，督率责成，或可专心就理，但必须特简一干济宏远公勤正直之大员，俾膺总河巨任，赏功罚罪，一依军律，则责无旁贷，饷不虚糜矣。

敬绎列祖列宗圣训，孜孜以河务为当事之急，而又重在疏浚，神猷卓越，万世宜遵。盖下游入海之所不治，而徒以筑堤防遏为治河上策，东塞则西决，沙淤则水高，中浅则旁溢，即使堤逾寻丈，河身日与之俱高，而堤内之地寖成釜底，若或倒灌，其鱼之患，尚可胜言！查利津铁门关沙淤百余里，年深胶固，颇难剔除。臣前与神机营委员从九品张承钦谈论此事，张承钦谓可用水雷炮先将淤沙轰开成沟，俾河水入槽得以赴海，然后再设法大加疏瀹。臣虽不敢遥断，但闻其说似亦有理，敬附陈以备刍荛之一得。

方今海氛紧急，饷需浩繁，圣虑焦劳，部臣竭蹶，东省兴办巨工，核实亦须五六百万两，一时诚难措置。第以铁路所费数百万，不用之于治河以苏民困而靖乱源，而以之便夷，以之便媚夷之人，臣实为国家长太息也。……（《中国近代史资料丛刊·洋务运动》第六册）

光绪十年十二月初一日浙江道监察御史汪正元奏

……窃臣于九月初间，即闻有借洋款开铁路之说，以为此讹言耳。中外议和二十余年矣，每换和约，洋人必以开铁路一条放在中间。彼其所欲者此为第一着，佯为不甚紧要，放在二三着后，冀我之堕其术中而不觉也。朝廷深知铁路一开，不啻开门揖盗，是以迄未之许，岂因一时告贷贪小利而遂忘大害哉？况我贷钱为彼开路，但有害并无利，不待智者而后知也。故臣以为虽有此言，决无此事也。嗣闻用机器取煤，借款五十万，自西山开铁路至德胜门，以便运煤、造机器，臣以为此亦讹言耳。骆驼运煤，由来已久，从无不敷。即机器局用煤较多，一年所费不过十万金。当此饷缺之时，预提五年分用之费，并用于一年，不益见燃眉之急哉？况造车有费，役夫有费，不如买煤之省费明矣，臣以为虽有此言，亦无此事也。乃臣于十一月二十五日恭读上谕，始知内阁学士臣徐致祥有奏，请罢开铁路急修河工一折，人言啧啧，固非无因。而圣训煌煌，并无成见，谕以言事诸臣，自当于政治得失据事直陈，仰见勤求上理之深心，广开言路之大度，虽古圣悬鞀设铎奚以加兹！徐致祥所奏，未能平心论事，则于此事之利害，必有未能详尽者。臣竭愚忱，直穷其害之究竟，以期先事而预防，为皇太后、皇上敬陈之。

西山铁路仅止百里，不与天津相连，原无大害；即地力有渐竭之势，其患亦在数十百年以后，姑不具论。惟是弊端一开，势难终止，各国再换和约，必以开铁路为请，从之则捷足难阻，彼将长驱而来；不从则反唇相稽，我将何辞以对？由西山而渐及天津，由天津而渐及清江浦，九折之坡，等于平原，千里之遥，近如咫尺，其能自固门户哉？洋人多方以诱我，谓开铁路则调兵神速异常。不知我能往彼亦能来，我兵速往彼未必即退，彼兵速来我未免先惊。不可开者一也。

谓京师重地必以运粮为急，海运既难通，河运未易办，开铁路则运粮速而需费者。不知铁路千数百里，需费千数百万，若以千数百里之费修理河工，何患粮之难运？且巨款易借难偿，息银所耗不少，不可开者二也。

谓铁路以便中国运粮，不许外国外来。不知彼若假道于我，可以不许，彼若与我争道，我虽十战九胜，其能不许彼行乎？不可开者三也。

谓运粮后将铁路截断几处，车行即有倾覆之虞。不知铁路为彼所造，厚薄阔狭，尺寸俱所深知，但照样制造铁条，载以前驱，遇有缺陷，即行补垫，安在其倾覆也！谓车行迅速，缺陷处补垫不及，不知洋人善用机器，欲行则行，欲止则止，观于轮船入海，操纵自如，则铁路更有把握可知。若能发不能收，则铁路行到尽头，过前一步，便致倾覆，有是事乎？此皆洋人诳我以诱我使之信从也，不可开者四也。

且洋人多诡计，即使断铁路可以覆兵车，彼若乘我运粮之时，突以兵车随粮车之后，我能前行一步，后断一步乎？不可开者五也。

谓铁路多设防兵，重重守护，彼必不能深入。不知铁路之车，瞬息百里，彼随粮车而进，两面防兵发炮则粮车同受其害；若稍存投鼠忌器之心，发炮稍缓，或发偶不中，彼用炮为左右翼，狡如兔脱，去已远矣。能守与否，争此片刻，岂不岌岌可危？即使能守，而于江防、海防之外，更添防铁路之兵，至少亦须万人，需饷动辄百万，终岁不敢撤防，必致财力俱困。不可开者六也。

劝开铁路之人，闻系法国领事官。法人虎狼也，何爱于我而劝我兴利哉？况铁路之害，法人曾自受之，何为劝我！同治年间，法人与德人战，德人夺其铁路，一夕遂至其国都，法人猝不及防，集民兵以守，黎明俱溃败，德人遂破其城，灭其国，虽幸而得和，所赔兵费无算，至今尚未能偿。铁路之害一至于此，法国即前车之鉴也，可弗戒哉？

此天下大局所关，伏愿皇上熟思而审处之，令必行，禁必止，我不开其端，人难乘其隙，斯一统金瓯，万年巩固矣。……（《中国近代史资料丛刊·洋务运动》第六册）

光绪十年十二月初一日御史汪正元片

再，臣闻万国和约，两国交兵，他国不许相助，故此次洋人许借军饷五百万，必以开铁路为名。西山铁路之开，将借此以借军饷，不得已也。臣愚以为洋人名为托辞开路，借我以饷，实则托辞借饷令我开铁路耳。不然，中国河工需费甚巨，何不以此为名而必以开铁路为名乎？借款五百万，如果给我实银，则助饷属实，其意可嘉。若不给实银，而但包造铁路，造路百里作为借百万，造路千里作为借千万，是铁路已成，我负千万之债累；而未见一钱，军饷丝毫无济，而彼所求于中国二十余年不能得者，今则画地为饼而竟得之矣。尔时若与争论，彼必自居理直，而啧有烦言，谓原议借银开路，并非借银助饷，万国之和约具在，谁敢有违。如是则借饷即致寇之端，铁路即进兵之径，祸不旋踵而悔甚噬脐矣。伏乞宸衷再三审慎，察其诡计。

事可借彼以例此，臣请援古以证今。昔春秋时齐晋战于鞌，齐因败求和，晋人胁之曰："必使齐之封内尽东其亩。"若从其言，则异日晋人伐齐，自西徂东，兵车直入而无阻矣。故齐人斥之曰："惟吾子戎车是利，无顾土宜。"直揭其狡谋，晋人无可置喙。由此观之，田亩纵横尚不肯改令径直以便戎车，况山川邱陵之险而可平其高下，去其曲折以便戎车之直入乎！洋人欲开铁路于中国，即晋人胁齐之术也。战国时，秦欲伐齐，虑楚之助齐也，使张仪游说于楚，请献商于六百里地，令与齐绝交。楚王许之。陈轸谏曰："以臣观之，商于之地不可得而齐秦合，齐秦合则患必至矣。待秦与地，绝齐未晚也。"楚王不听，遂绝交于齐。齐果合于秦，秦竟不与楚地。盖秦所欲得者齐也，齐既合则其计得矣，奚贪夫孤立之楚而与之六百里地哉？洋人欲开铁路于中国，而空言贷之以饷，即秦人诳楚之术也。

且夫同类者势必相亲，常情也。洋人亲洋人，自然之理也。中外议和，我为主而彼皆客。主人逐一客，众客皆不安，谁肯助主逐客哉？观于法人侵我疆时，议和者但劝我输钱于彼，未闻有劝彼输钱者，今何为助我饷以攻彼耶？助我以饷，即当给我以银，胡为而必假名于造铁路，胡为而为我包造铁路，使我费财于无谓耶？平心而察之，则真伪自见矣。

臣揣情度势，思之已熟，料其必出于诈，不敢不据事直陈。……（《中国近代史资料丛刊·洋务运动》第六册）

光绪十一年九月二十日御史文海片

再，创修铁路，有害无利，上年九月奴才曾有请旨饬禁之奏。兹闻李鸿章奏请修置铁路。夫利害相形，利少害多者尚不可行，况有害无利乎？

铁路之修，工料皆用洋人，数百万两徒资外国，外国得利，中国伤财，即此一端而论，已不可为也。且夷人熟习海面，中国人不能与之争锋，惟陆地交兵彼犹有顾虑踌躇之候；故上午法国谋踞基隆，未敢深入，广西关外彼则轻进失机。今若修置铁路，使彼水陆皆得便捷，我竟无险可守，更非计之得也。

或谓李鸿章为运粮起见。夫承平无事，海运、河运皆可通行。如谓海运终不可恃，则以修铁路之费规复河运，方是正办，何必专效外国乎？果以铁路运粮，装载运卸皆须洋人，年年修理之费以及雇用洋人薪水等项开销，又不定若干。每年运粮不过一月工夫，其余月分徒为洋人运货生利之需。是洋人蓄志已久之谋，不能自办，而中国代偿其愿也。岂不迂哉！岂不谬哉！且夷情难测，万一借端生事，遂动兵车，朝发夕来，要挟更甚，彼时后悔不已迟乎？

或谓海疆有警，铁路随时可撤。此更欺人之谈也。铁路既修，各国同用，一国生衅，他国尚须保护，岂能一律摈弃？上年与法夷交战，各海口不能堵塞，可谓明征。至于蹂躏地方，扰害居民，失境内之人心，截华民之生计，皆其显焉者矣。

应请明降谕旨，即将铁路停修并嗣后中外大小臣工断不准请修铁路，以杜外夷蛊惑之心，而华人借以谋利者亦可以绝望矣。

如以奴才之言未能详尽，可否将从前条陈铁路各折一并发下，饬廷臣会议，然后施行。天下之安危所系，不可不详慎图谋也。……（《中国近代史资料丛刊·洋务运动》第六册）

光绪十一年十月初五日太仆寺少卿延茂奏

……窃维今之谈洋务者，动以效法泰西为自强之计。每见洋人之船坚炮利，辄艳羡之；艳羡不已，往往堕其术中，遂并其有害中国者而亦艳羡之。

近如英商密客克锡格请开银票局一事，仰蒙圣鉴，立予罢议，京外喧传，同深欢庆，人心赖以大定。惟铁路一事，洋人耸拥几二十年矣；仰赖朝廷洞鉴，幸未堕彼术中。今闻预筹转运之谋，又开铁路之议。奴才反覆筹之，并证以中外情形，请先就浅近易知者为皇太后、皇上陈之。

一、修造铁路宜防各国接修也。按火轮车之制，创于嘉庆、道光年间。今俄人铁路自彼得罗堡东北越多木斯科、疴木斯科至恰克图，又西起伊犁，东渐黑龙江；英人铁路渐至印度、缅甸，复规画于两藏之外；法人经营越南、暹罗等处，亦有开铁路直达滇粤边境之议。是环绕中国之北西南三面皆有铁路以相逼，其所以尚未接入腹地者，特以朝廷未允铁路之请耳。查中外条约内载"嗣后大清朝有何惠政，无论关涉船只、海面通商货易、政事交往等事，大合众国官民一体均沾"等约。设使中国铁路一开，彼泰西各国必借口条约，趁势接修，直达腹地。维时不允其请，又恐另起衅端；若听其接修，则异日之患，不堪设想。所以法人之通商滇粤，英人之游历西藏，俄人之侵逼东三省等处，正为此也。此铁路之不可开者一也。

一、修铁路宜防敌人反逼也。昔法人盛时，尝为铁路以逼普鲁士。普鲁士者，一曰布鲁斯，又曰单鹰旗。及法人之衰也，普鲁士即反用铁路以伐之，夷其都城，法人割地请和。今泰西各国屡请中国修造铁路，其蓄志接修，不待智者而决矣。即使永保和局，不过于泰西商务极有裨益；倘一旦狡焉思逞，势将长驱直入，何以御之？议者或谓设有他变，我将铁路撤毁一二段，彼之兵轮全成齑粉。不知彼若接修，断非一国。设使一国开衅，彼局外各国之铁路，我安得干预而拆毁之？况万国公法未有假道过兵之例，彼若阳托局外之名，暗作东道之计，使我跋前疐后，坐受其困，彼时悔之已无及矣。此铁路之不可开者二也。

一、修造铁路宜防借款难偿也。昔英法两国尝劝土耳及修造铁路，土耳及因用款不敷，英法两国出数百万洋元以借之。迨土耳及铁路修成，所得之利仅敷岁修之用，而英法之借款不能按期清还，不得已割地以偿之。地之不存，利将安在？此亦前车之鉴也。今若修造铁路以利转输，按铁路一里需银万两，以二百里计，需用二百万上下之谱；若跨黄建桥，其费当不止此。加之岁修有费，守护有费，设局委员有费，每年所赚之利几何、而堪此层层繁费乎？即如招商局股本全数赔空，不过利归中饱，此犹是中国集股者耳。若彼时借用洋款，今日之祸患更不知若何结局也。此铁路之不可开者三也。

一、修造铁路宜防变生意外也。自咸丰初年始废运河，改由海道。运河上下二千里，小民失业者不可胜计，往往铤而走险，流为捻匪，经各将帅数十年全力，费国家数千万帑金，始就荡平。今若改修铁路，则舟车挑负以及行栈铺店失业无聊者不知凡几，其贫穷守分者，固已乞食异乡，转填沟壑；其强悍无赖者，不免偷窃拆掘，酿成事端。且铁路一项，必须平坦；投卷石、覆箕土、立见覆亡，数年为之而不足，一夫毁之而有余，此奴才所为鳃鳃过虑也。假令利国者重，害民者轻，利害相权，朝廷犹必加慎，况甚有害于民大无利于国者乎？此铁路之不可开者四也。

有此四不可开，兼之修建之工须雇洋人，购买之料须用洋产，每年岁修尤必需洋人经理，是铁路之举，利权全付之洋人，祸患隐伏于中国，所以朝廷未即允办者，想圣明早已洞见及此矣。

议者又谓铁路之惠商通旅可以获重利，奴才窃以为不然。尝考欧洲各国，无君臣父子夫妇之伦，鸡鸣而起，孳孳为利，利之所在，君臣父子不相顾，是以欧洲之商务获利倍于中国，而欧洲之兼并祸患亦速于中国者此耳。若夫中国之道则不然。我朝深仁厚泽，培养数百年，藏富于民，何尝厉民以自利哉？今开铁路者，只知获利，不知病民；纵云惠商，岂能获利？彼之创为惠商获利不害民生之说者，是皆堕于洋人之术中，自忘祸患者也。况转输之法，河运具在，成法可循，要在实心任事之大臣，不畏难，不因循，事乃集耳。

奴才区区愚见，自知无补圣朝，只以国家利害所关，不敢缄口结舌，以苟禄位。伏乞饬交海军衙门详慎妥议。……（《中国近代史资料丛刊·洋务运动》第六册）

光绪十一年十月二十七日漕运总督崧骏等奏

……窃臣等钦奉光绪十一年九月初七日上谕：据军机大臣呈递李鸿章交到陶城埠至临清议办运漕铁路图说一分，据称豫筹河运漕粮，南自清江至陶城埠，北自临清至天津，设法浚导，尚可通行；独自陶城埠至临清二百余里，河身淤高，难于疏治，莫如试办阿城至临清铁路为南北大道枢纽；阿城、临清二处，各造仓廒数所，以备储米候运等语。所陈系为粮运起见，不无可采。惟阿城一带距黄河甚近，傥遇河水漫决，向北冲刷，于铁路有无妨碍，不可不豫为筹计。着崧骏、成孚、陈士杰，派员前往该该处，详加查看，据实覆奏。其建设仓廒及转运应办事宜，并着按照所陈各节悉心会商，妥为筹议，一并迅速奏闻。等因，钦此。

臣等奉命后，当即遴委妥员，前往查看。臣崧骏、臣成孚，派江苏候补道王罋翎、东河候补同知秦根发，臣士杰派东昌府知府程绳武、临清直隶州知州王其慎、候补直隶州知州彭虞孙，会同前往，详细履勘。兹据各员禀称，原议铁路建自阿城。查该处距陶城埠十八里，漕运所难，在进陶城埠口门，黄水不涨不能进口，即不能抵阿城。一经进口，两日便达临清，毋庸在阿城起米换车。今开办铁路，原为避难就易，自应即在陶城埠施工，临黄坚筑宽敞码头，俾漕船渡黄便可卸米回空，不复有候汛进口之艰。惟自寿张至陶城埠一带，本年秋汛漫决后，口虽堵合，积水尚多未消。东昌以南，每遇盛涨，亦不无漫溢之虞，似宜先事豫防。又原议购地建路一节。查堤外村庄虽可绕越，而民间坟墓所在多有，碍难一律平毁。且民居在路东者，路西亦有地亩，一经垫高，往来耕种殊为不便；况平地填筑，糜费滋多，遇水尤易浸溢损塌，办理颇费周章。至原议建仓储米一节。查临清本有仓廒，稍加修葺，便可储米二三十万石。临黄口门，地甚危险，不便建仓。且火车迅捷，各省漕船但令挨次前进，随到随运，可以直存临清仓廒，似可毋庸于口门再建。其由临清北上雇船为艰，自应照所议统归天津拨船接运赴通，以期妥速等语。

臣等往复缄商，该员所禀尚属实情。窃以北路河运为艰，经直隶督臣李鸿章议请开办铁路，豫备添运江浙漕粮，洵属美举。惟陶城埠以上百余里，紧靠黄河，黄流迁徙无定，大汛时湍悍异常，将来铁路造成之后，能否不至冲决，实无把握。应请旨饬下北洋大臣，再行委员勘明审定，以昭慎重。

（《中国近代史资料丛刊·洋务运动》第六册）

光绪十二年九月二十七日都察院左都御史奎润等奏

……据武举李福明以天津现修铁路，民心惶惑，禀请急筹挽救等词，赴臣衙门呈递。臣等查阅原呈内称："窃武举系直隶蓟州人，候补千总，缘现在大津备办工料，修理铁路，各商抱切肤之痛，宜通筹长策，方不至小民失利，谨胪列利害各条，呈乞代奏。"等语。臣等查该武举所呈，系恐修理铁路以致困民病商起见，并无违悖字样，臣等不敢壅于上闻，谨钞录原呈，恭呈御览。……

◎附纱录李福明呈

蓝翊守备衔候补千总武举李福明谨禀：窃武举为天津现修铁路，民心惶惑，禀请据情代奏，亟筹挽回，兼图补救，以免利归外夷事。

窃惟天津、通州张家湾一带，农田稀少，小民向借商贾为生。自洋人入中国，水路之利已为轮船夺去十之八九，惟余陆路一线生机。光绪三年，由唐山至胥各庄开有铁路，专为运煤而设；又路止二十五里，不与天津、芦台相通，尚无大碍。今年忽于天津欲修铁桥四座，商民恐其又专陆路之利，邀恳免修。乃现在天津已备办工料，将修铁桥一座；又由胥各庄至芦台八十余里，由紫竹林至海关寺十余里，各修铁路，并有英国运来火车铁路无数，存储英栈。又去年秋，美国人雇天津民人王静波、李桐玉等查看道路两条，意在由大沽海口修铁路至天津紫竹林。似此情形，铁路日有加增之势，将来修至京师，则一切货物自大沽上铁路，顷刻到京，于天津等处绝无停顿，天津生意势必立见萧索。夫中国之财常周转于中国，故小民得以存活。若为外国浸渍取去，数年之后，民间金钱既竭，耕作无资，凋敝颠连，何堪言状！计惟有请旨将由唐山至芦台、及由紫竹林至海关寺两处之铁路，概行拆毁，他处亦永不准修，使中国之财不至流于外国，挽回之方，莫切于此，策之上也。

若以畿辅之重，防务运道诸大政必须铁路方可迅速，则与其修自洋人，不如修自中国；与其修自官府，不如修自百姓。盖修自洋人，则出脚价者中国，得脚价者洋人，利归外夷，害一也。夷情叵测，万一有变，操纵不能由我，权归外夷，害二也。洋人往来不能稽查，便其营私，衅端易启，害三也。修自官府，则国帑不足，若借洋款必认重息，名为官修，实则利归洋人，其害一。铁路之法虽创自外洋，而中国工匠民人既见唐山修路，现能修者已盈千累百，乃官不敢用，必雇洋人，薪水厚利又归洋人，其害二。偶有不肖官吏厕入其间，贻累行旅，糜费滋多，其害三。若百姓自修，承修者家有余财，不费国帑，利一也。不借洋款，利二也。各商身家所系，事事认真，费不虚糜，功归实用，利三也。修路之地，照时价倍给，小民欢悦，利四也。一县境内，铁路先尽境内之商入资，他商止可补其不足，无虞垄断，利五也。看守铁路一切司事，即用附近居民，游食者有所归，饥寒者得所养，利六也。本境商民既恃本境铁路为生，重利所在，保护必力，万一有警，较团练为固结，利七也。脚价减于洋章，行旅乐于趋赴，可将轮船已夺之利移入陆路，利八也。商贾行旅萃于陆路，洋人无所希冀，利九也。运粮则照户部现章，可报效五成，利十也。筹饷则试办三年，以后每脚价一两可输税银五分，利十一也。征调则经由自修之路，不与洋人相涉，较为严密，利十二也。总局分局各员，由各商公同选择，聘请禀官充派，官不得徇其私，糜费节省，利十三也。各商皆住本土，财不外流，利十四也。无前六者之害，有后十四者之利，故不修铁路则已，修则必由商民远离海岸自办也。就目今情形而论，天津各商，心抱切肤之痛，因势利导，筹措巨亿万金不难，武举所知各家，即可立办。假令由东便门外迤南至张家湾五十里，由商出资亟修铁路一道，计数月可成。既成之后，再由张家湾修至天津之西沽而止，既通百货趋京之路，即杜洋人罔利之萌。工小费省，民安利兴，补救之法，又莫便于此，策之次也。

武举目击中国之利日归外夷，心窃杞忧。又籍隶蓟州，毗连丰润，亲见唐山铁路，稔知能修者众，可不用外洋一人。又与各商熟习，知其情状。为此缕禀，伏乞俯念民生，通筹长策，如能将现修者拆毁，未修者永禁，即请速行出示施行。否则，乞奏请旨。饬下海军衙门妥议，允准各商自修铁路，犹可与现在修者相敌。倘置不理，而外洋渐修渐广，直通京师，武举不敢知国，已立见小民失利不能聊生。而目下惶惑之情，恐又酿当年拆毁教堂之衅。私心愚虑，不能自已，冒昧渎陈，伏乞代奏，实为德公两便。须至禀者。

（《中国近代史资料丛刊·洋务运动》第六册）

光绪十三年三月初四日太常寺卿徐致祥奏

……窃臣于光绪十年九月、十一月两次奏请罢开铁路，均邀俯察。一二年间，此议稍息，仰见皇太后、皇上渊衷独断，翕受敷施，凡在臣民，同深钦感。比来道路喧传，谓铁路之说又起，闻由开平煤厂迤北至山海关，迤南至大沽以达天津，创斯议者，不过托于运煤、转饷、征兵之迅速，以为自强之策莫逾于此。夫铁路之害，中外臣工先后论奏者谅不乏人，似毋庸臣更为赘及。然智者千虑岂无一失、愚者千虑或有一得，如臣之愚，虽不足备圣世刍荛之一得，而区区迂拙之衷，实有不能缄默自安者。

我朝文德武功，卓越前古，祖宗成法，可深长思。今之讲西法者，动辄谓风气使然，争相效慕。不知风气者视朝廷之措施与士大夫之趋向为准，非宇宙间所能自为也。臣愚以为若开铁路，无事则显耗中国之财源，隐蠹小民之生计；有事则千人守之而不足，一夫隳之而有余。况其害尤有不可胜言者。伏愿我皇太后、皇上仰承家法，俯顺民情，无则益慎防维，有则立予停止，天下臣民幸甚！……（《中国近代史资料丛刊·洋务运动》第六册）

光绪十四年十一月十二日国子监祭酒盛昱奏

……窃维铁路之议，中外纷如，言其利者以为可以富国强兵，言其害者至比之洪水猛兽。奴才平心揆察，窃以为施之荒漠广远之区则有利无害，施之人烟辐辏商贾通行之路则有害无利。今闻由天津至通州将设铁路，愚民震骇，咸谓非便；在此辈可与乐成，难与图始，其论原不必尽凭。然铁路之利在重物能引之使出，道远能促之使近，今津通本为往来大路，商贾经行并无难运之物，而车户、船户以及肩挑背负之人资以为生者，当以数万计。铁路一开，大众失业，虽曰上货、下货以及停顿之地，失业之人皆可就谋生计，然京津游手本多，万不容各安本业之愚民，来兹托足。是所利者奸黠之游手，而所害者数万有业之愚民，利者自利，害者自害，不相通也。朝廷矜恤为怀，常欲一夫不失其所，何忍令失业之民动逾数万乎？况此举闻系商办，未必不暗藏洋人股分在内，恐将来勒偿之后，继以索押，亦不值因此失和与国。

　　总之，铁路之举，享利在官，受害在民；官之利有限，洋人之利无穷，他不具论，即此金木之工，已漏卮于外洋矣。夺贫民之利以予富贾，夺中国之利以予外夷，知朝廷之必不为此也。伏请圣裁，即行停办，畿辅之民沾沐圣恩，曷有既极？（《中国近代史资料丛刊·洋务运动》第六册）

光绪十四年十一月二十二日河南道监察御史余联沅片

　　再，臣闻直隶总督李鸿章代沈保靖、周馥进奉火轮车七辆。窃以火轮车必由铁路，轮轴相衔，瞬息千里，无非为斗捷争便之用。钦惟銮辂所经，出警入跸，固无须乎铁路，亦无待于轮车。况我皇上崇实黜华，久为臣民所钦仰，必不贵异物而贱用物。该臣等果情殷报效，自当竭忠尽智，循其职分所当为；而乃作此奇巧之物以上贡于朝廷，即令出自私橐，此心已不堪问，而况非侵蚀夫国帑，即腋削夫民生，此端尤不可开。合无仰恳严旨切责，以杜外臣贡献之端，以示国家崇俭之意。

　　抑臣又闻之，外洋火轮车行走剽疾，电发飙驰，其中机器之蹳张，火焰之猛烈，非人力所能施，并有非人意所及料者。万一有震惊属车之虞，此又臣子之心所不忍出者也。……（《中国近代史资料丛刊·洋务运动》第六册）

光绪十四年十一月屠仁守奏陈铁路宜慎始疏

　　……窃维迩岁铁路议兴，守经常者深拒之，谈时务者漫试之，论说多端，臣愚以为各有所偏也。夫铁路为自古所无，行于西国亦近在数十年，国争富强，人趋利便，日推日广，其势渐及于中土，此其中有天运焉，有人事焉，岂能阻哉！

　　顾中国所以自强：在修道德、明政刑、正人心、厚风俗以为之本，固不专恃铁路；而察时势之变，审彼己之形，则铁路亦不容置而不讲。故有谓宜通于东三省以防俄，有谓宜通于归化城西域以卫蒙古安回疆，斯二者恐徒以资强敌，而不能保主权。或谓宜通于上海，则是洋商游说。或且不计

财力，辄云遍布各省，则更为中国速贫，懵于事理，殆不足论。而北洋大
臣李鸿章必欲肇始于津沽，而遂接办于通州，则失策莫此为甚矣。原其意，
特以铁路屡为众阻，爰试开于目睫之前，使人睹其利便，欣然从事，然后
渐推而广之，用心不为不至。惟是铁路之便利，固不待试而后知，若其上
关国计之安危，下系民生之休戚，事在难悔，讵可轻试哉！

　　臣尝夙夜思维，窃以议铁路于今日，惟自京师达清江，于国家大计有宜
筹者，敬为皇太后、皇上详陈之：自海道大开，势成偏重中原，腹地枵然
空虚，四支孱曳，运掉不灵，无事则地广而荒，有事则鞭长莫及。清江之
达京师也，实从来官道，跨燕齐，逾河淮，南通江浙闽广，川楚毕赴；西
达陕豫，斜指滇黔，固天下之喉衿，为万方所辐辏。今开铁路，运之掌上
而条贯之，指挥六合，道里适均，调天下之兵，挽天下之粟，旦夕可至。
南出淮扬，则敌不敢轻窥江路；北屯畿甸，则敌不敢狂逞海堧，常山率然，
首尾相应，返海疆偏重之势，处中当轴，镇抚四夷，如提纲挈领，形利势
便，此则形势足以控天下也。

　　京师迫近析津，藩篱恒虞浅薄，扼吭抚背，往事堪惩，有铁路以抵清
江，与长江水师联为一气，镇江瓜洲，对立重镇，设津沽有警，东南各省
凡有水道之处，呼吸可通，即山陕秦陇僻远稍后，一近铁路，则亦尾衔而
相接，兵速而不劳。又馈饷轻捷，纵使海运不通，无坐困之虑，敌虽有兵
轮铁甲纵横洋面，亦何能为！至若平安无事之时，转东南之漕，岁数百万
石，数日即达天仓，历来河运之弊，一扫而空，无待禁革，此缓急足以固
京畿也。

　　中国之所以穷，为轮舶通商之故，轮舶之所能擅其利，为海道畅行之
故。二十年洋商日盛一日，漏卮无底，上海实为尾闾。若开清江铁路，则
行旅商贾孰不舍远而趋近，避险而就安，不但内地物产得以贸迁其有无，
即外洋百货并可增收其税则。凡洋商上海之利，必将十损六七，归于中国，
和约所不得限，公法所不得争，岁计羡溢，与掊克聚敛殊科，此则足以收
中外之利权也。

　　天下民困久矣，腹地为尤甚，如河南之周家口、湖北之樊城、江苏之王
家营、山东之德州等处，昔称孔道，繁庶无比；今皆井里萧条，往来之车，
日无数两，顿宿之舍，镇无几家。夫民所本有之利，骤而夺之，其势不得

不怨；民所已失之利，兴而复之，其情亦不得不乐。今开清江铁路，工方兴可以赈穷黎，工既成可以利贩运，二千里间，商货流通，分布者远，沾溉者广，燕齐楚豫之境，荒僻可变为通衢，冻馁可谋其作业，民气既苏，地力可尽，铁路之益，此为独宜，此则足以广闾阎之生计也。

若开铁路于通州，则不然。驰骋百里，不足以控天下，势险节短，非所以固京畿；所较者，锱铢之脚力，而大海之利权不能收；所夺者，负贩之微资，而小民之生计将愈蹙。利之与害，乃适相反，臣故谓失策未有若斯之甚者也。臣每慨念时艰，综观大局，自清江达京师，必缩之使短，令千数百里如在堂阶，则内地声息相通，海疆即有警，不足以为我难。自津沽至京师，则必引之使长，令三百里间，良将重兵，节节置为雄镇，俨然有数千万里之势，不可飞度。则外寇不至生心，辇毂可以高枕，故保铁路以防敌则可恃，断铁路以御敌则不可。通铁路于清江，以筹策万全则可；置铁路于通州，以尝试一掷则不可。

且开清江铁路，有不甚难于通州者，以驿计之，京师至清江凡一千九百五十里，若设铁路以中线引直，约一千七百里。今天津至阎庄铁路一百七十五里，用银一百三十万两，则十倍其里，需银一千三百万。约为三分，每分四百余万两。请停苑囿可缓之工程，足备三分之一；节南北洋可省之糜费，足备三分之一；余则移运河修治之款，漕粮转般之费，仓漕官吏军丁之额需，如未足也，酌拨各海关税陆续以济之，亦足备三分之一。是并不待集商股借洋债，而后可以集事。要在视为卧薪尝胆之计，以全力全神赴之，则挹注不患无方耳。

然臣怀此有年，其不敢轻发者，独以难其人故也。贪夫牟利，则浮冒必多而财伤；巧宦骛名，则引用必滥而事扰；尽用洋材，则银币外输可惜；不恤民隐，则变故交乘可虞；必其人有忧国如家之忠诚，有爱民如子之恳恻，有举重若轻之才智，有居安思危之远图。然后广集众长，萃合群力，常廑不均不安之念，以竭其患寡患贫之思，勿谓奋独智者可以拂众情，勿谓兴大利者不必顾小害，要使上信于民，民悦于上，而后度外之事可举也。夫铁路之利，李鸿章、刘铭传等及凡习洋务之人皆力主之；铁路之害，王家璧、刘锡鸿、徐致祥等屡陈之，固无待于臣言。然夸其利者，但以利言，无复尊主庇民之至计；虑其害者，只就害论，未有起衰振弱之良图；徒致纷纭，终鲜实事。语云："利不百，不变法。"开清江铁路，利固不止于百，诚以保国命卫民生为念，苦心孤诣，惨澹经营，则害庶几鲜乎。故同言铁路利害也，而其指有所不同，譬诸奕〔弈〕棋，实得先着，一着苟误，全局皆输矣。开清江铁路，如奕〔弈〕棋者之作双眼，围之不困，固今日之先着也。

臣敢犯天下不韪，陈其一得之愚，然斯事体大，倘圣明以为可采，伏乞饬下王大臣、部院九卿、翰詹科道公同会议，并谘南北洋大臣及海疆各督抚策其短长，以定国是。实宗社之幸，天下生灵之幸。……（《中国近代史资料丛刊·洋务运动》第六册）

光绪十四年十二月八日河南道监察御史余联沅奏

……臣窃惟兴天下之大利者必豫防天下之大害，苟计利而不先明其害，则其为利亦仅矣，谋国者不可不兼权而并筹也。近闻广东商人陈承德等禀请直隶总督李鸿章，奏明由天津至通州接造铁路，招股兴办，并许将来推广建造，是李鸿章以为大利所在也，故朝廷不惜委曲而从之。果有利而无害，臣亦将乐观于其成。第就近日所闻于众论者，博采兼收，只言其害，未见其利，请为皇太后、皇上敬陈之。

夫百姓者国家之元气也，为之筹安全、谋乐利惟恐其不周，而顾驱而夺之焉可乎？窃查天津至京计程二百四十里，陆行者车几三千辆，水行者舟几数万只，刍秣仰给于旅店，饘粥并资于市廛；若铁路一开，全归火车，则执鞭者辍业，操舵者停工，以数十百万之生灵尽束手而绝其生计，不辗转于沟壑，必啸聚于山林，是有害于舟车也。

夫安土重迁，恒情所同；推耕让畔，古风难再。铁路取径宜直，又宜平，势必铲墓拆庐，蹂田堙井。室家之转徙匪易，闾阎之鸡犬皆惊，而当事者非迫之以刑章，必要之以贿赂，纷纷滋扰，民何以堪？是有害于田野也。

在昔挟澧据陇，关中阻以四塞，虎踞龙蟠，金陵扼以石头，帝王之都，形胜为要。闻英人戈登曾为李鸿章言，以宫阙逼近大沽，无异运房外露，易于窥觎等语。是无铁路尚有可虑，况铁路一开，则由津至京，不崇朝而达门庭，历堂奥，长驱直入，毫无阻碍，既失王公设险之意，又懈重门击析之防，是有害于根本也。伏查天主、耶稣布满中华，牧师、神甫毒流村镇，其患为从古所未有，其横为有司所难惩。然犹有穷乡僻壤为彼族所不及到之区也。若铁路一行，则四通八达皆可任彼遨游，愚妇村氓不难尽被煽惑，冠裳化为鳞介，礼义必至消亡，是有害于风俗也。

自古疆场攸分，出入有禁。况银币为国家之大政，销耗宜未雨而绸缪。铁路仿自外夷，制造必由洋匠，多则千万，少亦数百万。辇金徒供于海外，还珠未见其有期，是有害于财用也。

夫中国之害、外洋之利也，朝廷之害、奸民之利也，中国自隆古以来，政教修明，府库充溢，无所为铁路也。我朝自祖宗以来，深仁厚泽，远至迩安，亦无所为铁路也。迨至中外通商，洋人以奇巧薄脆之物赚什伯〔佰〕倍蓰之利，电灯、气球外，只有铁路未兴耳，故不惜金钱，买通奸民，具呈招股，以遂其耽耽之欲。而奸民亦即引类呼朋，因缘以为利，其言以为为国家开自强之计，冀图耸听，仰蒙俞允。殊不知所谓自强者，正所谓自弱也。弃险要而肆彼驰驱，糜财力而充彼府库，数十百年后，洋人之足迹将遍于山陬岭峤，而小民之耳目尽濡染夫异类殊形，万一有事，谁为皇上之腹心、孰为朝廷之干城乎？

夫铁路之利，洋人既津津乐道之，在彼国中宜其为之不遗余力矣，乃以臣所闻，亦有不尽然者。岂其自爱不如其爱中国之甚哉？盖其防患深而为虑远也。昔有人言英法交界之海汊底六十里，拟开铁路以通车道，英人纷纷议论，质之于该国胡思礼元帅，通盘筹算，宣言于众曰："若开此路，岌岌可危，必须如法国之一等炮台需兵一万四千名，方可抵御外寇。若将来遇有战争，欲将此路毁坏，用水灌入。此等重大之事，必待熟商。倘议未成而敌已至，贻误国是，殊非浅鲜。抑或此路为他国所据，则英国俯首听命，不能逞雄海内，渐至四路可通，法兵之来更属易易，英将何以御之？不如不开之为愈也。"一又有人言往年英法诸国商与俄人开造铁路以通商货，俄人统计物产衰旺，伊稍逊之，惟恐异日利为人夺，彼国空虚，受人钤制，遂决意不开。由是观之，以英、俄之智谲富强，雄视海外，犹必熟筹其利害，有所畏而不敢开，有所忌而不肯开，奈何以己所不欲，施之于人，是明以害贻中国而欲坐收其利也，惜乎中国之不悟也！

总之，铁路利不在国，不在民，而在洋人所贿买之奸民，亦不在洋人所贿买之奸民，而仍在居心叵测之洋人。想其处心积虑，谋之于数十年之前者，兹竟如愿相偿而获之于一旦，乃犹有以自强之说进者，是洋人以利啖李鸿章，而李鸿章以利误国家也。盖李鸿章所与共谋者，不过沈保靖、周馥诸人，识见卑下，不知经邦致治之大猷。其余如马建忠、伍秩庸等，又皆惟利是视，通外洋以蠹中国，故该商等得以乘其隙而售其奸。臣为大局安危所系，且为民生治乱所关，不可不熟思而审处，合无仰恳圣明俯察，饬下六部九卿会议具奏，是否可行，亦必询谋佥同，请旨宣示，为天下臣民公其利。如蒙洞鉴其害，即不必以李鸿章一人之言为据，则毅然停止，天下幸甚，万民幸甚！……（《中国近代史资料丛刊·洋务运动》第六册）

光绪十四年十二月十八日掌山西道监察御史屠仁守等奏

……窃闻铁路试办，迄于唐山，北洋大臣李鸿章主谋，复有由天津开至通州之议。此令一出，朝野哗然。臣维自强之策，不务修道德、明政刑，而专恃铁路，固已急其末而忘其本。即就铁路而论，非其人则不可开，非其地则不可开。若通州则有万不可开者。迫近海疆，计畿甸三百里耳，宗社万年，道在磐固，皇居辰极，义重深严。自京师至直沽，方将阻之以峻垒，限之以重关，犹恐不足深恃。若置铁路其间，尽撤藩篱，洞启门户，风驰电走，朝夕可至，厝火积薪而寝其上，日无高枕之安，伏弩千钧而当其锋，时有骇机之虑，设险守国之谓何矣！

倘谓权操在我，去其一二段，则敌不能行。姑无论成之于平时，毁之于临事，敌不能行而我亦且自梗已为失计；万一实诈虚惊，猝未及毁，而敌遽乘之，智者不暇谋，勇者难为力，岂不殆哉！

顷者，津通一带，相势度地，民间骚动，恋田庐者安土重迁，顾邱墓者疾首蹙额，操舟、挽车之徒群忧失业，奔走呼吁，环官府而诉者日数百人。脱有不靖，小则鞭扑，大则甲兵，愚民何知，亦为身家耳，圣明在上，能无恻然？

况闻商人陈承德等禀称，唐山已成之路，其出息供费则有余，还本则不足，故须接造津通铁路，收取运脚，以广利益。是徒以利言也。有限之利，不过计运脚之锱铢；莫大之害，乃竟视国事为孤注。果孰轻而孰重？即其报效海军经费，谩称为有着之款，究所从来，非自天降，非自地出，又非能取之外夷，固犹然吾民之脂膏也。剜肉医疮，无裨于自强之本计。李鸿章有何苦不得已而必成此万有一危之举乎？

臣闻古之为国者谋及卿士，谋及庶人，谋及卜筮，未闻谋及猾商者。如果贻误大局，将问诸商人陈承德等乎？抑李鸿章自任之也？事关重大，相应请旨饬下臣工会议，速停此举，以弭国患，以定民心。……（《中国近代史资料丛刊·洋务运动》第六册）

光绪十四年十二月十八日户科给事中洪良品等奏

……窃臣闻火车铁路之制，山海关、开平等处既已施行，近复有欲由天津海口开至通州之议。在议者不过以京师为万国所凑，铁路一开，百货流通，往来便捷，海口有事，调兵神速，其利如此而已。然此皆有形之利，固宜筹之于意中；而其无形之害，亦宜虑之于意外也。

夫天下事利与害相因，在他处且不可尝试为之，而况此地果何地乎？密迩宫廷，宗庙社稷在焉。自庚申之变，因去海口甚近，常设重兵防守，往年俄法之役，主和议者亦以近海为虑，今设一铁路火车于此，寅发卯至，孰有近于此者？是自溃其防而为敌人施缩地之方也。

岂不曰海口有警，掘断铁路即可阻之。不知事常败于所易忽，患常生于不及防。昔人用兵，有扮作商贾袭夺城池者。今华夷杂处，万一诡谋窃发，借此利器，乘我不备，其患何堪设想！即云天津有守兵，海口有炮台，譬如人家御盗，更夫以巡之，猛犬以守之，无故于墙垣特置一梯，盗乘以入，或有人畜所不及觉者，何如撤去梯之为愈乎？

况外夷所长者火车之属也，所忌者山溪之险也。闻其炮车最利，每患中国林木丛杂，沟堑重阻，不克展其所长。今修铁路，必先平治道涂，划尽险阻，一旦海口有变，侥幸登陆，炮车所指，略无阻碍，此又因铁路而尽撤其藩篱者。昔晋人盟齐曰："必东其亩。"所以便其戎车之利也。齐人不从，其虑至远。今之铁路适近乎是。

故臣谓铁路之开，此地决不可以尝试，虽有百利不能偿此一害，开辟所未有，祖宗所未创，无事生事，设有意外之虞，谁职其咎？臣等职司言责，此关大局安危，意见既同，不敢缄默。然书生迂虑，未知当否，请旨饬下群臣廷议，熟筹利害，恭候圣裁。……（《中国近代史资料丛刊·洋务运动》第六册）

光绪十四年十二月二十一日礼部尚书奎润等奏

……窃臣等风闻津通一带地方，现办铁路，地段已经踩定，民间庐墓迁徙，生业渐失，谣言风起，深恐畿辅重地，激生事端，敢为我皇太后、皇上陈之。

传言津通百姓呈诉通永道衙门者不下二三百起，该道未应。百姓又诉于直督，该督以奏定办理之事，不肯据情入告，百姓皆含泪而去。呈词所言，皆以庐舍、坟墓迁徙为难。此二三百起呈词中，坟墓在千起以上，且多年古墓，棺木朽腐，子孙见祖父之枯骨，能不伤心？即给以价值，其心亦必不甘。又传言此一千百姓，虽经该督晓谕，而目下接踵呈诉者仍不一而足。上年津沽等处开办铁路，民闻坟墓纷纷迁徙，其无主之坟，不辨族姓，不分男女，合为丛冢，且多暴露，行路靡不痛心。然此犹海滨寥阔之区，坟墓较少，非若津通一带之居民众多也。恭查康熙年间，我圣祖仁皇帝巡视河工，亲临溜套，谕曰："所立标竿多有在坟上者，若依所立标竿开河，不独坏民田庐，甚至毁民坟冢。朕惟恐一夫不获其所，时存已饥已溺之心，何忍发此无数枯骨！"等因，钦此。我皇太后、皇上以圣祖之心为心，若亲见民间迁墓哀痛情形，必将立予宸断；特恐中外臣工未尝以实情入告耳。

自轮船通行江海，东南舟车已多失业。现在津通失业之民，以车为生者约一万人，以船为生者约三万人；以行店负贩为生者约二万人。此六万人中，以一家五口计之，已三十万人。平时赖此为生，上以养其父母，下以畜其妻子。铁路开行之后，此项人等作何安置？将使码头运货，则码头一隅之地，所需之人力无多。将使分运乡村，则乡村偏僻之区，所用之车辆有几。弱者转于沟壑，强者散于四方，凡此惨苦之情形，亦岂圣明之本愿？我朝家法，事事鉴前明之失。前明因兵饷不给，裁减驿卒，而若辈饥寒失业，起而为盗。我列祖列宗引为鉴诫，莫不以固结民心、培养民命为根本之要图。今铁路一成，津通失业之民饥寒切身，虽累朝之深仁厚泽久浃人心，然民情良莠不一，咸丰十年英人犯顺，即募潮勇以为先驱，此足为前车之鉴。辇下居民铤而走险，尤可深虑。夫此舟车失业之穷民，皆我国家安分守法善良之赤子也。在上者抚循之不暇，奈何反绝小民衣食之源，使不得遂其生哉？

自古立国，下顺民心，即所以上承天眷，故会匪教匪之为乱，朝廷得以兵力平之，何也？天心之所佑也。无故削良民之生计，迫之使不得不为乱者，朝廷恐难以兵力威之，何也？民心之所不顺也。今之谋国者，第知夺外洋之利，而不知所夺者止为中国穷民之利。一旦祸发，何以御之？《书》曰："抚我则后，虐我则仇。"《诗》曰："殷鉴不远，在夏后之世。"惟我皇太后、皇上深念之。

且夫中国自强之道，与外洋异。外洋以商务为国本，中国以民生为国本；外洋之自强在经商，中国之自强在爱民；外洋民数少，故用机器，而犹召募华工以补人力之不足，中国民数繁，故不用机器，穷民犹以谋生无路而多出洋之人！中外情形不同，灼然可见。

伏愿皇太后、皇上祗承上天好生之大德，仰体列圣经邦之本计，俯念下民生计之艰难，远鉴前代废兴之往事，谕饬下直隶督臣，将津通铁路停止，以顺民心而迓天眷。

至于中外建言之人，多以铁路为请，未尝非深维边患、力图自强之意。其所陈说铁路之利，如调兵、调饷、运货、运煤诸大端，臣等略参众论，言其利者实罕，言其弊者实多。窃谓事关国本民心，即使利多弊少，亦当立予停止，以顺舆情；况此事利则垄于下，怨则归于上，从古未有争什一之利而丛怨于民以为自强者也。论者必谓臣等之言过于激切，事势亦何遽至此？不知大局所系，祸伏隐微。但愿圣明有先几之烛，不愿朝廷有后日之悔。……（《中国近代史资料丛刊·洋务运动》第六册）

光绪十四年十二月二十一日户部尚书翁同龢等奏

……查泰西之法，电线与铁路相为表里，电线既行，铁路势必举办。然此法可试行于边地，而不可遽行于腹地。边地有运兵之利，无扰民之害，腹地则坏田庐，平坟墓，民间哗然，未收其利，先见其害矣。

今闻由天津至通州拟开铁路一道，查天津距通州二百余里，其中庐舍相望，桑麻被野，水路则操舟者数万人，陆路则驱车者数百辈，以及村酤、旅店、负贩为活者更不知其凡几。铁路一开，本业顿失，其不流而为盗者几希。近来外间议论，无不以此事为可虑。臣等伏思皇太后、皇上勤恤民隐，无微不至，偶遇四方水旱，发帑赈济，惟恐一夫之失所，岂有咫尺畿疆，而肯使小民穷而无告乎？况明春恭逢归政盛典，皇上履端肇始，而盈廷多风议之辞，近郊有怨咨之口，似非所以光昭圣治、慰安元元也。

夫稽疑以卜，众论为先，为政以顺民心为要。津通铁路宜暂缓办，俟边远通行，民间习见，然后斟酌形势，徐议及此，庶事有序而患不生。……
（《中国近代史资料丛刊·洋务运动》第六册）

光绪十四年十二月二十一日仓场侍郎游百川奏

……窃臣前闻洋人由天津呈进火轮车数辆，此不过逞其技能以为戏玩之具。嗣又传闻有由天津至京开修铁路之说，盖由言利小臣粉饰其辞，谓为有益于国，无损于民，借以荧惑圣听，其亦不思之甚矣！无论坏人田庐，毁人坟墓，其显拂舆情者必不可行；即如车脚、店行，人数甚夥，全赖商贾懋迁，百货流通以资养赡，若铁路一开，悉归火轮车转运，则靠商旅往来以谋生者，势将全行歇业，众口嗷嗷，其能坐以待毙乎？说者谓铁道之行亦须雇用民夫，兼用外国股分票之法，凡人皆可入股，是利仍可散诸民间。但行走便捷，需人谅必无多。即股分一节，亦只便富商，于贫民无与。若谓借此转运槽粮，则变更成法，窒碍尤多，不但官造拨船废弃可惜，其船户、水手及纤挽人夫数万失业之民，无所借资糊口，更为可虑。然此犹害之显者也。

《经传》所载"我疆我理，南东其亩"，固所以利农田，亦所以限戎马也。中国各省皆设关隘，固所以便行旅，亦所以防奸宄也。今洋人铁道之修，径行直遂，无顾土宜，惟其戎车是利。天津创办于先，他省或亦踵行于后。倘一旦偶有嫌隙，彼挟其火炮、火枪尽载之轮车之上，电掣雷奔，瞬息百里，其将何以御之？此明系狡黠之谋，先啖之以利而后为所欲为，其计之毒、心之险，有令人不寒而栗者。

伏思皇太后垂帘听政以来，凡地方之利弊，臣工之献替，以及军情之重，机务之繁，无不鉴察如神，谅非技巧所能淆惑。此事未经显奉谕旨，其准驳有无，臣亦未能深悉，但闻通州一带插旗标志，并张贴告示，民心惶骇，讹言四起，臣实不胜疑虑。惟望圣衷明断，勿予施行，则天下幸甚！……（《中国近代史资料丛刊·洋务运动》第六册）

光绪十四年十二月二十一日内阁学士文治奏

……窃惟天下事，利害相权，利少害多者即不可为，况有害无利乎？查近年屡有修铁路之议，今复闻由通州至天津沿途标志，将欲兴工；并闻通州各处张贴告示，晓谕居民，令勿惊惧，此亦可见民情之不愿矣。

夫铁路工料皆取诸洋人，数百万金徒资敌国，盖此议一兴，彼已眈眈虎视，群思作此大生意矣。是谓损己以益敌，其害一。

中国于海面不能与洋人争锋，所恃者岸上犹有可守，一设铁路，尽失险要。夷情难测，万一借端寻衅，兵车即到都门，任意要挟，辩论尤形棘手。是谓开门以揖盗，其害二。

由津至通，田庐、坟墓多被残毁。田园庐舍纵能以价偿之，已必非民情所乐。至于坟墓，无故强令迁移，仁人孝子之心，其何以堪？是有伤朝廷之治化，其害三。

向来此一路舟车来往，借以谋生者不下数万家。铁路既专其利，则此数十万生灵尽失常业，是以必致百姓之流离，其害四。

夫泰西各国本我仇敌也，所以与之和者，势出于万不得已。是以中国之民，被国家二百余年深仁厚泽，具有天良，如近年电线之设，行路视之莫不伤心，私怀愤懑。此盖非一朝一夕所能得之于民者也。一旦复置铁路，夺华民之生计，与敌人以利权，岂所谓所欲与聚、所恶勿施者乎？是足失天下之人心，其害五。

夫中国所恃以为治者，人心之正，风俗之厚，贤才蔚起，政事修明也。是以虽有大难，如发捻各逆之肆扰，不难以次削平者，恃有此数端耳。泰西各国，以商为主，凡所造作，施之彼国则为利，用之中国大抵皆奸黠者蒙其益，而良懦者受其害，铁路乃其一也。一处不已，推之各处，一省不已，推之各省，势必驱良懦尽化为奸黠！是足坏天下之风气，其害六。

以上各条，据奴才一时之见，约略陈之，其细微之害，尚有不止此者。而倡议修之且终欲修之者，必谓其有利也。奴才不知其持论若何，大抵其所谓利者，乃臣下之利，非君上之利；乃外洋之利，非中国之利；乃一二人之私利，非千万人之公利也。惟思获此利之辈，怂恿蛊惑，诪张为幻以误人，文饰奸言以动听，将必使朝廷终受其害而后已，岂不深可惜乎？应请明降谕旨，即将铁路停修，并嗣后中外大小臣工断不准请修铁路，以杜若辈徼幸之心，而解臣民疑惧之惑。……（《中国近代史资料丛刊·洋务运动》第六册）

光绪十四年十二月二十二日左庶子朱琛奏

……窃维民为邦本，古训昭垂。小民各有身家牲命，罔不自顾其私，而穷则为盗，势所必至。伏念畿疆重地，生齿殷繁，列圣深仁厚泽，乐育爱养，以迄今兹，若蹙其生计而莫之或恤，则断断乎其不可也。

臣风闻由天津至通州一带开办铁路，地方官奉文严督，委员四出踏勘，圈占地亩，给以微价，只及所值十分之二，多方抑勒，罔恤民艰，中有庐舍、坟墓一概逼令移徙，生者无家，死者暴骨；甚至距路较远不在应圈之列者，胥役因缘为奸，借端讹索，得贿乃已。并闻受累之家，赴各有司衙门纷纷呈诉，悉置不理。此皆近日铁路扰民之实在情形也。夫富民失地尚可圈存；贫民种地度日，一旦失此，何以为生？良民守法，或不敢为非；莠民悍不畏法，何所不至？难保不因饥寒所迫流而为匪。近畿各州县频年水灾，鸿嗷未息，今年京东水患尤大，饥民众多，设使勾结为患，不可不防。

不特此也，查由津至通，运载货物以及行旅往来，船只车辆，络绎不绝，小民恃此为生者不下数万人。若有铁路包运，则船只车辆皆无所用，致畿辅间顿添数万失业之民，尤为可虑。是又害之伏于铁路既成之后者也。

议者谓铁路之举将以有利于国也。臣愚以为国之有利与否尚不可知，而民先已受其害。夫病民利国犹且不可，况病民而未必利于国乎！

议者又谓民之受累，皆由地方官办理之不善，而非章程之不善也。臣愚以为即有廉明之吏，严绝弊端，办理妥协，民间畏威帖服，不敢抗违，臣恐畿疆数百里内，将有怨咨愁叹之声不绝于耳者。若此景象，似非盛世所宜有。

仰维我皇太后、皇上恫瘝在抱，时时以爱民为心，凡民间之疾苦，一经陈奏，无不立沛恩膏，设法拯救，必不忍因铁路一事，听畿辅赤子独受无穷之扰累。

臣职在论思，既有所闻，不敢自安缄默，是用披沥上陈，为民请命。伏愿乾纲独断，特降谕旨，饬令停开铁路，以顺舆情而固邦本。……（《中国近代史资料丛刊·洋务运动》第六册）

光绪十四年十二月二十五日监察御史何福堃奏

……本月十七日，伏读上谕：火灾示警，深宫祇惧实深，惟有寅畏天威，益加修省，于一切政事不敢稍涉懈弛。等因，钦此，仰见皇太后、皇上遇灾修省、孜孜求治之至意，曷胜钦悚！

臣窃惟政治之要，不外乎俯顺舆情；所以顺舆情者无他，亦使之有田庐之乐、衣食之计而已。今天津司道沈保靖等以接修通州铁路，禀经转奏，蒙谕旨准行。该员等设局开办，势焰薰灼，民间房屋、坟墓、田产之当孔道者，薄偿其值，令人刻期避让，苟迁延旦夕，则营勇官役多方恫喝，而安土之民失其田庐之乐矣。通州至天津二百余里，为京师水陆通衢，陆有车辆，水有船只，操业者不止数万人，并其妻孥家室计之，何止数十万人。铁路开后，轮车行速而价廉，谁不趋之若鹜？而平日资舟车为命之百十万人，失其衣食之计矣。皇太后、皇上圣德同天，恫瘝念切，必不忍苍生赤子似此颠连。而该员等托为利国便民之说，荧惑圣聪。臣尝即该员等禀词，所谓便利之处反覆推求，窃以为不可信者有六，请为皇太后、皇上明晰具陈。

原禀称"唐山之役，工程顺手，一路民情惬洽"，意在举彼例此，以为通州铁路可开之左券。夫唐山离京偏僻，其情状未敢悬揣。通州则开办伊始，即有逼令民间迁墓之事，愁怨之声遍于道路，而天津之民亦有聚众到官吁求停止者，经李鸿章调营弹压，方始罢散。尚得谓之民情惬洽乎？不可信者一。

原禀称"轮车卸货之处皆须另雇舟车分运各城乡镇，凡铁路之旁，向业舟车者，断断不至废业，且小民生计更广"等语。夫彼长此消，一定之理，而云"生计更广"，此妄语也！支路诚须另雇舟车，然北方各城乡镇，不如南方之繁密殷实，其间行旅往来，货物转运，能有几何？大都铁路之旁，舟车之不废故业者百分中一二耳，不可信者二。

原禀称"每年漕粮运通，傥改由铁路装运，必较剥船省费，并免偷窃受潮之弊"，其意以为运通之有剥船，犹运津之有沙船，沙船之利既为轮船所分，则剥船之利何不可为铁路所有？不知剥船与沙船不同，沙船为甬沪间富商大贾资产，傥不承运漕粮，则贩装南中货物，扬帆辽沈，贸易北货，其中获利自厚，尚无失业之人。剥船则穷苦小民，专赖装运漕粮以资生活。虽其间不无偷窃情弊，然有仓场、坐粮厅各衙门层层查验，法制相维，要自与正供无碍。若改由铁路，则此辈将何所安顿？该员等所谓"断断不至废业"者，不自相矛盾乎？不可信者三。

原禀称"俄商贩茶回国，无不由津运通，每当夏秋漕忙之际，船不敷雇，一有铁路，即可水陆并运"等语，此又夺民车生计，自相矛盾之一端，不可信者四。

原禀称"时局至重者莫过海防，海防最要者莫如经费，每岁愿于众商应得股息内先提十成之一，捐助海军饷需"等语，似亦具有肫恳之忱。然朝廷筹建海军以卫民也。古人有言："国以民为本，民以食为天。"今该员等将夺穷民口食，分其余以供给海军，国家虽经费支绌，亦何取乎此！不可信者五。

原禀称"车道高筑，沿河绵亘如堤，运河水溢，足资障蔽，借卫田庐。且桥梁、水沟所在并可疏消水势"等语，是其心亦知民间田庐之为重，而目前扰累已如是，则其它之粉饰可知矣。非但此也，轮车所过之处，声闻数十里，雷轰电骇，震厉殊常，于地脉不无伤损。本年夏间，京师地震，畿辅一带被灾尤重，至有塌裂沉陷者，论者多归咎于唐山阎庄等处铁路，而该员等乃以为浮议全消。不可信者六。

查该员等必欲接办之意，不过因开平煤铁销路不畅，矿股亏本，非是无以资补苴，而其禀词有"上年筹议天津铁路各商，必俟通州铁路准办始肯入股，曾于章程第六条内声明"云云，则尤近于要挟。工成而后奸商之利，非国家之利也。

且不惟无利而已，方今财匮民贫，黠不畏法，虽迭蒙朝廷发帑颁粟，恩泽涵濡，然都会之中，犹时时有持械行劫之案，出城一二十里，孤行车辆，动被截掠，而宁河、香河一带，莽伏尤多。若复增亿万失业之民于肘腋股肱之郡，万一前项匪类因其愁怨饥冻，诱煽勾结，其为患害何胜言！从前川楚教匪、粤西发匪滋事，其始皆起于细微，不过一二地方官吏办理之未善，而其后蔓延几遍于天下。前事未远，可为炯鉴。虽目前武备修整，铁路征调便捷，然曷若上下相安无事征调之为得乎？

臣材识庸浅，何知国家大计，顾职在风闻言事，不敢不以上陈。伏祈皇太后、皇上俯念此事举动非常，关系至大，敕下六部九卿会议，或特派重臣数员将臣所奏各节切实查覆，出自圣裁。……（《中国近代史资料丛刊·洋务运动》第六册）

光绪十五年八月十八日署都察院左副都御史黄体芳奏

……窃臣近闻朝廷从湖广督臣张之洞之议，开办铁路，自芦沟桥直达汉口，现筹经费，除拨公帑、招商股外，拟再借用洋款。臣愚以为洋款用之甚便，偿之甚难，殆非计之得也。

自通商以来，出口之银有洋关税册可稽者岁以二千万为率，此外漏卮更难数计，中国之脂膏竭矣。铁路之办，雇工购料，必将分润外人。若更称贷重资，我之利未见而彼已坐享其利。中国旧借洋款，其已经全数清偿者不论。自光绪十年后，共借二千二百万，息银合一千一百万，现在共还本利一千一百余万，尚少二千一百余万。计逐年指款还偿，扣至光绪二十一年方始还竣。所指之款，届期果否一一应手，尚未可必。宿负未清，益之巨贷，将何以堪？

《记》曰："国无九年之蓄曰不足，无六年之蓄曰急，无三年之蓄曰国非其国也。"近年灾害频仍，事殷费绌，若更以各省税课大宗提抵新旧洋债，军国要需，岁入必将骤减。数年之内，设有缓急，何以应之？泰西国债多取之本国；楚弓楚得，财不外流。即偶有贷之他国者，亦恃物力尚丰，足资周转。至西班牙、土耳其、波斯等国，则皆以重债自敝，利权为邻敌所移，削弱不支，可为炯鉴。

中国所借洋款，行息至少须六七厘。又洋债向以金镑折合我国银数，镑价涨落惟彼所持，借用时每镑价约三两余，迨偿款时辄涨至四两零，相去约及七钱，亏耗甚巨。设如借银一千万，至本利全还，通盘牵算，除本银一千万外，利息及亏耗之银须另贴一千万；分作十年匀摊，每年实贴银一百万。铁路办成，诚如张之洞所言，利便多端。惟是财物止有此数，工商移集，须历岁时。湖北汉口贸易最繁，然江路本自通畅，易水而陆，此赢彼绌，增益无多。臣闻河南全省厘金岁八九万，直隶西南境内更不及此数，通计以十五万为率，假令铁路既成，所入骤增至十余倍，不可谓不多矣。然除去养路之费，专填洋债息耗尚虞不足，更何能拨抵本银？西国铁路愈推愈广，成效可观，臣非谓中国之不可仿行也。若财力有余，自应及时举办，今度支竭蹶，而肩此目前山积之巨逋，以远规十数年后之倍利，则轻重缓急之间似宜详之又详，庶几尽善无憾。……（《中国近代史资料丛刊·洋务运动》第六册）

光绪十五年八月二十二日给事中张廷燎奏

……臣窃维兴利必先防害，慎始乃可图终。现议由芦沟至汉口创修轮车一节，地连三省，期限数年，计程约三千余里，筹款须三千余万，事体重大，诚属朝廷第一非常之举。业有成议，势难中止，如臣愚昧，何敢妄赞一词？惟查轮车所经，实以黄河为紧要关键，荥泽以下岸阔沙松，不易措手。若欲修桥，必从上游近山之处施工，然水势浩悍，难下桩柱。虽闻西洋之法能修十数里飞桥，施之黄河，究竟有无把握，必试办乃得其详。现在定议，乃北由芦沟南由汉口两截兴修，万一至黄河而事机不顺，将有中阻之虞，若南北仅修至黄河而止，不相承接，亦有窒碍。为大局计，似宜先从黄河修起，桥成而南北可通，可以一气呵成。桥不成则别筹良策，帑或不至虚糜。揆之事理，较为稳便。如以臣言可采，应请饬下所司详审筹议，先行驰往，相度形势，估计施行。

抑臣更有请者，直隶、河南之民，率愚蠢而无远见，加以地方凋敝，元气未复，此次插标所经，必多疑虑骇怪，而蠹役猾吏因缘为奸，难保无抑勒骚扰情事。应请旨宣示中外，俾士农工商咸晓然所以当行之故，并明定章程，以昭大信，庶不致激生事端，此则不无过虑者也。……（《中国近代史资料丛刊·洋务运动》第六册）

光绪十五年九月五日给事中洪良品奏

……一曰慎开工役以富储蓄也。铁路之议，或修或罢，外间传闻不一。臣以为苟如乾隆时库储六七千万，无论有利无利，为之亦自便捷可喜。而以今时势度之，实有不能不置为缓图者。发捻之变，累朝储积已空。近复增以南北之河工，直省之水旱，豫蜀之火灾，议蠲议赈，日不暇给。况禁闼之近，又有坛陵门阙各工层见叠出，皆关紧要，势不能缓。而征解之款，朝至夕罄，安有余积以修铁路？

议者或欲假洋款为之。譬之人家，囊橐未充，遽欲求田问舍，反先称贷任息，将田舍之利未增，债负之累已积，恐所得有不偿所失者，此自然之势也。

至于借铁路以销土货，臣居游近市，尚知回易之术。凡货有各路所宜，非其所宜则不售，非其所难得则不贵，不贵则价不昂，价不昂则商贾无利，无利可图，虽有铁路商贾不往。臣楚人也，即以楚地土货言之，棉花、烟叶实为大宗，棉布行于川陕，烟叶行于滇粤，山重水阻，艰险百倍，有利可图，虽无铁路，商贾亦往。乃自汉口至天津，轮船十日可到，而棉布、烟叶未闻有专贩之至。何以历车辇之远且艰而土货转销，有轮船之近且速而土货不销者？盖止争有利与无利、不争有铁路无铁路也。

或谓有铁路行销必速，其利自畅。不知物以希为贵，来货过多，市价必贱，商贾资本亏折，往往裹足而不前。故铁路之设，若专恃土货以供费，臣未见其有益也。

当今时事方艰，饥馑、师旅，国所常有。即外间稍可挹注，值此库储如洗，尚宜留一余地以防以外之虞，岂可以不急之务罗掘一空，将何以应仓猝乎？善谋国者当亦存此远虑也。……（《中国近代史资料丛刊·洋务运动》第六册）